GRAMMAIRE

DES LANGUES ROMANES

GRAMMAIRE

DES

LANGUES ROMANES

PAR

FRÉDÉRIC DIEZ

TROISIÈME ÉDITION REFONDUE ET AUGMENTÉE

TOME PREMIER

TRADUIT PAR

AUGUSTE BRACHET ET GASTON PARIS

PARIS
LIBRAIRIE A. FRANCK
F. VIEWEG, PROPRIÉTAIRE
67, RUE RICHELIEU
1874

PRÉFACE.

La phonétique a éprouvé dans cette troisième édition le même sort que dans la deuxième : elle a dû être soumise à un remaniement nouveau, bien que moins complet. Il est clair qu'il devait se produire pour une grammaire historique des langues romanes bien des faits nouveaux dans une période d'à peu près douze années. D'une part ces langues possèdent un nombre considérable d'œuvres manuscrites dont la publication vient d'année en année enrichir leur littérature, et c'est une condition qui se reproduit dans d'autres domaines linguistiques ; d'autre part elles sont l'objet d'une étude très-active de la part non-seulement des savants nationaux, mais des étrangers, et cet intérêt qu'on leur accorde dans presque toute l'Europe est un avantage qui fait défaut à d'autres domaines ou ne leur est concédé du moins que dans une plus faible mesure. Pour ce qui concerne particulièrement les travaux des savants nationaux, on ne saurait estimer assez haut l'activité croissante de la nouvelle école du pays auquel appartient Raynouard, le fondateur de la philologie romane.

On comprend facilement que ces efforts progressifs des dernières années ne pouvaient rester sans influence sur cette nouvelle édition. Limité par le temps, je regrette seulement de n'avoir pas pu prêter à toutes les recherches qui ont été faites l'attention qu'elles méritaient, et d'avoir été obligé de n'effleurer qu'en passant ou même de laisser tout à fait de côté mainte observation précieuse et maint trésor rendu au jour[1].

L'arrangement du livre est resté le même que dans la deuxième édition; seulement j'ai donné cette fois au valaque dans la série des langues la même place que celle qui lui avait été assignée dans le deuxième et le troisième volume de la dernière édition.

Dans l'introduction j'ai cette fois encore dépassé un peu les limites de la grammaire en y introduisant beaucoup de choses qui appartiennent proprement au domaine de l'histoire des langues. Je mets dans ce nombre les brèves indications littéraires sur les plus anciens textes : j'ai tenu à attirer dès le commencement du livre l'attention du lecteur sur ces monuments, parce que nous possédons en eux les sources les plus pures de la langue et les autorités vraiment décisives. A ce propos j'ai aussi cru devoir donner une notice des plus anciens travaux grammaticaux, en me restreignant toutefois, autant que possible, aux écrits que je connais pour les avoir moi-même pratiqués.

F. D.

Bonn, septembre 1869.

---

1. C'est ce qui est arrivé notamment pour l'important ouvrage de Schuchardt sur le vocalisme du latin vulgaire, que je n'ai été que peu en état d'utiliser. Je me sens d'autant plus tenu de renvoyer directement le lecteur à ce livre comme un complément au mien.

TABLE DES MATIÈRES.

Introduction. Éléments et domaines des langues romanes.
I. Éléments p. 1-66. Latins 1-50, grecs 51-55, allemands 55-66.
II. Domaines 67-130.
 1. Domaine italien 68-83.
 2. Domaine espagnol 83-90.
 3. Domaine portugais 90-93.
 4. Domaine provençal 93-105.
 5. Domaine français 105-121.
    Dialectes roumanches 121-124.
 6. Domaine valaque 124-130.

LIVRE I : PHONÉTIQUE.

Première section : Lettres des langues mères 134-308.
Lettres latines 134-283. Voyelles 135-187. Accentuées : $a, e, i, o, u, y, æ, œ, au, eu, ui$. Atones 1) en dehors des cas d'hiatus ; 2) formant hiatus. Remarques. — Consonnes 187-283 : l ($lr, tl, cl, gl, pl, bl, fl$), m ($ml, mn, mr, mn, mt, md, mph$), n (nl, nm, nr, ns, ng), r (rl, rs, lr, nr), t (tr, st), d,(dr, dj, dv, nd) z, s (sr, st, sc, sp), c ($ct, cs, lc, nc, rc, tc, dc, sc$), q, g (gu, gm, gn, gd, ng), j, h, p (pn, pt, pd, ps), b ($bl, br, bt, bs, bj, bv, mb$), f, v. Remarques.
 Lettres allemandes 283-304.
 Lettres arabes 304-308.
Deuxième section : Lettres romanes 309.
 Lettres italiennes 310-330. Voyelles : $a, e, i, o, u, au, ie, uo$. Consonnes : l (gl), m, n (gn), r, t, d, z, s (sc), c (ch), q, g (gh), j, h, p, b, f, v.

Lettres espagnoles 330-354. Voyelles : *a, e, i (y), o, u, au, ie, ue.* Consonnes : *l (ll), m, n (ñ), r, t, d, s (sc), z, c, q, ch, x, g (gn), j, y, h, p, b, f, v.*

Lettres portugaises 354-360. Voyelles : *a, e, i, o, u, ai, ei, oi, ui, ou.* Consonnes : *l (lh), m, n (nh), r, t, d, s, z, c, q, ch, x, g (gn), j, h, p, b, f, v.*

Lettres provençales 360-386. Voyelles : *a, e, i (y), o, u, ai, ei (iei), oi (uei, uoi), ui, au (ao), eu (ieu), iu (ieu), ou, ie, ue, (uei), uo.* Consonnes : *l (lh), m, n (nh), r, t, d, s, z (tz), c, q, ch, x, g, j, h, p, b, f, v.*

Lettres françaises 386-433. Voyelles : *a, e, i (y), o, u, ai, ei, oi, ui, au, eu, ou, ie.* Consonnes : *l (ill, il), m, n (gn), r, t, d, s, z, c, q, ch, x, g, j, h, p, b, f, v.*

Lettres valaques 433-450. Voyelles : *a, e, i, o, u, ę, ų, au, ie, ea, oa.* Consonnes : *l, m, n, r, t, d, tz, s (ś, śt), z, c (ch), g (gh), ź, j, h, p, b, f, v.*

Troisième section : Prosodie 451-476.

1. Quantité 454-464.
2. Accent 464-475.

Notation prosodique 475-476.

ABRÉVIATIONS.

alb. albanais.
angl.sax. anglo-saxon.
arch. archaïque.
b.all. bas-allemand.
b.lat. bas-latin.
bourg. bourguignon.
bret. breton.
cat. catalan.
comp. composé.
compos. composition.
contr. contracté.
esp. espagnol.
fin. final.
franç. français.
fris. frison.
h.allem. haut-allemand.
h.all.mod. haut-allemand moderne.
init. initial.
it. ital. italien.
lomb. lombard.
m.h.all. moyen haut-allemand.
mil. milanais.
m.néerl. moyen néerlandais.
nap. napolitain.

n. de l. nom de lieu.
néerl. néerlandais.
norm. normand.
n. pr. nom propre.
occ. occit. occitanien (du Languedoc).
pic. picard.
piém. piémontais.
port. portugais.
pr. prov. provençal.
prim. primitif.
rou. rouchi.
roum. roumanche.
sic. sicilien.
suf. suffixe.
val. valaque.
vaud. vaudois.
vén. vénitien.
v.h.all. vieux haut-allemand.
v.nor. vieux-norois.
v.sax. vieux-saxon.
wal. wallon.
* désigne des formes ou des mots hypothétiques, explicatifs.

LIBRAIRIE A. FRANCK, F. VIEWEG PROPRIÉTAIRE
67, rue Richelieu

GRAMMAIRE DES LANGUES ROMANES

PAR

Frédéric DIEZ

Bon pour un exemplaire du **SIXIÈME FASCICULE** (deuxième du troisième volume), à délivrer au porteur en échange du présent bulletin.

F. VIEWEG.

AVERTISSEMENT.

La traduction de la Grammaire des langues romanes de Diez, annoncée depuis longtemps, a été retardée par des difficultés de plusieurs genres qui sont toutes levées aujourd'hui. Cet ouvrage, véritablement classique et indispensable à tous ceux qui s'occupent de philologie romane et de linguistique générale, était impatiemment attendu du public français.

C'est pour satisfaire un désir qui nous a souvent été exprimé que nous nous décidons à faire paraître aujourd'hui ce fascicule, qui correspond à la moitié du premier volume allemand. Un second fascicule, contenant la fin du premier volume avec le titre et les tables, sera mis en vente au mois de juillet. Le second volume sera publié, sans faute, au mois de juillet 1874, le troisième et dernier au mois de juillet 1875. Les deux derniers volumes seront également mis en vente par moitiés successives : l'ouvrage entier se composera donc de six fascicules. Le sixième fascicule se paie à l'avance et sera remis aux souscripteurs en échange du bon ci-joint.

Ces trois volumes contiendront exclusivement la traduction exacte du texte original. Un volume complémentaire, pour lequel M. Gaston Paris s'est assuré la collaboration des romanistes les plus autorisés, et qui sera publié immédiatement après le troisième, comprendra : 1° Une introduction étendue sur l'histoire des langues romanes et de la philologie romane ; 2° des additions et corrections importantes aux trois volumes précédents ; 3° une table analytique très-détaillée des quatre volumes.

F. VIEWEG,

Propriétaire de la Librairie A. Franck.

PREMIÈRE PARTIE.

ÉLÉMENTS DES LANGUES ROMANES.

I

ÉLÉMENT LATIN.

Six langues romanes attirent notre attention, soit par leur originalité grammaticale, soit par leur importance littéraire : deux à l'est, l'italien et le valaque ; deux au sud-ouest, l'espagnol et le portugais ; deux au nord-ouest, le provençal et le français. Toutes ont dans le latin leur première et principale source ; mais ce n'est pas du latin classique employé par les auteurs qu'elles sont sorties, c'est, comme on l'a déjà dit souvent et avec raison, du dialecte populaire des Romains, qui était usité à côté du latin classique, et bien entendu, de la forme qu'avait prise ce dialecte dans les derniers temps de l'Empire. On a pris soin de prouver l'existence de ce dialecte populaire par les témoignages des anciens eux-mêmes ; mais son existence est un fait qui a si peu besoin de preuves qu'on aurait plutôt le droit d'en demander pour démontrer le contraire, car ce serait une exception à la règle. Seulement il faut se garder d'entendre par langue populaire autre chose que ce qu'on entend toujours par là, l'usage dans les basses classes de la langue commune, usage dont les caractères sont une prononciation plus négligée, la tendance à s'affranchir des règles grammaticales, l'emploi de nombreuses expressions évitées par les écrivains, certaines phrases, certaines constructions particulières. Voilà les seules conséquences que permettent de tirer les témoignages et les exemples qu'on trouve dans les auteurs anciens ; on peut tout au plus admettre que l'opposition entre la langue populaire et la langue écrite se marqua avec une énergie peu commune lors de la complète pétrification de cette dernière, peu de temps avant la chute de l'empire d'Occident. Une fois l'existence d'une langue populaire admise comme un fait démontré par des raisons d'une valeur universelle, il faut en reconnaître un second non moins inattaquable, c'est la naissance des langues romanes de cette langue populaire. En effet, la langue écrite, qui s'appuyait sur le passé et qui n'était cultivée que par les hautes classes et les écrivains, ne se prêtait pas par sa nature même à une production nouvelle, tandis que l'idiome populaire, beaucoup plus souple, portait en lui le germe et la susceptibilité d'un développement exigé par le temps et les besoins nouveaux. Aussi, quand l'invasion germanique eut détruit avec les hautes classes toute la vieille civilisation, le latin aristocratique s'éteignit de lui-même; le latin populaire, surtout dans les provinces, poursuivit son cours d'autant plus rapidement, et finit par différer à un très-haut point de la source dont il était sorti [1].

On a pris la peine de recueillir les vestiges de la langue populaire comme preuves à l'appui de l'origine du roman, et de feuilleter à cette fin les écrits des auteurs classiques. Ce travail n'est pas inutile, à condition de ne pas s'éloigner du vrai point de vue: car il ne peut être indifférent de savoir si l'existence de formes, de mots ou de significations romanes, est démontrée seulement depuis l'invasion germanique, comme l'ont soutenu plusieurs écrivains, ou bien avant ce grand événement; en d'autres termes, si l'on doit les considérer comme le résultat d'un fait externe, ou d'un développement interne et normal. Quelques expressions populaires se trouvent déjà dans les écrivains romains archaïques, comme Ennius et Plaute; parmi ceux de la bonne époque, le plus riche est Vitruve; mais ce n'est que dans les derniers siècles de l'empire, quand disparut l'esprit exclusivement patricien de l'école classique, que commencèrent à s'introduire dans la langue littéraire de nombreux idiotismes dont le nombre ne fit plus dès

---

1. L'origine des langues romanes a été déjà dans les siècles précédents l'objet de beaucoup de recherches, parfois savantes et ingénieuses, mais souvent aussi ennuyeuses et stériles. Ce n'est pas ici le lieu de m'étendre encore une fois sur cette matière. Je suis même contraint dans ce livre, dont le sujet est proprement l'étude des lettres, des formes et des constructions, de laisser de côté tout ce qu'ont dit là-dessus de vrai et d'instructif, depuis Raynouard qui fait époque : en France, Ampère, Fauriel, du Méril, Chevallet; en Allemagne Blanc, Fuchs, Delius, Ebert (*Jahrb.* VI, 249), Schuchardt; en Angleterre, Lewis; en Italie, Perticari, Galvani; en Espagne, Pidal, Amador de los Rios; et d'autres philologues encore.

lors que s'accroître rapidement. L'égalité civique accordée aux sujets romains eut en ce point de grandes conséquences ; ils méconnurent la suprématie littéraire du Latium comme sa suprématie politique, et ne craignirent plus d'étaler leur provincialisme [1]. Isidore de Séville dit fort bien (*Orig.*, II, 31) : « *Unaquaeque gens facta Romanorum cum suis opibus vitia quoque et verborum et morum Romam transmisit.* » Pendant que les écrivains de la décadence ouvraient les portes de la littérature à l'expression vulgaire, les grammairiens en faisaient le sujet de leurs leçons, en l'envisageant surtout au point de vue pratique et pour en purifier la langue. Ainsi Aulu-Gelle, dans le dernier chapitre de ses *Nuits attiques,* nous a conservé le nom d'un livre de Titus Lavinius, *De verbis sordidis,* dont la perte est regrettable à plus d'un titre [2]. Une très-riche collection de mots obscurs, vieillis et populaires, est cependant venue jusqu'à nous, c'est le livre de Festus, *De significatione verborum,* qui a pour base celui de Verrius Flaccus. Bien que nous n'en possédions la majeure partie que dans un extrait dû à un contemporain de Charlemagne, Paul Diacre, et corrompu en plusieurs lieux, ce livre n'en est pas moins une mine féconde pour la lexicologie latine et aussi pour celle des langues romanes. Parmi les autres grammairiens il faut citer Nonius Marcellus pour son ouvrage *De compendiosa doctrina,* et Fabius Planciades Fulgentius, auteur d'une *Expositio sermonum antiquorum.* Nous n'avons conservé aucun monument proprement dit de l'idiome vulgaire, tel qu'on peut croire qu'étaient les Mimes et les Atellanes; on peut regarder comme quelque chose d'approchant les discours que met Pétrone dans la bouche de gens du commun [3]. D'ailleurs, tout en favorisant l'expression populaire, la littérature de la décadence se conservait encore pure des

---

1. Voyez là-dessus spécialement Bernhardy, *Geschichte der römischen Litteratur* 2ᵉ éd., p. 290 et suiv., 295 et suiv. Auguste Fuchs, dans son consciencieux ouvrage : *Die romanischen Sprachen in ihrem Verhältnisse zum Lateinischen,* donne une *Esquisse de l'histoire de la langue populaire latine,* p. 35-50. Dans son *Vokalismus des Vulgärlateins* (I, 40), Schuchardt discute la valeur des différents travaux consacrés à l'étude de l'ancien dialecte populaire romain.

2. *Sordilus* veut dire ici commun, populaire; cf. *Noct. att.* l. IX, c. 13.

3. Sur l'époque de Pétrone, voyez le *Museum für Philologie,* nouvelle suite, t. II, p. 50 et suiv. L'auteur range au nombre des expressions populaires *lacte* (pour *lac*), *striga* (pour *stria*), *sanguen, nutricare, molestare, nesapius, Jovis* (pour *Jupiter*), *pauperorum, adjutare alicui, persuadere aliquem, maledicere aliquem.*

flexions mutilées ou contraires à la grammaire : c'est dans les inscriptions qu'il faut les chercher, surtout dans les inscriptions des derniers temps de l'Empire, dont l'étude toute récente a déjà porté des fruits si abondants.

Une grammaire historique des langues romanes se priverait d'une partie importante de ses bases si elle ne voulait avoir aucun égard aux idiotismes populaires du latin, puisqu'on les retrouve pour la plupart en roman et faisant partie de la langue générale. Aussi, tandis que les différences de forme qui séparent le latin commun du latin classique seront traitées à leur lieu dans la suite de cet ouvrage, un choix de mots et de significations qui peuvent être admis comme populaires, choix emprunté aux lexiques latins, trouve naturellement sa place ici. Ils ne sont pas cités pour prouver ce fait, certain par lui-même, que le roman doit son existence au latin populaire, mais pour rendre ce fait sensible. Cette liste comprend deux classes d'expressions : celles que les anciens nous désignent expressément comme basses ou inusitées (*vocabula rustica, vulgaria, sordida,* etc.), et celles que, même sans témoignage, on peut regarder comme telles. Les dernières se composent partie de mots très-rarement employés à diverses époques, qui expriment des choses d'usage quotidien et se rencontrent surtout dans des auteurs peu soucieux de l'élégance du style ; partie de mots qui apparaissent aux derniers siècles, quand l'art de la parole est en pleine décadence. Beaucoup de ces mots ont déjà été étudiés dans le *Dictionnaire étymologique* [1].

Abbreviare (Végèce, *De re militari*) : it. *abbreviare*, etc.

« *Abemito* significat *demito* vel *auferto* » (Festus p. 4, éd. Müller). Le fr. *aveindre,* d'où le pr. mod. *avêdre,* suppose, quand on compare *geindre* de *gemere, preindre* de *premere,* un lat. *abemere.* Les autres langues romanes n'ont ni *abemère,* ni *adimere,* d'où *aveindre* pourrait aussi venir.

Acredo (Palladius) : it. *acredine.*

Acror, formé d'après *amaror* (Fulgentius) : v.-esp. cat. pr. *agror,* fr. *aigreur.*

Acucula, pour *acicula,* dans certains mss. du Code Théodo-

---

[1] Cf. la dissertation de Galvani : *Della utilità, che si puó ricavare del latino arcaico e popolare per l'istoria degli odierni volgari d'Italia* dans l'*Archivio stor. ital.* XIV, 340, sqq. (1849).

sien : it. *agocchia, aguglia,* esp. *aguja,* pr. *agulha,* fr. *aiguille.*

Aditare, de *adire* (Ennius), racine hypothétique d'un des verbes romans les plus importants : it. *andare,* esp. *andar,* pr. *anar,* fr. *aller.* Voy. le *Dict. étymol.*

Adjutare, arch. et néol. (Térence, Pacuvius, Lucrèce, Varron, Aulu-Gelle, Pétrone) : it. *ajutare,* esp. *ayudar,* pr. *ajudar,* fr. *aider..* Le primitif *adjuvare* s'est perdu en roman ; son simple *juvare* n'est resté que dans l'it. *giovare.*

Adpertinere (dans les arpenteurs) : it. *appartenere,* pr. *apertener,* fr. *appartenir,* v.-esp. *apertenecer.*

Adpretiare, taxer (Tertullien) : it. *apprezzare,* esp. pr. *apreciar,* fr. *apprécier.*

Aeramina, utensilia ampliora (Festus), *aeramen* dans des auteurs postérieurs, comme le Code Théodosien, Priscien : it. *rame,* val. *aramę,* esp. *arambre, alambre,* fr. *airain,* etc.

Aeternalis pour *aeternus* (Tertullien) : it. *eternale,* esp. pr. *eternal,* fr. *éternel.*

Aliorsum, à un autre endroit, avec mouvement : « *aliorsum* dixit Cato » (Festus p. 27), et en outre dans Plaute, Aulu-Gelle, Apulée. De là l'adverbe de lieu de même sens : pr. *alhors* (*se virar alhors,* se tourner d'autre côté), fr. *ailleurs* (*rois de Secile et d'aillors,* Rutebeuf I, 428), v.-pg. *allur.* Il ne faut pas songer à *alia hora,* d'abord parce qu'*alius* fut de très-bonne heure remplacé par *alter,* ensuite parce qu'*ailleurs* ne contient aucune idée de temps, enfin parce qu'*alia hora* paraît en provençal sous la forme *alhor, alhora.*

Allaudare ou *adlaudare* dans le sens de *laudare* (une seule fois dans Plaute) : pr. *alauzar,* esp. et pg. *alabar* par suppression du *d.*

Amarescere (Palladius) : pr. *amarzir,* rendre amer.

Amicabilis (*Code Justinien,* Julius Firmicus) : esp. cat. pr. *amigable,* fr. *amiable.*

Amplare pour *amplificare* (Pacuvius *ap. Nonium*) : it. *ampiare* (il peut venir aussi d'*ampliare*), pr. *amplar.*

« *Apiaria* vulgus dicit loca in quibus siti sint alvei apum, sed neminem eorum ferme qui incorrupte locuti sunt aut scripsisse memini aut dixisse. » (Gell. *Noct. att.* II, 20). Au reste, *apiarium* se trouve dans Columelle, qui sans doute, suivant la remarque de Freund, l'introduisit le premier dans la langue écrite. C'est un mot bien roman : it. *apiario,* pr. *apiari,* fr. *achier.*

Appropriare (Caelius Aurelius) : it. *appropriare, appropiare,* esp. *apropriar,* fr. *approprier.*

« *Aquagium,* quasi *aquae agium,* i. e. *aquae ductus* » (Festus p. 2, *Pandectes*) : esp. *aguage,* pg. *agoagem,* courant.

« *Arboreta* ignobilius verbum est, *arbusta* celebratius » (Gell. *Noct. att.* XVII, 2); *arboretum* ne se trouve que là : it. *arboreto* et *arbusto,* esp. *arboleda* et *arbusto, arbusta.*

« *Artitus,* bonis instructis artibus. » (Festus p. 20, Plaute *var.*). Ce mot est évidemment la racine première de ceux-ci : pr. *artisia,* métier, *artisier* (*Gir. de Ross.* v. 1517), it. *artigiano,* esp. *artesano,* fr. *artisan,* c.-à-d. *artitia, artitiarius, artitianus.*

Astrum dans le sens d'astre du sort, de sort : « quem adolescentem vides malo *astro* natus est » (Pétrone, cité dans Galvani, *Osservazioni* p. 402) : pr. *sim don Dieu bon astre* (*Choix* III, 405, et *pass.*). De là it. *disastro,* esp. *desastro,* fr. *désastre,* etc.

Astula pour *assula* (dans les mss.); de là prov. *ascla,* éclat de bois, pour *astla,* comme le b. lat. *sicla* pour *sitla.*

Attegia, cabane (Juvénal) : de là, comme le remarque Galvani, l'it. patois *teggia* m. s.; de là aussi roum. *tegia thea,* cabane, chalet.

Augmentare (seulement dans Firmicus Maternus) : it. *aumentare,* esp. *aumentar,* etc.

Avicella, aucella, pour *avicula* (Apulée, Apicius), mot inusité d'après Varron VIII, 79 : « minima (les diminutifs en *ella*) in quibusdam non sunt, ut *avis, avicula, avicella* » : esp. *avecilla,* it. (masc.) *uccello,* pr. *aucel,* fr. *oiseau.*

Badius, brun (Varron dans Nonius, qui le range parmi les *honestis et nove veterum dictis;* Gratius, Palladius): it. *bajo,* esp. *bayo,* pr. *bai,* fr. *bai.* De là sans doute aussi fr. *baillet,* rouge pâle, comme si l'on eût dit *badiolettus;* toutefois ce mot peut aussi venir de *balius* (*baliolus* dans Plaute ; en albanais *baljós* signifie blond ou rouge de cheveux).

« *Bambalio,* quidam qui propter haesitantiam linguae stuporemque cordis cognomen ex contumelia traxerit » (Cicéron *Philipp.* III, 6). Le mot lui-même, qui se rattache au grec βαμβαλός (bègue), n'est pas roman; son radical l'est seul : it. *bámbolo,* enfant ; *bambo,* puéril, niais, etc.

Bassus, employé seulement en latin comme surnom de

familles romaines, est presque certainement l'adjectif roman *basso*, *baxo*, *bas*, qui apparaît dans le plus ancien bas-latin.

« *Batualia*, quae vulgo *battalia* dicuntur, exercitationes militum vel gladiatorum significant » (Adamantius Martyrius dans Cassiodore ; cf. Vossius, s. v. *batuo*, et Schneider I, 405) : it. *battaglia*, etc.

Batuere, mot de l'usage commun, autant qu'on peut le supposer (Plaute, Naevius et les écrivains des derniers temps) : it. *battere*, etc. Le mot *battalia* prouve que dans *batuere* aussi l'*u* était tombé de très-bonne heure : c'est un procédé essentiellement roman.

Beber pour *fiber* ne se retrouve que dans l'adj. *bebrinus* (*Schol. ad Juvenal.*) : it. *bévero*, esp. *bibaro*, fr. *bièvre*.

Belare, forme rare pour *balare*, employée par Varron : it. *belare*, fr. *bêler*.

Bellatulus pour *bellulus* (Plaute) suppose un primitif *bellatus*, v.-fr. *bellé*; comparatif *bellatior*, v.-fr. *bellezour*. Voy. *Dict. étymol.* II. c.

Bellax (Lucain) : de là l'expression purement poétique pg. *bellacissimo* (Camoens *Lusiad.* II, 46).

Berbex, forme vulgaire pour *vervex* d'après Schneider I, 227 (Pétrone) : it. *berbice*, val. *berbeace*, pr. *berbitz*, fr. *brebis*.

Berula pour *cardamum* (Marcellus Empiricus). Le même sens se trouve dans l'esp. *berro*, qui rappelle aussi, il est vrai, le gr. ίδηρίς employé par Pline pour désigner la même plante.

Bibo, onis (Firmicus) : it. *bevone*.

Bisaccium (Pétrone) : it. *bisaccia*, esp. *bisaza*, fr. *besace*, du plur. *bisaccia*.

Bis acutus (S. Augustin, S. Jérôme) : it. *bicciacuto* m. s.; v. fr. *besaiguë*, hache à deux tranchants.

Bliteus, niais, inepte (Plaute, Labérius dans Nonius) : ce mot se retrouve peut-être dans l'it. *bizzoccone*, dont le sens s'en rapproche. Les lettres permettent d'admettre cette étymologie : *bli* devait donner *bi* et *te z*.

Blitum, gr. βλίτον (Plaute, Varron, Festus) : esp. *bledo*, pg. *bredo*, cat. *bred*.

Boatus (Apulée), tiré du verbe beaucoup plus usité *boare* : it. esp. pg. *boato*.

« *Bojae*, i. e. genus vinculorum, tam ligneae quam ferreae

dicuntur » (Festus p. 35) ; *boja,* i. e. torques damnatorum » (Isidore de Séville) : v.-it. *boja,* pr. *boia,* v.-fr. *buie.*

Botulus (Martial). Aulu-Gelle, XVII, 7, le range parmi les « verba obsoleta et maculantia ex sordidiore vulgi usu ». Diminutif : *botellus.* De ce dernier mot sont venus, en prenant un sens particulier : it. *budello,* v.-esp. pr. *budel,* fr. *boyau.*

Brisa, gr. τὰ βρύτια, marc de raisin (Columelle) : arag. cat. *brisa* m. s.

Bruchus, gr. βροῦχος, sauterelle sans ailes (Prudence). Ce mot est devenu roman avec divers sens : it. *bruco,* chenille; esp. *brugo,* altise, puce de terre ; val. *vruh,* hanneton.

Bua, onomatopée des enfants pour demander à boire : « quum cibum et potionem *buas* ac *papas* vocent parvuli » (Varron dans Nonius); — « imbutum est..... unde infantibus an velint bibere dicentes *bu* syllaba contenti sumus » (Festus p. 109); comp. le composé *vini-bua.* Cette expression s'est perpétuée dans le génois *bu-bù,* le comasq. *bo-bò,* boisson, aussi dans la langue des enfants.

Bucca, dans le sens de bouche ou de gueule, expression triviale dans ce sens, ne garde plus que celui-là dans l'it. *bocca,* esp. pr. *boca,* fr. *bouche.*

Buccea, employé par Auguste : « duas *bucceas* manducavi » (Suétone *Aug.* 76); signif. bouchée, de *bucca.* On peut regarder l'esp. *bozal,* muselière, comme un dérivé de *buccea, bucceale.*

Buda : « Ulvam dicunt rem quam vulgus *budam* vocat » (Servius sur le 2º livre de l'Énéide); dans les Glossaires *buda=storea.* Le patois sicil. possède *buda,* remplissage, remblai, et aussi *burda;* cf. Du Cange.

Burdo, mulet (Ulpien) : de là probablement l'it. *bordone,* esp. pr. *bordon,* fr. *bourdon,* appui, bâton. Voyez le *Dict. étymol.* I.

« *Burgus* : castellum parvum, quem *burgum* vocant » (Végèce *De art. milit.*); mot peu usité d'après ce passage, appelé vulgaire par Isidore IX, 4 ; il se trouve aussi dans Orose : it. *borgo,* esp. *burgo,* fr. *bourg.* Sur ses rapports avec l'all. *burg,* voy. *Dict. étymol.*

Burrae, dans Ausone, où il doit signifier bagatelles, niaiseries : « illepidum, rudem libellum, *burras,* quisquilias ineptiasque ». M. s. it. *borre* (plur.), esp. *borras;* du dim. *burrula,* it. esp. *burla,* plaisanterie, farce.

Burricus, buricus, petit cheval, bidet (Végèce *De re veter.*; S. Paulin de Nole); mot de la vie commune : « mannus, quem vulgo *buricum* vocant » (Isidor. XII, 1, 55). De là le fr. *bourrique* dans le double sens de mauvais petit cheval de somme et d'âne, esp. *borrico,* it. *bricco* dans le dernier sens seulement.

« *Burrum* dicebant antiqui quod nunc dicimus *rufum,* unde rustici *burram* appellant buculam quae rostrum habet rufum; pari modo rubens cibo et potione ex prandio *burrus* appellatur » (Festus, p. 51). L'éditeur remarque : « Glossaria Labb. *burrum* = ξανθόν, πυρρόν, gloss. Isid. *birrus* = *rufus;* primarius testis Ennius est, *Annal.* VI, 5, ap. Merulam. » De là semble venir l'it. *bujo* (*burrius*), esp. *buriel,* pr. *burel,* de couleur sombre, etc.; Vossius y rattache aussi l'esp. *borracho,* ivre, *rubens potione;* mais ce mot vient de *borracha,* outre à vin; il y rapporte encore l'esp. *burro,* âne, à cause de sa couleur roussâtre, mais ce mot peut très-bien avoir une autre racine (voy. le *Dict. étymol.*). De la forme *birrus* semble dériver l'it. *berretta,* esp. *birreta,* fr. *barrette, béret,* à cause de la couleur; cf. le b.-lat. *birrus,* vêtement de dessus.

Caballus, dans la période archaïque et classique seulement chez les poëtes, plus tard aussi en prose (Freund). Ce mot (it. *cavallo,* etc., val. *cal*) a détrôné en roman le masc. *equus,* tandis que le féminin s'est maintenu çà et là. Sur sa valeur en latin voy. le *Dict. étymol.* — *Caballarius,* κέλης ἱππεύς (*Gloss. lat. gr.*); ἱπποκόπος, *caballarius* (*Gloss. vet.*): it. *cavaliere,* etc.

Caesius, mot rare dans les bons écrivains. Le prov. *sais,* qui a les cheveux gris, n'a guère d'autre origine admissible.

Cambiare : « emendo vendendoque aut *cambiando* mutuandoque » (Siculus Flaccus, *Loi Salique*): it. *cambiare cangiare,* esp. *cambiar,* fr. *changer.* La forme *cambire* (Apulée, Charisius) n'est pas romane.

Camisia, pour la première fois dans S. Jérôme : « Solent militantes habere lineas, quas *camisias* vocant »; très-fréquent en b. lat. De là it. *camicia,* esp. pr. *camisa,* fr. *chemise,* val. *cęmắșę.* L'origine et l'âge de cette expression des soldats romains, certainement très-répandue, sont douteux.

Campaneus, campanius, pour *campestris* dans les arpenteurs; on trouve même déjà chez eux le subst. *campania* : « nigriores terras invenies, si in *campaniis* fuerit, fines rotundos habentes; si autem montuosum, etc. » (Lachmann p. 332); plus tard on dit sans scrupule *campania,* plaine (Grég. de Tours) : it. *campagna,* esp. *campaña,* etc.

Campsare : *campsare Leucatem* (Ennius); *campsat* = *flectit* (Gloss. Isid.) : it. *cansare,* esquiver. La même permutation de lettres a lieu dans le lat. *sampsa*, marc d'olives, devenu *sansa,* it. *sansa.*

Capitium, vêtement de femme (Varron, Labérius, *Pandectes*), mot qu'Aulu-Gelle désigne comme peu ordinaire : it. *capezz-ale,* mouchoir de cou.

Captivare (S. Augustin, *Vulgate*) : it. *cattivare,* esp. *cautivar,* pr. *captivar,* v. fr. *eschaitiver* (Benoit, *Chron.*, I, 259), fr. *captiver.*

Carricare, (S. Jérôme d'après Du Cange) : it. *caricare, carcare;* esp. pr. *cargar,* fr. *charger.*

Casale, limite d'une métairie dans les arpenteurs (voy. Rudorff p. 235), plus tard usité dans le sens de hameau, village : it. *casale,* petit village; esp. pr. *casal,* v.-fr. *casel,* métairie, maison de campagne.

Cascus pour *antiquus* (Ennius, Aulu-Gelle, Ausone) : it. *casco,* vieux, caduc.

Catus pour *felis,* postérieur à la bonne époque (Palladius, *Anthol.*) : it. *gatto,* esp. *gato,* pr. *cat,* fr. *chat;* manque en valaque.

Cava pour *caverna,* dans les arpenteurs : it. esp. pg. pr. *cava,* fr. *cave.*

Cludere, assez usité pour *claudere* : it. *chiudere,* pr. *clure,* à côté de *claure.*

Cocio, entremetteur (Plaute(?) et Labérius, auquel Aulu-Gelle le reproche comme un mot trivial, *N. att.* XVI, 7), fréquent en bas-latin sous la forme *cocio, coccio* : it. *cozzone,* v. fr. *cosson,* maquignon; pr. *cussó,* employé comme injure. Sur cette dernière forme cf. Festus, p. 51 : « Apud antiquos prima syllaba per *u* litteram scribebatur. »

Combinare (S. Augustin, Sid. Apollinaire); le mot est le même en roman.

Compassio (Tertullien et autres écrivains chrétiens) : it. *compassione,* etc.

Compŭtus (Firmicus); *computum, compotum,* dans un arpenteur : it. *conto,* esp. *cuento,* fr. *compte.*

Confortare (Lactance, S. Cyprien) : it. *confortare,* esp. *conhortar,* pr. *conortar,* fr. *conforter.*

Congaudere (Tertullien, S. Cyprien) : pr. *congauzir,* fr. *conjouïr.*

Conventare (Solin) : seulement val. *cuvyntă,* parler à quelqu'un, *convenire aliquem.*

Cooperimentum (Bassus dans Aulu-Gelle) : it. *coprimento*, val. *coperemunt*, v. esp. *cobrimiento*, pr. *cubrimen*.

Coopertorium (Végèce *De re veter.*; *Pandectes*) : it. *copertojo*, esp. pr. *cobertor*, fr. *couvertoir*.

Coquina pour *culina* dans le latin des derniers temps (Arnobe, Palladius, Isidore) : it. *cucina*, esp. *cocina*, fr. *cuisine*, val. *cuhnie*. *Coquinare* : it. *cocinare*, etc.

Cordatus (Ennius, Lactance; *cordate* dans Plaute) : abrégé en roman : esp. *cuerdo*, pg. *cordo* dans le même sens.

Cordolium (Plaute, Apulée) : it. *cordoglio*, esp. *cordojo*, pr. *cordolh*.

Coxo, boiteux : « *Catax* dicitur quem nunc *coxonem* vocant » (Nonius): esp. *coxo*, pg. *coxo*, cat. *cox*; dans le glossaire d'Isidore *coxus*.

Crena (Pline *Hist. nat.* XI, 37, 68). On donne à ce mot le sens d'entaille, coche : de là sans doute lomb. *crena*, fr. *cran créneau*.

Cunulae (Prudence) : it. *culla*.

Dejectare pour *dejicere* (Mattius dans Aulu-Gelle) : fr. *déjeter*, pg. *deitar*.

Dementare, être en délire (Lactance) : it. *dementare*, esp. *dementar*, rendre fou; v.-fr. *dementer, se dementer*, se conduire en insensé.

Deoperire (Celse), ouvrir : piém. *durvi*, n.-pr. *durbir*, wall. *drovî* m. s.

Deputare, dans le sens de destiner à un but, chez quelques auteurs des derniers temps, comme Palladius, Sulpice Sévère, Macrobe : it. *deputare*, esp. *diputar*, pr. *deputar*, fr. *députer*.

Devetare, comme *vetare* (Quintilien?) : it. *divietare*, v.-esp. pr. *devedar*, v.-fr. *devéer*.

Deviare (Macrobe et autres) : it. *deviare*, v.-esp. pr. *deviar*, fr. *dévoyer*.

Directura pour *directio* (Vitruve) : it. *dirittura, drittura*; esp. *derechura*, pr. *dreitura*, fr. *droiture*.

Discursus, dans le sens de *sermo* (Cod. Théod.) : it. *discorso*, etc.

Disseparare pour *separare* (Nazaire) : it. *discevrare*, pr. *dessebrar*, v.-fr. *dessevrer*.

Disunire (Arnobe) : it. *disunire*, esp. *disunir*, fr. *désunir*.

« *Diurnare*, inusitate pro *diu vivere* » (Aulu-Gelle XVII, 2); Nonius, qui cite ce mot d'après le même auteur qu'Aulu-Gelle, l'appelle *honestum verbum*. Le roman n'en offre que des composés, comme it. *soggiornare, aggiornare*, etc.

Doga, gr. δοχή, vase ou mesure pour les liquides (Vopiscus) : it. pr. *doga*, val. *doag*, fr. *douve*, avec un sens assez altéré; voy. le *Dict. étymol.*

Dromo. Voy. à la liste des mots grecs.

Ducere se, se rendre en un lieu, fréquent dans Plaute : « *Duc te ab aedibus* »; « *duxit se* foras » (Térence, Asin. Pollion); « *ducat se* » (S. Jérôme) : val. *sę duce* m. s., it. seulement *condursi*, esp. *conducirse*.

Duellum, forme de *bellum* archaïque, bien qu'on l'employât encore au temps d'Auguste. Dans les langues romanes, ce mot signifie combat singulier, sens qu'avait autrefois *battaglia*; aussi *duel* est sans doute un mot introduit plus tard.

Dulcire (Lucrèce) : pr. *doucir*, it. seulement *addolcire*, esp. *adulcir*, fr. *adoucir*.

Duplare pour *duplicare* (Festus p. 67), archaïsme repris par les juristes : it. *doppiare*, esp. pr. *doblar*, fr. *doubler*.

Ebriācus pour *ebrius* (Plaute et Labérius dans Nonius) : it. *ebbriáco*, v. esp. *embridgo*, pr. *ebriac*, fr. (pat.) *ebriat*.

Efferescere ou *efferascere* (Amm. Marcellin) : pr. *s'esferezir*, *s'esferzir*, se courroucer.

Exagium, pesage (Théodose et Valentinien *Novell*. 25; *Inscr.* dans Gruter, 647); ἐξάγιον = *pensatio* (*Gloss. gr. lat.*) : it. *saggio*, esp. *ensayo*, pr. *essay*, fr. *essai*.

Excaldare (Vulcatius Gallicanus, Apicius, Marcellus Empiricus) : it. *scaldare*, val. *scęldá*, esp. *escaldar*, fr. *échauder*.

Excolare pour *percolare* (Palladius, *Vulgate*) : it. *scolare*, v.-esp. *escolar*, fr. *écouler*.

Exradicare, *eradicare* (Plaute, Térence, Varron) : it. *sradicare*, esp. *eradicar*, pr. *eradicar*, *esraigar*; v.-fr. *esracher*, fr. *arracher*.

Extraneare (Apulée?) : it. *straniare*, val. *streiná*, esp. *estrañar*, pr. *estranhar*, v.-fr. *estrangier*, éloigner, expatrier.

Falco (Servius sur le livre X, v. 146, de l'Énéide); Festus le cite dans un autre sens : « *falcones* dicuntur quorum digiti pollices in pedibus intro sunt curvati, a similitudine *falcis* » (p. 88) : it. *falcone*, etc.; nom de l'oiseau.

Falsare (*Pandectes*, S. Jérôme) : it. *falsare*, esp. pr. *falsar*, fr. *fausser*.

« *Famicosam* terram palustrem vocabant » (Festus p. 87). La forme et le sens rapprochent de ce mot l'it. esp. *fangoso*, pr. *fangos;* mais le subst. prov. *fanha* et même le fr. *fangeux* portent plutôt à tirer le mot roman du got. *fani*, gén. *fanjis*.

Farnus pour *fraxinus* (Vitruve) ; voy. le *Dict. étymol.* s. v. *Farnia*, II *a*.

Fata pour *parca* (*Inscriptions;* sur une monnaie de Dioclétien) : it. *fata*, esp. *hada*, pr. *fada*, fr. *fée*. Le Glossaire de Paris (éd. Hildebrand) a au contraire *fata = parcae*, par conséquent sing. *fatum;* mais l'admission en roman du nom. sing. *fata* ne fait pas doute.

Fictus pour *fixus* (Lucrèce, Varron) : it. *fitto*, pg. *fito*, esp. *hito*, val. *fipt*, fixé, lié; b.-lat. *fictum*, contribution (ce qui est établi), p. ex. « *ficto*, quod est census » (*Hist. patriae Mon.* n. 121, s. a. 963).

Filiaster pour *privignus* (*Inscriptions*) : it. *figliastro*, esp. *hijastro*, pr. *filhastre*, v.-fr. *fillastre*.

Fissiculare (Apulée, Martianus Capella) : de ce mot vient le v. fr. *fesler*, fr. *fêler*, comme *mêler* de *misculare*.

Fluvidus pour *fluidus* (Lucrèce) ; l'it. *fluvido* présente la même intercalation du *v*.

Follicare, haleter comme un soufflet, seulement au participe *follicans* (Apulée, Tertullien, S. Jérôme) : pg. *folgar*, esp. *holgar*, se reposer, proprement souffler après une fatigue.

Fracidus, flétri, fané; *olea fracida* (Caton *De re rustica*) : it. *fracido*, m. s.

Frigidare (Cael. Aurelius) : it. *freddare*. Les autres langues n'ont que des composés.

« *Gabalum* crucem dici veteres volunt » (Varron dans Nonius) : cf. fr. *yable*, faîte d'une maison, qui rappelle aussi, il est vrai, l'all. *gabel*. Voy. le *Dict. étymol.*

Gabăta (Martial) : esp. *gábata*, n.-pr. *gaoudo*, fr. *jatte*, it. *gavetta*, écuelle de bois. Ce mot a developpé un autre sens dans pr. *gauta*, it. *gota*, fr. *joue*. Voy. le *Dict. étymol.*

Galgulus, nom d'un oiseau (Pline *Hist. nat.* var.) : esp. *gálgulo*, merle doré; it. *rigógolo*, loriot, = *aurigalgulus*.

Gaudebundus, gaudibundus (Apulée) : pr. *gauzion, jauzion*, fém. *gauzionda*.

Gavia, nom d'un oiseau (Pline *Hist. nat.*) : esp. *gavia*, pg. *gaivota*, mouette.

Genuculum pour *geniculum*, d'après le verbe *congenuclare* (Caelius dans Nonius); *genuculum* (*L. Salique*) : *ginocchio*, esp. *hinojo*, v.-fr. *genouil*, fr. *genou*. Voy. la dissertation de Pott, *Plattlatein*, p. 316.

Gluto, comme *gulosus* (Festus p. 112, Isidore) : it. *ghiottone*, esp. pr. *gloton*, fr. *glouton*.

Grandire (Plaute, Pacuvius et autres) : it. *grandire*, fr. *grandir*.

Grossus (*Vulgate*, Sulpice Sévère); *grossitudo* (Solin) : it. *grosso*, esp. *grueso*, pr. fr. val. *gros*.

Grundire pour *grunnire*, archaïsme cité par les grammairiens, se retrouve dans le pr. *grondir*, v.-fr. *grondir, grondre*; cf. fr. *gronder*.

Gubernum pour *gubernaculum* (Lucrèce, Lucilius) : it. *governo*, pr. *govern*, m. s.; esp. *gobierno*, v.-fr. *gouverne*, au sens figuré. Labérius a dit *gubernius* pour *gubernator;* le même suffixe se retrouve dans l'esp. *governio* pour *timon* (*Apolonio* p. 273).

Gumia, gourmand (Lucilius, Apulée) : esp. *gomia*, glouton, et épouvantail, comme le lat. *manducus*.

Gyrare (Pline, Végèce) : it. *girare*, esp. *girar*, pr. *girar*, v.-fr. *gyrer*.

Halitare (Ennius) : it. *alitare*, fr. *haleter*.

Hapsus, touffe de laine (Celse) : pr. mod. *aus*, toison.

Hereditare, pour la première fois dans Salvien, avec le sens de mettre en possession : it. *ereditare, eredare, redare;* esp. *heredar*, pg. *herdar*, pr. *heretar*, fr. *hériter*.

« *Hetta*, res minimi pretii..... *quum dicimus* : Non *hettae* te facio » (Festus p. 99); certainement conservé dans l'it. *ette*, bagatelles, dans les patois *eta, etta, etti, et*.

Impedicare (Amm. Marcellin), embarrasser, enlacer : it. *impedicare*, m. s., mais peu usité; pr. *empedegar*, v.-fr. *empegier*.

Impostor (S. Jérôme, *Pandectes*), *verbum rusticum* d'après Grégoire le Grand (v. Du Cange) : it. *impostore*, etc.

Improperare (Pétrone), *improperium* (*Vulgate*) : it. *im-*

proverare, rimproverare; esp. *improperar,* it. esp. *improperio,* v.-fr. *impropèrer.*

Incapabilis (S. Augustin) : fr. *incapable.*

Inceptare (Plaute, Térence, Aulu-Gelle) : pg. *enceitar,* esp. *encentar,* couper quelque chose pour le manger.

Incrassare (Tertullien) : it. *ingrassare,* esp. *engrasar,* fr. *engraisser.*

Inhortari (Apulée) : seulement v.-fr. *enorter.*

Intimare, dans plusieurs auteurs des derniers temps : it. *intimare,* esp. pr. *intimar,* fr. *intimer.*

Jejunare (Tertullien) : *giunare,* val. *ažunà,* esp. *ayunar,* fr. *jeûner.*

Jentare (Varron dans Nonius, qui le traite de mot peu usité; Martial, Suétone), déjeûner : esp. *yantar,* pg. *jantar,* roum. *ientar.* D'anciens glossaires donnent aussi *jantare.*

Jubilare, mot usité à la campagne d'après Festus : « *Jubilare* est rustica voce inclamare »; cf. Varron, *De lingua latina,* V, 6, 68 : « Ut quiritare urbanorum, sic *jubilare* rusticorum. » Les écrivains chrétiens ne l'emploient que pour signifier être joyeux : de là it. *giubilare,* esp. *jubilar.* Le mot des citadins, *quiritare,* s'est aussi conservé en roman, comme l'avaient déjà pensé Scaliger et Vossius : it. *gridare,* esp. *gritar,* fr. *crier.* Voy. le *Dict. étymol.*

Jucundare (S. Augustin, Lactance) : it. *giocondare.* Grégoire de Tours l'emploie très-souvent.

Juramentum (*Pandectes,* Ammien Marcellin, Sulpice Sévère) : it. *giuramento,* val. *žuręmųnt,* esp. *juramento,* fr. *jurement.*

Justificare (Tertullien, Prudence) : it. *giustificare,* etc.

Lacte et *lactem,* à l'accusatif, pour *lac* (Plaute, Aulu-Gelle, Apulée et autres) : it. *latte,* esp. *leche,* fr. *lait,* mots qui d'après les lois de formation romane viennent plutôt de cette forme que de *lac.*

Lanceare (Tertullien) : it. *lanziare,* esp. *lanzar,* fr. *lancer.*

Levisticum pour *ligusticum,* nom de plante (Végèce *De arte vet.*) : it. *levistico,* fr. *livèche.* Freund n'a pas admis cette forme barbare.

Licinium, sindon, charpie (Végèce *De arte vet.*) : esp. *lechino,* pg. *lichino.*

Ligatio (Scribonius Largus) : pr. *liazò* (*Gloss. Occit.*), fr. *liaison*.

Liquiritia, mot corrompu de γλυκύρριζα (Theodorus Priscianus, *De diaeta*; Végèce) : *legorizia*, esp. *regaliz*, fr. *réglisse*.

Loba, tuyau du blé d'Inde (Pline) : mil. *loeuva*, épi du sarrazin, panicule du maïs (Biondelli).

Longano, *longabo*, boyau, saucisse (Varron, Caelius Aurelius, Végèce, Apicius) : esp. *longaniza* dans le dernier sens.

Maccus, niais, imbécile (Apulée) : sard. *maccu*, m. s.

Macror, variante pour *macies* (Pacuvius) : fr. *maigreur*.

« *Magisterare* pro *regere* et *temperare* dicebant antiqui » (Festus p. 152 153, Spartien) : it. *maestrare*, v.-esp. *maestrar*, pr. *maiestrar*, v.-fr. *maistrer*, enseigner, ordonner.

Malitas (var. des *Pandectes*) : esp. *maldad*.

Mamma pour *mater*, mot d'enfant (Varron dans Nonius) : it. *mamma*, esp. *mama*, fr. *maman*, val. *mamę* ou *mumę*; en valaque, c'est le mot propre pour mère.

Mammare pour *lactare* (S. Augustin) : esp. *mamar*.

Manducare, souvent employé pour *edere* dans les derniers temps : it. *mangiare*, v.-pg. pr. *manjar*, fr. *manger*.

Masticare, gr. μαστάζειν, pour *mandere*, postérieur à la bonne époque (Apulée, Theod. Priscianus, Macer) : it. *masticare*, esp. *mascar*, pr. *mastegar*, fr. *mâcher*.

Mattus pour *ebrius* (Pétrone) : de là peut-être l'it. *matto*, fou.

Medietas, mot que Cicéron hésitait à écrire et n'employait que pour traduire le gr. μεσότης : « bina media, vix enim audeo dicere *medietates* » (cf. Freund) : it. *medietà*, esp. *mitad*, pr. *meytat*, fr. *moitié*. Fréquent dans le plus ancien bas-latin et dans les arpenteurs.

Mejare, pour *mejere*, est cité par Diomède sans exemple (v. Forcellini) : à ce mot répondent le pg. *mijar* et l'esp. *mear*, qui du reste pourraient venir directement de *mejere*.

Melicus pour *medicus*, de Médie, prononciation vulgaire blâmée par Varron : esp. *mielga*, de *melica* pour *medica*, luzerne.

Meliorare (*Cod. Justin.*, *Pandectes*) : it. *migliorare*, esp. *mejorar*, pr. *melhurar*, fr. *a-méliorer*.

Mensurare (Végèce *De re milit.*) : it. *misurare*, etc.

Minaciae pour *minae* (seulement dans Plaute): it. *minaccia*, esp. *a-menaza*, pr. *menassa*, fr. *menace*.

Minare, faire avancer le bétail par des menaces (Apulée; cf. Festus dans Paul Diacre), pris dans le sens de *ducere* : it. *menare*, pr. *menar*, fr. *mener*. De même *prominare* (Apulée) : fr. *promener*.

Minorare (Tertullien, *Pandectes*) : it. *minorare*, esp. *menorar*.

Minutalis pour *minutus* (Apulée, Tertullien, S. Jérôme et autres) : *minutaglia* (du pl. *minutalia*), bagatelle, futilité.

Modernus (pour la première fois dans Priscien, Cassiodore), de l'adv. *modo*: it. esp. *moderno*, fr. *moderne*.

Molestare (Pétrone, Apulée et autres) : it. *molestare*.

Molina pour *mola* (Ammien Marcellin) : pr. *molina*; masc. it. *molino*, esp. *molino*, fr. *moulin*.

Morsicare, se mordre les lèvres (Apulée) : it. *morsicare*, saisir avec les dents.

Murcidus, paresseux (seulement Pomponius dans S. Augustin) : pg. *murcho*, mou, flétri.

Naufragare (Pétrone, Sid. Apollinaire) : it. *naufragare*, esp. *naufragar*, fr. *naufrager*.

Nervium, gr. νευρίον, pour *nervus* (Varron dans Nonius, Pétrone) : esp. *nervio*, pr. *nervi*.

Nitidare (Ennius, Palladius, Columelle) : it. *nettare*, fr. *nettoyer*.

Obsequiae pour *exsequiae* dans les Inscriptions (voy. du Cange) : v.-esp. pr. *obsequias*, fr. *obsèques*.

Obviare, mot postérieur aux bons siècles : it. *ovviare*, esp. *obviar* (plus anciennement *oviar* et autres formes), fr. *obvier*.

Octuaginta pour *octoginta* (seulement dans Vitruve), très-fréquent dans les chartes du moyen âge (cf. par exemple *Hist. patriae monumenta*, n° 90, 98). L'it. *ottanta* est à cet *octuaginta* comme *settanta* à *septuaginta*: les deux premiers de ces mots peuvent devoir leur formes aux deux derniers. Ou bien *octuaginta* a-t-il une raison d'exister?

Olor pour *odor* (Varron, Apulée) : it. *olore*, esp. pr. *olor*, v.-fr. *olor*.

Orbus pour *caecus* : « *orba* est quae patrem aut filios *quasi lumen* amisit » (Festus dans Paul Diacre, p. 183, et autres ; cf. le *Dict. étymol.*) : it. *orbo*, val. pr. v.-fr. *orb*, m. s.

Ossum pour *os*, *ossis*, archaïsme (Pacuvius, Varron et autres) : it. *osso*, esp. *hueso;* ces mots se rattachent mieux à *ossum* qu'à *os*.

Pala pour *scapula* (Caelius Aurel.) : sard. *pala*, m. s.

Palitari, fréquent. de *palari* (Plaute) : de là p.-ê. it. *paltone* (pour *palitone*, comme *faltare* pour *fallitare*), vagabond, mendiant.

Panucula pour *panicula* (Festus, p. 220 : « *panus* facit deminutivum *panucula* ») : it. *pannocchia*, esp. *panoja*, m. s.

Papa, mot enfantin pour père : fr. *papa*, etc. Voy. le *Dict. étymol.*

Papilio, dans le sens de tente (Lampridius et autres postérieurs) : it. *padiglione*, esp. *pabellon*, fr. *pavillon*.

Paraveredus, de παρὰ et *veredus*, cheval de volée, cheval léger (Cod. Théod., Cod. Justin.), b.-l. *parafredus* (Loi Bav.) : it. *palafreno*, esp. *palafren*, fr. *palefroi*.

Pauper, a, um (Plaute dans Servius, Caelius Aurelius) : it. *povero*, jamais *povere;* esp. *pobre*, mais pr. *paubre paubra, paubramen*.

Pausare (Caelius Aurelius; Végèce, De re vet.) : it. *pausare*, esp. *pausar*, fr. *pauser;* et dans un autre sens it. *posare*, esp. *posar*, fr. *poser*.

Peduculus pour *pediculus* (Pelagonius); *peduculus* = φθείρ (Gloss. Philox.) : *pidocchio*, esp. *piojo*, v.-fr. *peauil*, fr. *pou*.

Pejorare (Julius Paulus, Caelius Aurelius) : it. *peggiorare*, v.-esp. *peorar*, pr. *peyorar*, fr. *empirer*.

Petiolus, petit pied, queue de fruit (Afranius dans Nonius, Celse, Columelle) : it. *picciuolo* dans le dernier sens, val. *picior*, pied.

Petricosus : « Res *petricosa* est, Cotile, bellus homo » (Martial III, 63). Telle est la leçon des premières éditions; d'autres ont *pertricosa* ou *prætricosa*. *Petricosus* signifierait pierreux, difficile, ce qui rappellerait *scrupulosus*, de *scrupulus*, dim. de *scrupus*, rocher. Cabrera (I, 12) y voit l'esp. *pedregoso*, pierreux, qu'on rencontre dès 972 sous la forme *pedregosus*. Honnorat donne le pr. mod. *peiregous*. *Petricosus* ne peut, il est vrai, se tirer immédiatement de *petra* : il manque un anneau intermédiaire, comme le montre la formation de *bell-ic-osus*. Mais il semble que cet anneau, dont nous ne trouvons pas de trace en latin, ait été transmis aux langues romanes, car on le retrouve dans d'autres mots : esp. *pedr-egal*, champ pierreux ; pr. *peir-eg-ada*, tempête de grêle ; et elles n'emploient le suffixe *icus* pour la formation de mots nouveaux que dans des cas excessivement rares.

Pilare pour *expillare* (Ammien Marcellin) : *pigliare*, esp. pr. *pillar*, fr. *piller*. Voy. le *Dict. étymol.*

Pipio, petit oiseau, petite colombe (Lampridius) : it. *pippione picicione*, esp. *pichon*, fr. *pigeon*.

Pisare pour *pinsere* (Varron) : de là esp. *pisar*, fr. *piser*, val. *pisà*. De même *pistare* (Végèce, *De re vet.* Apulée) : it. *pestare*, esp. *pistar*, pr. *pestar*.

Plagare pour *plagam ferre* (S. Augustin) : it. *piagare*, esp. *plagar llagar*, pg. *chagar*, pr. *plagar*, v.-fr. *plaier*.

« *Plancae* dicebantur tabulae *planae* » (Festus, p. 230 ; Palladius) : piém. *pianca*, pr. *planca*, fr. *planche*.

Plotus, qui a les pieds plats (Festus) : de là sans doute it. *piota*, semelle. Voy. le *Dict. étymol.*

Possibilis, déjà dans Quintilien, qui le traite de *dura appellatio*; fréquent dans les auteurs postérieurs, ainsi que *possibilitas* : it. *possibile*, etc.

Potestativus (Tertullien) : pr. *potestatiu*, v.-fr. *poesteïf*.

Praestus, de l'adv. *praesto* (Gruter *Corp. Inscr.* p. 669, n.° 4 ; *L. Sal.*) : it. esp. *presto*, pr. *prest*, fr. *prêt*.

Proba (Ammien Marcellin, *Cod. Just.*) : it. *prova*, etc.

Pronare, de *pronus* (Sid. Apollinaire), *adpronare* (Apulée) : *deprunar por el val*, descendre dans la vallée (*Poema del Cid*, v. 1501). Subst. *prunada*, m. s. que *caida u desgracia* (Sanchez).

Propaginare (Tertullien) : *propagginare*, pr. *probainar* (*Gl. Occit.*), fr. *provigner*.

Propiare pour *prope accedere* (S. Paulin de Nole) : it. *approcciare*, pr. *apropchar*, fr. *approcher*.

Pullare pour *pullulare* (Calpurnius, *ecl.* V) : l'it. *pollare* se rapproche plus de ce mot que de *pullulare*; cf. *pillola*, ou bien *urlare* de *ululare*.

Pullicenus pour *pullus gallinaceus* (Lampridius) : pr. *pouzi*, fr. *poucin* ou *poussin*.

Putus pour *puer*, mot populaire : it. *putto*, esp. pg. *puto*.

Putillus, dimin. (Plaute) : it. *putello*. V. le *Dict. étymol.*

Quiritare. Voy. plus haut *jubilare*.

Rallus, probablement dans le sens de mince; *vestis ralla* (Plaute): esp. pg. *ralo,* fr. (pat.) *rale,* alban. *ralẹ,* m. s.

Rancor, rancune (S. Jérôme): it. *rancore,* v.-esp. pr. *rancor,* v.-fr. *rancœur.*

Refrigerium (Tertullien, Orose) : it. *refrigerio,* etc.

Reicere pour *rejicere,* employé au temps de Servius (cf. Schneider, I, 581) : it. *récere,* cracher, avec une contraction encore plus forte.

Rememorare (Tertullien) : it. *rimembrare,* v.-esp. pr. *remembrar,* fr. *remembrer.*

Repatriare (Solin) : it. *ripatriare,* esp. *repatriar,* pr. *repairar,* v.-fr. *repairer.*

Retractio, action de retirer, d'amoindrir : pr. *retraissó,* remontrance, reproche.

Rostrum pour *os, oris* (Plaute, Lucilius, Varron, Pétrone, *Pandectes*) : esp. *rostro,* pg. *rosto,* visage; val. *rost,* bouche.

Ruidus, raboteux (Pline) : it. *ruvido,* m. s. (Voy. le *Dict. étymol.*); p.-ê. aussi esp. *rudo.*

« *Rumare* dicebant quod nunc *ruminare* » (Festus, p. 270, 271). A cette forme se rapporte l'it. *rumare,* qui pourrait cependant venir de *ruminare,* comme *nomare* de *nominare.*

Rumigare pour *ruminare* (Apulée) : esp. *rumiar.*

Rumpus, vrille de la vigne qu'on fait courir d'un arbre à l'autre (seulement dans Varron) : tessin. *romp,* m. s.

Ruspari, ruspare, fouiller, scruter (Accius dans Nonius, Apulée, Tertullien ; cf. Festus) ; d'après Vossius le sens primitif était gratter : l'it. *ruspare* confirmerait cette opinion.

Saga (Ennius), plus souvent *sagum:* it. *saja,* esp. pr. *saya,* fr. *saie.*

Sanguisuga : « hirudine, quam *sanguisugam* vulgo coepisse appellari adverto » (Pline VIII, 10) : it. pg. *sanguisuga,* esp. *sanguija* (pour *sanjuga*) *sanguijuela,* pr. *sancsuya,* fr. *sangsue.*

Sapius pour *sapiens,* d'après le composé *nesapius* (Pétrone, Terentius Scaurus) : it. *saggio,* esp. *sabio,* pr. *sabi satge;* fr. *sage.* Cf. *Dict. étymol.*

« *Sarpere* antiqui pro *putare* dicebant » (Festus, p. 322) : de là v.-fr. *sarpe,* fr. *serpe.*

Scalpturire. Voy. le *Dict. étymol.* s. v. *Scalterire,* II *a.*

Scamillus, dans Priscien *scamellum,* dimin. de *scamnum :* esp. *escamel,* pr. *escaimel,* v.-fr. *eschamel.*

Senectus, comme adjectif, rare et archaïque (Freund), employé par Lucrèce, Plaute, Salluste. Le mot esp., rare aussi, *senecho* (*muy senechas las quixadas*, les joues vieilles, c.-à-d. flétries, *Cancionero de Baena*, p. 106) ne peut régulièrement venir que de *senectus*.

« *Sermonari* rusticius videtur, sed rectius; *sermocinari* crebrius est, sed corruptius » (Aulu-Gelle XVII, 2) : it. *sermonare*, pr. *sermonar*, fr. *sermonner*.

Sifilare pour *sibilare*, forme vieillie d'après Nonius, s'est conservé dans le fr. *siffler*.

Singillus, qui se déduit de *singillarius* pour *singularius* (Tertullien) : pg. *singelo*.

Solitaneus pour *solitarius* (Theodorus Priscianus) : v.-fr. *soltain : les voies soltaines et gastes* (*Brut* II, 291), m.-h.-all. *Soltâne*, le désert.

Somnolentus pour *somniculosus* (Apulée, Solin) : it. *sonnolento*, esp. *sonoliento*, pr. *somnolent*. *Somnolentia* (Sid. Apollinaire) : it. *sonnolenza*, etc.

Sortus : « *surregit* et *sortus* ponebant antiqui pro *surrexit* et ejus participio, quasi sit *surrectus* « (Festus, p. 297) : it. *sorto*, de *surgere*.

Spatha, gr. σπάθη, instrument long et élargi pour remuer, spatule, puis épée large, et sans doute dans ce dernier sens *vocabulum castrense*, déjà dans Tacite (*Annal*. XII, 35) : « gladiis ac pilis legionariorum..., *spathis* et hastis auxiliarium »; dans Végèce (*De re militari*, II, 15) : « gladios majores, quos *spathas* vocant », et autres. En roman le dernier sens s'est conservé seul : it. *spada*, val. *spate*, esp. pr. *espada*, fr. *épée*.

Spathula, ordinairement *spatula*, dimin. du précédent, désigne, comme aussi le gr. σπάθη, l'omoplate ou les grandes côtes des animaux. Apicius dit *spatula porcina:* de là it. *spalla*, esp. *espalda*, pg. *espádoa*, pr. *espatla*, fr. *épaule*.

Species, dans le sens d'épice (Macrobe, Palladius, etc.) : it. *spezie spezj*, esp. *especia*, fr. *épice*.

Stagnum pour *stannum*, d'après les dérivés *stagnatus*, *stagneus* : it. *stagno*, esp. *estano*, pr. *estanh*, fr. *étain*.

Stloppus, sclopus, bruit, détonation (Perse) : it. *stioppo schioppo*, m. s. De là aussi le b.-lat. *sclupare* (*L. Sal.*).

Striga, avec le double sens d'oiseau de nuit et de sorcière, dans Pétrone et Apulée, a conservé le dernier en roman : it. *strega*, pg. *estria*, v.-fr. *estrie*, val. *strigôe*.

Struppus, lien, courroie (Gracchus dans Aulu-Gelle) : it. *stróppolo*, fr. *étrope,* esp. *estrovo,* corde, bouée.

Subsannare, insulter, honnir (Tertullien, Némésien, S. Jérôme) : v.-esp. *sosanar*, m. s., p.-ê. aussi pr. *soanar*, v.-fr. *sooner.*

Suis pour *sus* (Prudence) : de là esp. *soez*, sale?

Tata, mot enfantin pour *pater* (Varron dans Nonius, Martial, *Inscr.*) : it. (pat.) *tata,* val. *tatę,* esp. *taita.*

« *Tauras* vaccas steriles appellari ait Verrius, quae non magis pariant quam *tauri* » (Festus, p. 352, 353) : pg. *toura,* pr. *toriga,* m. s. Le fr. *taure* a une autre signification.

Taxare, originairement avec le sens de tâter : « *taxare* pressius crebriusque est quam *tangere*, unde procul dubio id inclinatum est » (Aulu-Gelle, II, 6; cf. Festus). Ce sens, qui d'ailleurs est constaté, mais n'est employé par aucun auteur, a persisté dans l'itér. roman *tastare = taxitare.*

Termen pour *terminus* (Varro, *De ling. lat.*). L'it. *termine* ne peut venir de *terminus*, ni même rigoureusement de *termen;* il suppose un acc. masc. *terminem;* cf. *terminibus* QUI *distant,* dans les arpenteurs. Le plur. de *termen, terminia,* a produit en b.-lat. d'un côté le sing. *terminium,* pr. *termini;* de l'autre le fém. *terminia* (voy. Pott, *Zeitschrift für Alterthumswissenschaft*, XI, 486).

Testa, dans le sens de la boîte du crâne (Prudence, Ausone, Caelius) : it. esp. pr. *testa,* fr. *tête.*

Tina, vase pour le vin (Varron dans Nonius) : it. esp. pr. *tina,* fr. *tine,* alban. *tinę,* mot populaire.

Tinnitare, comme *tinnire* (Philomela) : fr. *tinter.*

Tragula pour *traha,* herse (Varron) : c'est tout à fait, comme forme, le fr. *traille,* pont-volant.

Tribulare, tourmenter, vexer (Tertullien) : it. *tribolare,* pr. *tribolar,* v.-fr. *triboiller.*

Trico, débiteur en retard, chicaneur (Lucilius) : comasq. *trignon,* m. s.

Trusare, fréq. de *trudere* (Catulle) : lomb. *trusà,* pr. *trusar,* heurter.

Turio, pousse, rejeton (Columelle) : cat. *toria,* marcotte, provin.

Unio : 1° union, assemblage (Tertullien, S. Jérôme) : it. *unione,* etc.; 2° oignon (Columelle) : pr. *uignon,* fr. *oignon.*

Vacivus (Plaute, Térence) : esp. *vacio*.

Valentia (Maevius, Titinnius, Macrobe) : it. *valenza*, etc.

Vallus, dimin. de *vannus* (Varron) : it. *vaglio*.

Vanare, tromper par de belles paroles (Accius dans Nonius) : it. *vanare*, radoter, ordinairement *vaneggiare;* esp. seulement *vanear*, pr. *vanar*, hâbler.

Vanitare, itératif du précédent (S. Augustin, *Oper.* t. I, p. 437, 761) : it. *vantare*, etc.

Vasca-tibia (Solin) semble désigner une flûte traversière (Freund); p.-ê. est-ce un pur hasard que la ressemblance de ce mot avec le pr. *bascunc* (p. *bascuenc?* *Gl. Occit.*, Honnorat), qui est traduit par *de travers*.

Vasum pour *vas* (Plaute, Caton, Pétrone, etc.) : it. esp. pg. *vaso*, jamais *vase*.

Veruina, de *veru* (Plaute, cf. Fulgence) : it. *verrina*, foret. L'*u* est tombé, comme cela arrive souvent.

Victualis (Apulée, *Cod. Just.*), *victualia*, subst. (Cassiodore): it. *vettovaglia*, esp. *vitualla*, pr. *vitoalha vitalha*, v.-fr. *vitaille ;* de même dans les *Form. Bignon*, n° 13, *vitalia* sans *u*.

Vidulus, coffre, malle (Plaute) : de là p.-ê. it. *valigia*, fr. *valise*. Voy. le *Dict. étymol*.

Vilescere (Avienus) : v.-esp. *vilecer*, pr. *vilzir*.

Viscidus, gluant, pâteux (Theodorus Priscianus) : de là probablement it. *vincido*, mou.

Vitulari, montrer de la joie, proprement sauter comme un veau, de *vitulus*, si toutefois il ne faut pas prononcer *vitulari* (Plaute, Ennius, Naevius et autres) : pr. *viular*, *violar*, jouer du violon; subst. *viula viola ;* it. esp. *vióla*, fr. *vielle*, b.-lat. *vitulus*, m. s. Voy. le *Dict. étymol*.

Volentia (Apulée, Solin), mot rare d'après Nonius : it. *voglienza*, vouloir, inclination.

Vorsare pour *versare :* v.-esp. *bosar* ou *vosar*, dans le sens de l'it. *versare*, fr. *verser*.

Cette liste contient certainement plus d'un mot qui n'a pas le droit d'être proprement appelé populaire. Mais comment éviter toute erreur en pareille matière? Pour prouver quelque chose, il fallait accumuler les exemples : on peut en supprimer quelques-uns sans que l'ensemble perde sensiblement de son effet. On peut croire aussi que les langues romanes ont créé de leur propre fonds plusieurs des verbes composés qui figurent plus haut, comme *abbreviare, disseparare, incrassare, rememorare,* ou des dérivés tels que *dulcire* (cf. fr. *aigrir, brunir, rougir*), *captivare, frigidare, molestare, tinnitare, vanitare, amarescere, vilescere, macror, malitas, solitaneus* : car ces procédés leur sont extrêmement familiers. Mais pourquoi deux créations successives d'un seul et même mot? Au reste les auteurs de la décadence offrent bien des mots qui manquent à la littérature antérieure et qu'il est impossible de regarder comme d'un usage vulgaire ; ils semblent au contraire être en grande partie de libres créations des écrivains, surtout des ecclésiastiques [1], et n'avoir pénétré dans les langues nouvelles que par une voie purement littéraire. Les mots les plus importants, dans la liste qui précède, sont ces mots simples et usuels dont la littérature offre seulement la mention ou de rares exemples, et dont plusieurs ont pris sur le sol roman une importance et ont trouvé une diffusion considérable. Tels sont, par exemple, *bassus, boja, brisa, buda, burra, campsare, crena, grossus, hapsus, hetta, maccus, olor, planca, plotus, putus, rallus, ruspari, sarpere, stloppus, struppus, tina.* — Encore une question : N'y a-t-il pas des primitifs qu'on ne trouve pas dans la littérature ancienne et qui ont maintenu dans les langues néo-latines l'existence qu'ils avaient dans le latin populaire, sans que nous en ayons eu la preuve? La possibilité de ce cas est incontestable; mais il ne faut pas s'attendre à ce qu'il se soit souvent produit ; car si la langue latine possédait le primitif, elle avait autant de commodité et de penchant à s'en servir que du dérivé. Cependant on rencontre quelques exemples de cet accident, par exemple l'it. *gracco*, en lat. seulement *gracculus*, geai; pg. *fraga*, sol raboteux, lat. seulement *fragosus*, âpre, inégal (voy. le *Dict. étymol.* II, 6); v.-it. *marco*, maillet, lat. *marculus;* it. *mazza*, esp. *maza*, pr. *massa*, fr. *masse*, lat. *mateola*, fléau, qui suppose le prim. *matea=mazza;* it. *mozzo*, moyeu, lat. *modiolus*, de *modius*, inusité dans ce sens; v.-fr. *sap*, lat. *sappinus;* val. *vitę*, bœuf (alb. *vits*, veau), lat. *vitulus*. Il y a quelques simples dans le même cas, comme esp. pr. *cobrar*, v.-fr. *coubrer*, lat. seulement *recuperare;* it. *turare*, esp. *turar*, boucher, lat. seulement *obturare*. Mais ici la particule a pu si facilement tomber, qu'il faut être très-cir-

---

1. Voy. Funccius, *De vegeta latinae linguae senectute*, cap. XI, p. 10 et suiv.

conspect [1]. — Les expressions techniques rares ont été à peu près complétement exclues de la liste, parce que la rareté de leur apparition ne tient pas à leur caractère populaire, mais bien à la nature même de la chose qu'elles expriment. Mais c'est là un cas où la philologie latine peut apprendre quelque chose des langues romanes. Il y a, par exemple, dans les auteurs anciens un assez grand nombre d'expressions d'histoire naturelle dont on ne peut préciser le sens propre; quand elles ont été transmises aux langues nouvelles, on risque rarement de se tromper en y cherchant leur sens. C'est le cas, par exemple, pour les mots *avis tarda*, (esp. *avutarda*, fr. *outarde*), *caecilia* (it. *cicigna*), *carduelis* (it. *cardellino*), *dasypus* (esp. *gazapo*), *farnus* (it. *farnia*), *galgulus* (esp. *galgulo*), *gallicus canis* (esp. *galgo*), *gavia* (esp. *gavia gaviota*), *melis* (b.-lat. *melo, onis*, napol. *mologna*), *nepeta* (esp. *nebeda*), *opulus* (it. *oppio*), *secale* (it. *segola*, fr. *seigle*), *tinca* (it. *tinca*, fr. *tanche*).

Il est à peine besoin de remarquer qu'il y a aussi bien des mots qui sont cités par les anciens comme populaires et dont la lexicologie romane ne présente pas de traces.

[1]. C'est certainement un des plus intéressants problèmes de la philologie romane que de reconstruire les primitifs latins par le moyen des mots romans, et de rendre ainsi à la mère ce que ses filles ont reçu d'elle; aussi les tentatives n'ont-elles point manqué dans cette direction; nous en trouvons une preuve nouvelle dans les ingénieuses *Observations sur un procédé de dérivation dans la langue française*, par E. Egger (*Acad. des Inscript.* XXIV. Paris, 1864). Malheureusement l'auteur ne s'est jamais élevé au dessus de l'horizon français, et sans l'application de la méthode comparative on ne peut arriver à des résultats satisfaisants. « *Siége*, par exemple, *doit répondre à une forme perdue* sedica, *comme* piège *répond à* pedica. » Cela pourrait être, s'il n'existait l'italien *sedia*, qui est à *siége* comme *assediare* est à *assiéger*: or, on ne peut pas invoquer pour *sedia* un type *sedica*, le *c* latin n'étant point élidé en italien. — *Épier* viendrait, selon M. Egger, d'un latin *spicare;* nous accordons facilement qu'un verbe de ce genre ait pu exister, mais non qu'il survive dans *épier*. *Épier* se rapporte à l'ital. *spiare* (vieil haut-all. *spëhôn*), comme le v.-fr. *espie* répond à l'ital. *spia* (vieil haut-all. *spëha*). — De même le mot *vaisseau* ne prouve point l'existence d'une forme perdue *vas-illum*, le type régulier étant *vas-cellum*, qu'on rencontre d'ailleurs dans une inscription. Déduire *nettoyer* d'un *nitigare* disparu, c'est méconnaître la spontanéité et la force plastique des langues romanes. Les langues ne cessent jamais de créer.

Les exemples d'archaïsmes ou d'idiotismes transmis aux langues romanes par le latin populaire que nous avons cités jusqu'à présent sont tous antérieurs au moyen-âge. Mais les éléments latins de ces langues se divisent en deux séries, ceux qui nous sont connus par les écrivains classiques, et ceux qui ont été empruntés à la basse latinité. Ces derniers ne consistent parfois qu'en des altérations de forme, comme *cattare* pour *captare*, *colpus* pour *colaphus*, *cosinus* pour *consobrinus;* ou bien ce sont des formations nouvelles, comme *auca, cappa, companium, furo, plagia, poledrus;* pour d'autres l'origine latine ne s'établit que par hypothèse. Sans aucun doute, il y a une partie de ces mots qui ne date pas du moyen-âge, qui remonte jusqu'à l'antiquité. On ne peut admettre, par exemple, que des mots comme *auca, furo, plagia*, qui vers l'an 600 sont constatés dans l'usage commun et reconnus pour latins, qui plus tard se retrouvent dans presque toutes les langues romanes, soient nés dans les provinces pendant l'intervalle de cent cinquante ans qui sépare cette époque de la chute de l'Empire, et aient trouvé aussitôt un accueil dans la langue littéraire du temps. En outre, *auca* pour *avica* est évidemment une formation bien plus latine que romane, car les langues nouvelles ne font presque jamais usage du suffixe *ica;* et *furo* a conservé en italien le sens qu'il a certainement eu à l'origine, celui de maître filou, de voleur. Il y a même des mots romans dont on ne retrouve pas le type en bas latin, et dont la forme accuse une origine latine. Ainsi l'it. *ripido,* escarpé, indique un modèle latin *ripidus*, car le roman n'emploie jamais le suffixe *idus* à de nouvelles formations; on a dit *ripidus* de *ripa*, comme *viscidus* de *viscus*. Vouloir fixer l'âge d'un mot d'après la date de son apparition dans un monument est un procédé, il est vrai, diplomatiquement sûr; mais précisément pour cela, c'est un procédé superficiel, qui violente à chaque instant l'histoire de la langue. Plus d'un mot contenu dans la liste qui précède aurait été dévolu à la basse latinité, s'il ne s'était conservé par hasard dans un écrivain isolé; plus d'un mot roman d'origine latine, si le même hasard ne lui avait pas donné son acte de provenance, aurait été cherché, et peut-être trouvé, dans des langues étrangères. C'est ce qui serait sans doute arrivé, par exemple, au mot it. *cansare*, si Priscien ne nous avait conservé *campsare* dans un fragment d'Ennius. Pour apprécier les mots romans et bas-latins, il ne faut jamais oublier un point essentiel : c'est que nous ne possédons du vocabulaire latin qu'un grand fragment, et que l'état de civilisation où étaient parvenus les Romains, leurs

arts, leur industrie et leurs mœurs supposent une provision de
mots bien supérieure à celle qui nous a été transmise. Beaucoup
de ces mots, surtout des expressions techniques, doivent être
devenus d'usage commun dans la basse latinité; jusque-là une
grande partie était certes enfouie dans les glossaires[1].

Parmi les ouvrages des bas siècles qui offrent la plus riche
moisson de vieux mots romans, les lexiques sont les premiers.
En tête mérite d'être placé le livre du fécond et érudit évêque de
Séville, Isidore (mort en 635 ou 636), les *Origines* ou *Etymolo-
giae*, surtout à cause des onze derniers livres. L'auteur n'avait
autre chose en vue que d'expliquer des mots appartenant à la
bonne latinité; mais d'un côté il lui en échappe un assez grand
nombre de non latins, et de l'autre il désigne comme vulgaires ou
même déjà espagnoles plusieurs expressions qui se retrouvent en
effet pour la plupart dans la langue romane de l'Espagne. Le
grand avantage de ce livre sur les anciens glossaires, encore en
partie inédits, est moins la richesse que l'authenticité et la cor-
rection. Parmi les autres, l'un des plus purs et des plus anciens
(VI° siècle) est celui de Placidus; mais il est peu productif pour
notre usage. Le glossaire attribué à l'auteur des *Origines*, Isidore, est d'une bien plus grande importance, quoiqu'il soit étran-
gement altéré. L'auteur puisait encore, aussi bien que Placidus,
dans l'ouvrage complet de Festus; mais il ne manque pas de mots
qui portent le cachet des bas temps : *badare*, *ballatio*, *borda*,
campio, *cocistro*, *pilasca*, *pilottelus*, etc.; il en a même déjà
quelques-uns d'allemands, comme *lecator*, *frea* (ce dernier
d'après la *Lex Longobardorum*). Les glossaires grecs-latins
sont moins féconds; mais les glossaires latins-allemands offrent
un riche butin. A leur tête il faut placer les Glosses de Cassel,
dont le manuscrit semble être du VIII° siècle (publié par Wilhelm
Grimm, avec un fac-simile complet, Berlin, 1848). Il faut nom-

---

[1] Pott, dans son travail sur le bas latin et le roman (*Platilateinisch und
Romanisch*, dans le *Journal* de Kuhn et Aufrecht, I, p. 309), a traité cette
question récemment avec beaucoup de soin. Ruhnken avait déjà sou-
haité la publication des plus anciens glossaires : « Ut qui (juniorum
litteratorum) linguam latinam, de cujus inopia vetus querela est, aliquot
mille vocabulis ac formis nondum cognitis locupletet. » Voy. Bernhardy,
Geschichte der römischen Litteratur, 2° édit., p. 302. Ruhnken parle ici des
mss. de Leyde. Récemment M. Hildebrand (*Gloss. lat. saec. IX, praef.*) a
rappelé l'attention sur ces manuscrits; ce sont des glossaires où, comme
dans les glosses de Reichenau, des mots latins rares sont expliqués par
des mots d'usage courant.

mer ensuite le Vocabulaire de Saint-Gall, qu'on place au VIIe siècle (publié dans Wackernagel, *Lesebuch*, 1, 27; dans les *Denkmäler* de Hattemer, I, 11). Il y a encore d'autre travaux de ce genre, quelques-uns bien plus étendus que les précédents, qui nous fournissent avec de très-mauvais mots latins des matériaux utiles pour l'étude historique des langues romanes : tels sont les Glosses de Paris (publiées par Graff, *Diutiska*, I, 128), celles de Sélestadt (publiées par Wackernagel, Haupt's *Zeitschrift*, V, 318), le *Vocabularius optimus* (p. p. Wackernagel, Bâle, 1847), les Glosses latines anglo-saxonnes d'Erfurt (p. p. Œhler, *Jahrbücher der Philologie* de Jahn et Klotz, Supplément, XIII, p. 257 et suiv.), enfin quelques Dialogues allemands-latins du IXe siècle (p. p. Wilhelm Grimm, Berlin, 1851). Ces monuments lexicographiques sont pourtant surpassés par un texte de droit qui remonte aux premiers temps du moyen-âge, et où l'expression romane se fait jour sans scrupule, la Loi Salique (voy. l'important travail de Pott sur le côté philologique de cette célèbre loi, dans Höfer, *Zeitschrift*, III, 13; Aufrecht et Kuhn, *Zeitschrift*, I, 331).[1] Les autres lois germaniques, en particulier la loi des Lombards que Pott a également étudiée au point de vue philologique, les formules de droit, parmi lesquelles celles de Marculf, qui datent en partie du VIIe siècle, enfin les plus anciennes chartes appartiennent aux sources de la lexicographie romane. Il faut ajouter à ces monuments du moyen-âge les écrits les plus récents ou interpolés des arpenteurs romains, spécialement les *Casae litterarum*, texte à moitié barbare, « le morceau de toute la collection le plus singulier et le plus fortement corrompu par un long usage scolaire » (Rudorff, p. 406-409); cf. Galvani, dans l'*Archivio storico*, XIV, 369; Pott, dans la *Zeitschrift für Alterthumswissenschaft*, XII, 219.

La liste ci-dessous offre un choix de formes et de mots bas-latins qui se retrouvent en roman, et aussi, comme exemple, divers mots classiques pris dans un nouveau sens. Elle se restreint en général aux temps antérieurs à Charlemagne. On peut dans cette période admettre une plus grande pureté de formes

---

1. Ce n'est point faire une hypothèse par trop téméraire que de supposer qu'on réunit (pour la première rédaction écrite de la loi) un certain nombre de Gallo-Romains plus ou moins lettrés. En tout cas, la naissance et le développement de la loi salique remontent certainement à cette période pendant laquelle la forme romane se dégagea du latin sur le sol de la Gaule.

que dans les siècles suivants où la langue vulgaire, arrivée plus loin dans son rapide développement, enrichit le bas latin d'un plus grand nombre de formes altérées ou mal comprises. L'inappréciable Glossaire de Du Cange est la grande source où a été puisée cette liste; on a surtout voulu ajouter au terme bas-latin les formes romanes les plus nécessaires, et, quand elle est tant soit peu sûre, l'origine du mot lui-même.

Accega, bécasse (*Gloss. Erford.*): it. *acceggia*, esp. *arcea*, fr. (pat.) *acée*. On dérive ce mot d'*acies*.

Acia = *ala* (*Gloss.* Isid.). Ce mot serait vraisemblablement la racine du pg. *aza*, aile, s'il ne fallait plutôt lire *axilla* = *ala* (cf. Graevius).

Aciarium, acciarium = στομῶμα (*Gloss. lat. gr.*): it. *acciajo*, esp. *acero*, fr. *acier*. D'*acies*.

Adplanare (*Gloss.* Isid.): it. *applanare*, pr. *aplanar*.

Ala : « *inula* quam rustici *alam* vocant » (Isidore, XVII, 11) : esp. pg. *ala*, it. *ella*, aunée, plante.

Amaricare pour *amarum reddere* (*Class. auct.* VI, 506): it. *amaricare*, esp. pr. *amargar*.

Ambactia, ambaxia, commission (*L. Sal.*), goth. *andbahti*, it. *ambasciata*.

Amma : haec avis (*strix*) vulgo dicitur *amma* ab *amando* parvulos, unde et lac praebere fertur nascentibus » (Isid. XII, 7) : esp. pg. *ama*, seulement dans le sens de nourrice, bonne d'enfant ; dans Hesychius ἀμμά, all. *Amme*.

Ascilla, ascella, métathèse essentiellement romane de *axilla* (Isidore, Grég. de Tours et beaucoup d'autres) : it. *ascella*, pr. *aissela*, fr. *aisselle*.

« *Astrosus*, quasi malo sidere natus » (Isidore, X, 13) : esp. pr. *astroso*, malheureux.

Astrus, astrum, foyer, dér. *astricus* (*Gloss. sangall.*) : fr. *âtre*, lomb. *astrac*, all. *estrich*.

Auca pour *anser*: « accipiter qui *aucam* mordet (*L. Alam.*) »; « *aucas* tantas, fasianos tantos » (*Form.* Marculf.); mot très-usité : pr. *auca*, esp. *auca oca*, it. *oca*, fr. *oie*.

---

1. Un connaisseur a dit avec une grande justesse : *Il faut bien distinguer deux basses latinités : celle de laquelle le roman a été fait, et celle qui a été faite sur le roman* (Littré, *Hist. de la langue française*, II, 380. Paris, 1863).

Baburrus, stultus (Isid. 10, 31) : cf. it. *babbaccio babbeo babbuino*, lourdaud, rustre ; esp. *babia,* bêtise ; lat. *babulus* pour *fatuus* dans Apulée.

Baia : « hunc (*portum*) veteres a bajulandis mercibus vocabant *baias* » (Isid. XIV, 8) : it. *baja,* esp. *bahia,* fr. *baie*.

Ballare, d'après le subst. *ballatio* : « choreis et ballationibus » (*Gloss.* Isid.) : it. *ballare,* esp. *bailar,* v.-fr. *baler.* Probablement d'origine germanique.

Balma, grotte, se trouve, comme nom géographique, dans de très-anciennes chartes : pr. *balma,* v.-fr *balme baume.* Origine incertaine.

« *Barbanus,* quod est patruus » (*L. Longob.*) : it. *barbáno.* De *barba.*

Baro, barus, homme, homme libre (*L. Sal. L. Rip. L. Alam.*, et souvent) : it. *barone,* fr. *baron,* esp. *varon.* Sur l'origine de ce mot important, voy. le *Dict. étymol.*

Basca, sorte de vase : « cum casa et furno et *basca* » (v. Maffei, *Storia diplomatica,* n° 272, s. a. 650) : d'après Muratori, it. *vasca.* De *vas.*

Baselus : « phaselus est navigium quem nos corrupte *baselum* dicimus » (Isid., XIX, 1) : l'esp. *baxel vaxel,* qu'Isidore avait en vue, répond à l'it. *vascello,* fr. *vaisseau,* et vient du lat. *vas, vasculum* (cf. *vascellus* dans les Inscr.), car le *ph* au commencement du mot ne devient guère *b* en espagnol.

« *Bostar,* locus ubi stant boves » (*Gloss.* Isid.) : esp. *bostar,* pg. *bostal,* étable à bœuf.

Branca, griffe, dans les composés *branca lupi, branca ursi,* dans un arpenteur (Lachmann, p. 309), *branca leonis,* assez fréquent en b.-lat. noms de plantes : it. v.-esp. pr. *branca,* fr. *branche,* val. *brǫncę.*

Caballicare : « si quis caballum sine permissu domini sui ascenderit et eum *caballicaverit* » (*L. Sal.*), assez fréquent en b.-lat. : it. *cavalcare,* esp. *cabalgar,* fr. *chevaucher.*

Caecula, sorte de serpent (Isidore, XII, 4) cf. it. *ciecolina,* très-petite anguille.

Cai ou *kai* = *cancellæ,* c.-à-d. *cancelli* (*Gloss.* Isid.) : esp. *cayos* (plur.), pg. *caes,* fr. *quai.* Cf. kymr. *cae,* enceinte.

Caldaria (Grég. de Tours) : it. *caldaja,* esp. *caldera,* fr. *chaudière.*

Cama : « in *camis,* i. e. in stratis », dit déjà Isidore (XIX,

22), et dans un autre endroit : « *cama* est brevis et circa terram, Graeci enim χαμαὶ breve dicunt » (XX, 11); seulement esp. port. *cama*, lit, tapis, natte; *acamar*, étendre par terre. L'étymologie d'Isidore paraît la bonne.

Cambuta, cabuta, bâton tortu, dans une charte de l'an 533 (Bréquigny, n° 15 ; cf. Pertz, *Monum. germ.* II, p. 14) : esp. *gambote*, bois tortu. Ce mot se rapporte à *gamba*.

Caminata, chambre à feu, dans le plus ancien b.-lat. : it. *camminata*, salle; fr. *cheminée*.

Caminus pour *via* : « quomodo currit in *camino* S. Petri », dit une charte du roi Wamba : it. *cammino*, esp. *camino*, fr. *chemin*. Cf. kymr. *cam*, pas.

Campana, cloche, parce que les cloches viennent de Campanie, expliqué dans Isidore (XVI, 24) par *statera unius lancis*, balance romaine : it. esp. pr. *campana*.

Campiones = *gladiatores, pugnatores* (*Gloss.* Isid.) : it. *campione*, esp. *campeon*, fr. *champion*. De *campus*.

Canava = *camea* (*camera?*) *post caenaculum*, *Gl.* Isid.: it. *cánova*, chambre aux provisions.

Canna, vase à boire : « cochleares, cultelas, *cannas*, potum » (Fortunat, cf. du Cange); v.-fr. *quenne*, fr. *canette*, all. *kanne*. Du lat. *canna*, roseau.

Capa, manteau, d'après Isidore (XIX, 31) : « quia quasi totum *capiat* hominem » : it. *cappa*, esp. *capa*, fr. *chape*.

Capanna, hutte : « hanc rustici *capannam* vocant, quod unum tantum capiat » (Isid. XV, 12) : it. *capanna*, esp. *cabaña*, fr. *cabane*.

Capere pris intrans. dans le sens de *pénétrer, prendre*, déjà dans la Vulgate : « sermo meus non *capit* in vobis » : de même it. *capére*, esp. pr. *caber*.

Capitanus, capitaneus, dans le plus ancien b.-lat. : it. *capitano*, esp. *capitan*, pr. *capitani*, v.-fr. *chévetaine*, fr. *capitaine*.

Capritus pour *capellus, hoedus* : « si quis *capritum* sive capram furatus fuerit » (*L. Sal.*) : esp. *cabrito*, pr. *cabrit*, fr. *cabri*, it. *capretto*; n.-pr. *cabridá*, chevroter.

Caprio (*Gloss. cass.*) : esp. pr. *cabrion*, fr. *chevron*, m. s. De *caper*.

Capulare: « si quis pedem alterius *capulaverit* » (*L. Sal.*): pr. *chaplar*, v.-fr. *chapler*, m. s. De *capulus*, garde d'épée, épée.

« *Capulum*, funis : a *capiendo*, quod eo indomita jumenta

comprehendantur » (Isid. XX, 16); it. *cappio*, nœud; esp. *cable*, fr. *câble*, m.-gr. καπλίον.

Cara, carabus. Voy. à la liste des mots grecs.

Carpa (Cassiodore et autres postérieurs) : esp. *carpa*, fr. *carpe*, val. *crap*, it. *carpione*.

Casa pour *domus* dans le plus ancien b.-lat. bien que dans Isidore *casa* soit encore traduit par « agreste habitaculum palis, arundinibus et virgultis contextum » : it. esp. pr. *casa*, val. *casę*.

Casnus pour *quercus*, *casnetum* pour *quercetum*, ce dernier déjà dans une charte de l'an 508 : « nemus quod dicitur Morini *Casneti* » : v.-fr. *caisne quesne chesne*, fr. *chêne*, et de *casnetum*, *chênaie*. C'est une corruption de *quercinus*.

« *Casula*, vestis cucullata, quasi minor casa » (Isid. XIX, 24) : esp. *casulla*, chasuble.

Cattare : *cattus*, quod *cattat* (var. *catat*, *captat*), *i. e. videt* : v.-esp. *catar*, m. s.; h.-it. roum. *catar*, trouver; val. *ceută*, regarder, trouver, surveiller. De *captare* (cf. Vossius *Étymol.* s. v. *Felis*).

Causa pour *res*, dans le plus ancien b.-lat. et la *Loi Salique*: it. esp. *cosa*, pr. *causa*, fr. *chose*.

Cecinus pour *cygnus* (*L. Sal.*) : it. *cécino*, *cécero*, esp. v.-fr. *cisne*. De *cicer*, it. *cece*, pois chiche, tumeur que le cygne a sur le cou.

Ciconia : « hoc instrumentum (*telon*) Hispani *ciconiam* vocant » (Isidore, XX, 15) : esp. *cigüeña*, piston de pompe.

Circare: *circat* = *circumvenit* (*Gloss.* Isid.); *circat montem* (*Casae litterarum*, Lachmann, p. 326) : m. s. esp. pg. *cercar*; mais v.-pg. pr. *cercar*, it. *cercare*, val. *cercà* et *cercetà* (*circitare*), fr. *chercher* dans le sens de *quaerere*, proprement tourner autour d'une chose.

Clida pour *crates* (*L. Baiw.*) : pr. *cleda*, fr. *claie*. Cf. irl. *cliath*, etc.

Collina pour *collis* (*Casae litterarum*, Lachmann, p. 214): it. *collina*, esp. *colina*, fr. *colline*.

Colomellus : « hos (*dentes caninos*) vulgus pro longitudine *colomellos* vocant » (Isidore XI, 1) : esp. *colmillo*, pg. *colmilho*. De *columella*.

Colpus (*Leg. barb.*) : it. *colpo*, esp. *golpe*, pr. *colp*, fr. *coup*. C'est une altération de *colaphus*; aussi dans la *Loi Salique* trouve-t-on *colaphus* pour *colpus*, et concurremment avec ce dernier.

Comba, vallée profonde; cf. le nom géographique *Cumba* dans une charte de 631 (Bréquigny, p. 136): it. (pat.) *comba, gomba*; esp. pr. *comba*, fr. *combe*. De *concava*.

Combrus, amas de branchages (*Gest. reg. Francorum*): pg. *combro*, tas de terre; it. *ingombro*, fr. *encombre*, obstacle. De *cumulus*.

Companium, composé de *cum* et *panis*, société, amitié (*L. Sal.*): de là l'it. *compagnia*, etc.

Condemnare aliquem, comme *damnum adfere alicui* (*L. Sal.*): v.-fr. *condemner*, m. s. (voy. *Zwei altromanische Gedichte*, p. 50).

Contrariare (S. Prosper): it. *contrariare contradiare;* esp. pr. *contrariar*, fr. *contrarier*.

« *Cortinae* sunt aulaea » (Isidore, XIX, 26) : it. esp. *cortina*, val. *cortine*, fr. *courtine*. De *chors*, proprement quelque chose qui entoure, qui protège.

Cosinus, abréviation de *consobrinus*, fém. *cosina* (*Gloss. sangall.*): it. *cugino*, pr. *cosin*, fr. *cousin*.

Costuma pour *consuetudo* dans une charte de 705; *coustuma* (Carpentier) : it. *costuma*, etc.

Crema pour *cremor* (Fortunat): it. esp. pr. *crema*, fr. *crème*.

Cucus pour *cuculus* (Isid., XVII, 7) : vénit. pg. *cuco*.

Cusire, altération de *consuere* (*Gl. Isid.*): it. *cucire*, val. *cose*, esp. *cusir coser*, pr. *cóser*, fr. *coudre*.

Dativa pour *donativa* (*Gloss. Isid.*) : esp. *dádivas*.

Detentare (Fortunat et autres) : esp. *detentar*.

Diffacere (*Capitula ad Leg. Sal. L. Longob.*):it. *disfare*, esp. *deshacer*, fr. *défaire*.

Directum pour *jus* (*Form.* Marculf.): it. *diritto*, esp. *derecho*, fr. *droit*.

Discapillare, dépouiller quelqu'un de ses cheveux (*L. Burg. L. Alam.*) : it. *scapigliare*, esp. *descabellar*, fr. *décheveler*.

Drappus pour *pannus* (*L. Alam. Form.* Marc.):it. *drappo*, pr. *drap*, fr. *drap*, esp. *trapo*.

Esca, dans le sens d'amadou : « unde et *esca* vulgo dicitur (*fungus*), quod sit fomes ignis » (Isidore, XVII, 10) : it. *esca*, val. *easce*, esp. *yesca*.

Exartum, lieu défriché, novale (*L. Burg. L. Long.*), d'où *exartare:* pr. *eissart*, v.-fr. *essart essarter*. De *ex* et *sarritum*.

Exclusa (*L. Sal.* Grég. de Tours, Fortunat) : esp. *esclusa*, fr. *écluse*.

Excorticare, enlever la peau (*L. Sal.*) : it. *scorticare*, esp. *escorchar*, pr. *escorgar*, fr. *écorcher*. De *cortex*.

« *Falcastrum*, ferramentum curvum » (Isid. XX, 14; Grég. le Grand) : it. *falcastro*, faux.

« *Ficatum*, quod Graeci συκωτὸν vocant » (*Gloss. Isid.*), foie d'un animal engraissé avec des figues : de là par généralisation it. *fégato*, val. *ficát*, esp. *higado*, pr. *fetge*, fr. *foie*.

Flasco, vase (Grég. le Grand); *flasca* (Isid. XX, 6) : it. *fiasco, fiasca;* esp. *flasco*, v.-fr. *flasche*, fr. *flacon*. De *vasculum* par transposition de l'*l*.

Focacius, gâteau cuit sous la cendre : « cinere coctus et reversatus ipse est et *focacius* »(Isidore, XX, ?) ; it. *focaccia*, esp. *hogaza*, fr. *fouace*.

Focus pour *ignis* (*L. Alam.* etc.) ; it. *fuoco*, val. *foc*, esp. *fuego*, pg. *fogo*, pr. *fuec*, fr. *feu*.

Fontana pour *fons* (*Casae litterarum, L. Long.*); originairement *aqua fontana* (Columelle); mais l'adjectif finit, comme souvent en roman, par avoir seul le sens de la locution entière : it. esp. pr. *fontana*, fr. *fontaine*, val. *funtunę*. Les deux dernières langues ne possèdent pas le primitif.

Forestis, bois soumis aux priviléges de la chasse, laie, sous cette forme et d'autres dans le plus ancien b.-lat., par ex. dans la loi des Lombards : it. *foresta*, esp. *floresta*, fr. *forêt*. De *foris*, proprement ce qui est en dehors du droit commun, ce qui est interdit.

Forisfacio = *offendo, noceo* (*Gloss. Isid.*): v.-it. *forfare*, pr. fr. *forfaire*.

Fortia, forcia, dans le sens de *vis* (*L. barb.*): it. *forza*, esp. *fuerza*, pr. *forza*, fr. *force*.

Fundibulum pour *infundibulum* (*Gl. Philox.*): esp. *fonil*, pg. *funil*.

« *Furo* a furvo dictus, unde et *fur*, tenebrosos enim et occultos cuniculos effodit » (Isid. XII, 2) : esp. *huron*, pg. *furão*, v.-fr. *fuiron*, it. *furetto*, fr. *furet*. De *fur;* cf. it. *furone*, archi-voleur.

Gamba (*Gloss. cassel.* et autres) : it. esp. *gamba*, pg. *gambia*, fr. *jambe*, de même v.-esp. *camba*, rum. *comba*. Originairement sans doute *genouillère*, du radical latin qui se trouve dans *cam-urus*, cf. gr. καμπή.

ÉLÉMENT LATIN.

Gannal = χλευάζει (*Gloss. lat.-gr.*), *gannum* (*Gesta reg. Franc.*) : it. *inganno*, esp. *engaño*, pr. *engan*, tromperie ; verbe it. *ingannare*, val. *ingęną*. Probablement d'origine allemande.

Glenare : « si quis in messem alienam *glenaverit* » (*Capit. pacto L, Sal. add.*) : fr. *glaner*.

Granica pour *horreum* (*L. Baiw.*) : v.-fr. *granche*. Le fr. *grange* peut venir de *granea*.

Gubia, et aussi *guvia, gulbia, gulvia* (Isid. XIX, 19) : esp. *gubia*, pr. *goiva*, fr. *gouge*, ciseau de menuisier. Probablement d'origine ibérique.

Gunna, vêtement (S. Boniface) : it. *gonna*, v.-esp. pr. *gona*, v. fr. *gonne*.

Hostis pour *exercitus* (*Leg. barb.*, Grég. le Grand): it. *oste*, esp. *hueste*, pr. v.-fr. *ost*, val. *oaste*.

Incensum pour *thus* (Isidore, IV, 12) : it. *incenso*, esp. *incienso*, pr. *essès*, fr. *encens*.

« *Incincta*, praegnans, eo quod est sine cinctu » (Isid., X, 151) ; it. *incinta*, pr. *encencha*, fr. *enceinte*.

Inculpare pour *culpare* (*L. Sal.*): it. *incolpare*, pr. *encolpar*, fr. *inculper;* le lat. *inculpatus* signifie le contraire.

Infans, pris généralement pour *puer, puella*, p. ex.: « duos *infantes*, unum qui habuit IX annos, alium qui habuit XI » (*L. Rip.*) : it. esp. *infante*, pr. *enfan*, fr. *enfant*, m. s.; it. *fante*, soldat à pied.

Insubulum (Isidore) ; it. *subbio*, esp. *enxullo*, fr. *ensouple*.

Iterare pour *iter facere* (S. Columban, Fortunat et autres): pr. *edrar*, v.-fr. *errer*.

« *Labina*, eo quod ambulantibus *lapsum* inferat » (Isidore, XVI, 1); cf. *lavina*, chute, ruine, dans S. Jérôme d'après du Cange : roum. *lawina*, v.-h.-all. *lewina*, v.-fr. *lavenge*, avalanche.

Latus, employé comme préposition : *latus curte* (*L. Sal.*), *latus se* (*Casae litterarum*), fréquent dans le b. lat. : pr. *latz*, v.-fr. *lez*.

Lorandrum : « rhododendron, quod corrupte vulgo *lorandrum* (var. *lorandeum*) vocatur » (Isid. XVII, 7) : c'est l'it. esp. *oleandro*, fr. *oléandre*.

« *Mantum* Hispani vocant, quod manus tegat tantum » (Isidore, XIX, 24); *mantum majorem* (Charte de 542, Bréquigny, n° 23) : it. esp. *manto*, fr. *mante*. Du lat. *mantelum*.

Marcus, malleus major (Isidore, XIX, 7), dans les classiques seulement *marculus* : v.-it. *marco*.

Mare pour *stagnum, lacus* : « omnis congregatio aquarum abusive *maria* nuncupantur » (Isidore, XIII, 14) : fr. *mare*.

Masca : « *striga*, quod est *masca* » (*L. Longob.*); *mascus* = *grima* (*Gloss. anglos.*). Le mot est roman dans les deux sens; p. ex. : piém. *masca*, sorcière; fr. *masque*, it. *maschera* = *larva*.

Matrina, matrinia, dans un double sens : 1° *noverca* (*L. Longob.*); 2° *marraine* (*Cap. Caroli Magni*) : it. *mairigna madrina*, esp. *madrina*, fr. *marraine*.

Merces, dans le sens de compassion, pitié, dans Grégoire le Grand et beaucoup d'écrivains postérieurs : it. *mercé*, esp. *merced*, fr. *merci*.

Milimindrus ou *milimindrum*, jusquiame : « hanc (herbam) vulgus *milimindrum* dicit (Isid., XVII, 9) : esp. *milmandro*, pg. *meimendro*. Origine inconnue.

Monitare pour *monere* (Fortunat) : de là pr. *monestar*, esp. *amonestar*, fr. *admonéter?*

Montanea pour *montana, scil. loca*, aussi *montania*, d'après l'adj. *montaniosus* (*Casae litterarum*), l'opposé de *campania* (voy. la 1re liste) : it. *montagna*, etc.

Mucare, muccare, comme *emungere* (*L. Rip.*) : fr. *moucher, mouchoir*. De *mucus*.

Mustio : « Bibiones sunt qui in vino nascuntur, quos vulgo *mustiones* a *musto* appellant (Isidore, XII, 8) : it. *moscione*, petit insecte ailé.

Muttum = γρύ (*Gloss. lat.-gr.*), c'est-à-dire grognement, murmure, pris plus tard dans le sens de *verbum* : it. *motto*, esp. *mote*, pr. fr. *mot*. Le classique *muttire* ne se retrouve que dans le pr. v.-fr. *motir*.

Nario = *subsannans* (*Gloss. Isid.*) : v.-h.-all. *narro*, comasq. *nar*.

Natica, dérivé de *natis*, et employé dans le m. s. πυγή = *natica* (*Gloss. gr.-lat.*); *nates* = *natices* (l. *naticae*, *Gloss. Paris.* ed. Hildebrand) : it. *natica*, esp. *nalga*, v.-fr. *nache*.

Natta pour *matta* : « illud quod intextis junci virgulis fieri solet, quas vulgo *nattas* vocant » (Grég. de Tours) : fr. *natte*.

Necare, negare pour *aqua necare* (*L. Burg. Alam.* etc.) :
it. *annegare,* esp. pr. *negar,* fr. *noyer.*

Olca, olcha : « campus tellure foecundus ; tales enim incolae
(Campani) *olcas* vocant » (Grég. de Tours) : v.-fr. *ouche*
osche. Cf. gr. ὦλκα.

Padulis pour *paludis* dans le plus ancien b.-lat. : it. *padule,*
pg. *paúl,* esp. *paul-ar.*

Pagensis, déjà dans Grég. de Tours, dans la *Loi lombarde,*
et avec le double sens de campagnard et de compatriote : v.-esp.
pages, pr. *pages,* m. s.

Pantanum, comme *palus, udis,* mot répandu partout, bien
qu'il apparaisse pour la première fois dans une charte de Charlemagne : it. esp. pg. *pantano,* rum. *pantan.*

Parcus, parricus, lieu entouré de haies (*L. Rip. L. Angl.*),
parc (*L. Baiw.*) : it. *parco,* esp. *parque,* fr. *parc.* Sans doute
du lat. *parcere,* épargner (protéger).

Pariculus pour *par :* « hoc sunt *pariculas* causas, charta
paricla» (*Form.* Marc.); it. *parecchio,* esp. *parejo,* fr. *pareil.*

Pecora pour *pecus, oris* (*Gloss. sangall.*) : it. *pecora,* fr.
pécore.

Petium et autres formes, pour dire morceau de terre, champ :
it. *pezzo pezza;* esp. *pieza,* fr. *pièce.*

Pirarius pour *pirus* (*L. Sal. Capit. de villis*) : pr. *peirier,* fr. *poirier.*

Placitum, assemblée délibérante, dans le plus ancien b.-lat. :
it. *piato,* esp. *pleito,* v.-fr. *plaid.*

Plagia pour *littus* (Grég. le Grand): it. *piaggia,* esp. *plaga,*
fr. *plage.* De *plăga.*

Praegnus au lieu de *praegnans :* *praegnum jumentum*
(*L. Alam.*) : de là l'it. *pregno, a,* tandis que le pg. *prenhe,*
pr. *prenh* (sous la forme fém. *prenha*), viennent de *praegnans*
ou *praegnas.*

Praestare pour *mutuo dare* (Salvien, Fortunat, *L. Sal.*) :
it. *prestare,* esp. *prestar,* fr. *prêter.*

Pretiare pour *pretium ponere* (*L. Alam.*, éd. Herold,
Cassiodore; cf. Funccius, *De inerti ling. lat. aetate,* p. 708) :
it. *prezzare,* esp. *preciar,* fr. *priser,* aussi v.-h.-all. *prisen.*

Prostrare pour *prosternere,* formé d'après le part. *prostratus* (cf. Funccius, *l. c.,* p. 714) : it. *prostrare,* pr. *prostrar,*
esp. *postrar.*

Pulletrus, poledrus pour *pullus equinus* (*L. Sal. L. Alam.*) : it. *polédro puledro*, esp. *potro*, v.-fr. *poutre*. De *pullus;* cf. le fr. *poulain*.

Rasilis, sorte d'étoffe : « ralla, quae vulgo *rasilis* dicitur » (Isidore, XIX, 22) : esp. *rasilla,* espèce de serge.

« *Redulus* = strues lignorum ardentium » (*Gloss. Isid.*) : v.-fr. *ré red,* m. s., de *rete,* réseau, grillage, puis bûcher arrangé en grillage.

Regnare, dans le sens de se conduire, vivre : « bonum tibi est luscum in vita *regnare* » (Matth. XVIII, 9, dans Tatien) : pr. *renhar,* v.-fr. *régner,* m. s.

« *Retortae,* quibus sepes continentur » (*L. Sal.*) : it. *ritorta,* pr. *redorta,* v.-fr. *riorte,* hart, lien d'osier.

Ruga = *platea,* ἀγυία (*Gloss. vett.*) : v.-it. *ruga,* esp. *rua,* fr. *rue*. Proprement sillon, d'où ligne, file.

Salma. Voy. σάγμα dans la liste des mots grecs.

Sarna : « hanc (impetiginem) vulgus *sarnam* appellant » (Isidore, IV, 8) : esp. pg. *sarna,* m.-s. Vraisemblablement ibérique.

Sarralia : « lactuca agrestis est, quam *sarraliam* nominamus » (Isid. XVII, 10) : esp. *sarraja,* pg. *serralha*.

Semus pour *mutilus, simare* pour *mutilare* (*Form.* de Pithou, *Cap. ad leg. Alam. L. Long.*) : it. *scemo scemare,* pr. *sem semar,* v.-fr. *semer*. Du lat. *semis*.

Singularis = *epur* (*aper, Gloss. Sangall.*), mot très-fréquent : it. *cinghiale,* pr. *senglar,* fr. *sanglier*.

Soca, soga, corde, courroie (Charte du VI° siècle, *L. Long.*) : it. (pat.) esp. pg. *soga*.

Solatiari, solaciare (Grég. le Grand, *L. Long*) : it. *solazzare,* esp. *solazar,* pr. *solassar,* v.-fr. *solacier*.

Sparcus, spacus, ficelle (v. Graff, V, 239) : it. *spago,* hongrois *sparga*.

« *Taratrum* quasi *teratrum* » (Isid. XIX, 19) ; *taradros* = *napugêrâ,* vrille (*Gloss. Cass.*) : esp. *taladro* pour *taradro,* pr. *taraire,* fr. *tarière,* rum. *teráder*. Du gr. τέρετρον.

Testimoniare (*Cap. ad Leg. Sal. Form.* Marc. I, 37 ; *Diploma Theodorici III,* Bréquigny, n° 195, et fréquemment plus tard) : it. *testimoniare,* fr. *témoigner,* etc.

Thius. Voy. Θεῖος dans la liste des mots grecs.

Tornare dans le sens de *verti* (*Edict. Rotharis*, etc.) : it. *tornare*, esp. prov. *tornar*, fr. *tourner*.

Troja = *sû*, *sus* (*Gloss. Cass.*, etc.) : it. *troja*, v.-esp. *troya*, pr. *trueia*, fr. *truie*. Du nom de la ville de Troie. Voy. le *Dict. étymol.*

Troppus pour *grex*, *turba* : « in *troppo* de jumentis » (*L. Alam.*) : esp. *tropa*, fr. *troupe*; it. *troppo*, fr. *trop*. Sans doute de *turba*.

Tructa : « quos (pisces) vulgus *tructas* (var. *bruccas*) vocat » (Isid. XII, 6) : it. *trota*, esp. *trucha*, fr. *truite*. Du gr. τρώκτης?

Turbiscus, sorte d'arbrisseau (Isidore) : esp. *torvisco*, pg. *trovisco*.

« *Tordela* (var. *turdella*), quasi minor *turdus* » (Isid. XII, 7) : it. esp. *tordella*, grive. Ce mot rappelle le fém. *turda* dans Perse ; le lat. n'a que *turdillus*.

Varicat = *ambulat* (*Gloss.* Isid.) : it. *varcare*, parcourir, de *varicare*, écarter les pieds l'un de l'autre.

Vassus, serviteur (*Leg. Barbar.*) : it. *vassallo*, esp. *vasallo*, fr. *vassal*, kymr. *gwâs*.

Vermiculus, adj. de *vermis*, avec le sens de *coccineus*, fréquent dans le plus ancien b.-lat. : it. *vermiglio*, esp. *bermejo*, fr. *vermeil*.

Viaticum, dans le sens de *voyage* : « deducit dulcem per amara *viatica* natam » (Fortunat) : it. *viaggio*, etc.

Virare, même sens que *gyrare* (*L. Alam.*) : esp. pr. *virar*, v.-fr. *virer*. Cf. le lat. *viria*, bracelet, c'est-à-dire rond de bras, ornement arrondi.

Virtus dans le sens de *miracle*, déjà dans la Vulgate : « et non poterat ibi *virtutem* ullam facere » (Marc, VI, 5), fréquent plus tard : pr. *vertut*.

L'accord fréquent de tous les dialectes romans dans l'emploi des mots, des formes ou des sens rapportés dans ces deux listes, est, avec leur construction grammaticale, la plus certaine preuve de leur unité originaire; cette unité ne peut se supposer que dans l'idiome populaire des Romains, d'autant plus que la langue valaque, séparée de très-bonne heure des autres, ne peut leur avoir emprunté ces éléments, qui lui sont communs avec elles, et ne peut les posséder, de même que ses sœurs, que comme un patrimoine transmis par la langue-mère.

Au reste, il serait bien surprenant qu'il n'y eût pas aussi entre les divers idiomes des divergences fréquentes pour l'expression d'une même idée. Ces divergences ont pu être amenées par plusieurs causes dont nous ne voulons pas faire mention ici. Nous donnons seulement quelques exemples pris dans les substantifs :

Vir : it. *uomo,* fr. *homme,* esp. *varon,* val. *berbat.*

Puer : it. *fanciullo, ragazzo;* esp. *muchacho, rapaz, niño;* pr. *tos;* fr. *enfant, garçon;* val. *fęt, copil.*

Frater : fr. *frère,* val. *fratre,* it. *fratello,* esp. *hermano.*

Patruus, avunculus : fr. *oncle,* val. *unchiu;* esp. *tio,* it. *zio;* roum. *aug.*

Patruelis, consobrinus: it. *cugino,* fr. *cousin;* esp. *primo;* pr. *quart;* val. *vęr.*

Vitricus : val. *vitrég,* it. *patrigno,* esp. *padiastro,* fr. *parastre, beau-père.*

Ovis : val. *oae,* esp. *oveja;* it. *pecora;* pr. *feda;* fr. *brebis;* roum. *nurssa.*

Aries : it. *montone,* esp. *morueco,* fr. *bélier,* val. *berbeace,* roum. *botsch.*

Canis : it. *cane,* val. *cyne,* fr. *chien,* esp. *perro,* cat. pr. *gos.*

Vulpes : it. *volpe,* val. *vulpe,* esp. *vulpeja, raposa, zorra;* fr. *renard.*

Mus : roum. *mieur;* it. *topo, sorcio;* val. *soarece,* fr. *souris,* esp. *raton.*

Quercus : it. *quercio,* fr. *chêne,* esp. *carvallo, carrasca;* roum. *ruver,* val. *steżarin.*

Malus : it. *melo,* val. *mer,* esp. *manzano,* fr. *pommier.*

Caryophyllum : it. *garofano,* esp. *clavel,* fr. *œillet,* roum. *negla.*

Domus : it. esp. *casa,* val. *casę,* fr. *maison.*

Via, platea : it. *strada,* esp. *calle,* fr. *rue;* roum. *gassa,* val. *ulitzę.*

Si les langues nouvelles ont conservé et fait fleurir beaucoup de mots oubliés ou peu usités de la langue du Latium, d'un autre côté elles ont perdu une masse bien plus considérable des mots latins les plus usuels. Avant de rechercher, autant qu'il nous le sera possible, les causes de cette perte, il est bon de mettre sous les yeux du lecteur une partie de ces mots perdus par le roman, rangés en séries analytiques. Il ne s'agit, bien entendu, que de l'élément populaire des langues romanes. Il y a beaucoup de mots latins qu'elles ne possèdent que comme expressions poétiques, et de ceux-là les uns leur sont parvenus par une voie purement littéraire; les autres ont été, pendant un temps, réellement usuels, et ont vieilli ensuite; les derniers seuls doivent être regardés comme romans [1]. On doit écarter aussi des éléments constitutifs des langues romanes un grand nombre d'expressions techniques qui sont empruntées au latin et sont désignées comme latines par les dictionnaires. Il y a d'autres mots qui, sans être aussi décidément étrangers à la formation originaire, sont évités dans l'usage et remplacés par des synonymes : la liste ci-dessous les notera, en indiquant la langue qui les tolère. Nous ferons, pour cette fois, abstraction complète du valaque et des patois.

I. SUBSTANTIFS.

MONDE, TERRE, ÉLÉMENTS. — *Sidus, orbis. Tellus, humus, rus, pagus, plăga, arvum, clivus, tumulus, rupes, cautes, specus, antrum, scrobs* (it.), *latebra* (it.), *lucus, nemus. Trames. Uligo, coenum, limus* (à peine roman). *Aequor, fretum, amnis, imber, ros* (pr. très rare). *Aether, procella.*

---

[1]. Les mots de la première classe trahissent souvent à la première vue leur origine savante; tels sont, pour rester dans le domaine italien, les adj. *altisonante, almo, divo, etereo, fervido, fulgido, igneo, imbelle, imo, inclito, inerme, labile, longevo, pavido, perenne, presago, prisco, superno, tartareo, tremendo, turgido.* D'autres sont au moins suspects d'une introduction de fraîche date dans la langue poétique, par le seul fait qu'on ne les rencontre pas dans le provençal et l'ancien français; tels sont *adunco, angue, antro, ara, atro, aula, cacume, dumo, face, fasto, fausto, gelido, irco, labe, libare, nume, parco, prece, prole, speco, speme, suggere, telo, vate.* Dante tirait déjà beaucoup de mots immédiatement du latin. On peut admettre dans la dernière classe, bien qu'en certains cas isolés on s'expose à se tromper, les mots de cette nature qui existent dans les anciennes langues de la France. Tels sont *ancella, calere, cherere, crine, egro* (v. fr. *heingre*), *fido, folgore, frangere, germe, gladio, ira, licere, mescere, piaga, plorare, propaggine, quadrello.*

Ignis, fulmen (it.), *pruna, torris, nitor* (it.), *jubar, oestus.*

TEMPS. — *Aevum. Ver* (pr. v. fr.), *hiems. Hebdomas. Diluculum, aurora, meridies, vesper* (rom. dans un autre sens).

ANIMAUX. — *Bellua* (it. *belva*, poët.). *Equus* (rom. au fém.), *mannus, hinnus, caper* (rom. au fém.), *hoedus, hircus, ibex, ovis, aper, sus, meles, hystrix, eres, felis, nitela, mustela, mus. Volucres, alites, milvus, nisus, tinunculus, noctua* (seulement it. *nottola*), *ulula* (à peine rom.), *psittacus, alcedo, monedula, fringilla* (it. *fringuello*), *motacilla, ficedula* (esp.), *regulus* (it.), *parus, apus, ardea, butio larus* (esp.), *anser, olor, merops, vipio. Testudo* (seulement it. *testuggine*), *saurus, anguis* (fr. *anguille*), *boa. Squalus, lupus, platessa, mustela, sparus, labrus, glanis, silurus, fario, mugil, clupea* (it. *chieppa?*), *halex* (it. *alice*, sardine), *cyprinus, alburnus, esox,* et autres noms de poissons. *Cicindela, nepa, culex, asilus, volvox. Hyrudo, mya, spondylus, murex, teredo.*

CORPS HUMAIN. — *Sinciput, occiput, mala, gena, os* (*oris*), *rostrum* (esp.), *guttur* (fr. *goître*), *jugulum, frumen, rumen, uber, abdomen, alvus, tergum, anus, natis, clunis, artus, armus, lacertus* (it. rare), *scapula, ulna, vola, femur* (it.), *crus, genu, poples, sura, talus, unguis, vertibulum. Cutis, scortum, cæsaries, vellus, juba. Hepar, jecur, splen, lien, ilia, adeps* (it.), *arvina, bilis, cruor. Lues. Vibex, naevus* (it.), *vulnus, funus.*

VÉGÉTAUX. — Les noms des arbres, des arbrisseaux, et même des petites plantes, sont restés, pour la plupart, dans les langues romanes. On ne retrouve pas : *siler, tibulus, tinus, crataegus, arbutus* (fr. *arbousier*), *paliurus* (it.), *lappa, gramen, ador, alica* (v.-esp.), *sandalum, arundo. Sentis, dumus, vepres, surculus, termes, palmes,* etc.

MINÉRAUX. — Les mots de cette classe, assez peu nombreux, par exemple les noms de métaux et de pierres précieuses, se sont aussi conservés pour la plupart. Manquent : *lapis, scrupus, calculus, schistus, aes, chalybs, magnes,* etc.

HOMMES. — *Vir, mas, liberi, nothus, puer, puella, pusus, adolescens, ănus. Avus* (it. v.-fr.), *patruus, matertera, vitricus, noverca, privignus, levir, glos, conjux, uxor* (v.-fr.). *Herus, civis, verna, praes, vas. Socius* (à peine rom.), *sodalis.* Qualifications morales : *nebulo, tenebrio, verbero, fur, leno, pellex, scortum* et autres.

AGRICULTURE. — *Praedium, ager, lira, seges, merges, messis. Simila* (v.-fr.), *pollex, pabulum. Ligo* (esp.), *pastinum, rallum, volgiolus. Horreum, hara. Agricola* (à peine rom.), *vinitor, villicus, opilio, subulcus, agaso.*

GUERRE, ARMES. — *Bellum, proelium, certamen, clades* (it.). *Acies, agmen, cohors, castra. Thorax, ancile, clypeus, parma, pelta, umbo, cassis* (idis), *galea, ensis, cuspis, pugio, sica, jaculum, pilus, venabulum, veru, telum, vexillum. Miles, tiro, eques, pedes, veles, lixa, calo.*

NAVIGATION. — *Linter, cymba, celox, faselus, liburnus, ratis. Malus, carbasus, tonsa, rudens, statumem, tonsilla. Classis. Nauta, remex.*

MÉTIERS. — *Aerarius, caementarius, caupo, cerdo, fartor, fidicen, figulus, l'istrio* (à peine rom.), *infector, institor, lanius, mango, molitor, olitor, pellio, pincerna, pistor, restio, scriba, sutor* (fr. *Lesueur,* nom propre), *tibicen, tonsor, tornator* (fr.), *vespillo, vietor; auriga.*

MAISON. — *Aedes, domus* (rom. dans un sens spécial). *Atrium, hypocaustum, thalamus* (à peine rom.), *aula, culina, popina. Lacunar, laquear, fornix, janua, foris, posticum, valva* (it.), *cardo, repagulum, pessulus, obex, limen. Tignum, vibia, later, pluteus. Urbs, oppidum, arx, moenia, minae; angiportus* (it.), *fundula. Fanum, ara* (inusité).

VASES. — *Acerra, cacabus, cadus, calathus, cantharus, clibanus, corbis* (v.-esp.), *crumena, fidelio, hama, hamula, hydria, lagena, lebes, marsupium, matula, patena* (à peine rom.), *pelvis, pera* (it.), *poculum, qualum, scutra, scyphus, seria, sinum.*

NOURRITURE, BOISSON. — *Offa, victus* (it.), *edulium, daps, obsonium, assum, farcimen, hilla, cibum, laganum, placenta, collyra. Penus. Potus, merum, mulsum* (it.), *vappa. Convivium* (à peine rom.), *epulae, jentaculum.*

TOILETTE. — *Amictus, peplum, trabea, laena, chlamys, penula, palla, supparum, subucula, interula, indusium, rica, lacerna, lacinia. Pileus. Ocrea, pero, caliga, crepida. Taenia, redimiculum, torques, limula, inauris, spinther, fucus.*

INSTRUMENTS DIVERS. — *Currus* (it.), *plaustrum, carpentum, rheda, cisium, essedum, sarracum. Cunae, lodia, cervical, pulvinus, stragulum, teges. Fides, lituus, tintinnabulum. Alea, pila* (esp.), *crepundia* (it.). *Acus* (it.), *calcar, viriculum, dolabra. Asser, rudis, sudes, trudis, scipio, vacerra, vectis, trua, uncus; strues, rogus. Amentum* (v.-esp.), *lorum* (pg.), *funis* (it.), *habena, scutica, verber; cassis, verriculum. Trutina.*

Mots collectifs. — *Caterva, coetus, concio* (à peine rom.), *congeries.*

Mots abstraits. — *Algor, angor, aerumna, luctus, metus* (esp.), *formido, spes, cupido, fastus, voluptas, optio, preces, astus, dolus* (it.), *versutia, nequitia, insania, vecordia, desidia, ignavia, inertia. Mos* (fr.), *usus, munus, vis, robur, decus, lepor. Jus, fas, nefas, jussus, venia, conatus, ultio, facinus, probrum, flagitium, mendacium, jurgium, conflictus, ictus, alapa, nugae, ludus, suavium, osculum* (au sens lat.), *foedus, conjugium, connubium, auxilium, ops, divitiae, ubertas, defectus* (it.), *egestas, inopia, penuria. Motus* (it.), *iter* (v.-fr.), *initium, eventus, obitus, letum, nex, exitium. Omen, fascinium.* — Ces mots, et d'autres abstraits, peu usités dans la vie ordinaire, trouvent pour la plupart une fréquente application dans le style poétique.

II. ADJECTIFS.

Aequus, almus, ater, canus, celer, claudus, creber, dives, exiguus, exilis, faustus, flavus, fulvus, galbus, gilvus, glaber, glutus, inanis, ingens, laevus, limus, luxus, maestus, magnus (à peine roman), *mitis, navus, necesse, nequam, parvus* (à peine esp.), *paullus, perperus, pinguis* (esp. *prengue?*), *potior, priscus, privus, probus, procerus, pronus, puber, pulcher* (it.), *pullus, putus, ravus, saevus, satur, saucius, scaevus, segnis, senex* (pr.), *serus, squalus, strabus, teres* (esp.), *trux, tutus, udus, vafer, vulgus, vatius, vetus, vetustus, vigil.*

III. VERBES.

1re Conjugaison. — *Dicare, flagitare, flare, hiare, hortari, inchoare* (pr.), *lurcare, manare, meare, migrare, morari* (seul. esp. *morar*), *nare, patrare, placare, potare, properare, olari, spectare, venari, viare.*

2^e Conjugaison. — *Algere, arcere, augere, carere, cavere, censere, decere, docere, egere, favere, flere, fovere, frigere, haerere, horrere, invidere, jubere, latere, libet, lugere, madere, mederi, moerere, nere, nitere, oportere, patere, pavere, pigere, pollere, polliceri, praebere* (pr. *plevir*), *pudere, rancere* (fr.), *reri, rigere, silere, spondere, studere* (v.-fr. *estovoir?*), *suadere, tabere, taedere, tepere, terrere, torquere, tueri, tumere, turgere, urgere, vegere, vereri, vigere, vovere*.

3ᵉ Conjugaison. — *Alere, amittere, caedere, canere, cogere, colere* (à peine pr.), *consulere, contemnere, deficere, degere, demere, deligere, edere, emere, fidere, fieri, fluere, frendere, frui* (à peine rom.), *fungi, furere, gerere, gignere, jacere, induere, interficere, labi, linere, linguere, loqui, ludere, luere, mandere, mergere* (it.), *metuere, nectere, ningere, niti, noscere, nubere, oblivisci, pangere, parere, pellere, pergere, petere* (esp.), *pinsere, plaudere, plectere, poscere, prodere, proficisci, queri, repere, ruere* (à peine rom.), *scabere, scalpere, scandere, scindere, serere, sinere, spernere, spuere, sternere, strepere, sugere* (it.), *suere, sumere, turgere, torrere, trudere, ulcisci, urere, uti, vehere, vergere, verrere, vesci, viscere*.

4ᵉ Conjugaison. — *Farcire, haurire, invenire, metiri, moliri, oriri, nequire, sarcire, sarrire, scire, vincire*.

Verbes irréguliers. — *Ferre, nolle, malle; coepisse, meminisse, novisse, odisse; aio, inquam*.

Nous ne nous occuperons pas pour le moment du sort des pronoms et des particules.

Si l'on embrasse maintenant d'un coup d'œil les mots contenus dans cette liste, mots dont les uns sont des primitifs et dont les autres représentent les notions les plus usuelles et les plus importantes, on reconnaîtra que la perte n'est pas très-considérable dans les substantifs et les adjectifs, mais qu'elle est énorme dans les verbes radicaux, bien que tous ceux qui ont disparu ne soient pas, à beaucoup près, énumérés ici; or ces verbes constituent proprement la richesse de la langue. Mais la disparition de tant de mots essentiels n'entraîne pas nécessairement celle de leurs racines. La plupart se sont perpétuées dans les langues nouvelles par des dérivations ou des compositions dont les unes existaient déjà en latin, et dont les autres ont été créées de première main par les idiomes romans. En effet, ces idiomes ont développé avec la plus grande énergie la faculté de formation et d'assimilation, et les mots que l'emploi de cette faculté leur a donnés dépassent de beaucoup en nombre ceux que leur avait légués la langue mère. La perte d'éléments anciens, l'introduction d'éléments nouveaux, la bifurcation fréquente d'un mot en deux [1], la création des formes les plus variées, offrent le champ le plus riche aux réflexions de celui qui voudrait rechercher les causes de ces divers phénomènes. Mais nous nous bornerons ici à signaler, parmi les causes qui ont fait s'effacer tant d'éléments latins, celles qui sont le plus faciles à constater et qui ont aussi la plus grande influence. 1° Les mots trop courts ou même trop peu sonores devaient naturellement être évités par une langue qui, rejetant systématiquement certaines consonnes finales, par exemple *m* ou *s*, rétrécissait encore leur forme. Que pouvait faire le roman de mots comme *rem, spem, vim* (nous prenons ici l'accusatif pour type), comme *fas, vas, aes, os, jus, rus?* ou bien de mots dissyllabiques sans consonne au milieu, comme *reum, diem, gruem, luem, struem, suem?* Quelques-uns d'entre eux se sont cependant maintenus, *rem* en v.-esp. et en fr., *spem* en it., *vas* partout en revêtant la forme *vasum*, *reus* en it., *diem* dans presque toutes les langues, *gruem* dans toutes. *Deus* ne pouvait pas être remplacé, bien que sa permutation n'ait pas eu lieu partout régulièrement. Il y avait encore beaucoup de disyllabes, de trisyllabes même, avec une consonne au milieu, qui ne donnaient pas des formes sonores remplissant bien l'oreille, et cela n'a pas été sans influence, au moins pour les mots de l'usage quotidien. Mais ici il faut distinguer d'après la nature des diverses langues : celles du nord-ouest avec leur tendance plus analytique devaient plus que les autres éviter ces formes; celles du sud supprimaient souvent la consonne médiale, sans changer autrement le mot (le fr. a tiré de *radicem* le dérivé *radicina*, racine, tandis que l'esp. dit *raiz*). On peut donner comme exemples : *ile* ou *ilia, hiemem, genu, agnum, ignem, aurem, narem, erem, herum, rorem, aurem, murem*, et aussi *apem, ovem*. — Ces mots, qui n'avaient pas assez de corps, furent souvent supplantés par d'autres : *res* par *causa*, *vis* par *fortia, fas* et *jus* par *directum, os* par *bucca, rus* par *campania, sus* par *troja, ignis* par *focus, herus* par *patronus* ou *magister, crus* par *gamba, mus* par *sorex* ou *talpa*. Ou bien on mit à leur place des dérivés de la même racine : *sperantia* pour *spes, aeramen* pour *aes, diurnus* pour *dies, iliare* pour *ile, hibernum* pour *hiems, genuculum*

---

1. Lat. *pensare*, rom. *pensare* et *pesare* dans deux sens différents.

pour *genu*, *agnellus* pour *agnus*, *auricula* pour *auris*, *narix* (it. *narice*) pour *naris*, *ericius* pour *eres*, *roscidum* et autres pour *ros*, *avicella* pour *avis*, *ovicula* pour *ovis*. Au reste, l'extension des formes, surtout par des diminutifs, comme dans toutes les langues populaires, est un des principes du roman, et s'exerce même sur des mots où le primitif ne péchait pas par trop de brièveté; les dérivés fournis par le latin ou créés par le roman remplacent le primitif et le font la plupart du temps disparaître : c'est ainsi que de *vulpes, sciurus, luscinia, rana, apis, lappa, corbis, colus,* on a conservé les diminutifs *vulpecula, sciurulus, cornicula, lusciniola, ranicula, apicula, lappula, cornicula, coluculus;* de *melis, milvus, culex, quercus, natis, limes,* on a formé les dérivés *mologna* (napol.) *milvanus, culicinus* (fr. *cousin*), *quercea, natica, limitare*.

2° La nouvelle langue ne pouvait plus admettre aussi aisément que l'ancienne des mots homonymes ou ayant une grande ressemblance, car elle avait perdu deux puissants moyens de les distinguer : d'abord la prononciation nette et distincte des consonnes, altérées par l'assimilation et d'autres causes (*actus* et *aptus* deviennent en it. *atto*); puis la quantité, très-imparfaitement remplacée par la diphthongaison des brèves accentuées. Beaucoup des mots de cette classe, surtout s'ils étaient du même genre, devaient donc être sacrifiés à la clarté. Le subst. *vir*, par exemple, au grand détriment de la langue, a cédé à *verus*, parce que tous deux auraient donné en it. *vero;* l'esp. le remplaça par *varon,* le val. par *bęrbat* (*barbatus*). La même concurrence avec *verus* aurait aussi fait disparaître le nom du printemps, *ver*, s'il ne s'était conservé par le moyen de la dérivation ou de la composition (esp. *verano*, it. *primavera*). Un synonyme de *vir*, *mas, maris* fut sans doute abandonné à cause de *mare*. *Bellum* céda évidemment à l'adj. *bellus* et on accueillit à sa place l'all. *werra*. On peut encore admettre que *aequus* s'est effacé devant *equus* (ou plutôt *equa* qui a persisté), *ager* devant *acer* (it. *agro*), *fidis* devant *fides*, *habena* devant *avena*, *liber* devant *lĭber*, *māla* devant l'adj. *măla*, *matula* devant *macula*, *melis* devant *mel*, *palla* devant *pala*, *plăga* devant *plāga*, *puer* devant *purus*, *vĕru* devant *vĕrus*. *Ora* ne put persister en it. devant *hora*, il lui fallut se réfugier dans la formule diminutive *orlo*, tandis que le prov. distingua les deux mots par le genre : *or, ora;* de même *sol* ne pouvait coexister en fr. avec *solum*, de là la forme *soleil*. Il y eut aussi beaucoup d'homonymes qu'on put sauver au moyen d'une altération dans leur forme : ainsi *mālus* persista à côté de *mălus*, dans l'it. *melo*, *pōpulus* à côté de *pŏpulus* dans *pioppo*. C'est dans la conjugaison que l'influence de l'homonymie a causé la perte la plus importante : le futur classique, qui coïncidait plus ou moins en partie avec l'imparfait de l'indicatif, en partie avec le subj. prés. fut abandonné par toutes les langues romanes, et reconstruit sur d'autres bases. — L'influence de l'homonymie fut encore active, même après l'achevement des langues nouvelles.

3° Ce qui était arrivé pour les homonymes eut lieu aussi pour les synonymes; beaucoup d'entre eux disparurent de la langue, parce qu'on ne comprenait plus les nuances délicates des sens ou qu'on n'attachait aucun prix à leur distinction. Les exemples abondent : *abdomen* parut faire double emploi avec *pantex*, *aedes* avec *casa*, *aevum* avec *aetas*, *amnis* avec *fluvius* et *flumen*, *anguis* avec *serpens*, *ānus* avec *culus*, *arx* avec *castellum*, *clivus* avec *collis* ou le dérivé roman *collina*, *caenum* avec *lutum*, *culina* avec *coquina*, *corps* avec *cibus*, *ensis* avec *gladius*, *equus* avec *caballus*, *bilis* avec *fel*, *formido* avec *pavor*, *gena* avec *palpebra*, *gramen* avec *herba*, *jugulum* avec *gula*, *hirudo* avec *sanguisuga*, *imber* avec *pluvia*, *jaculum* avec *lancea*, *janua* avec *porta* et *ostium*, *lapis* avec *petra*, *lira* avec *sulcus*, *lorum* avec *corrigia*, *mala* avec *maxilla*, *moenia* avec *murus*, *offa* avec *frustum*, *orbis* avec *circulus*, *osculum* ou *suavium* avec *basium*, *rupes* avec *saxum*, *sidus* avec *astrum*, *specus* ou *antrum* avec *spelunca*, *tellus* avec *terra*, *trames* avec *semita*, *tumulus* avec *cumulus*, *ulna* avec *cubitus*, *urbs* ou *oppidum* avec *civitas*, *vulnus* ou *ictus* avec *plaga*.

Pour plusieurs de ces mots on peut, il est vrai, se demander si ce n'est pas aussi bien la faiblesse de leur forme qui les a fait tomber que leur synonymie : c'est le cas, par exemple, pour *aedes, aevum, amnis, anguis, ensis, gena, urbs* (qui en outre aurait donné le même mot qu'*orbis*). Pour les adjectifs, c'est la synonymie qui paraît avoir été la cause dominante des pertes considérables qu'ils ont subies : ainsi disparurent des mots comme *magnus, mitis, pulcher, saevus*, devant *grandis, suavis, bellus, ferox*. Mais comment se fait-il que *parvus* ait été supplanté par le barbare *piccolo, pequeño, petit*?

Cette crainte des synonymes n'a pas d'ailleurs empêché les langues nouvelles de former ou d'emprunter à d'autres idiomes un assez grand nombre d'expressions dont le sens était déjà suffisamment représenté. — On conçoit facilement que des relations, des mœurs et des idées nouvelles aient rendu inutile plus d'un ancien mot ou l'aient fait échanger pour un autre. Ne parlons ici que de ceux qui ont été échangés. Le cas le plus important est celui de l'expression qui désigne le *mot* même, *verbum*, que son emploi spécial dans l'Église a soustrait à l'usage commun, où il a été remplacé par *parabola* (Schlegel, *Litt. prov.* not. 33). *Domus* ne signifie en français et en italien que la maison du Seigneur : *casa* a pris sa place. *Vesper* prit aussi un sens liturgique, et son sens primitif fut représenté par les adjectifs *serus* ou *tardus*. Un grand nombre d'objets naturels furent désignés par des noms sortis d'une nouvelle manière d'envisager leurs propriétés et leurs caractères, et perdirent leur ancienne appellation : ainsi on nomma le sanglier *singularis*, celui qui vit seul; le mouton *mutilus* (le mutilé), et le cygne *cecinus*, c'est-à-dire l'oiseau qui a au bec une tumeur (*cicer*); la bergeronnette *caudi-tremula*, comme en gr. σεισοπυγίς. Pour les plantes, on trouve une masse de ces noms tirés de leur nature. Les expressions de ce genre appartiennent aux plus frappants caractères des langues romanes; elles peignent bien leur origine et leurs rapports avec le latin; l'élément populaire s'y montre sans réserve; on remarquera entre autres ces désignations rustiques des parties du corps humain : *testa* (pot) ou *concha* (coquille) pour *caput*; *gurges* (gouffre) pour *guttur*; *spatula* (bêche) pour *scapula*; *perna* (jambon) pour *crus* [1]; *pulpa* (viande, morceau de chair) pour *sura*; *ficatum* (foie d'oie) pour *hepar*; *botellus* (boudin) pour *intestinum*; *pellis* (fourrure, peau d'animal) pour *cutis*; — *casa* (cabane, baraque) pour *domus* est aussi un mot de cette classe.

5° Enfin la perte de beaucoup de mots latins eut pour cause l'introduction de termes empruntés à des langues étrangères, fait sur lequel nous reviendrons plus bas. Les Romans ne voulaient ni ne pouvaient s'interdire ces emprunts, que leur suggérait le contact journalier avec différents peuples : souvent, en effet, le mot étranger exprimait des objets ou des idées pour lesquels la langue latine n'avait pas d'expression satisfaisante ou au moins caractéristique; souvent encore il se recommandait par une forme plus pleine et plus sonore. Çà et là on saisit aussi la trace de causes spéciales : par exemple les langues du nord-ouest ont abandonné trois expressions latines désignant le mâle de la

---

[1]. Cependant *perna* a déjà le sens roman dans Ennius.

chèvre, *caper, hircus* et *haedus,* pour l'all. *boc,* parce qu'on voulait, pour cet animal comme pour d'autres animaux domestiques, désigner la différence des sexes par la diversité des radicaux. La même raison a fait remplacer *gallus* par le mot étranger *coc.* Mais la victoire du mot étranger sur le mot latin ne fut souvent qu'une affaire de hasard [1].

Nous avons encore un coup-d'œil à jeter sur les verbes. Leur perte a eu les mêmes causes que celle des substantifs, par exemple la brièveté de la forme pour *flare, nare, flere, nere, reri* (tandis que *dare* et *ire* se sont conservés, bien qu'incomplétement, et seulement dans quelques pays); l'homonymie a fait disparaître peu de verbes, par exemple *moerere* à cause de *merere, caedere* à cause de *cedere, parĕre* à cause de *parēre, queri* à cause de *quaerere;* la synonymie a eu plus d'influence, mais il y a eu des causes spéciales. La langue nouvelle a laissé tomber presque tous ces beaux verbes si nombreux dans la 2e conjugaison qui expriment un état, parce qu'elle pouvait facilement les rendre par une circonlocution, et qu'elle affectionne en général les circonlocutions : au lieu de *albere, frigere, nigrere,* on pouvait dire *album esse, frigidum esse, nigrum esse.* Les pertes considérables que subit la 3e conjugaison ont sans doute pour cause la grande variété de ses flexions. Les verbes se conservèrent mieux en composition, parce que là les formes étaient plus étendues et les significations plus individuelles : ainsi *inflare, inhortari* (v.-fr.), *demorari, consolari, adhaerere, abhorrere, respondere, persuadere, occidere, comedere* (esp. *comer*), *influere, relinquere, consuere, consumere, advincere* (it. *avvincere*), *referre* et autres. On trouve aussi beaucoup de primitifs éteints qui revivent dans des formes fréquentatives ou itératives [2], ou bien dans des verbes tirés de leur radical par l'intermédiaire de substantifs, comme *invidiare, odiare, studiare.*

---

1. Je m'abstiens ici de parler des déplacements du sens, parce que ce travail a été fait par d'autres d'une manière satisfaisante, par exemple récemment par Fuchs (*Langues romanes,* p. 191 et suiv.) et du Méril (*Formation de la langue française,* p. 318-340). D'ailleurs on en a vu plusieurs exemples dans ce que j'ai dit ci-dessus.
2. Voy. le chapitre de la *Formation des mots.*

II.

ÉLÉMENT GREC.

En dehors du latin, il n'y a que deux langues où tous les idiomes romans aient puisé, dans des proportions diverses : c'est le grec et l'allemand.

Si on déduit les éléments grecs que contenait le latin quand il donna naissance aux nouvelles langues, on en trouvera assez peu dans le roman ; l'on ne compte pas, bien entendu, les expressions introduites par la science à une époque récente. Les Byzantins restèrent, il est vrai, les maîtres dans l'Italie méridionale, en Sicile et dans une partie du sud de l'Espagne, longtemps après l'invasion germanique ; mais il n'y eut pas là de mélange de races sur une grande échelle ; ce que les Massiliotes avaient pu apporter à la langue gauloise disparut avec cette langue elle-même. Enfin une partie des mots gréco-romans doivent leur existence, non pas à l'influence d'une langue sur l'autre, mais au commerce habituel des peuples entre eux, qui amène toujours quelques emprunts mutuels. Les fables patriotiques qu'ont soutenues Joachim Périon, Henri Estienne et d'autres savants français, sur l'affinité de leur langue avec le grec, n'ont aucun fondement ; ils auraient eux-mêmes renoncé à les défendre s'ils avaient mieux connu les lois phoniques du roman, et s'ils avaient pu embrasser plus sûrement l'ensemble de ses sources. La même observation s'applique aux érudits italiens et espagnols qui ont fait du grec une mine féconde pour tous les éléments non latins de leurs idiomes. Il faut reconnaître, du reste, que la ressemblance fortuite de beaucoup de mots grecs et romans ne rendait que trop séduisant ce système, opposé à tous les faits historiques : pour ne citer que des exemples français, comment le vieux mot *airure* (champ semé) ne ferait-il pas songer à ἄρουρα, *coite* à κοίτη, *dîner* à δειπνεῖν, *blesser* à πλήσσειν, *moëlle* à μυελός, *paresse* à πάρεσις, *tétin* à τίτθη, *trouer* à τρύειν ? Aucun de ces mots ne peut cependant revendiquer cette origine qui s'offre si naturellement.

Voici une liste de mots grecs admis sans intermédiaires dans les langues romanes (plusieurs sont douteux) : elle mettra en lumière les proportions et la nature de l'élément hellénique qu'elles contiennent.

Ἄγκος, courbure : pg. *anco,* m. s.

Ἀγωνιᾶν, se tourmenter, désirer : it. *agognare,* demander vivement.

Αἴσιος, heureux, convenable, serait, d'après une étymologie douteuse, l'origine du pr. *ais,* fr. *aise,* it. *agio.*

Αἶσχος, laideur, honte : esp. pg. *asco,* dégoût. Mais le goth. *aiwiski,* honte, est préférable.

Ἀκηδία, insouciance : it. *accidia,* etc., b.-lat. *acedia accidia.*

Ἄτομος, atome : it. *attimo,* moment, clin d'œil.

Βαλλίζειν, sauter : it. *balzare,* m. s.

Βαστάζειν, supporter, porter : de ce radical, sinon du mot directement, viennent l'it. *bastone,* appui, canne ; *bastire,* construire; fr. *bâton bâtir,* etc.

Βαυκάλιον, vase, b.-lat. *baucalis,* it. *boccale,* esp. fr. *bocal.*

Βέλεμνον, trait : it. *baleno,* éclair.

Βόθρος, creux, caverne : it. *botro* et *borro,* fossé creusé par les torrents.

Βόρβορος, boue : fr. *bourbe,* m. s. (douteux).

Βοῦτις, βύτις, flacon : it. *botte,* val. *botę,* esp. pr. *bota,* fr. *bote boute,* avec des sens voisins ; mais ce mot se retrouve dans d'autres langues où le roman a puisé.

Βριᾶν, être fort, rappelle l'it. esp. *brio,* force, violence ; pr. *briu;* mais ces mots appartiennent peut-être à une ancienne langue indigène. Voy. le *Dictionnaire Etymologique.*

Βροντή, tonnerre : it. *brontolare,* gronder, murmurer.

Βύρσα, cuir : b.-lat. *byrsa,* it. *borsa,* esp. pg. *bolsa,* fr. *bourse.*

Γάστρα, vase : it. *grasta,* pot de fleurs.

Γενεά, génération : it. *genia,* engence, race.

Γόμφος, cheville, pivot : b.-lat. *gomphus,* pr. *gofon,* gond de porte.

Γυμνήτης, soldat armé à la légère : esp. *ginete,* chevau-léger.

Δρόμων, coureur, dans le latin des derniers temps *dromo,* sorte de bateau rapide : v.-fr. *dromon,* m. s.

Δύσκολος, maussade : it. esp. *discolo,* m. s.

Ἐνθήκη, chargement, fret : it. *endica,* accaparement de marchandises.

Ἔρημος, solitaire : it. *ermo,* val. *erm,* esp. *yermo,* pr. v.-fr. *erme.*

Ζωμός, sauce : de là esp. *zumo,* jus.

Ἡμικρανία, mal de tête : it. *magrana,* esp. *migraña,* fr. *migraine.*

Θεῖος, oncle ; θεία, cousine : b.-lat. *thius thia,* it. *zio zia,* esp. *tio tia,* pr. *sia.*

Θύλακος, sac, bourse : esp. *valega,* pr. *valeca?*

Κάρα, tête : b.-lat. *cara* (dans Corippus, vi[e] siècle), esp. pg. *cara,* fr. *chère,* it. *ciera,* visage.

Κάραβος, écrevisse de mer, sorte de vaisseau : b.-lat. *carabus,* bateau, it. *caravella,* esp. *carabela.*

Καταβολή, action de renverser : v.-fr. *caable,* machine de guerre ; pr. *calabre.*

Καῦμα, incendie, chaleur : esp. pg. *calma,* partie chaude du jour. Voy. le *Dict. étymol.*

Κόβαλος, espiègle : de là le fr. *gobelin,* lutin ?

Κόλλα : it. *colla,* esp. *cola,* fr. *colle,* m. s.

Κόλπος, baie, havre : it. *golfo,* etc.

Κόνδυ, vase à boire : it. *gonda gondola,* petite embarcation.

Κορμός, souche, pièce de bois ; esp. *corma,* entrave en bois ?

Λάπαθον, fosse : pg. *lapa,* m. s. (douteux).

Λάπη, λάμπη, peau mince sur le lait et autres liquides : esp. *lapa,* m. s.

Λόπος, cosse : it. *loppa,* paille. Voy. le *Dict. étymol.* II. a.

Μάγγανον, fronde : it. *mángano manganello,* pr. *manganel,* v.-fr. *mangoneau,* baliste, arbalète.

Μακάριος, heureux : it. *macari,* plût à Dieu !

Μύσταξ, barbe de la lèvre : it. *mustaccio,* fr. *moustache,* etc.

Μωκᾶν, railler. Cf. fr. *moquer.*

Νῆμα, fil : esp. *nema,* cachet, parce qu'on l'apposait autrefois sur un fil qui entourait la lettre.

Οἶσος : fr. *osier,* m. s.

Ὀξάλιος, aigrelet : fr. *oseille.* Cf. cependant *Dict. étymol.* II, c.

Ὀσμή, odeur : esp. *husmo,* m. s., sans doute aussi it. *orma,* val. *urme,* trace, piste, proprement émanation.

Παιδίον, garçon, serviteur : it. *paggio,* etc.

Παλαίειν, combattre, faire des armes : esp. *pelear.* Voy. le *Dict. étymol.* II. b.

Παραβολή, comparaison : b. lat. *parabola,* dans le sens de discours, mot ; it. *parola,* fr. *parole,* esp. *palabra.* Voy. ci-dessus, p. 49.

Πατάσσειν, claquer : de là it. *batassare,* secouer ?

Πέταλον, cime : fr. *poêle,* dais.

Πλατύς : it. *piatto,* fr. *plat,* esp. *chato,* m. s.

Πρασιά, plate-bande : it. *prace,* espace entre deux sillons.

Πτωχός, mendiant : it. *pitocco*, m. s.

Σάβανον, linge, dans le lat. des derniers temps *sabanum, savanum:* esp. *sábana*, pr. *savena*.

Σάγμα, bât, et aussi le fardeau qu'on met dessus, lat. *sagma* dans Végèce, *De re veter.*; dans Isidore, XX, 16 (*sagma, quae corrupte vulgo salma dicitur*) : it. esp. *salma*, pr. *sauma*, fr. *somme*, it. v.-esp. aussi *soma*.

Σειρᾶν, tirer avec une corde : de là esp. *sirgar*, remorquer ?

Σειρήν, proprement *sirène*, puis nom d'un petit oiseau : fr. *serin*.

Σκαιός, à gauche : pr. *escai*, m. s.

Σκάπτειν, creuser : it. *zappare*, esp. *sapar*, fr. *saper*.

Σμύρις, σμίρις : it. *smeriglio*, esp. *esmeril*, fr. *émeri*, m. s.

Σπιθαμή, empan : it. *spitamo*, esp. *espita*.

Στόλος, expédition, flotte : it. *stuolo*, v.-esp. *estol*, bande, troupe, pr. *estol*, val. *stol*, flotte.

Στρατιώτης, soldat : it. *stradiotto*, esp. *estradiote*, v.-fr. *estradiot*.

Σχίδιον, éclat de bois, bûche, lat. *schidia* seulement dans Vitruve : it. *scheggia*.

Τάλαντον, poids, lat. *talentum* : esp. *talante*, avec l'*a* grec au milieu ; pr. *talan*, mais aussi *talento, talen*.

Ταπεινός, petit, bas : it. *tapino*, vil, de peu de prix.

Τέρετρον. Voy. *Teretrum* dans la 2ᵉ liste ci-dessus.

Τραγήματα, dessert : it. *treggéa*. esp. *dragéa*, fr. *dragée*.

Τραυλός, bègue : it. *troglio*, m. s.

Τρώκτης. Voy. *Tructa* dans la 2ᵉ liste ci-dessus.

Τῦφος, fumée : it. esp. *tufo*; cf. fr. *étouffer*.

Φανός, lanterne : it. *fanale*, fr. *fanal*.

Φαρός, phare : piém. *faró*, peut-être it. *faló*, s'il ne vient pas du précédent.

Φράττειν, entourer d'une haie : it. *fratta*, haie.

Φώϊξ, oiseau aquatique : de là esp. *foxa*, sorte de canard ?

Χαῖος, houlette : esp. *cayado*, m. s.

Χαλᾶν, lâcher, larguer, lat. *chalare*, dans Vitruve : it. *calare*, esp. *calar*, fr. *caler*, baisser les voiles.

Χοῖρος, goret : it. *ciro*, porc.

Cette liste comprend, on le voit, des mots revêtus des significations les plus diverses, dont beaucoup de termes de marine, introduits à différentes époques, pour une partie certainement après les croisades. Les dialectes italiens ont encore un assez grand nombre de mots grecs ; mais la langue la plus riche sous ce rapport est le valaque, que sa position géographique prédestinait plus que les autres à l'admission d'éléments grecs. Nous en reparlerons plus loin.

III.

ÉLÉMENT GERMANIQUE.

L'introduction immédiate de mots grecs dans le roman se réduit à quelques mots isolés ; il n'en est pas de même des emprunts faits à l'allemand : c'est la seule langue où aient puisé, et dans des proportions considérables, tous les dialectes romans ; aussi l'étude de ces dialectes est-elle une source intarissable pour l'histoire de l'allemand.

Les faits historiques n'ont besoin que d'un coup-d'œil. L'invasion et la conquête des provinces romaines par les peuples germains eurent lieu, comme on sait, dans le courant du ve siècle, et encore dans le vi^e; la Dacie seule, patrie du dialecte valaque, avait longtemps auparavant été occupée par les Goths. Ces invasions guerrières eurent lieu très-diversement. Il y eut des pays où les peuples vinrent s'établir les uns après les autres ; il y en eut où ils se fixèrent les uns à côté des autres. L'Italie vit d'abord, au milieu du ve siècle, la domination passagère des Hérules, puis celle des Ostrogoths, qui dura soixante-six ans, et enfin celle des Lombards, qui se prolongea pendant deux siècles. Le sud-ouest de la Gaule fut occupé par les Goths dès le commencement du ve siècle ; les Burgondes s'emparèrent ensuite d'une grande partie du sud-est, tandis que les Francs se soumirent le nord. L'Espagne fut de même traversée par diverses races. Au commencement de ce même siècle, la Galice, les Asturies, le royaume de Léon, une partie du Portugal, étaient occupés par les Suèves ; une autre partie du Portugal et la province de Carthagène appartenaient aux Alains ; une partie du sud aux Vandales, qui ne tardèrent pas à passer en Afrique ; le nord-est était possédé par les Visigoths, et ceux-ci s'étendirent de plus en plus dans le siècle suivant, jusqu'à ce que, dans ses dernières années, ils eussent réduit sous leur domination toute la péninsule pyrénéenne. Plus d'une race, au milieu de ces bouleversements, fut exterminée en partie ou complétement : en Italie, par exemple, il ne demeura sans doute qu'un bien petit nombre d'Ostrogoths. Mais le plus ordinairement les peuples établis en premier conservèrent, même après leur soumission par d'autres Germains, leur résidence et leur constitution.

Chacun de ces peuples divers devait aussi exercer sur la *romana rustica* une influence diverse; cependant il ne faut pas exagérer la portée de cette diversité, et il serait complétement faux d'en faire la cause des différentes langues romanes comme l'ont fait souvent des érudits même romans. A l'époque de l'invasion, les dialectes germaniques étaient encore assez voisins les uns des autres pour que ces différentes peuplades n'eussent certainement pas entre elles besoin d'interprètes. Le gothique nous dévoile les caractères phoniques de l'allemand dans leur état le plus primitif, bien qu'il ne soit pas sans une certaine nuance dialectale; toutes les autres langues de la famille germanique doivent être ramenées à ce type commun. Le lombard, à en juger par les mots qui nous en ont été conservés, se rapproche, pour les consonnes, du système du vieux haut allemand : il met la ténue pour la moyenne, et z pour t, mais sans régularité absolue. Le bourguignon se rapprochait plus du gothique que du haut allemand (voy. Grimm, *Geschichte der deutschen Sprache*, p. 707) [1]. Le francique n'était qu'à moitié semblable au gothique dans le vocalisme; il l'était plus dans son consonantisme, où il tenait beaucoup du vieux saxon; mais depuis l'époque carolingienne, il se rapprocha du haut allemand. Comme nous ne possédons de documents ni du lombard, ni du bourguignon, ni du suève, et à peine du vieux francique, nous nous appuyons surtout, pour la recherche des éléments germaniques entrés dans les langues romanes à l'époque des invasions, sur le système phonique du dialecte gothique, que nous permet de juger suffisamment un document très-ancien et très-précieux.

L'établissement violent des Germains sur le territoire de l'empire, dont les habitants ne furent ni exterminés ni chassés, ne pouvait avoir lieu sans le plus grand bouleversement politique. Sur le même sol vivaient maintenant deux peuples, l'un dominateur, et l'autre, sinon partout et complétement opprimé, cependant subalterne et moins estimé : le premier était la classe belliqueuse, le second la classe laborieuse de la nation. On trouve dans

---

1. W. Wackernagel conteste cette parenté plus étroite du bourguignon et du gothique. Voy. son étude *Sur la langue des Burgundes*.

les langues romanes elles-mêmes quelques traces de cet état de choses. Au nom de peuple *francus*, qui avait pris comme adjectif le sens d'*ingenuus*, se rattachait encore en italien et en français le sens de *noble, courageux*, et le v. fr. *norois* signifie *norvégien* et aussi *fier*. Cependant les habitants de l'empire nommaient, d'après le vieil usage, leurs conquérants *barbari*, et étaient eux-mêmes désignés par le nom, tout aussi général, de *Romani*; de même les langues des deux races s'appelaient : l'une *lingua barbara* (*theotisca, germanica*), l'autre *lingua romana*. Fortunat fait bien nettement sentir cette distinction :

> Hinc cui Barbaries, illinc Romania plaudit;
> Diversis linguis laus sonat una viri.

Mais les rapports des deux nations ne s'étendaient pas aux deux langues. La langue allemande n'était pas la dominante; toutes deux reconnaissaient la suprématie du latin, qui conservait ses anciens priviléges de langue officielle et de langue ecclésiastique ; les lois allemandes même étaient rédigées en latin. La nation conquérante s'habitua donc elle-même à la manière de voir reçue parmi les habitants cultivés des provinces, qui considéraient comme des patois, et plaçaient sur une seule et même ligne, bien loin au-dessous du latin, l'allemand aussi bien que le roman, dont la valeur était cependant fort inégale. Toutefois il ne faut pas attribuer à cette médiocre estime que les vainqueurs faisaient de leur propre langue sa disparition sur le sol conquis; elle eut pour cause principale le mélange final des deux peuples, mélange dans lequel l'emporta naturellement la grande supériorité numérique de l'élément romain (les Franks n'étaient guère au nombre de plus de 12000). Seuls, les Anglo-Saxons, qui ne se trouvaient pas en contact avec une population indigène aussi nombreuse, réussirent à sauver leur langue : leurs savants (non pas les Bretons, qui avaient en horreur tout ce qui était allemand, mais les Saxons) la cultivèrent avec amour. Sur le continent même, il fallut d'ailleurs plusieurs siècles pour que les nouveaux venus abandonnassent leur *lingua barbara*; leurs armées, qui les retenaient ensemble, en favorisaient singulièrement la persistance, et en outre il devait en coûter à leur sentiment national d'adopter l'idiome des classes inférieures ; mais le commerce perpétuel, la pénétration des deux peuples l'un par l'autre, finirent par ne plus pouvoir admettre une différence de langage. Nous manquons de renseignements précis sur la mort des langues germaniques dans les provinces romaines. Pour ce qui concerne la

France, on sait que Charlemagne était encore fortement attaché à la langue allemande et lui témoignait un intérêt efficace, et que son fils Louis, au lit de mort, pour chasser le malin esprit, criait en allemand *huz, huz! quod significat foras, foras!* [1]. Ce n'est pas être trop hardi que d'admettre que l'usage de l'allemand a persisté environ jusqu'au partage de l'empire carolingien, et même, si l'on peut citer en témoignage le chant francique composé sur la victoire de Louis III à Saucourt (881), jusqu'à la fin du IXe siècle : sa durée en Gaule aurait donc été de quatre ou cinq siècles. En Italie, le lombard florissait encore au temps de Paul Diacre (mort vers 800), qui en parle souvent comme d'une langue vivante ; il s'éteignit sans doute aussi bientôt après le partage de Verdun [2]. Tant que les Visigoths restèrent ariens, leur langue eut un avantage assez grand sur le francique et le lombard ; elle régnait dans la vie publique et même dans l'Église. Mais après qu'en 587 le roi Ricarède se fut converti au catholicisme, et eut octroyé à tous ses sujets, sans distinction d'origine, un droit uniforme, la fusion des Germains et des Romans, favorisée par lui et ses successeurs, marcha, au détriment de la langue gothique, plus rapidement en Espagne que partout ailleurs.

L'admission de mots allemands commença, sans aucun doute, peu de temps après les invasions des Germains, et ne prit fin que quand leur langue périt [3]. On reconnaît, en effet, deux classes chronologiquement distinctes de ces mots empruntés : les uns trahissent, même après leur assimilation, une forme archaïque et se rapprochant du gothique ; les autres, une forme postérieure. Les marques caractéristiques des premiers sont les voyelles *a* et *i* pour les voyelles postérieures *e* et *ë* (fermé et ouvert),

---

1. A propos de ce témoignage qui n'est pas sans importance, ou tout au moins sans intérêt, c'est ici le lieu de remarquer que J. Grimm (*Gramm. all.* III, 779) met en doute le germanisme du mot et est disposé à rapporter *huz* au roman ; il cite à ce propos le fr. *hucher* et *huis* : cependant Franz Pfeiffer (Mémoires de l'Acad. de Vienne, 1866) a rencontré le mot dans une poésie en vieil allemand.

2. « Au temps de la conquête de Charlemagne, la fusion intime des Lombards et des Italiens était ou déjà accomplie, ou complètement préparée, » dit Lœbell (*Grég. de Tours*, p. 531).

3. D'après l'*Histoire littéraire de la France*, t. XVII, p. 412, Sidoine Apollinaire (fin du Ve siècle) se plaint qu'à Lyon on ne parle qu'allemand, mais la citation manque. Le même écrivain (*Epist.* V, 2) admire la facilité avec laquelle Syagrius avait appris l'allemand (voy. le *Grégoire de Tours* de Lœbell, p. 104). Loup de Ferrières (v. 850) allait encore en Allemagne pour apprendre la langue, dont la connaissance est, dit-il, indispensable (*Epist.* 70).

la diphthongue *ai* pour *ei*, et les consonnes *p*, *t* et *d*, pour *f*, *z* et *t;* celles des secondes sont précisément les lettres ci-dessus désignées[1]. Or le changement des consonnes, le déplacement propre au haut allemand, et qui forme un trait spécifique de ce dialecte, est un fait philologique qui a dû se produire vers le vi° siècle : il en résulte donc que les mots germaniques de la 2° classe n'ont été introduits que postérieurement à cette époque; pour la France même, où le bas allemand se maintint longtemps encore contre le haut allemand, ils ne doivent remonter qu'aux siècles postérieurs. Il en résulte en outre que les mots de la 1re classe, surtout quand aux consonnes primitives ils joignent un système de voyelles un peu archaïque, doivent s'être introduits au v° siècle, ou au commencement du vi°, principalement en Italie. C'est vers cette époque justement que ces mots empruntés apparaissent dans le bas latin, ou (ce qui prouve encore mieux leur extension) sont désignés par les écrivains comme des expressions de la vie commune. Isidore, par exemple, cite les mots *armilausa* (pièce d'armure) = vieux norois *ermalausi* (XIX, 22), *francisca* (hache franque) = peut-être v.-nor. *frakka* (XVIII, 9), comme populaires; il y a d'autres mots, *medus* (hydromel) = ang.-sax. *medo* (XX, 3), *scala* (coupe) = v.-h.-all. *scâla*, et autres, qu'il donne simplement pour latins, ce qui prouve qu'il les tenait de la bouche des provinciaux, et non de celle des Goths.
— Pour la France, il faut noter une 3e classe de mots. Au x° siècle, une nouvelle population germanique, les Normands, vint s'établir au nord-ouest de ce pays. Ils oublièrent, il est vrai, leur langue, appelée par les écrivains de cette époque *dacisca* (danoise), avec tant de facilité, que déjà sous le second duc, Guillaume Ier, on ne la parlait plus que sur les côtes (voyez Raynouard, dans le *Journal des Savants*, 1820, p. 395 et suiv.); cependant elle a laissé en français des traces qui ne sont pas tout à fait insignifiantes, et parmi lesquelles on doit compter beaucoup de termes de marine.

La masse des éléments germaniques, en prenant toutes les langues romanes, est considérable. Le *Dictionnaire étymologique* donne environ 930 mots de cette classe, dont les uns sont vieillis et les autres vivent encore. Tous, il est vrai, ne sont pas exempts d'incertitude, et, en outre, si on les ramène aux radicaux, ils donnent un nombre un peu plus faible; mais, en revanche, les nombreux dérivés et composés n'y sont pas comptés, non plus

---

1. Voy. ci-dessous, livre I, chap. I, des exemples de mots des deux classes.

que les noms propres. La langue la plus riche sous ce rapport est incontestablement la langue française. La Gaule, dont la frontière étendue offrait aux envahisseurs les points de contact les plus nombreux, fut aussi le pays qu'ils pénétrèrent le plus. La partie méridionale du pays fut un peu moins fortement germanisée : aussi manque-t-il là beaucoup des mots du nord, principalement de ceux qui viennent des Normands ; mais il ne faut pas oublier, au moins pour les anciens temps, que nous ne possédons pas pour le sud un vocabulaire aussi complet que pour le nord. Sur le nombre donné plus haut, il y a environ 450 mots qui appartiennent à la Gaule exclusivement ou au moins originairement. Après le français, c'est l'italien qui est le plus riche ; il peut revendiquer environ 140 mots à lui propres. Les langues du sud-ouest sont déjà bien plus pauvres ; elles n'ont guère qu'une cinquantaine de mots de ce genre. La plus pauvre est le valaque : aucune des provinces romanes ne fut cependant plus tôt que celle où se parle cette langue occupée par les Germains ; dès le IIIe siècle (272) l'empereur Aurélien fut obligé de céder aux Goths la Dacie ; mais leur domination fut trop courte pour exercer sur la langue une grande influence. Cent ans plus tard, on admit aussi des Goths dans la Mésie et la Thrace ; mais le grand mouvement des peuples teutoniques entraîna avec lui les peuplades allemandes de ces pays, et les Germains qui y restèrent ne purent maintenir longtemps leur nationalité au milieu des invasions et des retraites perpétuelles des peuples les plus divers. — Il y a environ 300 mots allemands communs aux divers dialectes. Ce noyau considérable s'explique en partie par les mœurs et les institutions germaniques qui obligèrent les Romains d'admettre beaucoup de termes qui s'y rapportaient, en partie par le commerce des deux races ; mais il ne laisse pas de surprendre.

Les catégories d'idées les plus diverses ont part à l'élément germanique des langues romanes. Cependant la guerre tient le premier rang. Les Germains conservèrent l'important privilège de former la classe guerrière : il n'y a donc rien d'étonnant à ce que les provinciaux aient pris l'habitude de nommer les objets et les rapports qui touchaient aux armées, et qui souvent d'ailleurs étaient nouveaux pour eux, comme ils les entendaient nommer tous les jours, et à ce qu'enfin la plupart des expressions latines qui rentraient dans ce cercle d'idées aient disparu pour faire place à d'autres. En voici des exemples dont quelques-uns sont d'une époque relativement moderne [1] :

---

1. Le mot roman mis entre parenthèses renvoie au *Dictionnaire étymo-*

V. h. all. *werra (guerra), strît (estrit, estrif* fr.), *sturm (stormo), reisa (raise* fr.), *halt (halte* fr.), *woldan (gualdana), schaarwacht (eschargaite, échauguette* fr.), *malsken* (verbe) néerl. *(massacre* fr.), *raub (roba), bûten (bottino), gilde (gelda, geldra), scara (schiera), heriban (urban* fr.), *heriberga (albergo), bîwacht (bivac* fr.), *bergfrid (battifredo), bolwerk (boulevard* fr.), *hornwerk (hornabeque* esp.), *breme* néerl. *(berme* fr.), *letze (liccia), brehha (brèche* fr.). — *Skirm (schermo,* d'où *scaramuccia), brunja (broigne* fr.), *halsberc (usbergo), helm (elmo), zarga (targa), blaese* ang.-sax. *(blasone), brand (brando), flamberg (flamberge* fr.), *bredda* nor. *(brette,* fr.), *stock (stocco), helza (elsa), handhaba (hampe* fr.), *handseax* ang.-sax. *(hansacs* fr.), *dolekîn* néerl. *(dolequin* fr.), *asc (azcona* esp.), *helmbarte (alabarta), vigr* v.-nor. *(wigre* fr.), *vîfer* ang.-sax. *(guivre* fr.), *azgêr (algier* fr.), *spiz (spito), spioz (espiet* fr.), *sper (spiedo?), daradh* ang.-sax. *(dardo), strâla (strale), flitz (freccia), kohhar (couire* fr.), *haakbus* néerl. *(arcobugio), gundfano (gonfalone).* — *Habersack (havresac* fr.), *knappsack (canapsa* fr.). — *Scarjo (sgherro?), landsknecht (lanzichenecco), stuilrinc (esturlenc* fr.). — *Bardi* v.-nor. *(barda), sporo (sperone), staph (staffa), brittil (brida, briglia), gahlaufan,* verbe *(galoppare).*

Parmi les mots qui se rapportent aux institutions politiques et judiciaires, nous citerons ceux-ci :

Mahal (mall-public fr.), *ordâl* ang.-sax. *(ordalie), ban (bando), fehde (faide* fr.). — *Sago (sayon* esp.), *skepenno* v. sax. *(scabino), barigildus* b. lat. *(bargello), gastaldius* b. lat. *(castaldo), muntwalt (mundualdo), muntboro (mainbour* fr.), *gruo,* adj. *(gruyer* fr.), *herold (araldo), petil (bidello), manogalt (manigoldo), querca (carcan* fr.), *skalh (scalco), siniskalh (siniscalco), marahscalh (mariscalco), adaling (adelenc* fr.), *faeddr* v. nor. *(fé* fr.?), *sclave (schiavo).* — *Alôd (allodio), fihu (fio, feudum), wetti (gaggio), nâm* v. nor. *(nans* fr.), *waif* angl. *(gaif* fr.), *werand* v. fris. *(guarento).* — *Gafol* angl.-sax. *(gabella), skilling (scellino), vierling (ferlino),* et autres noms de monnaies.

logique, où on en trouve l'explication détaillée. Les mots italiens ou communs aux divers dialectes romans ne sont pas spécialement marqués, non plus que les verbes, dont la terminaison suffit pour indiquer à quelle langue ils appartiennent. Les mots germaniques dont le dialecte n'est pas signalé sont du haut-allemand.

Les termes de marine et de navigation, puisés presque tous dans le norois et le néerlandais, tiennent aussi une grande place, par exemple :

Skif (*schifo*), *bât* angl.-sax. (*batto*), *flyboat* angl. (*flibote* fr.), *sloop* néerl. (*chaloupe* fr.), *sneckia* v.-nor. (*esnèque* fr.), *bootje* néerl. (*botequin* fr.), *bak* néerl. (*bac* fr.), *vleet* néerl. (*flete* fr.), *kaper* néerl. (*capre* fr.), *kiol* (*chiglia*), *vränger* suéd. (*varangues* fr.), *mast* (*masto*), *hûn* v.-nor. (*hune* fr.), *staede* néerl. (*étai* fr.), *schoot* néerl. (*escota* esp.), *höfudbendur* v.-nor. (*haubans* fr.), *kajuit* néerl. (*cahute* fr.), *hangmak* néerl. (*amaca*), *steórbord* angl.-sax. (*stribord* fr.), *thilia* v.-nor. (*tillac* fr.), *lurz*, adj. (*orza*), *loof* angl. (*lof* fr.), *vracht* néerl. (*fret* fr.). — *Bootsmann* (*bosseman* fr.), *steuermann* (*esturman* fr.). — *Hafen* (*havre* fr.), *wrack* angl. (*varech* fr.). — A cette série se rapportent aussi les noms des points cardinaux : fr. *nord, est, sud, ouest*. — Les verbes qui s'y rapportent sont : *arrisan* (*arriser*), *bogen* néerl. (*bojar*), *afhalen* néerl. (*affaler*), *fiskón* (*fisgar*), *hala* v.-nor. (*halar*), *hissen* (*issare*), *kaaken* néerl. (*caquer*), *tow* angl. (*touer*), *trekken* néerl. (*atracar*), etc.

Le règne animal ne nous offrira pas moins d'exemples :

Reineo (*guaragno*), *hack* angl. (*haca* esp.), *gelding* angl. (*guilledin* fr.), *hobby* angl. (*hobin* fr.), *kracke* (*criquet* fr.), *zebar* (*toivre* fr.), *ram* (*ran* fr.), *belhamei* néerl. (*bélier* fr.), *geiz* (*gate* fr.), *zicki* (*ticchio*), *steinbock* (*stambecco*), *gamz* (*camozza?*), *elenthier* (*élan* fr.), *big* néerl. (*biga*), *frisking* (*fresange* fr.), *merisuin* (*marsouin* fr.), *dahs* (*tasso*), *braccho* (*bracco*), *bicce* angl.-sax. (*biche* fr.), *reinhart* (*renard* fr.), *haso* (*hase* fr.), *fehe* (*faina*), *mul* néerl. (*mulot* fr.), *zisimûs* (*cisemus* fr.). — *Sperwœre* (*sparaviere*), *huwo* (*gufo*), *chouh* (*chouette* fr.), *agalstra* (*gazza, agace*), *tâha* (*taccola*), *fincho* (*finco*), *meseke* néerl. (*mésange* fr.), *trohscela* (*trâle* fr.), *speh* (*épeiche* fr.), *sprehe* (*esprohon* fr.), *snepfa* (*sgneppa*), *möwe* (*mouette* fr.), *heigro* (*aghirone*), *hagastalt* (*hétaudeau* fr.), *gante* néerl. (*ganta*), *kahn* (*cane* fr.), *halbente* (*halbran* fr.). — *Sturjo* (*storione*), *kabeljaw* néerl. (*cabeliau* fr.), *brachsme* (*brême* fr.), *spierling* (*éperlan* fr.), *huring* (*aringa*). — *Creep*, verbe angl. (*crapaud* fr.), *bizan*, verbe (*biscia*). — *Krebiz* (*écrevisse* fr.), *humme* (*homard* fr.), *krabbe* (*crevette* fr.), *veolc* angl.-sax. (*welke* fr.), *miza* (*mite* fr.).

CORPS HUMAIN. — *Wanka* (*guancia*), *lippe* (*lippe* fr.),

nif néerl. (*niffa*), *drozza* (*strozza*), *halsadara* (*haterel* fr.), *nocke* néerl. (*nuca*), *zitze* (*tetta*), *baldrich* (*barriga* esp.?), *skina* (*schiena*), *ancha* (*anca*), *tappe* néerl. (*zampa*), *poot* néerl. (*poe* fr.), *skinko* (*stinco*), *knoche* (*nocca*). — *Schopf* (*ciuffo*), *gran* (*greña* esp.), *zata* (*zazza*). — *Mago* (*magone*), *milz* (*milza*), *rate* néerl. (*raie* fr.).

RÈGNE VÉGÉTAL. — *Salaha* (*saule* fr., ainsi que les suivants), *iwa* (*if*), *hulis* (*houx*), *krausbeere* (*groseille*), *braambezie* néerl. (*framboise*), *bezie* néerl. (*besi*), *klette* (*gleton*), *henbane* angl. (*hanebane*), *weit* (*guado* it.), *weld* (*gualda*), *spelz* (*spelta*), *raus* (*raus* prov.), *lisca* (*lisca*), *mos* (*mousse* fr.).

TERRE, ÉLÉMENTS. — *Melm* (*melma*), *molta* (*malta?*), *land* (*landa*), *laer* néerl. (*larris* fr.), *waso* (*gazon* fr.), *scolla* (*zolla*), *mott* (*motta*), *busch* (*bosco*), *walt* (*gault* fr. ainsi que les suivants), *rain* (*rain*), *haugr* v.-nor. (*hoge*), *bluyster* néerl. (*blostre*), *thurm* (*tormo* esp.), *scorro* (*écore* fr.), *lahha* (*lacca*). — *Wâc* (*vague* fr.), *bed* angl.-sax. (*bied* fr.), *wat* (*guado*), *hrîm* v.-nor. (*frimas* fr.), *wasal* (*walaie*, *guiléc* fr.). — *Glister* angl. (*esclistre* fr.).

Pour l'habillement et les ustensiles de divers genres on trouve aussi une masse de mots allemands, par exemple : *gant*, it. *guanto* (pg. *lua*), et même des mots comme it. *aspo*, *spuola*, *rocca* (*haspel*, *spuhle*, *rocken*), pour désigner le dévidoir, la navette et la quenouille, des ustensiles de la vie domestique la plus paisible ; il est vrai que ces mots manquent en latin, à l'exception de *colus*.

Les mots abstraits sont en plus petit nombre ; on trouve, par exemple : *eiver*, adj. (*afre* fr.), *geili* (*gala*), *grimmida* (*grinta*), *hast* (*hâte* fr.), *haz* (*hé*, *haine* fr.), *heit* v.-nor. (*hait*, souhait fr.), *hizza* (*izza*), *hônida* (*onta*), *lob* (*lobe* fr.), *sin* (*senno*), *skern* (*scherno*), *slahta* (*schiatta*), *smâhi* (*smacco*), *ûfjô* goth. (*uffo*), *urguôli* (*orgoglio*), *vîle* angl.-sax. (*guile* fr.), *wîsa* (*guisa*), etc. On remarque encore quelques mots qui se rapportent à des superstitions : *hellekîn* néerl. (*hellequin* fr. comme les suivants), *werwolf* (*garou*, *loup-garou*), *mar* (*cauchemar*), *grîma* v.-nor. (*grimoire* fr.?), *trölla*, verbe v.-nor. (*truiiier*).

Mais rien ne démontre mieux l'énergie avec laquelle la langue germanique pénétra le roman que le grand nombre d'adjectifs et le nombre encore plus grand de verbes qu'il a admis. Il est vrai que parfois le latin, comme il devait arriver naturellement, ne fournissait pas d'expression propre pour rendre le sens du mot étranger. Souvent aussi la forme latine pouvait déplaire ; mais la plupart du temps il ne faut chercher à la naturalisation du mot germain d'autre raison que le caprice de la langue et un certain amour pour les sons qui lui étaient étrangers. Voici des adjectifs : *bald* (*baldo*), *blanh* (*bianco*), *blao* (*biavo*), *blôz* (*biotto*), *brûn* (*bruno*), *bruttisc* (*brusco*), *dwerch* (*guercio*), *falo* (*falbo*), *flau* (*flou* fr.), *frank* (*franco*), *frisc* (*fresco*), *gagol* angl.-sax. (*gagliardo*), *gâhi* (*gajo*), *gelo* (*giallo*), *gram* (*gramo*), *grim* (*grim* fr.), *grîs* (*grigio*), *heswe* (*hâve* fr.), *jol*, subst. v.-nor. (*giulivo*), *karg* (*gargo*), *lam* (*lam* pr.), *leid* (*laido*), *lîstig* (*lesto*), *lôs* (*lozano* esp.), *lunzet* (*lonzo*), *minnisto* (*mince* fr.), *morn?* (*morne* fr.), *mutz* (*mozzo*), *resche* (*rêche* fr.), *salo* (*salavo*), *sleth* (*schietto*), *slimb* (*sghembo*), *snel* (*snello*), *stolz* (*estout* fr.), *strac* (*estrac* fr.), *strûhhal* (*sdrucciolo*), *swank* (*sguancio*), *tarni* (*terne* fr.?), *trût* (*drudo*), *welk* (*gauche* fr.), *zâhi* (*taccagno*). — Voici des exemples de verbes : *blendan* (*blinder*), *bletzen* (*blesser*), *brestan* (*briser*), *brittian* (*britar*), *dansôn* (*danzare*), *dihan* (*tecchire*), *drescan* (*trescare*), *frumjan* (*fornire, fromir*), *furban* (*forbire*), *glitsen* (*glisser*), *grînan* (*grinar*), *hartjan* (*ardire*), *hazjan* (*agazzare*), *hazôn* (*haïr*), *hônjan* (*onire*), *hreinsa* v.-nor. (*rincer*), *jehan* (*gecchire*), *kausjan* (*choisir*), *klappen* néerl. (*glapir*), *krassa* v.-nor. (*écraser*), *krazôn* (*grattare*), *krimman* (*gremire*), *lappen* (*lappare*), *lecchôn* (*leccare*), *leistan* (*lastar*), *magan* (*smagare*), *marrjan* (*marrire*), *raffen* et *rappen* (*raffare, rappare*), *rakjan* (*recare*), *rîdan* (*riddare*), *rôstjan* (*rostire*), *ga-salhan* (*agasalhar*), *skenkan* (*escanciar*), *skerran* (*eschirer, déchirer*), *scherzen* (*scherzare*), *skiuhan* (*schifare*), *scutilôn* (*scotolare*), *stampfôn* (*stampare*), *tômjan* v.-sax. (*tomar*), *trechen* (*treccare*), *wahtên* (*guatare*), *wandjan* (*gandir*), *wankjan* (*ganchir*), *walzjan* (*gualcire*), *wamôn* (*guamire*), *warjan* (*guarire*), *warôn* (*garer*), *wartên* (*guardare*), *weidôn* (*guéder*), *werfan* (*guerpir*), *windan* (*ghindare*), *witan* goth. (*guidare*), *wogen* (*vogare*), *zaskôn* (*tascar*), *zergen* (*tarier*), *zeran* (*tirare*), *zilên* (*attillare*), *zuccôn* (*toccare*).

On s'aperçoit au premier abord que les langues romanes contiennent beaucoup de mots qui se sont perdus dans les idiomes germaniques actuellement existants. On en trouve même qui sont rares dans les anciens dialectes, ou même qui n'y apparaissent qu'une fois : tels sont les mots gothiques *aibr* (pr. *aib*), *manvjan* (*amanoïr*), *galaubs* (*galaubia*), *treihan* (*trigar* port.), le lomb. *gaida* (piém. *gajda*), l'angl.-sax. *læva* (esp. *a-leve*), le v.-h.-all. *sabo* (esp. *sagon*), *stullan* (it. *trastullare*), *eiver* (fr. *afre*). Pour d'autres, comme le prov. *aloc* (b.-lat. *allodium*) et l'it. *bargello* (b.-lat. *barigildus*), le mot allemand fait défaut. Beaucoup de ces mots ont conservé en roman leur forme antique plus pure que dans l'allemand moderne : tels sont les mots it. *bara, palco, lisca, scranna, snello,* et le pr. *raus,* qui est tout à fait le mot gothique *raus* (all. mod. *rohr*). D'un autre côté, une grande partie de ces mots germaniques disparurent peu à peu de la langue, parce qu'elle pouvait s'en passer ; il leur arriva ce qui était arrivé à tant de mots latins, qui furent détruits par la synonymie ou par toute autre cause.

Nous devons encore mentionner ici un détail remarquable en ce qu'il nous fait voir clairement l'usage germanique excitant les Romans à l'imitation. Ce sont ces locutions, pour la plupart interjectives, formées de deux ou trois parties où se suivent les voyelles *i, a, u,* ou ordinairement les deux premières seules (*bif baf buf, kling klang, sing sang, wirr warr*), locutions qui ont trouvé de l'écho en roman, principalement dans les patois (le roman connaît du reste d'autres formules du même genre, mais moins usitées). Exemples : it. *tric-trac, ninna-nanna;* esp. *ziz-zas, rifi-rafe;* cat. *flist-flast, farrigo-farrago;* pr. mod. *drin-dran, blisco-blasco;* fr. *pif-paf, mic-mac, zig-zag, bredi-breda.* L'échelle complète, *i, a, u,* se trouve dans le milanais *flich-flach-flucch,* qui veut dire baragouin, langage inintelligible[1].

La famille romane, en s'appropriant des éléments germaniques, ne souffrit aucun dérangement essentiel dans son organisme ; car elle surmonta à peu près complètement l'influence de la grammaire allemande. On ne peut nier qu'il n'y ait dans la formation de ses mots quelques dérivations et compositions germaniques, on trouve aussi dans la syntaxe des traces de l'allemand ; mais ces détails se perdent dans l'ensemble de la langue[2].

Si le roman, tout en conservant pour unique base la langue populaire des Romains, a subi, outre un mélange à peine appré-

---

1. La *Zeitschrift für die Wissenschaft der Sprache* de Hœfer (III, 397) a donné une collection de ces cas d'apophonie romane.
2. M. du Méril a tenté récemment de démontrer l'influence de la syntaxe de l'allemand sur celle du français (*Formation de la langue française,* p. 235 et suiv.)

ciable de grec, un mélange considérable d'allemand, il a en outre fait dans ses provinces des emprunts à différents autres idiomes. Ces idiomes sont ou les langues primitives des pays conquis par les Romains, ou des langues introduites postérieurement ; nous reparlerons ci-dessous de ces deux classes. C'est d'après ces influences qu'il faut apprécier le degré de pureté de chacune des langues romanes, car la proportion de grec et d'allemand est presque partout la même. Ce n'est pas tant la masse des mots étrangers que la masse des langues étrangères et leur organisation, qui en rend plusieurs beaucoup plus rebelles que l'allemand ou le grec à l'assimilation romane, qu'on doit peser pour établir cette appréciation.

DEUXIÈME PARTIE.

DOMAINES DES LANGUES ROMANES.

Nous passons maintenant au deuxième objet de cette introduction, les provinces ou domaines respectifs de chacune des langues qui composent la famille romane.

Dans chaque domaine, nous aurons d'abord à énumérer les peuples qui l'habitaient originairement ou qui sont venus s'y établir, puis à examiner brièvement les éléments spéciaux, autant qu'il est possible de les distinguer; les limites[1], le nom, le premier emploi constaté, les premiers échantillons et monuments de la langue, et les commencements de sa réglementation grammaticale. Il nous faudra aussi donner quelque attention aux dialectes les plus importants; mais nous nous restreindrons absolument à leurs caractères phoniques.

Comme nous donnerons ci-dessous les divers noms qu'a portés chaque dialecte, nous ne devons pas négliger le nom de la langue générale. Les Romains nommaient leur langue *latina*; *romana* ne se trouve qu'une fois dans des vers cités par Pline (*Hist. natur.* XXXI, 2), et est rare aussi au moyen-âge (voy. A. W. Schlegel, *Observ.* not. 24). L'expression de « *langues romanes* » n'a été consacrée comme désignation générale de tous les idiomes sortis du latin que dans ces derniers temps et en Allemagne. Anciennement, chacune de ces langues s'attribuait cette dénomination; le vieux troubadour Jaufre Rudel dit, par

---

1. Pour les détails et la délimitation précise, voy. Fuchs, *les Langues romanes*.

exemple, du provençal (Bartsch, *Chrestomathie provençale*, 62) :

> Senes breu de pargamina
> Tramet lo vers que chantam
> Plan et en lenga romana.

et Berceo, de l'espagnol (p. 1) : « Quiero fer una prosa en roman paladino. » Mais pour signifier *lingua romana*, le subst. pr. v.-fr. *romans*, esp. *romance*, it. *romanzo*, formé de l'adv. *romanice* (bien qu'on ne dît pas *lingua romanica*), latinisé *romancium*, verbe pr. *romanzar*, parler ou écrire en roman, était bien plus usité[1].

Raynouard, qui n'entendait par *langue romane* que le provençal, se servait pour désigner l'ensemble des langues, de la pesante circonlocution *langue de l'Europe latine;* plus tard, du composé *néolatines*, qui a trouvé plus de faveur (it. *lingue neolatine*, rarement *lingue romanze*). Ces langues eurent aussi toujours des prétentions à s'appeler *latines*, surtout l'italien (voy. ci-dessous), et l'une d'elles porte même encore ce nom (*ladin*). C'est pour cela que dans le *Poema del Cid*, v. 2676, un Maure versé dans la langue espagnole est appelé *un Moro latinado*. Ces langues étaient aussi désignées en masse comme populaires, *vulgares*. En ancien allemand, on traduisait roman par *wälsch*, sans doute de *Gallus* (voy. Job Grimm, dans Schmidt, *Zeitschrift für Geschichte*, III, 257).

1. DOMAINE ITALIEN.

Les anciens idiomes de l'Italie étaient, en partant du nord, le gaulois sur les deux rives du Pô; au sud-ouest l'étrusque; puis les trois dialectes parents, au sud-est l'ombrien, au centre le sabellien avec le volsque, au sud l'osque; la langue grecque, introduite depuis un temps immémorial, s'étendait dans la Lucanie, l'Apulie et la Calabre, où la langue messapienne s'éteignit graduellement. « Le dialecte sabellien allait jusqu'à Rome; son

---

[1]. L'it. *romanzo* s'emploie aussi adjectivement, et il en est de même en v.-fr.; mais cet emploi est rare (*lainge romance* dans un psautier du XIV⁰ siècle, *Livre des Rois*, p. XLII). On fit facilement un adjectif de l'adverbe. Ou bien faut-il admettre un dérivé en *icius* (*romanicius*), qui paraît inusité pour les noms de peuples et suppose en outre un déplacement de l'accent? L'étymologie donnée ci-dessus est certainement la plus simple et la plus naturelle.

influence sur un dialecte qui n'appartenait pas à la même famille, mais qui avait avec elle de nombreuses affinités, a probablement donné naissance au dialecte romain tel que nous le connaissons (Mommsen, *Unteritalische Dialekt*, p. 364). »

Parmi les populations qui parlaient ces diverses langues, les Sabins, investis du droit de cité dès l'an 486 de Rome, furent les premiers qui adoptèrent le latin. La langue osque, parvenue à un degré de culture plus avancé, se maintint plus longtemps ; elle vivait encore au temps de Varron, mais elle avait disparu au temps de Strabon. Dans la guerre sociale et à l'époque de Sylla « périt aussi la vieille nation étrusque avec sa science et sa littérature ; les nobles qui avaient dirigé le mouvement tombèrent sous le glaive ; les grandes villes reçurent des colonies militaires ; la langue latine devint seule dominante, et la majorité de la nation, dépouillée de toute propriété foncière languit dans la misère sous des maîtres étrangers, dont l'oppression éteignit tous les souvenirs nationaux dans le cœur du peuple avili et n'y laissa d'autre désir que celui de devenir Romains tout à fait (Niebuhr). » Ainsi la langue latine, après qu'elle se fut soumis la Gaule cisalpine et la Grande Grèce, devint la seule de la Péninsule. — Les peuples étrangers qui s'établirent en nombre considérable, après la chute de l'empire romain, en Italie et dans les îles, furent des Germains, dans le sud et en Sicile des Byzantins et des Arabes (ces derniers depuis 827). Paul Diacre (II, 26) parle aussi de Bulgares, de Sarmates et d'autres populations qu'Alboin amena dans la presqu'île italienne.

Passons aux éléments de la langue italienne[1]. Il faut d'abord constater qu'elle ne contient pas trace des restes de vieilles langues indigènes que nous ont conservés les tables de pierre ou d'airain, les vases et les monnaies ; la même observation paraît devoir s'appliquer aux patois. Quelques-uns seulement des mots cités par les anciens, et usités par conséquent dans le peuple parlant latin, se rencontrent encore ; ainsi nous retrouvons le mot *maccus*, connu par les Atellanes, mais qui n'était pas même osque (gr. μαxxοᾶν), dans le sarde *maccu*; le sabin *cumba* pour *lectica* peut s'être conservé dans *catacomba*, le sabin *veia* pour *plaustrum* dans *veggia* (bien que *vehes* convienne un peu mieux pour le sens), l'ombrien *plautus* dans *piota*. Les influences hypothétiques des lois phoniques des vieux idiomes italiens sur

---

1. On trouve une critique des éléments orientaux dans Monti, *Correzioni al Vocabolario della Crusca*, II, 1, p. 306.

celles de la langue actuelle ont été pesées dans l'introduction du *Dictionnaire étymologique* (p. XII). — L'italien est la langue romane qui possède le plus de mots grecs après le valaque et le plus de mots allemands après le français [1]. — Les mots arabes qu'elle s'est appropriés, comme *alcova, ammiraglio, arsenale, assassino, basacane, catrame, cremisi, feluca, fondaco, gelsomino, magazzino, meschino, mugavero, ricamo, taballo*, et beaucoup d'autres, lui sont venus en grande partie de l'espagnol; ceux qui lui sont propres, comme *zecca* (d'où l'esp. *zeca, seca*) et *zirbo*, sont très-rares. — Elle en a moins tiré du slave que le voisinage ne le ferait supposer: il faut ranger dans cette classe *brena, indarno* et quelques autres. — Il est remarquable que quelques mots, comme *lazzo* et *loja*, indiquent une origine basque (*latza* et *loga*). — On ne peut guère citer rien de gaulois ou de breton qui ne se retrouve dans les autres langues. — Ce qu'apportèrent à l'italien le français, par les Normands romanisés en Sicile et à Naples, le catalan en Sardaigne, dans le nord le provençal [2], doit à peine être regardé comme élément étranger. — Si on soumet le vocabulaire italien à une analyse minutieuse, après l'abstraction des éléments ci-dessus énumérés, il reste encore un certain dépôt d'éléments étrangers et de provenance inconnue. Comme il faut bien que ces éléments aient une source, la logique nous amène à les considérer partie comme des mots appartenant à des langues lointaines et transplantés là par le hasard, partie comme des vestiges des anciens idiomes, que la pauvreté de nos ressources philologiques ne nous permet pas de ramener à leur origine. Le toscan, par exemple, dura jusqu'à l'époque impériale; il semble même qu'Aulu-Gelle en parle comme d'une langue vivante. — Malgré tous les mé-

---

1. Il existe encore en Italie comme des *îlots* de langue grecque et de langue allemande, dont nous ne connaissons point clairement l'histoire. C'est ainsi que se conserve aujourd'hui dans plusieurs parties de la Basse-Italie, notamment dans la région d'Otrante et de Reggio, un rejeton de la langue grecque, rejeton qui porte le cachet non du grec ancien, mais du grec du moyen-âge ou du grec moderne. Comparetti en a publié des spécimens dans son travail *Dei Dialetti greci dell' Italia*, Pisa, 1866. La plupart des poésies sont dans la forme des stances siciliennes.

Les *îlots* de langue allemande sont formés, comme on sait, dans le Vénitien, par les Sept-Communes et les Treize-Communes. Dans quelques cantons de l'Apulie, on parle aussi l'albanais, qui a été apporté par des Arnautes émigrés.

2. Voy. le catalogue de Nannucci, *Voci italiane derivate dalla lingua provenzale*. Firenze, 1846.

langes qu'il a subis, l'italien est le plus pur des idiomes romans; de toutes les filles de la langue latine, c'est celle qui ressemble le plus à sa mère. D'après une appréciation d'ensemble, il n'y a peut-être pas un dixième de ses mots qui ne soient pas latins.

La langue italienne s'étend aussi hors de l'Italie, y compris naturellement la Corse, dans le canton suisse du Tessin et dans une partie du Tyrol et de l'Illyrie. Elle fut d'abord appelée simplement *lingua vulgaris*, par Dante *vulgare latinum, latium vulgare*, ou simplement *vulgare*, par Boccace *latino volgare*. Plus tard, quand Florence fut maîtresse dans l'art de la parole, on nomma la langue *toscane, lingua toscana*; mais le nom d'*italienne* fut usité de tout temps, et Isidore la nomme déjà *lingua italica* (XII, 7, 57). Les étrangers l'appelaient aussi *lombarde*, par exemple : pr. *lengatge lombard* (Leys d'Amors, II, 388), v.-fr. (*Gaufrey* p. 279) :

> Mès je soi bien parler francheis et alemant,
> *Lombart* et espaignol, poitevin et normant.

Son usage dans la classe cultivée est constaté à partir du xe siècle, bien qu'après comme avant cette période, le latin ait été employé non-seulement comme langue savante, mais encore, dans la poésie politique [1]. On a fréquemment cité le témoignage d'un savant italien qui vivait vers 960, Gonzo : « Falso putavit » S. Galli monachus me remotum a scientia grammaticæ artis, » licet aliquando retarder usu nostræ vulgaris linguæ, quæ lati- » nitati vicina est » (Raynouard, *Choix*, I, p. xiv). D'après le témoignage de Witichind, Othon Ier savait la parler, car il ne peut s'agir que d'elle à propos d'un roi d'Italie : « Romana lin- » gua sclavonicaque loqui sciebat, sed rarum est, quod earum » uti dignaretur » (Meibomius, I, p. 650). Citons encore le passage bien connu de l'épitaphe du pape Grégoire V, d'origine franque, mort à la fin du xe siècle :

> Usus francisca, vulgari et voce latina,
> Instituit populos eloquio triplici.

---

[1]. On range ordinairement parmi les poésies populaires ces chansons politiques, telles que les complaintes sur Aquilée, sur la mort de Charlemagne, sur l'emprisonnement de Louis II. On ne trouve pas de trace de l'influence cléricale, au moins dans la chanson sur la défense de Modène. On a prêché en latin jusqu'à François d'Assise et à Antoine de Padoue, qui employèrent l'italien. Parmi les écrivains modernes qui ont traité cette question, voy. Ozanam, *Documents inédits pour servir à l'histoire littéraire de l'Italie*. Paris, 1850, p. 75.

Au reste, il n'y a pas besoin de témoignage pour prouver que les prêtres et les princes parlaient au peuple dans sa langue. Pour quelques formes lexicographiques de la langue, on peut remonter jusqu'au ve siècle[1]. On trouve des chartes du xiie siècle mêlées de latin et d'italien, par exemple une de 1122, qui est fort curieuse (Muratori, *Antiquit. ital.* II, col. 1047). Quant aux textes proprement dits, on place d'ordinaire les premiers dans le même siècle. Ils se composent d'une inscription de l'an 1135, qui existait jadis dans la cathédrale de Ferrare, mais dont Tiraboschi (*Letterat. italiana*, Firenze, 1805, III, 365) suspecte l'authenticité : *Il mile cento trenta cenque nato Fo questo templo a S. Gogio donato Da Glelmo ciptadin per so amore Et ne a fo l'opra Nicolao scolptore;* puis d'une inscription sur une table de pierre, également disparue, qui appartenait à la famille Ubaldini, à Florence, de l'an 1184; elle contenait six vers latins suivis de trente vers italiens; mais Tiraboschi et d'autres critiques en combattent l'authenticité par de bonnes raisons[2]. Cependant on a découvert et publié récemment des poésies lyriques auxquelles on assigne pour date le milieu du xiie siècle. Voy. *Di Gherardo da Firenze e di Aldobrando da Siena, poeti del secolo* xii, *mem. di Carlo Baudi di Vesme,* dans les *Mem. dell' Accad. delle scienze di Torino*, vol. XXIII, ser. 11, 1866 (avec fac-simile et avec glossaire).

Ce n'est que le siècle suivant qui vit se développer rapidement toute une littérature, soit dans la langue écrite, soit dans les dialectes. Il faut chercher le berceau de la langue écrite au centre de l'Italie, en Toscane plutôt qu'à Rome ; elle est tellement supérieure aux patois que le nom de langue de convention lui revient à plus juste titre encore qu'au haut allemand littéraire. Il y a donc du vrai dans l'assertion de Foscolo : « L'italiana è lingua letteraria, fu scritta sempre e non mai parlata; » car les gens cultivés eux-mêmes, partout où l'usage n'exige pas l'emploi de la *lingua letteraria,* se servent de leurs patois. — On ne peut parler d'un *vieil italien* dans le sens du *vieux français;* la langue du xiiie siècle ne se distingue de la langue moderne que par quelques formes ou expressions surtout populaires, aucune-

---

[1]. Voy. Lanzi, *Saggio di lingua etrusca*, I, 423 et suiv.; Muratori, *De origine linguae italicae* dans les *Antiq. ital.* t. II; Ciampi, *De usu linguae italicae saltem a saeculo V.*

[2]. De nos jours, Fauriel s'est déclaré pour l'authenticité de ces deux documents. Voy. son ouvrage, *Dante et les origines de la langue et de la littérature italienne.* Paris, 1854, II, 396.

ment par sa construction grammaticale. — Les éditions des plus anciens écrivains ne manquent pas. Une collection moderne (et rien moins que correcte) des poètes lyriques du XIIIe siècle est : *Poeti del primo secolo della lingua italiana*, Firenze, 1816, 2 vol. (p. Valeriani); une autre, *Raccolta di rime antiche toscane*, Palermo, 1817, 4 vol. (par Villarosa), comprend aussi le XIVe siècle; une troisième est : *Poesie inedite raccolte da Fr. Trucchi Prato*, 1846, 1847, IV vol., avec une introduction dénuée de critique.

Les Italiens se sont mis de bonne heure à réfléchir et à écrire sur leur langue. Dante commença dans son traité, écrit en latin et malheureusement inachevé, *De vulgari eloquentia*, dans le premier livre duquel il parle de la langue italienne (*vulgare illustre*), qu'il faut étudier, dit-il, non dans telle ou telle ville ou province, mais dans les livres des grands écrivains [1]. On peut regarder cette œuvre (dans laquelle des intuitions sublimes alternent avec les idées les plus naïves) comme le portique de la philologie italienne. Mais celui qui le premier, sous la forme, chère à son époque, de dialogues, traita la grammaire italienne, fut Pietro Bembo, dont l'ouvrage, terminé longtemps auparavant, parut en 1525 sous le titre de *Prose*; Castelvetro l'a accompagné d'un commentaire critique. Avant les *Prose* de Bembo avait paru un livre composé postérieurement au sien, les *Regole grammaticali della volgar lingua*, de Fortunio (un Esclavonien), qui de l'an 1516 à l'an 1552 n'eurent pas moins de quinze éditions. Malgré les nombreuses productions grammaticales de ce siècle et des deux suivants, la première grammaire vraiment systématique, celle de Corticelli, ne parut qu'en 1745 (voy. Blanc, *Grammaire*, p. 23-34). — La littérature lexicographique commence par des glossaires sur des écrivains célèbres. Le premier est celui de Lucillo Viterbi sur Boccace (1535). L'année d'après parut un travail analogue de Fabricio Luna sur Arioste, Pétrarque, Boccace et Dante; puis un Dictionnaire général, d'Accarisio, en 1543, et la même année un Glossaire de Boccace, par Alunno, qui eut plusieurs éditions. Après diverses autres tentatives en ce genre parut enfin en 1612 le célèbre Dictionnaire de la Crusca, qui jusqu'à présent est définitif. Le premier dictionnaire étymolo-

---

1. Dans sa caractéristique de cet écrit (Halle, 1867), Bœhmer a montré que le plan primitif de cet ouvrage comportait cinq livres, dont le second n'a pas même été achevé.

gique fut dû à un étranger, Ménage : *Le origini della lingua italiana, Parigi*, 1669 ; bientôt il fut suivi de celui de Ferrari : *Origines linguae italicae, Patavii*, 1676 ; puis parut une seconde édition du livre de Ménage (*Ginevra*, 1685).

DIALECTES. — L'Italie était destinée par sa forme, par sa longue extension au sud-est depuis les Alpes, qui donne lieu à des influences climatologiques très-diverses, et par ses grandes îles, à voir se développer des dialectes fortement caractérisés : il est clair que les organes ne sauraient être les mêmes au bord du lac de Côme, et du Phare de Messine. Dante, dans l'ouvrage mentionné plus haut, a déjà essayé de les déterminer, et les renseignements qu'il donne sont encore dignes d'attention, ainsi que le jugement qu'il porte. Il divise l'Italie (l. I, c. 10) sous ce rapport en deux moitiés, une orientale et une occidentale, à droite et à gauche de l'Apennin, et admet quatorze dialectes : ceux de Sicile, d'Apulie, de Rome, de Spolète, de Toscane, de Gênes, de Sardaigne, de Calabre, d'Ancône, de Romagne, de Lombardie, de Trévise, de Venise et d'Aquilée ; Salviati (*Opp. Milan.* II, 359) s'en tient à cette division. De nos jours on a tracé les limites, avec plus de raison, dans le sens de la largeur de la Péninsule, et on l'a divisée en trois grandes régions, chacune avec ses districts : une du nord, une du centre et une du sud [1]. A celle du sud appartiennent les dialectes napolitain, calabrais et sicilien, ainsi que ceux de l'île de Sardaigne. Dans la région du centre on comprend les dialectes toscans, par exemple ceux de Florence, Sienne, Pistoie, Pise, Lucques, Arezzo et celui de Rome ; on y rattache aussi la Corse et une partie de l'île de Sardaigne. La région du nord comprend, d'après l'étude attentive d'un grammairien italien [2] les quatre districts suivants : celui de Gênes, celui de la Gaule Cisalpine, celui de Venise et celui du Frioul. Le dialecte gallo-italien embrasse trois groupes : le groupe lombard (Milan, Côme, Tessin, Bergame, Créma, Brescia, Crémone, etc.), le groupe émilien (Bologne, la Romagne, Modène, Reggio, Ferrare, Mantoue, Parme, Plaisance, Pavie, etc.), et le groupe piémontais (Turin, Ivrée, Alexandrie). Il ne faut pas attendre de ces dialectes une parfaite régularité dans les lois phoniques, parce qu'ils n'ont pas toujours pu se soustraire à la pénétration des dialectes voisins et à l'influence de la langue

---

1. Il faut renvoyer aux remarquables travaux qu'ont publiés sur cette matière Fernow, Fuchs, Blanc et Lemcke (Herrig's *Archiv.* VI, VII, IX).
2. *Saggio sui dialetti gallo-italici di B. Biondelli, Milano*, 1853.

littéraire. De là vient qu'on rencontre jusqu'à trois ou quatre représentations du même son italien ou latin; mais parfois aussi cette diversité est due à un développement intérieur. Nous ne tiendrons pas compte, dans les remarques qui vont suivre, des traits que les dialectes ont en commun avec la langue écrite, comme la permutation de *l* et *r*, de *b* et *v*, ou le redoublement des consonnes, à moins que ces traits ne soient accusés d'une manière exceptionnelle; nous ne signalerons que ceux où le caractère des dialectes se marque le plus clairement, surtout l'emploi des diphthongues *ie* et *uo*, des finales non accentuées *e* et *o*, de la composition *gli*, des syllabes *chi, pi, fi*, quand elles ont la valeur de *chj, pj, fj*, des palatales *c* (à côté de *sc*), *g*, et de la lettre *z*. Les dialectes du centre sont ceux qui se rapprochent le plus de la langue écrite; nous pouvons les mettre de côté après y avoir jeté un rapide coup d'œil : il suffit de remarquer que le *romain* (que Dante, soit dit en passant, maltraite fort), comme les dialectes du nord-ouest, fait disparaître l'*r* final (*amà, temè, dormì*), et, comme ceux du sud, affaiblit *nd* en *nn*. La différence des dialectes du sud et de ceux du nord est facile à saisir : ceux-là effacent les consonnes, ceux-ci les voyelles atones ; ceux-là ont le caractère de la mollesse, ceux-ci celui de la dureté ; mais ce trait n'est pas absolu : ceux-là conservent, par exemple, la *tenue*, tandis que ceux-ci ont une tendance à l'adoucir. Mais il n'y a pas de marques distinctives précises et infaillibles comme entre le haut et le bas allemand, à moins qu'on ne place à ce rang le son *sci*, qui dans le sud garde sa valeur et dans le nord devient presque régulièrement *ss*.

Les dialectes du sud doivent passer les premiers, parce qu'ils déploient mieux le caractère italien, la plénitude des formes; nous commencerons donc par eux. Le *napolitain* conserve les voyelles latines *ĕ* et *o* (*dece, bono*), mais admet les diphthongues *ie* et *uo* devant deux consonnes (*diente, puorco*)[1]. Dans la même position, il maintient généralement *i* et *u* contre l'it. *e* et *o* (*stritto, curto*). Les voyelles finales non accentuées sont traitées comme dans la langue écrite. Quant aux consonnes, *gli* reste à sa place. Mais *pi* est assimilé à l'it. *chi*, et même *bi* à *ghi* (*più* devient *chiù; biondo, ghiunno*), tandis que *fi* donne *sci* (*fiamma = sciamma*). Les palatales comme en italien, si

1. Il n'est pas sans intérêt de remarquer qu'une inscription napolitaine antique présente déjà la forme *benemerienti* inconnue à la langue écrite. Cf. Corssen, 1, 297, 298, 1ʳᵉ édit.

ce n'est que *g* s'adoucit ordinairement en *j* (*piace, scena, gente, jentile, lege = legge*). *Z* se comporte aussi comme en italien. D'autres particularités sont : l'aphérèse de l'*i* devant *n* ('*ngiuria*), la solution de *l* en *o* devant les dentales (*balzano = baozano, caldo = cavodo*); le changement de *s* en *z*, surtout après *r* (*verso = vierzo, possa = pozza*); celui de *d* en *r dito = rito, dire = ricere, dodici = rurece*); le passage assez fréquent de la moyenne à la ténue ; l'échange très-ordinaire du *b* et du *v*; l'assimilation des consonnances *mb* et *nd* en *mm* et *nn* (*piombo = chiummo, mondo = munno*); la forte accentuation des consonnes initiales et le fréquent redoublement des consonnes médiales; l'intercalation d'un *j* entre deux voyelles (*uffizio = uffizejo*)[1].

Le dialecte *sicilien* met aussi *e* et *o* pour *ie* et *uo* (*miei = mei, cuore = cori*). Il change en *i* et *u* les voyelles *e* et *o*, non-seulement quand elles sont finales et privées d'accent, mais souvent encore quand elles sont accentuées dans le corps du mot (*verde = virdi, giuso = jusu, arena = rina, vapore = vapuri*). Il durcit *gli* en *gghi* (*folio = fogghiu*). *Pi* devient *chi*, *fi* devient *sci* (*pianto = chiantu, fiore = sciuri*). Les sifflantes et le *z* se comportent comme dans la langue écrite. Parmi les autres traits nous remarquons, comme dans le napolitain, la solution de *l* en une voyelle (*altro = autru*), l'assimilation de *mb* en *nd* (*gamba = gamma, fundo = funno*) et l'intercalation du *j* (*spion = spijuni*). Comme traits particuliers, nous noterons l'échange de *ll* et de *dd*, qui a la valeur du *th* anglais (*cavallo = cavaddu*), et la chute fréquente du *v* au commencement des mots (*volgere = urgiri, volpe = urpi*).

Entre les deux dialectes ci-dessus, le *calabrais* occupe à peu près le juste milieu. Comme le sicilien il dit *i* et *u* (*onde = undi, questo = cnistu*), et *ggh* pour *gl* (*figlio = figghiu*) ; comme le napolitain, il supprime *i* devant *n* ('*nfernu*). Un trait à lui propre est que *fi* y devient *j*, ou d'après une autre orthographe *hh* (*fiume = jume, hhume*), et que *ll* est traité de même (*nullo = nujo*).

La *Sardaigne* se divise, sous le rapport linguistique, en trois provinces. Dans celle du nord domine le dialecte de Gallura, que

---

1. Nous devons une très-bonne étude de ce dialecte à F. Wentrup: *Beiträge zur Kenntniss der neapolitanischen Mundart*. Wittemberg, 1855. Le même auteur a aussi publié une monographie du dialecte sicilien dans l'*Archiv für neuere Sprachen*, p. xxv.

l'on désigne comme étranger, introduit dans les temps modernes et n'étant que de l'italien corrompu ; au centre celui de Logudoro, qui porte évidemment le cachet le plus original et le plus archaïque, et qu'on appelle proprement dialecte sarde ; au midi le dialecte de Campidano (auquel se rattache aussi Cagliari), qui penche vers les dialectes du nord de l'Italie [1]. Nous nous restreignons à celui de Logudoro. *E* et *o* remplacent *ie* et *uo* (*vieni* = *beni, giuoco* = *jogu*); la finale *e* persiste, mais *o* est souvent remplacé par *u* (*septe, fog'iu*). *Gl* et *gn* tantôt persistent et tantôt deviennent *z* et *nz* (*scoglio* = *iscogliu, aglio* = *azu, segno* = *signu, vigna* = *binza, tegno* = *tenzo*). *Chi* initial se change en *j* ou *g* palatal (*chiavo* = *jan*) ; *pi, fi*, se comportent en général comme en italien (dans le dialecte de Campidano *planta, planu* ou *pianu, flamma*). Comme en sicilien *ll* devient le plus souvent *dd* (*molle* = *modde, pelle* = *podde*, mais *bella*). *S* initial suivi d'une consonne appelle un *i* (*istella, ispedire*) ; c'est un des traits distinctifs de cet idiome. Au *c* palatal répond tantôt *z* fort, tantôt une gutturale (*certo* = *zertu, braccio* = *brazzu, cera* = *chera, luce* = *lughe*) ; au *g* palatal tantôt *g*, tantôt *z* doux, tantôt la gutturale douce, tantôt enfin *j*, quand *g* représente cette lettre (*genere, girare, zente, anghelu, maju* = *maggio*). *Z* dans certaines terminaisons devient *ss* (*vizio* = *vissiu, spazio* = *ispassiu*). Dans *qu* l'*u* s'éteint parfois, dans *gu* régulièrement (*quale* = *cale, guerra* = *gherra*). Dans les consonnances latines *ct* et *pt*, le *c* et le *p* ne sont point assimilés, mais prononcés d'une manière à peine distincte (*factu, inscriptu*). *V* initial devient très-souvent *b*, et cette dernière lettre se place même quelquefois devant une voyelle initiale (*escire* = *bessire, uccidere* = *bocchire*). Au commencement des mots la prononciation douce ou dure de la plupart des consonnes dépend de la lettre qui les précède, soit voyelle, soit consonne. La ténue s'amollit à peu près comme dans le nord de l'Italie. Mais il y a un point où la Sardaigne se sépare de toute l'Italie : elle conserve à la fin des mots l'*s* et le *t* latin (*longas, virtudes, duos, corpus, finit, finiant*). Nous parlerons ci-dessous (dans les Remarques sur les consonnes latines, § 3) de certains cas de permutation entre les consonnes initiales.

Le dialecte *génois* sert d'intermédiaire entre les dialectes du nord de l'Italie et ceux du sud, notamment ceux de la Sardaigne.

---

1. Giovanni Spano a joint à son *Ortographia sarda nazionale* (Cagliari, 1840) une carte linguistique de l'île.

Nous trouvons encore ici les finales pleines *e* et *o* (*verde*, *bravo*, *sotto*, mais *giardin* et autres). *Fi* devient quelquefois *sci* (*fiore* = *sciù*, sicil. *sciuri*). *C* palatal devient *ç* ou *x*, qui a la valeur du *j* français (*certo* = *çerto*, *viceno* = *vexin*, mais *ceppo* = *seppo* et autres). *G* palatal est représenté de diverses manières (*giorno*, *lunxi*, *Zena* pour *Genova*). Mais *chi* et *ghi* deviennent déjà à la manière lombarde *ci* et *gi* (*chiappare* = *ciappà*, *ghianda* = *gianda*). Pour *z* on trouve généralement *ç* ou *s* (*paçiença*, *bellessa*, *mezo*). *R* est souvent supprimé (*bruciare* = *bruxà*, *scrivere* = *scrive*, *cucire* = *cuxi*, *onore* = *onò*, *opere* = *opee*); *eu* et *u* se prononcent déjà à la française, *ae* équivaut au fr. *ai*; on trouve aussi l'*n* nasal. *Gli* se prononce *gi* (*figlio* = *figgio*), ce qui a lieu aussi sur la côte de l'Adriatique, à Venise[1].

Des autres dialectes de la Haute-Italie nous ne mentionnerons ici que trois des plus importants, le piémontais, le milanais et le vénitien. Le *piémontais* met souvent *ei* pour *e*, *eu* ou *ou* (équivalant au français *eu*, *ou*) pour *o* (*stella* = *steila*, *piovere* = *pieuve*, *sudore* = *sudour*); *ie* devient le plus souvent *e*, *uo* devient *eu* (*pié* = *pé*, *uomo* = *om*, *vuole* = *veul*, *cuore* = *cœur*); *u* a le même son qu'en français: les finales non accentuées *e* et *o* disparaissent, excepté l'*e* qui indique le féminin pluriel. *Gli* devient *j* ou disparaît (*paglia* = *paja*, *pigliare* = *pié*). *Chi* et *ghi* deviennent des palatales (*chiesa* = *cesa*, *unghia* = *ongia*), tandis que *pi* et *fi* restent. *Ci*, *ce*, hésitent entre *c* palatal et *s* (*certo* = *cert*, *facile* = *facil*, *città* = *sità*, *piacere* = *piasi*); *cci*, *sci* deviennent *s* (*lucio* = *lus*, *faccia* = *fassa*). *Gi*, *ge*, hésitent entre *g* palatal et *s*, mais *ggi* reste palatal (*gente* = *gent*, *ragione* = *rason*, *pertugio* = *pertus*, *oggi* = *ogi*, *raggio* = *rag*). *Z* devient également *s*, consonne qui joue, comme on le voit, un grand rôle dans ce dialecte, que sa prononciation soit forte ou douce (*garzone* = *garsoun*, *piazza* = *plassa*). La ténue au milieu des mots devient volon-

---

1. Par cette apocope, des consonnes palatales se trouvent même à la fin des mots, et les éditeurs les écrivent comme si les voyelles finales existaient encore, *nocc*, *lusc*, *legg*, qui se prononcent comme dans *nocc-e*, *lusc-io*, *legg-e*, seulement sans faire sentir la voyelle finale. Pour marquer les sons gutturaux, on ajoute un *h*, comme dans *cuch*, *loeugh*. Biondelli a adopté pour les palatales les signes slaves č, ǧ, ś (fr. ch), ž (fr. j). Cette orthographe était excellente dans un traité spécial sur ces dialectes; mais les cas d'application sont trop rares dans un ouvrage comme celui-ci pour que nous ayons pu l'adopter.

tiers une moyenne ou disparaît ; *r* en fait autant dans la même position (*comprare* = *cumpré, spendere* = *spende, danaro* = *dané*)[1].

Le dialecte *milanais* traite les voyelles à peu près comme le piémontais. A la diphthongue italienne *ie* répond le simple *e*, à l'*uo* le simple *o* ou *oeu*, et ce dernier son (prononcez *eu*) remplace souvent aussi l'*o* (*fiera* = *fera, buono* = *bonn, cuore* = *cœur, piovere* = *pioeur, gobbo* = *goeubb*) ; *u* se prononce comme en français ; les voyelles finales *e* et *o* tombent (en bolonais il en est même ainsi de l'*a* : *malati* pour *malattia*). *Gli* est traité comme en piémontais (*canaglia* = *canaja, briglia* = *bria*), ainsi que *chi, ghi, pi, fi* (*chiave* = *ciav, ghiazzo* = *giazz*). *Ci* tantôt reste palatal, tantôt devient *z* ou *s* et même *sci* (*cento* = *cent, cena* = *zenna, cigno* = *zign, dolce* = *dolz, ceschio* = *sesch, vicino* = *vesin, ceppo* = *scepp*) ; *cci* devient *zz* et *sci* (*braccio* = *brazz, feccia* = *fescia, luccio* = *lusc*) ; *sci* devient *ss* (*cuscino* = *cossin, crescere* = *cress*). *Gi* comme en piémontais, tandis que *ggi* est souvent remplacé par une sifflante (*ruggine* = *rusgen, legge* = *lesg*). *Z* reste ou devient *sci* (*grazzia, mezz, zampa* = *sciampa, cantazzare* = *cantascià*). La ténue dans le corps du mot peut s'affaiblir en moyenne, et la moyenne disparaître (*catenna* = *cadenna, prato* = *praa, giucare* = *giugà, capra* = *cavra, codaccia* = *coascia*). *R* à la dernière syllabe disparaît souvent (*cantà, intend, fini, lavò* pour *lavoro*), *N* à la fin des mots se nasalise. Comme traits particuliers, nous remarquons que *l* disparaît souvent comme *r* (*figliuolo* = *fioeu, fagiuolo* = *fasoeu*), que *tt* (remplaçant le latin *ct*) prend le son palatal dur (*latte* = *lacc*, et même *freddo* = *frecc*; cf. le bergamasque *gacc* pour *gatti*, *nucc* pour *nudo*), *V* se place souvent devant une voyelle initiale comme *b* dans le dialecte sarde (*essere* = *vess, ora* = *vora, otto* = *vott, uno* = *vun*).

Le dialecte *vénitien* se distingue du milanais par des points importants, et en général par plus de douceur. Les diphthongues *ie* et *uo* sont généralement ramenées à l'*o* simples (*sero, bono, core*) ; les finales ne tombent pas ; *u* a le son de *ou*, et non celui de l'*u* français. *Gli* prend le son du *g* palatal, dont le *j* est aussi susceptible (*aglio* = *agio, boja* = *bogia*, mais *figliuolo* = *fiol*). *Chi, ghi*, se prononcent souvent comme en milanais

---

[1]. Sur un *n* nasal propre à ce dialecte, voy. la *Grammaire*, livre I, chapitre 2.

(*chiodo* = *ciodo*, *ghianda* = *gianda*). *Ci* initial persiste, *ci* médial devient *s* ou *z*, et de même *cci* devient *zz*, et *sci ss* (*cima*, *cimice* = *cimese*, *bacio* = *baso*, *bruciare* = *brusare*, *braccio* = *brazzo*, *biscia* = *bissa*). *G* palatal se prononce comme *z*, ce qui est le vrai signe distinctif de ce dialecte (*gente* = *zente*, *giorno* = *zorno*, *maggiore* = *mazore*). *Z* initial devient souvent *c* palatal (*zecca* = *ceca*, mais *finezza* = *ragazzo*). L'adoucissement ou la chute des consonnes sont des faits très-fréquents (*rete* = *rede*, *nipote* = *nevodo*, *ferito* = *ferio*, *sudare* = *suar*, *fuoco* = *fogo*, *lupo* = *lovo*, *sapore* = *suore*, *signore* = *sior*). Mais *r* se maintient comme dans la langue écrite. Notons encore que *v* est assez sujet à l'aphérèse, comme en sicilien (*voce* = *ose*, *volatica* = *olatlega*).

Les éléments des dialectes de l'italien, comme de ceux des autres langues, ne sont pas exactement les mêmes que ceux de la langue écrite : celle-ci favorisa les radicaux latins et leur abandonna une foule de mots étrangers d'origine inconnue. Il n'y en a qu'un petit nombre qui se retrouvent dans d'autres langues. En napolitain par exemple, on peut admettre plus d'éléments grecs que dans l'italien littéraire, Galiani tire de cette source, entre autres : *apolo*, mou (ἀπαλός); *cria*, atome (κρῖ); *crisuommolo*, abricot (χρυσός et βῆλος, mieux χρυσόμηλον); *jenimma*, race (γέννημα); *sarchiopio*, morceau de chair (σαρκίον); *zimmaro*, bouc (χίμαρος). Il en cite aussi quelques-uns d'arabes, et beaucoup d'espagnols, comme *alcanzare*, *tonto*, *tosino*, *zafio*, *zote* (*azote*).

— Le vocabulaire sicilien semble déjà contenir plus de mots étrangers; il ne manque pas non plus d'éléments grecs, par exemple, d'après Pasqualino : *caloma*, câble (κάλως); *gangamu*, filet (γάγγαμον); *nichiari*, agacer, irriter (νεικεῖν); *spanu*, rare (σπανός); *spinnari*, désirer (πεινᾶν).

La domination des Normands a aussi laissé à ce dialecte plus d'un mot français, par exemple : *acchetta* (haquet), *fumeri* (fumier), *giai* (geai), *pirciari* (percer), *preggiu* (pleige), *spanga* (empan). Avec quel zèle ces conquérants s'efforçaient d'implanter leur langue en Italie, c'est ce que témoigne Guillaume de Pouille (voy. *Ystoire de li Normant*, p. p. Champollion, p. xciij). — Le vocabulaire sarde est remarquable et mériterait une étude attentive; c'est un des plus difficiles à expliquer, et il en faut sans doute chercher les éléments dans des langues très-diverses. On sait que les anciens habitants de l'île étaient en partie d'origine ibérique; qu'antérieurement à la domination romaine qui s'y fonda au IIIe siècle avant J.-C., des Phéniciens et des Carthaginois s'y étaient établis ; qu'après les Romains, les Vandales, les Grecs et les Arabes y séjournèrent, et qu'elle passa enfin sous la puissance de l'Aragon. Il est probable que là comme sur le continent les langues antérieures aux Romains ont été assez radicalement détruites ; du moins Guillaume de Humboldt (*Spaniens Urbewohner*, p. 168) n'a-t-il pu rien découvrir d'ibérique, c'est-à-dire de basque, dans le dialecte sarde actuel. On peut retrouver quelques vestiges d'arabe ; on rencontre fréquemment de l'espagnol et du catalan. Cet idiome, isolé par sa position géographique, n'a pas suivi rigoureusement les autres langues romanes ; il suffit de citer les deux verbes *sciri* (lat. *scire*), et *nai*, prés. *naru* (lat. *narrare*), qui remplacent en sarde les verbes *sapere* et *dicere*. — Le mélange paraît plus fort encore dans les dialectes de la Haute-Italie que dans celui de la Sardaigne, et surtout entre le Pô et les Alpes. Il est aisé de reconnaître les éléments germaniques qui s'y trouvent. Tels sont ces mots : *baita*, cabane, demeure (v.-h.-all. *baitôn*, angl. *abode*); *boga*, lien (*boga*, bracelet); *bron*, puits (*brunno*) ; *biova* ou *sbiojà*, cuire (*brüejen*); *bul*, querelleur, fanfaron (*buhle*) ; *caragnà*, se plaindre (*karón*, cf. *sparagnare* de *sparón*); *fesa*, pelure (*fesa*, écosse); *fiap*, flétri (*flapp*); *fos*, avide, désireux (*funs*, prêt à, disposé à); *frid* (*friede*); *gabeurr*, homme grossier (*gabûro*, paysan); *gamina*, complot (*gameinî*, association); *gast*, objet d'amour, bien-aimé (*gast*); *gheine*, faim (*geinón*, ouvrir la bouche); *gherb*, acide (*herb*); *grà*, vieillard (*grà*, chenu); *grezà*, exciter (*ga-reizen?*); *grinta*, mine sombre (*grimmida*); *grit*, mécontent (*grit*, avidité); *gudazz*, parrain (*gotti*); *litta*, limon (*letto*, argile); *magone*, gésier (*mago*) ; *meisasc*, érysipèle (*meisa*, petite-vérole); *molta*, boue (*molta*, terre, poussière?); *p* ô, charrue (*pflug*, *plug*); *piolatt*, petite hache (*pial*); *piorl*, seau (*piral*, urne); *rampf*, spasme (*rampf*); *sciovera* (*zuber*); *scocà* (*schaukeln*); *scoss* (*schooss*); *slippà*, glisser (*slipfen*); *smessor*, couteau (*messer*); *stip*, chemin escarpé (cf. angl.-sax. *steap*, angl. *steep*, escarpé); *storà*, troubler (*stóran*); *stosà*, frapper du pied (*stôzan*); *tortor* (*trihtari*); *trucca*, coffre (*trucha*, truie); *tuón*, pigeon (*tûba*); *zarlig* (*zart*); *zata* (*tatze*); *zigra*, sorte de fromage (*ziger*) ; *zin*, cochon (*swîn*); *zingà* (*swingan*), et une foule d'autres. Biondelli a dressé (p. 57-87, 246-294, 558-577) trois listes de mots importants de la Haute-Italie, la plupart d'origine obscure, avec des indications étymologiques.

Les patois n'ont dans aucun pays d'Europe une littérature

aussi riche qu'en Italie, ce qui s'explique, il est vrai, par ce que nous avons remarqué ci-dessus sur leur usage. Cette littérature consiste non-seulement en une masse d'œuvres d'imagination en prose ou en vers, mais encore en travaux philologiques, surtout en dictionnaires, et les lacunes qui existent encore seront sûrement comblées d'ici à peu. Les textes remontent généralement au xvi⁰ siècle; mais quelques dialectes peuvent offrir des monuments plus anciens et plus précieux pour la langue. Ainsi dans le patois napolitain, qui a la littérature la plus considérable (voy. Galiani, *Del dialetto napolitano*, p. 49-193), on possède, outre un poème de Ciullo d'Alcamo mentionné déjà par Dante, attribué par Tiraboschi à la fin du xii⁰ siècle, par des critiques modernes au second quart du xiii⁰[1], des fragments du journal de Matteo Spinello, vers 1250 (voy. Muratori, *Scriptores*, VII, p. 1064 et suiv.) Une chronique rimée d'Antonio de Boezio, d'Aquila, se place dans la seconde moitié du xiv⁰ siècle (Muratori, *Antiquit.* VI, 711). On a imprimé des chartes sardes qui remontent aux années 1153, 1170 et 1182 (Muratori, *Antiquit.* II, p. 1054, 1051, 1059; cf. aussi Spano, *Ortographia sarda*, II, 85 et suiv.) Le plus ancien monument authentique du dialecte sarde, ce sont les Statuts de Sassari, au temps de Dante (dans les *Hist. patriae monum.* t. X. Turin, 1861[2]). On a des poèmes historiques en génois qui datent de la fin du xiii⁰ ou du commencement du xiv⁰ siècle (*Archivio storico italiano*, appendice, n⁰ 18); il y a une *canzone*, moitié en provençal, moitié en génois, de Rambaut de Vaqueiras (*Parnasse occitanien*, p. 75), qui est bien plus ancienne encore; elle remonte peut-être à la fin du xii⁰ siècle; un poème bergamasque, *il Decalogo*, remonte au milieu du xiii⁰ siècle (Biondelli, p. 673). Un beau monument milanais, contemporain de Dante, et empreint d'une couleur toute particulière, ce sont les *Vulgaria* de Bonvesin dalla Riva (éd. Bekker, Berlin, 1850-58, voy. sur ce sujet Mussafia, *Beiträge zur Geschichte der romanischen Sprachen*, 1862), ainsi qu'une poésie de son contemporain Pietro Da Bescapé (dans Biondelli, *Poesie lombarde del sec. XIII*, Milan, 1856[3]). Du xiii⁰

---

1. Voy. *Il sirventese di Ciulo d'Alcamo*, del dottore Grion (Padova, 1858).
2. Voy. sur ce point: Délius, *Der Sardinische Dialect des dreizehnten Jahrhunderts*. Bonn, 1868. La grammaire de ce dialecte (de Logodoro s'écarte en plus d'un point important du dialecte moderne; pour ne citer que la phonétique, *ll* n'y sont point encore devenus *dd*. Mais on y rencontre déjà l'*i* prothétique devant *s* initial suivi d'une consonne.
3. Mussafia a fait une étude spéciale de l'ancien milanais d'après Bon-

siècle aussi date une pièce de vers en vénitien (Regrets d'une dame dont l'époux est à la croisade), qui présente déjà complètement les caractères de ce dialecte (voy. *Raccolta di poesie veneziane*, 1845, p. 1). On trouve le dialecte véronais employé dans deux longues poésies spirituelles de Fra Giacomino (dans Ozanam, *Documents inédits,* Paris 1850; et Mussafia, *Monum. ant.* Vienne, 1864, qui place le ms. vers le milieu du xive siècle). Pendant les deux premiers siècles de la littérature italienne, il exista, dans le nord de la péninsule, à côté de la langue italienne du centre, une espèce d'idiome littéraire qui, avec des variétés dialectales, offrait un grand nombre de traits identiques, et qui, si les circonstances politiques et littéraires lui eussent été favorables, eût pu devenir une nouvelle langue romane littéraire. Heureusement pour l'unité linguistique de l'Italie, que ces conditions de développement firent défaut. Il existe dans la bibliothèque de Saint-Marc, à Venise, de volumineuses poésies dans une langue mixte, dont le français forme la base, mais qui est très-pénétrée de formes ou de mots qui se rattachent au dialecte vénitien, ou particulièrement à cette sorte de langue écrite (voy. Mussafia *Macaire,* p. v, et *Mémoires de l'Acad. de Vienne,* XLII, 277).

Les dictionnaires se montrent de bonne heure; ainsi nous en avons un milanais de l'an 1489 (Biondelli, p. 91); un sicilien, inédit, de l'an 1519 (d'après Pasqualino); un bergamasque de l'an 1565 (Biondelli, p. xxxvi), un bolonais de l'an 1479 et même un dictionnaire vénitien-allemand (Nurembergeois) de l'année 1424 (voy. Schmeller, *Dict. Bavarois,* III, 484). Grâce à ces sources anciennes, on peut déterminer avec précision la marche et le degré de développement de chaque dialecte. C'est à ce point de vue que Galiani dit du Journal de Spinello : « Sono » in napoletano purissimo, ed è mirabile che in tanti secoli abbia » il dialetto nostro sofferta così poca mutazione che è quasi im- » percettibile. »

2. DOMAINE ESPAGNOL.

Les premiers habitants de l'Espagne furent les Ibères, qui étaient peut-être une race celtique, mais s'étaient séparés de

---

vesin. (Mém. de l'Acad. de Vienne. LIX, 1868). Remarquons seulement sur l'écriture, que *x* est employé pour *s* doux et dur, *sc* pour *ss*, *ç* pour *z* dur et doux.

bonne heure de la souche commune ; ils n'étaient purs de mélange que vers les Pyrénées et sur la côte sud de la péninsule. Le mélange des Ibères avec les Celtes proprement dits, ceux que nous connaissons par les Grecs et les Romains, donna naissance au peuple des Celtibères ; en outre, les Ibères occupaient au nord une partie de l'Aquitaine et des côtes de la Méditerranée ; au sud, ils étaient établis de temps immémorial dans les trois grandes îles de cette mer (V. Guillaume de Humboldt, *Recherches sur les habitants primitifs de l'Espagne*, 1831). Les Phéniciens fondèrent des colonies sur les côtes, et les Carthaginois étendirent fort avant dans la contrée leur domination, à laquelle les Romains mirent fin : ceux-ci possédèrent l'Espagne, d'abord avec une résistance violente de la part des habitants, puis en paix, pendant six cents ans, et y fondèrent une nouvelle patrie pour leur langue et leur littérature. La latinisation de ce pays s'opéra sans doute, au moins en partie, très-promptement. Strabon rapporte des Turditans, l'une des populations du sud, qu'ils avaient abandonné leurs mœurs pour celles des Romains et oublié leur ancienne langue : « Οἱ μέν τοι Τουρδιτανοὶ τελέως εἰς τὸν Ῥωμαίων μεταβέβληνται τρόπον, οὐδὲ τῆς διαλέκτου τῆς σφετέρας ἔτι μεμνημένοι » (ed. Siebenkees, I, 404).

Les provincialismes cités par Columelle, qui ne sont que des dérivés populaires de radicaux latins, comme *focaneus* de *faux* et beaucoup d'autres, montrent combien le latin avait, au temps où il écrivait, pénétré profondément dans la population. Cependant Cicéron parle de la langue espagnole comme d'une langue encore vivante : « Similes enim sunt dii, si ea nobis objiciunt,
» quorum neque scientiam neque explanationem habeamus, tan-
» quam si Pœni aut Hispani in senatu nostro sine interprete
» loquerentur. » (*De divinatione*, II, 64.)

Tacite parle aussi d'un homme de la tribu des *Termestini* qui, mis à la torture, parlait dans la langue de ses ancêtres : « Voce magna, sermone patrio, frustra se interrogari clami-
» tavit. » (*Annal.* IV, 45.) On peut voir là-dessus le savant livre d'Aldrete, *Del origen de la lengua castellana*, fol. 22 *b*, 30 *b*, 39 *b*, 23 *b*. Cette langue primitive de l'Espagne vit encore dans le basque, comme l'a constaté Humboldt. Avec le ve siècle commencent les invasions des peuples germaniques ; au vi[e] et au viie, les Byzantins dominèrent dans le sud ; au commencement du viiie, les Arabes conquirent presque toute la péninsule, et ne furent complètement vaincus qu'au xve.

La domination ou l'établissement de tant de peuples dans un

seul et même pays ne pouvait guère avoir lieu sans qu'il en résultât une langue fortement mélangée. L'espagnol n'a pas échappé à cette conséquence : c'est la cause de sa richesse en même temps que des difficultés étymologiques qu'il présente [1]. Mais le système phonique et le vocabulaire s'en sont seuls ressentis ; la formation des mots et la grammaire sont restées purement romanes dans ce dialecte sonore, et plus voisines même du latin que dans l'italien. L'apport de chaque langue est, ici comme ailleurs, très-inégal. On peut admettre de prime abord qu'il reste peu de traces des idiomes antérieurs à la conquête romaine. Quelques expressions ibériques, adoptées ou citées par les Romains, se retrouvent dans les dictionnaires espagnols, mais toutes ne sont certainement pas dans la bouche du peuple. De celles-là seules qui sont populaires, on peut affirmer qu'elles sont arrivées de l'ibérique à la langue actuelle par l'intermédiaire de la *romana rustica* espagnole, où le latin les avait aussi puisées ; les autres ont été postérieurement empruntées aux écrivains romains. Il faut noter par exemple *ballux* ou *balluca*, sable mêlé d'or, maintenant *baluz*, petite pépite d'or (V. *Voss. Etymologicum*); *canthus*, cercle d'une roue, gr. κανθός, d'après Quintilien espagnol ou africain (Schneider, I, 211), cf. esp. *canto*, bout ou bord de quelque chose ; *celia*, bière de froment, esp. même mot ; *cetra*, bouclier de cuir, esp. même mot ; *cusculium*, graine de kermès, esp. *coscojo ; dureta*, étuve, baignoire, esp. même mot ; *gurdus*, bête, sot d'après Quintilien et Labérius (V. *Voss. Etym.*), esp. *gordo* dans le sens de gros (cf. it. *grosso*, gros, bête ; gr. παχύς, gras, bête) ; *lancea*, mot espagnol d'après Aulu-Gelle, allemand ou gaulois suivant d'autres, esp. *lanza ; palacra, palacrana*, lingot d'or, esp. même mot. En outre, on peut expliquer avec assez de certitude par le basque un certain nombre de mots espagnols ; V. par exemple, dans le *Dict. étymol.* les articles *álabe, ardite, balsa, burgu, chamarasca, estacha, ganzua, garabito, garbanzo, gazuza, guijo, gurrumina, hervero, izaga, lelo, mandria, modorra, morcon, moron, nava, oqueruela, sarracina, socarrar, vericueto, zahurda,*

---

[1]. D'après le compte de Sarmiento (*Obras postumas*, p. 107), six dixièmes des mots espagnols sont latins, un dixième liturgique et grec, un dixième norois (germanique), un dixième oriental, un dixième américain, allemand moderne, français ou italien. Ce calcul peut bien être à peu près juste, si l'on entend par mots les radicaux. Mais il ne faut pas oublier que les diverses parties constitutives d'une langue ont une valeur très-inégale.

zalea, zamarro, zanahoria, zaque, zaragüelles, zarria, zato, zirigaña. Pour d'autres, tels qu'*ademan, amapola, jorgina, zaga,* etc., cette origine est plus douteuse; au reste la langue espagnole semble avoir à peine conservé quelques traits du système phonique des Ibères (V. le *Dict. étymol.* p. xi). — Nous avons apprécié plus haut les éléments grecs et germaniques; nous ajouterons seulement qu'on se servit en Espagne de l'alphabet gothique jusqu'en l'an 1091, où il fut aboli par le concile de Léon. — On a souvent fait remarquer l'influence qu'ont exercée les Arabes sur les mœurs et la langue des Espagnols [1]. L'élément arabe a été étudié dès le xvie siècle dans des écrits devenus à peu près introuvables; plus tard, Sousa (il s'occupait proprement du portugais, mais cela fait à peine une différence) dans son livre *Vestigios da lingua arabica em Portugal* (Lisboa, 1789; nouv. édit. 1830), puis Marina, dans les *Memorias de la Academia real de la historia, tomo IV*, et Hammer dans les Mémoires de l'Académie de Vienne (classe philosophique, t. XIV), ont extrait l'élément arabe contenu dans l'espagnol; mais c'est Engelmann (dans son *Glossaire des mots espagnols et portugais tirés de l'arabe*, Leyde, 1861), qui a rempli le premier cette tâche d'une manière satisfaisante, c'est-à-dire scientifique, par le moyen du dialecte arabe vulgaire (tout-à-fait négligé par ses prédécesseurs) tel qu'il se trouve dans le *Vocabulista aravigo*, de Pedro d'Alcala (Granada, 1505), et dans les écrivains arabes de l'Espagne. Le glossaire d'Engelmann renferme environ 650 articles. Presque tous ces mots étrangers (facilement reconnaissables), désignent des objets sensibles ou des idées scientifiques se rapportant spécialement aux règnes de la nature, à la médecine, aux mathématiques, à l'astronomie, à la musique; plusieurs touchent les institutions politiques, spécialement les emplois et les dignités; d'autres, les poids et les mesures; quelques-uns aussi ont trait à la guerre. Il n'y en a pas un seul qui soit emprunté à la sphère des sentiments, comme si le commerce entre chrétiens et mahométans s'était restreint aux relations extérieures, et n'eût permis aucun de ces rapprochements amicaux qui existaient entre les Goths et les Romains. Parmi les mots arabes, on remarque aussi un pronom, *fulano* pour *quidam*, et deux particules, *fata* pour *tenùs*, *oxalá* pour *utinam*. — On a admis dans les dictionnaires l'argot des voleurs, appelé *germania*, parce que plusieurs écri-

---

[1]. Voy. Hammer. *Ueber die Lænderverwaltung unter dem Chalifate.* Berlin, 1835.

vains n'ont pas dédaigné de s'en servir ; mais il n'appartient pas à la langue. C'est, comme l'a démontré Mayans (*Orig. de la leng. esp.* I, 110), une langue de pure convention, qui comprend, il est vrai, des mots espagnols vieillis ou des termes arabes qu'on n'emploie plus, mais aussi des mots étrangers apportés par les vagabonds, et plusieurs mots de bon espagnol, dont les lettres sont interverties (*pecho = chepo, bota = toba*) ou le sens modifié.

L'espagnol ne s'étend pas, comme langue populaire, dans tout le royaume : le nord-ouest appartient au rameau portugais, l'est au rameau provençal, et on parle basque en Biscaye, Guipuscoa, Alava, et dans une partie de la Navarre [1]. En revanche, il a fait de grandes conquêtes dans le Nouveau-Monde. Comme le nom d'Espagne comprend toute la péninsule, on a nommé la langue, d'après la province où elle se parle le plus purement, castillane *lengua castellana* [2] ; et l'Académie a maintenu cette dénomination dans sa grammaire et son dictionnaire. Mais depuis longtemps on emploie aussi habituellement le terme de *lengua española* [3] ; le vieux fr. dit aussi *espaignol*. Voy. ci-dessus, p. 71.

Les plus anciennes traces de l'espagnol se trouvent dans Isidore de Séville. D'après la liste d'anciens mots romans, donnée plus haut (p. 39 et suiv.), beaucoup de mots sont exlusivement espa-

---

1. Sarmiento, p. 94, nomme comme la patrie de l'espagnol les provinces de Castille, Léon, Estremadoure, Andalousie, Aragon, Navarre, Rioja, et exclut l'Asturie. La Murcie doit encore être ajoutée à ces provinces (voy. Mayans, II, 31). Quant au dialecte des Asturies, il est encore aujourd'hui plus voisin du portugais que de l'espagnol. Ainsi le *j* est une sifflante en asturien, non une aspirée. Il y répond au portugais *lh*, à l'espagnol *j*, exemple : *miguja, migalha, migaya*. Voy. sur ce point Varnhagen, sur les *Trovas*, p. XXX. La *Coleccion de poesias en dialecto asturiano*, 1839 (où a-t-elle paru?) contient une étude sur ce dialecte, accompagnée de spécimens suffisants.

2. D'après Mayans, I, 8, c'est la vieille Castille qui a l'avantage en ce point, et dans cette province Burgos passe pour la ville où on a la meilleure prononciation.

3. Comment les Espagnols ont-ils formé le mot *Españ-ol* avec un suffixe originairement diminutif qu'ils n'appliquent jamais aux noms de peuples? Si l'on voulait désigner les descendants des anciens Espagnols *Hispaniscus* (pr. *Espanesc*, Choix, II, 144 ; v.-fr. *Espanois*) convenait mieux qu'*Hispaniolus*. Une forme plus belle est *Españ-on* (comme *Borgoñ-on, Fris-on, Bret-on*) dans Fern. Gonz. 10 : est-ce la dissimilation qui a modifié ce mot en *Español?* Le basque dit avec un autre suffixe *Españarra*, et l'angl. *Spaniard*. Les Arabes d'Espagne appelaient les chrétiens de la péninsule *Rumies* (Romains) ou *Kuties* (Goths), et leur langue *aljamia* (la barbare).

gnols, soit communs aux autres langues, se retrouvent dans son livre; tels sont : *ala, amma, astrosus, baselus, cama, campana, capa, capanna, capulum, caravela, casula, cattare, ciconia, colomellus, cortina, esca, flasca, focacius, furo, gubia, incensum, insubulum, lorandrum, mantum, milimindrus, rasilis, salma, sarna, sarralia, taratrum, tructa, turbiscus, turdela.* D'autres mots, désignés par Isidore comme vulgaires ou expressément comme espagnols, se sont perdus avec le temps; tels sont : *aeranis*, sorte de cheval (XII, 1); *agna*, mesure de terrain (*actum provinciæ bœticæ rustici agnam vocant*, XV, 15); *agrestes* pour *argestes* (XIII, 11); *brancia* pour *fauces* (IV, 7); *capitilavium*, dimanche des rameaux (VI, 18); *celio* pour *cœlum*, ciseau (XX, 4); *francisca*, hache franque (*quas [secures] et Hispani ab usu Francorum per derivationem franciscas vocant*, XVIII, 9); *gauranis* pour *equus cervinus* (XII, 1); *mustio*, it. *moscione* (V. plus haut à la liste); *pusia*, sorte d'olives (XVII, 7); *sinespacio* pour *semispatium*, demi-épée (XVIII, 6); *tusilla*, altération de *tonsilla* (XI, 1). Beaucoup d'autres qu'il donne pour des mots latins, mais qui étaient certainement de la langue populaire, ont également disparu. — Les textes proprement dits remontent jusqu'au XIe siècle : du moins c'est à ce siècle, qu'Amador de los Rios (*Hist. critic.* III, 19), rapporte le *Poema de los reyes magos* découvert et publié par lui. On avait admis jusqu'ici, sur la foi de critiques sérieux l'authenticité de la charte de commune d'Aviles en Asturie, de l'an 1155; ce qui faisait de cette pièce la plus ancienne charte espagnole, mais la fausseté de ce document a été prouvée récemment (voy. le *Jahrbuch für Roman. Litt.* VII, 290).

Le poëme épique du Cid paraît aussi appartenir au même siècle (il est du milieu ou de la fin d'après Sanchez), mais la *Cronica rimada del Cid* publiée par Francisque Michel (Vienne, 1847), semble être au plus tôt du commencement du XIIIe siècle. Dans ce siècle, on trouve des monuments plus nombreux : les *Poésies spirituelles* de Berceo, le roman d'Alexandre le Grand de Juan Lorenzo Segura, celui d'Apollonius de Tyr, et plusieurs petites pièces de vers (V. Sanchez, *Coleccion de poesias castellanas*, Madrid, 1779-1790, IV vol.; nouvelle édition par Achoa, *Paris*, 1843, avec de nombreuses additions de Pidal; — avec de nouvelles additions et une restitution intelligente de l'ancienne orthographe par Janer, Madrid, 1864); le code visigoth traduit en espagnol, ou *Fuero juzgo*; les *Siete partidas* du roi Alphonse X, tous deux publiés plusieurs fois ; la *Conquista de Ultramar*, Madrid, 1858, édité par l'orientaliste Gayangos. Il faut rappeler ici les efforts du roi que nous venons de nommer, qui, par ses propres travaux ou les traductions qu'il fit faire du latin en espagnol, chercha à faire avancer la littérature nationale. Les chartes commencent aussi à être plus fréquentes. Du xiv° siècle sont encore le *Conde Lucanor* de l'infant don Manuel (Madrid, 1575 ; Stuttgart, 1839), les poésies satiriques de l'archiprêtre Juan Ruiz ; le poëme sur Fernan Gonzalez, et les poésies de Rabbi Santo, tous dans les collections indiquées plus haut. Citons enfin une nouvelle collection de prosateurs de l'ancienne langue, celle de Gayangos : *Escritores en prosa anteriores al siglo* xv, Madrid, 1860, en tête de laquelle se trouve le livre d'origine orientale *Çalila é Dymna*. Ces ouvrages, et quelques autres des trois premiers siècles de la littérature espagnole, forment la grande source où l'on doit puiser la connaissance de l'ancienne langue, aussi importante par son vocabulaire que par ses caractères grammaticaux, car elle a subi plus de changements que la langue italienne.

On commença au xv° siècle à travailler sur la langue nationale ; mais ce n'est qu'à la fin de ce siècle que parut le premier dictionnaire, celui d'Alonso de Palencia ; encore n'était-il que latin-espagnol : *El universal vocabulario en latin y romance*, 1490 ; il fut suivi de près par le dictionnaire, souvent cité, du célèbre humaniste Antonio de Lebrija : *Antonii Nebrissensis Lexicon latino-hispanicum et hispanico-latinum*, Salamancæ, 1492 ; et le même donna, la même année, son *Tratado de grammatica sobre la lengua castellana*. Dans la première moitié du xviii° siècle parut la première édition du Dictionnaire académique : *Diccionario de la lengua castellana por la real Academia española*, Madrid, 1726-1739, VI vol. ; la grammaire ne fut publiée que beaucoup plus tard : *Gramatica de la Academia española*, Madrid, 1771. Un petit dictionnaire étymologique du philologue Sanchez de las Brozas est resté manuscrit (Mayans, *Vita Francisci Sanctii*, § 227) ; Covarruvias s'en est servi pour son *Tesoro de la lengua castellana*, Madrid, 1674.

DIALECTES. — Les historiens de la langue espagnole ont donné peu d'attention à ses dialectes. Mayans (I, 58 ; II, 31) constate seulement leur existence, et restreint leur différence à la prononciation et à un certain nombre de mots provinciaux. Nous signalerons dans la grammaire les quelques faits intéressants qu'ils présentent. Le dialecte de Léon est encore celui qu'on peut le mieux étudier, grâce à quelques textes étendus où il est employé, comme le *Poema de Alexandro* (cf. Sanchez, III, 20), et le *Fuero Juzgo* (dans certains mss.). Si on retranche de ce dialecte ce qui se rapproche de son voisin le galicien, il lui reste en propre bien peu de chose qu'on ne puisse retrouver dans d'autres ouvrages en vieux castillan, comme le *Poema del Cid*[1]. On sent des traces de mélange dialectal dans d'autres auteurs de ce temps, par exemple dans Berceo; et comme cet écrivain était de Rioja, sa langue trahit déjà l'influence provençale.

3. DOMAINE PORTUGAIS.

La langue portugaise, qui est très-voisine de l'espagnol, mais qui n'en est pas un dialecte, qui maintient au contraire son originalité par d'importants caractères grammaticaux, a les mêmes sources, et par conséquent à peu près les mêmes éléments[2]. Il faut remarquer cependant que le portugais contient beaucoup moins de mots basques que l'espagnol, soit que les Ibères fussent moins nombreux en Lusitanie, soit que, venus du pays bas que, ces mots aient atteint la Castille sans pénétrer jusqu'en Portugal[3]. On doit relever aussi la proportion plus forte des mots français, qu'on attribue, non sans vraisemblance, aux nombreux compagnons qui suivirent le comte Henri de Bourgogne. Le commerce avec l'Angleterre introduisit en outre en portugais plusieurs mots inconnus en Castille : par exemple, *britar*, rompre (angl.-sax.

---

1. Gessner a publié à Berlin, en 1868, une étude approfondie de l'ancien dialecte de Léon. Il regarde le castillan comme formant la base de ce dialecte qui a subi une influence très-prononcée du portugais, en sorte qu'on peut considérer l'idiome de Léon, comme le chaînon intermédiaire de ces deux dialectes. Citons quelques traits caractéristiques : *e* pour l'esp. *ie*; *o* et aussi *oi* et *ou* pour *ue* (*coyro, ousar*), *j* ou *i* pour *ll* (*maravija, bataia*), *ll* pour *j* (*consello, fillo*). Mais la phonétique de ce dialecte est en somme assez peu stable. Il est à remarquer qu'on y trouve *l* pour le latin *b* dans *coldo* (cubitus, v.-esp. *cobdo*), *delda* (debita, esp. *deuda*), et de même pour le latin *d* ou *t* dans *julgar* (judicare, esp. *juzgar*) *vilva* (vidua), *selmana* (septimana).
2. Delius (*Romanische Sprachfamilie*, p. 31) fait la remarque digne d'attention que le portugais dans son ensemble s'est conservé avec une forme plus archaïque que l'espagnol.
3. Voy. le *Dict. étymologique*, p. XVIII.

brittian) ; *doudo,* insensé (angl. *dold); pino,* épingle (angl. *pin*).

La langue a pour domaine le Portugal et, en outre, la Galice. Il a déjà été question de l'asturien; le portugais et le galicien (*galliziano, gallego*) sont une seule et même langue, comme des savants indigènes eux-mêmes l'ont reconnu et démontré avec des chartes rédigées dans les deux pays (cf. Dieze, sur Velazquez, p. 96). En effet si on examine les rares monuments d'une date reculée qu'on peut nommer avec certitude galiciens, c'est-à-dire les chartes de cette province, ainsi que les *cantigas* du castillan Alphonse X, et les chansons moins anciennes de Macias, on trouvera bien peu de formes ayant quelque importance qu'on ne rencontre aussi dans les anciens textes portugais ; mais l'idiome de cette province, politiquement unie à l'Espagne, s'est peu à peu éloigné de son ancienne forme.

Pour désigner cette langue, le nom de portugaise, *lingua portugueza,* est seul demeuré en usage, et n'a jamais été sérieusement compromis par ceux de *hespanhola* ou *lusitana* [1].

Si l'on écarte quelques rajeunissements d'anciennes chansons, et quelques pastiches donnés pour authentiques, et attribués au xii° siècle et même aux temps antérieurs (V. Bellerman, *die Liederbücher der Portugiesen,* Berlin, 1840; Ferd. Wolf, *Studien zur Gesch. der Span. u. Port. Nationalliteratur,* p. 690) c'est alors encore ici la littérature diplomatique qui ouvre la marche. La plus ancienne charte en portugais pur est datée *era* 1230, c'est-à-dire 1192 (voy. Ribeiro, *Observações para servirem de memorias ao systema da diplomatica portugueza,* Lisboa, 1798, I, p. 91, où l'on trouve une liste des anciennes chartes) [2].

Les premiers monuments de la littérature proprement dite sont trois grands recueils de chansons :

1° Le *Cancioneiro* galicien du roi Alphonse X de Castille (1252-1281), contenant plus de 400 *cantigas* en l'honneur de la

---

1. *Portuguez* est syncopé de *portugalez,* comme *esquentar* d'*excalentare.* Les langues voisines conservèrent quelque temps la forme pleine : v.-esp. *portogales* (*Poema del Cid,* v. 2989), de même en provençal ; fr. *portugalois* dans Montaigne, b.-lat. *portugalensis* (par exemple dans Yepes, IV, 10, année 922).

2. Parmi les chartes latines, celle d'Alboacem de l'an 734, à laquelle on a attaché une grande importance linguistique (voy. Hervas, *Catalogo delle lingue,* p. 195; Raynouard, *Choix,* I, p. xi; A. W. Schlegel, *Observations*), est supposée. Voy. Lembke, *Geschichte von Spanien,* I, 314.

sainte Vierge, inédites pour la plupart, et dont il existe trois manuscrits : deux à l'Escurial, un à Tolède.

2° Une collection comprenant les œuvres d'un grand nombre de chansonniers, et dont le manuscrit unique (original ou copie) fort incorrect existe à la bibliothèque du Vatican : de ce recueil, on a publié à part les chansons du roi Denis (1279-1325), qui fit pour la littérature de son pays ce qu'avait fait pour celle du sien Alphonse de Castille : *Cancioneiro d'El Rei D. Diniz, por Caetano Lopes de Moura*, Paris, 1847.

3° Un ms. incomplet de la Bibliothèque d'Ajuda, imprimé sous le titre de : *Fragmentos de hum cancioneiro inedito na livraria do collegio dos nobres de Lisboa*, Paris, 1823. Une meilleure édition est : *Trovas e cantares do xiv seculo* (ed. F. A. de Varnhagen), Madrid, 1849 [1].

Le *Cancioneiro geral de Resende* (Stuttgart, 1846 et ss., 3 vol.), comprend principalement des poésies du xv° siècle. Les ouvrages en prose deviennent de plus en plus abordables, grâce aux travaux de l'académie de Lisbonne; déjà la *Colecçaõ de livros ineditos de historia portugueza* contient d'importantes chroniques et un recueil de coutumes locales (*foros*), dont la rédaction portugaise remonte au xiii° ou xiv° siècle [2].

Les principaux travaux auxquels le portugais a donné lieu sont des dictionnaires. Les plus intéressants sont : *Vocabolario portuguez e latino por D. Rafael Bluteau*, Lisb. 1712-1721, 8 vol. in-fol. (*reformado por Moraes Silva*, Lisb. 1789, 2 vol. in-4°); *Diccionario da lingoa portugueza, publ. pela Academia* etc. Lisb. 1793, in-fol.; mais il n'a paru de ce dernier ouvrage que la lettre A. C'est un vrai trésor national que le dictionnaire de l'ancienne langue publié par Santa-Rosa,

---

1. L'éditeur de ces poésies les avait attribuées au comte Pierre de Barcelone, fils naturel de Denys. Dans un appendice récemment publié (Vienne, 1868), il donne des éclaircissements décisifs sur le rapport des deux manuscrits cités en dernier lieu, desquels il résulte que la collection ms. de Lisbonne se compose de chansons qui se retrouvent pour la plupart dans le manuscrit de la Vaticane, et que cette collection est l'œuvre non d'un seul poète, mais d'un grand nombre. Suivent d'excellentes remarques sur les textes imprimés. Pour ce qui est de l'attribution d'auteur à Don Pedro, Grüzmacher (*Jahrbuch*, VI, 351), l'avait déjà soumise à un examen minutieux, dont le résultat était qu'on ne devait point attribuer ces poésies au comte seul, mais aussi à son entourage.

2. Dans les *Foros de Gravão* (*Colecç*. t. V, p. 367-397) on trouve cette remarque *Eu Jhoõ ffernandiz Tabelllon dalcaçar, trasladei este foro ..... en era* 1305 (c'est-à-dire 1267).

Elucidario das palavras, termos e frases, que em Portugal antiguamente se usárão, Lisb. 1798-99, 2 vol. in-fol. Il y a joint une histoire de la langue portugaise.

4. DOMAINE PROVENÇAL.

Les deux dialectes romans de la Gaule, le provençal et le français, se sont constitués, à peu de chose près, avec les mêmes éléments ; ce que le premier a de particulier ou de commun avec l'italien ou l'espagnol n'est pas de nature à l'éloigner sensiblement du second, avec lequel il a une parenté intime. Il est vraisemblable, sous certaines restrictions, qu'une seule et même langue romane régna originairement dans la Gaule entière. Cette langue s'est conservée plus pure dans le provençal que dans le français, qui, à partir du IXe siècle environ, s'en détacha en développant une tendance marquée à l'aplatissement des formes. On a cru posséder un échantillon de cette langue commune de la France dans les serments de l'an 842 ; mais dans ce monument la prédominance du français est décisive, comme suffirait à le montrer la forme *cosa* pour *causa*, qui n'a jamais été provençale [1].

La patrie spéciale du provençal est le sud de la France. La ligne de démarcation des deux idiomes passe, d'après Sauvage (*Dict. languedocien*, 1re édit. p. 217) par le Dauphiné, le Lyonnais, l'Auvergne, le Limousin, le Périgord et la Saintonge ; d'autres la fixent un peu autrement. Le Poitou, qui est la patrie des plus anciens troubadours, n'appartient cependant pas à ce domaine [2]. En dehors de la France, le provençal s'étend sur l'est de l'Espagne, particulièrement en Catalogne, dans la province de Valence et des îles Baléares (Bastero, *Crusca prov.* p. 20). La conscience de cette communauté de langage était si énergique, qu'un troubadour (*Choix*, IV, 38) divise les peuples de la France en Catalans et Français, et compte parmi les premiers les habitants de la Gascogne, de la Provence, du Limousin, de l'Auvergne et du Viennois. Dante, qui ne connaissait pas encore le castillan, place même en Espagne le siége principal à la langue

---

1. Voy. Diez, *Poésie des troubadours*, p. 322.
2. C'est pour cela que Pierre Cardinal dit (*Choix*, V, 304) :
   Mas ieu non ai lengua friza ni breta,
   Ni non parli norman ni peitavi.

d'oc : « *Alii* oc, *alii* oïl, *alii* si *affirmando loquuntur, ut puta Hispani, Franci et Itali.* » (*De vulg. eloq.* I, 8.) On a même dit que l'Aragon avait appartenu quelque temps à cette langue et ne s'en était détaché que plus tard. Mayans dit par exemple des chartes de ce pays : « *Los instrumentos quanto mas antiguos, mas lemosinos son* (I, 54). »

Mais Amador de los Rios contredit formellement cette opinion dans son *Hist. crit. de la litt. esp.* (II, 584); s'appuyant, lui aussi, sur les chartes aragonaises, il démontre que, malgré les goûts provençaux des rois, l'idiome populaire de l'Aragon n'a jamais été essentiellement différent du castillan.

Les preuves ne sont pas moins convaincantes pour la Navarre; là aussi la langue a toujours été analogue au castillan, et elle n'a jamais été ni française, ni provençale.

Enfin, il faut encore rattacher à ce domaine la Savoie et une partie de la Suisse (Genève, Lausanne et le sud du Valais). — Il était difficile de trouver un nom caractéristique pour cette langue placée entre les domaines français, italien et espagnol, car il n'y avait pas de désignation géographique qui embrassât son territoire : il fallait l'emprunter à une des provinces qui le composaient.

On l'appela donc, quand on s'écarta du nom dominant *romana*, *la lenga proensal* (Choix, V, 147), *lo proenzal* (Lex. rom. I, 573), ou bien *lo proensales* (L. rom. l. c.), *lo vulgar proensal* (*Gramm. romanes* p. p. Guessard, p. 2). Toutes ces citations sont d'une époque peu ancienne. D'après la langue qu'ils parlaient, les peuples se distinguaient en *Provinciales* ou *Francigenae* (Diez, *Poésie des troubadours,* p. 7); on nommait encore les Français *Franchimans* (forme allemande) au temps de Sauvage. Dante et le roi portugais Denis, qui sont contemporains, parlent tous deux de la langue et de la poésie *provençale*. On emprunta à une autre province, mais assez tard aussi, le nom de langue limousine, *lemosi;* on le trouve pour la première fois dans le grammairien Ramon Vidal, ensuite dans les *Leys d'amors*, qui attribuent à la langue du Limousin une pureté particulière : « *Enayssi parlo cil que han bona et adreyta parladura e bon lengatge coma en Lemozi et en la major partida d'Alvernhe* » (II, 212); on déclinait et on conjuguait surtout là mieux que partout ailleurs, d'après cet ouvrage (II, 402). Ce nom, qu'emploie déjà aussi J. Febrer (*en bon llemosi est,* 151), désigna plus tard en Espagne non-seulement la langue provençale, mais encore et surtout celle de la Catalogne et de Valence.

Une grande partie de la France méridionale s'appelait en vieux français, à cause de l'affirmation de sa langue (*oc*) *la Languedoc*, dans Ramon Muntaner *la Llenguadoch*, en b.-lat. *Occitania*, d'où l'adj. fr. *occitanien*, que plusieurs modernes ont employé pour désigner l'ensemble de la langue provençale ; il vaut mieux le restreindre au dialecte du Languedoc [1].

On place, sans aucune exagération, le premier monument de cette langue au milieu du xe siècle [2] ; c'est un poème sur Boèce, fragment de 257 vers de dix syllabes, publié par Raynouard (*Choix*, II, p. 4-39) [3], conservé dans un manuscrit du xie siècle, et que Paul Meyer, par l'examen de la langue et de l'écriture, croit avoir été composé en Limousin ou en Auvergne. Puis viennent quelques poésies du xe et du xie siècles, en un dialecte semi-provençal, et dont nous reparlerons ci-dessous, en décrivant le domaine français. Quelques poésies religieuses, éditées par Paul Meyer (*Bib. de l'Ecole des chartes*, 5e série, I, 1860), remontent aussi au xie siècle. Puis, deux sermons publiés par le même savant dans le *Jahrbuch*, VIII, 81. Un monument en prose, beaucoup plus important, est la traduction provençale du sermon du Christ au lavement des pieds, édité pour la première fois par Conrad Hofmann (dans les *Anzeigen der bairischen Akademie*, 1868), d'après un ms. de la fin du xie siècle ou du commencement du xiie.

Mais les plus riches matériaux pour l'étude de la langue sont fournis par la littérature principalement poétique des xiie et xiiie siècles, qui a été en grande partie mise au jour.

Parmi les œuvres épiques de cette période, citons surtout, à cause de ses formes grammaticales toutes spéciales, le poème de *Girart de Rossilho* (édité pour la première fois par Conrad Hoffmann, Berlin, 1855-1857). — On trouve dans Raynouard (*Choix*, II, 40), des chartes latines (de 860 à 1080), semées de phrases provençales : Bartsch a admis dans sa *Chrestomathie* quelques chartes de 1025 (ou environ), de 1122, de 1129, qui sont complètement ou presque complètement provençales.

Aucune langue romane n'a eu de grammairiens d'aussi bonne heure que le provençal. Leurs travaux étaient surtout destinés à

---

1. Le nom de *langue d'oc* pour désigner le pays, ne devint usuel qu'après la conquête du midi par les Français sous le comte de Montfort. Voy. Petrus de Marca, *Hist. de Béarn*, p. 684.
2. Une épitaphe d'un comte Bernard en six vers de huit syllabes (*Aissi j'ai lo comte Bernard*, etc...) est apocryphe (Cf. *Choix*, II, cxxv).
3. Avec un fac-simile de 10 vers.

prévenir la négligence des poëtes et à arrêter la décadence de la langue, qui commençait à se manifester. Ils contiennent plus d'une remarque encore précieuse pour nous. L'un de ces ouvrages, la *Dreita maniera de trobar* (la vraie manière de composer poétiquement) par Ramon Vidal, est moins une grammaire qu'une dissertation grammaticale. Son auteur est, sans aucun doute, Raimon Vidal de Bezaudun connu par ses nouvelles rimées, car c'est le nom que donnent les *Leys d'amors* à l'auteur de la grammaire, dont elles citent un passage : « *Segon que ditz En Ramon Vidal de Bezaudu, le lengatges de Lemosi es mays aptes e covenables a trobar* (II, 402). » Il paraît avoir vécu vers le milieu du XIII° siècle. Cette date s'appuie, il est vrai, sur sa manière et son style, plutôt que sur des données positives [1]. Bastero s'en est déjà servi dans sa *Crusca provenzale*. — La seconde de ces grammaires, nommée *Donatus provincialis*, par Uc Faidit, existe en deux rédactions : l'une provençale, et l'autre latine; c'est la première qu'il faut tenir pour l'original. Ces deux grammaires ont été publiées par Guessard, *Grammaires romanes inédites* (Paris, 1840), d'après des manuscrits qui remontent encore au temps des Troubadours. Guessard a publié, en 1858, une nouvelle édition de ces *Grammaires* suivie d'un important dictionnaire de rimes. — Il existe aussi quelques glossaires manuscrits, notamment le *Floretus* (Voy. *Hist. litt.* XXII, 27), qui est à la Bibl. nat. de Paris, et qu'a mis à profit Rochegude. — On trouve une grammaire et une poétique complètes dans les *Leys d'amors* (les lois d'amours, c'est-à-dire les lois de la poésie amoureuse, données à Toulouse par l'académie *del Gay Saber*); une partie de ce volumineux ouvrage, terminée dès 1356, *Las flors del gay saber*, a été imprimée : *Las Leys d'amor*, p. p. Gatien Arnoult (Paris et Toulouse, 1841, 3 vol.). L'auteur est Guill. Molinier, le chancelier de la Société.

DIALECTES. — On ne s'attend pas plus à trouver une langue écrite, dans le sens rigoureux du mot, chez les Provençaux que chez les autres peuples du moyen-âge, dont les poëtes n'avaient

---

1. Bartsch, *Monuments de la littérature provençale*, p. XIX, le fait vivre, en s'appuyant sur des arguments positifs, depuis le commencement du XIII° siècle jusqu'après le milieu du même siècle. Quant à l'identité de ce grammairien avec le troubadour Raimond Vidal de Bezaudun, Guessard l'a démontrée dans sa nouvelle édition, à l'aide de ce même passage des *Leys d'Amors*, que j'avais déjà cité dans la 2° édition de ma grammaire.

pas de centre fixe pour leur activité, mais passaient et repassaient sans cesse d'une cour à l'autre dans les différentes provinces ou à l'étranger. Dès avant les premiers troubadours, on s'est certainement efforcé d'employer une langue plus pure, mieux réglée, et cherchant plus à se rapprocher du latin que les patois populaires : à eux échut le rôle de pousser plus loin son développement, de séparer le noble du bas, l'étranger du national, mais en même temps d'emprunter aux patois ce qui donnait à l'expression de la légèreté et de la variété, aux formes grammaticales de la richesse. Ainsi se développa ce qu'on appela *lo dreg proensal, la dreita parladura*, langue de choix, qui n'était liée à aucune province, mais n'excluait pas les nuances provinciales. C'était principalement l'idiome des poëtes lyriques, des troubadours proprement dits, tandis que les poëtes épiques ou didactiques laissaient déjà pénétrer dans leurs vers plus d'expressions dialectales, dont on devine dans la plupart des cas la patrie plutôt qu'on ne peut la déterminer sûrement. Pour donner des exemples de ces nuances provinciales, de ces formes multiples, nous citerons *fer* et *fier, deu* et *dieu, estiu* et *estieu, loc luoc* et *luec, lor* et *lur, tal* et *tau, ren* et *re, conselh* et *cosselh, chant* et *chan, cascun* et *chascun, engan* et *enjan, fait* et *fach*, et quelques autres : les meilleurs manuscrits donnent ces formes concurremment [1]. Mais des formes comme *laychar* pour *laissar, cargah* pour *cargat, amis* pour *amics, marcé* pour *mercé*, ou même *graïça* pour *gracia, pleina* pour *plena*, dépassent les limites de la langue cultivée, et ne se rencontrent, avant la fin du XIIIᵉ siècle, que dans des écrivains isolés.

Les patois actuels du sud de la France ont développé, il est vrai, plusieurs traits particuliers qu'on cherche en vain dans l'ancienne langue du pays ; mais ils sont loin d'offrir entre eux

---

[1]. « *Paraulas i a don hom pot far doas rimas aisi con* LEAL, TALEN, VILAN, CHANSON, FIN *Et pot hom ven dir, qui si vol,* LIAU, TALAN, VILA, CHANSO, FI (R. Vidal, p. 85). » La partie dialectale d'une poésie lyrique n'était pas fixe ; chaque écrivain ou lecteur pouvait lui donner la forme d'un autre dialecte. Aussi les poëtes distinguent-ils, pour la rime, cette partie variable et la partie fixe de la langue ; ils ne se permettent guère d'employer pour les rimes différentes les formes dialectales de mots qui donneraient les mêmes rimes dans la langue écrite ; dans quatre vers, par exemple, où le premier et le quatrième, le deuxième et le troisième, devraient rimer ensemble, ils ne diront pas : *tal, vau, chivau, ostal*, parce qu'on pourrait lire *cal, chival*. Il en est un peu autrement quand une forme variable s'appuyait sur une forme fixée par la rime, *vau*, par exemple, sur *suau*.

des contrastes aussi frappants que ceux de l'Italie. Nous reparlerons de ces particularités dans la deuxième section. Comme traits généraux, à peine susceptibles d'exceptions, nous signalerons ceux-ci : l'*o* ou l'*ou* final atone remplace le prov. *a* (*caro, bonou*); *ou* (équivalant d'ordinaire au fr. *ou*) ou *eu* remplacent l'*o* (*honnour*); l'*u* se prononce comme l'*u* français; les lettres *s*, *t*, *p*, souvent *r*, et d'autres consonnes encore, ne se prononcent pas, et souvent ne s'écrivent pas *toujour, verita, par(t), tro(p), aima, veni, vesé*, pour le v.-pr. *vezer*). En général on se sert, autant que possible, de l'orthographe française.

Le *provençal moderne* diffère peu, dans son système phonique, du provençal ancien, excepté sur les points mentionnés ci-dessus : plusieurs mots masculins changent l'*e* final atone en *i* (*agi, couragi*; *capitani* était déjà v.-prov.); les diphthongues se conservent généralement; pourtant, à Avignon, *ai* devient volontiers *ei* (*cimable, cisso*). *Au* se prononce souvent *oou* (*vauc = voou, parooule, choousi*). *Ue* est resté usité à Marseille (*bouen, jouec, louec*); à Avignon, on le trouve remplacé par *io* et *oua* (ce dernier aussi à Toulon : *fio = fuec, couar = cuer, nouastre*). *L* se résout en *u* (*gaou = gal, maou, roussignoou, aoutre*); *lh* à Avignon devient *y* (*mouye = molher, payou = palha, ouriou = aurelha*). *N* est toléré à la fin du mot (*ren, matin, moutoun*). *C* devant *a* est tantôt guttural, tantôt palatal (*camin, touca, chacun, chassa*); *ch* représente le latin *ct* comme en v.-prov. (*fach, nuech*, mais *lie* pour le v.-pr. *lieit*, à Avignon). *I* palatal devient *j* (*miejou* = lat. *media*),

Les dialectes *languedociens* s'accordent assez bien avec ceux de la Provence. Si là *ei* remplace *ai*, en Languedoc on le met souvent pour *oi* (*neyt, peys = noit, pois*); à Montpellier, on dit comme à Avignon, *io* pour *ue* ou *uo* (*fioc = fuec, fuoc*), et de même on prépose dans plusieurs endroits un *i* aux voyelles ou diphthongues (*uelh = iuél, luenh = liuen, coissa = kiueisso, bou = biou*). Le changement de *l* en *u* n'est pas régulier : on trouve *mal, chival, capel*, mais aussi *mau, lensou, aubre, caouquo* (fr. *quelque*). *N* final n'est pas traité moins diversement : à Montpellier cette lettre persiste (*bon, vin, courdoun*), à Toulouse elle tombe (*be, fi, fayssou*). Outre le cas de l'infinitif, *r* final tombe encore quelquefois (*flor = flou, calor = calou*). *Ca* est rarement remplacé par *cha* (*cami, cerca, facha* = fr. *fâcher*). Le lat. *ct* et *di* se rendent à Montpellier et à Toulouse par *ch* (*fach, gaouch = gaudium*; à **Narbonne** *ct* devient *it* (*fait*, *leit*). A Alby, *g* palatal ou *j* s'exprime par *dz* ou *ds* (*gentilha* = *dzantio*, *jorn* = *dsoun*). Dans une grande partie de cette province, par exemple à Toulouse et à Montpellier, *v* se durcit en *b* (*vida* = *bido*, *vos* = *bous*), ainsi que dans le patois du Quercy, qui diffère peu du languedocien.

Le dialecte limousin ne mérite pas les éloges qu'on lui prodiguait autrefois. On distingue un haut-limousin et un bas-limousin. Ce dernier a pris la mauvaise habitude de changer *a* atone en *o*, ce que les autres dialectes ne font au moins qu'à la fin du mot (*amor* = *omour*, *parlar* = *porlá*). *Ai* devient *ei*, comme dans d'autres dialectes (*eimá*, *eital*). *Jeu* devient *ioou*. *L* persiste ou s'efface (*montel*, *mourcel*, à côté de *pastoureou*, *quaouque*); il en est de même de *n* (*bien*, *visin*, mais *gorsscu* = *garson*). Le trait le plus important est que *ca* représente parfois le *ch* français; mais il se prononce non *ch*, mais *ts* (*charmer* = *tsarmá*, *sachez* = *sotsas*); de même à *g* palatal (ou *j*) répond *dz* (*gage* = *gadze*, *jour* = *dzour*). Le lat. *ct* subit l'assimilation (*dit*, *escrits*). Le haut-limousin a pour principal caractère de laisser à *ch* et à *g* palatal leur prononciation ordinaire [1].

Les dialectes de l'Auvergne offrent beaucoup de particularités. Celui de la Basse-Auvergne change *ai* en *oue* (*maire*=*mouere*, *apaisar* = *apoueser*); *oi* en *eu* (*noit*=*neu*, *pois* = *peu*, *coissa*=*queusse*); *eu*, *iu*, en *iau* (*leu* = *liaou*, *riu*=*riaou*). Les liquides *l* et *n* s'effacent à la fin du mot (*nouvé*, *gardi*, *razóu*). Les sifflantes *s*, *ç* et *z*, deviennent des palatales (*chi*, *chirot*, *moucheu* = fr. *si*, *sera*, *monsieur*; *ichi*, *cheux*, *souchi* = *ici*, *cieux*, *souci*; *cregeas*, *rigeant* = pr. *crezatz*, *rizen*). Le *ch* est tout à fait comme en français (*chambro*, *champ*, etc.). Comme en limousin, le lat. *ct* est rendu par *t*, et non par le *ch* ordinaire (*fait*, *parfet*). Au contraire de la langue écrite, le *t* s'est introduit dans plus d'un mot à la place du *c* final (*foc* = *fiot*, *vauc* = *vaut*). — Le haut auvergnat, entre autres caractères, change volontiers *l* en *r* (*bel*=*ber*, *aquil*=*aquer*, *ostal* = *oustahr*, *talmen* = *tahrament*). *Ch* devient *tz* ou *tg*

---

[1]. Sur l'ancien dialecte limousin et son orthographe (telle qu'elle existe dans le célèbre ms. de l'abbaye de Saint-Martial de Limoges) voy. Paul Meyer dans le *Jahrbuch*, VII, 74. Ce savant, qui ne croit pas que les textes qu'on y trouve soient antérieurs au XIIe siècle, reconnaît cependant dans Boèce, les traits distinctifs de ce dialecte ou du dialecte auvergnat.

(tzami, ritge = fr. *chemin, riche*) ; *g* palatal ou *j* devient *dz*, *dg* (*azudze, mariadge* = fr. *juge, mariage*).

Le dialecte dauphinois (il s'agit surtout de Grenoble) a un tout autre cachet. L'*a* atone persiste à la fin des mots, excepté après un *i* étymologique *(roba, pucella; glaci, esperanci, egleysi). E* à la même place devient *o (agio* = fr. *âge, damageo, miraclo, chano* = *chêne*, et même *vicio* = it. *vizio).* Les diphthongues sont très-altérées (cf. *jamey, voey, ney, bet, fio,* avec le prov. *jamay, vauc, neu, beu, fuec*; mais *aiga, rey, mieu,* ont conservé l'ancienne forme). *L* final se résout (*biau, lincieu),* mais *n* se maintient en règle (*ben, fin, bacon,* mais *savóu). R* est diversement traité (*chalóu* = fr. *chaleur, parlá, habiller, sortir*). Ca et *ch* sont déjà tout-à-fait comme dans le français, dont l'influence sur ce dialecte est évidente : de là des particules comme *oüé (oui), avey (avec), chieux* (*chez).*

A la frontière orientale du Dauphiné, sur le territoire jadis piémontais, aujourd'hui français, est un petit peuple remarquable par sa confession religieuse, les *Vaudois;* ils possèdent d'anciens textes dans leur langue, qui appartient incontestablement au domaine provençal (Fragments dans Raynouard, *Choix,* II ; Hahn, *Histoire des Vaudois,* 1847 ; Herzog, les *Vaudois Romans,* 1853, et autres). Ils roulent généralement sur des sujets religieux; *La nobla leyczon,* le plus remarquable de leurs écrits poétiques, était attribuée autrefois à la fin du xiie siècle ; il est maintenant établi qu'elle est plus jeune de trois siècles, et il en est ainsi sans doute du reste de cette littérature [1]. Ses carac-

---

[1]. Voy. les recherches de Herzog, p. 25-46, et l'examen critique par Paul Meyer, des recherches sur les monuments vaudois dans la *Revue critique d'Histoire et de Littérature,* I, 36, et, sur *La nobla leyczon,* spécialement Dieckhoff, *les Vaudois au moyen âge,* p. 114 et suiv. Grüzmacher a donné une étude consciencieuse de la langue (*Archiv* de Herrig, XVI) à laquelle il faut joindre une étude du même auteur (tout aussi féconde en résultats) sur la Bible des Vaudois qu'a partiellement éditée Gilly à Londres, en 1848 (voy. *Jahrbuch für roman. Lit.* IV). — La patrie originaire de ce dialecte doit être le Lyonnais, où vécut Pierre Valdo : le dialecte ne devint proprement le vaudois que par l'émigration des partisans de Valdo dans le Piémont, dont le dialecte influa sur leur langue, c'est-à-dire sur le provençal. Aussi cette traduction de la Bible (comprenant le nouveau Testament et une partie de l'ancien) ne remonte en aucune façon à la fin du xiie siècle, quoique Pierre Valdo semble bien avoir composé une traduction analogue vers cette époque. La dégradation de la langue nous oblige à croire que cette traduction

tères phoniques offrent avec ceux du provençal quelques différences qui méritent attention. Ces différences sont moins sensibles pour les voyelles : le vaudois dit, par exemple, *ei* pour *ai* (*eital*), *eo* et *io* pour *eu* et *iu* (*breo, vio*). Les deux liquides *l* et *n* à la fin des syllabes n'ont rien de particulier (*hostal, hauta, austra ; fin, certan*), mais l'*m* de flexion devient *n* (*sen, veyen* = *sem, vezem*); *r* final demeure intact. *T* s'apocope (*voluntá, formá, manjé, entendé* = pr. *entendëtz*). *D* est sujet à la syncope (*veer, poer*). *Ca* est tantôt guttural, tantôt palatal (*cativa, peccar* et *pechar, chamin, chascun, archa*). Le lat. *cl* n'est jamais rendu par *ch*, mais par *t*, comme en dauphinois (*dit, oit, ensuyt* = *eissuch*). *S* initial suivi d'une autre consonne ne prend pas de voyelle prothétique (*stela, scampá, speril*). — Le vaudois moderne s'éloigne encore bien plus du provençal, comme on le voit au premier coup d'œil, pour se rapprocher de l'italien : aussi sa provenance de l'ancienne langue est-elle sujette à de grands doutes[1]. *A* et *i* atones se maintiennent à la fin des mots (*filla, servissi, principi*); de même la diphthongue *ai* (*fait, paire*); mais *a* devient souvent aussi *e* (*erca, entic*) et *o* devient tantôt *ou*, tantôt *eu* (*mount, aloura, peuple, heureux*); *oi* devient *eui, oui* (*neuit, peui, connouissé*). Quant aux consonnes, *l* ne se dissout pas en *u* (*mourtal*), mais bien, après une consonne, en *i*, à la manière italienne (*ghiesia, kiar, piassa* = it. *chiesa, chiaro, piazza*), et se change quelquefois en *r* à la fin d'une syllabe (*ar* = *al, sarvá* = *salvar*). *M* final devient *n*, comme dans l'ancienne langue (*poen* = *podem*). *S* s'apocope souvent (*nou, vou, apreu* = fr. *après*). *La* est généralement guttural ; *ch* est rare (*caminá, cap, chauzí*). La tendance vers l'italien se marque surtout dans la déclinaison, qui n'admet pas l'*s* de flexion. La particule affirmative est *si*.

Si nous passons de l'orient du domaine provençal à l'extrême occident, nous remarquons un dialecte, le *gascon*, qui ne peut renier sa communauté primitive avec le provençal, mais qui porte tant de caractères étrangers, que les *Leys d'amors* ne le regardent déjà pas comme limousin : « Apelam lengatge estranh » coma frances, engles, espanhol, gascò, lombard (II, 388). »

---

fut écrite bien postérieurement à l'âge d'or de la langue provençale, et à une date aussi proche que possible de la composition des traités vaudois.

[1]. Biondelli, *Saggio* p. 481, le rattache sans hésiter au piémontais.

A ses particularités appartiennent (nous nous restreignons à la partie sud de la province, c'est-à-dire à la Navarre et au Béarn) l'*a* préposé à l'*r* (*ren = arrei, riu = arriou*), comme en basque; *ll* initial pour *l* comme en catalan *(levar = llebá, leit = llit*); *r* médial pour *l* (*galina = garie*); *ch* pour *s* ou *ss* (*senes = chens, laissar = lachá, conois = counech*); *ca* guttural, jamais palatal (*causi* et non *chausi*); *qua* prononcé en faisant entendre l'*u* (*can = couan*, de même *gaitar = gouaitá*); *y* mis pour *j*, comme en basque (*jutjar = yutyá, joya = yoye, satge = sage*); *b* mis toujours pour *v*, comme en basque *(volia = boulé, servici = serbici*); *h* pour *f*, comme en espagnol (*fagot = hagot, far ha, femma = hemne*[1].

La langue *catalane* (car on peut désigner ainsi, d'après la province la plus proche, la langue qui s'étend sur l'est de l'Espagne, les îles et le Roussillon) n'est pas exactement avec le provençal dans le rapport d'un dialecte; c'est plutôt un idiome original allié de près à celui-là. Dans le pays où elle se parle, malgré les nombreux poëtes qui ont employé le provençal, on ne l'a jamais admis comme langue littéraire. Sans doute le catalan ne pouvait point se soustraire à l'influence du provençal : au plus tard, vers le milieu du xive siècle, des formes et des expressions

---

1. On connaît un *Descort* de Rambaut de Vaqueiras en cinq strophes, chacune dans une langue différente; la quatrième, comme l'avait déjà admis Crescimbeni, est en gascon. Raynouard (*Choix*, II, 227) la donne ainsi :

Dauna, yo me rent à bos,
Quar eras m'es bon' e bera.
Ancse es guallard' e pros
Ab que nom fossetz tan fera.
Mout abetz beras faissos
Ab coror fresqu' e novera.
Bos m'abetz e s'ieubs aguos,
Nom sofranhera fiera.

Et deux vers dans l'envoi :

Ma dauna, fe que dey bos,
Ni peu cap sanhta Quitera.

Rochegude lit un peu autrement. *Dauna* est *dona*, encore usité à Bayonne; *yo* est *you*, mais plus bas *ieu*; *bos = vos*; *bera = bela*, on dit encore *bera* à Agen; *abetz = avetz*; *coror = color*; *novera = novela*; *s'ieubs = s'ieu vos*; *aguos = agues* (Rochegude lit *sibs ag vos*); *peu = pel*, aujourd'hui *poû*; *sanhta Quiteria* est une sainte honorée en Gascogne (22 mai). Ce poëte, on le voit, regarde aussi le gascon comme étranger au provençal.

provençales pénètrent dans la littérature [1]. Il ne manque pas de monuments qui témoignent de cet emploi précoce de la langue indigène comme langue écrite. Selon Milà, *Trovad.* 466, on trouve un *planctus sanctae Mariae virginis*, dans un manuscrit antérieur au XIII° siècle [2]. Dans un autre manuscrit du XIII° siècle, se trouve une épître farcie, *Plant. de Sent Estéve* (voy. Milà, l. l. qui mentionne encore d'autres poésies spirituelles). Puis, il faut citer d'importants monuments historiques, tels que les ouvrages suivants qui sont bien connus: *Cronica del rey En Pere*, etc... *per Bernat d'Esclot* (vers la fin du XIII° siècle); *Chroniques étrangères*, p. p. Buchon (Paris, 1840. Voy. Amat, *Memorias*, p. 207; et *Cronica*, etc... *per Ramon Muntaner* (1325), édité par Lanz, Stuttgard, 1844. Mais c'est au XV° siècle qu'a lieu l'âge d'or de la poésie catalane, alors que déjà le XIV° siècle avait vu naître une poésie de cour.

Une poétique, c'est-à-dire un dictionnaire de rimes (*Libre de concordances*, par *Jacme March*), parut en 1371 ; et on avait traduit en catalan les *Leys d'amor* de l'académie toulousaine, peu de temps après leur apparition. Bartsch a signalé (*Jahrbuch* II, 280), un *Cançoner d'amor*, manuscrit qui contient plus de 300 chansons. Antonio de Lebrija, l'auteur d'un dictionnaire espagnol, publia le premier *Lexicon catalano-latinum* (Barcelone, 1507) ; même après que le catalan dut s'effacer devant le castillan tout-puissant, il parut jusqu'à nos jours bien des dictionnaires et des grammaires de ses différents dialectes.

Pour exposer le système phonique, on peut se restreindre à la forme catalane, le valencien étant presque identique, et ne se distinguant, d'après Mayans (II, 58), que par un peu plus de mollesse [3].

---

1. Milà cite par exemple *eu* pour *jo*, *aycel* pour *aquel*, *ley* pour *ella*, *dieu* pour *deu*, *mayre* pour *mare*, *Peyre* pour *Pere*, *mi dons* pour *ma dona*, *razo* pour *raho*, *crotz* pour *creu*, *seser* pour *seure* (lat. *sedere*), *layre* pour *ladre*, *amech* pour *amà*, *em* pour *som* (sumus). Voy. *Jarhbuch*, V, 145, note. Milà analyse en détail ce qui distingue le catalan du provençal. (*Trov.* 453, 481).

2. Cette complainte débute ainsi :

Augats, seyós, qui credets Deu lo paire,
Augats, si us plau, de Ihu lo salvayre.
Per nos pres mort, et no lo preset gayre,
Sus en la creu, on lo preyget lo layre
E l'ach mercê axi com o det fayre.
Oy bels fils cars,
Molt m'es lo jorn doloros e amars.

3. Mes sources pour le valencien, toutes les fois que je parle de ce

En ce qui concerne les voyelles, on trouve *a* pour *e* atone, *manuts, conaxença, arrar* (l. *errare*). *E* et *o* ne se diphthonguent pas *(bé, cel, primer, foch, lloch)*; *e* se change quelquefois en *i*, *o* en *u* (*durmint, mils* = pr. *melhs*; *llur, ulh, vulh, engruxar* = *engrossar*). Les voyelles de flexion espagnole *e* et *o* se trouvent en catalan, aussi peu qu'en provençal (*vert, fill*), excepté dans quelques mots empruntés à l'espagnol (*Moro, Ebro, feudo*), mais dont le nombre a beaucoup augmenté avec le temps, surtout à Valence (*cervo* dans A. March, *brinco, motxo* = esp. *mocho*, etc.). Le catalan favorise moins les diphthongues que le provençal, ce qui lui donne à côté de celui-ci une certaine sécheresse ; cependant quelques diphthongues se développent d'une manière particulière. Le prov. *ai* persiste ou se condense en *e* (*aygua, aycell, faray*; *fer, mes, nexer* = *naisser, fret*), probablement après avoir passé par *ei*, comme dans le v.-cat. *feyt*, cat.-mod. *fet*. On trouve aussi le prov. *ei*, mais il devient le plus souvent *e* (*rey, peyra*; *dret, fret*). Déjà dans des chartes latines (de quelle époque?) on remarque, d'après Milà, *vedaré* pour *vedarai*, *fer* pour *far* ou *faire*, *Pere* pour *Peyre*, etc... On trouve *oi* et *ui*, ce dernier fréquemment (*boira, coissó*; *cuidar, fruyt, nuyt, tuit*). *Au* devient *o* dans les cas les plus importants (*or, pobre, poch, posar, tresor*); dans d'autres mots, il s'est formé en remplaçant, par *u*, à la manière provençale, *v* (*blau, brau*) ou *z* (voy. ci-dessous). *Eu, iu, ou*, se comportent comme en provençal (*meu, deus, greu*; *catiu, ciutat, lliurar, scriure*; *plou, ploure*). Sur leur production par des consonnes, voy. ci-dessous. *Ie* et *ue* ne sont pas des sons catalans ; quand on les rencontre dans la langue moderne (*fieresa, pues*), c'est qu'ils ont été introduits par les Castillans. Les triphthongues *iei, ieu*, etc., font également défaut.

Parmi les consonnes, *l* initial s'adoucit en *ll* (*llibre, lloch, llum*); *ll* médial est souvent représenté, surtout dans la langue moderne, par *tl* (*vetlar*, dans Muntaner=pr. *velhar*; *batlle*= esp. *baile*, *ametlla* = pr. *mella*); *l* ne se résout pas habituel-

---

dialecte, sont principalement le poème héraldique de Jaum Febrer, et le recueil de chansons d'Ausias March. (*Obres*, Barcelone, 1560). Le premier de ces documents dont l'authenticité a été combattue notamment par Sanchez (*Collecc.* I, 81 et suiv.) est d'après Fuster (*Bibl. valenc.* I, p. 3), authentique, mais un peu rajeuni pour en faciliter la lecture; il remonte jusqu'en 1276. On trouve des remarques sur la prononciation dans l'édition d'A. March par Joan de Resa (1555); depuis ce temps on l'a plusieurs fois décrite.

lement en *u (altre, escoltar)*. *N* final, fondé sur un *n* latin simple, tombe comme dans les dialectes provençaux *(baró, catalá,* mais *barons, catalans* au plur.); *n* adouci s'écrit *ny (anys, seny =* pr. *ans, senh)*. Pour *L* mouillé, on trouve, mais rarement, cette notation par *y*, comme dans *ceyl* (pr. *celh*), *nuyl* (pr. *nulh*), *fiyla* (filha), *vullyen* (vulhan). Les sifflantes provençales sont sujettes à tomber ; alors *h* empêche ordinairement l'hiatus *(plaher, prear, rahó, vihi, dehembre = plazer, presar, razó, vesi, decembre)*; mais *tz* final est remplacé par *u* (*pau, palau, creu, feu, preu, diu = patz, palatz, crotz, fetz, pretz, ditz*). *G, j* et *x* sont des palatales ; leur emploi, surtout à la fin des mots, est très-indécis, car on écrit *puix, puitx, putx, puig, puitg*, et on prononce exactement ou à peu près comme le castillan *putch (Diccion. Catalan*. Reus, 1836, p. xi; cf. Ros, *Diccion. valenc. sub litt.* g *et* j) ; cependant *g* ou *j* entre des voyelles doivent avoir une prononciation plus adoucie. Muntaner emploie *x* pour l'esp. *ch (Sanxo)* et pour l'it. *c* palatal (*Proxida*); et le Catalan Bastero remarque : « Le « nostre sillabe *xa, xe*, etc., si profferiscono come il toscane » *cia, ce.* » Le prov. *ss* se rend en règle par *x (puix, conexer, pareix, dix, axi, mateix, baixar = pois, conoisser, pareis, dis, aissi, meteis, baissar*). Le lat. *d* se rend par *u*, comme *tz (caure, peu = cadere, pedem)*; dans d'autres cas on le supprime, comme en provençal, ou on le change en *s (possehir, presich, espasa)*; dans la combinaison *nd* il tombe souvent, même dans le corps du mot (*manar, prenia, responre*). Mais la combinaison *nt* se maintient, même à la fin du mot, après une voyelle accentuée (*infant, quant*). *C* guttural s'écrit, à la fin du mot, *ch (poch, amich)*, sans qu'il y ait aucune bonne raison pour cela. *C* sifflant a le son doux de l'*s* (Ros, *sub litt.* c, et non du *c* espagnol. *Ct* se dissout en *it*, et l'*i* disparaît parfois (*lluytar, nuyt, dret* pour *dreit*). *Qua* et *gua* font sonner l'*u*. — La langue moderne n'a fait que peu de changements à ce système, qui est celui de l'ancien catalan, bien qu'elle ait accordé davantage à l'influence castillane; elle a même, sous cette influence, échangé le signe de sa parenté avec le provençal, l'affirmation *hoch* pour l'espagnol *si*.

5. DOMAINE FRANÇAIS.

César trouva en Gaule trois peuples distincts de langue, de mœurs et de lois : les Belges au nord-est, les Aquitains au sud-ouest, et entre deux les Gaulois proprement dits ou Celtes. De ces peuples, les Celtes et les Belges, comme nous l'apprennent d'autres sources, étaient de même race ; les Aquitains semblent avoir eu en partie une origine ibérique. Sur la côte méridionale, Massilie avait répandu la langue et la civilisation grecques. — La conquête romaine détruisit autant que possible dans toute l'étendue de la Gaule les langues indigènes. Nous possédons toutefois sur leur persistance quelques renseignements historiques. Au commencement du IIIe siècle, un passage connu d'Ulpien cite le gaulois comme une langue encore vivante: « Fidei commissa » quocunque sermone relinqui possunt, non solum latina vel » græca, sed etiam punica vel gallicana. » A la fin du IVe siècle, S. Jérôme, qui connaissait la Gaule pour y être allé, rappelle la communauté de langage des Galates et des Trévires: « Galatas » propriam linguam, eamdem pæne habere quam Treviros (*Præf. ad librum II in epist. ad Gal.*). Vers le même temps, Sulpice Sévère parle du celtique ou gaulois comme d'une langue existante encore à côté du latin : « Vel celtice, aut, si mavis, » gallice loquere (*Opera*, Lugd. Batav. p. 543) »; et Marcellus Empiricus donne une foule de noms de plantes gaulois usités dans son pays (Voy. le travail de Jacob Grimm sur cet auteur, Berlin, 1849).

Dans la seconde moitié du Ve siècle, Sidoine Apollinaire blâme la noblesse d'Auvergne de conserver encore dans son langage « celtici sermonis squamma, » ce qui peut, il est vrai, s'appliquer aussi à un usage provincial ou rustique du latin. Cependant dans la seconde moitié du VIe siècle, la vieille langue n'avait pas encore tout à fait péri en Auvergne, car Grégoire de Tours en tire l'étymologie d'un nom propre : « Brachio, quod eorum « (Arvernorum) lingua interpretatur ursi catulus (*Vitæ patrum*, » cap. 12). » Mais, malgré cela, en considérant l'énorme prépondérance de la langue des Romains, on ne peut admettre qu'à une époque aussi avancée, le celtique ait vécu encore autrement que sur quelques points isolés, et à coup sûr fortement mélangé de latin. Une province fait exception jusqu'à ce jour ; c'est l'Armorique, où l'élément celtique fut ravivé après la chute de l'Empire romain par une immigration kymrique[1]. Des établissements

---

1. Mone (*Messes grecques et latines du* IIe *au* VIe *siècle*, Francfort, 1850), croit avoir découvert la *lingua rustica* gauloise, autrement dit le latin populaire de la Gaule. Mais ce n'est point autre chose que le latin habituel avec une coloration et une orthographe provinciales, que nous con-

fixes furent fondés en Gaule par des peuples germaniques à partir du commencement du ve siècle ; elle fut occupée par les Burgondes, les Goths et les Francs, qui, à la fin de ce siècle, mirent fin à la domination romaine. Beaucoup plus tard eut lieu une seconde immigration germanique, celle des Normands, qui s'emparèrent, au xe siècle, des côtes septentrionales.

Si l'on embrasse l'ensemble de la langue française, on s'aperçoit bien vite que l'élément latin y est moins fort, et l'élément germanique bien plus considérable que dans l'espagnol et l'italien. La proportion est encore plus défavorable au latin, si l'on veut tenir compte des patois, ou, ce qui revient presque au même, de l'ancienne langue, bien que les patois et le vieux français ne manquent pas non plus de mots latins inusités dans la langue actuelle. L'origine du résidu non latin, quand il n'est pas germanique, n'est pas plus facile à assigner ici que dans le domaine italien. Il est surprenant que, des mots gaulois transmis par les anciens et désignés par eux comme tels, on retrouve presque la moitié en français, en provençal, ou dans d'autres dialectes anciens, et à l'état de mots populaires, ce qu'ils n'étaient pas en latin. Tels sont les mots suivants : *alauda* (Pline), pr. *alauza*, v.-fr. *aloe*, fr. *alouette* ; *arepennis*, mesure agraire (Columelle), pr. *arpen*, fr. *arpent* ; *aringa*, sorte de céréale (Pline), de là, d'après l'opinion commune, le mot patois *riguet*, seigle ; *beccus* (Suétone), fr. pr. *bec* ; *benna*, sorte de véhicule (Festus), v.-fr. *benne*, fr. *banne* ; *betula* (Pline), pat. *boule*, fr. *bouleau* ; *braccœ*, βρακαί (Diodore de Sicile et autres), fr. *braies* ; *brace* (sorte de grain qui servait à faire du malt pour la bière) v.-fr. *bras*, d'où *brasser, brasseur* ; *bulga*, bourse de cuir (Lucilius), v.-fr. *bouge, bougette* ; *cervisia*, boisson (Pline), fr. *cervoise* ; *circius, cercius*, vent du nord-ouest (Vitruve ; la nationalité de ce mot n'est pas certaine), pr. *cers* ; *leuca* (Ammien Marcellin, Isidore), pr. *legua*, fr. *lieue* ; *marga* (terre argileuse) v.-fr. *marle (margula)*, fr. *marne* ; *matara, mataris, materis*, sorte d'arme (César et autres), v.-fr. *matras* ; *sagum*, manteau militaire (gaulois, d'après Varron et Polybe), v.-fr. *saie* ; *vertragus*, race de chien (Martial, Élien et autres), v.-fr. *viautre* ; *vettonica*, nom de plante (Pline), fr. *bétoine*. D'autres manquent : *ambactus* (à moins qu'il ne se retrouve dans le v.-fr.

---

naissions déjà par les chartes mérovingiennes, par exemple : *praece* (prece), *selva, habit* (habet), *voloutas, iurica, nus* (nos), Accus. absolu *vertentem te faciem*.

abait, pr. *abah*, v. *Diction. Etymol.* II, c.); *bardus, cateia, covinus* (belge ou breton), *emarcum, essedum, gœsum* (le fr. *gèse* est un mot récent), *galba, petorritum, ploxinum, reno, rheda, soldurius, taxea, toles, urus, vargus* (Sidoine Ap.)[1]. Une autre source, mais moins claire, se trouve dans les dialectes celtiques, le breton, le kymri, l'irlandais et le gaélique; moins claire, parce que ces dialectes eux-mêmes ont été fortement mélangés de latin, d'anglais et de français, en sorte qu'il n'est pas toujours facile de discerner ce qui leur est propre de ce qu'ils ont emprunté. Il était cependant bien difficile qu'il ne passât pas dans l'anglo-normand, qui les propageait à son tour, quelques mots venus du kymri. De même les emprunts au breton étaient naturels.

Le domaine de la langue française comprend, abstraction faite de la région provençale, la plus grande moitié de la France romane, avec les îles normandes et une partie de la Belgique et de la Suisse. Mais en dehors de ces limites, elle a trouvé, comme langue internationale de l'Europe, une extension sans exemple dans les temps modernes. — Son plus ancien nom paraît bien être *lingua gallica*. Jean le Diacre, par exemple, vers 874, dit : « Ille more gallico sanctum senem increpitans follem (fr. *fol*, » *fou*; voy. du Cange, s. v. *Follis*). » Le moine de Saint-Gall (vers 885) remarque : « Caniculas quas gallica lingua *veltres* » (v.-fr. *viautres*) nuncupant (Du Cange, s. v. *Canis*). » Witichind (vers l'an 1000) dit : « Ex nostris etiam fuere, qui » gallica lingua ex parte loqui sciebant (ap. *Meibomium*, I, » 646). » Cette dénomination s'est perpétuée en breton : *gallek* signifie la langue française, comme *Gall* veut dire Français. *Francisca* ou *francica* n'était originairement que le nom de la langue franke (voy. Ermoldus Nigellus, Eginhard, Otfried, etc.), et ce n'est qu'après l'extinction de cette langue en Gaule que la romane du nord hérita de son nom, et fut appelée *langue française* : jamais un Provençal n'aurait donné ce nom à son idiome. Comme au moyen-âge on entendait surtout par *Français* les habitants de l'Ile-de-France (voy. du Méril, *Dict. normand*, p. XI), le nom de *français* aurait pu être aussi restreint au dialecte de cette province; mais on l'étendait souvent, dans un sens général, à toute la langue du nord de la France : *co espelt en franceis*, lit-on, par exemple, dans les *Livres des Rois*, qui sont normands (de même dans le roman de Rou et ailleurs). Mais

---

1. On en trouve encore d'autres dans du Méril, *Formation de la langue française*, p. 119. Cf. aussi Chevallet, *Orig.* I, 219 et suiv.

déjà, dans l'ancien temps, le langage de l'Ile-de-France ou de Paris passait pour le français le plus pur ; et ce fait est prouvé par des témoignages souvent cités. Une autre expression dont se servent volontiers les modernes, est celle de *langue d'oïl*, en opposition à la *langue d'oc*. — L'usage public de cette langue d'oïl, surtout, comme il est naturel, dans la chaire, est attesté de bonne heure. S. Mummolin (VIIe siècle) fut appelé à Noyon, « quia prævalebat non tantum in teutonica, sed etiam in romana » lingua (Reiffenberg, dans son édition de Phil. Mousket, I, » p. C). » Paschasius Ratbert, disciple d'Adalhard, Franc de naissance et abbé de Corbie (né vers 750), dit de lui : « quem si » vulgo audisses, dulcifluus emanabat ; » et un biographe postérieur d'Adalhard rend plus clairement la même idée : « qui si vul- » gari, id est romana, loqueretur (*Choix*, I, p. 15). » On connaît la décision du concile de Tours (813) : « Ut easdem homilias » quisque aperte transferre studeat in rusticam romanam » linguam aut theotiscam. » On raconte du synode de Mousson (995) : « Episcopus Viridunensis, eo quod gallicam linguam » norat, causam synodi prolaturus surrexit (*Hard. Concil.* VI, » 1, 729). » Nous voyons le français employé comme langue des négociations politiques après le partage de Verdun dans les *Serments* de Strasbourg (842) et de Coblentz (860). Enfin, en 1539, François Ier ordonna d'écrire tous les actes en langue française (Auguste Brachet, *Grammaire historique de la langue française*, p. 27).

De toutes les langues romanes, le français est celle qui peut se glorifier de posséder les plus anciens monuments ; bien qu'ici, comme partout ailleurs, on ne puisse fixer qu'approximativement la date de leur composition. Au IXe siècle, appartiennent les suivants : 1° les serments dont il est parlé ci-dessus, prêtés par Louis le Germanique et par l'armée de Charles le Chauve à Strasbourg, que nous a transmis Nithard (mort en 853), dans son *Histoire* (III, 5) ; le manuscrit du IXe au Xe siècle, est à Rome (fac-simile dans le glossaire de Roquefort et dans Chevallet). La langue ne s'est point encore tout-à-fait dégagée de l'influence latine. (Nous ne connaissons que par la traduction latine, *Capitularia reg. Franc.* II, 144, le traité de Coblentz également conclu entre ces deux rois) ; 2° la *Cantilène* ou la *légende de sainte Eulalie*, écrite par le moine bénédictin bien connu Hucbald, vers la fin du IXe siècle (publiée par Willems dans les *Elnonensia*, Gand, 1837, 1845 ; fac-simile complet dans Chevallet) ; 3° le *Fragment de Valenciennes*, débris d'une homélie mêlée de latin sur le prophète Jonas, écrits partiellement en notes tironiennes ; et qui, d'après son premier éditeur Bethmann, *Voyage historique*, Paris, 1849, est au moins aussi ancien que l'*Eulalie* (fac-simile reproduisant les notes tironiennes dans Bethmann ; avec leur explication dans Génin, *Chans. de Roland*, Paris, 1850 [1]). Au xe siècle, appartiennent deux poèmes assez étendus [2] : la *Passion de Jésus-Christ*, poème originairement déjà très-pénétré de formes provençales, et qui subit plus tard une autre influence provençale plus forte encore (voy. *Jahrbuch*, VII, 379), édité d'après un ms. du xe siècle de Clermont-Ferrand, par Champollion-Figeac (*Docum hist.* Paris, 1848, t. IV), avec un fac-simile. La légende de saint Léger, également écrite dans une langue très-mélangée, contenue dans le même ms., mais écrite d'une autre main, éditée aussi par Champollion-Figeac (loc. cit.), avec fac-simile. Du Méril (*Formation*, 414) a édité de nouveau, d'après le ms., les strophes 1-18. Au xie et au xiie siècle, nous remarquons principalement les monuments suivants : le poème d'Alexis, publié d'après un ms. d'Hildesheim, provenant de l'abbaye de Lambspring, par W. Müller (*Journal de Haupt*, V, 229), — par Gessner (*Archiv* de Herrig. XVII, 189), d'après une nouvelle collation du ms., — par K. Hoffmann (Munich, 1868), dans un texte critique fondé sur la comparaison d'un ms. de Paris ; le fragment d'Alexandre, dans une langue mixte, mais un peu plus française que provençale [3], édité par Paul Heyse, d'après un ms. de la Laurentienne, que ce savant place au xiie siècle (*Romanische Ined.* Berlin, 1856) ; la *Chanson de Roland*, dans les éditions de Th. Müller, Gœttingue, 1863, et de Conrad Hoffmann, Munich, 1869 ; les *Lois* de Guillaume le Conquérant (publiées plusieurs fois d'après les anciens manuscrits perdus ; le

---

1. La petite dissertation de Boucherie (*Fragment de Valenciennes*, etc., Mézières, 1867) est une habile tentative pour retrouver la cause de ce mélange de formes latines et de formes romanes, de notes tironiennes et d'écriture ordinaire. S'appuyant sur l'époque où les notes tironiennes furent en usage, l'auteur en conclut que le fragment de Valenciennes est même antérieur aux *Serments*.

2. L'épitaphe de l'annaliste Flodoard (mort en 976, dans Ducange, éd. Bénéd. v. *Alba*), est fausse et c'est aussi l'opinion de Paul Meyer. En voici le début : *Si tu veu de Rein savoir ly eveque* ; *ly* comme accusatif est une lourde bévue de l'auteur.

3. C'est aussi l'avis de Bartsch (*Germania* de Pfeiffer, II, 460). Paul Meyer regarde le texte comme français mais écrit par un provençal (*Ecole des chartes*, 5e série, V, 53).

seul conservé est assez moderne et incomplet (Voy. Schmid, *Lois des Anglo-Saxons*, Leipzig, 1832, 1858); une traduction des Psaumes, *Libri psalmorum versio antiqua gallica*, ed. *Fr. Michel*, Oxon. 1860); les *Livres des Rois* (publiés par Leroux de Lincy, avec des moralités sur le livre de Job et un choix de sermons de S. Bernard : *Les quatre livres des Rois*, Paris, 1841). Puis viennent diverses poésies religieuses, telles que l'*Épître farcie de S. Étienne*, des premières années du XIIe siècle, publiée par Gaston Paris (*Jahrbuch*, IV, 311); un fragment d'une poésie religieuse publié par le même (*Jahrbuch*, VI, 362 [1]) est à peu près du même temps. Aux XIIe et XIIIe siècles, se développe une grandiose littérature poétique. Jusque dans le siècle suivant, la langue conserve son caractère grammatical primitif. Nous nommons cette première période, au sens philologique, le *vieux français*. On pourrait appeler période du *moyen-français*, l'espace de temps qui s'écoule depuis le XIVe siècle (où s'opère dans les formes grammaticales et dans la prononciation un changement important) jusqu'à la première moitié du XVIe siècle, où on se débarrassa des derniers restes de l'antiquité, et qui commence la période du français moderne.

La littérature grammaticale commence au XVIe siècle. C'est un Anglais, John Palsgrave, né en 1480, qui donna le premier essai en ce genre : *L'esclarcissement de la langue françoyse* (1530), écrit en anglais (nouvelle éd. par Génin, Paris, 1852), travail assez complet et important pour la linguistique. L'auteur s'appuie déjà sur des grammairiens plus anciens. Quelques années après parut : *An introductorie for to lerne french trewly* (London, s. d.), par Gilles du Wez ou du Guez (réédité par Génin à la suite de Palsgrave). Presque en même temps, le savant médecin Silvius (Jacques Dubois) publia son *In linguam gallicam Isagoge* (Paris, 1531). Citons encore :

---

1. Quelle est la plus ancienne charte en langue vulgaire? Fallot (p. 361) désigne comme le plus ancien texte français le fragment d'un acte de 1135 dans Le Carpentier (il ne faut point oublier qu'à cette époque on regardait les *Serments* comme provençaux et que les monuments que nous venons de citer, étaient encore inconnus) mais la pénétrante critique de Paul Meyer (voy. l'*Ecole des chartes*) a montré que cette charte et plusieurs autres étaient en partie fausses, en partie suspectes. Boucherie a publié (Niort, 1867) une très-courte et fort ancienne charte de l'Angoumois, qui porte les caractères du provençal et du français, mais qui n'est malheureusement pas datée.

le *Tretté de la gramère françoeze*, par Louis Meigret (Paris, 1550) ; le *Traicté de la grammaire françoise*, par Robert Estienne, l'auteur du dictionnaire latin (Genève, 1557), traduit en latin : *Gallicæ grammaticæ libellus* (Paris, 1560) ; la *Gramère* de Pierre Ramus (Paris, 1562), qui fut plus tard refondue (1572), et traduite par Thévenin : *Petri Rami Grammatica francica* (*Francofurt.* 1583); la *Grammatica gallica* d'Antoine Caucius (*Basil.* 1570); la *Gallicæ linguæ institutio* de Johannes Pilotus (*Lugduni*, 1586). Malheureusement les grammairiens de cette époque se croyaient appelés à procéder en réformateurs de la langue, et spécialement à faire dans l'orthographe une révolution qui fut souvent ridicule ou niaise. Mais il y eut aussi des écrivains plus intelligents qui consacrèrent à la langue nationale une partie de leurs études : tels furent les philologues Budée, Bouille, Joachim Périon, Henri Estienne, Joseph Scaliger, Casaubon. De Bouille, par exemple, nous citerons : *Liber de differentia vulgarium linguarum et gallici sermonis varietate* (Paris, 1533) ; de Périon : *Dialogi de linguæ gallicæ origine ejusque cum græca cognatione* (Paris, 1555, traduits par lui-même en français); de H. Estienne : *Traicté de la conformité du langage françois avec le grec* (Paris, 1569, rééd. en 1853) ; *De la précellence du langage françois* (Paris, 1579, réimpr. en 1850); *Hypomneses de gallica lingua*, 1582. Scaliger et Casaubon, ainsi que plus tard Saumaise, touchèrent souvent dans leurs notes critiques à des étymologies françaises. — Des dictionnaires parurent dès le xve siècle, par exemple : *Dictionnaire latin-françois*, p. p. Garbin (Genève, 1487); *Dictionnaire françois-latin*, (Paris, Rob. Estienne, 1539); *Dictionnaire fr. lat. augmenté, recueilli des observations de plusieurs hommes doctes, entre autres de M. Nicot*, Par. 1573, qui n'est, à vrai dire, qu'une nouvelle édition du précédent. (*Livet*, p. 480). La première édition du *Dictionnaire de l'Académie*, où les mots sont groupés étymologiquement, parut en 1694. Le travail étymologique le plus important avant ce siècle, est celui de Ménage : *Dictionnaire étymologique de la langue françoise* (Paris, 1650, 1694, 1750).

Mais avant tous ces dictionnaires imprimés, il faut citer les nombreux glossaires manuscrits, rangés soit par ordre de matières, soit par ordre alphabétique, ou accompagnant un texte particulier. On peut y rattacher ces gloses de Cassel en latin et en haut allemand (dont nous avons déjà parlé ci-dessus), dont la partie latine incline si fort vers la forme romane qu'on y trouve souvent des mots tout à fait romans, c'est-à-dire vieux français. Dans d'autres glossaires, les vocables latins sont expliqués par des mots latins, mais qui appartiennent à la langue populaire : ainsi *callidus = vitiosus* (qui est le v.-fr. *voiseus*), *femur = coxa* (qui est le fr. *cuisse*). Quant aux glossaires latins-français proprement dits, ils ne datent que du xive siècle et du xve, mais sont encore importants pour la langue. Littré en a énuméré plusieurs (*Hist. littér.* XXII, 1-38). Voici la liste de ceux qui ont été imprimés : *Glossaire roman-lat. du* xve *siècle*, p. p. Gachet, Bruxelles, 1846 ; par Schéler, Anvers, 1865 ; *Vocabulaire latin-français du XIVe siècle*, publié par Escalier (Douai, 1856); *Vocabulaire latin-français du XIIIe siècle*, p. p. Chassant, Paris, 1857); *Glossaire du ms. 7692 de Paris* (Extraits), par Conrad Hofmann, Munich, 1868.

DIALECTES. — Ils jouent en français un rôle bien plus important qu'en italien. En effet, dans l'ancienne littérature, ils avaient pleine valeur, et aucun d'entre eux n'était proprement accepté comme langue écrite. Les anciens désignaient déjà ces dialectes par des noms empruntés naturellement aux provinces et généralement adoptés. Dans le *Reinardus Vulpes*, par exemple (xiie siècle), le renard parle bourguignon (IV, 449) :

Haec ubi burgundo vulpes expresserat ore,

après qu'on a désigné plus haut son langage (IV, 380) en général comme *franc*, c'est-à-dire français. Le roman provençal de *Flamenca* (v. 1916) mentionne le bourguignon comme langue indépendante à côté du français :

E saup ben parlar bergono,
Frances e ties e breto.

Dans un Psautier lorrain de la fin du xive siècle (*L. des Rois*, p. xli) on lit : « Vez ci lou psaultier dou latin trait et transla-
» teit en romans, en laingue lorenne (lorraine). » Un troubadour, dans un passage déjà cité, mentionne le normand et le poitevin. Le poëte Quenes de Béthune se plaint qu'à la cour, à Paris, on ait blâmé son langage d'Artois, c'est-à-dire picard (*Romancero françois*, p. 83) :

Ne cil ne sont bien appris ne cortois,
Qui m'ont repris, se j'ai dit mot d'Artois.

Mais il y a trois dialectes (car les grammairiens français ont raison de ne pas les appeler des patois) auxquels on peut ramener les particularités linguistiques de chaque province ; le bourguignon, le picard et le normand. Roger Bacon désignait déjà ces idiomes comme les plus importants de France : « Nam et » idiomata ejusdem linguae variantur apud diversos, sicut patet » de lingua gallicana, quae apud Gallicos et Normannos et Picar- » dos et Burgundos multiplici variatur idiomate. » (Du Méril, *Dictionn. normand*, p. xx). Les grammairiens postérieurs au moyen-âge prennent encore parfois les dialectes principaux en considération. Périon, par exemple, connaît, en dehors de son bourguignon, qui pour lui est la langue écrite, le picard et le normand, qui s'en éloignent. On sait qu'un philologue moderne, Fallot, a étudié ce sujet avec le soin qu'il demandait dans un ouvrage spécial : *Recherches sur les formes grammaticales*, etc. Paris, 1839 ; malheureusement son travail est resté à l'état de fragment ou de projet. Il admet aussi, en déterminant leur domaine respectif au xiiie siècle, trois grands dialectes : le *normand* en Normandie, Bretagne, Maine, Perche, Anjou, Poitou, Saintonge; le *picard* en Picardie, Artois, Flandres, Hainaut, Bas-Maine, Thiérache, Rethelois ; le *bourguignon* en Bourgogne, Nivernais, Berry, Orléanais, Touraine, Bourbonnais, Ile-de-France, Champagne, Lorraine, Franche-Comté.

Le dialecte de l'Ile de France, le *français* proprement dit (qui appartenait originairement au rameau bourguignon), prit si bien le dessus qu'il devint la langue écrite. Ce fut un événement politique qui donna à l'idiome français cette suprématie : l'usurpation de Hugues Capet, qui fixa la tête du système féodal à Paris. — A mesure que l'unité du royaume se fortifia, les différences provinciales s'effacèrent, et peu à peu le dialecte de l'Ile de France devint dominant, et s'éleva enfin au rang de langue commune, mais non sans recevoir des dialectes circonvoisins de nombreuses formes qui étaient proprement étrangères à son essence (Littré, *Hist. de la langue française*, II, 101). Nous allons examiner, mais en nous restreignant à très-peu de sources choisies, les dialectes les plus importants, non sans jeter un coup-d'œil sur leur forme postérieure ou actuelle. Nous ne pouvons nous proposer d'épuiser toutes les variations ou exceptions. Il est à peine besoin de rappeler que les caractères phoniques ne reposent jamais dans les manuscrits sur une orthographe fixe, et que par conséquent on ne peut pas toujours déterminer avec précision la valeur des lettres. Comme les scribes lisaient sans aucun doute des livres écrits dans les dialectes les plus différents, il était inévitable qu'ils admissent des formes orthographiques étrangères à leur dialecte, sans vouloir leur faire exprimer pour cela la prononciation étrangère, et cette liberté se justifiait d'autant mieux que les ouvrages qu'ils transcrivaient étaient destinés non-seulement au cercle restreint de leur propre dialecte, mais à toute l'étendue du domaine de la langue française.

Dans le dialecte bourguignon, qu'on peut étudier dans les *Dialogues* de S. Grégoire (du Méril, *Formation*, p. 428) et dans *Gérard de Viane*, le caractère distinctif est la modification des voyelles par l'adjonction d'un *i*. Ainsi le fr. *a* devient ici *ai* (*jai, brais, mesaige, chaingier, bairon*, pour *ja, bras*, etc.). *E*, fermé ou ouvert, est remplacé par *ei* : *penseir, penseiz* au part. ou à la 2ᵉ pers. plur., *aleie = allée, veriteit, meir = mer, neif = nef, freire, peire*), — mais aussi par *ie*, surtout après *g* ou *ch* (*plaidier, laissier, jugier, mangier, chief, aimer, donner*). *E* et *i* se remplacent aussi par *oi* (*moiner = mener; manoier, noier, proier, proisier = manier, nier, prier, prisier*); cette diphthongue ici très-favorisée subsiste toujours quand elle se trouve en français, et représente aussi l'*ai* français (moderne) dans les mots où le provençal n'a pas *ai* (*fois, rois, devoir; françois, roit, perdoie, plaisoit, laroie = français, raide, perdais, plaisait, laisserais*; toutefois on trouve aussi *alait, aurait*). *Eau, eaux*, sont rendus ici par *iau, iaz, iax* (*hiaume, biau, biaz, coutiax*); *eu* tantôt par *ou*, tantôt par *o* (*soul, gloriouz, flor, dolor, voit = veut*). Pour *ou* l'ancien *o* est resté prédominant (*vos, jor, amor, secors, sofre, tot*; mais aussi *vous, bouton*). Parmi les consonnes, *l* résiste encore souvent à la résolution en *u*, au moins orthographiquement (*oisel, altre, halt, chevalz*, mais aussi *haut, vasaus*). Dans le patois bourguignon moderne, tel qu'on le trouve, par exemple, dans La Monnoye (né à Dijon en 1641), on remarque la même tendance à combiner certaines voyelles avec *i*, à mettre, par exemple, *ai* pour *a* (*lai, glaice, laivai = laver*) et même pour *e* (*ronflai, boutai, trompaite*), ainsi que *ei* pour *a* ou *é* (*jei, teiche = jà, tache; peire, mysteire*); *u* se prononce souvent *eu* (*jeuste, leugne = lune, seur, treufe*). La prédilection pour *oi*, qui se condense souvent encore en *o*, persiste aussi (*françois, moigre, moison, frôche, chantô, pône, foindre = français, maigre, maison, fraîche, chantais, peine, feindre*). *Eau* sonne *ea* (*bea, morcea*); *o* est maintenu pour *ou* (*jor, aimor, cor = court, vo = vous*). *Ie* devant *r* est interverti en *ei* (*pousseire, premeire, premei* pour *premeir*; l'ancien bourguignon disait déjà *secu-*

leirs). *L* finale s'éteint volontiers (*autai, noei = autel, noël*). *N* médiale s'adoucit en *gn* (*breugne, épeigne = brune, épine*). La chute de l'*r* devant une consonne et à la fin des mots est une négligence fréquente dans le parler populaire (*vatu, po, savoi = vertu, pour, savoir*).

Le dialecte *lorrain*, voisin du bourguignon, s'en distingue peu; voy. dans le Psautier lorrain, cité plus haut, des exemples comme *jai* pour *jà, langaige, doneir, asseiz, prie* (et non *proie*), *savoir, françois, soul = seul, perillouse, errour*. Mais au français moderne *ou* correspond toujours ici cette même diphthongue, et non *o*. Un trait particulier est le *w* pour le *w* allemand (*warder = garder*); une charte de Verdun (*L. des Rois*, p. LXXIV) écrit de même *warentise*, et les *Sermons* de S. Bernard, qui rappellent d'ailleurs ce dialecte, disent aussi *werpil, eswarder*, etc. Les patois lorrains modernes conservent plusieurs particularités bourguignonnes, mais ils sont en somme fort dégénérés; ils offrent, par exemple, des diphthongues tout à fait inconnues à l'ancienne langue: on dit à Nancy *aimouer, foueive*, pour *amer, fève*; à Metz, *petiat, pieux*, pour *petit, peu*.

Le dialecte *français*, à en juger d'après Rutebeuf (sous S. Louis), ne se séparait au XIIIe siècle qu'en peu de points du bourguignon. La diphthongaison n'atteint pas *a* (*voiage*, jamais *voiaige*), mais bien *e*, qui est exprimé par *ei*, moins généralement toutefois (*parleir, doneiz, povretei*; mais *venez, volenté, mer* et non *meir*), ou par *ie* (*chiere, chiés = chez, brisier, laissier*). *Oi* est aussi très-favorisé (*loier, proier; j'avoie, estoit, voudroit, savoir*). L'emploi de *iau* est plus restreint (*biau; oisel, ostel*). *Eu* devient rarement *o* (*cuer = cœur, seul; dolor*), *ou* se montre déjà un peu plus souvent à côté de *o* (*nous, goute, jouer, moustrer; jor, retor, cop, molt*).

Le dialecte *picard*, pour l'étude duquel nous emploierons *Gérard de Nevers* et la légende en prose de *S. Brandan*, a beaucoup d'analogie avec le bourguignon dans son vocalisme. L'*e* français, par exemple, qui correspond au latin *e, i, a* est volontiers diphthongué en *ie* (*biel, nouviel, adies, chief, chiere, prisier, mangier*); *ou, oi,* et *iau*, se comportent de même (*jor; cortois, avoir, estoit, oseroie; biaus, oisiaus, vaissiaus; bials, chastiel*). Pour *ieu* on trouve *iu* (*liu*). Pour les consonnes, on remarque cette différence capitale, que le français *ç* (ou *ss* quand l'orthographe lui fait traduire le latin *ci, ti,*) est habituellement rendu par *ch*, et *ch* au contraire par *k* (*Franche, merchi, fache = fasse, cacher = chasser, canter, pékié = péché*); mais, même dans les monuments les mieux caractérisés de ce dialecte, l'usage picard est souvent en concurrence avec l'usage français (voy. par exemple les chartes picardes, *L. des Rois*, p. LXX-LXXIII); on trouve *ce* à côté de *che*, *chose* à côté de *cose*. Remarquons encore dans les consonnes : *ga* pour *ja* (*gayant, sergans = géant, sergent*), et le *w* allemand (*warder, werpir*). Le patois picard moderne (d'après Corblet) change, comme l'ancien, *e* en *ie* (*biel, traitier*); *ai* en *oi* (même dans *moison, moit, poyer = maison, maître, payer*); *eau* en *iau*, mais aussi en *ieu* (*biau, coutiau*; *bieu, vieu = veau*); *ieu* en *iu* (*diu, liu, liue*). Après *oi*, qui se prononce *oë* ou *oué*, il favorise surtout *eu*, qui peut se mettre pour *u, ou* et *au* (*leune, beue, keusses = lune, boue, chausses*), tandis que l'*eu* français est remplacé par *u* ou *o* (*fu, malhur; plorer, jonesse*). Les consonnes n'ont pas beaucoup varié; il faut remarquer peut-être que l'*l* et l'*r* tombent dans les terminaisons (*regue, aimape = règle, aimable; chene, soufe = cendre, soufre*); que le fr. *ch*, rendu d'ordinaire par *k*, est quelquefois aussi remplacé par *g* (*guevau, guille = cheval, cheville*), mais surtout que les consonnes finales sont prononcées dures. — Le dialecte *flamand* offre peu de traits particuliers. Des chartes de Tournai du XIIIe siècle (Phil. Mousk. II, 309 et suiv.) écrivent, à la manière bourguignonne, *heretaige, pasturaige*, ou bien *estaule* pour *estable, paysieule* pour *paisible*. — Dans le *Hainaut* il y a aussi quelques petites divergences : des chartes de Valenciennes (Reiffenberg, *Monuments de Namur*, I, 454) écrivent, par exemple, *volontei, veriteit, wardeir*. Dans la forme actuelle de cet idiome, il faut noter *ó* pour *oi* (*fó, valenchenós = fois, valenciennois*) [1].

Le dialecte *normand*, pour la caractéristique duquel nous emploierons les *Lois* de Guillaume le Conquérant et le poëme de *Charlemagne*, aime à changer *a* en *au* devant *n* (*auns = ans, maunder*). L'*e* français ne devient pas ou ne devient que rarement *ie* ou *ei* (*chef, mer; chier, crieve = cher, creve* (L

---

1. Un ancien poëme épique mentionne déjà le dialecte du Hainaut; un député du roi Marsile comprend « *normant, breton, hainuier et tiois* » (voy. l'*Eraclius* de Massmann, p. 552). Son nom moderne est *rouchi*, qu'on a eu tort de tirer de *rusticum*.

Guill.); *aveiz* = *avez* (Charl.); d'autres textes donnent *ie* assez souvent). *U* aussi bien que *o*, *ou* et *eu*, se représentent le plus habituellement par *u*, ce qui est l'un des signes distinctifs de ce dialecte (*vertuz*; *unt, hunte, hume, reisun*; *jur, pur, vus, truver, duble*; *ure* = *heure, bufs, colur, doloruse*); il y a à cette règle plusieurs exceptions de différentes natures qui ne peuvent être énumérées ni expliquées ici. *Ai* est souvent remplacé par *ei* (*feit, meis, meint, seint, franceis, aveit, avereit; averai, fait*, etc.). Cet *ei* est le représentant propre et spécialement normand de *oi* (*fei, lei, rei, seit, saveir* et *saver, meité* = *moitié*). *Ie* devient simplement *e* (*ben, cel, ped, vent, dener, chevaler, amisted* = *amitié*; beaucoup de textes donnent *ie*). L'attraction de l'*i*, qui produit souvent en français des diphthongues, est évitée (*pecunie, testimonie, glorie, miserie*). *C* et *ch*, dans les textes que nous avons cités plus haut, se comportent comme en français; mais dans d'autres on trouve aussi l'usage picard. Transplanté en Angleterre, ce dialecte y a développé plusieurs particularités d'orthographe et de prononciation qui ont fini par lui donner un cachet anglais. Dans le patois normand moderne (du Méril, Decorde) on cherche en vain les traits sévères de l'ancien dialecte. Est-ce l'influence du picard? La domination de l'*u*, par exemple, est très-restreinte : car on dit *bacon*, au lieu du v.-norm. *bacun, leur* ou *leu* pour *lur, tout* pour *tut*. Mais *ei* pour *oi* a laissé beaucoup de traces, représenté qu'il est tantôt par *e*, tantôt par *ai* (*mei, bet, dret, nerchir, aver* = *moi, boit, droit, noircir, avoir*; *fais, vaie, vaix* = *fois, voie, voix*). *Eau*, dans la vieille langue *el*, est diphthongué (*batiau, avias* = *oiseau*); *ie* reste aussi diphthongué (*bien, rien, batière*). La représentation de *ç* (*ss*) par *ch* et de *ch* par *k* est plus fréquente que dans l'ancien langage (*cha, capuchin, nourichon* = *ça, capucin, nourrisson*; *cat, acater, quien* = *chat, acheter, chien*; *chère, chèvre*, comme en français). *V* pour *gu* est très-usité (*varet, vaule, vey* = *guéret, gaule, gué*).

Nous avons constaté plus haut que les troubadours ne regardaient pas le *poitevin* comme un dialecte provençal. Dans les anciens poëmes poitevins qui nous sont parvenus, on reconnaît en effet un mélange de français et de provençal, où le premier paraît être prépondérant [1]. Mais, depuis que le Poitou appar-

[1]. On trouve çà et là de ces poésies dans les manuscrits, et on en a imprimé quelques-unes (voy. *Livre des Rois*, p. LXIII et suiv.; Wackerna-

tint à la France (1206), la langue d'oïl, venant surtout de Normandie, s'y répandit de plus en plus, et l'idiome de cette province, malgré plus d'un trait provençal, doit être adjugé sans hésitation au domaine français.

Le bourguignon et le picard se ressemblent dans leur manière de traiter les voyelles; le premier est un peu plus riche en diphthongues. En opposition à tous deux se présente le normand, qui, mettant des voyelles simples à la place des diphthongues, doit le leur céder pour la variété des sons vocaux. Dans les consonnes, les divers dialectes n'ont qu'un trait d'une importance capitale qui les distingue entre eux et de la langue moderne, c'est leur diverse manière de traiter le *c* latin.

A l'extrême frontière nord-est de la langue d'oïl, touchant d'un côté au domaine picard, de l'autre au domaine bourguignon (lorrain), se trouve l'idiome *wallon*, qui, développant une originalité bien marquée, se distingue par des caractères phoniques tout particuliers, et par quelques traits qui indiquent une haute antiquité [1]. Il a moins de ressemblance avec le picard que ne le ferait supposer leur voisinage. « Il faut bien se garder, dit » Hécart, de confondre le *rouchi* (c'est-à-dire le picard qui se » parle en Hainaut) avec le *wallon* qui n'y ressemble guère. » Il est encore moins voisin du lorrain. On distingue les sous-dialectes de Liége et de Namur. Voici des exemples de son système phonique. — *A* s'affaiblit souvent en *e* (*chess*, *pless*, *chet*, *greter*, *sechai*). Il y a un *e* fermé et un *e* ouvert ; mais, de même que dans d'autres patois, leur application n'est pas toujours la même qu'en français : *père*, par exemple, se dit *pére*, et *cognée*, *congneie*. Devant plusieurs consonnes *e* se diphthongue

---

gel, p. 32; Gérard de Nevers, p. 20); cf. Aubery le Bourgoing, p. 50 :
      Violer font un cortois jougleor,
      Sons poitevins lor chante cil d'amor.
Une charte du Bas-Poitou de 1238 (*Bibl. de l'Ecole des Chartes*, 3ᵉ série, t. V, p. 87) est presque en pur français.

1. Les Wallons reçurent ce nom des Allemands leurs voisins, ou plutôt le nom générique de *Walah* pour *Gaulois* leur resta à eux seuls, et ils l'adoptèrent eux-mêmes, à la différence des Valaques et des Welches. On le trouve employé à côté de *roman* pour désigner la langue dès le XIIᵉ siècle. Rudolph, abbé de Saint-Trond, écrivait en 1136: « Adelardus ..... nativam linguam non habuit teutonicam, sed quam » corrupte nominant romanam, teutonice wallonicam (voy. Grandga- » gnage, *De l'origine des Wallons*, Liége, 1852). » Nous attendons toujours de ce maître une analyse scientifique de l'idiome wallon, qui sera d'un grand secours à la philologie romane.

volontiers en *ie* (*biess, viersé = bête, verser*); de même *o* en *oi*, quand la première consonne est *r* (*coirbâ = corbeau*). *Ou* est très-fréquent sous son ancienne forme *o* (*to = tout, trové*). *U* se représente souvent soit par *o*, soit par *eu* (*nou, houg = nu, huche; comeunn, meur = commune, mur*). *Oi* correspond d'ordinaire à l'*ai* français. *Oi* et *ui* donnent le plus souvent les sons simples *eu* et *u* (*neur, poleur = noir, pouvoir; boi = bois; cûr = cuir*). *Au* devient *â* (*aw*) ou *ô* (*fà, cawsion = faut, caution; chô = chaud*). *Eau* donne *ai*, très-rarement *ia* (*bai, chestai, coutai, coutia = beau, château, couteau*). *Ie* est remplacé par *i* (*bin, fîr, pî = pied, clavi = clavier*). Quant aux consonnes, la chute de l'*l* ou de l'*r* est fréquente, comme dans le picard moderne (*cop, fib = couple, fibre*). *Ll* et *gn* peuvent tomber (*barbion, coy = barbillon, cueillir; champion = champignon*). *S* médial devient à Liége une *h* fortement aspirée (*mohone = maison*); à Namur un *j* (*maujone*). *Ch* (= lat. *sc*) devient aussi *h* à Liége (*hale, marihâ = échelle, maréchal*), mais reste *ch* à Namur (*chaule, marechau*), v. Grandgagnage, *Mémoire sur les anciens noms de lieux*, Bruxelles, 1855. p. 102. *S* initial suivi d'une consonne se passe généralement de l'*e* prothétique (*staf, skrîr, spal = étable, écrire, épaule*); *st* final se réduit à *ss* (*ess, aouss = être, août*). *Ç* reste à sa place (*cîr*, et non *chîr* = pic. *chiel*, fr. *ciel*). *Ch* reste aussi le plus souvent; cependant à la fin d'une syllabe il devient souvent *g*, et quelquefois ailleurs *k* à la manière picarde (*chein, atechi = chien, attacher; egté, cheg = acheter, charge; cangi, bok = changer, bouche*). Dans *qu*, l'*u* se fait entendre (*kouett = quatre*). *G* dur s'écrit souvant *w*, comme en picard et en lorrain (*wazon, waym = gazon, gain; aweie = aiguille*).

De même que pour les dialectes italiens, dans les dialectes français les proportions des éléments constitutifs ne sont pas tout à fait les mêmes que dans la langue écrite. Le lorrain, par exemple, a jusqu'aux temps modernes admis une masse de mots allemands, le picard en a pris au flamand. Dans le normand on trouve des mots bretons, mais un bien plus grand nombre de francs, d'anglo-saxons et de norois que la langue écrite ne reconnaît pas. Exemples : *aingue* pour *aingle*, hameçon (v.-h.-all. *angul*); *bédière*, lit (v.-nor. *bed*); *bur*, demeure (v.-h.-all. *bûr*); *clanche*, loquet (all. *klinke*); *cotin*, cabane (v.-nor. *kot*); *cranche*, malade (all. *krank*); *dale*, vallée (v.-nor. *dal*); *drugir*, courir çà et là (v.-nor. *draugaz, more larvarum circumerrare?*); *esprangner*, briser (v.-h.-all. *sprengan*, nor. *sprengia*); *finer*, trouver (v.-nor. *finna*); *flo*, troupeau (v.-nor. *flockr*); *grimer*, gratter (m.-h.-all. *krimmen*); *haule*, fosse (v.-h.-all. *hol*); *heri*, lièvre (v.-nor. *héri*); *hogue*, colline (*haugr*); *hut*, bonnet (v.-h.-all. *huot*); *lague*, manière (angl.-sax. *lag*, loi); *lider*, glisser (angl.-sax. *glîdan*); *napin*, enfant (v.-nor. *knappi*); *naqueter*, claquer des dents (v.-nor. *gnacka*); *guenettes*, dents (v.-nor. *kinn*, mâchoire); *vatre*, mare (angl. *water*), etc. Voy. du Méril, *Dict. normand*, LXXXVI.

Dans une partie de l'ancienne Rhétie, actuellement le canton des Grisons, vit encore une langue romane qui, tout en se rapprochant par certains points soit de l'italien, soit du provençal ou du français, porte dans toute sa structure un cachet particulier. Cette partie de la Rhétie était appelée par les Allemands au moyen-âge Chure-Wala, d'où le nom allemand *Churwelsch* pour désigner ce dialecte. Ce nom est plus limitatif et plus modeste que celui de *rhétoroman*, composé qui n'est usité nulle part; dans le pays même la langue s'appelle *roumanche* = prov. *romans*. Nous ne pouvons, malgré toutes les réclamations contraires, la mettre à côté des six langues romanes littéraires comme une sœur égale en droits, d'abord parce que, troublée par des influences étrangères, elle n'a pu arriver à une complète originalité [1], ensuite et surtout parce que sur son sol il ne s'est pas développé de langue littéraire, car on n'écrit et on ne parle que dans les dialectes et d'après une orthographe arbitraire. Il n'y a pas ici un idiome cultivé et poli, qui n'était pas nécessaire, il est vrai, à un petit peuple alpestre; ce qui est regardé comme la langue écrite va de pair avec les dialectes et change avec eux. Le plus ancien monument de cette langue est une traduction du Nouveau-Testament de l'an 1560, réimprimée en 1607 (voy. des citations dans Carisch, *Formenlehre*, p. 175-184). Les dialectes principaux sont au nombre de deux : celui du pays *d'en-haut* aux sources du Rhin; et aux sources de l'Inn, le *dialecte d'Engadin*, qui s'appelle aussi *ladin*, latin. Mais ceux-ci se divisent à leur

---

[1] C'est ce que remarque Aug. Fuchs, qui en a très-soigneusement analysé la structure.

tour en dialectes secondaires, par exemple le *ladin* en *haut* et *bas ladin* (voy. Carisch, *Dictionnaire*, p. xxv et suiv.; *Formenlehre*, p. 118 et suiv.; Bœttiger, *Rhätoromanska språkets dialekter*, Upsala, 1853; Mitterrutzner, *Die Rhätoladinischen Dialecte in Tyrol*. Brixen, 1856). — Andeer a traité dans son livre (*De l'origine et de l'Histoire de la langue rhéto-romane*, Chur, 1862) toutes les questions les plus importantes qui se rattachent à ce domaine. Il y a donné une liste bibliographique de 176 ouvrages écrits en cette langue. — Nous ne parlerons ici que des lois de mutation, qui, tout en n'étant pas régulièrement observées, ont cependant pénétré un peu profondément dans la langue [1]. A devant *l* ou *n* devient souvent *au* (lat. *calidus*, roum. *cauld*, *angelus* = *aungel*), et dans d'autres cas *o* (*anima* = *olma*, *clamo* = *clomm*); dans le ladin il peut s'affaiblir en *ü* (*faba*, *fäv*, *vanitas* = *vanität*, *laudare* = *lodär*). *E* se diphthongue en *ie* ou *ia* dans le haut roum. (*ferrum* = *fier*, *terra* = *tiara*). *A, e* et *i*, dans le même dialecte, deviennent aussi *ai*, en ladin *ei* (*honorabilis* = *hundraivel*, *hundreivel*; *plenus* = *plain*, *plein*; *piper* = *paiver*, *peiver*). *O*, quand il ne persiste pas, devient en haut roum. soit *u* (*bonus* = *bun*, *pons* = *punt*, *corona* = *corunna*), soit *ie*, ou en ladin *ö* (*oleum* = *ieli*, *öli*; *nobilis* = *niebel*, *nöbel*). *U* long (rarement *u* bref) donne en ladin *u* prononcé à la française, qui s'atténue en *i* dans le haut roum. (*durus* = *dur*, *dirr*; *justus* = *just*, *gist*). *O* et *u* se diphthonguent souvent en ladin en *uo* (*forma* = *fuorma*, *curtus* = *cuort*). *Au* donne en haut roum. *au*, en ladin *ó* (*fraudem* = *fraud*, *frôd*). Les voyelles finales sont traitées comme en provençal ou en haut italien (*casa, facil, amar, amig*). L'incertitude des voyelles atones à la première syllabe dépasse toute mesure et n'est égalée dans aucun autre dialecte roman : *pavo* = *pivun*, *papyrus* = *pupir*, *tenere* = *taner*, *peccatum* = *puccau*, *servitium* = *survetsch*, *timere* = *tumer*, *infans* = *uffont*, *portare* = *purtar*, *junix* = *gianitscha*, *laudare* = *ludar*. Il faut noter la prédilection marquée pour l'*u*. — Pour ce qui regarde les consonnes, *al* se résout, en haut roumanche, en *au*, en ladin en *ó* (*alter* = *auter*, *óter*). *L* et *n* mouillées se produisent de la même manière que dans les autres langues et se rendent par *lg*, *ng*, ou bien *gl*, *gn*. *S* ini-

---

[1]. Les autres caractères de cet idiome seront étudiés dans la *Grammaire*.

tiale devant une consonne se prononce *ch*. *Ti* se partage entre plusieurs formes (*palatium* = *palaz*, *credenza* = *cardienscha*, *rationem* = *raschun, radschun*). *C* devant *a, o, u*, se comporte en haut roum. à peu près comme en italien ; cependant il y prend quelquefois, et toujours en ladin, un son écrasé qu'on exprime par *ch, chi,* et souvent aussi par *tg* (lat. *calor, caballus, peccatum, caput, canis, corpus, corium, cuna*; h. roum. *calur, cavaigl, puccau, cheau, chiaun, chierp, chir, chiuna*; lad. *chalur, chavaigl, perchà, cheu, chaun, chierp, chör, chunna*). Devant *e* et *i, c* se prononce à peu près comme *tz*, surtout en ladin (*celebrar, facil*); ou comme *tch*, auquel cas il s'écrit *tsch* (*coelum* = *tschiel, facies* = *fatscha*) ; ou encore comme *ch* (*sch*), son qui rend aussi le latin *sce, sci* (*tacere* = *tascher, decem* = *diesch, nasci* = *nascher*). *Ct* en haut roum. donne *g*, écrit aussi *ig* ou *tg* (*lectus* = *lég, noctem* = *noig*), en ladin *tt* (*lett, nott*). Il y a deux *g*, le *g* guttural des autres langues, et un *g* plus doux, exprimé ordinairement par *gi* et souvent par *tg* à la fin des mots. Devant *a, o, u*, il conserve d'habitude le son guttural en haut roum. (*gallina* = *gaglina*, mais *ligare* = *ligiar*) ; en ladin il prend le son doux au moins devant *a* (*giallina*, etc.); devant *e* et *i* il conserve souvent aussi la prononciation gutturale (*aungel, fugir*); mais il y a beaucoup de mots où on le rend sifflant (*gener* = *schiender, ingenium* = *inschin, pungere* = *punscher*). *J* est généralement remplacé par *gi* (*jejunus* = *giginn*; *jentare* = *giantar*). Les muettes n'offrent rien de remarquable.

Le côté étymologique de cette langue est très-digne d'attention. Les Rhétiens étaient de race étrusque. Sous Auguste leur pays fut conquis par les Romains et soumis à la langue latine. Peu de siècles après, les Alamans occupèrent la partie occidentale, les Bavarois la partie orientale du territoire. A l'ouest la langue romane s'est maintenue; dans l'est (*Vorarlberg*, Tyrol allemand) elle a péri. Des vestiges étrusques se sont conservés dans des noms de lieux, comme l'a récemment montré un philologue (Steub, *Ueber die Urbewohner Rhätiens*, 1843; *Zur Rhätischen Ethnologie*, 1854); quelques substantifs roumanches permettent d'en conjecturer d'autres[1].

---

[1]. Steub donne des exemples de ces mots (*Ethnologie*, p. 46-49). Bien qu'ils soient choisis avec beaucoup de précaution, il s'en est glissé dans le nombre quelques-uns que des langues connues peuvent revendiquer. *Tarna*, par exemple, ver, est l'it. *tarma* = lat. *tarmes*; *tegia*, cabane, est *attegia*; *chamaula*, teigne, semble un composé de *maula*,

L'élément romain s'est beaucoup obscurci, principalement par l'emploi fréquent de la métathèse, ce qui n'ajoute pas peu aux difficultés de l'étymologie : *caula*, par exemple, représente *aquila* ; *damchiar*, *imaginare* ; *diember* = *numerus* ; *diever* = *opera* ; *iamma* = *hebdomas* ; *sdrelar* = *disgelare* (voyez Steub, *Ethnologie*, p. 43 et suiv.). L'élément germanique est assez considérable, mais ne s'est introduit en grande partie, comme l'indiquent les formes, qu'à une époque tardive.

6. DOMAINE VALAQUE.

Au sud-est de l'Europe, sur les deux rives du bas Danube, une nombreuse population parle une langue dont la construction grammaticale aussi bien que la composition lexicologique indique une origine latine[1]. Quelque mêlée et altérée que semble cette langue, le valaque, nous ne pouvons lui refuser une place parmi les langues romanes, en considération de son rang extérieur (puisqu'elle est la langue officielle, liturgique et littéraire de la contrée où elle se parle) et aussi des traits archaïques qu'elle a conservés.

Le nom de Valaque est étranger (serbe *Wla*, hongrois *Oláh*), et très-probablement d'origine germanique, signifiant la même chose que *velche* (*wälsch*[2]) : les Valaques eux-mêmes se nomment Romains, *Romuni*, et leur langue, romaine, *romunie*. Le domaine actuel de cette langue comprend la Valachie et la Moldavie, une grande partie de la Transylvanie, et quelques parcelles de la Hongrie et de la Bessarabie ; mais on l'entend aussi

---

chenille, qui rappelle le goth. *malô*. Ce serait un travail utile de trier avec soin tout ce qui est allemand ou latin, pour arriver à bien toucher le pur noyau rhétique.

1. Adelung, dans le second volume du *Mithridates*, donne encore au valaque une place à part sous la rubrique de langue *romano-slave*. Vater, dans le quatrième volume, le rattache aux langues romanes, ce qui est aussi l'opinion de Raynouard (*Choix*, VI, 68). Rapp (*Grammaire*, II, 157) cherche au contraire à le détacher de la famille romane. Mais quel est son motif ? « Nous ne comprenons sous le nom de langues romanes, dit-il, que celles qui offrent un mélange d'éléments romains et germaniques. » Qu'on retire de l'espagnol, par exemple, l'élément germanique, ce n'en sera pas moins une langue romane.

2. Voy. Schmeller, *Baier. Wb.* IV, 70 ; J. Grimm, dans la *Zeitschrift für Geschichte* (III, 257) de Schmidt ; Pott, *Allgem. Monatschrift für Litter.* 1852, p. 943 ; mais aussi Diefenbach, *Zeitschrift für vergleich. Sprachf.* XI, 283.

dans une vaste étendue sur la rive droite du Danube, dans les anciennes provinces de Thrace et de Macédoine, jusqu'en Thessalie[1]. Le tout se divise en deux grands dialectes, celui du nord et celui du sud, autrement appelés daco-roman et macédo-roman. Le premier passe pour être moins mélangé, et est littérairement plus développé ; le second a reçu plus d'éléments étrangers, particulièrement albanais, et surtout beaucoup plus de grecs, mais moins de slaves, et est resté à l'état de patois[2]. Nous ne comprendrons que le premier sous le nom de *valaque*. Là, comme en italien, l'étymologie rencontre de grandes difficultés ; des langues appartenant aux familles les plus diverses, connues ou inconnues, se sont trouvées réunies ou se sont succédé dans les provinces moldo-valaque ; et cependant, à en juger par le dictionnaire que nous possédons, l'idiome daco-roman est resté pauvre.

La plus ancienne population de la Dacie était d'origine thrace, et parlait, d'après l'opinion généralement admise, une langue voisine de l'ancien illyrien ; les habitants de la Dacie orientale étaient les Gètes, ceux de la partie occidentale les Daces proprement dits. Après la conquête de l'Illyrie (219 av. J.-C.) et de la Mésie (30 av. J.-C.) par les Romains, l'empereur Trajan réduisit aussi, en l'an 107 de notre ère, la Dacie en province romaine. « Trajanus, victa Dacia, ex toto orbe ro-
» mano infinitas eo copias hominum transtulerat ad agros et
» urbes colendas » (Eutrope, VIII, 3). Mais déjà auparavant la population thrace presque entière avait été obligée de reculer devant l'invasion des Jazyges, population sarmate qui venait de l'Orient (voy. Niebuhr, *Kleine Schriften*, I, 376, 393). Les colonies qu'on transporta depuis la conquête contribuèrent puissamment à en romaniser les anciens habitants[3] ; mais elles ne purent cependant les pénétrer aussi profondément que les contrées de l'Europe occidentale : car, déjà cent cinquante ans environ après la réunion de la Dacie, l'empereur Aurélien fut contraint de céder cette province aux Goths (272). A cette époque on transporta en Mésie une partie des habitants. Vers la fin du

---

1. En outre, il existe au nord-est de l'Istrie, dans la vallée de l'Arsa, une peuplade de race valaque, qui se réclame de son origine. — Miklosich a étudié l'histoire et la langue de cette peuplade dans un appendice à son livre sur les *Éléments slaves du valaque*.
2. Sur les causes de ce fait, voy. Albert Schott, *Wal. Mæhrchen*, p. 48.
3. Le séjour des armées romaines a laissé en valaque quelques traces curieuses ; ainsi l'idée de *vieux* a été rendue par *veteranus* (bętrŭn) ; *compagnon* se dit *fartat*, qui vient, à ce que je crois, de *foederatus*.

vᵉ siècle (489), les Bulgares, peuple tartare, assimilé plus tard aux Slaves, commencent leurs incursions en Thrace et en Mésie, ils y trouvent déjà des colonies slaves ; quatre-vingts ans plus tard, il y a en Macédoine une province slave, la Slavinie, et le domaine valaque finit par être entouré ou occupé par des peuples de cette race. Ces renseignements historiques sont essentiellement tirés d'un article de Kopitar dans les *Wiener Jahrb.* n° 46. Cf. aussi l'introduction qu'a mise Albert Schott en tête des *Contes valaques* qu'il a publiés avec Arthur Schott (Stuttgard et Tubingue, 1845). — Miklosich (*Die Slavischen Elemente im Rumunischen*, Vienne, 1861) expose les faits de la manière suivante : Les colons romains, qui n'étaient point de purs Romains, mais qui venaient de tous les coins du monde, se fondirent avec les Daces de la rive droite du Danube, et avec les Gètes (en Mésie). Les *Romuni* des ivᵉ et vᵉ siècles ne doivent donc être considérés que comme des Daces et des Gètes romanisés. A ce mélange de l'élément autochthone et de l'élément romain, s'adjoignit, vers le vıᵉ siècle, l'élément slave, notamment le slovène. Il est vraisemblable que les *Romuni* de la rive droite du Danube furent poussés par les Slovènes vers le nord, où ils sont encore aujourd'hui. C'est alors aussi, sans doute, qu'ils s'établirent dans le sud (Macédoine). A quelle famille appartenait cet idiome gète ou dace qui s'est combiné à l'idiome romain? Nous l'ignorons, faute de monuments. Cependant on peut inférer, de certains caractères propres au valaque, que cet idiome était essentiellement identique avec la langue des Albanais, descendants des Illyriens anciens, qu'on peut considérer comme les parents des Thraces [1].

Cet immense mélange de peuples se reflète à merveille dans la plus orientale des branches sorties de la *lingua rustica*. C'est à peine si la moitié de ses éléments est restée latine. On pourrait croire trouver dans cette langue, qui n'a eu presque aucun contact avec ses sœurs et s'est développée sans leur influence, un certain nombre de mots latins qui leur sont inconnus ; mais on se tromperait : le nombre de ces mots est relativement minime : *adauge* (*adaugere*), *cadę* (*cadus*, gr. κάδος, et aussi slav. hongr. *kad*), *gianę* (*gena*), *hanu* (*fanum*), *linge*

---

[1]. Dans un récent et profond travail sur ce point si délicat, R. Rœsler (*Dacier und Romænen*, Vienne, 1866) révoque en doute la parenté des Illyriens et des Thraces, et par suite aussi celle des Daces et des Albanais ; il explique l'identité de certaines particularités linguistiques par des emprunts d'un peuple à l'autre.

(*lingere*), *ninge* (*ningere*), *nunte* (*nuptus*), *rude* subst.
(*rudis*, illyr. *rud*), *sau* (*seu*), *ud* (*udus*), *vitrég* (*vitricus*),
vorbe (*verbum*), et quelques autres. Au contraire, on y cherche
en vain beaucoup des mots les plus usités, des substantifs comme
pater, mater, cor, pes, vita, vox; des adjectifs comme *brevis,
durus, dignus, firmus, levis, paucus, solus, verus;* des
verbes comme *amare, debere, mittere* (seulement dans des
composés), *solere, sperare*, etc. Les radicaux de la moitié non
latine doivent se rattacher au slave, à l'albanais, au grec, au
turc, au hongrois, à l'allemand, et à d'autres langues encore[1].
La lettre B du Dictionnaire d'Ofen ne compte pas plus de quarante-deux mots latins contre cent cinq étrangers: mais la
disproportion n'est pas si forte dans les autres lettres. Un
examen attentif des éléments étrangers prouve que, malgré les
prétentions des grammairiens valaques à la pureté de l'origine
de leur langue, l'élément slave est celui qui domine. Déduction
faite de quelques noms propres, de plusieurs mots qui ne sont
évidemment pas d'origine slave, ou qui sont douteux, il ne
reste pas (dans cette lettre B), d'après Miklosich, moins de
cinquante mots qui se retrouvent en slave. De ce nombre sont :
babe, mère (serbe *bába*); *bale*, salive (*bale*); *bálege*, fumier
(*bálega*); *basne*, fable (slov. *basn'*); *basta*, père (bulg. m. m.);
besca, spécialement (serbe *báska*); *besne*, obscurité (russe
bezdna, abîme); *blasne*, gâchis, ouvrage mal fait (serbe *blèsan*, imbécile); *blid*, écuelle (v.-slov. *bljodo*); *boale*, maladie
(serbe *ból*, douleur); *boarte*, arbre creux (russ. *bort'*), *bob*, fève
(serbe *bob*); *bojariu*, gentilhomme (*boljâr*, de *bòlji*, meilleur);
bogát, riche (*bògat*); *brasde*, sillon (serbe *brazda*); *brod*, gué
(*bród*); *bujac*, impétueux (*bújan*, orageux). En albanais on
retrouve: *balte*, bourbier (*baljte*); *beleà*, calamité (*beljà*, accident; cf. serbe *bèlâj* m. s.); *becan*, épicier (alb. turc serbe *bakal*); *bizui*, confier (*bessóig*, croire); *brad*, sapin (*breth*);
briciu, rasoir (*brisk*, serbe *brîjâć*); *broasce*, crapaud (*breshe*,
tortue); *bucurà*, se réjouir (*bukuróig*, embellir); *buze*, lèvre
(alb. même mot). Les mots suivants se retrouvent en hongrois :
bálmoś, gâteau de farine (*bálmos*); *baraboju*, corbeille
(*barabolj*); *bence*, cailloux (*beka kö*); *benui*, regretter (*bánni*); *betég*, malade (m. m.); *bicáo*, fer à cheval (*ló békó*); *biréu*,
juge (*biró*); *birui*, vaincre, posséder (*birni*); *boboane*, sor-

---

1. Pour l'élément slave, voir le livre précité de Miklosich; Rosler a réuni (Vienne, 1865) les éléments grecs et turcs.

cellerie (*babo nasag*); *boi*, combat (*baj*); *boncęi*, rugir (*bógni*); *bórzos*, hérissé (*borzas*); *bucni*, pousser (*bókni*); *bunda*, peau de bête (*bunda*, originairement allemand); *burujánę*, gueule-de-lion (*burián*, mauvaise herbe) ; *busdugán*, massue, casse-tête (*buzogany*). Mais avec une langue aussi singulièrement mélangée on ne peut affirmer qu'ils en viennent ; plus d'un peut aussi se rattacher au slave. L'élément grec est plus fortement représenté que dans les autres langues, même l'italien ; nous prenons des exemples dans toutes les lettres : *afurisi*, excommunier (ἀφορίζειν, séparer); *argát*, valet (ἐργάτης, serbe *argatin*); *ateu*, impie (ἄθεος); *ázim*, sans levain (ἄζυμος); *bętęleu*, homme efféminé (βάταλος); *biós*, riche (πλούσιος? grec moderne); *bosconi*, ensorceler (βασκαίνειν); *camętę*, intérêts (κάματος, travail); *cęlúgęr*, moine (καλὸς γέρων, beau, c'est-à-dire *cher vieillard*, alb. *calojér*); *cęręmidę*, tuile (κεραμίς); *chivot*, armoire (κιβωτός); *colibę*, cabane (καλύβη); *crin*, lis (κρίνον); *dáscal*, maître (διδάσκαλος); *dęcę*, colère (δίκη?); *drom*, chemin (δρόμος) ; *eftin*, à bon marché (εὐτελής); *fármecę*, enchantement (φάρμακον); *fléurę*, bavard (φλύαρος); *hainę*, vêtement (χλαίνη?); *halęu*, fflet, Lex. Bud. (ἁλιεύειν, pêcher); *hęręzi*, donner, faire cadeau (χαρίζεσθαι); *icoanę*, image (εἰκών); *lipsę*, manque (λεῖψις); *mac*, pavot (μηκών); *męrturisi*, témoigner (μαρτυρεῖν) ; *miel*, brebis (dont la rencontre avec l'homérique μῆλον doit cependant plutôt être fortuite); *plasmę*, créature (πλάσμα); *procopsi*, faire des progrès (προκόπτειν); *prónie*, prévoyance (πρόνοια); *scafę*, vase à boire, plateau de balance (σκάφη); *seatrę*, tente (ἐξέδρα); *truf*ie, orgueil (τρυφή); *zeamę*, sauce (ζέμα); *zugráv*, peintre (ζωγράφος). Il est vrai qu'une partie de ces mots existent aussi dans des dialectes slaves.—L'élément germanique est insignifiant, malgré le contact des Goths ; une partie des mots qui le composent a même été introduite médiatement, par les Hongrois et les Slaves des pays voisins ; une autre ne l'a été que dans les temps modernes, par la Transylvanie et l'Autriche. Il est vrai qu'en pareil cas, ce qui est décisif, c'est le fait de la possession, et non la manière dont on l'a acquise. Voici à peu près les exemples les plus importants : *banaę*, troupe (s'accorde, il est vrai, avec l'all. *bande*, mais aussi avec le hongr. *banda*) ; *gard*, haie (avec le goth. *gards*, all. *garten*, mais aussi avec l'alb. *gardę*); *groapę*, fosse, pourrait être le goth. *gróba*, mais ressemble plus à l'alb. *gropę*; *ladę*, coffre, all. *lade*, est aussi illyr. slav. hongr.; *lec* médecine, *lecui*, guérir, goth. *lékinón*, slovène *ljekovatisz* : c'est un mot auquel le germanique et le slave ont une part égale ; *sticle*, verre comme matière, slovène *styklo* m. s., gothique *stikls* coupe, qu'on ne sait auquel rapporter du slave ou de l'allemand : *sterc, strece*, cigogne, bulg. *struk* : selon Miklosich il est très-improbable que ce mot vienne de l'allemand ; *vardeati*, garder, goth. *vardjan*, v.-h.-allemand *warten*, slovène mod. *vardeti*, bulg. *vardi*; d'origine allemande, d'après Miklosich. La ressemblance de *pad*, lit, avec le goth. *bâdi* est frappante; mais on doit aussi rapprocher le hongrois *pad*, banc : de même *pilde*, modèle, rappelle le v.-h.-allemand *pildi*, mais aussi le hongr. illyr. *pelda*. Barde, hache (v.-h.-all. *barta*); *bordeaiu* cabane (all. *bord*); *dost*, nom d'une plante (v.-h.-all. *dosto*, all. mod. *dost*, origan); *latz* (all. *latte*); *steange*, perche (all. *stange*, perche); *toane*, tonne (all. *tonne*), paraissent libres de tous rapports avec d'autres langues que l'allemand. Plusieurs autres, comme *bregle*, bride ; *darde*, flèche ; *isbendi*, venger ; *nastur* (nœuds); *sale*, salle, viennent sans doute immédiatement de l'italien *briglia, dardo, sbandire, nastro, sala*. D'autres encore, comme *bruncrutz, ciuber, dantz, drot, grof, hähele, harfe, mulde, obsit, plef, sine, sonce, sure, surtze, troace*, semblent avoir pour source l'allemand moderne (souvent prononcé à l'autrichienne) : *brunnenkresse*, cresson ; *zuber*, cuveau ; *tanz*, danse ; *draht*, fil ; *graf*, comte ; *hechel*, séran ; *harfe*, harpe ; *mulde*, jatte ; *abschied*, congé ; *blech*, plaque ; *schiene*, bande ; *schinken (schunken)*, jambon ; *scheuer*, grange ; *schürze*, tablier ; *trog*, huche. — Dans des circonstances favorables, une langue peut quelquefois subir le mélange le plus fort sans y perdre son caractère ; mais le valaque n'était pas bien arrivé encore pour ainsi parler à la pleine possession et à la conscience de lui-même, quand il commença d'être pénétré par les éléments étrangers. Les principes de l'assimilation lui faisaient encore défaut : l'admission trop littérale des mots étrangers en est la preuve ; des sons purement slaves, des groupes même de lettres comme *ml* et *mr* initiaux, furent accueillis sans changement.

La littérature daco-romane commence à la fin du xv⁰ siècle. Du moins il a paru à Jassy en 1856 un long *Fragment istorik in vechea limbe romene, din 1495*, réimprimé dans la *Revista romana*, vol. I, Bucharest, 1861, p. 547, 574. Un autre document de l'année 1436, également publié, est regardé comme faux dans ce dernier ouvrage. Jusqu'alors, on avait placé la naissance de la littérature (qui n'était guère qu'ecclésiastique) à l'année

1580. Le prince de Transilvanie Rakoczy ordonna le premier (1643) aux Valaques de prêcher la parole de Dieu dans leur langue. Dans ces derniers temps, il a paru des ouvrages scientifiques et poétiques en valaque. Plusieurs écrivains se sont occupés de leur langue; cependant il manque encore un bon dictionnaire dont le valaque serait l'objet principal et le point de départ. Le *Lexicon valachico-latino-hungarico-germanicum* (*Budae*, 1825), œuvre de plusieurs mains, est, jusqu'à présent, le plus complet, sinon le plus exact. Si on possédait des chartes (slaves, bien entendu) écrites en Valachie au moyen âge, elles permettraient, ne fût-ce qu'au moyen des noms propres, de pousser plus haut l'histoire de la langue et d'éclairer bien des faits inexpliqués. La science ressent vivement cette lacune.

LIVRE I.

PHONÉTIQUE.

LIVRE I.

PHONÉTIQUE.

Nous divisons ce premier livre en trois sections. La *première*, partant des langues mères, étudie le sort de leurs lettres dans les langues dérivées : la *seconde*, remontant de ces langues dérivées (considérées comme organismes complets) à leur origine, expose le rapport étymologique de leurs sons. A vrai dire il n'y a qu'une langue base et source de toutes les langues romanes : c'est le latin. Mais, comme nous l'avons vu, il y a encore, dans le domaine roman, un élément étranger qui n'est pas sans importance, et qui a subi en roman une transformation propre : aussi est-il nécessaire, après avoir étudié les lettres latines, de passer en revue les lettres étrangères. La seule langue étrangère qui ait exercé par son vocabulaire une influence notable sur le roman est celle des Germains dans ses différents dialectes. Aussi peut-on dresser un tableau complet des lois qui ont présidé à cette action, comme nous le verrons ci-dessous. L'influence de l'arabe (sans importance pour le domaine roman envisagé dans son ensemble) est considérable dans les langues du sud-ouest de l'Europe, et ici encore on peut décrire avec exactitude les règles de transformation. Quant à ce qui concerne les autres langues dont l'influence ne s'exerce que sur une province isolée de ce vaste domaine, l'assimilation de l'élément slave par le valaque pourrait aussi se ramener à des lois définies ; mais cette dernière langue inspire jusqu'à présent moins d'intérêt que ses sœurs, et il serait peu utile de traiter ce sujet en détail : il suffira d'en noter les faits importants dans le chapitre consacré à l'étude des lettres valaques. Quant aux éléments celtiques et ibériques, trop clair-semés pour donner lieu à une étude systématique, nous nous bornerons à des observations isolées. L'élément grec, presque insignifiant, comme on l'a vu ci-dessus, peut être joint au latin. — Ces deux premières sections, qui se complètent et se déterminent mutuellement, sont suivies d'une *troisième* section consacrée à l'étude de la prosodie.

SECTION I.

LETTRES DES LANGUES MÈRES.

LETTRES LATINES.

Avant d'aborder l'étude des questions que soulève le rapport des lettres latines aux lettres des langues dérivées, il faut insister sur une division importante déterminée par le temps, et qui sépare l'élément latin en deux classes. La première, de beaucoup la plus importante, comprend tous les mots que le peuple a formés de la langue originaire, d'après des lois d'autant plus sûres qu'elles étaient inconscientes. La deuxième classe se compose de tous les mots introduits plusieurs siècles après, et de nos jours encore, par les lettrés avec une exactitude littérale, et sans aucun souci de ces lois fondamentales. On peut comparer les mots de la première classe aux créations de la nature, les mots de la seconde aux créations de l'art. Nous insisterons souvent encore dans le cours de cette grammaire sur cette division caractéristique. On peut citer comme exemples de la première classe l'it. *cagione, cosa, dottare,* l'esp. *caudal, palabra, velar,* le fr. *acheter, façon, frêle, employer*; comme exemples de la seconde l'ital. *occasione, causa, dubitare,* l'esp. *capital, parabola, vigilar,* le franç. *accepter, faction, fragile, impliquer.* Ce procédé devait nécessairement amener l'existence de beaucoup de mots latins sous une double forme dans les langues dérivées; et les exemples que nous venons de citer ont été choisis dans cette catégorie [1].

---

[1]. Il serait à désirer que nous eussions pour chaque langue romane une liste aussi complète de ces mots à double forme que celle que nous possédons pour le français dans le *Dictionnaire des Doublets ou doubles formes de la langue française,* par Auguste Brachet. Paris, 1868. Cette excellente monographie peut apprendre combien un tel sujet est fécond pour l'étymologie et pour la grammaire. Il est vrai que le français était plus propre que toute autre langue romane à fournir de pareils résultats.

Cette division des mots en deux classes, d'après leur origine, est particulièrement importante pour le français : d'une part en effet cette langue est celle qui a perdu le plus grand nombre de mots latins qu'elle a été obligée de remplacer ensuite en recourant de nouveau à la source commune; d'autre part c'est celle où la différence de forme entre les mots anciens et les mots nouveaux est le plus tranchée et appelle le plus une explication. Aussi les grammairiens français de nos jours insistent-ils avec raison sur cette division des deux couches de mots. Ils nomment les mots de la première classe *mots populaires*, ceux de la seconde *mots savants*[1]. Ils reconnaissent les premiers à trois caractères distinctifs : l'observation exacte de l'accentuation latine, la suppression de la voyelle brève atone, la chute de la consonne médiane. Voyez spécialement Brachet, *Grammaire historique de la langue française*, p. 71 et suivantes. De ces trois règles de formation, la première sera étudiée dans notre troisième section; nous parlerons de la seconde, à propos des voyelles atones, dans la présente section; la troisième règle trouvera son application à chacune des consonnes. Tous les mots qui n'observent pas ces trois règles se caractérisent par cela même comme rentrant dans l'élément savant.

VOYELLES.

Leur importance en roman dépend principalement de l'accent : la voyelle sur laquelle il repose forme le centre, l'âme du mot; le génie de la langue s'est imposé ici, dans ses créations, une règle précise, tandis qu'il se permet des changements beaucoup plus arbitraires avec les voyelles non accentuées (ou atones). Ces deux catégories ont eu pour lui la valeur de deux éléments spécifiquement distincts. Aussi est-il nécessaire de les étudier séparément.

---

[1]. A. W. Schlegel avait déjà employé, au moins pour les doubles formes, l'expression de *mots populaires* et de *mots savants*. Les Espagnols distinguent aussi les *voces populares* des *voces eruditas*. Je les ai moi-même caractérisées autrefois par le nom d'élément ancien ou populaire, et par celui d'élément moderne.

I. VOYELLES ACCENTUÉES.

Les voyelles accentuées exigent, étant de beaucoup les plus importantes, une étude très-minutieuse. Il faut y établir une seconde division fondée sur la quantité, et qui les distingue en longues et en brèves; une catégorie à part doit être ouverte pour celles qui sont longues par position. Il n'y a que l'*a* auquel ne s'applique point cette division.

Les dérogations aux règles générales du roman sont si fortes en français, qu'il eût été plus commode d'étudier cette langue à part. Cependant comme cette grammaire est une grammaire comparée, et qu'en plusieurs points importants la langue française donne la main à ses sœurs, il est plus sage de ne point opérer cette séparation.

A.

Cette voyelle s'est maintenue intacte en italien, en espagnol, en portugais et en provençal. Cependant on ne peut nier qu'il existe quelques exemples d'affaiblissement en *ai* ou *e*. L'it. *melo* du substantif *mālus* semble être une forme différentiative amenée par *malo* de l'adjectif *mălus* (que la prosodie ne distinguait plus de *mālus*), et n'a sans doute aucun rapport avec le grec μῆλον. Le suffixe italien *évole* s'est de même formé du lat. *abilis* par la conversion au suffixe *ebilis* ou *ibilis*, *lodevole* = *fievole*. *Treggia* de *trahea* est un autre exemple. *Notare* présente un exemple du changement de *a* en *o* (voy. le *Dictionnaire étymologique*). — On peut citer pour l'espagnol *alerce* de *larix*; pour le portugais *fome* de *fames*; pour le provençal *menjar* à côté de *manjar*; *aigua*, *aiga* tandis qu'on ne rencontre point *agua* (de *aqua*) doit étonner. Quant aux autres exemples provençaux, ils ne se rencontrent que dans des syllabes atones: *aigrament*, *aimansa*, *aiguilleta*, *escaimel*, *maigreza*. Cf. *au* de *o* dans la même position (*aulen* de *olens*). *Greve*, de *gravis*, forme générale en roman, est peut-être né, par une sorte d'analogie, sous l'influence du pendant *leve*. La forme, générale aussi en roman, *gettare* vient plutôt de *ejectare* que de *jactare*. Cf. *Dictionn. Etymolog.* I. — Le cas le plus fréquent et le plus important est celui où *a* (par l'influence d'un *e* ou d'un *i* qui s'attache à lui) devient, suivant les langues, tantôt *ai*, tantôt *ei*, tantôt *e* et *ie* : pr. *air*, esp. *aire* de *aer*; pr. *primairan* (mais seulement *primer*, *primier*), pg. *primeiro*, esp. *primero*, it. *primiero* de *primarius* ; pr. *esclairar* à côté de *esclariar*; pr. *bais*, pg. *beijo*, pr. *beso*, esp. *basium*; pr. *fait*, pg. *feito*, esp. *hecho* de *factus*; par la résolution du *c* en *i*. Il est douteux que dans *allegro* de *alacer*, l'*e* de la dernière syllabe ait agi de même sur la forme de la tonique. Dans it. *ciriegia*, esp. *cereza*, pr. *serisia*, de *cerasum*, *ceraseum*, la forme provençale s'oppose à l'hypothèse d'une semblable influence.

La déviation de la voyelle pure est un peu plus forte en valaque. D'ordinaire elle reste intacte, aussi bien devant les consonnes simples que devant les consonnes composées, par exemple : *acu*, *amar* (*amarus*), *apę* (*aqua*), *aramę*, (*aeramen*), *asin*, *bratz* (*brachium*), *cad* (*cado*), *cap* (*caput*), *casę*, *chiar* (*clarus*), *fac* (*facio*), *fag* (*fagus*), *lat* (*latus* adj.), *mare*, *nas*, *pace* (*pax*), *plac* (*placeo*), *rad* (*rado*), *ramurę* (*ramus*), *rar*, *sare* (*sal*), *scarę* (*scala*), *trag* (*traho*), *tramę* (*trama*), *vacę* (*vacca*); *ambi*, *arbore*, *ard* (*ardeo*), *armę* (*arma*), *aspru*, *barbę*, *calc* (*calco*), *cald*, *carne*, *carte*, *gras* (*grassus*), *lampę* (*lampas*), *lapte* (*lac*), *larg*, *larvę*, *las* (*laxo*), *margine*, *nasc* (*nascor*), *palmę*, *parte*, *salce* (*salix*) et beaucoup d'autres. Les exceptions sont par-exemple *innot* (*nato*, *-as*), *lotru* (*latro*, *-onis* Lex. bud.), *pelutę* (*palatium*, hongrois *palota*), la plupart devant *m* comme *chem* (*clamo*), *defęim* (*diffamo*), *foame* (*fames*), *cųmp* (*campus*), *umblà* (*ambulare*). Devant *n*, c'est une règle que l'*a* se change en *ų* sourd : que l'*n* soit suivie d'une voyelle ou d'une consonne, ou qu'elle soit elle-même finale, cela ne change absolument rien. Exemples : *cųine* (*canis*), *cųnepę* (*cannabis*), *lųnę* (*lana*), *mųnece* (*manica*), *romųn* (*romanus*); *blųnd* (*blandus*), *frųng* (*frango*), *mųnc* (*manduco*), *pųntece* (*pantex*), *sųnge* (*sanguis*); on en trouvera dans la deuxième section des exemples plus nombreux. *A* persiste dans un petit nombre de mots comme *an* (*annus*), *lance* (*lancea*), *plantę*, *sant* (*sanctus*); il se change en d'autres voyelles dans : *gręu* (*granum*), *stręin* (*extraneus*), *ghindę* (*glans*), *inimę* (*anima*), *alunę* (*avellana*), *unghiu* (*angulus*).

C'est en français que cette voyelle a le plus souffert; le son pur de l'*a* s'est très-fréquemment assourdi en *ai*, *e*, *ie*[1]. On doit

---

1. Nous pourrions (remarque Delius, *Jahrbuch*, I, 354), rétablir plus exactement la série de permutation, en disant que *a* est d'abord

avant tout mettre à part le changement général en roman, changement dont nous venons de dire un mot, et qui consiste dans l'assourdissement de l'*a* par l'influence d'un *i* subséquent comme dans *air, premier, baiser, fait*. Les transformations de l'*a* sont multiples; on peut cependant y saisir quelques règles : 1) *a* reste intact en position latine, et en position romane, même quand elle n'existe plus dans la forme présente : a) cas de position latine : *cheval, val, pâle (pallidus), haut (altus), flamme, lampe, change (cambio), an, pan (pannus), van, plante, grand, mange (manduco), lance, balance, sang, chanvre, char, charme (carmen), art, part, lard, charge (carrico), large, barbe, arbre, casse (quasso), gras, las, pas, pâques (pascha), âpre, louvat* (it. *lupatto), natte (matta), bats (battuo), quatre (quattuor), sac, vache, lâche (laxus), larme (lacrima), nappe (mappa), achat (adcaptare)*. — b) cas de position romane : *chambre, âme (anima an'ma), manche (man'ca), ancre (anch'ra), charme (carp'nus), diacre (diac'nus), âne, plane (plat'nus), voyage (viat'cum)* et d'autres semblables, *fat (fatuus fatvus), miracle, gouvernail, image (imag'nem), page (pag'na), sade (sap'dus), admirable* et toutes les finales en *able;* de plus, tous les mots avec un *i* palatal comme *mail (malleus maljus), paille, bataille, Espagne, grâce, cuirasse (coriacea), bras, place, ache (apium apjum), sage (sapjus), rage (rabjes), cage (cavja)*. Il n'y a sans doute pas d'autre exception que *chair* (pr. *carn), très*, qu'a précédé d'ailleurs un type roman très-ancien *tras, asperge (asparagus)*. En résumé, la position protège la voyelle *a*, comme elle protège aussi l'*e* et l'*o*. — 2) Devant *m* et *n*, lorsqu'ils ne sont pas suivis d'une consonne, *a* dégénère en *ai : aime, ain (hamus), clain* v.-fr. (*clamare), daim (dama), faim, rain* v.-fr. (*ramus), -ain* dans *airain (aeraramen), essaim (examen), levain (*levamen), demain, (mane), grain, laine, main, nain, pain, plaine, raine* vieilli (*rana), sain, semaine (septimana), vain, -ain* dans *romain, chapelain*. Grâce à une légère altération, le suffixe *ien* pour *iain* dans *chrétien, égyptien, indien, italien, païen*, etc. se dérobe à cette règle, ainsi que *lien* pour *liain (ligamen). Artisan, paysan* sont une exception réelle. *Chien* pour *chain*

devenu *e*, et que dans certains cas (par exemple devant *m, n*, et même devant *r*), cet *e* s'est alourdi dans la diphthongue *ai,* — ou aussi bien, que cette voyelle s'est étayée d'un *i* bref, et s'est diphthonguée avec lui.

est une forme qui étonne, quand on en rapproche *pain* de *panis* et autres semblables. — 3) Devant les autres consonnes simples (si l'on considère les mots dans leur forme la plus primitive), et aussi quand ces consonnes sont suivies de la semi-voyelle *r*, *a* se change habituellement en *e* ouvert (parfois transcrit *ai*), — ou en *e* fermé quand il est final ou devant une consonne muette, comme dans *quel, sel, tel, échelle, pelle* (*pala*), *-el* dans *mortel* et autres semblables, *autel* (*altare*), *amer, cher, chère* (gr. χάρα), *mer, chanter, chantèrent, écolier, régulier, chez* (*casa*), *nez, gré* pour *gret, lé* (*latum*), *pré, vérité, chanté, chef* (*caput*), *achève* (esp. *acabo*), *sève* (*sapa*), *chèvre, fève, lèvre, orfèvre, tref* vieux (*trabs*), *clef, nef, soef* vieux (*suavis*); *aile, clair, pair, vulgaire, aigre, maigre*. Mais il ne manque pas de mots qui devant les consonnes les plus diverses gardent fidèlement la voyelle originaire. Ce sont les suivants : *mal, animal, canal, -al* dans *bestial, égal, loyal, royal*, et d'autres adjectifs ainsi terminés, *avare, car* (*quare*), *rare, cas, rase* (*radere, rasus*), *vase, avocat, état, cigale*, (*cicada*), *lac, estomac, rave* (*rapa*), *entrave* (*trabs*), *cave, grave, lave, cadavre*. Plusieurs de ces mots portent à la vérité l'empreinte moderne, comme *canal* (v.-fr. *chenel*), *avocat* (à côté *avoué*); d'autres ne pouvaient abandonner l'*a* qui servait à empêcher l'homonymie, comme *cas* à côté de *chez, état* à côté de *été, rave* à côté de *rêve, lave* à côté de *lève*; mais pour la plupart des mots, cette excuse n'est pas admissible,

E.

I. 1. Quand il est long, ou quand il est devenu long par la chute d'une consonne (*mensis mēsis*), *e* s'est maintenu ordinairement intact. Dans un petit nombre de cas seulement il se diphthongue, par suite d'une confusion avec *e* bref. Ital. *alena* (*anhēlare*), *rena* (*arēna*), *avena, blasfemia, cedo, celo, cera, credo, creta, devo* (*dēbeo*), *femmina, fievole* (*flēbilis*), *erede* (*herēdem*), *meco* (*mēcum*), *mese, peggio* (*pējus*), *peso* (*pensum pēsum*), *pieno* (*plēnus*), *cheto* (*quiētus*), *rema, rete, sede, seme, sera, seta, sevo* (*sēbum*), *spero, tela, teso* (*tensus*), *tre* (*trēs*), *velo, vena, veneno, prima-vera* (*vēr*), *vero; querela, avere, canneto*, et les autres dérivations en *-ēla, -ēre, -ētum*. Les cas de diphthongaison en *ie* sont *bieta* (*bēta*), *fiera* (*fēria*, s'il n'y a pas attraction de l'*i*), *Siena* (*Sēna*). — Esp. *avena, cera, creo*, *debo, lleno (plēnus), mesa (mensa), mes, quieto, remo, red, semen, sebo, espero, tela, tres, velo, vena, veneno; querella, haber, arboleda (arborētum). Ie* dans *tieso (tensus tēsus).* — En portugais, quand *e* est suivi d'une seconde voyelle, il peut s'allonger en *ei* : *freo freio (frēnum), cheo cheio (plēnus).*— Pr. *alé, avena, ces (census), cera, cre, crei (crēdo), peitz (pējus), ple, quet, le (lēnis), ser, seré (serēnus), esper, tres, veré (venēnum), ver, aver.* — Le français s'écarte beaucoup de cette règle générale en roman. A la vérité, *e* se maintient encore intact dans beaucoup de mots, notamment devant *l*, comme dans : *bette (bēta), blasphème, cautèle, carême (quadragēsima), cède, chandelle, complet, cruelle (crudēlis), femme, fidèle, pèse, querelle, règle, rets, sème (sēmino), espère, étrenne (strēna)*; devant *n* on écrit généralement *ei* : *frein, haleine, plein, veine.* Mais la forme ordinaire est *oi* : *avoine, crois (crēdo), dois (dēbeo), moi (mē), mois, poids* (it. *peso*), *soir, soie, espoir, toile, trois, voile, avoir, courtois (*cortensis), hoir* vieux *(hēres), coi (quietus), voir (vērus).* Dans d'autres mots, la langue s'est décidée pour la forme *ai*, comme dans : *craie (crēta), cannaie (cannētum), taie (thēca).* — Val. *otzet (acētum), trei (trēs), pomet (pomētum*, dans Stamati *pomęt). E a* dans *cearę (cēra), searę (sēra), teacę (thēca), aveà (habēre),* etc.

2. La permutation de *ē* en *i*, bien que commune au roman, est rare en dehors du français. L'italien, par exemple, dit : *Corniglia (Cornēlia), Messina (Messēne,* ou du grec Μεσσήνη, η étant prononcé comme *i), sarracino (saracēnus).* — Esp. *consigo (sēcum), venino* vieux *(venēnum)*; pg. *siso (sensus sēsus).* — Pr. *berbitz (vervēcem), pouzi (pullicēnus), razim (racēmus), sarraci.* — Fr. *brebis, cire (cēra), marquis (marchensis), merci (mercēdem), pris (prensus), poussin, raisin, tapis (tapētum), venin,* v.-fr. *païs (pagense,* aujourd'hui *pays), seïne (sagēna), seri (serēnus).* On retrouve cette propension au changement de *e* en *i* dans le vha. *fîra (fēriae), pîna* (it. *pena), spîsa (spesa).*

II. 1. *E* bref, devant les consonnes simples, passe régulièrement à la diphthongue *ie,* et aussi à *eá* en valaque. Le portugais seul garde la voyelle intacte : dans les autres langues, de nombreux exemples prouvent cette loi de la diphthongaison [1].

---

1. Je conserve cette expression que les grammairiens romans euxmêmes, et déjà dans les *Leys d'Amors*, emploient pour désigner le

Ital. *brieve (brĕvis), dieci (dĕcem), diede (dĕdit), fiele (fĕl), fiero (fĕrus), gielo (gĕlu), ieri (hĕri), lieve (lĕvis), mietere (mĕtere), mestiero (ministĕrium), niego (nĕgo), piede (pĕdem), priego (prĕcor), riedo (rĕdeo), siede (sĕdet), sieguo (sĕquor), siero (sĕrum), tiene (tĕnet), viene (vĕnit), victo (vĕto), Orvieto (urbs vĕtus)*. — Esp. *bien (bĕne), diez, yegua (ĕqua), fiebre (fĕbris), hiere (fĕrit), fiero, yerno (gĕner), hiedra (hĕdera), ayer (hĕri), liebre (lĕpus), miel, miedo (mĕtus), niebla (nĕbula), niego, pié, siego (sĕco), tiene, viene, viedo* (ancienne forme pour *vedo*, lat. *vĕto*), *viernes (Vĕneris), viejo (vĕtulus)*. — Pr. *brieu, dieu, ieu (ĕgo), fier (fĕrit), hier (hĕri), lieu (lĕvis), mielhs (mĕlius), mier (mĕret), mestier, mieu (mĕus), siec (sĕquor), vielh*. — Fr. *bien, brief, dieu, hièble (ĕbulum), fièvre, fiel, fier, fierte (fĕretrum), lierre (hĕdera), hier, lièvre, relief (relĕvare), liége (lĕvis), miel, mieux (mĕlius), métier, pied, piége (pĕdica), sied, tient, tiède (tĕpidus), vient, vieux;* de plus, citons les formes du vieux-français, telles que : *ieque (ĕqua), fiert (fĕrit), miege (mĕdicus), mier (mĕrus), espiegle (spĕculum), criembre (trĕmere)*; *i* consonnifié dans *je (ego)* de *ieu*, de même que dans les patois *jèble* de *hièblc, jeuse* de *yeuse (ilex,* dans lequel *ie* vient de *i*), voy. Furetière et comparez *Gemble* de *Hyemulus* (*Voc. hag.*). — Val. *eapę (ĕqua), feare* et *fiere (fĕl), meare miere (mĕl), mierlę (mĕrula), miez (mĕdius), peadecę (pĕdica), peatrę (pĕtra)*.

2. La plupart des langues offrent des exemples de *e* au lieu de *ie*. En italien, on trouve souvent le même mot sous les deux formes, *breve, fele, fero, gelo*, etc. Mais *e* demeure intact surtout quand il est proparoxyton, ou qu'il l'était en latin, ainsi dans : *edera (hĕdera), genere, grembo (grĕmium), imperio, ingegno (ingĕnium), lepido, lepre (lĕporem), medico, merito, merla (mĕrula), nebbia (nĕbula), pedica* (à côté de *piedica*), *specchio (spĕculum), tenero, tepido* (à côté de *tiepido*), *vecchio (vĕtulus)* : dans plus d'un cas (*imperio, ingegno, nebbia, specchio, vecchio*) ce fut l'euphonie qui décida de la forme à adopter, parce que la voyelle suivante contenait déjà

---

rapport en question : ce mot me paraît d'autant plus approprié à la chose, qu'il se borne à exprimer le phénomène, et qu'il ne contient pas en même temps une explication, comme les mots allemands *Steigerung* ou *Brechung*.

un *i* palatal. Voici d'autres exemples : *bene, crĕma (crĕmor), febbre, gemere, gregge (grĕgem), legge (lĕgit), premere*. Dans les syllabes ouvertes, *e* se change volontiers en *i*. Cf. *cria (crĕat), dio (dĕus), io (ĕgo), mio (mĕus), rio (rĕus)*. L'italien n'a point adopté pour le pluriel les formes si peu harmonieuses *dii, mii, rii*, mais *dei, miei, rei*. D'ailleurs le vieil italien dit aussi *deo, eo, meo*[1]. — L'espagnol observe plus sévèrement la loi de la diphthongaison; cependant la voyelle simple persiste parfois dans les proparoxytons, comme dans *adulterio, madera (matĕria), menester (ministĕrium), genero, lepido, medico* (mais v.-esp. *miege*), *merito*. Le portugais présente quelques cas de la diphthongue intervertie *ei*, par ex. *ideia (idĕa), queimo (crĕmo)*. — En provençal, la voyelle la plus usuelle est *e*, qu'on peut retrouver dans tous les exemples cités au § 1 : *breu, deu, eu, fer, her, leu, melhs, mer, mester, meu, sec, velh*. Il est à remarquer que cette langue ne souffre jamais la diphthongue à la fin des mots, et conserve toujours à cette place la voyelle simple : c'est ainsi qu'elle dit *pe* côté de l'it. esp. *pié*, fr. *pied*; elle dit de même *be (bene), re (rem), te (tenet), ve (venit)*, et jamais *pié, bié, rié, tié, vié*. *N* final ne compte pour rien : on ne prononce et on n'écrit jamais *bien rien tien vien*, en dépit du français *bien rien tient vient*. De même *l* final ne peut supporter la diphthongue : *fel, gel, mel* sont les formes ordinaires du provençal, et non point *fiel, giel, miel*. Nous remarquerons, en traitant de la lettre *o* (II, 2), une loi correspondante. — Les exemples français de *e* pour *ie* sont : *crème, genre, lève (lĕvo), merle, tendre*; *i* dans *dix* et *dîme (decimus)*.

III. *E* en position reste intact, sauf dans l'espagnol et le valaque, qui, ici aussi, emploient volontiers la diphthongue. Il est inutile de citer des exemples italiens. — Esp. *ciento, ciervo, finiestra* vieux, *hierro (ferrum), confieso, fiesta, miembro, piel (pellis), pienso, pierdo, siempre, siento, siete (septem), tiempo, tierra, habiendo* et d'autres gérondifs; mais *ceso (cesso), lento, mente, senso*, etc... devant les mêmes consonnes. Dans les syllabes antépénultièmes, *e* se maintient de préférence : *bestia, ferreo, mespero (mespi-*

---

[1]. *Dius* pour *deus* (d'où *me dius fidius*), *mius* pour *meus*, existent dans le latin archaïque (Schneider, I, 15), mais les mots italiens *dio* et *mio* peuvent aussi bien venir de *deus, meus*: cette langue favorise *i* à cette place, et ne le change jamais en *e*; cf. ci-dessous, p. 143.

lum), *persigo, pertiga, tempora, termino, vertebra.* Dans quelques autres mots, on rencontre *i* où l'ancien espagnol (dans les dialectes) mettait encore *ie*, par exemple *silla, nispera, vispera*; v.-esp. *siella, niespera, viespera.*—La langue française s'abstient ici de toute diphthongue : cependant on trouve fréquemment *ie* pour *e* dans l'ancienne langue, comme particularité dialectale, ainsi : *biel (bellus), bieste, ciert, cierve, confiesse, iestre (esse), tierme (terminus), viespre* [1]. Le même phénomène se produit encore aujourd'hui dans le wallon qui prononce *sierpain (serpent), biess (bestia)*. Il a lieu aussi dans le roumanche du pays haut, qui allonge d'ordinaire *ie* en *ia* : *fier (ferrum), unfiern (infernum), bial (bellus), fiasta (festa), siarp (serpens), tiara (terra), viarm (vermis), schliatt* (allem. *schlecht*). — Le val. diphthongue *e* en *ea, ie* : *eascę (esca), fereastrę (fenestra), fier fer (ferrum), earbę (herba), earnę (hibernum), peale pele (pellis), peanę (penna), pierd (perdo), seapte (septem), sease (sex), tzearę tzierę (terra), vearme verme (vermis)*. Mais ici *ea* est souvent prononcé et écrit *a* (voy. la deuxième section).

I.

I. 1. En principe *i* long reste intact. De nombreux exemples mettront ce fait en évidence. It. *castigo, chino (clīno), cribro, crine, dico, fibbia (fībula), fico, fido (fīdus), figgere (figere), filo, figlio (fīlius), fine, friggere (frīgere), frivolo, giro (gyrus), imo, ira, isola (insula īsula), libero (līber), libbra (lībra), liccio (līcium), giglio (līlium), lima, lino, mica, miro, nido, uccido (occīdo), pica, piglio (pīlo), pino, Pisa, primo, ripa, scrivo (scrībo), scrigno (scrīnium), sibilo, si (sīc), scimia (sīmia), simo, spica, spina, spirito, sublime, vile (vīlis), vino, viso, vite, invito (invīto* verbe, *invītus) vivere*, les suffixes *-ice, -ivo, -ile, -ino, -ivo* : *felice, amico, gentile, sottile (subtīlis), ovile, sentina, cattivo (captīvus)*. — Esp. *convido (invīto), cribro, crin, digo, higo ficus), hilo (fīlum), hijo (fīlius), fin, frido (frīgidus), frivolo, giro, isla, libra, lizo (līcium), lirio (līlium), lima, lino, miga, nido, pia (pīca), pillo, pino, riba, escribo, escriño, sibilo, simia, espiga, espina, vil, vino, viso; feliz,*

---

1. *Oi* dans *étoile* de *stella* est une grave dérogation à cette règle; peut-être a-t-on d'abord prononcé *stela*, cf. pr. *estela* (jamais *estella estelha*), piem. *stela.*

amigo, gentil, ruina, cautivo. — Les exemples portugais sont pour la plupart homophones des exemples espagnols. — Pr. *convit, dic, figa, filh, fi (finis), gir, lima, miga, mina (hemina), mir (miror), niu (nidus), pin, riba, escriu, si (sic), simi, espiga, espina, vil, vin, vis; razitz (radicem), amic, gentil, caitiu.* — Fr. *châtie, incline, convie, crime, crin, figue, fil, fils, frire, île, livre (liber, libra), lice, lis (lilium), lime, ligne, mari (maritus), mie, mine, admire, oubli (oblitum), nid, péril, pie, pille, pin, prime, rive, écris, écrin, si, siffle, singe, épi (spica), épine, sublime, tige (tibia), vil, vin, avis, vis (vitis), vivre; impératrice, treillis (trilicem), ami, fourmi, gentil, subtil, pruine, chétif.* Sur la nasalisation du fr. *i*, voy. à la deuxième Section. — Val. *zic (dico), fige, frig (frigus), frige, linie, mic (mica), mir (miror), ucid, scriu (scribo), simie, spice, spin, suspin (suspiro), vin, vitze (vitis), viu (vivus); cerbice (cervicem), ferice (felicem), besice (vesica), lefticę (lectica), amic, ruine, ferine (farina).*

2. Il n'y a presque pas d'exceptions à cette règle générale. Les mots italiens *freddo (frigidus frig'dus)* et *elce (ilicem il'cem)* se justifient parce que l'*e* s'est trouvé en position de très-bonne heure (on rencontre au moins *frigdus*); la forme secondaire *élice* au lieu d'*ilice* peut avoir été suscitée par *elce*). Dans les dialectes, il est vrai, on trouve fréquemment *e* pour *i*, par exemple en romagnol *spena, sublem, ven (vinum).* En espagnol il y aurait peut-être à remarquer *esteva (stiva), pega* à côté de *pia.* En provençal, on doit noter *frevol*, ainsi que *freit (frig'dus)* pour *friit*, qu'il eût été impossible de prononcer, ce qui a causé aussi le fr. *froid.* Notons en français : *loir (glirem)*, auquel la diphthongue est venue donner plus de corps (il n'y a point de monosyllabes en *ir*, à l'exception de *tir*, substantif verbal); *pois (pisum)* qui a pris cette forme pour se différencier de *vis (pejus).* Le valaque offre *botez (baptizo), repe (ripa), rus risus), ruu (rivus).* Un cas commun à toutes les langues romanes est l'it. esp. *carena*, pg. *crena*, fr. *carène*, val. *carene* au lieu de *carina* que l'*Elucidarius* provençal est seul à employer.

II. 1. *I* bref devant une consonne simple passe au son voisin *e* : it. *bevere (bibere), cenere (cinis), ricevere (recipere), cetto (cito), fede (fides), frego (frico), lece (licet), lego (ligo), meno (mino, minus), nero (niger), netto (nitidus), neve (nivem), pece (picem), pelo (pilus), pevere (piper), pero* (*pĭrus*), *piego* (*plĭco*), *sembro* (*sĭmilo*), *sen* arch. (*sĭne*), *seno* (*sĭnus*), *sete* (*sĭtis*), *secchia* (*sĭtula*), *stelo* (*stĭlus*), *stregghia* (*strĭgilis*), *strega* (*strĭga*), *Tevere* (*Tiberis*), *temo* (*tĭmeo*), *vece* (*vĭcem*), *vedo* (*vĭdeo*), *vedova* (*vĭdua*), *verde* (*vĭridis*), *vetro* (*vĭtrum*). — Esp. *bebo, cebo* (*cĭbus*), *concebo* (*concĭpio*), *cedo* (*cĭto*), *dedo* (*dĭgitus*), *hebra* (*fĭbra*), *fe* (*fĭdes*), *frego, menos, negro, neto, pez, pella* (*pĭla*), *pelo, pebre, pera, plego, recio* (*rĭgidus*), *seno, sed, temo, vez, veo* (*vĭdeo*). Diphthongue dans *nieve* pour *neve, pliego* à côté de *plego* (*plĭco*), *riego* pour *rego* (*rĭgo*). — Pg. *bevo, cevo, cedo,* etc. — Pr. *beu, cenre, det* (*dĭgitus*), *frec, fe, fem* (*fĭmus*), *enveia* (*invĭdia*), *letz* (*lĭcet*), *men* (*mĭno*), *mens* (*mĭnus*), *meravelha* (*mirabĭlia*), *ner* (*nĭger*), *neu* (*nĭvem*), *pez, pebre, plec, rege* (*rĭgidus*), *senes* (*sĭne*), *sen* (*sĭnus*), *tem, vetz, vei* (*vĭdeo*), *veuza* (*vĭdua*), *veire* (*vĭtrum*), *vermelh* (*vermĭculus*). — Cet *e*, commun au roman, ne se produit en français que dans la position romane, assimilée à la position latine, c'est-à-dire dans une syllabe originairement antépénultième. Exemples : *oreille* (*aurĭcula*), *cendre* (*cĭnerem*), *conseil* (*consĭlium*), *justesse* (*justĭtia*), *merveille, neige* (*nĭveus*), *net, possède* (*possĭdeo*), *semble* (*sĭmulo*), *seille* (*sĭtula*), *teille* verbe (*tĭlia?*), *trèfle* (*trĭfolium*), *vesce* (*vĭcia*), *vermeil, veuve* (*vĭdua*), *veri*; on le trouve en outre isolément dans les mots *mène* (*mĭno*), *sein* (*sĭnus*), *verre* (*vĭtrum*). La seconde forme de l'*ĭ* en français est, comme celle de *ē*, la diphthongue *oi*, où l'*i* provient souvent d'une gutturale adoucie, comme le montre la forme primitive *ei* : par exemple : *nigr, negr, neir, noir*. Voici les exemples les plus importants : *boire* (anciennement *boyvre*), *doigt, foi* (*fĭdes*), *froie* (*frĭco*), *Loire* (*Lĭger*), *moins* (*mĭnus*), *nir* (*nĭger*), *poil* (*pĭlus*), *poivre, poire* (*pĭrus*), *déploie* (*plĭco*), *roide* (*rĭgidus*), *soif* (*sĭtis*), *voie* (*vĭa*), *vois* (*vĭdeo*). — Val. *beu* (*bĭbo*), *curechiu* (*caulĭculus*), *frec, leg, negru, plec, precep* (*praecĭpio*), *sete, tem, ved*. Les autres formes sont *ę* dans *pęr* (*pĭlus*), *veduvę* (*vĭdua*); *ea* dans *peare* (*pĭrum*), *teamę* (de *tĭmere*, it. *tema*), valaque du sud *siate* (*sĭtis*), *viarde* (*vĭridis*) ; *u* dans *mun* (*mĭno*), *sun* (*sĭnus*). Les dérogations à la règle sont donc nombreuses.

2. Dans beaucoup de cas *i* a résisté à cette transformation : en italien principalement à l'antépénultième originaire, où l'on rencontre parfois à côté de *i* la forme plus romane *e* : *arbitrio, ciglio* (*cĭlium*), *discipolo discepolo, dito* (*dĭgitus*), *invidia, liquido, miglio* (*mĭlium*), *minimo menomo, nitido, rigido,*

simile, tigna (tĭnea[1]*), titolo, vizio, vezzo; fatticcio (factĭ-cius), fitticcio, cavicchio (clavĭcula), vermiglio, famiglia, maraviglia (mirabĭlia), possibile, terribile, legittimo, marittimo, sanguigno (sanguĭneus), avarizia avarezza, giustizia giustezza, servizio*. Il faut y joindre quelques paroxytons, comme *cibo, fimo, libro (lĭber), sito, tigre*, surtout quand *i* se trouve dans une syllabe ouverte : *dia di (dĭes), fia (fĭet), pio, pria (prĭus), stria, via*. — L'espagnol maintient l'*i* à peu près dans les mêmes cas que l'italien : *arbitrio, discipu-lo, envidia, liquido, mijo (milium), minimo, nitido, rigido* et r.., *simil, tina, titulo, viuda (vĭdua), vizio vezo; hechizo* (*ticius*), *ficticio, familia, maravilla, posible, terrible, marit..o, justicia, servicio; libro, ligo, lio, estriga (strĭga), ti..e, dia, pio, estria, via;* on trouve cependant *sin (sĭne*[2]*)*. — *sourcil, disciple, envie, mil, prodige, titre, vide, vig... vice; maléfice, famille, flexible, légitime, avarice; chuche (cĭcer), livre, lie (lĭgo), plie ploie (plĭco), tigre*.

III. 1. *I* en position est traité comme *i* bref; d'où l'it. *ceppo (cippus), crespo, cresta, degno, fendere, fermo, lembo, lettera (littera,* n u *litera), mettere, pesce, secco, selva, semplice, spesso, ι ·ga, vesco,* etc. — Esp. *cepo, crespo, cresta, letra, lengua pez, seco, espeso, verga;* en portugais à peu près de même. — Pr. *cep, denh, fendre, ferm, lengua, letra, metre, peis, sec, selva, espes, verga*. — Fr. *baptême (baptisma), cep, crêpe, crête, chevêtre (capistrum), évêque (episcopus), fendre, ferme, herse (irpex), lettre, mettre, pêche (piscor), sec, étroit* de *estreit (strictus), verge*. Devant *ng, gn, nc* originaire, *i* devient tantôt *ei*, tantôt *ai*, tantôt *a* : *ceindre (cingere), feindre (fingere), enfreindre (infringere), peindre (pingere), enseigne (insignis); daigne (dignor), vaincre (vincere); langue (lingua), sangle (cingulum). Vierge (virgo)* a subi la diphthongaison pour éviter l'homonymie de *verge (virga)*. — Val. *semn (signum), peṡte (piscis)*, etc., mais on trouve aussi *ę, i, ea* et *a : sęc (siccus), intru (intro), sealbę (silva), vargę (virga)*.

1. Sédulius prononçait *tinea* : *Non mordax aerugo vorat, non tinca sulcat* (Voss. *Arist.* 2, 39).
2. On trouve, il est vrai, avec la voyelle longue, le lat. *seine = sine*, mais (selon Ritschl) la leçon est douteuse. L'espagnol, en général, affectionne un peu plus la voyelle *i*, cf. *ni* avec le pg. *nem*, it. *nè*, *si* avec le pg. it. *se*.

2. Il y a ici beaucoup plus d'exceptions que pour l'*e* bref devant une consonne simple. En italien, *i* persiste le plus souvent devant *ll, n* et *s*, comme dans *brillare (beryllus), mille, pillola, scilla, squilla, stilla, villa; cinque, cinto, finto, lingua, principe, propinquo, quinto, stinguo, stringo, tinca, vinco; acquisto, arista, assisto, cista, epistola, fisco, fisso (fixus), fistola, ispido, ministro, misto (mixtus), tristo*. — En espagnol, les exceptions se produisent presque dans les mêmes cas qu'en italien : *arcilla (argilla), brillar, mil, pildora, villa, cinco, cincho, finjo, quinto, extinguo, astrinjo, arista, assisto, conquisto, epistola, fisco, fistola, ministro, mixto, triste;* néanmoins l'*i* reste dans beaucoup de cas où l'it. met *e* comme : *dicho, digno, firme, obispo (episcopus), silva, virgen*. — Val. *chingę (cingulum), cinci (quinque), fistulę, limbę (lingua), literę (littera), mie (mille), ninge, simplu, stinge, trist* et beaucoup d'autres. — L'*i* s'est conservé rarement en provençal et en français. — *Mille, quinque, quintus, tristis, villa* conservent leur *i* dans toutes les langues romanes : parmi ces mots, *mille* avait en latin la voyelle longue, ce qui justifie l'*i* roman.

E pour *i* bref n'est point un romanisme spécifique, mais au contraire un trait tout à fait archaïque de la langue latine (*semol, mereto, soledas, posedet* dans les inscriptions), trait qui disparaît dès l'année 620 avant J.-C., et dont on ne trouve plus dans les monuments postérieurs que de rares exemples, voy. Ritschl, *de epigr. Sorano*, p. 15; *de Aletrinatium tit*., p. XIII, XIV. Il faut sans doute admettre une connexité historique entre cet *e* latin et l'*e* roman : l'*e*, qui dans la langue populaire a pu continuer d'exister parallèlement à l'*i* latin littéraire, semble avoir été transmis par elle aux dialectes postérieurs. Toutefois l'accord n'est point parfait : car si d'une part correspondent à *senu* (Orell. 4583) le roman *seno*, à *magester* dans Quintilien le roman *maestro magestre*, à *senester* (*Fr. Arv.*) *sinestro senestre*, à *félicem* dont Flavius Caper blâme l'emploi pour *filicem* (Putsch, p. 2246) le roman *felce*, — on rencontre d'autre part *vea* pour *via*, *vella* pour *villa* (relevés tous deux par Varron dans la langue des paysans), ou *fescum* pour *fiscum* dans une inscription (Grut. 1056, 1), ou *leber* pour *liber* dans Quintilien, ou même *speca* pour *spica* (noté aussi par Varron comme rustique), tandis que tous ces mots possèdent un *i* dans leur forme romane. Les chartes du VIIe siècle et du VIIIe dont les copistes étaient négligents laissent percer assez fréquemment la forme romane ; on trouve *fedem, menime, vecem, decto (dictus), esto (iste), fermare, prometto, provencia, selva, vendicet, vertute* et autres semblables. — A l'exception d'un certain nombre de mots (qui pour la plupart ne sont point anciens dans les langues romanes), on peut dire que cette règle de la différenciation de *ē* et de *ĕ* devant une consonne simple s'applique avec une rigueur assez générale : *Fīdus* et *fĭdes, vīvere* et *bĭbere, pīlum* et *pĭlus*, se différencient de la manière la plus distincte dans les formes ital. *fido* et *fede, vivere* et *bevere, pilo* et *pelo*.

O.

I. 1. *O* long reste intact en italien : *conobbi (cognovi), corona, cote (cōtem), dono, fiore (flōrem), onore (honōrem), ora (hōra), leone, moto, nobile, nodo, nome, no (nōn), nono, noi (nōs), persona, pomo, ponere, pioppo (pōpulus), come (quōmodo), scrofa, sole (sōl), solo (sōlus), voce, voi (vōs), voto, -oso : glorioso.* — Esp. *corona, don, flor, honor, leo, no, nono, nos, persona, pomo, como, sol, solo, voz, vos, voto, glorioso;* il y a plus d'un exemple de diphthongaison, comme *cigüeña (cicōnia), cuelo (cōlo), consuelo (consōlor), mueble (mōbilis).* Pg. *corona, dom,* etc... — Pg. *corona, cot, don, flor, honor, hora, leon, not (nōdus), nom, non, nos, persona, pom, sol (sōlus), tot, votz, vos, vot, glorios.* — En français *ō* est traité comme *ŏ* : la voyelle simple ne se maintient d'ordinaire que devant *m, n;* la forme dominante est *eu, œu*. Ex : *couronne, donne, nom, non, personne, pomme, pondre (pōnere), comme (quōmodo), Rome, lion, patron, raison (ratiōnem)* et les autres substantifs en *-o -ōnis*, en outre *console, or (hōra), dos (dōsum* pour *dorsum), noble, octobre, sobre (sōbrius).* En revanche *heure, meuble (mōbilis), mœurs (mōres), neveu (nepōtem), nœud (nōdus), œuf (ōvum), pleure (plōro), seul (sōlus), vœu (vōtum), honneur, glorieux* et tous les autres mots en *-or -ōris* et *-ōsus*. Une troisième variante, dans cette langue, est *ou*, comme le témoignent les exemples suivants : *avoue (vōto), doue (dōto), noue (nōdo), nous* et de m. *vous,* pour *(prō), proue (prōra), roure (rōbur), époux (spōsus* pour *sponsus), Toulouse (Tolōsa), tout (tōtus).* Au lieu de *oi*, on trouve *ui* dans *buie (bōia), truie (trōia).* — En valaque, *ō* est rendu tantôt par *o*, tantôt par *oa*, preuve que cette langue le confond avec ŏ : coronę, onore, nalzion, nome, noi, pom, rod (rōdo), tot (tōtus), voi, ghibos (gibbōsus); noatin (annō-tinus), coadę (cōda), coroanę, floare, oarę (hōra), perso-anę, poamę, scroafę, soarece (sōricem), sudoare (sudō-rem). — Remarquons ici la diphthongaison, presque générale en roman, du mot ōvum : it. uovo, esp. huevo (ovo Alx. str. 130), pr. uou, fr. œuf; le valaque seul dit ou, c'est-à-dire ov.

2. De même que e long devient i, o long devient u. En italien, les exemples sont rares : giuso (deorsum deōsum, chez Dante encore gioso), cruna (corōna), tutto (tōtus). — Esp. yuso (= it. giuso), nudo (nōdus; nuedo Canc. de B.), octubre (octōber). Pg. almunha vieux (alimōnia), outubro, teste-munho (testimōnium), tudo. — En français, on trouve surtout cet u dans l'ancien dialecte normand. Ex. : amur, barun, tut, vud (vōtum), ure (hōra), etc. Voyez la deuxième section. — Le roumanche favorise aussi cette voyelle : amur, dun (dō-num), flur, liun, num, nus, sul, glorius ; sans parler ici des variétés dialectales. — Val. cępun (ca, ōnem) Lex. bud., cęrbune (carbōnem), conciune (conciōnem), cunune (corōna), murę (mōrum), nu (nōn), pune (ponere).

II. 1. O bref se diphthongue devant une consonne simple, et donne en it. uó, en val. óa, en esp. ué, en pr. ué uó, en fr. eu (œu, ue, oe). Ici encore, comme pour l'e, le portugais rejette la diphthongue, et le provençal ne l'emploie que rarement. It. buono (bŏnus), buoi (bŏves), cuopre (cŏŏperit), cuoce (cŏquit), cuore (cŏr), cuojo (cŏrium), gruoco (crŏcum), duole (dŏlet), duomo (dŏmus), fuoco (fŏcus), fuori (fŏris), uomo (hŏmo), giuoco (jŏcus), luogo (lŏcus), muore (mŏri-tur), muove (mŏvet), nuoce (nŏcet), nuovo (nŏvus), uopo (ŏpus), pruova (prŏba), puote (pŏtest), ruota (rŏta), scuola (schŏla), suocero (sŏcer), suolo (sŏlum), suole (sŏlet), suono (sŏnus), suora (sŏror), stuolo (στόλος), tuono (tŏnus), tuorlo (tŏrulus), vuole (vult de vŏlo), -uolo : capriuolo (capreŏlus), figliuolo (filiŏlus). — Esp. bueno, buey (bŏ-vem), cuece (cŏquit), duendo (dŏmitus), duele, fuego, fuero (fŏrum), fuera (fŏras), juego (jŏcus), jueves (Jŏvis), luego, muele (mŏlit), mueve (mŏvet), nueve (nŏvem), nuevo, huele (ŏlet), huebra (ŏpera), pueblo (pŏpulus), ruega (rŏgat), rueda, escuela, suegro, suelo, suele, sueno, tuero (tŏrus), vuela (vŏlat), hijuelo (filiŏlus). Le vieil espa-gnol a encore d'autres exemples : cuemo pour como, cuer (cŏr) PCid, nuece (nŏcet Alx.), huebos (ŏpus); toutefois il est en général moins favorable à la diphthongue. Les formes en o comme bono Bc. Alx. FJuzg., jogo Alx., abolo (*avolus) FJuzg. sont fréquentes, et dans le Poema del Cid l'assonance oblige assez souvent à prononcer ue comme o, pueden v. 2931, par exemple, comme poden, cf. Sanchez, I, 224. — Le pr. emploie ue : oueu (bŏvem), fuec, fuelha (fŏlium), fuer (fŏrum), luec, muer (mŏritur), mueu (mŏvet), nueu (nŏvus), suegre, suer (sŏror). Un second dialecte met ue pour uo; voy. la section II. — Fr. bœuf, chœur (chŏrus), queux (cŏquus), cœur, deuil (dŏlium dans cordolium), feu, feuille, huem v. fr. (hŏmo), jeu, lieu, meule (mŏla), demeure (demŏratur), Meuse (Mŏsa), meut, neuf (nŏvem, nŏvus), œil (ŏculus), aveugle (*abŏculus), œuvre, peuple, preuve, écueil (scŏpulus), seuil (sŏlium), sœur, veut (= it. vuole), chevreuil, filleul. — Dans le dialecte roumanche du pays haut, il faut remarquer la diphthongaison de o en ie, alors que cette diphthongue dans les autres langues est toujours le produit d'un e : diever pour iever (ŏpera), ieli (ŏleum), niev (nŏvus), pievel (pŏpulus). C'est un üe affaibli, qui apparait même quelquefois dans cette forme, et qui correspond au provençal ue. Devant g, il se prononce ieu : fieug (fŏcus), giëug (jŏcus), lieug (lŏcus). Mais d'ordinaire ŏ se soustrait tout à fait à la diphthongaison : bun, bov, cor, mover, or (fŏris), prova, roda, scola, sora (sŏror), tun (tŏnus), um (hŏmo). — Val. coace, doare (dŏlet), oameni (hŏmines), poate (pŏtest), roage (rogat), scoale (schŏla), vioare viorca (viŏla).

2. En italien, o antépénultième et en position romane résiste ordinairement à la diphthongaison : cattolico, cofano (cŏphinus), collera (chŏlera), doglio, donno (dŏminus), lemosina (eleemŏsyna), foglio (fŏlium), oggi (hŏdie), moggio (modius), occhio (ŏculus), oglio (ŏleum), opera, poggio (pŏdium), popolo, proprio, soglio (sŏleo, sŏlium), soldo, solido, stolido, stomaco, en outre dans bove (bŏvem), coro (chŏrus), dimoro (demŏror), modo, nota, nove (nŏvem), rodo, rosa, tomo. — Habituellement, o antépénultième se maintient en espagnol : catolico, cofino, colera, etc., en outre dans dolo (dŏlo je dole), modo, nota, rosa, tomo, tono (tŏnus). U dans cubro (coŏperio), pg. furo (fŏro je fore). — En provençal, o conserve ses droits à côté de ue, uo : par exemple bou, bueu, buou. Pas plus que pour ie, la diphthongue ne se produit à la fin des mots ou devant n, l finaux; ainsi bo, so, bon, son, dol.

sol, estol, rossinhol, non *buon, duol*. — La voyelle simple persiste assez souvent aussi en français, principalement devant *m* et *n* : *coffre, girofle* (*caryŏphyllum*), *hors* (*fŏras*), *globe, mode, proche* (*prŏpius*), *rose, école, sole* (*sŏlea*), *viole*, v.-fr. *voche* (*vŏco*), *vol* (de *vŏlare*); *bon* (v.-fr. *boen boin*), *concombre* (*cucumis*), *dôme, on* (*hŏmo*), *Rhône* (*Rhŏdanus*), *son, ton, trône. Ou* dans *couvre, prouve* (*prŏbo*), *roue* (*rŏta*), *dépouille* (*spŏlium*); devant *i* il y a *u*, non *o*, dans : *hui* (*hŏdie*), *pui* (*pŏdium*). — Val. *bou* (*bŏvem*), *domn, foc, nou* (*nŏvus*), *ochiu, op* (*ŏpus*), *rog, socru, probe* (*prŏba*), *voiu* (*vŏlo*), etc. Outre *oa* et *o*, le valaque emploie encore *u* : *bun* (*bŏnus*), *ruşe* (*rŏsa*), *spuze* (*spŏdium*), *sun* (*sŏnus*), *tunę* (*tŏnat*). — Parmi les mots en *o*, quatre sont communs à toutes les langues romanes, *rosa, modus, nota, tomus*. Le premier doit avoir pris de très-bonne heure un *o* long, en sorte que sa prononciation se confondit avec celle du participe *rōsa*, car cette quantité se retrouve aussi dans le vieil allemand, voy. le *Dict. étymol.* Il existe des formes diphthonguées de *modus* dans le vieil esp. *muedo* (*Bc. Rz.*) et dans le fr. *mœuf. Nota* et *tomus* n'ont certainement jamais été populaires en roman. L'ital. *nove* est une forme différenciée de *nuove* (*novae*).

III. 1. La voyelle simple reste intacte en position ; seuls, le valaque et l'espagnol permettent la diphthongaison (comme pour *e*). Val. *coastę* (*costa*), *coapsę* (*coxa*), *doarme, foale* (*follis*), *foarte, oaste* (*hostis*), *moale* (*mollis*), *noapte* (*noctem*), *poartę, soarte*. — L'espagnol diphthongue volontiers devant *l, m, n, r, s* ; exemples : *cuelgo* (*colloco*), *cuello, fuelle* (*follis*), *muelle, suelto* (de *soltar*), *vuelvo, dueño* (*domnus*), *sueño* (*somnus*), *cuento* (*computo*), *luengo, fuente, puente, encuentro* (de *contra*), *cuerda* (*chorda*), *muerte, puerta, suerte, fuerte, huerto, tuerto, duermo, cuerno, cuerpo, cuervo, huerco* (*orcus*), *huerfano* (*orphanus*), *huesa* (*fossa*), *hueste, nuestro, hueso* (*ossum*), *pues* (*post*). Mais cet usage n'a rien d'absolu ; à côté de *puente, cuerno*, on trouve *monte, torno*. Souvent, pour arriver à une prononciation plus facile, l'*u* est élidé même devant une consonne simple : *estera* (*storea*), *fleco* à côté de *flueco* (*floccus*), *frente* à côté de l'ancienne forme *fruente Alx. FJuzg.* (*frontem*), *lengos* pour *luengos* (*longos*) *Canc. de B.*[1], *lerdo* (it. *lordo*), *pest* (*post*) dans

---

[1]. Le même document écrit aussi *avelo* pour *abuelo, vestro* pour *vuestro* : mais on doit prononcer *a-uelo, uestro*.

pestoreja, serba (sorbum). — Les cas de diphthongaison en provençal sont : *luenh (longus), muelh (mollio), nueg (nox), vuelf (volvo)* à côté de *lonh, molh, noch, volf.* — En français, *ou* se produit encore parfois à côté de l'ancien *o*, comme dans *cour (chors), tourne (torno).* — La diphthongaison est fréquente dans les dialectes : ainsi le wallon met *oi* devant *r* : *boir* (fr. *borde*), *coid (chorda).* Le roumanche met de même *ie* (voy. ci-dessus, II, 1) : *briec* (it. *brocca*), *chiern (cornu), chierp (corpus), diess (dorsum), ierfan (orphanus), iess (ossum), niess (noster), pierch (porcus), sien (somnus), tiert (tortum,* fr. *tort).* Le dialecte de l'Engadine offre ici *uo* (*o* dans le pays haut) : *cuolp, duonna, fuorma,* etc.

2. *U* pour *o* se rencontre dans quelques langues ; il est rare en italien : *lungo (longus), uscio (ostium).* Il est plus fréquent en espagnol : *cumplo (compleo), curto (contero), nusco (nobiscum), pregunto (percontor), tundo (tondeo), uzo (ostium PC.),* pr. *uz.* — En français, cet *u* se diphthongue en *ui* : *huis (ostium), huître (ostrea), puis (post).* — Fréquent en valaque : *curte (chortem), cust (consto), cumpet (computo), culc (colloco), frunte (frontem), frunzę (frondem), uşę (ostium).* — *Ostium* a pris dans toutes les langues romanes *u* pour *o* ; cet *u* provient probablement d'une ancienne forme *ustium*, car on trouve déjà *ustiarius* dans une charte napolitaine de 551 (Marini, p. 180).

Ū.

I. 1. *Ū* long persiste partout et presque sans exception. Ital. *acuto, bruco (brūchus), bruma, bruto, bufalo (būbalus), bure (būra), crudo, culla (cūnula), culo, cura, ducere, dumo, duro, fiume (flūmen), fui (fūi* Schneider, I, 100), *fumo, fune, furo (fūr), fuso, confuso, umido (hūm.), giudice (jūdex), giubbilo (jūbilum), luglio (jūlius), giugno (jūnius), giuro (jūro), luccio (lūcius), luce, lume, luna, maturo, mucido, mugghio* (de *mūgire*), *mulo, muro, musica, muto (mūto, mūtus), nube, nuvolo (nūbilum), nudo, nutro, oscuro (obs.), pertugio (pertūsus), Perugia (Perūsia), piuma (plūma), più (plūs), pruno, puro, puto (pūteo), ruga, ruta, scudo, sicuro, spuma, suco, sudo, consumo, suso (sursum, sūsum), uno, uso, utile, uva, -ume, -ura, -ute, -uto : legume, natura, salute, minuto.* — Esp. *agudo, brugo, bruma, bruto, bubalo, buho* (*bŭbo*), *crudo, cuyo* (*cūjus*), *culo, cuba* (*cŭpa*), *cura, duzgo* (*dūco*), *duro, humo* (*fūmus*), *huso* (*fūsus*), *confuso, humedo, julio, junio, lucio, luz, lumbre* (*lūmen*), *muro, musica, mudo, nube, nudo, nutro, escuro* (*obs.*), *pluma, pruna, puro, ruga, escudo, seguro, espuma, sugo* (*sūcus*), *sudo, consumo, uno, uso, útil, uva*; *futuro, natura, virtud*; v.-esp. *flumen* Bc., *mur* (*mūrem*) Alx. — En portugais comme en espagnol. — Pr. *agut, cru, cul, cuba, cura, duc* (*dūco*), *flum, fum, fur* (*fŭror*), *fus* (*fūsus*), *juli, juni, lus* (*lūcius*), *lum, luna, mul, mur, musica, nuble, nut* (*nūdus*), *oscur, pertus, pluma, plus, rua* (*rūga*), *ruda, escut, segur, espuma, suc, un, us, natura, vertut*. — Fr. *aigu, brume, brut, bufle, buse* (*būteo*), *caduc, conduire* (*condūcere*), *confus, exclus, cru, cul, cuve, cure, flun* arch. (*flūmen*), *fus* (*fŭi*), *parfum, glu* (*glūten*), *enclume* (*incūdem*), *jeûne,* (*jejūnium*), *juge, juin, jure, jus* (*jūs*), *luit* (*lucet*), *lune, mûr* (*matūrus*), *mule, mur* (*mūrus*), *mue* (*mūto*), *nue* (*nūbes*), *nu* (*nūdus*), *obscur, pertuis, plume, plus, prune, puce* (*pūlex*), *pur, pue* (*pūteo*), *rue* (*ruga, ruta*), *écu* (*scūtum*), *suc, sûr* (*secūrus*), *sue* (*sūdo*), *consume, sus* (*sūsum*), *un, use, utle* arch. (*ūtilis*); *légume, nature, vertu, menu* (*minūtus*), *Autun* (*Augustodūnum*) et de même *Embrun* (*Eburodūnum*), *Melun* (*Melod*.), *Verdun* (*Virod*.), etc. — Val. *crud, cur* (*cŭlus*), *cupę* (*cūpa*), *curę, duc* (*dūco*), *fum, fune, fus, fur, umęd, żude, julie, junie, luminę, lunę, muc, mut, prun, pur, put, rutę, spumę, asud* (*sudo*), *sug, uger* (*ūber*), *ud* (*ūdus*), *legumę, rupturę, vertute, minutę.*

2. Cette règle souffre quelques exceptions peu importantes. U devient *o* : it. *coppa* (*cūpa*), *ghiotto* (*glŭtus*), *lordo* (*lūridus*), *otre* (*ŭter*); esp. *copa, odre*, pr. *copa, glot, lort, oire*; fr. *ou* : *coupe, lourd, outre*. Mais il faut remarquer que dans *lordo* la confusion de la position romane avec la position latine a pu avoir lieu, qu'à côté de *cūpa* on trouve aussi *cuppa* (Schneider I, 426), et que *gluttire* permet de supposer une forme *gluttus* pour *glŭtus*; reste donc comme seule exception le mot *ŭter*; mais la quantité de ce mot, telle que la donnent habituellement les lexiques, n'est rien moins que démontrée, car le mot se présente rarement au nominatif, et, d'autre part, sa communauté d'origine, à peu près irrécusable, avec *ŭterus*, indiquerait plutôt *ŭter*. Le *soso* et le *lome* de Dante (*Inf*. 10, 45, 69) sont occasionnés par la rime;

ce ne sont point cependant des créations forcées, car quelques dialectes emploient certainement *o* pour *u*; cf. romagnol *fom* (*fumus*), *fon* (*funis*), *furtona* (*fortuna*), *lom* (*lumen*), *lona* (*luna*), *spoma* (*spuma*), comasq. *flom* (*flumen*), etc. Le picard moderne change *u* en *eu* : *leume* (*lumen*), *leune*, *pleume*. Remarquons aussi que dans plusieurs noms de ville, le français emploie *on* pour *un* comme dans *Laon* (*Laudūnum*), *Lyon* (*Lugdūnum*, dans les mss. de la *Not. dign. Lugdonensis*).

II. 1. *U* bref devant les consonnes simples devient *o*. Les exemples de ce cas ne sont point nombreux. Ital. *Canosa* (*Canŭsium*), *croce* (*crŭcem*), *covo* (*cŭbo*), *gomito* (*cŭbitus*), *conio* (*cŭneus*), *dotta* (de *dŭbitare*), *folaga* (*fŭlica*), *gola* (*gŭla*), *omero* (*hŭmerus*), *giogo* (*jŭgum*), *giova* (*jŭvat*), *giovane* (*jŭvenis*), *lova* (*lŭpa*), *loto* (*lŭtum*), *moglie* (*mŭlier*), *Modena* (*Mŭtina*), *noce* (*nŭcem*), *pioggia* (*plŭvia*), *pozzo* (*pŭteus*), *poto* (*pŭto*), *rogo* (*rŭbus*), *rozzo* (*rŭdis*), *sopra* (*sŭpra*), *ove* (*ŭbi*), *Venosa* (*Venŭsia*). — Esp. *cobdo*, *cobre* (*cŭprum*), *gola*, *joven* (*jŭvenis*), *logro* (*lŭcror*), *lobo* (*lŭpus*), *lodo* (*lŭtum*), *pozo*, *podo*, *sobro* (*sŭpero*), *toba* (*tŭba*). Le portugais ressemble ici à l'espagnol. — Pr. *crotz*, *coa* (*cŭbat*), *code* (*cŭbitus*), *conh* (*cŭneus*), *cobe* (*cŭpidus*), *secodre* (*succŭtere*), *gola*, *jo* (*jŭgum*), *jove*, *logri*, *lop*, *lot*, *molher*, *notz*, *nora* (*nŭrus*), *ploia*, *potz*, *sobre* (*sŭper*). — En français, l'*o* roman ne se maintient que devant les nasales (car la langue ne tolère pas le son *oun*), ou quand il se lie à un *i*, ex. : *son* (*suum*), *ton* (*tuum*), *nombre* (*nŭmerus*), *ponce* (*pŭmicem*), *coin* (*cŭneus*), *croix* (*crŭcem*), *noix* (*nŭcem*). La voyelle dominante est *ou*, à côté de laquelle se maintient encore *o* dans l'ancien français: *couve* (*cŭbo*), *coude* (*cŭbitus*), *doute* (*dŭbito*), *joug*, *loup*, *où* (*ŭbi*). — Val. *cot* (*cŭbitus*), *noreֽ* (*nŭrus*) ; les exemples tombent pour la plupart sous la règle exposée au § 2.

2. A l'antépénultième, *u* italien échappe d'ordinaire au changement en *o*, du moins dans *cumulo*, *cupido*, *diluvio*, *dubito*, *fluvio*, *umile* (*hŭmilis*), *numero* et dans beaucoup d'autres mots pareils ; en dehors de ce cas il y a peu d'exemples, comme *fuga* (Dante *Par.* 12, 50 *foga* pour la rime), *fuggo* (*fŭgio*), *gru* (*grŭem*), *lupo* (*lŭpus*, mais *lova* meretrix), *luto* à côté de *loto*[1], *rude* (*rŭdis*). — En espagnol *u* se présente

---

1. L'africain Corippus (vi⁰ siècle), grammairien et poète, prononce *lŭtum* = ital. *luto*, voy. Voss. *Arist.* 2, 39.

aussi souvent que *o*; il n'est pas seulement employé dans la syllabe antépénultième ou originairement antépénultième, mais encore dans d'autres cas : *cumulo, dubio, fluido, numero, lluvia (plŭvia), cuño (cŭneus), dudo (dŭbito), huyo (fŭgio), rujo (rŭgio), cruz, gula* à côté de *gola, yugo, rubro, rudo.* Le portugais se comporte ici comme l'espagnol. — Fr. *déluge, humble (hŭmilis), fuis (fŭgio), grue, pluie (plŭvia), puits (pŭteus), rude, sur (sŭper), tube (tŭbus)* [1]. — En val. *u* est la forme dominante : *cruce, fug (fŭgio), gurę (gŭla), źune (juvenis), lut (lŭtum), nuce, numęr, putz (pŭteus), rug (rŭbus)*.

3. Quelquefois la diphthongue apparaît comme le produit d'un *o* secondaire (roman) = lat. *ŭ*. *Nuora (nŭrus), scuotere (excŭtere)* en italien supposent un degré intermédiaire *nora scotere*. On trouve en espagnol *cueva (cŭbare;* déjà dans une charte de l'an 1075, *Esp. sagr.* XXVI, 460), *nuez (nŭcem), nuera (nŭrus)* et *culebra* pour *culuebra,* cf. page 151. Port. *cova, noz, nora, cobra*. Franç. *couleuvre (colŭber, colŭbra), gueule (gŭla)*. Val. *ploae (plŭvia), scoate*, etc.

III. 1. En *position,* c'est *o* qui d'ordinaire représente *u*. Ital. *ascolto (ausculto), bolla, colmo (culmen), dolce, folgore, gotta, lombo, losco, piombo (plumbum), rosso, zolfo (sulphur), sordo, torre, onde (unde),* etc. — Esp. *bola, colmo, hondo (fundus), gota, lomo (lumbus), plomo (plumbum), roxo, torre, donde.* — Prov. *escout (ausculto), dous (dulcis), folzer (fulgur), gota, losc, plom, ros, sort, tor, on (unde).* — En français, l'*o* général en roman ne se maintient que comme son nasal, ou en liaison avec *i*, p. ex. dans *lombe, plomb, monde, dont (de unde), ongle (ungula); joindre (jungere), poing (pugnus);* en outre dans quelques mots isolés : *flot (fluctus), mot* (b.-l. *muttum), noces (nuptiae), vergogne (verecundia).* Dans les autres cas, où il représente aussi le groupe *ul*, il devient *ou* : *boule, double (duplex), four (furnus), goutte, louche, ours (ursus), roux, souffre (suffero), sourd, sous (subtus), tour; doux, écoute, foudre (fulgur), soufre (sulphur).*

2. *U* persiste aussi en italien, surtout quand il est antépénultième : *cuspide, nunzio, rustico, turbine,* particulièrement devant *gn, ng, nc* : *grugno (grunnio), pugno, pungo, ungo,*

---

[1]. L'*u* est-il long ou bref dans *lutra?* D'après l'ital. *loutra* et le franç. *loutre* il est bref; d'après l'esp. *lutra* il est long.

giungo (*jungo*), *adunco, unghia* (*ungula*); en outre dans *curvo, frutto* (*fructus*), *fusto, gusto, giusto* (*justus*), *nullo, purgo, tumulto, turbo* etc. L'espagnol le favorise beaucoup, et non-seulement quand il est antépénultième, comme dans *cuspide, rustico, turbido*, mais encore quand il est pénultième devant les consonnes les plus variées, particulièrement devant *ch, ng, ñ* : *escucho* (*ausculto*), *cumbre* (*culmen*), *culpa, culto, curso, dulce, duplo, fruto, gruño* (*grunnio*), *gusto, justo, lucho* (*luctor*), *mucho* (*multus*), *mundo, nulo, puño* (*pugnus*), *punjo* (*pungo*), *purgo, turbo, sulco, azufre* (*sulphur*), *unjo, uña* (*ungula*). Le portugais conserve parfois *u* contrairement à l'espagnol, comme dans *funda, chumbo, surdo, urso* (esp. *honda, plomo, sordo, oso*), mais à l'inverse *doce, enxofre* (esp. *dulce, azufre*). — Le provençal maintient *u* : *bulla, flux, frucha* (*fructus*), *fulvi, furt, fusc, fust, just, lucha* (*luctus*), *musc, nulh, punher, purga, ruste* (*-icus*) et quelques autres. — Les exemples français sont : *buis* (*buxus*), *fruit, fût* (*fustis*), *jusque* (*usque*), *juste, lutte, nul, purge, urne*. — En valaque *u* est la forme principale : *ascult, dulce, fulger, gust, mult, must, rumpe, surd, tunde, unde, unge, urs, vuipe.*

La remarque faite ci-dessus sur le rapport historique de l'*e* à l'*i* bref s'applique aussi au rapport de *o* à *ŭ*, devant lequel il a dû finalement céder en latin classique, avec la réserve que cet *o* a persisté dans les inscriptions un peu plus longtemps que *e*, voy. Ritschl *l. c.* Les exemples tirés des plus anciens monuments sont *poplicus* (*publ.*), *nontiare, sont, consolere*; comme syllabes atones *dedro, dedrot* (*dederunt*), *consentiont, Hercolei, popolus, tabola, vincola*; formes de la *Columna rostrata* : *poplom, exfociont* (*effugiunt*), *primos* (*-us*), *navebos, diebos*, des inscriptions tumulaires des Scipions : *Cornelio* (*-us*), *Luciom, filios* (*-us*). Des inscriptions plus récentes ont *jogo, mondo, tomolo* Orell. n. 4858, *dolcissima*, Mur. 1413, 6. Jusque vers la fin du VII° siècle de Rome, *o* s'emploie à l'exclusion de *u*, après *u* ou *v*, ex. *arduom* et non *arduum, vivont* et non *vivunt*, et aussi dans la langue littéraire *volnus, volpes, volt*, à côté de *vulnus, vulpes, vult*. Quelques écrivains se servent en outre de formes comme *fornus, solcus, mollus, sordus*; les grammairiens du VI° siècle ap. J.-C. remarquent *poichrum, colpam* (Schneider I, 30). Les plus anciens diplômes, qui écrivent habituellement *croces, gomus, incorrat, onde, polsatur, fondamentis,* *singoli*, *titolum*, attestent par là l'antiquité de l'usage roman qui est essentiellement d'accord avec celui du latin archaïque, mais qui cependant, nous l'avons vu, n'a pas complètement banni l'*u* classique.

Y.

La forme romane de cette voyelle grecque, correspondant à l'*ü* allemand, qui ne se trouve que dans quelques mots populaires, est : 1) *i*, forme qu'elle avait déjà souvent prise en latin (Schneider I, 43), par ex. : it. *abisso*, *cochiglio* (*conchylium* κογχύλιον) *lira*, *mirra*, etc. Le passage de cet *i* à *e*, comme en italien *gheppio* (γύψ), *sesto* (ξυστόν), *trépano* (τρύπανον), n'est pas précisément fréquent. Nous n'avons pas ici à considérer les expressions techniques prises au grec. — 2) *o*, principalement dans les mots que les Romains reçurent directement de la bouche des Grecs ; il perçut *ü* comme *ū* et le traita comme tel : cette représentation du son *ü* est attestée par le bas-latin. Ital. *borsa* (βύρση, b. lat. *bursa*), *grotta* (*crypta*, b. lat. *crupta*), *lonza* (*lynx*), *tomba* (τύμβος), *torso* (*thyrsus*), *serpollo* (*serpyllum*), dans une syllabe atone *cologna* (κυδώνιον), *mostaccio* (μύσταξ) ; esp. *bolsa* (= *borsa*), *códeso* (κύτισος), *grota* arch. (maintenant *gruta*), *onza* (= *lonza*), *trozo*, *mostacho*, *tomillo* (*thymum*) ; franç. *boîte* (πυξίδα), *bourse*, *grotte*, *once*, *tombe*, *tros* arch., *coing*, *moustache*. Dans quelques cas *u* demeure intact : it. *tuffo*, esp. *tufo* (τύφος); val. *giur* (γῦρος); esp. pg. *murta* (μύρτος), comme déjà en latin ; pr. *Suria* (Συρία) ; franç. *jujube* (ζίζυφον).

DIPHTHONGUES.

Le latin n'a transmis que peu de diphthongues aux langues romanes. Dès les temps les plus anciens, la plupart d'entre elles commençaient à se résoudre en sons simples; d'autres, comme *ai*, *oi*, *ei* étaient déjà tombées en désuétude vers le temps où commencèrent les guerres civiles. *Ae* et *oe*, issues de *ai* et *oi*, ont persisté, au moins dans les classes cultivées, jusque dans les IIIe et IVe siècles. Nous verrons dans la suite que les langues-filles sont cependant riches en diphthongues dont elles n'ont point hérité, mais qu'elles ont acquises.

Æ. Œ.

Dans *æ* on entendait les deux voyelles distinctement, en

sorte que *ae* se rapprochait fort de *ai* également employé. La diphthongue, dans le parler familier, correspondait probablement à l'*ä* long allemand, puisqu'on la trouve confondue avec *e* (Schneider, I, 50, 52). L'italien rend ce son *ae*, tantôt par *ie*, tantôt par *e* ouvert : *Iesi (Aesis), cieco (caecus coecus), cielo (caelum coelum), fieno (faenum foenum), Fiesole (Faesula), lieto (laetus), chiere chere (quaerit), siepe (saepes sepes); egro (aeger), emulo, Cesare (Caesar), greco, ebreo, nevo (naevum), presto, giudeo (jud.), preda, secolo, spera (sphaera), tedio.* — Esp. *ie, e,* quelquefois *i* : *cielo, ciego, cieno (caenum coenum), griego, quiere (quaerit); heces (faeces); heno (faenum), ledo, preda, tea (taeda), tedio; Galicia (Gallaecia), judio, siglo* (v.-esp. *sieglo*). Le Portugais a seulement *e*. — Pr. *ie*, plus souvent *e* : *juzieu juzeu (jud.), quier quer*, etc. — Français *ie, e, oi* : *ciel, siècle*, anc. fr. *cieuc (caecus), lié (laetus), quiert; grec, défèque (defaeco); blois* arch. *(blaesus), foin (faenum), proie (praeda).* — Val. *e* : *ceriu (caelum), ed (haedus)*, et aussi *ied.* — Le grec αι, qui ne représentait plus pour le roman une diphthongue, est rendu par *a* et non par *e*. Παιδίον donne l'italien *paggio* : qu'aurait-on fait de *peggio?* De même αἴσιον donne l'italien *agio*, pr. *ais*, mais l'étymologie est douteuse. Σκαιός reçut dans le prov. *escai* la même diphthongue que *scarabaeus* dans *escaravai* qui fait supposer la prononciation *scarabajus* (cf. l'ital. *scarafaggio*).

2. Œ, là où il ne se confond pas avec *æ*, est rendu par *e*, non par *ie* : ital. *cena, femmina, mesto (moestus* et aussi *maestus), pena;* esp. *cena, hembra, pena* et non *ciena, piena*, ce qui montre avec quelle précision beaucoup de nuances phonétiques du latin ont été traitées.

AU.

1. A côté de la diphthongue *au* on trouve aussi en latin sa forme condensée *o*; ainsi à côté de *auricula, cauda, caulis, caupo, claudere, taurus,* — *oricula, coda, colis, copo, clodere, torus* (ce dernier dans Varron L. L. 5, 95, ed. M.) étaient plus ou moins en usage. Festus dit que dans beaucoup de mots *o* ne s'employait que dans les campagnes; l'osque ne connaissait que *o*. On peut s'attendre à ce que le même phénomène se reproduise en roman. Les deux sons, diphthongue et voyelle, se sont ici conservés; l'un a dominé dans un domaine, l'autre dans l'autre;

d'où nous pouvons conclure que la voyelle simple ne fut pas, à l'exclusion de la diphthongue, transportée du Latium dans les provinces, c'est-à-dire que celle-ci comme celle-là était usitée couramment dans la langue populaire. La forme dominante italienne est certainement *o* : *lodola* (*alauda*), *odo* (*audio*), *ora* (*aura*), *oro* (*aurum*), *oso* (*ausus*), *o* (*aut*), *coda*, *cosa*, *foce*, *frode*, *godo* (*gaudeo*), *gioja* (*gaudium*), *lode*, *alloro* (*laurus*), *nolo* (*naulum*), *poco*, *povero*, *poso*, *roco*, *ristoro*, *toro*, *tesoro*, aussi *Niccolò* (*Nicolaus*). Mais *au* persiste aussi, tantôt comme forme auxiliaire dans le style élevé, tantôt comme forme unique, tantôt enfin comme forme distinctive dans bon nombre de mots : *aura*, *auro*, *esaudire*, *esausto*, *fauci*, *fraude*, *gaudio*, *laude*, *lauro*; *naulo* et *navolo*, *rauco*, *restauro*, *tesauro*; *austro*, *cavolo* pour *caulo* (*caulis*), *cauto*, *nausa* (*nausea*), *Paolo* pour *Paulo*; *causa* cause (*cosa* chose), *pausare* s'arrêter (*posare* reposer), *tauro* (taureau, signe du zodiaque; *toro* taureau). *U* dans *cuso* (*causor*). Dans *Metaro* (*Metaurus*) et *Pesaro* (*Pisaurum*) *au* se réduit à *a*. — L'*o* s'est encore mieux établi en espagnol qu'en italien; du moins les formes en *au* y sont-elles plus rares : *aloeta* arch., *oigo* (*audio*), *oro*, *oso*, *o*, *cola* (*cauda*), *col*, *cosa*, *coto* (*cautum*), *hoz* (*faux*; déjà *foz* dans une charte de l'an 804 *Esp. sagr. XXVI*, 442), *joya* (*gaudium*), *loo* (*laudo*), *poco*, *pobre*, *poso*, *ronco* (*raucus*), *toro*, *tesoro*; *aura*, *austro*, *causa*, *claustro*, *fraude*, *lauro* laurel, *pauso*, *restauro*. — Le portugais met *ou* et aussi *oi* pour *au* : *ouço* (*audio*), *ouro*, *ouso*, *ou*, *couve* (*caulis*), *cousa*, *couto*, *chouvo* (*claudo*), *gouvo* (*gaudeo*), *louvo* (*laudo*), *louro*, *pouco*, *pouso*, *rouco*, *touro*, *tesouro*. *Au* dans quelques mots comme *aura*, *austro*, *fraude*, *pauso*. *O* dans *cola*, *foz*, *pobre*. — Le provençal a conservé la diphthongue pure comme le valaque : *alouza*, *aug*, *aura*, *aur*, *aus*, *austri*, *caul*, *causa*, *clau* (*claudo*), *frau*, *gaug*, *lauzi* (*laudo*), *laur*, *nausa*, *pauc*, *Paul*, *paubre*, *paus*, *vauc*, *restaur*, *taur*, *thezaur*. Les seules exceptions sont peut-être *o* (*aut*) au lieu de *au* qui eût été trop large, et *joy* qui semble venir du français. *Coa* paraît se rapporter à *coda*, qui fut préféré parce que *cauda* aurait donné *cava*. — La forme française est *ò*, qui aime à s'unir à *i* : *aboie* (**adbaubo*), *ois* (*audio*), *or*, *ose*, *chose*, *clore* (*claudere*), *cloître* (*claustrum*), *joie*, *ôter* (**haustare*), *noise*, *pose*, *Savoie* (*Sabaudia*), *trésor*. Dans d'autres mots comme *cause*, *fraude*, *pauvre*, *restaurer*, *taure*, on a *au*. Une troisième forme est *ou* dérivé de *o* dans *alouette, ou, chou, loue* (*laudo*), *enroue* (*raucus*). De *paucus* vient l'ancien français *pau* et *po*, de ce dernier le français moderne *peu* ; de *coda*, *queue*. — Le valaque ne connaît que *au* à la place duquel il écrit aussi *ao* : *auz* (*audio*), *adaug adaog* (*adaugeo*), *aur, austru, au* (*aut*), *causę, laudę, laur, repaos* (**repauso*), *taur*. *Coadę* vient de la forme latine *coda* et non de *cauda*.

2. La tendance à faire disparaître la diphthongue par la consonnification de *u* en *l* se montre dans les formes florentines, admises dans le dictionnaire italien, *aldace, esaldire, fralde, galdere, lalde*, par ex., pour *audace, esaudire, fraude, gaudere, laude* et aussi dans le nom de ville *Alfidena* (*Aufidena*) ; esp. *galtera* (prov. *gauta*) ; catal. *altreiar* (prov. *autreiar*) ; it. esp. *calma* (καῦμα). La consonnification de l'*u* en *b* ou même en *p* n'est pas sans exemple dans les langues du sud-ouest : esp. *alabar* (*allaudare allauar*), *Pablo* (*Paulus*), anciennement *abdencia* pour *audiencia*, *abze* pour *auze*, *cabsar* pour *causar*, *aptuno* pour *autuno* ; v.-port. *absteridade, captela* pour *austeridade, cautela* SRos.

Parmi les autres diphthongues, on ne retrouve dans les langues filles que les diphthongues *eu* et *ui*. *Eu*, qui persista comme diphthongue au temps de l'empire, reste dans les expressions géographiques et dans les mots savants : *Europa, neutro*. *Rheuma* est en ital. *rema*, en esp. *roma* (dans *romadizo*), en prov. *rauma*, en franç. *rhume* ; au pr. *rauma* compar. le nom propre *Daudes* (*Deus-dedit*, *au* venant d'*eu*), *laupart* de *leopardus*. *Leuca*, it. *lega*, par transposition esp. prov. *legua*, fr. *lieue*. *Ui* se conserve exactement dans l'ital. *cui, fui*, etc.

II. VOYELLES ATONES.

Si les voyelles toniques persistent ou se modifient d'après des lois fixes, les voyelles atones sont bien plus sujettes à l'empire du hasard. Elles n'ont guère dans les langues romanes qu'une valeur numérique : la *nature* de la lettre importe peu ; c'est surtout son existence même qui est prise en considération ; aussi sont-elles susceptibles des métamorphoses les plus diverses. Les suivre ici serait faire un dénombrement stérile de faits particuliers sans lien entre eux ; toutefois quelques phénomènes nécessiteront une mention spéciale, d'autres, plus importants, une analyse détaillée. — La voyelle atone peut ou bien être simplement voisine d'une consonne, ou bien former un hiatus avec une autre voyelle; comme ces différentes positions agissent différemment sur elle, il convient de traiter chacune d'elles séparément.

1. VOYELLES ATONES EN DEHORS DES CAS D'HIATUS.

Il faut les distinguer ici, suivant qu'elles sont placées avant ou après la syllabe tonique.

1. *Avant la syllabe tonique.* A cette place, l'atone subit, dans tout le domaine roman, des transformations nombreuses, assez arbitraires, et dans lesquelles la quantité n'est d'aucune importance. On remarque surtout cette confusion dans la syllabe initiale du mot. L'italien servira d'exemple. *A* se change en *e* : *gennaro (jănuarius), sermento (sarm.), smeraldo (smăragdus); a — o : soddisfare (sătisfacere); a—u : lucertola (lăcerta). E — a : asciugare (exsucare*), starnutare (stern.); e — i : ciriegio (cĕraseus*), dicembre (dĕc.) finestra (fĕn.), midollo (mĕdulla), migliore (mĕliorem), riverenza (rĕverentia), signore (sĕniorem); e — o : dovere (dēb.), popone (pĕponem); e — u : ubbriaco (ēbrius), rubello (rĕbellis). I — a : anguinaglia (inguinalia); i — e : lenzuolo (linteolum); i — o : dovizia (dīvitiae); i — u : suggello (sĭgillum). O — a : maniglia (mŏnile); o — u : budello (bŏtellus), cucchiajo (cochlearium), fucile (de fŏcus), mulino (mŏlina), ruggiada (de rōs), ubbidire (ŏbedire), uccidere (occ.), ufficio (off.), ulivo (ŏliva), ulire (ŏlere); u — i : ginepro (jūniperus); u — o : coniglio (cŭniculus), governare (gŭb.), ortica (urt.) Ae — u : uguale (aequalis). Au — a : agosto (augustus), ascoltare (auscultare),* déjà dans le latin de la décadence *Agustus* et *ascultare*, ajoutez encore *sciagurato (exauguratus); au — o : orpimento (auripigm.); au — u : uccello (aucella), udire (audire); au* persiste : *aurora, australe, autunno (autumnus).* Les autres langues romanes fournissent aussi des exemples; elles ont en commun une préférence marquée pour l'*a* dans la première syllabe atone, et le substituent souvent à cette place à *e* ou *i* : en effet, la voyelle *a* n'a pas la couleur décidée des autres, ce qui fait qu'elle est naturellement suggérée aux organes vocaux avant l'effort décisif que nécessite la syllabe tonique. Nous citerons (outre les exemples donnés ci-dessus): ital. *danaro (denarius), maraviglia (mirabilia), salvaggio (silvaticus);* esp.

ayuno (*jejunium*), *balanza* (*bilanx*), *galardon* (v.h.all. *widarlón*), *sargento* (*serviens*); franç. *chacun* (*quisque unus*), *farouche* (*ferox*), *jaloux* (*zelosus*), *marché* (*mercatus*[1]), *paresse* (*pigritia*). Voy. Dict. étymol., I, xx. Le faible poids de l'atone explique aussi pourquoi elle tombe souvent à la première syllabe, ce qui lui arrive même quand elle est longue. Le groupe oriental et le provençal en offrent surtout des exemples fréquents. It. *bottega* (*apotheca*), *Girgenti* (*Agrigentum*), *lodola* (*alauda*), *lena* (*anhelare*), *Lecce* (*Aletium*), *ragna* (*aranea*), *rena* (*arena*), *resta* (*arista*), *Rimini* (*Ariminum*), *vocolo* (pour *avocolo*); *chiesa* (*ecclesia*), *ruggine* (*aerugo*), *vangelo* (*evangelium*), *vescovo* (*episcopus*); *nello* (*in illo*), *nemico* (*inimicus*), *rondine* (*hirundo*), *verno* (*hibernum*); *cagione* (*occasio*), *rezzo* (pour *orezzo*); *licorno* (*unicornis*). Il faut signaler en italien la chute très-fréquente de l'atone à l'initiale devant *s* impure. Ex. *sbattere* (prov. *esbattre*, ital. aussi *disbattere*), *scaldare* (*exc-*), *smendare* (*exm-* pour *em-*), *snudare* (*exn-* pour *en-*), *Spagna* (*Hispania*), *spandere* à côté de *espandere*, *sparago* (*asparagus*, aussi *sparagus*, voy. Voss. h. v.), *sporre* à côté de *esporre*, *sterpare* (*exstirpare*), *storia* (*hi-*). On a d'anciens exemples en latin : *storias* (*hi-*), *strumentum* (*in-*), et surtout *'sti*, *'storum*, etc. (*isti*, *istorum*), dans de bons ms., voy. Lachmann *in Lucret.* 197, 232, ital. *stesso* pour *istesso*. Dans un glossaire *stimavit* (*aest-*, comme en it.), *Diutiska*, I, 502. — Val. *noatin* (*annotinus*), *prier* (*aprilis*), *spargę* (it. *sparago*); *lictariu* (*electuarium*); *nalt* (*in-altus*), *nęlbi* (*inalbare*), *sbate*, *scęldà*, *sparye*. — Esp. *bispe* (it. *vescovo*), *Merida* (*Emerita*); *Lerida* (*Ilerda*); *relox* (*horologium*). — Port. *no* (it. *nello*), *namorar* (*inamorare* *); *Lisboa* (*Olisipo*). — Pr. *Guiana* (*Aquitania*), *lauzeta* (*alauda*), *lena* (comme en ital.), *ranha* (comme en ital.), *bispe* (comme en esp.), *gleisa* (ital. *chiesa*), *mina* (*hemina*); *randola* (*hirundo*). — Fr. *mine* (*hem.*), *resque* arch. (prov. *bispe*), et un petit nombre d'autres.

Remarquons encore quelques traits délicats, tels que ceux qui permettent d'attribuer à une lettre une certaine influence sur l'atone qui la précède.

En italien la labiale *v* semble appeler la voyelle voisine *o*,

---

[1]. Déjà dans les chartes mérovingiennes *marcadus* Bréq. num. 271 cinq fois, *marcado* Mabill. *Dipl.* p. 496. *Dalfinus* pour *Delphinus* (Dauphin) dans la première charte et num. 272.

pour remplacer un *i* ou *e* originaire. Ainsi : *dovere* (mais à la tonique *dévo*), *dovidere, indovinare, dovizia, daddovero, piováno* (mais tonique *piéve*, b. lat. *plebs, plebanus*), *rovesciare* (*reversare*), *rovistare* (*revisitare*). La labiale *m* paraît aussi avoir cette force plastique, cf. *domandare, domani* (toutefois *dimestico* et *domestico*), *somigliare* (*similiare* *) ; de même *b* dans *ubbriaco* (*ebr.*), *rubello* (*rebellis*) ; dans ce mot *u* a été préféré, comme aussi dans *umiliaca* (*armeniacum*). Ajoutons les exemples provençaux dans lesquels la labiale qui agit est surtout *m*, et la voyelle introduite *u*, comme dans *umplir* (*implere*), *lumdar* (*limitaris*), *prumier* (à côté de *premier*), -*o* dans *romaner*; il faut sans doute apprécier de même le nom de ville *Domas* pour *Damás* (*Damascus*) Flam. v. 214. Enfin le français *alumelle* (v.fr. *alemelle*), *fumier* (lat. *fimus*), *jumeau* (*gemellus*), *Jumillac* (*Gemiliacum*), *chalumeau* (*calamus*, *u* venant de *a*), dans les patois *fumelle* (*femella*). V.fr. *frumail* (*fermail*) [1].

En espagnol existe, à n'en pas douter, la tendance à échanger contre un *e* l'*i* latin atone ou devenu atone, toutes les fois que la syllabe qui suit contient un second *i* tonique : c'est par une raison euphonique, afin de ne pas entendre deux *i* immédiatement prononcés : *Cecilia* arch. (*Sicilia*), *ceniza* (*cinis*), *ceñir* (*cingere*), *cetrino* (*citreus*), *colegir* (*colligere*), *concebir* (*concipere*), *constreñir* (*constringere*), *corregir* (*corrigere*), *decir* (*dicere*), *envidia* (plus usité que *invidia*), *encina* (*ilicina* *), *enemigo* (*inimicus*), *Felipe* (*Philippus*), *freir* (*frigere*), *hebilla* (*fibella* *), *henchir* (*implere*), *heñir* (*fingere*), *mestizo* (*mixticius* *), *reir* (*ridere*), *reñir* (*ringi*), *sencillo* (*simplicellus* *), *teñir* (*tingere*), *vecino* (*vicinus*). Il est vrai que *i* persiste souvent, surtout dans les mots peu populaires : *afligir, astringir, dirigir, escribir* (anc. *escrebir*), *extinguir, fingir* (anc. *fengir*), *imprimir, recibir* (en opposition

---

1. La tendance à changer *i* en *u* (et non en *o*) devant ces labiales, se trouve aussi en latin, mais sur une plus grande échelle ; cet *u* latin s'explique par l'existence antérieure d'un son intermédiaire entre ŭ et ĭ. Voici des exemples, tirés en partie des inscriptions: *maxumus, lacrumas, monumentum, aucupium, recuperare* (pour *recip.*), *lubido, aurufex, pontufex*. Voy. Corssen, I, 331-340, 2ᵉ édit. On ne peut établir de lien historique entre les exemples latins et romans. On voit du reste que *u* peut aussi en latin être tonique : dans les langues romanes la tonique est trop solidement établie pour se laisser si facilement détourner de sa voie.

avec *concebir*), *redimir* (à côté de *redemir*), *vivir* (anc. aussi *vevir*). A l'inverse, *e* originaire, quand la syllabe suivante contient *ie*, est remplacé par *i* : *cimiento* (*caementum*), *hiniestra* (*fenestra*), *simiente* (*sementis*), *tinieblas* (*tenebrae*), surtout dans la conjugaison comme dans *mintiera*, *sintiese*. —Le provençal obéit souvent aussi à la première de ces lois d'euphonie constatées dans l'espagnol, quand il dit *desig* (*dissidium*), *enemic*, *enic* (*iniquus*), *enrequir* (*ric*, allem. *rîch*), *esperit*, *fenir*, *fregir*, *gengiva*, *gequir* (Prés. *gic*), *omelia* (ὁμιλία), *tesic* (*phthisicus*), *vesin* (*vicinus*). Il faut sans doute aussi assigner une cause euphonique aux formes italiennes *Sanese* pour *Senese*, *Modanese* pour *Modenese*. Remarquons en passant dans l'ancien français *e* pour *o* lorsque la syllabe qui suit contient déjà cette dernière voyelle, comme dans *correcious* pour *corrocious*, déjà dans le *fragment* de Val., *costeïr* pour *costoïr* (*custodire*) ChRol., *felenie* pour *felonie*. — Mais l'ancien milanais donne un exemple frappant de l'empire que l'atone peut exercer même sur la tonique. *E* tonique, quand la syllabe qui suit contient un *i*, devient également *i*, par ex.: sing. *parese* (ital. *palese*), plur. *parisi*; dans la conjug. *havesse* à la 1re pers. (ital. *avessi*) mais à la 2e pers. *havissi*; *feva* (*faceva*), mais *fivi* (*facevi*). Voy. Mussafia, *Beiträge* p. 19, *Macaire* p. VII.

2. Après la tonique, dans les proparoxytons, il faut noter un phénomène fréquent et intéressant, que présente tout le domaine roman : c'est la chute de la voyelle suivante, habituellement *i* ou *u*. Ex. : ital. *caldo* (*calidus*), *opra* (*opera*), *posto* (*positus*), *occhio* pour *oclo* (*oculus*); esp. *caldo*, *obra*, *puesto*, *ojo*; fr. *chaud*, *œuvre*, *cercle* (*circulus*) et des centaines d'autres. Il n'y a là rien d'étonnant, puisque la langue-mère, dans sa période ancienne, emploie régulièrement ces formes plus dures et privées de la voyelle de dérivation, ainsi qu'il résulte des inscriptions très-anciennes où on lit *dedro* (*dederunt*), *Lebro* (*Libero*), *vicesma*, et même *fect* (*fecit*), etc.; les formes adoucies n'apparaissent que plus tard (Ritschl, *De Aletr. tit. p.* IX sqq.). La prose classique en offre encore des exemples, bien qu'en petite quantité, comme *caldus*, *hercle*, *lamna*, *valde*, *vinclum*; le style poétique en fournit davantage, comme *ardus* (*arid.*), *cante* (*canite*, d'après Varron *in saliari versu*), *circlus*, *opra*, *periclum*, *poclum*, *porgo*, *postus*, *saeclum*, *spectaclum*. Plus tard ces formes deviennent fréquentes. L'*App. ad Prob.* critique *speclum*, *masclus*, *veclus* (*vetulus*), *baclus*, *calda*, *frigda*, *oclus*, *tabla*, formes qui

toutes sont romanes. « On peut en conclure justement que dans la vie ordinaire bien des mots se prononçaient en syncopant la voyelle sans toutefois être écrits de même par les gens cultivés. » (Schneider, I, 172.) Notre haut-allemand a suivi la même voie en contractant par ex. *farawa* en *farbe*, *kirihha* en *kirche*, *patina* en *pfanne*, *syllaba* en *silbe*, *asparagus* en *spargel*, sans toutefois s'enchaîner à la tonique : cf. *fenchel* de *foeniculum*, *fenster* de *fenéstra* et beaucoup d'autres.

Les voyelles atones finales, même celles qui ne le sont devenues que par la chute d'une consonne (*decem-dece*, *amat-ama*, *filius-filia*) sont assez diversement traitées dans les différentes langues . mais les cas les plus intéressants seront étudiés à propos de la flexion. En ital. *a, e, i, o* persistent habituellement : *casa, forte, jeri, ivi, uomo, amo*, mais *u* se change en *o* : *cavallo*. En outre *e* devient souvent *i* : *altrimenti* (*altera mente*), *avanti* (*ab ante*), *dieci* (*decem*), *domani* (*de mane*), *indi* (*inde*), *lungi* (*longe*), *oggi* (*hodie*), *quinci* (*hincce*), *tardi* (*tarde*), *Chieti* (*Teate*), *Rieti* (*Reate*). Dans d'autres noms de ville *ae* est rendu aussi par *i* : ainsi dans *Acqui* (*Aquae*), *Alifi* (*Allifae*), *Capri* (*Capreae*), *Veletri* (*Velitrae*), *Vercelli* (*Vercellae*), *Veroli* (*Verulae*), par *e* dans *Firenze* (*Florentiae*). — L'espagnol agit à peu près comme l'italien, avec cette différence que les voyelles finales sont moins fréquentes, la chute de l'*e* étant assez normale : *casa, fuerte, fácil, órden, amo, bueno*. — En prov. *a* seul persiste, les autres voyelles disparaissent régulièrement quand l'euphonie ne les maintient pas : *casa, fort, paire* (*patrem*), *er* (*heri*), *y* (*ibi*), *testimoni* (*-ium*), *Virgili, caval, autre* pour *autr*; *o* est supplanté par *e* ou *i*; *laire* (*latro*), *ami* (*amo*), etc. En français la chute est aussi absolue, mais les voyelles qui ne tombent pas sont remplacées par *e* : *âme, fort, bonnement, hier, témoin, Virgile, aime* (*amo*), *cheval*. — En valaque *a* se modifie en *ę*, *e* persiste, les autres voyelles tombent d'ordinaire quand la consonne qui précède n'exige pas leur maintien : *apę* (*aqua*), *laudę* (*laudat*), *bine* (*bene*), *er* (*heri*), *om* (*homo*), *aur* (*aurum*), *patru* (it. *quattro*), *socru* (*socer*).

2. VOYELLES ATONES FORMANT HIATUS.

Partout ici domine la disposition à éviter, autant que possible, la rencontre de deux voyelles dans deux syllabes distinctes d'un mot (hiatus). Ce résultat est atteint tantôt par élision, tantôt par attraction de la première voyelle, tantôt par contraction, tantôt enfin par l'introduction d'une consonne. L'existence de l'hiatus est parfois indiquée par un *h* placé entre les voyelles : esp. *ahi, ahina, ahullar, vihuela*; portug. *cahir, sahir*, ancienn. *poher, tavoha, tehudo, vehuva*; pr. *ahur, atahinar, rehusos*; fr. *envahir, trahison*, v.fr. *Loherain, pahis, pehu, trehu, vehoir*; b.lat. *controversihis, Danihel*.

Les trois cas d'hiatus les plus importants sont les suivants : ou l'hiatus se présente déjà dans les mots simples latins, — ou bien il résulte d'une composition latine ou romane, — ou bien encore il est amené par la chute romane d'une consonne.

I. *Hiatus originaire dans les mots simples.* — 1. Si l'accent porte sur la première voyelle, la destruction de l'hiatus est plus difficile à opérer, et n'a pas lieu dans toutes les langues. On l'obtient cependant quelquefois : *a*) par l'immixtion d'une consonne, comme par ex. de *v* après *u* ou *o* : lat. *fu-v-it, flu-v-ius, plu-v-ia, vidu-v-ium*; it. *fluvido* (*fluvidus* page 13); *piovere*, esp. *llover*, fr. *pleuvoir* (*pluere*) ; it. *gruva* et *gruga* (*grus gruis*). Un phénomène analogue se trouve parfois en ancien français dans des mss. qui donnent *seuwe, veuwe, trauwé, euwissent* pour *seue* (fr. mod. *sue*), *veue* (*vue*), *traué* (*troué*), *eussent* (*eussent*) et autres semblables. L'hiatus se détruit aussi par l'intercalation du *j*, tel que le roman le prononce : ital. *veggia* (*vehes*, c'est-à-dire *ve-es*) ; *struggere* (*destruere*); *tragge*, val. v.port. *trage*, v.esp. *traye* Apol. (*trahit*); it. *scarafaggio*, esp. *escarabajo* (*scarabaeus*), qui ont dû se prononcer à l'origine *veja, strujere, traje, scarafajo, j = i* cons. Cet effacement ou amoindrissement de l'hiatus au moyen d'un *j* résonnant après la première voyelle, est, comme l'on sait, particulièrement fréquent dans les dialectes du sud de l'Italie, par ex. napolit. *affizejo* (it. *ufficio*), *ajero* (*aere*), et aussi *pajese* (*paese, pagensis*), sicil. *spijuni* (*spione*), *trijaca* (*triaca*), et se trouve aussi quelquefois en allemand (*lilije, spijon*, moy.h.all. *meije, boije*). La production de l'*i* consonne par la voyelle *i* qui le précède, en ancien français écrit *ii*, souvent aussi *iy*, est un fait analogue ; par ex. en prov. *amiia, diia* M. num. 873, en v.fr. *anciien, crestiien, paiien, criier, criyer* (*crier*), *proiier* (*prier*). Ne faut-il pas ranger sous cette loi le français moderne *y* dans la plupart des cas? Rapprochons encore l'esp. *suyo, tuyo, arguyo*[1]. *G* est plus usité

---

1. « En sanscrit *y* (c'est-à-dire *j*) est inséré quelquefois comme liaison

que *j* dans le latin du moyen-âge, cf. *vegere* pour *vehere* dans beaucoup de chartes, *retragendum* Brun. p. 417 (de l'an 684), *subtragendum* p. 421 (700), *struges* pour *strues*. Exemple de l'intercalation d'un *d* dans l'it. *làdico (laïcus)*. — *b*) Par élision : it. *dì*, val. *zi (dies)* ; fr. *tandis (tam diu)* ; it. *trarre (trahere)* ; val. *fire (fieri)* ; it. *abete (abietem), parete*, esp. *pared (parietem)* ; it. *Carsoli (Carseoli)* ; esp. *dos (duos)* etc. — *c*) Par déplacement de l'accent pour former une diphthongue : it. *figliuólo (filiolus), piéta (pietas)* ; esp. *diós (deus)*, mais port. *déos*. Les langues de l'Est et du Sud-Ouest supportent très-bien cette espèce d'hiatus ; celles du Nord-Ouest cherchent par tous les moyens à le détruire là où elles le trouvent.

2. Si l'accent ne porte pas sur la première des voyelles, et si celle-ci est *i*, *e* ou *u (diurnus, debeo, continuus)*, la destruction de l'hiatus est plus facile et s'opère fréquemment.

A. Parlons d'abord des combinaisons qui commencent par *i* et *e*, car les deux voyelles sont ici équivalentes ou plus exactement *e* a la valeur de *i*. Les Romains eux-mêmes les confondaient souvent, à cette place, dans les désinences *eus*, *ius* : leurs grammairiens rejettent *alleum, doleum, palleum, sobreus* employés pour *allium*, etc. (Schneider, I, 16). L'*Appendix ad Probum* avertit de dire : *Cavea, non cavia ; brattea, non brattia ; cochlea, non cochlia ; lancea, non lancia ; solea, non solia ; balteus, non baltius*. L'auteur de cet *appendice* aurait tout aussi bien pu crier à l'auteur d'une charte de la Haute-Italie de l'an 726 *HPMon*. n. 8 : *antea, non antia ; habeat, non abiat ; valeat, non valiat ; moveant, non moviant ; debeant, non debiant* ; beaucoup d'autres scribes cherchaient de même à rendre la prononciation par l'écriture. Ainsi on voit dans les inscriptions *doiea* pour *dolia* Orell. II, 381, *filea* pour *filia* ib. num. 2497, et réciproquement *abias* pour *habeas* n. 2566, *vinia* pour *vinea* 3261. Vossius cite *tinia* pour *tinea* d'après un ms., *Arist*. I, 43. Dans les cas où la voyelle *i* (il faut donc y comprendre aussi l'*e*) se modifie par synérèse en *i* consonne, c'est-à-dire en *j*, nous l'appelons, pour abréger, *i palatal*. La contraction des groupes disyllabiques *ia, ie, io, ea, eo* en une syllabe était déjà usitée chez les poètes romains (de nombreux exemples entre autres dans Lachmann *in Lucret*. p. 72, 82, 115, 122, 193),

---

euphonique entre deux voyelles, sans que pourtant ce fait se produise dans tous les cas qui pourraient y donner lieu. En zend on trouve presque toujours un *y* inséré entre un *u* ou un *û* et un *é* final. » Bopp, *Gr. comp*. tr. Bréal, I, § 43.

et on a même exprimé la prononciation trisyllabique de *abiete,
ariete, fluviorum* par l'orthographe : *abjete, arjete, fluvjorum* (Schneider, I,90, 286). Le roman donne à ce procédé ou
plutôt à cette disposition à effacer l'hiatus une bien plus grande
extension ; seul, le valaque le laisse presque partout subsister.
La prononciation de l'*i* palatal dépend d'ailleurs de la nature de la
consonne précédente, bien qu'ici toutes les langues romanes ne
soient pas d'accord ; le passage aux gutturales *g* ou *c* se présente
aussi. Dans le haut-allemand quelque chose d'analogue s'est produit : là aussi un *j* (et finalement un *g* ou *ch*) est né du lat. *i*
ou *e*, cf. *cavea*, v.h.all. *kefja*, all. *käfig*; *electuarium,
latwerge ; apium, eppich; lolium, lolch; minium, mennig*.
Dans le grec populaire moderne, les mots du grec ancien ἰατρός,
διά, πλατεῖα deviennent γατρός, δγά, πλατγά, dans lesquels γ est
prononcé comme notre *j*.

a. Liquides avec *i* palatal. — *i* après *L* et *N* a la propriété de
mouiller ces consonnes (comme on dit en français). Le motif en
est dans la facilité que possède *j* de se combiner avec ces sons
également formés dans le palais. Les exceptions ne sont cependant pas sans importance : en esp. par exemple, *j* après *l*
prend la prononciation romane, il joue le rôle d'aspirée (*fijo* au
lieu de *fillo* de *filius*), ce qui amène la chute de *l*. En valaque,
comme en espagnol, *l* tombe de même que *n*. Après *n*, *j* peut
aussi, par exception, prendre sa prononciation romane chuintante
ou aspirée.

Après *L* : it. *aglio (allium), consiglio, famiglia, figlio,
foglia, giglio (lilium), maraviglia (mirabilia), moglie (mulier), oglio (oleum), paglia (palea), tagliare (talea)*. Renforcement en *g* : *valga (valeam)*. Chute dans *vangelo (evangelium)*. — Esp. *batalla, maravilla*. La forme dominante est
ici *j* aspiré : *ageno (alienus), ajo, ceja (cilium), consejo,
hijo (filius), majar (malleare), mijo (milium), muger, paja,
tajar*, dialectal. Aussi chez les anciens écrivains *bataja* Alx.
FJuzg., *meravija* Alx. Renforcement dans les cas de conjugaison
salga (saliam), valga. — Port. *alhéo (alienus), alho, filho,
palha, talhar, valha*. — Pr. *alh, batalha, conselh, eissilh
(exilium), familla, filh, palha, talhar, valha*. — Fr. *ail,
bataille, conseil, famille, fille*, etc. Attraction dans *huile
(oleum)*. L'adoucissement fait défaut dans *exil, fils, lis (lilium)*
et là où *u* remplace *l* comme dans *mieux* (pr. *melhs*). — Val.
aju, coju (coleus), foaje, mujere, tejà (= it. *tagliare*), mais
fiu, et non *fiju*.

Après *N* : it. *bagno* (*balneum*), *calcagno* (*-aneum*), *calogna*, plus häbituellement *calunnia* (*calumnia*), *Campagna* (*-ania*), *ingegno* (*ingenium*), *vergogna* (*verecundia* avec suppression du *d*), *vigna* (*vinea*). Renforcement de *j* en *g* dans la conjugaison : *rimango* (*remaneo*), *tengo* (*teneo*). Chute de la voyelle dans *befana* (ἐπιφανία), *strano* (*extraneus*), et aussi avec *i* palatal *strangio*. — Esp. *baño*, *caloña* à côté de *calumnia*, *campaña*, *cuño*, *engeño* arch., *España*, *viña*. Avec aspiration : *extrangero* (*extraneus*), *granja* (*granea*). — Port. *banho*, *campanha*, *Minho* (*Minius*), *vinha*; chuintante dans *granja*, v.port. *grancha*. — Pr. *banh*, *castanha* (*-nea*), *estranh*, *engenh*, *vinha*. Ici aussi immixtion de la chuintante : *calonja*, *dangier* (*damnarium* *), *songe* (*somnium*). Renforcement dans *remanc*, etc. — Fr. *Champagne*, *oignon* (*unio*), *vigne*, mais à côté *danger*, *donjon* (b.lat. *domnio*), *étrange*, *grange*, *lange* (*laneus*), *linge* (*lineus*), *songe*, v.fr. *chalonge*. Attraction dans *bain*, *coin* (*cuneus*), *juin*, *témoin* (*testimonium*). — Val. *báje*, *celcuju*, *cuju* (*cuneus*), *vie* (*vinea*).

Après *M i* reste voyelle, en français seulement il devient chuintante douce dans *Baussenge* (*Balsemius*), *congé* (*commeatus*), *Nigeon* nom de lieu (b.lat. *Nimio*), *Offange* (*Euphemia*), *singe* (*simia*), *Poange* (*Potamius*) Voc. hagiol., *vendange* (*vindemia*), v.fr. *blastenge* (*blasphemia*). Il y a aussi en pr. *comjat*; l'it. *congedo* vient du français *congé*. L'attraction est visible dans le vaudois *soyme* (*somnium*) Chx. II, 111.

Lorsque *R* précède les atones *ius*, *ia*, *ium*, d'où naissent les groupes *ari*, *eri*, *ori*, *uri* (*us*), ou bien *i* est attiré par la tonique et forme avec elle une diphthongue, mode commun à presque toutes les langues romanes, ou bien *i* est consonnifié, ou bien enfin il est éliminé. Le groupe *ari* subit les traitements les plus divers : *ari* devient *air*, *eir*, *er*, *ier*. Le valaque s'abstient de toutes ces formations. — *Ari* en italien donne lieu à une diphthongue: *argentiere* (*-tarius*), *cavaliere*, *primiero*. On a encore *j* pour *i* après la chute de *r*, forme propre à cette langue, analogue à l'espagnol *j* pour *lg* : *argentajo*, *carbonajo*, *pajo* (*pareo*), *vajo* (*varius*). En outre élision d'*i* dans *carbonaro*, *varo*, etc. Pour ce qui est des autres groupes, on ne trouve que l'élision ou la diphthongaison : *impero* (*-rium*), *monastero*, *Lucera* (*Luceria*), *Nocera* (*Nuceria*); *muojo* (*morior*), *pensatojo* (*pensatorius*), *seccatoja*; *foja* (*furia*), *moja* (*muria*); cependant on pourrait voir une attraction dans *fiera* (*fĕria*, prov. *feira*). — En espagnol le groupe *ari* est rarement rendu par *air* comme dans *donaire* (*donarium*), habituellement par *er*, c.-à-d. que la diphthongue *ai*, que la comparaison avec le portugais permet de supposer, se simplifie en *e* comme dans d'autres cas : *caballero, carcelero* (*-cerarius*), *enero* (*januarius*), *primero*. Le groupe *eri* a la même forme : *madera* (*materia*). Le groupe *ori* subit une diphthongaison dans *cuero* (*corium*), *asmaduero* (*aestimatorius*) Bc. Le groupe *uri* donne *uer* : entre *uri* et *uer* il faut admettre *uir* comme intermédiaire né par attraction : *aguëro* (*augurium*), *Duero* (*Durius*), *huero* (οὔριος), *salmuera* (*muria*). Apocope dans *vivar* (*-ium*), *lavador* (*-torium*). — En portugais l'attraction s'exerce très-fortement. Le groupe *ari* devient dans le v.pg. *air*, cf. *adversairo* FTorr. 616, *avessayro* FGuard. 437, *contrayro* FSant. 574, *notairo* FTorr. 614, *salayro* FGuard. 437, *vigairo* (*vic.*) FMart. 603, SRos. II, 298, et dans le port. mod. *ei* : *cavalleiro, janeiro, primeiro, eira* (*area*). Groupe *eri* : *cativeiro* (*captiverium**), *feira* (*feria*), *madeira*. Groupe *ori*, ancien portugais *oir* : *adjudoiro, adoboiro, aradoiro* SRos., *coyro* (*corium*) FTorr. 636, en port. mod. habituellement *our*, aussi pour *uri* : *bebedouro* (*bibitorium **), *couro*, etc.; *agouro, Douro, sal-moura*. — Pr. *cavalier, primier, favieira* (*fabaria*), *Daire* (*Dárius*), *vaire*; *feira, madeira*; *mangadoira, moira* (*moriatur*). Apocope dans *albir* (*arbitrium*), *agur* (*augurium*), etc. — Fr. *chevalier, premier, rivière* (*riparia*), *aire* (*area*), *contraire*; *matière, foire* pour *feire* (*feria*); *Grégoire, gloire, histoire, mangeoire, cuir* (*corium*). *E* ou *i* devient *g* dans *cierge* (*cereus*), v.fr. *serorge* (*sororius*), auquel il faut ajouter *Tiberge* (*Tiberius*) Voc. hag.

b. Sifflantes avec *i* palatal. — Après *S, T, C, i* tombe ou devient muet, et la consonne conserve sa prononciation habituelle (*ti* égale ici *z*) ; à cette règle il y a, toutefois, d'importantes exceptions.

Après *S* : it. *chiesa* (*ecclesia*), *tosone* (*tonsio*), *Canosa* (*Canusium*), *Venosa* (*Venusium*). On trouve plus souvent *g*, venu d'un *j* devant lequel *s* a disparu : *Anastagio* (*-asius*), *Biagio* (*Blasius*), *cagione* (*occasio*), *cervigia* (*-isia*), *Dionigio* (*-ysius*), *fagiano* (*phasianus*), *fagiuolo* (*phaseolus*), *Parigi* (*Parisii*), *Perugia* (*Perusia*), *pigione* (*pensio*), *ragia* (*rasea **), *rugiada* (*ros*, franç. *rosée*), *Trivigi* (*Tarvisium*). Exceptions *bacio bascio* (*basium*), *cacio cascio* (*caseus*), *Norcia* (*Nursia*). — Esp. *Blus, fasoi*. Attraction dans *beso* pour *baiso* (*basium*), *queso* pour *caiso* (*caseus*), *faisan*, *mayson* (du prov.?) — Port. habituellement *j* au lieu de *s* ou de *z* : *beijo, cerveja, fajão faisão, feijão* (esp. *fasol*), *igreja* (*ecclesia*), *queijo*, cf. esp. *eclegia* PCid. — En prov. et en franç. l'attraction seule semble s'exercer partout : pr. *bais* (*basium*), *faisol* (*phaseolus*), *foiso* (*fusio*) Fer. 3309, *gleisa* (*ecclesia*), *maiso* (*mansio*), *ocaiso*, *preiso* (*prehensio*), voy. à l'*S*; fr. *Ambroise, baiser, faisan, foison, toison* (*tonsio*), et aussi *église* pour *egleise*, v.fr. *Aise* (*Asia*), Ren. *IV*, 106.

Après *T* : it. *Arezzo* (*Arretium*), *giustezza* (*justitia*), *Isonzo* (*Sontius*), *lenzuolo* (*linteolum*), *marzo* (*martius*), *palazzo* (*palatium*), *piazza* (*plátea*), *pozzo* (*puteus*), *tizzone* (*titio*), *Vicenza* (*Vicentia*); dans les chartes *justiza* HPMon. n. 19, année 827, *pozolum* (*puteolus*) ibid. n. 127, année 966. Dans beaucoup de cas *g* pour *z* ou tous les deux parallèlement, ainsi dans *cupidigia* (*cupiditia*, 10e siècle), *indugio* (*indutiae*), *palagio, pregio* (*pretium*), *presentagione*, *ragione* (*ratio*), *Vinegia* (*Venetia*). Après *c* originaire ou *p*, *c* apparaît d'habitude comme dans *succiare cacciare* pour *suctiare captiare*, voy. au *T*. — Esp. *avestruz* (*avis struthio*), *dureza* (*duritia*), *lenzuelo, marzo, plaza, pozo, razon, tizon*; *j* dans *axenjo* (*absinthium*). — Port. (tantôt avec *z*, tantôt avec *ç*) *abestruz, dureza, lençol, março, praça, poço, ração, tição, differença, presença*. Le vieux mot *chrischão* (*christianus*) est singulier. — Pr. *chanso* (*cantio*), *dureza, Marsal* (*Martialis*), *obediensa, planissa* (*planitia*), *plassa, potz, razo, reuzo* (*rogatio*). Attraction dans *palais, poiso* (*potio*). — Fr. *chanson, façon* (*fuctio*), *Ignace* (*Ignatius*), *justesse* (-*itia*), *convoitise* (*cupiditia*), *mars* (*martius*), *place*. Attraction dans *conjuraison, liaison* (*ligatio*), *palais, nièce* (*neptia**), *tiers, tierce* (*tertius, ia*), *poison, puits* (*puteus*) et beaucoup d'autres. — Val. *piatzę, putz*. Avec *ć minciune* (*mentitio**), *nęciune* (*natio*), *tęciune* (*titio*).

Après *C* (*ch, qu*) : It. *braccio* (*brachium*), *calcio* (*calcius*), *faccia* (*facies*), *ghiaccia* (*glacies*), *laccio* (*laqueus*), *minaccia* (*minaciae*), *piaccia* (*placeat*). Avec *z* : *calzo* à côté de *calcio, Durazzo* (*Dyrrhachium*), *sozzo* (*sucius* pour *sucidus*), *terrazzo* (*terraceus**). Esp. *brazo, calza, haz* (*facies*), *hechizo* (*facticius*), *menaza* Alx. FJ. — Port. *braço, calça, faço* (*facio*), *feitiço, juiço* (*judicium*). — Pr. *bratz, calsamenta, menassa, vinassa* (*vinacea*). Attraction dans *faissa (fascia), sospeisso (suspicio)*. — Fr. *bras, face, menace, renoncer (renunciare), soupçon, terrasse*. Attraction dans *plaise (placeat)*. — Val. avec *tz* : *atzę (acia), bratz, celtzun, ghiatzę, latz*.

c *C*. Après les douces et après *v*, *j* prend d'habitude la prononciation romane qui lui est particulière, et il s'assimile la consonne qui précède. L'espagnol préfère le prononcer comme *y* et syncoper la consonne; le portugais a des cas analogues.

Après *D* : it. *giorno (diurnum), giuso (deorsum), gire (de-ire?), Chiasteggio (Clastidium), oggi (hodie), inveggia (invidia)* Purg. 6, 20, *merigge (meridies), poggio (podium), raggio (radius), scheggia (schidia), asseggio (assedium**) et beaucoup d'autres. *Z* pour *g (mezzo)*; voyez au *D*. Renforcement du *j* en *g* dans la conjugaison : *seggo (sedeo), veggo (video)*. — Esp. *jornada* ; d'ailleurs avec *y* : *poyo, rayo* etc. — Port. *hoje (hodie), orge* arch. *(hordeum)*. — Pr. *jorn, jos, auja (audiat), rag*; avec *y enveha, poyar*. Renforcement en *g* dans *arga (ardeat*, etc. — Fr. *jour, jusque (de usque), Jubleins* nom de lieu *(Diablintes), orge, assiéger* et *siége, Angeac (Andiacum), Antége (Antidius)* Voc. hagiol.; *appuyer, envie*. Attraction dans *muid (modius)*. — *Josum jusum* se présente de bonne heure dans le latin du moyen-âge, *jornus, jornalis* dans les chartes carolingiennes. Le roumanche adopte ce traitement roman du *dj* dans *giavel (diabolus), giù (deorsum)*, car ici le *gi* guttural est analogue au *gi* palatal italien. Il est vrai que ce *g* se produit aussi devant *i* tonique comme dans *gi (dies), gig (diu), gir (dicere)*.

Après *G* : it. *faggio (fageus), litigio (-ium), regione, Reggio (Rhegium), saggio (exagium)*. Renforcement dans *fuggo (fugio)*. — Esp. *ensayo* (it. *saggio), haya (fagea)*. — Fr. *éloge, litige, prodige; essai*.

Après *B* : it. *cangiare (cambiare), deggio (debeo), aggia (habeam), roggio (rubeus), saggio (sabius* pour *sapius)*. — Esp. *sage* arch. (it. *saggio)*. Renforcement du *j* en *g* dans la conjugaison : *oygo (audio)*. — Port. *haja (habeam), sage* FGrav. Attraction dans *raiva (rabies), ruivo (rubeus)*. — Pr. *camjar, ratge (rabies), satge*. — Fr. *changer, rage, rouge, sage, tige (tibia)*. Attraction dans l'anc. franç. *saive* pour *sage*. — En val. attraction dans *roibę (rubia)*, cf. *coif (cofia)*.

Après *V* : it. *gaggia (cavea), leggiero (leviarius *), pioggia (pluvia, ploja*, chez Dante), *sergente (serviens)*. —

Esp. *greuge* (*gravium* *, b. lat. *greugia*), *ligero, sargento*. — Port. *fojo* (*fovea*), *ligeiro* etc. — Pr. *greuge, leugier*. — Fr. *abréger* (*abbreviare*), *auge* (*alveus*), *cage, Dijon* (*Divio* au 6ᵉ siècle), *déluge* (*diluvium*), *sauge* (*salvia*), *sergent*. Attraction dans le v.fr. *caive* = *cage*, et dans le fr. mod. *fleuve* (*fluvius fluivus*). Chute de l'*i* commune à la famille romane dans *lixivia*, it. *lisciva*, esp. *lexia*, franç. *lessive*, b. lat. *lexiva* (9ᵉ siècle) Graff, II, 152.

d. Après la forte *P*, la palatale douce devient forte, c.-à-d. l'ital. *ģ* devient *ć* et d'une façon correspondante le fr. *j* devient *ch*. It. *piccione* (*pipio*), *approcciare* (*appropiare* *), *saccio* (*sapio*). — Esp. *pichon, reprochar*; attraction en port. dans *aipo* (*apium*), *caibo* (*capio*). — Pr. *ache* (*apium*), *apropchar, repropchar* (*repropiare* *), *sapcha* (*sapiat*), avec la forte négligée par les autres dialectes[1]. — Fr. *ache, achier*, v.fr. (*apiarium*), *approcher, reprocher, sache, sèche* (*sepia*), *Clichy* (b. lat. *Clipiacum*), *Gamaches* (*Gamapium*), *pigeon*, avec la palatale faible, est inorganique.

On peut s'attendre à ce que la règle de formation développée jusqu'ici ne s'applique pas à tous les mots ; beaucoup d'entre eux, surtout ceux qui sont peu populaires ou modernes, conservent au contraire leur forme latine. Il n'est pas même nécessaire de donner des exemples. Dans ce fait, que la règle romane n'a pas été générale, gît la principale raison de l'existence des doubles formes et doubles mots que le roman contient en si grand nombre; à côté de la forme nationale il en existe une autre plus latine ou savante (voyez plus haut, p. 135). Donnons quelques exemples de ce dernier cas : it. *esiglio esilio, luglio Giulio, veglia vigilia, strangio strano stranio, grembo gremio, foja furia, vajo varo vario, volentiero volontario, cagione occasione, avarezza avarizia, inveggia invidia, aggia, abbia, gaggia gabbia, saccia sappia, saggio, savio*. — Esp. ancien et moderne *igreya iglesia, angoxa angustia, canzon cancion, razon racion, servizo servicio, rayo radio, sage sabio*. — Pr. *velha vigilia, gleisa glesia, avaricia avareza, razon ration, camjar cambiar, satge savi*. Comme les noms de la deuxième déclinaison dépouillent dans cette langue

---

1. Ebel s'exprime autrement sur ce point : le pr. *sapcha*, l'ital. *saccia* supposent un type antérieur *sap-tya* de *sap-dia* à quoi l'on peut comparer l'it. *giacere* de *diacere* = *jacere*. Voyez le travail d'Ebel, intéressant aussi pour la famille romane : *Zur Lautgeschichte* (*Ztschr. für vergleich. Sprachf.* XIII. XIV).

leur terminaison *us* (*um*), la voyelle qui se présentait la première, délivrée de l'hiatus, pouvait d'autant mieux se conserver. Ces terminaisons sont nombreuses : *capitoli, concili, evangeli, Virgili, lani* (*laneus*), *lini* (*lincus*), *Antoni, simi* (*simius*), *aure* (*aureus*), *ciri* (*cereus*), *sagitari, espaci* (*spatium*), *vici* (*vitium*), *cilici, collegi, ordi* (*hordeum*), *fluvi, grafi* (*graphium*) et bien d'autres. — Fr. *veille vigile, gloire glorie* arch., *foison fusion, façon faction, raison ration*. La finale provençale *i* s'applatit ici déjà en *e*.

B. Lorsque *u* atone occupe la position étudiée ci-dessus (*ua, ue, ui, uo, uu*), il éprouve le même sort que *i* ; seulement les exemples sont rares. La transformation de l'*u* en *v* qui correspond à celle de l'*i* en *j* ne se présente peut-être que dans l'it. *belva* (*bellua*), *parvi* (*parui*) ; cf. aussi l'arch. *dolvi* (*dolui*), et le franç. *janvier* ainsi que l'ancien franç. *eve* (*aqua aqva*), *ive* (*equa*), *tenve* (*tenuis*) FCont. II, 68 ; des poètes romains ont prononcé *genva, tenvis, tenvior* (*genua, tenuis, tenuior*) voy. Lachmann, *Comment. in Lucret.* p. 115. 182. On a des exemples de transposition ou d'attraction dans l'esp. *viùda* (v.esp. plus exactement *viuda*, cf. *vibda* PC. FJ., Bc.); pr. *véuza* (*vidua*) ; v.fr. *vuid*, d'où le franç. moderne *vide* (*viduus*) ; pr. *téuna* (*tenuis*) ; pr. *saup* (*sapui*); c'est certainement le même procédé qui a donné naissance aux mots espagnols *sopo supo, hobo hubo* (*habuit haubit*).

L'élision se rencontre partout, cf. esp. *atrevo* (*attribuo*) ; it. *batto*, esp. *bato* (-*uo*); it. *cucio*, esp. *coso* (*consuo*) ; port. *cuspo* (*conspuo*) ; esp. *contino* (-*uus*) ; it. *Adda* (*Addua*) ; it. *morto* (-*uus*), esp. *muerto*, etc. ; it. *febbrajo* (*februarius*), etc. *Mortus* se trouve dans un ms. de Cicéron *De re publ.* 2, 18 (33), et *februrius* est noté par l'*App. ad Prob.* comme vicieux et par conséquent usité. D'autres cas, par ex. *supervacuum*, sont mentionnés par Lachmann *l. c.* 306. — En italien l'*u* produit un *v* qui annule l'hiatus dans bon nombre de cas, comme dans *continovo, Genova, lattovaro* (*electuarium*), *manovale* (*manuale*), *Manovello* (*Emanuel*), *rovina* (*ruina*), *vedova* (*vidua*, aussi val. *veduve*), *vettovaglia* (*victualia*).

II. *Hiatus provenant de la composition.*—Pour le détruire, on emploie l'élision, que la composition soit latine ou romane. It. *coprire* (*cooperire*), *dorare* (*deaurare*), *donde* (*de unde*), *dove* (*de ubi*), *ravvisare* (*re-avv.*), *melarancia* (*melo ar.*), *verdazzuro* (*verde azz.*) Esp. *antojo* (*ante oculum*), *cubrir, dende* (*de inde*), *dorar, ralentar* (*re-al.*), *telaraña* (*tela araneae*).

Pr. *antan* (*ante annum*), *contranar* (*contra anar*), *entrubert* (*entre ub.*), *sobraltiu* (*sobre altiu*). Franç. *devant* (*de ab ante*), *raviser*, *malaventure* (*male av.*). Val. *intr'un* (*intru un*), *dinante* (*de in ante*). Là où la composition n'est plus sensible, comme dans *deorsum*, la synérèse peut se produire: it. *giuso*. Dans les mots plus récents l'hiatus est plus facilement toléré : ainsi en it. *coetaneo, controurtare, preesistere, reintegrare* ; esp. *entreabrir, entreoir, maniobrar, preexistir, puntiagudo, reanimar* ; fr. *coopérer*.

Notons encore un procédé propre au français dans les mots dérivés. Quand, par suite de la dérivation, deux voyelles se rencontrent, l'hiatus se comble d'ordinaire par un *t*, c.-à-d. par une lettre qui ailleurs s'élide entre voyelles. Les consonnes muettes finales ne comptent pour rien. Exemples : *abri abriter, bijou bijoutier, café cafetier, caillou cailloutage, clou cloutier, filou filouter, jus juteux, numéro numéroter, tabac tabatière*; après une syllabe nasale le même fait peut se produire : *fer-blanc ferblantier, rein éreinter*. Ce *t* euphonique aura dû (probablement) son origine au *t* flexionnel du verbe ; l'oreille en effet s'était faite à la variation *il est* et *est-il, il y a* et *y a-t-il*, et ce *t* fut transporté dans le domaine de la dérivation. Dans les langues qui ne conjuguent pas avec *t* on cherche en vain ce phénomène. C'est aussi de la même façon que *tante* naquit du groupe *ma-t-ante*. D'autres intercalations seront étudiées ailleurs.

III. *Hiatus par chute de la consonne*. — Comme certaines consonnes quand elles se trouvent entre des voyelles sont souvent syncopées, des cas nouveaux d'hiatus se produisent alors; ces hiatus qu'elle a créés elle-même, la langue ne les tolère pourtant pas toujours, et les annule, comme d'habitude, tantôt par contraction, tantôt par intercalation de consonnes. Ex. de contraction : it. *mastro* de *maestro*, *bere* de *bevere beere*, *desti* de *dedisti deesti* ; esp. *mastro* comme en ital., *ver* de *veer* etc.; fr. *âge, gêne, rançon, reine, rôle, rond, sûr, veau* de *eage aage, geene, raançon, reïne, roïne, roole, roond reond, seür, veau*. On a des exemples d'intercalation de consonnes, dans lesquels *v* (esp. *b*) est introduit après *u, o*, souvent aussi après *a* (p. 166) ; quelques langues introduisent *d* (prov. *z*) et aussi la gutturale *g*, c.-à-d. les sons les plus doux de chaque organe : it. *biava* dialect. (*biada bia-a*), *Rovigo* (*Rhodigium Rho-igium*), *chiovo chiodo* (*clavus clau-us clo-us*), *brado* (*bravo bra-o*), *padiglione* (*papilio pa-ilio*), *frigolo* (*frivolus fri-olus*, b. lat.

frigolus Mab. Dipl. p. 506 année 803), *pagone* (*pavone pa-one*), *ragunare* (*radunare ra-unare*), *sego* (*sevo se-o*), *sughero* (*suvero su-ero*). Esp. *cobarde* (it. *codardo*, pr. *co-art*), v.esp. *juvicio* (*ju-icio*)[1]; port. *couve* (*caulis cau-is*), *chouvir* (*claudere clau-er*), *louvar* (*laudare lau-ar*), *ouvir* (*audire au-ir*); v.cat. *pregon* (pr. *pre-on*). Pr. *Savornin* (*Saturninus Sa-urn*) Voc. hag., *avultre* (*adulter a-ultre*), *glavi* (*gladius gla-ius*), *azondar* (*a-ondar*) LOcc., *pazimen* (*pavimentum pa-im*.) LAlb. 3118, *Prozenzals* (*Proven. Pro-en*.) B. 51, 4, *rogar* (*rotare-roar*) L.'Rom. Fr. *emblaver* (b.lat. *imbladare imbla-ar*), *glaive* (comme en pr.), *gravir* (*gradir gra-ir*), *parvis* (*paradis para-is*), *pouvoir* (pr. *poder po-er*), *rouver* arch. (*rogare ro-ar*), avec *f* à la finale v.fr. *blef*, *bleif* (*blatum bla-um*).

REMARQUES SUR LES VOYELLES.

1. Il est important de remarquer ici avec quelle précision les filles du latin, pour la plupart, distinguent à l'origine les *voyelles longues* et les *brèves* quand elles sont accentuées. Voici la règle : les longues restent ce qu'elles sont, les brèves sont tantôt remplacées par des voyelles de même nature, tantôt diphthonguées ; *a* comme étant la plus pure est celle qui résiste le plus. Les longues sont donc par leur quantité protégées aussi dans leur qualité, ce sont réellement des lettres doubles ; elles ont la consistance de ces dernières. Quant aux brèves, si l'on considère la langue italienne (car c'est celle qui présente le nouveau système phonique dans sa plus grande pureté) on verra que le lat. *e* était prononcé comme *e* ouvert et clair, et que le lat. *i* l'était comme *e* fermé : *fèro* (*fĕrus*) et *féde* (*fĭdes*) ont maintenu les deux voyelles originaires *e* et *i* suffisamment distinctes, en sorte qu'il n'y avait aucun besoin grammatical de modifier l'*e* ouvert en *ie* : *fièro*. Cet *e* se distinguait aussi de l'*e* long latin qui se prononçait ouvert. — Il en

---

1. L'espagnol n'emploie pas le *d* pour annuler l'hiatus, aussi est-il douteux que l'antique forme *Didacus* (par ex. *Esp. sagr.* XXVI. 444, ann. 804), à laquelle correspond le moderne *Diago*, *Diego* (disyllab.), soit venue de *Yago = Iacobus*, en faisant de *Sant-Yago San Diago*, puis de *Diago* le latin *Didacus*. Schmeller (*Abh. der bair. Akad.*) conjecture une composition gothique *Thiud-dag*; mais ce mot donnerait en bas latin *Tidagus* ou *Tudagus* et non pas *Didacus*, car au goth. *th* correspond un *t* roman et non pas un *d*.

est de même de l'*o* bref et de l'*u* dans leur représentation italienne. Comment la langue en vint-elle donc aux diphthongues ? A-t-elle satisfait par là à un besoin d'euphonie que nous ne comprenons plus ? D'autres langues aussi aiment à diphthonguer en préposant un *i* : on a remarqué ce fait même dans un des anciens dialectes italiques, qui employait *i* de cette manière presque devant toutes les voyelles. Dans les deux cas il est évident que les langues ont pris plaisir à la diphthongue ; mais en italien l'adjonction de l'*i* est systématique : elle se borne à l'*e* ouvert, et devant *o* ouvert, c'est *u* qui remplit ce rôle. Il semble donc que la langue se soit surtout préoccupée d'accuser plus fortement encore l'écart entre *ĕ* originaire et *ĭ*, *ŏ* et *ŭ*, non-seulement qualitativement, mais aussi quantitativement. Les formes italiennes, comme nous l'avons déjà vu, ne dominent point partout. L'espagnol a, il est vrai, conservé *ie*, mais dit *ue* pour *uo* probablement par immixtion de *ie*. Le provençal connaît les deux formes italiennes ; cependant chez lui comme en espagnol *uo* devient dialectalement *ue*, que le français intervertit en *eu*. L'écart le plus considérable se trouve dans le valaque, qui obtient la diphthongaison en plaçant *a* après la voyelle originaire (*ea oa*) ; toutefois il est difficile d'y voir une forme primaire : c'est plutôt une dégénérescence de *ie* et *uo*, les seules formes qui présentent l'avantage d'un développement immédiat et logique. *Ie*, qui persiste encore à côté de *ea* et qui se rattache au reste de la famille romane, pouvait facilement aboutir à *ia*, qui est moins ouvert (*ea* ne se prononce pas à proprement parler autrement) : même chose est arrivée dans l'a.fr. et le roumanche : *bial* de *biel*. Ce *ia* ou *ea* devait être suivi de très-près par *ua* ou *oa*, ainsi que cela se présente dans d'autres dialectes (prov. mod. *couar* de *cor*). — Notre haut-allemand moderne a cette grande ressemblance avec le roman qu'il allonge les brèves originaires ; mais cet allongement n'a pas eu pour conséquence la diphthongaison, qui a été au contraire appliquée à des longues originaires, au moins pour *i* et *ō* : pour celles-ci on introduisit, afin de distinguer les anciennes longues des nouvelles, *iu* ou *ei*, bien que cette introduction donnât lieu à une collision avec les anciennes diphthongues *ei* et *au* (*ou*). Le grec moderne, dans sa manière de traiter les voyelles du grec ancien, ne montre pas plus que l'allemand de ressemblance avec le néo-latin. Ces voyelles, brèves ou longues, se sont conservées quant à leur qualité : seulement *e* long (η) et υ sont devenus phonétiquement *i* ; la diphthongaison n'a pas eu lieu, et même les diphthongues se sont réduites à des voyelles simples.

2. Les mots romans qui ont l'antépénultième accentuée conservent habituellement intacte leur voyelle latine, parce qu'ils sont entrés pour la plupart dans la langue après que l'ancienne loi de formation eut perdu sa force plastique, ou parce qu'ils n'étaient jamais arrivés à une complète popularité. Les proparoxytons vraiment populaires obéissent en grande partie à la règle générale, comme on le voit par l'it. *piedica, vedova, vergine, uomini, gomito, giovane*. Quand la voyelle de la pénultième est élidée, l'italien (puisqu'ici il se produit véritablement position romane) ne permet pas la diphthongaison (*vecchio, donna*). Au contraire, l'espagnol, et surtout le français, qui annulent cette position par l'amollissement de la consonne ou par d'autres moyens, admettent la diphthongue (*viejo, dueña; tiède, œil*).

3. C'est à l'italien, le dialecte qui serre de plus près le latin, qu'en ce qui concerne les voyelles on doit reconnaître l'organisation la plus primitive, parce qu'elle est la plus simple et la plus régulière. Les exceptions sont rares, en sorte qu'avec assez de sûreté on peut conclure de la persistance ou du changement des toniques latines (sauf *a*) à leur quantité : celles qui persistent se manifesteront comme voyelles longues, celles qui changent comme voyelles brèves. — L'espagnol admet pour les voyelles plus de changements que l'italien, mais suit néanmoins une règle fixe autant que possible. Il respecte les longues *i, u*, mais touche parfois aux longues *e* et *o*. La diphthongue est particulièrement favorisée chez lui, en quoi il ressemble souvent au valaque. Il maintient particulièrement aux atones *i* et *u* leur valeur primitive. — Le portugais a ceci de propre qu'il n'admet aucune diphthongue; pour le reste, il ressemble à l'espagnol. — En provençal les voyelles longues persistent; la diphthongue, pour les brèves, n'est pas admise ou recherchée devant toutes les consonnes. — Nous avons vu déjà que le français s'écarte d'une manière notable de l'usage commun au reste des langues romanes. *A* s'y affaiblit fréquemment, mais non pas tout à fait irrégulièrement, en *ai* ou *e*. Pour les autres voyelles, la séparation systématique entre les longues et les brèves disparaît en grande partie. Parmi les longues, *e* et *o* dégénèrent, d'habitude, en diphthongues et sons mixtes; $\bar{e}$ se confond presque avec *i* bref, $\bar{o}$ avec *o* bref; quant à *i* et *u* ils se maintiennent intacts, c.-à-d. qu'aucune autre lettre ne prend leur place, bien que *u* ait perdu son ancienne prononciation. Parmi les brèves *e* suit la règle générale, les autres prennent les nuances et éprouvent les vicissitudes les plus

VOYELLES LATINES.

variées. En position, *e* suit aussi bien que *i* la règle commune; *o* et *u* présentent dans leur développement quelques particularités qui les éloignent de la règle. — L'absence de règle caractérise ici le valaque. Pour quelques voyelles (*ē, ĕ, ō, ŏ*) on ne peut même admettre aucune forme dominante; les brèves dans leur ensemble se modifient de la façon la plus diverse; *e* et *o* longs sont même traités comme s'ils étaient brefs; seuls *a*, *i* et *u* longs maintiennent à peu près complètement leur intégrité.

4. Voici le tableau des voyelles, pour lesquelles les formes principales sont seules relevées :

	ITAL.	ESP.	PORT.	PROV.	FRANÇ.	VALAQ.
A	*a*	*a*	*a*	*a*	*a, ai, e*	*a, u*
E long	*e*	*e*	*e*	*e*	*oi, e*	*e, ea*
bref	*ie*	*ie*	*e*	*e, ie*	*ie*	*ea, ie*
posit.	*e*	*e, ie*	*e*	*e*	*e*	*e, ea*
I long	*i*	*i*	*i*	*i*	*i*	*i*
bref	*e*	*e*	*e*	*e*	*e, oi*	?
posit.	*e*	*e, i*	*e, i*	*e*	*e*	*e, i*
O long	*o*	*o*	*o*	*o*	*eu, o*	*o, oa, u*
bref	*uo*	*ue*	*o*	*o, ue, uo*	*eu, o*	*oa, o, u*
posit.	*o*	*o, ue*	*o*	*o*	*o*	*o, oa, u*
U long	*u*	*u*	*u*	*u*	*u*	*u*
bref	*o*	*o, u*	*o, u*	*o*	*o, ou*	*u*
posit.	*o*	*o, u*	*o, u*	*o*	*o, ou*	*u*
Ae	*ie, e*	*e, ie*	*e*	*e*	*ie, e*	*e*
Oe	*e*	*e*	*e*	*e*	*e*	*e*
Au	*o*	*o*	*ou*	*au*	*o*	*au*

5. A l'occasion des nombreuses modifications auxquelles est soumise la tonique spécialement en français, il y a lieu de poser la question suivante : la diphthongaison a-t-elle eu le caractère de l'*Umlaut* de la grammaire allemande, d'après laquelle ce phénomène consiste dans le trouble apporté aux voyelles *a, o, u* par l'influence de l'*i* ou de l'*u* de la syllabe suivante? Ainsi défini, on ne peut le constater. C'est un autre phénomène analogue qui le remplace ici : l'*attraction*, qui s'étend à *i* (*e*) et à *u* et qui est évidemment favorisée par certaines consonnes (*l, n, r, s*); ces voyelles *i* (*e*), *u* sont attirées par la tonique et se fondent avec elles en un son, pourvu toutefois que l'atone forme un hiatus avec la voyelle qui la suit. En français, cette condition n'est, il

est vrai, pas nécessaire pour que *a* devienne *e* : *premier* rapproché de *primari* ne doit pas être jugé comme *mer* rapproché de *mare*, ni surtout comme le haut-allemand moderne *meer* rapproché de *mari* : dans *premier* c'est l'attraction qui a agi, dans *mer* c'est la préférence pour *e*, dans *meer* c'est un phénomène purement germanique. Dans la même langue, il faut aussi tenir compte du cas où une gutturale s'est affaiblie en *i* : *joindre* (pr. *jónher,* c.-à-d. *jónier*), *poin* (pr. *punh*) se sont formés exactement comme *témoin* (*testimonium*) où il y a un *i* originaire.

6. On ne peut pas non plus admettre dans ce domaine l'*apophonie* allemande si l'on entend par ce mot un changement de la voyelle radicale fondé sur certains principes et employé comme procédé de flexion. Les cas existants déjà en latin sont naturellement exclus. Les changements de la voyelle radicale sont dans les langues filles chose ordinaire : leur raison d'être n'est pas dans certaines lois de flexion (à l'existence desquelles on ne devait pas s'attendre ici), elle réside ou dans les variations de la quantité et de l'accent ou dans le besoin de clarté. Ainsi, tandis que dans le latin *tenet, tenemus* l'*e* de la racine demeure intact, le français *tient, tenons* montre au contraire une variation frappante dans le son ; mais si l'on en cherche la raison, on trouve bientôt que la diphthongue *ie* dans *tient* doit son existence à la brièveté de *e* dans *tenet*, et que la voyelle *e* dans *tenons* est de son côté restée intacte, parce qu'elle est atone dans *tenemus*. Le phénomène s'explique donc par le mode roman de la représentation des sons latins, qui s'appuie sur les lois prosodiques [1]. Si au contraire au parfait *tint* le radical

---

[1]. Bopp n'aurait pas dû appliquer son importante remarque sur l'influence de la terminaison sur la voyelle radicale (*Jahrb. für wiss. Kritik*, 1827, p. 260) à la conjugaison romane, ni expliquer l'absence de diphthongue dans *tenons, tenez* par la *pesanteur* de la finale ; car que dira-t-on de l'esp. *sientan*, dont la terminaison, malgré la perte du *t* de *sentiant*, est assez lourde, aussi lourde au moins que celle de δίδομεν, et qui garde cependant une syllabe radicale longue? Le futur *tiendrai* contredit sa théorie aussi bien que la nôtre. Toutefois cette contradiction qui ne se présente qu'en français s'explique facilement : *tendrai* aurait donné la prononciation *tandrai*, ce que la langue devait éviter si elle ne voulait pas accumuler les formes outre mesure. (Plus tard Mussafia, *Beitræge zur Gesch. der rom. Spr.*, p. 1, s'est rangé à mon opinion. La proposition qu'il soutient et démontre est celle-ci : toutes les formes du présent ont leur unique raison d'être dans les lois phoniques générales.)
-- J. Grimm, *Gramm.* I³, 119, compare à la loi du *brisement* de l'ancien

e apparaît changé en *i*, le motif visible en est dans la distinction entre la forme de ce temps et celle du présent. De plus, la voyelle radicale est aussi sous l'influence de lois ou de considérations euphoniques. La grammaire espagnole peut en fournir un exemple. Dans *siento, sentimos, sintió*, du latin *sentio, sentimus, sentiit*, *e* est remplacé une fois par *ie*, une autre fois par *i* : *i* est la voyelle fondamentale choisie par la langue pour ce verbe, *e* s'explique par l'euphonie, parce qu'un *i* tonique suit (voy. p. 163); la diphthongue tombe sous la loi générale. Ces changements de la tonique, s'ils ne sont pas une conséquence des principes de l'apophonie, supposent cependant, surtout quand ils viennent aider la flexion, un moyen de formation analogue, et qu'on aurait peut-être le droit de désigner par le mot apophonie.

7. L'influence de l'accent sur la voyelle radicale est l'un des traits caractéristiques des langues néo-latines. Cette influence peut être considérée comme heureuse, car elle engendre des formes variées sans confusion. La tonique de la langue-mère se modifie, comme nous l'avons vu, d'après des lois générales, l'atone reste intacte. C'est surtout dans la conjugaison que cet échange de sons est important, et dans la formation des mots il a aussi une grande valeur. Quelques exemples le mettront en lumière : It. *brieve brevità, meno minore, pelo piloso, pruovo provare, suora sorella, moglie muliebre.* Esp. *fiero feroz, liebre lebrato, cebo cibera, hebra fibroso, bueno bondad, pruebo probar, gola guloso.* Fr. *prix précieux, lièvre levrier, relief relever, foi féal, moins menu, poil peluche, œuf oval, feu fouace, jeu jouer, bœuf bouvier, deuil douleur, loup lupin.* Val. *peatrę petrariu, doare doresc, barbę berbat.* Que les voyelles *e* et *o*, qui à la tonique remplaçaient *i* et *u*, aient souvent été transportées aussi à l'atone, cela se comprend ; il devait même arriver qu'on en fît autant pour

---

haut-allemand dans *piru, piris, pirit, peram, perat, perant*, le changement roman de la voyelle dans *niego, nieghi, niega, neghiamo, negate, niegano*, et trouve surprenant que ce changement n'ait lieu qu'au présent dans les langues romanes. Les deux phénomènes peuvent, si l'on veut, être rapprochés l'un de l'autre, pourvu qu'on se garde d'établir entre eux un rapport historique de quelque nature qu'il soit ; c'est la tonicité de la voyelle radicale qui introduisit la diphthongue, et mit sur le même pied la 3ᵉ pers. plur. d'un côté, la 1ʳᵉ et la 2ᵉ de l'autre, s'écartant en cela de l'allemand. C'est encore la tonicité qui a restreint le changement de la voyelle au présent.

1. Une autre explication de ce changement de voyelle est donnée par Delius dans le *Jahrb.* I, 355.

les diphthongues. Cf. en it. (où ce fait est d'ailleurs rare) *fiero fierezza* (pour *ferezza*), *siepe assiepare* Inf. 30, 123, *nuota nuotare, luogo luoghetto*; esp. *ciervo ciervatico* (à côté de *cervatico*), *miel mieloso* (mieux *meloso*), *cuerdo cuerdero, huebra huebrada*.

8. Nous avons souvent remarqué combien la forme de la voyelle dépend de la consonne qui la suit. L'intensité de cette dernière, c'est-à-dire si elle est simple ou double, a aussi une grande importance. De plus, les liquides exercent une action spécifique sur les voyelles immédiatement précédentes, qui s'explique en partie par leur nature de semi-voyelles. En italien par exemple, *i* et *u*, devant *ng*, comme nous l'avons vu précédemment, conservent leur forme pure. — En esp. *o* en position devient habituellement diphthongue devant les liquides : *cuelgo, sueño, pucnie, cuerpo*. — En prov. la même voyelle devant *l* simple, *m*, *n*, répugne à la diphthongaison : *filhol, hom, son*. — En franç. *a* devant *m* et *n* se change en *ai* : *aime, pain* ; mais devant les mêmes lettres *o* échappe à la diphthongaison : *Rome, couronne*, et *o* = lat. *u* au changement habituel en *ou* : *comble, ongle*. Il est à peine besoin de rappeler la nasalisation des voyelles et les modifications qui en résultent. Si on consulte l'usage des dialectes populaires, on trouve beaucoup d'exemples remarquables de la puissance des consonnes. Ainsi, dans le dialecte de Rutebeuf, *o* persiste devant *r*, tandis qu'habituellement il devient *ou* : *amor, jor, por, tor, retor, secor, corage*. En bourguignon moderne (dans La Monnoye) *e* fr. devant *r* se change en *a*, pourvu que *r* soit suivie d'une autre consonne, qui peut plus tard même être tombée : *harbe* (*herbe*), *marci, marle, vatu* pour *vartu* (*vertu*), *garre* (*guerre*), *tarre, anfar* (*enfer*), *couvar* (*couvert*), *dezar* (*désert*), *var* (*verd*). En wallon, *e* devant *r* dans les mêmes cas (et même quand l'*r* n'existe plus), quelquefois devant *ss* = *st*, se diphthongue en *ie* : *piel* (*perle*), *vier* (*ver, vermis*), *stierni* (*éternuer*), *vierni* (*vernis*), *vierné* (*gouverner*), *sierpain* (*serpent*), *siervi* (*servir*), *viersé* (*verser*), *pietri* (*perdrix*), *piett* (*perte*), *biergi* (*berger*), *nierr* (*nerf*), *biess* (*bête*), *fiess* (*fête*), *tiess* (*tête*) ; de même *o* en *oi* : *doirmi, coinn* (*corne*), *coir* (*corps*), *foisse* (*force*), *hoirsi* (*écorcher*), *moirt, poirté, foir* (*fort*), *boir* (*bord*), *stoid* (anc. franç. *estordre*), *coirbà*, (*corbeau*). Qui ne se rappellera à ce propos l'action que cette même liquide exerce en gothique sur *i* ou *u* précédent ? — Enfin en valaque *a* bref devant *m* et *n* s'assourdit souvent en *u* : *umblu* (*ambulo*), *prunz* (*prandium*), etc.

9. La *syncope* de l'atone a joué dans la formation des langues romanes un rôle capital, puisqu'elle a donné naissance à des groupes de consonnes très-divers et souvent presque intolérables, si bien que la langue a dû trouver de nouveaux moyens pour les adoucir à leur tour. C'est dans les langues du nord-ouest qu'elle a le plus d'action : les voyelles de flexion ne sont même plus respectées, en sorte que des mots polysyllabiques se réduisent finalement à la syllabe tonique, cf. *dominus*, pr. *dons*; *hominem*, pr. *hom*, plus exactement *omne ome*; *rotundus*, fr. *rond*. On peut indiquer cette abréviation systématique après la syllabe tonique comme la loi principale de formation de ces langues, et comme le signe qui les distingue de leurs sœurs. Celles-ci usent avec beaucoup plus de retenue de ce moyen d'assimilation. C'est surtout la voyelle de dérivation *i* qui est sujette à tomber, ainsi que le prouve le traitement des désinences *ĭcus, ĭdus, ĭlis, ĭnus*. Quelquefois aussi la voyelle s'élide après la consonne initiale, ce qui peut rendre l'origine du mot singulièrement obscure, cf. it. *brillare*, fr. *briller* (*beryllus*); port. *crena* (*carina*); it. *crollare*, fr. *crouler* (*corotulare*); it. *crucciare* (pour *corrucciare*); *cruna* (*corona*); fr. *Fréjus* (*Forum Jul.*); *frette* (pour *ferrette*); v.fr. *gline* (*gallina*) Ren. IV, 24; it. *gridare*, fr. *crier* (*quiritare*); it. *palafreno*, fr. *palefroi* (*paraveredus*); it. *pretto* (pour *puretto*); *scure* (*securis*); *staccio* (*setaceum**); it. esp. *triaca*, fr. *triacleur* (*theriaca*); ital. *trivello* (*terebellum**); fr. *vrai* (*veracus**) [1].

10. Par la *contraction*, l'atone se fond dans la tonique ; nous avons ici de nombreux exemples. L'it. *Napoli* p. ex. vient de *Neapolis*, *trarre* de *traere*, *de'* de *deve dee*, *denno* de *devono deono*, *col* de *co il*, *Susa* de *Segusium, Seusium*; esp. *ver* de *veer* (encore dans *proveer*), *Jorge* de *Georgius*, *sentis* de *sentitis sentiis*; port. *vir* de *viir*, *vontade* de *voontade*; fr. *abbesse* de *abbéesse*, *voir* de *véoir*, *mûr* de *meür*. Il a été déjà question de ce fait à l'étude de l'hiatus (p. 175). Souvent, et surtout en français, les deux voyelles engendrent ensemble un troisième son qui n'était point contenu dans la tonique. En italien, ce fait ne se produit presque jamais : l'*o* tiré de *au*

---

[1]. Auguste Brachet a récemment publié une étude très-soigneuse (*Jahrbuch*, VII, 301 suiv.) sur le rôle que jouent les voyelles latines atones dans la formation des langues romanes. Ce travail est tout-à-fait de nature à compléter dans tous les sens l'esquisse rapidement tracée ci-dessus.

appartient déjà au latin; en esp. *airé* de *aer* (Reines. *Inscr. ind. gramm.* aire *pro* aere), *airado* de *aïrado* cf. Rz. 173, *lego* de *laïgo*, *véinte* de *viginti veinte*, *sois* de *sodes soes*; fr. *chaîne* de *chaîne*, *Laon* de *Laudunum Loon*, *seine* de *seïne*, *empereur* de *empereor*, *roi* de *rei*.

11. La destruction de l'hiatus constitue, à n'en pas douter, dans le développement du roman, un facteur d'une importance telle qu'on ne le retrouve au même degré dans aucun autre domaine. Les conséquences les plus remarquables sont la consonification de l'*i*, à laquelle se rattachent le mouillement de l'*l* et de l'*n* et l'envahissement des sons palataux et aspirés, et aussi la naissance de nombreuses diphthongues. L'émission de l'hiatus exige un certain effort des organes, puisqu'il s'agit de maintenir séparés deux sons vocaliques immédiatement voisins; comme la conscience de la valeur des éléments linguistiques s'était insensiblement émoussée, on n'attacha plus à la persistance de voyelles incommodes qu'une importance secondaire. On ne prit plus garde à l'*i* radical dans *diurnum*, aux *e*, *i*, *u* de flexion dans *habeam*, *fugio*, *dolui*, aux dérivatifs *e* et *i* dans *palea*, *primarius*, *varius* : on dit en ital. *aggia*, *fuggo*, *dolvi*, *paglia*, *primerio*, *varo*. Cependant l'élision des consonnes introduisit dans la langue une foule de nouveaux cas d'hiatus, toutes les fois que l'euphonie gagnait plus à l'élision qu'elle ne perdait à l'hiatus.

12. Tandis que la langue latine a une antipathie marquée pour les *diphthongues*, et partout où elles se rencontrent cherche à s'en débarrasser par la contraction ou la résolution en voyelles distinctes, ses filles, chacune à sa manière, les ont développées avec abondance. Mais ici se place une remarque. Bien que la nature fluide des voyelles rende toute liaison entre elles possible, toutefois les unes se prêtent moins bien que les autres à créer une unité phonique. *I* atone et *u* s'unissent, par exemple, très-facilement aux autres, mais elles peuvent, grâce à leur parenté avec les consonnes *j* et *v*, perdre leur nature de voyelles. En particulier, elles ont un caractère indécis quand elles précèdent les autres voyelles (*iá*, *ié*, *ió*, *iú*; *uá*, *ué*, *ui*, *uó*); elles acquièrent facilement alors un son intermédiaire entre *i* et *j*, *u* et *v*, et forment ainsi une diphthongue impropre : aussi les Italiens écrivent-ils *ieri* et *jeri*; dans *aglio* de *allium* l'*i* est complètement consonnifié. D'après les règles de l'assonance espagnole, *i* atone et *u*, dans une diphthongue, ne comptent point pour une voyelle : par exemple on fait rimer

necio feo, memoria reforma, aire madre, rabic maten, lengua cesa. Ces voyelles conservent mieux leur nature quand elles suivent les autres *(ái, éi, ói, úi, áu, éi, iu, óu)*; cependant l'assonance espagnole ne les compte pas non plus dans ces cas: *vengais hablar, trayga dulzaina alta, aire alfange, hazeis noner, deleite deben, reyno menos, heróico famoso; rauda xaula causa alma, deuda ella.* Le roman favorise ces diphthongues composées de *i* et *u* atones et d'une autre voyelle autant qu'il évite celles qui se composent d'*i* et *u* toniques et de l'une des trois autres (*ia, ie, io, úa, úe, úo; ai, ei, oi, aú, eú, oú*). Pour les éviter il a été jusqu'à déplacer l'accent et à prononcer *iólus* (it. *figliuólo*) au lieu de *iolus*, ainsi qu'il a été déjà dit.

13. D'après leur origine, on peut diviser les diphthongues en cinq classes. La *première* comprend le petit nombre de celles (*au, eu, ui*) qui ont été transplantées du latin. — La *deuxième* comprend les diphthongues nées de l'élargissement d'une voyelle simple, comme *ie* de *e*, *uo* etc. de *o*; mais ici il faut encore signaler une autre formation de diphthongues qui est plus rare et qui se présente dans certains mots monosyllabiques. Quand un de ces mots se termine par une voyelle, pour assurer au mot une plus grande étendue (car une voyelle simple en finale devient facilement brève), on ajoute une deuxième voyelle, en sorte qu'il se produit une diphthongue: ital. *noi* pour *nō* (*nos*), *voi* (*vos*), *poi* (*post pos*), *crui* (*cras*). Esp. *doy* (lat. *do*), *estoy* (*sto*), *soy* (*so* de *sum*), *voy* (*vado*), encore en v.esp. *do, estó, so, vo*. Port. *hei* = esp. *hé, sei* = *sé, dou* = *doy, estou* = *estoy, sou* = *soy*, et aussi *foi* = v.esp. *fo*, diphthongué postérieurement en *fué*, cf. à la médiale *ideia* à côté de *idêa*, *freio* à côté de *frêo*; ce fait ne semble se produire que dans les syllabes ouvertes. Le provençal prononce les noms de lettres *pe* et *te* comme *pei* et *tei* Boèce v. 205, 207, et parfois aussi *rey* pour *re* (lat. *rem*), *tey* pour *te* (*tenet*), *jassey* pour *jassé* Chx. III, 376. IV, 143, aussi *sui* pour *su* (*sum*). Ancien franç. *mei, tei, sei, quei* (= pr. *que*), *sui*, fr. mod. *moi, toi, soi, quoi, suis*. — A la *troisième* classe appartiennent celles qui sont nées par suite de la résolution d'une consonne en une voyelle; celle-ci, à cause de son origine, ne reçoit jamais l'accent. Elles sont nombreuses et se confondent par leur forme avec quelques-unes de celles de la classe précédente. L'étude des consonnes donnera beaucoup d'exemples; quelques-uns peuvent se placer ici. Diphthongue par résolution d'une gutturale:

esp. *auto* (*actus*), *reyno* (*regnum*), *grey* (*gregem*) ; v.port. *contrauto* (*contractus*), pg. mod. *leite* (*lactem*), *noite* (*noctem*), *outubro* (*october*) ; pr. *flairar* (*fragare*), *leial* (*legalis*), *bois* (*buxus*) ; fr. *payer* (*pacare*), *étroit* (*strictus*), *cuisse* (*coxa*). D'une labiale : esp. *ausente* (*absens*), *cautivo* (*captivus*), *deuda* (*debita*), *ciudad* (*civitas*) ; prov. *caissa* (*capsa*), *caitiu*, *trau* (*trabs*), *beu* (*bibit*), *eis* (*ipse*). D'un *l* : v.ital. *autro*, pr. *autre*, fr. *autre*, pg. *outro* (*alter*) ; après des consonnes ital. *chiaro* (*clarus*), etc. En latin, ce procédé est plus rare, ex. : *nauta* de *navita*, *neu* de *neve*, *aufero* de *abfero*. Dans les langues germaniques il naît souvent des diphthongues par suite de la chute de consonnes, plus rarement par suite de leur résolution en voyelles : m.h.all. *kît* de *quidit*, *meit* de *maget*, *eise* de *egese*, *gît* de *gibil* m.néerl. *seilen* de *segelen*, *reinen* de *regenen* ; v.fris. *hei* de *hag* ; angl. *hail* de l'angl.-sax. *hägel*, *fair* de *fäger*, *day* de *däg*, *way* de *veg*, *eye* de *eáge*, *grey* de *graeg*, *key* de *caege* ; ici d'ailleurs, comme dans le français *ai* et *ei*, aucune diphthongue ne se fait plus sentir ; ancien haut-allemand *blâo* de *blâw*, *sêo* de *sêw* ; néerl. *goud* de *gold*, *woud* de *wald*. Parmi les langues celtiques, le kymrique développe *ai* et *ei* de *c* et *p* : *laith llaeth* (lat. *lac lactis*), *Sais* (*Saxo*), *seith* (*septem*) ; *au* et *iu* de *av* et *iv* : *Litau* (*Letavia*), *lissiu* (*lixivium*, prov. aussi *lissiu*) ; le breton *aô* de *av* : *caô* (lat. *cavus*), etc. — La *quatrième* classe embrasse celles qui sont nées par suite d'attraction et dont le chapitre de l'hiatus nous a fourni des exemples. Parmi les exemples les plus palpables, citons le provençal *te-u-ne* de *ten-u-is*, v.esp. *hobe* d'abord de *ha-u-be* de *hab-u-i*, prov. *sa-u-p* de *sap-u-i*, esp. *vi-u-da* de *vid-u-a*, prov. *va-i-re* de *var-i-us*, portug. *fe-i-ra* de *fer-i-u*, fr. *ju-i-n* de *jun-i-us*. — La *cinquième* comprend celles que produit la chute d'une consonne ou plus généralement la réunion de deux syllabes, comme : esp. *amais* (*amatis*), *teneis* (*tenetis*), *sois* (v.esp. *sodes*) ; prov. *paire* (*pater*), *cadeira* (*cathedra*), *huei* (*hodie*), *traire* (*trahere*) ; *paorucz en tres sillabas o paurucz en doas*, Leys I, 46 [1].

---

[1]. Dans la formation des diphthongues il faut encore constater un phénomène qui n'est pas sans importance pour la caractéristique des langues modernes, bien qu'il ne les pénètre pas profondément : il est évident d'ailleurs qu'il ne repose pas sur des principes bien clairs, mais plutôt sur des tendances particulières. Il s'agit de la collision des deux voyelles *i* et *u*. Quand elles forment une diphthongue avec la voyelle

14. Outre les véritables diphthongues, il en est d'autres encore nées par synérèse, mais qui n'ont point toujours une existence bien assurée, car elles sont sujettes, suivant les différents styles, à des déterminations variables : ainsi le style poétique les sépare volontiers, tandis que le langage familier trouve plus commode de les réunir. On a des exemples italiens dans *subitaneo, Italia, ardui*, franç. dans *diacre, essentiel, union*. Cette réunion de deux voyelles séparées syllabiquement, surtout lorsque la première était un *i* ou un *u*, ne pouvait manquer de se faire ; aussi les poètes latins, surtout les comiques, qui se servent volontiers du langage familier, en fournissent-ils de nombreux exemples : *ea, eo, eu, ia, ie, io, iu, ue* se fondent facilement chez eux en une syllabe ; p. ex. dans *beatus, deorsum* (ital. *gioso*), *deus* (également monosyllabe dans le provençal *deus*), *via, quietus* (ital. *cheto*), *prior, diu* (prov. *diu* monosyllab.), *puella*.

CONSONNES.

La phonétique distingue les consonnes en simples, doubles, et combinées ou multiples. Est considérée comme simple, au moins à l'initiale, une consonne que suit la semi-voyelle *r*, bien qu'il y ait des cas où ce groupe doit être rangé parmi les consonnes multiples. Dans ces dernières il faut compter non-seulement ces *combinaisons* de deux ou plusieurs consonnes qui déjà existent en latin, mais encore celles qui sont nées en roman de la chute des voyelles. Quand il y a deux consonnes (inégales) la règle est que la première disparaisse. On trouvera plus loin des exemples. Si, par la chute d'une voyelle, trois sont en présence et que celle du milieu soit une muette ou un *f*, ces dernières lettres tombent, ne pouvant persister qu'entre deux liquides ; c'est ce qui arrive p. ex. pour *ctl, duct'lis*, v.fr. *doille* ; *ctn, pect'nare*, esp. *pei-*

---

radicale précédente, il peut arriver qu'on les échange l'une pour l'autre ; même cette anomalie ne se présente pas seulement entre plusieurs langues, mais encore au sein de la même langue. Les ex. de la première espèce sont : esp. *cautivo*, mais en prov. *caitiu* (*capt.*) ; esp. *autan*, prov. *aitan* (*al-tantus*) ; prov. *mout*, port. *muito*, esp. *muy* (*multum*) ; prov. *traire*, franç. *traire, plaire*, cat. *traure, plaure* (*trahere, placere*) ; esp. *Jayme*, cat. *Jaume* (*Jácobus*). Exemples de la deuxième espèce : prov. *neus* à côté de *neis* (*ne ipsum*) ; v.fr. *fleume* à côté de *fleime* ou *flieme* (*phlegma*) ; prov. *deime* à côté de *deume* (*decimus*) : prov. *roure* à côté de *roire* (*robur*) ; prov. *autre* à côté de la forme plus rare *aitre* (*alter*) ; portug. *oytubro* (arch.) à côté de *outubro* (*oct*.).

nar; *stc, mast'care*, v.fr. *mascher*; *stl, ust'lare*, v.esp. *uslar*; *stm, aest'mare*, v.fr. *esmer*; *ptm, sept'mana,* franç. *semaine*; *rtc, pert'ca*, franç. *perche*; *ndc, mand'care*, ital. *mangiare,* franç. *manger*; *nct, sanctus*, ital. *sancto*, etc.; *scl, misc'lare*, ital. *mischiare*, prov. *mesclar*; *mpt, comp'tare*, ital. *contare*, etc.; *rpn, carp'nus*, franç. *charme*; *spt, hosp'tem*, ital. *oste*, etc.; *sbt, presb'ter*, v.fr. *prestre*; *rbc, berb'carius*, franç. *berger*; *dfc, nid'f'care*, franç. *nicher*; *sfm, blasph'mare*, ital. *biasmare*, etc.; à côté, il est vrai, *ard're*, franç. *ardre*; *anch'ra*, franç. *ancre*. R et s entre deux consonnes persistent aussi et forcent la consonne précédente à disparaître ou bien à s'affaiblir : *fabr'care*, prov. *fargar*; *prox'mus*, v.fr. *proisme*. Outre cette distinction, la phonétique en observe encore une autre étymologiquement importante, celle qui concerne la place de la consonne dans le mot, suivant qu'elle est initiale, médiale ou finale.

Nous étudierons d'abord les liquides auxquelles, suivant l'usage reçu, nous associons la nasale labiale *m* et la nasale dentale *n*, puis les muettes. Pour ces dernières nous renversons l'ordre indiqué par l'alphabet grec, β, γ, δ, parce que les dentales sont plus voisines des liquides *l, n, r*. Nous distribuons les spirantes entre les divers organes. L'ordre est donc : *l, m, n, r*; *t (th), d, z, s*; *c (ch), q, g, j, h*; *p, b, f (ph),* ν.

L.

1. Les permutations de *l* en lettres de même nature sont fréquentes. 1) En *r*; initiale : it. *rosignuolo* (*luscinia*) commun au roman, de même ital. *rovistico* (*ligusticum*). Médiale : ital., *dattero* (*dactylus*), *veruno* (*vel unus*), *insembre* (*simul*). Esp. *caramillo* (*calamus*), *coronel* (fr. *col.*), *lirio* (*lilium*), *mespero* (*mespilus*) ; fréquent en basque. Prov. *caramida* (*calamus*), *volateria* (*-tilia*), *Basire* (*Basilius*) GRoss. Franç. *Orne* (*Olna*) ; après des consonnes que la chute d'une voyelle a mises en contact avec *l*, *apôtre*, *chapitre*, *chartre* (*chartula*, très-fréquent en b.lat.); *épître*, *esclandre* (*scandalum*); v.fr. *concire* (*concilium*), *estoire* (στόλιον), *idre* (*idolum*), *mur* (*mulus*) Gar. I, 111, *mure* (*mula*) NFCont. I, 2, *navirie* (pour *navilie*), *Wandre* (*Vandalus*). Ainsi lat. *caeluleus caeruleus, palilia parilia*. Val. *burete* (*boletus*), *coraste* (*colostra*), *dor* (de *dolere*), *fericit*

(*felix*), *gurę* (*gula*), *moarę* (*mola*), *pęr* (*pilus*), *sare* (*sal*), *soare* (*sol*), *turburà* (*turbulare**), etc. Assez fréquemment devant les consonnes : it. *corcare* pour *colcare* (*collocare*), *rimurchiare* (*remulcum*); esp. *escarpelo* (*scalpellum*), *surco* (*sulcus*), *pardo* pour *paldo* (*pallidus*); fr. *orme* (*ulmus*), *remorquer*, v.fr. *corpe* (*culpa*), *werpill* (*vulpecula*). — 2) En *n*, à l'initiale : esp. *Niebla* (*Ilipla*), *nutria* (*lutra*, ἐνυδρίς); prov. *namela* Fer. (*lamella*); fr. *niveau* (*libella*), *nomble* (*lumbulus*). A la médiale : it. *conocchia* (*colus*), *filomena* (voy. Grimm, *Mlat. Ged.*, p. 322), *melanconico*, *módano* (*modulus*), *muggine* (*mugil*), *mungere* (*mulgere*); esp. *encina* (*ilicina**), *fylomena* Canc. de. B., *mortandad* (*mortaldad*) Alx.; fr. *marne* (*marga, margula*), *poterne* (*posterula*), *quenouille* (*colus*), v.fr. *dongié* (*delicatus*); val. *funingine* (*fuligo*), *asemenà* (*assimilare*). — 3) !*D* se trouve dans un mot commun au roman : it. pg. *àmido*, fr. *amidon*, esp. *almidon* (*amylum*). L'it. *sedano* (σέλινον), le pr. *udolar* (*ululare*), l'esp. *monipodio* (-*opol.*) sont des cas particuliers. Dans les mots ital. *giglio* (*lilium*) et *gioglio*, prov. *juolh*, esp. *joyo* (*lolium*) l'initiale permute par dissimilation avec *g*.

2. La chute de *l* en initiale s'est souvent produite, sans aucun doute parce qu'on a confondu cette lettre avec l'article : it. *arbintro* (*labyrinthus*), *avello* (*labellum*), *orbacca* (*lauri bacca*), *ottone* (esp. *laton*), *usignuolo* (*luscinia*), et aussi *azzurro* (persan *lazvard*), *orzo* (allem. *lurz*, voy. mon *Dict. étymol.*); esp. *onza* (fr. *once*), *azul*, *orsa*; fr. *avel* arch. (*lapillus*), *once* (*lyncem*, ital. *lonza*), *azur*. D'un autre genre est l'aphérèse valaque de l'*l* dans *epure* (*lepus*), *ertà* (*libertare**), *eau* (*levo*), *in* (*linum*), *itz* (*licium*). Dans les trois premiers exemples on écrit aussi *iepure, iertà, ieau* Lex. bud., et par conséquent nous avons ici le même phénomène qu'amène la chute de l'*l* médiale : *iepure* est pour *liepure* (valaque du sud), comme *aju* est pour *aliu* (*allium*); on retrouve cette aphérèse dans *jubi* du serbe *ljubiti*, *jute* de *ljût*. Le quatrième exemple *in* est sans doute pour *ljin* qui existe en albanais ; *itz* a peut-être aussi été précédé par un affaiblissement de *l* initiale. — De même que l'*l* a disparu, parce qu'on la prenait pour l'article, elle a été, par la même méprise, ajoutée et incorporée à des voyelles initiales: ainsi en it. *lero* (*ervum*), *lella* à côté de *ella* (*inula*), *lunicorno* (*unicornis*); pr. *lendema* (*lo en dema*), *lustra* (*ostrea*); fr. *lendemain, lendit* (*indictum*), *Lers* nom

de fleuve (prov. *Ertz GAlb.* 1750), *lierre (hedera)*, *Launay* nom de lieu *(Alnetum)*, *Lille (Insula)*, *loriot (aurum)*, *luette (uva)*, cf. Ampère; *Form.*, p. 215, 285, 365. — Les dialectes montrent bien plus fréquemment encore cet usage. Pour les adjectifs, qui tiennent moins étroitement à l'article, ce phénomène est douteux. Voy. *Dict. Étym. II. a. lazzo.*

3. Les langues du sud-ouest ne présentent pas l'aphérèse de l'*l*. Mais la syncope est très-usitée en portugais comme dans *aguia (aquila)*, *candêa (-dela)*, *côr (color)*, *débeis (debiles)*, *dór (dolor)*, *mágoa (macula)*, *pêgo (pelagus)*, *saúde (salus)*, *saudaçaõ (salutatio)*, *sahir (salire)*, *taboa (tabula)*, *taes (tales)*, *vêo (velum)*, *voar (volare)*, arch. *besta (balista)*, *moyer (mulier)* SRos. Par contraction, cette chute peut sembler atteindre même la finale : *avô (avolus*)*, *cabido (capitulum)*, *diabo (diabolus)*, *dô* (ital. *duolo*), *mâ (mala)*, *mô (mola)*, *mû (mulus)*, *pâ (pala)*, *povo (populus)*, *só (solus)*, qui sont pour les archaïques ou hypothétiques *avóo, cabidoo, diaboo, dóo, máa, móa, múo, páa, póvo, sóo.* Sur la manière dont *l* en espagnol et en valaque se comporte devant $i = j$, voy. plus haut, p. 168.

4. Cette lettre, aussi bien que *r*, est fort sujette à la transposition, et c'est d'ordinaire la consonne initiale qui l'attire à elle : ainsi en ital. *chiocciola* pour *clocciola (coclea)*, *fiaba* pour *flaba (fabula)*, *pioppo* pour *ploppo (pōpulus)*, *singhiottire* pour *singlottire (singultire)* ; val. *plop, plęmụn (pulmo)*; esp. *blago (baculus)*, *bloca (buccula)*, *esclepio (speculum)* Canc. de B. ; portug. *choupo* pour *ploupo*. Ou bien *l* change de place avec une autre consonne : ital. *alenare (anhelare)*, *padule* pour *palude* ; particulièrement en esp. : *olvidar (oblītare*)*, *silbar (sibilare)*, *rolde (rotulus)*, *espalda (spatula)*, *veldo* pour *vedlo* Canc. d. B., *moludoso* pour *moduloso* id., *milagro (miraculum)*, *palabra (parabola)*, *peligro (periculum,* dans *Mar. Egipc.* 570[b] *periglo)*; portug. *bulrar, melro, palrar* à côté de *burlar, merlo, parlar*, de même *espalda, milagre, palavra,* anc. port. *pulvigo (publicus), esmola (eleemosyna).*

5. Le *mouillement* de *l* simple médiale est général, mais il est rare : ital. *Cagliari (Calaris)*; esp. *camello (camelus), muelle (moles), pella (pĭla), querella*; fr. *saillir (salire)*, ital. *pigliare*, esp. prov. *pillar*, franç. *piller (pīlare)*. Le dialecte catalan présente cette particularité que (excepté dans les mots moins usités ou venus de l'espagnol) l'*l* initiale se

mouille partout, ainsi *llansa, llengua, llibre, llog, llum*. On ne trouve en espagnol qu'un petit nombre de formes de ce genre ; elles sont archaïques et dialectales, comme *llegar Alx*. (*ligare*), *llodo* id. (*lutum*)¹. Prov. par ex.: *lhia* (fr. *lie*), *lhissar, lhivrar, lhuna,* etc. ; particulièrement dans *GRoss*. et *GAlb*.; roumanche *glimma* (*lima*), *glinna* (*luna*), *glîsch* (*lux*), etc.

6. Quand *l* se rencontre avec une consonne suivante en français, elle se résout d'ordinaire en un *u* qui s'unit pour former un seul son avec la voyelle précédente : *aube* (*alba*), *auge* (*alveus*), *chaud* (*cal'dus*), *jaune* (*galb'nus*), *faux* (*falsus*), *Meaux* (*Meldae*), *vieux* (*vet'lus vetls vels*), *yeuse* (*il'cem*), *coup* (bas-latin *colpus*), *soufre* (*sulph'r*), *château* (v.fr. *castels*), *cou* (*cols*), dans lesquels les cinq cas *al, el, il, ol, ul* sont représentés ². Dans *chommer* (ital. *calmare*) et *somache* (*salmacidus*) *Dict. de Trév.*, *au* se cache derrière *o* ³. En vieux français cette forme, comme on peut s'y attendre, n'était pas encore arrivée à dominer complètement : on écrivait *anel, beals, col, colchier, salvage,* et encore maintenant *l* se maintient dans *cheval, métal, val, bel* à côté de *beau, scel* à côté de *sceau, fol* à côté de *fou*; elle persiste encore dans les mots étrangers ou modernes, comme *altesse, balcon, belge, calfater, calme, falbala, palme*. La langue, dans sa période ancienne, faisait encore entendre *l* là où plus tard il y eut *u* ; ce qui le montre, c'est par exemple, dans la combinaison ancienne *ldr*, l'introduction de *d* comme lien euphonique entre *l* et *r*, —voyez ci-dessous *LR*. Souvent *ll* ou *l* ont été élidés : *puce* (*pulicem*), *pucelle* (*pullicella**), *ficelle* (*fil'cellum*), *grésillon* (pour *grel-cillon* de *gryllus*), *pupitre* (*pulpitum*). — En prov. cette métamorphose de

---

1. Doit-on aussi y ranger *llevar* (lat. *levare*)? Ou le prés. *llevo* est-il une manière vicieuse d'écrire pour *lievo*, qu'on transporta ensuite aux autres formes du verbe accentuées sur la terminaison? Un pareil procédé serait contre toutes les règles; les verbes où il semble se présenter l'ont emprunté à leur racine espagnole, *adiestrar* au lieu de *adestrar*, cf. adj. *diestro*. Mais l'extrême rareté de l'initiale *ll* pour *l* en espagnol assure à la dernière hypothèse quelque supériorité sur la première.

2. J'ai volontiers rectifié ma première manière d'exposer cette règle sur une objection de Delius, *Jahrbuch*, I, 356.

3. Il y a un mot dans lequel *l* devant une seconde *l* se résout en *u*, tandis que l'autre persiste, *Gaule* de *Gallia*, tandis qu'on devait s'attendre à *Gaille*. Ajoutez encore les mots étrangers *gaule* de *valus* (goth.) et *saule* de *salaha*, pron. *vallus, sallâha*. En bourguignon on trouve souvent *aul* venant de *all* ou de *al* (avec *a* bref), cf. *aulemain* (allemand), *aulegresse* (all.), *vauló* (*valet*), *évaulai* (avaler de *vallis*), *maulaidroi* (maladroit).

l'*l* est dialectale et rare. Ainsi on trouve *chivau, vau, mau, reiau, tau* (encore maintenant dans le Sud du domaine : *animau, flu, lensou*, etc., devant *t* et *s* seulement, elle est fort usitée à côté de la forme primitive : *aut, caut, autre, beutat, viutat, mout, avoutre* (*adulter*), *caussar* (*calciare*), *saus* (*salvus*), *dous* à côté de *alt, calt*. Il y a encore ailleurs des traces de cette résolution. L'ital. *topo* est né de *taupa talpa*, *Ausa* (nom de fleuve) de *Alsa* ; les anciens poètes ont *autezza, autro, auzare*; *auna* pour *alna* se trouve aussi, et pour plusieurs dialectes la résolution de l'*l* en *u* est la règle (p. 76). Les exemples espagnols (*o* de *au*) sont : *coz* (*calx*), *escoplo* (*scalprum*), *hoz* (*falx*), *otero* (*altarium*), *otro* (*alter*), *popar* (*palpare*), *soto* (*saltus*), *topo* (comme en ital.); *au* dans *aulan* arch. (*aliud tantum*), *sauce* (*salix*), *sautus*, dans des chartes, pour *saltus*, anciennement avec consonnification de l'*u* en *b* ou *p abieza* Bc., *apteza* Alx. pour *auteza*. Port. *outro, fouce* (*falx*), *poupar, souto soto, escopro, toupeira*. Dans le groupe *LT*, précédé d'un *u*, le portugais préfère *i* à *u*, c'est-à-dire qu'il met *ui* au lieu de *ou* : *buitre* (*vultur*), *escuitar escutar* (*auscultare*), *muito* (*multus*), *cuytelo* (*cultellus*). L'espagnol a aussi *buitre, muy*, toutefois dans *escuchar, cuchillo, mucho, puche* (*pultem*), cet *it* devient *ch*; cf. ci-dessous à *ct* ; un exemple provençal de cette espèce est dans Boèce, v. 10 *aitre* pour *autre*. Dans le pg. *docc* (*dulcis*) et *ensosso* (*insulsus*, esp. *soso*) *l* (comme *r* devant les sifflantes) paraît avoir disparu puisqu'il n'y a pas *douce, ensousso*. — La résolution de cette liquide en *u* (tout à l'heure nous en constaterons de même une autre en *i*) n'est pas inconnue dans de pareilles conditions à d'autres domaines linguistiques. Crétois αὐγεῖν, εὐθεῖν, θεύγεσθαι = grec ἀλγεῖν, ἐλθεῖν, θέλγεσθαι. Néerl. *oud, hout* = haut-allem. *alt, holz*. Northumb. *awmaist, awd* = angl. *allmost, old*. Serbe *pisao* pour *pisal*. Slov. moderne *dal, jolśa*, prononcé *dau, jouśa*. La fréquence de ce phénomène oblige à admettre un rapport intime entre *l* et *u*, rapport qui ne se manifeste presque que dans le cas où la liquide cherche à éviter la rencontre avec une consonne qui suit.

LL. La gémination est sujette au *mouillement* beaucoup

---

1. Plus précisément *l* (même à l'état pur) contient un accessoire analogue à *u*, comme dans *vinclum* pour *vinculum*. En français cet élément vocalique a tellement pris le dessus sur la consonne primitive, que le son tout entier s'est réduit à *u*. Cf. *Schuchardt* II, 492, Corssen, I¹, 220.

plus souvent que le son simple. Même chose se présente dans *nn* (voy. ci-dessous). Nous avons vu au chapitre de l'hiatus la tendance de l'*i* à s'agglutiner avec ces linguales palatales quand il les suit immédiatement (*figlio ingegno*). Cette tendance devait facilement amener, pour fondre la dureté de la double consonne, l'insertion d'un *i* non étymologique. A côté du mouillement, se produit la simplification de la consonne double et même sa chute. Rarement en italien : *argiglia, togliere, svegliere* (*ex-vellere**), *vaglio* (*vallus*). Plus souvent ce *gl* est appelé par un *i* final ; il tombe aussi quelquefois, comme dans *capegli capei* (*capilli*). — En espagnol le mouillement est la règle, la simplification l'exception : *arcilla, bello, bullir, caballo, cuello* (*collum*), *ella, estrella* (*stella*), *fallecer, gallina, grillo, meollo* (*medulla*), *muelle* (*mollis*), *pollo* (*pullus*), *centella* (*scintilla*), *silla* (*sella*), *toller, valle, vassallo, villa, -illo* dans *castillo*, etc., *anguila, capelo* (it. *capello*), *nulo, piel* (*pellis*), dans *PCid.* 1980 *pielle*. — En portug. c'est au contraire la simplification (phonétique, non graphique) qui est la règle, le mouillement l'exception ; la syncope est usitée aussi quelquefois : *argilla, cavallo, collo, estrella, grillo, molle, pelle, valle, villa; galhinha, polha* arch., *centelha, tolher; anguia, astea, gemeo*. — En prov. *lh* et *l* coexistent, mais plusieurs mots, tels que *anguila, argila, col* (*collum*), *estela, gal, pel, pola, vila* paraissent ne posséder que l'*l* simple. — En français le mouillement est rare : *anguille, bouillir, briller, faillir*. — Val. *purcel, vetzel* (*vitellus*); syncope fréquente, comme dans *cetzea* (*catella*), *cristaiu* (*crystallum*), *geine* (*gallina*).

LR, dans quelques langues, insère un *d* euphonique (cf. ci-dessous *NR*); esp. *valdré* pour *valeré*; pr. *aldres* pour *alres, foldre* pour *fol're* (*fulgur*), *toldre* pour *tol're, Amaldric* pour *Amalric*; fr. *faudra* pour *fal'ra*; *foudre* comme le prov. *foldre, moudre* pour *mol're, poudre* pour *pol're polv're,* etc., même *coudre* pour *col're* (*corylus, colrus*). Notre *baldrian* de *valerianus* et le hollandais *helder* pour *heller* sont des produits tout à fait analogues. L'italien préfère l'assimilation : *corruccio, carrà, vorrò* pour *colruccio, calrà, volrò*.

LC, voy. C. — ML, voy. M. — NL, voy. N. — RL, voy. R.

TL, CL, GL, PL, BL, FL. 1. Ces groupes sont d'une importance particulière, car ils sont soumis sinon partout, du moins dans les mots les plus populaires, à un traitement particulier qui tantôt modifie fortement le son originaire, tantôt l'efface complétement. Voyons chaque langue séparément.

En italien les groupes ci-dessus, à l'initiale, résolvent d'ordinaire leur *l* en *i* = *j* : *chiaro* (*cl.*), *ghiaccio* (*glacies*), *piuma*, *biasimare* (*blasphemare*), *fiamma*. Quand *l* est déjà suivie d'un *i* en latin, l'un des deux *i* disparaît en italien. p. ex. *ghiro* (*glirem*), *chinare* (*clinare*), non *ghiiro*, *chiinare*; on ne dit pas *acciaji*, mais *acciai*[1]. Dans *cavicchio* (*clavicula*) *l*, dans *Firenze* (pour *Fiorenza*) *o* a été élidé. Il est remarquable que les Romains donnaient dans ce cas à l'*l*, ailleurs prononcée mollement, toute sa plénitude de son : *plenum habet sonum*, dit Priscien, *quando habet ante se in eadem syllaba aliquam consonantem, ut flavus, clarus*. Il semble que l'italien a cherché à adoucir ces combinaisons, non pas en résolvant immédiatement *l* en *i*, mais en ajoutant à *l* cette voyelle : de *flamma* on a tiré d'abord *fliamma* ou *fljamma*, puis le mot plus commode *fiamma*. Cet écrasement de la liquide en a amené finalement l'exclusion, que l'on retrouve, dans quelques dialectes, même là où cette liquide était précédée d'une voyelle (*familla, familja, famija*); voy. le groupe ital. *gli* dans la deuxième section[2]. Le premier degré du développement de ce son en italien (*fliamma*) est encore observable, comme nous le verrons tout à l'heure, dans quelques dialectes. A la médiale les formes sont de deux espèces. Ou bien on a la première manière, déjà signalée, et qui consiste dans le redoublement de la consonne : *orecchia* (*auricula auricla*), *pecchia* (*apicula*), *finocchio* (*foeniculum*), *nocchio* (*nucleus*), *stregghia* (*strigilis*), *tegghia* (*tegula*), *coppia* (*copula*), *doppio* (*duplus*), *fibbia* (*fibula*), *bibbia* (*biblia*), *soffice* (*supplicem*), *inaffiare* (*in-afflare*); de *tl* se forme d'abord *cl*, puis *chi* : *crocchiare* (*crotalum croclum*), *fischiare* (*fistulare*), *nicchio*

---

1. Cf. l'usage serbe de réunir en un seul deux *o* contigus dont le second est né de *l*.
2. Pott, *Jahrb. f. wiss. Krit.* 1837, II, 86, 87, et Delius, *Rom. Sprachfam.*, p. 25, ont de bonne heure reconnu ce procédé qu'on peut maintenant établir par la comparaison des dialectes. Hœfer, au contraire, dans sa *Lautlehre*, p. 407, appelle l'attention sur la possibilité de tirer *fiamma* de *filamma* pour *flamma*; il reconnaît dans l'*i* le son vocalique adhérent à la liquide, qui aurait pris corps jusqu'à s'en détacher. Avec un tel moyen terme entre *flamma* et *fiamma*, la disparition de *l* ne s'expliquerait aucunement. Il est remarquable que l'italien, partout où il veut séparer *l* de l'initiale, comme dans *calappio* (*klappe*), ne se sert jamais de *i* mais de *a* : ce phénomène ne se remarque d'ailleurs que dans des mots allemands. L'*i* pouvait sembler trop faible.

(*mitulus*), *secchia* (*situla*), *teschio* (*testula*), *vecchio* (*vetulus*), mais *spalla* (*spatula*), *sollo* (*sollulus**); les formes *siclus* ou *sicla* et *veclus* remontent haut, cf. *sicla* DC., *siccla* Gl. cass.; *veclus* App. ad Prob., *curte vecla* Tirab. II, 17ᵃ (a. 752), 33ᵃ¹. Ou bien la liquide adoucie persiste, et la consonne qui précède disparaît, procédé qui se présente souvent à côté du premier dans le corps d'un même mot, mais qui ne s'exerce que sur les groupes *tl, cl, gl, pl* : *veglio* à côté de *vecchio*, *oreglia orecchia*, *caviglio cavicchio*, *spiraglio* (*spiraculum*), *cagliare* (*coagulare*), *streglia stregghia*, *vegliare vegghiare* (*vigilare*), *scoglio* (*scopulus*); un exemple de *bl* est le nap. *neglia* (*nebula*). — Plusieurs dialectes s'écartent nettement de la langue écrite. Ils suppriment également la consonne, même initiale, devant *l*, mais transforment l'*i* en une palatale dont la forme propre (dure ou molle) est déterminée par la nature de la consonne : *Ci* = it. *chi* : milan. *ciar* (*chiaro*), *cepp* (*chieppa*), *s'cenna* (*schiena*); piém. *cerich* (*chierico*), *ociale* (*occhiale*), sarde *becciu* (*vecchio*). *Gi* = *ghi* : mil. *gera* (*ghiaja*); piém. *giaira* et aussi *ongia* (*unghia*). *Chi* = *pi* : nap. *chiagnere*, *cocchia* (*coppia*), *anchire* (*empiere*), analogue *ghi* pour *bi* (*ghiunnu* pour *biondo*); sic. *chiaga, chianu, chiantu*. Le dialecte valaque du sud emploie aussi ce *chi* pour *pi* : *chiale* pour *piale* (*pellis*), *chiatrę* (*petra*), *chiaptine* (*pecten*). *Sci* = *fi* : sic. *sciamma* (*fiamma*), *sciume* (*fiume*), *asciari* (lat. *afflare*); nap. *asciare* et *acchiare*.

La forme normale espagnole pour l'initiale (*cl, pl, fl,* à peine *gl*) est *ll*, c.-à-d. *l* mouillée après la chute de la muette : *llamar* (*clamare*), *llave* (*clavis*), *llande* (*glans*, Sanchez Gloss. de Berceo), *llaga* (*pl.*), *lleno* (*pl.*), *llano* (*pl.*), *llorar* (*pl.*), *llover* (*pluere*), *llama* (*flamma*). C'est seulement dans les dialectes (léonais) qu'on trouvera *j* et aussi le *ch* portugais : *jamar, jaga, jano, jeno*; *chabasca* (*clava*), *chamar* FJuzg., *changer* (*plangere*) Alx., *chanela* (*planus*), *chato* (πλατύς, *platt*), *chopo* (*ploppus* pour *pŏpulus*), *choza* (*pluteum*?), *chus* arch. (*plus*). Chute de la muette devant *l* dure dans *latir* (fr. *glatir*), *lande* (*glans*), *liron* (*glirem*), *lácio* (*flaccidus*), etc. La

---

1. Le provençal aussi dit *ascla* au lieu de l'incommode *astla*, *usclar* pour *ustlar*, et (ce qui se rapporte encore mieux au fait signalé) le roumanche dit *inclegier* pour *intlegier* (*intelligere*), *clavau* pour *tlavau* (*tabulatum*). Voy. Steub, *Rhæt. Ethnologie*, p. 42. Cf. aussi grec ἀντλῶ, lat. *anclo*. *Cl* est en général favorisé; ainsi de *Flavius* est née la forme populaire *Clavié* (Voc. hag.).

forme dominante de la médiale (*tl, cl, gl, pl*) est *j*, à peine toléré à l'initiale : *almeja* (*mytilus*), *viejo* (*vetulus*), *abeja* (*apicula*), *corneja* (*cornicula*), *grajo* (*graculus*), *hinojo* (*foeniculum*), *lenteja* (*lenticula*), *ojo* (*oculus*), *oreja* (*auricula*), *piojo* (*pediculus*), *reja* (*reticulum*), *cuajar* (*coagulare*), *teja* (*tegula*), *manojo* (*manipulus*), ancien esp. *enjir* (*implere*), *ajar* (*afflare*) ; plus rarement l'*ll* correspondant à l'ital. *gli* : *viello* FJuzg., *abella*, *cabillon* (*clavicula*), *malla* (*macula*), *sellar* (*sigillare**), *uña* pour l'imprononçable *unlla* (*ungula*), *escollo* (*scopulus*), *enxulla* (*insubulum*), *chillar* (*sibilare*), *trillar* (*tribulare*), *sollar* arch. (*sufflare*), c'est-à-dire pour *bl* et *fl*. — Dans beaucoup de cas aussi *ch* : *cachorra* (*catulus*), *cuchara* (*cochlear*), *espiche* (*spiculum*), *hacha* (*facula*), *mancha* (*macula*), *nauchel* (*nauclerus*), *sacho* (*sarculum*), *ancho* (*amplus*), *henchir* (*implere*), *inchar* (*inflare*).

La forme portugaise normale pour l'initiale est *ch*, c.-à-d. un *j* plus fort : *chamar, chave, chaga, chão* (*planus*), *chato, cheio* (*plenus*), *chorar, choupo* (= esp. *chopo*), *chover chumaço* (*pluma*), *chus* arch. (*plus*), *chama* (*fl.*), Chamoa (*Flammula*) SRos., Chaves (*Aquae Flaviae*), *cheirar* (*flagrare* pour *fragrare*). *J* dans *jamar* pour *chamar* SRos.; *lh* dans l'usuel *lhano* à côté de *chão*. A la médiale, à l'espagnol *j* correspond ici *lh* : *selha* (*situla*), *velho, abelha, cavilha, colher* (*cochlear*), *gralho, joelho* (*geniculum*), *lentilha, malha* (*macula*), *olho, orelha, piolho, relha, coalhar, telha, unha* pour *unlha, manolho, escolho. Ch* aussi a trouvé accès, d'ordinaire quand *n* précède, comme dans *facha* (*facula*), *funcho* (*foeniculum*), *mancha, ancho, encher, inchar, achar* (*afflare*).

En provençal l'initiale n'éprouve aucune modification. Remarquons toutefois *pus* pour *plus*. A la médiale (dans *tl, cl, gl, pl*) le mouillement seul a lieu : *selha, vielh, aurelha, falha, gralha, malha, olh, velhar, escolh* (*scopulus*). Le français se comporte comme le provençal, cf. *seille, vieil, oreille, graille, maille, œil, treille* (*trichila*), *veiller, écueil*; chute de la muette dans *loir* (*glirem*), *Lézer* (*Glycerius* Voc. hagiol.). Cependant nous devons enregistrer dans ce domaine une particularité remarquable. Un dialecte franç. (celui de Nancy) traite ce groupe, au moins initial, absolument comme l'italien, par exemple : *kié* (fr. *clef*), *kiou* (*clou*), *kinei* (*incliner*), *piomb* (*plomb*), *biei* (*blé*), *fiamme, fio* (*fleur*), *onflé* (*enfler*), cf. aussi Oberlin, *Essai* p. 98[1]. Dans d'autres dialectes *l* n'est pas résolue, mais mouillée comme dans le valaque méridional (voy. ci-dessous), c.-à-d. unie à $i = j$. Ainsi dans le dial. de Metz, où l'on dit : *glioure* (*gloire*), *pliaiji* (*plaisir*), *plien* (*plein*), *plionje* (*plonge*), *blianc, blié*. Ainsi en normand : *cliocher* (*clocher*), *encliume* (*enclume*), *gliand, bliond, fleu* (*flieur*), etc.

Le valaque emploie seulement celle des résolutions de l'*l* qui laisse intactes les consonnes précèdentes; il y joint quelquefois l'élision de l'*i*. Ex : *chiae* (*clavis*), *chiar* (*clarus*), *inchinà* (*incl.*), *chiemà chemà* (*clamare*), *ghem* (*glomus*), *ghiatzę* (*glacies*), *ghinde* (*glans*), *ghiocel* (*glaucion Lex. bud.*), *vechiu, curechiu* (*cauliculus*), *genunche* (*geniculum*), *ochiu, rẹnunchiu* (*ranunculus*), *urachie* (*auricula*), *junghià* (*jugulare Lex. bud.*), *priveghȩà* (*pervigilare*), *unghie* (*ungula*). Le dialecte du sud a cela de particulier, qu'il n'efface pas *l* devant *i* et dit en conséquence : *clidé, cliamà* (valaque du nord *chiemà*), *glietzu* (*ghiatzę*), *gljinde, gliemu, vecliu, genucliu, ocliu, ureclie, unglie*.

2. Une autre modification du groupe en question est l'échange de *l* et de *r*. Les exemples italiens sont : *cristero, scramare* (*excl.*), *sprendido, obriganza, fragello* (déjà dans *App. ad Prob. flagellum, non fragellum*, cf. grec φραγέλλιον), *affriggere*, à côté de *clistero*, etc. — Espagn. *ecripsado* (*ecl.*) *Canc. de B., engrudo* (*gluten*, dans *Apol. est.* 20 *englut*), *praser Rz., prazo Alx., preylo* id., *emprear Canc. de B.* Plus fréquent en port., comme *cremencia, igreja* (*ecclesia*), *regra, praf, pranto, emprir SRos., brando, nobre, fraco, frọxo* (*fluxus*). — En français plus rarement : cf. les ex. déjà donnés plus haut, *chapitre, épître* et autres semblables.

3. Ici comme ailleurs, il arrive assez souvent que la forme latine résiste à toute modification, par exemple dans l'ital. *clamore, clemente, gleba, plebe, blando, flagello, miracolo, Ascoli* (*Asculum*), *Cingoli* (*Cingulum*), plus fréquemment dans les dialectes; esp. *claro, clavo, placer, floxo, flor*, non *llaro*, etc., arch. *clamar, plorar*, etc.; port. *clamar* (*cramar Gil Vic.*), *claro, planta, pleito, flavo, flor*.

BL médial; voyez sous *B*.

---

[1]. Le lorrain *dlaice* pour franç. *glace*, *diore* pour *gloire* est plus remarquable encore. Cf. it. *diaccio* pour *ghiaccio*. Par analogie *tl* pour *cl*, par ex. *tlô* pour *clou*, *tiore* pour *clore*.

M.

1. Cette lettre se transforme accidentellement : 1) en sa voisine *n*. A l'initiale (d'ordinaire, quand la syllabe suivante contient aussi une labiale) : ital. *nespolo (mespilum), nicchio (mitulus)*; esp. *naguela* arch. (*magalia*), *nispero*, v.esp. *nembro, nembrar* (*memorare*) Alx. FJ.; v.port. de même *nembro, nembrar* SRos., Canc. ined., maintenant *lembrar*; fr. *nappe* (*mappa*), *natte* (*matta*), *nèfle* (*mesp*.); val. *nalbę* (*malva*). *Nespilum* (d'où le v.h.all. *nespil*) est une forme générale en roman, c'est-à-dire qu'elle appartient à la vieille langue populaire. Cette transformation n'atteint pas l'*m* médiale en italien; au contraire l'*m* est même souvent redoublée : *commedia, dramma, femmina, fummo* (*fumus*), *scimmia* (*simia*), *amammo, udimmo, fummo* (*fuimus*), etc. Franç. *daine* (*dama*), d'où ital. *daino*. Val. *furnicę* (*formica*). Ce changement de l'*m* est plus fréquent dans les combinaisons *mt, md, mph,* voy. ci-dessous. — 2) Au changement de l'*l* en la muette voisine *d* correspond celui de l'*m* en *b* : (lat. *scamellum scabellum*, d'après Schneider, I, 229) lequel *b* est à son tour transformé en *v* par le roman : ital. *novero* (*numerus*), *svembrare* (*membrum*); v.esp. *bierven* (*vermis*); franç. *duvet* (pour *dumet*). Le breton nous montre le même phénomène dans *nivera* (*numerare*), *gevel* (*gemellus*), *palv* (*palma*). En latin, le passage de l'*m* au *v* entre voyelles n'a pas lieu.

2. La finale demande une attention spéciale. Quand *m* a déjà cette position en latin, elle devient également *n* dans certains monosyllabes : ital. *con* (*cum*), *sono* (*sum*), *spene* (*spem?*); esp. *quien* (*quem*), *tan* (*tam*), v.esp. *ren* (*rem*); prov. *ren, son* (*suum*), *quan-diu*; franç. *rien, tan-dis*; dans les inscriptions romaines *con, qven, tan. Jum* a partout perdu son *m*, ital. *già*, etc. Mais dans les syllabes finales atones *m* n'est pas tolérée; elle est rejetée : on dit en ital. *sette, nove, dieci, unqua* et de même dans les autres langues. Cela devait d'autant plus facilement arriver que dans ce cas, déjà chez les Romains, *m* avait un son sourd ou étouffé : *m obscurum in extremitate dictionum sonat, ut* templum, *apertum in principio, ut* magnus, *mediocre in mediis, ut* umbra (Priscien 555) [1]. Sur la chute complète, l'*App. ad Prob.*, entre

---

[1] D'après l'édition de Putsch, ici comme ailleurs.

autres témoignages, remarque qu'on doit dire *passim* et non *passi*, *nunquam* et non *numqua*, et ainsi de *pridem*, *olim*. Dans les anciennes chartes on trouve *nove*, *dece* et d'autres semblables[1]. Nous reviendrons sur l'*m* de flexion dans l'étude de la flexion. Enfin quand *m* devient finale par la chute des syllabes subséquentes, ce qui se présente seulement dans le nord-ouest, elle conserve sa forme ou est remplacée par *n* : prov. *hom*, *com con* (*quomodo*), *flum*, *colom colon* (*columbus*), *nom non* (*nomen*); franç. *on*, *comme*. — L'espagnol écrit dans les noms bibliques *n* pour *m* : *Adan*, *Abrahan*, *Belen*, *Jerusalen*.

ML, *MN*, *MR*, groupes nés par la chute d'une voyelle, intercalent d'ordinaire un *b* comme élément euphonique. Le cas se rencontre surtout dans les langues occidentales. 1) *ML*, qui, en outre, change souvent *l* en *r*, donne en it. *mbr* : *ingombrare* (*cumulare*), *sembrare* (*simulare*); esp. *semblar*, *temblar* (*tremulare**), ancien *nimbla* pour *ni me la PCid.*; port. *combro* et *cómoro* (*cumulus*), *semblante sembrante*; prov. *semblar*, *tremblar*; franç. *encombre*, *humble* (*humilis*), *sembler*, *Gemble* (*Hyemulus*), *Momble* (*Mummulus*), *Romble* (*Romulus*) Voc. hag. — 2) *MN*. En ital. la voyelle n'est pas syncopée; on dit *femina*, *lamina*, et non *femna*, *lamna*. Dans les substantifs terminés en *n*, cette lettre disparaît d'après la règle, comme dans *allume*, *fiume*, *lume*, *nome*, *seme*, *strame*, *vime* à côté de *vimine*. Quelques formes secondaires présentent, il est vrai, la chute de l'*n*, ainsi dans *allumare*, *nomare*, sur lesquels, du reste, les noms *lume* et *nome* peuvent avoir réagi; un cas décisif est *lama* pour *lamina*.

---

1. Corssen, I, 271, 2ᵉ édit., résume comme il suit l'histoire de ce son : « De la recherche qui précède, il résulte que *m* initiale avait, à l'origine, un son si étouffé et si sourd qu'on hésitait à le désigner encore par une lettre, mais que depuis l'époque des guerres macédoniennes et syriennes, c'est-à-dire depuis les rapports suivis avec la Grèce, l'*m*, dans la bouche des gens instruits, reprit un peu de vigueur. Toutefois, dans la langue populaire, de Cicéron à Titus, c'est-à-dire même à la belle époque de la littérature romaine, *m* n'était qu'un son bien effacé, qui se faisait à peine entendre après la voyelle, comme le montrent les inscriptions murales griffonnées ou barbouillées à la hâte où se répandait l'esprit du peuple de Pompéi. L'*m* finale de l'accusatif manque souvent dans ces inscriptions : ainsi dans *multa*, *alim*, *lucru*, *puella*, *salute*, etc. Depuis la fin du IIIᵉ siècle après J.-C. se montre fréquemment dans les inscriptions la chute de l'*m* finale dans les formes nominales, parce que, dans la langue populaire de cette époque, *m* n'était plus ni entendue ni prononcée. » Ainsi dans *habituru*, *vinu*, *annu*, *sexto*, *meo*, *olla*, *vestra*, *uxore*, *Tebere*, *pane*, *fronte*, *arcu*, etc.

Esp. avec changement de *n* en *r* : *arambre* (*aeramen*), *cumbre* (*culmen*), *hembra* (*femina*), *hombre* (*hominem*), *lumbre* (*lumen*), *nombre* (*nomen*), *sembrar* (*seminare*), *mimbre* (*vimen*), aussi *hambre* (*fames*), comme s'il y avait un gén. *faminis*; v.esp. habituellement *lumne, nomne, semnar, famne*. Port. *arame, lume, nome, nomear*, presque comme en ital. Prov. *dombre* et *damri* (*dominus*) Boèc. *v*. 143, *sembrar* (*seminare*); à côté aussi, il est vrai, *domna* et *dona, omne* et *ome* (*homines*), *nomnar* et *nomar, semnar*. On trouve en v.fr. la forme *lambre* (*lamina*), d'où *lambris*. En fr. mod. *m'n* devient *m* ou *mm*, et aussi *n* à la finale: *allumer, entamer* (*intaminare**), *nommer, semer, charmer* (*carmen*), *dame, femme, homme, lame* (*lamina*), *airain, essaim* (*examen*), *étrein* (*stramen*), *nom*. Dans *Gembloux* (*Geminiacum*), *mn* est devenu d'abord *ml*, puis *mbl*. — 3° MR. It. *membrare* (*memorare*), même quand la voyelle persiste entre *m* et *r* comme dans *bombero* (*vomer*), *gambero* (*cammarus*). Esp. *cambra, cogombro* (*cucumerem*), *hombro* (*humerus*), *membrar, gambaro,* anc.*combré* pour *comeré*, par ex. *PC*.; port. *hombro, lembrar*. Pr.*cambra, membrar, nombre* (*numerus*). De même en franç. *Çambrai* (*Camaracum*), *chambre, concombre, nombre*, et, avec changement de *m* en une *n* qui, alors, demande *d* au lieu de *b*, *craindre* (*tremere*), *épreindre* (*exprimere*), *geindre* (*gemere*). Dans *marbre* (*marmor*) et aussi dans l'esp. *marbol, Apol.* 96, *m* a été absorbée par *b*. — Ce traitement euphonique de *ml* et *mr* est d'ailleurs un phénomène connu; rappelons seulement ici le grec μέμβλεται pour μεμέλεται, μεσεμβρία pour μεσημερία.

MN, quand il existe comme groupe originaire, reste intact ou éprouve l'assimilation habituelle de l'*m* à l'*n*, comme en lat. *solemnis solennis, Garumna Garunna* (Schneider I, 504, Böcking dans *Notit. Occ.*, p. 281), *alumnus alonnus* Murat. Inscr. 1439, 7, b.lat. *domnus donnus* Bréq. *n.* 287, allem. *nemnan nennen*, rarement de *n* à *m* comme dans *columnella columella, scamnellum scamellum*; il ne subit jamais l'intercalation d'un *b*. D'après Priscien, *n* avait dans la liaison *mn* un son faible, ce que semble contredire l'assimilation *nn*. Ital. *alunno, autunno, colonna, danno, donno* (*domnus* déjà lat.), *inno* (*hymn.*), *ranno* (*rhamn.*), *sonno*; exception *ogni* (*omnis*), id. *baleno* pour *balenno* (βέλεμνον). Esp. *otoño, daño, doña, sueño* (ñ = ital. *nn*), *columna coluna*; port. *otono, dano, dona, sonno* (pron. *sóno*). Prov. *automne autom, colompna colonna, dampnar, domna,* plus tard *dona, som somelh sonelh.* Franç. *automne* (pron. *autonne*), *colonne, condamner, Garonne;* m dans *dommage* (damn.), *somme, dame.* Val. *toamnę (aut.), doamnę, somnu,* mais *coloanę.*

MT, MD sont habituellement exprimés par *nt, nd.* Ital. *conte (comitem), contare (computare), sentiero (semitarius), circondare, ezian-dio (etiam deus).* Esp. *andas (amites), conde, contar, duendo (domitus), senda (semita), lindar (limitare), lindo (limpidus), circundar.* Prov. avec m ou n : *comte, comtar, semdier, lindar.* Franç. *comte, compte (computum), conter compter, dompter (domitare,* l'intercalation du *p* est un reste de la vieille orthographe), *sentier, tante (amita).* Si un *r* précède, *m* peut disparaître : *dortoir (dormitorium), Ferté (firmitas),* cf. aussi v.fr. *charroie* pour *charmroie.*

MB, voyez au *B.*

MPH (grec) échange presque généralement *m* avec *n* : ital. *anfibio, anfiteatro, linfa, ninfa, sinfonia;* l'esp. comme l'it.; le portug. hésite, *ninfa* et *nympha,* etc.; val. *anfibię, ninfę, sinfonie.*

NM, voyez à l'*N.* — *GM,* voyez au *G.*

N.

1. La transformation de l'*n* en une autre liquide, particulièrement en une linguale, est fréquente. 1) En *l*, à l'initiale : esp. *Lebrija (Nebrissa);* v.portug. *lomear (nominare), Lormanos (Normanni);* franç. *Licorne (unicornis),* v. franç. *lommer* (= portug. *lomear*) G. d'Angl. A la médiale : ital. *Bologna (Bononia), Girolamo (Hieronymus), meliaca (armeniaca), Palermo (Panormus), témolo (thyminus), veleno (venenum);* esp. *Antolin (Antoninus), Barcelona (Barcinon), calonge (canonicus), timalo,* et quand la consonne a été rapprochée de l'*n* : *comulgar (communicare), engle (inguen);* v.portug. *Deliz (Dionysius), icolimo (oeconomus);* franç. *Châteaulandon (Cast. Nantonis) Voc. hagiol., orphelin (orphanus), velin* arch. (ital. *veleno*). — 2) En *r* : ital. *amassero (amassent);* port. *sarar (sanare);* prov. *casser* (~~norcinus~~*), *fraisser (fraxinus)* GRos., *Rozer (Rhodanus), veré (ven.);* val. *fereastrę fenestra.* Plus fréquemment quand une consonne en a été rapprochée, comme l'esp. *sangre (sanguinem);* prov. *cofre (cophinus), margue*

(*manica*), *morgue* (*monachus*); franç. *coffre, diacre* (*diaconus*), *Chartres* (*Carnŏtis Charntes Chartnes*), *Langres* (*Lingŏnes*), *Londres* (*London*), *ordre* (*ordinem*), *pampre* (*pampinus*), *timbre* (*tympanum*). Voyez d'autres exemples à *MN* et à *NM*. — 3) En *m* : esp. *mastuerzo* (*nasturtium*), *mueso* (pour *nuestro*), cf. *marfil* (arab. *nabfil*); franç. *venimeux* (pour *venineux*), *charme* (*carpinus*), *étamer* (de *stannum*). Principalement devant *p* et *b*, comme en latin, mais aussi devant *v* qui, alors, se renforce en *b* : v. esp. *ambidos* (*invitus*); prov. *amban* (pour *anvan*), *emblar* (*involare*), v.fr. *embler*.

2. *N* est souvent exposée à tomber, surtout en portugais, où d'ordinaire, entre voyelles, elle éprouve ce sort aussi bien dans les radicaux que dans les suffixes, par ex. *alhéo* (*alienus*), *aréa* (*arena*), *boa* (*bona*), *cadéa* (*catena*), *céa* (*cœna*), *çoelho* (*cuniculus*), *geral* (*generalis*), *lua* (*luna*; Lus. 9, 48 *luma* : *nenhuma*), *miudo* (*minutus*), *moeda* (*moneta*), *pessôa* (*persona*), *pôr* (*ponere*), *saar* (*sanare*), *semear* (*seminare*), *soar* (*sonare*), *ter* (*tenere*), *vaidade* (*vanitas*), *vêa* (*vena*), *vir* (*venire*). Santa Rosa signale encore *deostar, diffir, dieiro, estrayo, fiir, meior, moimento, pea* pour *dehonestar, diffinir, dinheiro, estranho, finir, menor, monumento, pena*. Ce trait du portugais lui est commun avec le basque avec lequel il offre, d'ailleurs, moins d'analogies que l'espagnol. Exemples du dialecte de Labour : *khoroa* (*corona*), *ohorea* (*honor*), *lihoa* (*linum*), *pergamioa* (esp. *pergamino*), *camioa* (*camino*). *N* persiste dans *abominar, feno* (*foenum*), *fortuna, honor, menos, minimo, mina, pagina*, etc., *humano, lusitano, romano*; régulièrement dans le suffixe *inus* : *divino, matinas, peregrino, rapina, resina, ruina*, souvent avec une *h* destinée à renforcer *n* pour empêcher son élision: *adevinho, caminho, farinha, rainha* (*reg.*), *sobrinho, bainha* (*vag.*), *visinho* (*vic.*), anc. portug. *Cristinha, Martinho, determinhar* FTorr., *ordinhar* FMart., encore à présent *ordenhar*; esp. *muñir* (*monere*), *ordeñar, rapiña*. — Le valaque emploie la syncope devant *i* palatal (voy. ci-dessus p. 168). Devant les consonnes elle est partout usuelle, surtout devant *s* (voy. ci-dessous *NS*), mais aussi devant d'autres, par ex. v.esp. portug. *comezar* pour *comenzar* (*com-initiare*); prov. *macip* (*mancipium*); franç. *escarboucle* (*carbunculus*); ital. *cochiglia*, franç. *coquille*, esp. *coquina* (*conchylium*); val. *cętrę* (*contra*). Devant les labiales : prov. *efan* (*inf.*), *efern* (*inf.*),

evers (*inv.*), *coven* (*conventus*), franç. *couvent*. — Quand *n* latine devient finale par le rejet d'une terminaison, le dialecte provençal maintient indifféremment ou laisse tomber cette *n* : *asne ase* (*asin-us*), *ben be* (*ben-e*), *chanson chanso* (*cantionem*), *joven jove* (*juven-is*), *man ma* (*man-us*), *ten te* (*ten-et*). Le catalan laisse toujours tomber l'*n*, ex.: *cansó, jove* et non en même temps *canson, joven*. Même chose se produit dans les patois du nord de l'Italie, dans lesquels, p. ex., l'it. *paragone, lontano* s'abrége en *paragù, luntà*. Voyez Biondelli, *Saggio*, 6, 195. En franç. *n* finale tombe, mais seulement après *r* : ainsi dans *chair* (*carn-em*), *jour* (*diurn-um*), *four* (*furn-us*) = prov. *carn, jorn, forn*; dans *Béarn n* est muette [1]. L'*n* finale latine tombe dans les mots vraiment romans ou doit prendre une autre forme : ital. *nomé, lume,* esp. *nombre, lumbre,* cependant anc. esp. *nomne, lumne*. Le monosyllabe *in* garde sa consonne partout ; il n'en est pas de même de *non*.

3. Un autre phénomène bien plus important est celui par lequel cette liquide disparaît comme son articulé, mais non sans communiquer quelque chose de sa nature à la voyelle précédente pour la rendre nasale. On le trouve au sud et au nord-ouest, aussi bien que dans l'est, mais partout partiellement : en Portugal et non en Espagne, en France et non en Provence, dans une partie de la Haute-Italie et non dans les autres contrées ni en Valachie. Il n'y a pas à chercher la cause de ce phénomène. Il n'était pas préparé par la prononciation latine de l'*n*, même pas par celle de l'autre nasale *m*, puisque dans les cas où cette dernière était prononcée sourdement, c'est-à-dire à la finale, elle est presque toujours tombée en roman. On retrouve le même développement de sons dans certains patois allemands, qui prononcent la préposition *an* presque comme le substantif français *an*, *lohn* presque comme le français *long*. Le breton fait de même, non-seulement dans les mots français, mais encore dans les siens propres. Nous traiterons ce sujet à propos de chaque langue, dans la section II. Pour ce qui est du français, la chute (observée ci-dessus § 2) de l'*n* finale dans la combinaison *RN* est due à ce que la nasalité n'était pas applicable ici ; la persistance de cette *n* en provençal est la plus forte preuve que cette langue conservait à l'*n* finale son pur son lingual.

NN peut s'affaiblir en *nj*, comme *ll* en *lj*. En italien beaucoup

---

[1]. C'est un trait de la langue sarde de perdre aussi l'*n* dans *rn* même au milieu des mots : *corru* (*cornu*), *furru* (*furnus*).

plus rarement que pour *ll*, dans *grugnire* (*grunnire*). Plus fréquemment en esp.: *año, caña, cañamo* (*cannabis*), *gañir* (*gannire*), *gruñir, paño, peña* (*pinna*). Portug. *canhamo, grunhir, penha*, à côté de *cana, panno, penna, tinir*. Prov. *anhir* (*hinnire*), *gronhir*. En français il n'y a peut-être pas d'exemples, car *grogner* se rapporte à *grunniare, pignon* à *pinnio*. — Il est remarquable que cet affaiblissement s'étend parfois aussi à l'initiale : ainsi en ital. *gnacchera* (esp. *nacar*), *gnocco ignocco, gnudo ignudo*, milan. *gnerv, gnucca*, vénit. *gnove* (*nove*), *gnissun* (*nissuno*), etc.; esp. *ñoclo* (*nucleus?*), *ñublo* (*nubilum*), *ñudo* (*nodus*).

NL est sujet à l'assimilation comme en latin : *manluvium malluvium, unulus ullus, vinulum villum*. Ital. *culla* (*cunula cun'la*), *ella* (*enula*), *lulla* (*lunula*), *mallevare* (*manlevare**), *pialla* (*planula**), *spillo* (*spinula*); esp. *ala* (ital. *ella*) ; prov. *malevar manlevar, Mallios* (*Manlius*) Boèce; franç. *épingle* (*spinula*), *g* intercalé.

NM. Dans ce groupe, *n* devient tantôt *l* ou *r*; tantôt aussi elle disparaît. Ex.: ital. esp. portug. *alma*, prov. *arma*, franç. *âme* (*anima*); val. *mormint* (*monumentum*); esp. prov. *mermar* (*minimare**) ; anc. franç. *almaille* (*animalia*, maintenant *aumailles*), franç. mod. *Jérome* (*Hieronymus*).

NR. De même que *b* s'insère entre *m* et une liquide, *t* entre *s* et *r*, de même *d* s'insère entre *n* et *r*, *l* et *r* (voy. *LR*), mais non dans toutes les langues romanes. Ainsi dans l'italien spécialement l'assimilation est seule admise, comme dans *maritto* (pour *manritto*), *porre* (*ponere*), *terrò* (pour *tenerò*), et seulement dans des cas isolés. Un exemple de *nr* est la forme archaïque, bien connue par Dante, *onranza*, dans beaucoup d'éditions *orranza*. — L'espagnol intercale un *d* au futur de certains verbes : *pondré, tendré, vendré* au lieu de *ponré*, etc.; *ondra, ondrar* (*honorare*) *PCid. Alx.* est archaïque pour la forme usitée *honra, honrar*. L'espagnol emploie aussi l'interversion : *yerno* (*gener*), *tierno* (*tener*) et les formes secondaires *porné, terné, verné*; donc trois formes, *nr, rn, ndr*. Le portugais les connaît aussi toutes les trois : *genro, honrar, tenro* et *terno*, mais anc. *hondrar, pindra* (*pignora*). — En provençal *nr* et *ndr* sont des formes du même mot, aussi trouve-t-on *cenre cendre* (*cinerem*), *honrar hondrar*, etc., même *sendre* (*cingere*). — Le français emploie le plus souvent l'intercalation: cf. *cendre, gendre, Indre* (m.lat. *Anger*), *moindre* (*minor*), *pondre, semondre* (*summonere*), *tendre, vendredi, tiendrai, viendrai*, dans les serments *sendra* (*senior*) d'où *sire*, comme *térin tarin* de *tendre* ; avec expulsion du *g* : *ceindre* (*cingere*), *feindre, enfreindre, peindre, plaindre, poindre, astreindre, oindre*. L'ancienne langue employait aussi l'assimilation : ainsi dans *dorroit* pour *donneroit, merra* pour *menera. Nr* persiste par ex. dans *genre* (*genus*), *denrée, tinrent, vinrent*. — En valaque la forme latine persiste : *ginere* (*gener*), *onorà, punere*. — Nous savons, du reste, que l'intercalation est familière à d'autres langues, par ex. grec ἀνδρός pour ἀνερός, σινδρός pour σιναρός, allem. *fähndrich, Hendrich*, néerland. *schoonder* pour *schooner*.

ND, voyez au *D*.

NS (*nç, nz*) admet la syncope de l'*n* : c'est la continuation de l'usage romain qui se présente à nous dans *mesa* (Varron, *L. L.* 5, 118), *consposos* (dans Festus), *iscitia* (*ins.*) dans Flav. Caper (*Putsch* 2246), *cosol, cosolere, cesor, mesis, impesa, Eboresi, Viennesis* dans des inscriptions de dates différentes, Schneider I, 458. Ex.: ital. *Cosenza* (*Consentia*, déjà *Cosentia in Pollano titulo*, plus tard aussi dans Jornandes), *Costantino* (*Const.*), *costare* (*HPMon.* n. 102), *isola, mese, mestiero* (*ministerium*), *mostrare, pigione* (*pensio*), *speso* (*expensus*), *sposo, trasporre* (*transponere*), *Genovese* et autres ethniques. — Esp. *asa* (*ansa*), *costar, dehesa* (*defensa*, Yep. I, num. 8 *defesa*), *esposo, isla, mesa* (Yep. V, n. 22 de l'an 978), *mes, mostrar, seso, tieso* (*tensus*), *tras* (*Esp. sagr.* XXXIV, 446 de l'an 917), *tusilla* (*tonsilla*) mentionné par Isidore, mais qui ne se trouve plus, *Vicente* (*Vincens, Vincentius*), *Genoves*, etc.; port. *defesa, ilha, mesa*, etc. — Prov. *bos* (*bonus bons*), *ces* (*census*), *coselh, coser* (*consuere*), *costar, defes, despes* (*dispensus*), *espos, isla, maiso* (*mansio*), *mes, mestier, mostrar, ses* (*sens*, lat. *sine*), *tras, Genoes*, etc. — Franç. *coudre, coûter, époux, isle, maison, mois, métier, Génois*. — Val. *cuscru* (*consocrus*), *des* (*densus*), *masę* (*mensa*). — D'autres langues aussi admettent cette syncope, par ex. goth. *mês* (lat. *mensa?*), *Kustanteinus* (*Const.*); angl.-sax. *gôs* (*gans*, oie); v.sax. *fus* (*funs*), etc. — Le roman n'admet pas l'assimilation, comme dans le latin *passus* pour *pansus, messor* pour *mensor* (*Orell.*).

NC, voyez au *C*.

NG. Si *n* est suivie de *a, o, u*, devant la gutturale *g*, elle reste aussi gutturale, c'est l'*n adulterinum* : ital. *lingua, lungo*, *piango*, etc. Suivie de *e* ou *i*, comme alors le *g* s'affaiblit en *j* ou prend sa prononciation romane, *n* devient linguale : voy. *NG* sous *G*.

MN, voyez *M*. — *GN*, voyez *G*. — *PN*, voyez *P*.

R.

1. Nous verrons ci-dessous, dans la deuxième section, que cette lettre, dans quelques langues romanes, a reçu deux prononciations. Les grammairiens romains ne nous disent rien de pareil sur l'*r* en latin.

2. On constate, dans des changements communs à toutes les langues romanes, la permutation entre les sons linguaux liquides *l, n, r*, qui se présente partout dans le domaine indo-européen (Bopp, *Vergleich. Gramm.* I^2, 35, trad. Bréal, I, p. 58). 1) *R* devient *l*. Initiale : it. *lacchetta* (pour *racchetta*). Médiale : it. *albero* (*arbor*), *alido* (*ar.*), *Catalina, celebro* (*cerebro*), *ciliego* (*cerasus*), *mercoledì* (*Mercurii dies*), *pellegrino, prevalicare, remolare, salpare* (pour *sarpare*), *scilinga* (*syrinx*), *Tivoli* (*Tibur*), *svaliare* (pour *svariare*), *veltro* (*vertragus*). Esp. *alambre* (*aeramen*), *almario* (*arm.*), *ancla* (*anchora*), *Catalina, celébro, miercoles, plegdria* (*precaria*), *roble* (*robur*), *silo* (*sirus*), *taladro* (τέρετρον), *templar* (*temperare*), *tinieblas* (*tenebrae*). V. portug. *alvidro* (*arbiter*), *aplés* (pour *après*), *semple* (*semper*). Prov. *albire* (*arbitrium*), *albre* (*arbor*), *Alvernhe* (*Arvernia*), *citola* (*cithara*), *flairar* (*fragrare*), *veltre*. Franç. *Auvergne, flairer* arch., *Floberde* (*Frodoberta*) *Voc. hag.* Val. *alcam* (*arcanum*), *tumple* (*tempora*). L'*App. ad Prob.* marque que l'on doit prononcer *terebra* non *telebra*; cf. λείριον et *lilium*. A la finale, l'espagnol aime à employer *l* pour *r*, ex. *cárcel, mármol, papel* (*papyrus*), *vergel* (*viridarium*). Un exemple français est *autel* (*altare*). — 2) On trouve rarement le passage d'*r* en *n* comme dans l'ital. *argine* (*agger*), *centinare* (*cincturare**), *Sinno* nom de fleuve (*Sirus*); en esp. *arcen* (*agger*); en valaque *cununę* (*corona*), *suspinà* (*suspirare*). — 3) L'ital. échange assez facilement *r* avec *d* : *armadio, Bieda* (*Blera*), *chiedere* (*quaerere*), *contradiare* (pour *contrariare*), *fiedere* (*ferire*), *intridere* (*interere*), *pórfido* (*porphyrus*), *proda, rado*. La dissimilation doit avoir joué ici son rôle, puisque presque tous les primitifs contiennent deux *r*; la substitution du *d* est particulière à cette langue et paraît se présenter, dit-on,

aussi dans l'osque. Sur une *s* française tirée de *r*, voy. à la lettre *S*, § 3.

3. *R* est de toutes les consonnes la plus mobile, en quoi elle se peut comparer aisément aux voyelles. Les consonnes initiales, surtout *t* et *f*, aiment à l'attirer à elles, non-seulement quand elle se trouve dans la même syllabe, mais encore quand elle a sa place dans l'une des suivantes. Cette attraction peut aussi être exercée par une consonne médiale. Ital. *drento* (pour *dentro*), *frugare* (*furca*), *granchio* (*cancer*), *strupo* (*stuprum*), *Trieste* (*Tergeste*), *Trivigi* (*Tarvisium*); *leggiadro* (pour *leggiardo*), *vipistrello* (*vespertilio*). Esp. *cralo* (*clarus*), *estrupo* (*stupr.*), *fraguar* (*fabricare*), *ogro* (*orcus*), *preguntar* (*percontari*), *trujal* (*torcular*), *yerno* (*gener*). Port. *fragoa* (*fabrica*), *fremoso* arch. (*form.*), *fresta* (*fenestra*). Prov. *cranc* (*cancer*), *presega* (*persica*), *trempar* (*temperare*), *trolh* (*torculum*). Franç. *Brancas* (*Pancratius*) *Voc. hag.*, *brebis* (*vervex*), *breuvage* (prov. *beuratge*), *Fréjus* (*Forum Jul.*), *fromage* (pour *formage*), *tremper*, *treuil*, *troubler* (*turbulare**), v.franç. *bregier* (*berger*), *estreper* (*exstirpare*), *fremer*, *hebregier*. Valaque *crap* (b.lat. *carpa*), *frementà* (*ferm.*), *frimbie* (*fimbria*), *frumós* (*form.*) — Mais parfois, au contraire, l'*r* s'écarte de l'initiale : ital. *coccodrillo* (b.lat. *cocodrillus Vocab. opt.*, p. 45), *farnetico* (*phren.*), *formento* (*frum.*), *Palestrina* (pour *Pralestina?* lat. *Praeneste*); esp. *cocodrilo*, *corchete* (franç. *crochet*), *escudriñar* (*scrutinium*), *pesebre* (*praesepe*), *quebrar* (*crepare*), v.esp. *estormento* (*instrum.*) *Canc. de B.*; port. *costra* (*crusta*), v.port. *desperçar* (*dispretiare**); prov. *Durensa* (*Druentia*). Dans les dialectes la transposition de l'*r*, qui est un phénomène connu dans d'autres langues, comme le grec, le latin et l'allemand, est extrêmement habituelle. En particulier, le cas le plus fréquent est le changement de place de *r* initiale avec la voyelle suivante ou réciproquement de la voyelle initiale avec *r*, p. ex. bologn. *arsolver* (*ris.*), *arsponder* (*risp.*), piém. *arcapitè* (*ricapitare*), *arport* (*rapp.*); mais aussi dans l'it. écrit *arcigno* (fr. *réchin*), *arnione* (*roignon*), *Orlando* (*Roland*) comme en b.lat. *Ortrudis* pour *Rotrudis Voc. hag.*, *orliqua* (*reliquia*), *ramolaccio* (*armoracia*), *rubiglia* (*ervilia*). De même en picard *ercanger* (*rechanger*), *erfiker* (*reficher*), *ernir* (*revenir*)[1].

---

[1]. Il ne faut pas négliger la riche collection de semblables cas de

4. La chute de cette liquide entre des voyelles s'est à peine produite. Il semble qu'on en ait des exemples dans l'it. *dietro* pour *diretro*, et *prua* pour *prora*; mais ici *r* a disparu par euphonie; *drietro* surtout aurait été insupportable. On remarque en outre cette chute dans quelques désinences qui paraissent avoir été modifiées par analogie avec d'autres : *battisteo Par.* 15, 134, *romeo, scaleo scalea* pour *scalero scalera Purg.* 15, 36, 12 104. Dans *aja (area). foja (furia), Pistoja (Pistoria)* ou le val. *intuiu (anterius), coaie (corium) r* ne disparaît pas entre voyelles, mais devant *j*. En espagnol même chose se produit quelquefois devant *j* et devant *ch* : *sobejo (superculus*), macho (marculus), sacho (sarculum)*. La chute assez fréquente après une forte est générale en roman : italien *arato (aratrum), cugino (consobrinus consrin), deretano (retro), Piperno (Privernum), propio (proprius)*; esp. *canasta (canistrum), quemar (cremare), temblar (tremulare*)*; port. *rosto*, etc.; prov. *ganré (= gran re)*; valaq. *coraste (colostra), rost (rostrum), tunet (tonitru)*. Mais il arrive aussi souvent, et même plus fréquemment, que l'*r* est attirée par une forte. voy. la IIe section. L'apocope n'est pas non plus sans exemple. Ital. *cece (cicer), frate, mate* Dante *De vulg. eloq.* 2, 7, *pate, moglie (mulier), pepe (piper), preste (presbyter), sarto (sartor), suora (soror)*. Esp. *frai, maese (magister), nueso (noster)*; port. *frai, mãi, pai, goto (guttur)*. Prov. *senh (senior)*, d'où le cat. *mosen* = franç. *monsieur*, de même prov. *Pey* pour *Peyr* d'après *Leys d'am.* II, 188. Franç. *chiche (cicer), Oise (Isăra), Trèves (Treviri)*, toutefois dans le dernier ex. *r* paraît être tombée devant *s (Treviris* ou *Treviros, Trevirs)*; dans le langage vulgaire *mette* pour *mettre, rende* pour *rendre* et semblables. Val. *frate, sore*. Dans quelques cas la chute de l'*r* entraîne aussi un *t* précédent. Ce sont surtout les expressions désignant la plus proche parenté qui sont soumises à ces abréviations.

Dans *RL* la première liquide s'assimile à la deuxième dans quelques cas d'enclise : en it. *costallo* pour *costar lo, pel* pour *per il*, esp. *hazello* pour *hazer lo*, port. *amallo* pour *amar lo*. Rapprochez-en le v.fr. *Challon, mellan, paller* à côté de *Charlon, merlan, parler*, franç. moderne *chambellan*; cf.

métathèse et d'hyperthèse de l'*r* dans Ritschl, *Opuscula*, II, 529-541, qui est tout aussi bien venue pour la philologie romane qu'elle l'est pour la philologie latine et grecque.

lat. *pellucidus* de *perlucidus*. Mais *Challon* renvoie directement à l'ancien norois *Kall* de *Karl*.

RS comme *NS* éprouve souvent la syncope de la liquide. C'est encore simplement la continuation d'une habitude linguistique du latin, qui s'exprime p. ex. dans *haesi, hausi*, dans les composés avec *vorsus*, comme *prosa, retrosum, susum* (Schneider, I, 471), *introsus* (Orell. 4034), *rusus* pour *rursus* Class. auct. VII, 578, et avec assimilation dans *dossum* (*sic et* dossum *per duo* s *quam per* r dorsum *quidam ut levius enuntiaverunt* Vel. Long. Putsch 2237), *dossuarius* dans Varron, *Sassina* pour *Sarsina*. Ex.: ital. *dosso, ritroso, suso* comme en latin, *muso* (*morsus*), *pesca* (*persica*). — Esp. *avieso* (*aversus*), *traves* (*transversum, truvessas* Yep. IV, n. 29, année 791), *vieso*, arch. (*versus*) Bc. Apol., *suso*, mais *dorso*, non *doso*; ajoutez *coso* (*cursus*), *mueso* (*morsus*), *oso* (*ursus*); port. *avesso, travesso, pecego* (it. *pesca*), *pessõa* (*persona*. — Prov. *dos* et *dors, ves* (*versus* prép.). — Franç. *dos, dessus, pêche*, aussi *chêne* pour *chersne* (*quercinus**). — Val. *dos*.

RC voyez sous *C*.

LR et *NR* intercalent un *d* pour adoucir la prononciation, comme nous l'avons vu en parlant de *L* et *N*. Le groupe *RR* résultant d'une syncope emploie le même procédé, comme dans le pr. *aerdre* (*adhaerēre* pour *-ēre*), franç. *sourdre* (*surgere sour're*), *tordre* (*torquēre tor're* pour *-ēre*), qui rappellent le néerl. *meerder* de *meerer* ou le cimbrique *jardar* de *jarar* (*jahre*).

MR voy. *M*. — *NR* voy. *N*. — *TR* voy. *T*. — *DR* voy. *D*. *SR* voy. *S*. — *BR* voy. *B*.

T. TH.

Dans *th*, comme dans *ch* et *ph*, l'aspiration disparaît; d'où il suit que *th* équivaut à la forte même dans les mots que les langues néo-latines ont immédiatement tirés du grec : it. *tallo* (*thallus*), *torso* (*thyrsus*), *spitamo* (σπιθαμή); mais avec *d Adige* (*Athesis*), *endica* (ἐνθήκη). — Initial, *t* persiste partout. A la médiale il est diversement traité. En ital. la forte est de règle : *abbaie, acuto, state* (*aestatem*), *amato, carota, fato, frate, lieto, loto* (*lutum*), *mutare, nepote, salute, sentito, vita, voto*. Elle est redoublée dans *bottega* (*apotheca*), *battere, bettola* (*betula*), *brutto, cattedra, cattolico, cetto* (*cito*), *legittimo, putto, tutto*. Par exception on trouve aussi la douce, parfois à côté de la forte : ainsi dans *badia* (*abbatia*), *budello* (*botellus*), *contado* (*comitatus*) en contradiction avec *ducato*, et dans *contrada, imperadore, lido* (*litus*), *madre, paladino, padella, padre, spada, strada*. La douce est beaucoup plus usitée dans les dialectes. Elle se redouble dans *soddisfare* (*satisfacere*), ce dont il n'y a pas un second exemple [1]. — L'espagnol préfère décidément la douce : *agudo, amado, condado, dedo* (*digitus*); *emperador, lodo, madre, miedo, mudar, padilla, padre, rueda, saludar, sentido, espada, estrada, todo, vida*. Dans différents mots, la plupart d'origine récente, *t* persiste aussi : *abeto* (*abietem*), *absintio, agitar, aparato, apetito, astuto, betun, bruto, cariota, cicuta* (anc. *ceguda*), *grato, gritar* (*quiritare*), *habitar, incitar, infinito, irritar, lite* à côté de *lid, margarita, meritar, meta, nepote, notar, planeta, poeta, quieto* à côté de *quedo, recitar, refutar, secreto, seta* à côté de *seda, visitar, voto*. Remarquons un ex. de syncope, *trigo* (*triticum*). Le port. comme l'espagnol. — Le provençal, lui aussi, préfère de beaucoup la douce : *aguda, amada, budel, cadena, cridar, leda, margarida, menuda* (*minuta*), *mudar, padela, poder, pudir* (*putere*), *sadol* (*satullus*), *saludar, seda, sentida, vedel* (*vitellus*), *vodar* (*votare**). La chute de ce *d*, comme dans *puor* pour *pudor, tuar* pour *tudar, via* pour *vida*, est rare et dialectale. Mais quelquefois, et même dans des mots tout à fait populaires, ici encore la forte a remporté la victoire sur la douce, cf. *beta, betun* (*bitumen*), *citar, dotar, fatigar, litigi, lutos, matin* (certainement de *matutinus mat'tinus*), *matrona, metal, meitat* (*medietas*), *natura, nota, potestat, titol, tota, tutela, util, vital* à côté de *vidal*. — En français le *d* commun à la branche romane occidentale, et que l'on retrouve dans les anciens monuments, disparaît : on dit par ex. *aimée, finie, soucier* (*sollicitare*), *roue* (*rota*), *vouer, argué, menue, puer, saluer, pouvoir* (anc. *pooir*), *veau* (*veel*), *Bourges* (*Bituriges Boorges*), *Châlons* (*Catalauni Chaal.*), *chaîne* (*catena caena*), *aurone* (*abrotanum*, avec chute de la syllabe *ta*), *plane* (*platanus*, de même). Dans plusieurs cas, il faut admettre l'insertion d'un *i* euphonique après la chute de *t*, cf. ci-dessous TR : *boyau* (*botellus boellus boiel*), *craie* (*creta crea creia*), *délayer* (*dilatare dilaer*). Un très-petit

---

[1]. Pour ce qui regarde les consonnes, un exemple correspondant est *cobbola* de *copula*, deux douces pour une forte.

nombre seulement de mots vraiment français, comme *aider* (*adjutare*), *coude* (*cubitus*), *plaider* (*placitare*) tolèrent la douce. *Brigade, cascade, estrade, parade, salade, bastide* et d'autres noms tirés de verbes sont étrangers. La persistance de la forte est bien plus fréquente, et elle a lieu, non pas seulement dans les mots (savants) soustraits aux lois phonétiques, mais encore dans d'anciens mots populaires. Voici des exemples de différentes sortes, quelques-uns avec redoublement du *t* : *battre, bette, blette* (*blitum*), *boutique* (ital. *bottega*), *brutal, carotte, citer, coutume, dette* (*debita*), *diète, disputer, éviter, fuite, imiter, ingrate, interprète, jatte* (*gabata*), *mériter, minute, motif, nette* (*nitida*), *noter, quitte* (*quietus*, v.fr. *coi*), *planète, poëte, réfuter, suite* (b.lat. *sequita*), *toute, visiter, voter* à côté de *vouer*. Il est vrai que dans plusieurs d'entre eux, comme *beta, blitum, noter, tota* les formes seraient devenues trop courtes. — Le valaque garde la forte : *frate, inperat, leudate, mutà, sete* (*sitis*), *spate*; *d* dans *sad* (*satus*). — On trouve de très-bonne heure quelques exemples de l'affaiblissement de *t* en *d*. Ainsi dans des inscriptions : *limides* pour *limites*, *Badaus* pour *Batavus* (Schneider I, 255), *iradam* pour *iratam* (142 ap. J.-C.) Orell. num. 2541. Fréquent dans les chartes surtout franques, par ex. *mercado, strada, quarrada* Bréq. n. 69, *podibat* Mar. *p.* 100 (de l'an 657), *terridoriam* HPMon. n. 15 (de l'an 816), etc.; *lidus* pour *litus* dans les mss. de la *L. Sal.*

La *finale* latine dans les mots *et, aut, caput* n'est conservée nulle part : ital. *e, o*(devant les voyelles *ed, od*), *capo,* etc. Dans la conjugaison, les langues du nord-ouest seules la conservent, et encore avec des restrictions ; voy. ci-dessous au chap. de la flexion. Le *t* devenu final par apocope comme dans *beltat, virtut, amat, vestit* est supprimé par la langue italienne quand elle ne conserve pas la voyelle suivante : *beltà, virtù, amato, vestito*. L'espagnol échange la forte avec la douce comme à la médiale : *abad* (*abbatem*), *ciudad* (*civitatem*), *lid, red, sed* (*sitis*), *salud, virtud, amad* (*amate*) ; les anciens écrivaient encore *abat, beltat, cidat*. Le portugais ne supporte jamais ce *t*, il dit : *abade, cidade, lide, rede*. En provençal la forte reste intacte: *abat, beltat, salut, amat, vestit* ; seul le vaudois la rejette habituellement comme dans *salvà, trinità, offendù*. Sur *c* pour *t* au parfait (*mordet, mordec*) voy. la Flexion. Le franç. n'aime pas le *t* final et le rend généralement muet là où il l'écrit. Il ne l'écrit du reste que dans un petit nombre de mots anciennement usités comme *dot, esprit, fat, lit, tout* ; fréquemment dans des mots récents ou étrangers comme *ingrat, délicat* (ancienn. *delié*), *légat, soldat, mandat, appétit, crédit, débit, dévot, brut, institut*. Mais dans les désinences *at, it, ut*, la forte disparaît complétement : ainsi dans *duché, gré, aimé, abbé, cité, parti, vertu* (mais cependant *salut*), *écu, aigu, menu, glu*. Dans *soif* (*sitis*) *t* semble avoir subi un changement singulier en *f*. Voy. sur ce point *Dict. Etymol. II.* 3ᵐᵉ édit. Le valaque supporte *t* à la finale: *cuntat, vindut, auzit*.

2. Devant *i* ou *e* atone suivi dans la même syllabe d'une autre voyelle, *t* devient *z* = *ts*, qui prend une différente forme d'après le caractère de chacune des langues. C'est dans la nature de l'*i* palatal, qui se rapproche du *j*, qu'il faut chercher la raison de ce changement en une sifflante. Ital. *grazia, avarizia, palazzo*; *cc* de *t*, *ct*, *pt* : Lecce (*Aletium*), *docciare* (*ductiare**), *succiare* (*suctiare**), *cacciare* (*captiare**), *conciare* (*comptiare**), et aussi *zz*, comme dans *frizzare* (*frictiare**), *nozze* (*nuptiae*). Esp. *gracia, nacion, palacio, dureza, cazar*. Prov. *gracia, razo, chanso, cassar*. Franç. *grâce, nation, justesse, sucer, chasser*. Voyez ci-dessus au chapitre de l'hiatus, où sont indiquées d'autres formes qu'a prises ce groupe. Ce développement phonique de *ti* ou *tj* s'observe déjà dans les vieilles langues italiennes, qui présentent pour la désinence *tio* aussi bien *sio* que *so* avec disparition de l'*i*. La langue populaire latine des bas temps en fournit de nombreux exemples. D'après un grammairien du Vᵉ siècle on prononçait *etiam* comme *eziam* (it. *ezian dio*). Isidore dit : *cum justitia z litterae sonum exprimat, tamen, quia latinum est, per t scribendum est sicut* militia. Dans une charte gothique de Ravenne, probablement du commencement du VIᵉ siècle, donc bien antérieure à Isidore, *kavtsjŏn* = lat. *cautionem* présente *ts* pour *t* ; pour Ulfilas, au contraire, *lectio* sonnait encore *laiktjŏ*, et non *laiktsjŏ*. Dans des chartes des VIᵉ et VIIᵉ siècles, également de Ravenne, il y a des exemples comme δοναζιονεμ, δονατζιονες, αϰτζιο pour le latin *donationem, donationes, actio*. L'*App. ad Prob.* défend de prononcer *Theophilus* comme *Izophilus*, c.-à-d. *teo* comme *zo*, ce qui se faisait donc. Aussi ce *t* est-il de bonne heure rendu par *s* : *alterchassiones* HLung. I, 99 (de l'an 852), *concrecasione* 124 (873), *nepsia* pour *neptia* Ughell. III, 35 (898). — En roman, *t* devant *i* tonique, suivi d'une voyelle, du moins dans les mots grecs, subit la même règle de prononciation : it. *profezia*, esp. *democracia*, franç.

aristocratie; it. *Milziade*, esp. *Milciades*, franç. *Miltiade*.
On peut ranger en outre dans le même cas : it. *zio* (*thius*, θεῖος),
val. *inperętzie*, esp. *Macias* (*Mathias*), fr. populaire *Mâcé*
(*Matthaeus*) Voc. hag. Mais l'assibilation se produit aussi
sans que la présence d'une deuxième voyelle soit nécessaire.
Ital. *abete, abezzo* (s'il ne vient pas plutôt de *abietus* *), *roto-
lare ruzzolare, Forenza* (*Forentum*). Esp. *gonce*, port.
gonzo (*contus?*), particulièrement dans le suffixe *azgo* =
aticus, à côté de *adgo : consulazgo consuladgo*, etc. Prov.
Bezers (*Biterrae, Biterris*), *espaza* (*spatha*), *mezeis* (*metipse*), *lampreza* (*lampreta* *), *palazi* (*palatinus*). Franç.
seulement l'arch. *palasin*. En val. très-souvent *tz* même à
l'initiale : *tzincà* (*tenere*), *tzarę* (*terra*), *tzest* (*testu*), *tzie*
(*tibi*), *intzeles* (*intellectus*).

Le groupe *TT* ne donne pas de douce. Ital. *gatto* (*cattus
catus*), *ghiotto* (*gluttus*, cf. *gluttire*), *gotta* (*gutta*), *matta,
mettere, quattro, saetta*. Esp. *gato, gloton, gota, meter,
quatro, saeta*. De même prov. catal., etc., franç. *chat, glouton, goutte, goître* (*guttur*), *mettre, quatre*. Même règle
dans les composés comme *attendere, attestare*.

TL voy. sous *L*.

TR médial. L'italien dans ce groupe incline un peu plus vers la
douce, cf. *padre, madre* (mais *frate*, et non *fradre*), *adro*
Purg. 30, 54, *cedro* (*citrus*), *ladrone, nudrire*. Le prov.
va plus loin que d'habitude ; il syncope *t* et comble la lacune par
un *i* euphonique d'où naissent des diphthongues : on doit supposer ici l'intermédiaire *dr* (*fradre*, etc.). On pourrait poser
comme degré intermédiaire la vieille forme *paer* (que l'on trouve
dans certains textes), où la diphthongue *ai* n'apparaît pas
encore achevée; on en rapprocherait alors *traire* de *traer*.
Il est difficile d'admettre que l'*i* provienne de *t* : ces deux
sons sont trop étrangers l'un à l'autre; les grammairiens qui
s'appuient sur l'expérience résisteront toujours à cette théorie[1].
Ex. *paire, maire, fraire, laire* (*latro*), *lairar* (*latr.*),
emperaire, meire (*metere*), *peira* (*petra*), *reire* (*retro*),
veire (*vitrum*), *oire* (*uter*), *noirir* (*nutr.*), *poirir* (*putrere*),
buire (*butyrum*); *albire* (*arbitrium*) sans diphthongue. En
franç. *père* s'explique facilement par le prov. *paire*; aussi
pierre et *arrière* sont à *peira* et *reire* comme *entière enteira*

---

1. Voyez sur ce point, qui n'est pas sans importance, Delius, *Jahrbuch*, I, 356.

a *intégra*. Autrement *t* est plus volontiers syncopé d'après la règle générale : *Lure* nom de lieu (*Luthra*, Quicherat, 20), *Marne* (*Matrona*), *nourrir*, *pourrir*, *verre*, *merrain* (*materiamen*), v.fr. *erre* et *errer* (*iter*, *iterare* *) ; L'immixtion de l'*i* aurait ici donné les formes *Mairne*, *noirir*, *poirir*, *voire*. Un ancien exemple portugais est *mare* (*mat'r*) SRos., mais à côté de ce mot on ne trouve pas *frare*, *pare* ; portug. moderne, *mãi*, *pai*.

TC, voy. sous *C*. — *MT*, voy. sous *M*.

ST (*çt*) au milieu des mots se transforme souvent : ital. en *sci*, esp. et portug. en *x*, *z*, prov. et franç. en *ss*. A la finale, *t* est simplement expulsé : *pos* pour *post* se trouve déjà chez les arpenteurs romains (*pos legem*, *pos te*); un ancien grammairien mentionne *posquam*, voy. Schneider, I, 479, et mon *Dict. Étym.* I, s. v. *poi*. Ital. *angoscia* (*angustia*), *arbuscello* (*arbustellum**), *bescio* (*bestia*), *coscino* (*culcitinum**, *culçt*.), *moscione* (*mustio*), *uscio* (*ostium*), *poscia* (*postea*); avec *z* *inzigare* (*instigare*); à la finale *è* (*est*), *poi* (*post*). — Esp. *angoxa* arch., *Arbuxuela* nom de lieu (*arbustum?*) PCid v. 1551, *dexar* (*desitare* *), *quexar* (*questare* *), *uxier* (*ostiarius*); *Baza* (*Basta*), *escarzar* (*excarstare* pour *excastrare*), *gozo* (*gustus*), *mozo* (*mustus*), *rezar* (*recitare*), *uzo* arch. (*ostium*), *Zaragoza* (*Caesar Augusta*); avec *c* *acipado* (*stipatus*), *Ecija* (*Astigis*); à la finale *es* (*est*), *pues* (*post*); à l'initiale *x* dans *Xeres* (*Asta regia*), *z* dans *Zuñiga* pour *Stuñiga*, voy. Sanchez, II, 527. — Portug. *congoxa*, *deixar*, *queixar*; avec *z* *amizade* (*amicitas**, esp. *amistad*). — Prov. *engoissa*, *coissi* (ital. *cuscino*), *us*, *pues*. — Franç. *angoisse*, *coussin*, *tesson* (*testa*); *huis*, *puis*. — Les exemples valaques manquent. — Notre *Cassel* est né de même de *Castellum*, le goth. *vissa* de *vista*, le v.nor. *sess* de *sest*, le b.all. *tassen* de *tasten*; voy. Aufrecht, *Ztschr. für vergl. Sprachf.* IV, 29.

ST init., voy. *S*. — *CT*, voy. *C*. — *PT*, voy. *P*. — *BT*, voy. *B*.

D.

1. *D* initial reste intact. Médial, entre deux voyelles, il ne persiste que dans les langues de l'est, tandis que celles de l'ouest le laissent fréquemment tomber. Ital. *cadére*, *credere*, *crudo*, *fedele*, *giudice* (*judex*), *godere*, *grado*, *lodare*, *midolla*, *nido*, *nudo*, *odio*, *odore*, *radice*, *rodere*, *udire* (*audire*). La chute est rare, par exemple en composition avec *ad* : *aoc-*

chiare, *aombrare*, *aoprare*, de même dans *gioja* (*gaudium*), *appojare* (*podium*), *Po* (*Padus*), *vo* (*vado*), dans les mots poétiques *creo* (*credo*), *gioire* (*gaudere*), *rai* (*radii*), *veo* (*video*), dans le mot populaire *monna* pour *madonna*, etc. — Val. *crede*, *laudà*, etc. — Esp. *adorar*, *ceder*, *crudo*, *estudio*, *grado*, *medio*, *modo*, *nido*, *nudo*, *odio*, *odor*, *persuadir*. Syncope par exemple dans *aojar* (ital. *aocchiare*), *bayo* (*badius*), *caer*, *creer*, *hastio* (*fastidium*), *feo* (*foedus*), *fiel*, *hoy* (*hodie*), *juez*, *loar*, *meollo*, *oir*, *porfia* (*perfidia*), *poseer* (*possidere*), *poyo* (*podium*), *raiz*, *roer* (*rodere*), *tea* (*taeda*). Cette chute est moins constante dans la vieille littérature, où l'on écrit encore *cader*, *creder*, *lodor*, *roder* Bc., *odredes* pour *oireis* FC., *porfidia* FJ., mais aussi *cruo* pour *crudo*, *suor* pour *sudor* Berceo. Le ms. d'*Apolonio*, au contraire, comble d'habitude l'hiatus avec *y* : *cayer*, *creyer*, *peyon*, *riya* (*rideat*), *seyer*, *veyer*.
— Le portugais presque comme l'espagnol ; en intercalant *v* *chouvir*, *louvar*, *ouvir*, voy. p. 176. — En prov., à côté du passage au *z* (§ 2), la syncope est très-usitée : *aïrar* (*adirare**), *aorar*, *aultéri*, *caer*, *Caerci* (*Cadurcinus*), *claure*, *creire*, *cruel*, *desirar* (*desiderare*), *fiel*, *envaïr* (*invadere*), *enveia*, *meola*, *reembre* (*redimere*), *roer* (*rod.*), *suar* (*sud.*), *bai* (*badius*), *glai* (*gladius*), *huei* (*hodie*), *miei* (*medius*), *pui* (*podium*), *rai* (*radius*). La persistance de la douce est beaucoup plus rare : *adorar*, *adulteri*, *credensa*, *cruda*, *nuda*, *obedien*, *odi*, *odor*, *predicar*, *raditz*, *roder*, *rudeza*, *teda*.
— En français la domination de la syncope est encore plus entière ; en cela, le français est à l'italien ce que le hollandais est au haut-allemand ; cf. *choir* (*cadere*), *clore*, *désirer*, *envahir*, *envie*, *fiancer* (*fides*), *glaïeul* (*gladiolus*), *juif* (*judaeus*), *Melun* (*Melodunum*), *moëlle*, *nue*, *ouïr*, *Querci* (prov. *Caerci*), *rançon* (*redemtio*), *Rhône*, *seoir*, *suer*, *voir*, *bai*, *hui*, *pui* et beaucoup d'autres. En somme, cette consonne ne se maintient que dans des mots postérieurs mal assimilés, spécialement dans les suffixes *idus* et *udo* comme *avide*, *cupide*, *humide*, *insipide*, *solide*, *aptitude*, *habitude* et dans quelques autres de cette création, comme *céder*, *code*, *commode*, *étude*, *fidèle* (mais v.fr. *féel*, pl. *féaux*), *fraude*, *grade*, *mode*, *nudité*, *persuader*, *odeur*, *remède*, *rude*, et aussi dans les mots d'origine ancienne comme *roide* (*rig'dus*), *sade* (*sap'dus*), *tiède* (*tep'dus*), *souder* (*sol'dare*), *émeraude* (*smaragdus*), dans lesquels une consonne en précédant le *d* l'a protégé.

Pour ce qui concerne le *d* final, il persiste seulement dans l'it. et le prov. *ad*, dans l'it. et le v.fr. *ched* (*quid*), mais seulement devant les voyelles initiales, et dans l'ancien français *od* (*apud*). Le *d* devenu final par suite d'abréviation est traité en italien comme *t* : *fè*, *mercè*, *piè* à côté de *fede*, etc. Le valaque le supporte: *aud* (*audio*), *hed* (*foedus*). L'espagnol l'admet moins aisément et dit, il est vrai, *red* (*rete*), mais *fe* et non *fed* (*fides*), et de même *pie*, mais *merced*; en général, il aime, dans ces mots, à garder la voyelle finale, comme dans *fraude*, *sede* (*sedes*). Le dialecte portugais ne supporte pas plus ici *d* que *t* : cf. *fé*, *mercé*, *sé* (esp. *sed*), de même *cru* (*crudus*), *no* (*nodus*), *nu* (*nudus*). En provençal *d*, lorsqu'il ne disparaît pas, devient fort : *nut* (*nudus*), *pe*, etc. En français il se maintient comme lettre muette ou disparaît complètement : *muid* (*modius*), *nœud*, *nid*, *pied*; *cru*, *demi*, *foi*, *degré* [1].

2. De même que *t* devant *i* palatal devient *z* = *ts*, de même *d* devient *z* = *ds* (*z* doux). L'apparition de cette sifflante produite par *di* se constate déjà dans le latin de la décadence, car on prononçait le grec δια διαι *za ze*, *zabolus* pour *diabolus*, *zaconus* pour *diaconus*, *zametrus* pour *diametrus*, *zeta* pour *diaeta*, cf. éolien καρζά pour καρδία. D'après Servius, cette manière de prononcer atteignait plutôt les mots latins que les grecs ; il remarque en effet à l'occasion du nom de pays *Media* : *di sine sibilo proferenda est, graecum enim nomen est* (Schneider, I, 387); la sifflante se faisait donc entendre dans le latin *media*. C'est à cela que correspond, dans une charte italienne de 793, *mecia* pour *media HPMon. n.* 14; l'ital. *mezza* a supprimé ici l'*i*. D'autres exemples latins sont *zebus* pour *diebus* Mur. *Inscr.* 1571, 1 ; dans une charte de Bergame γαυζιουσο pour *gaudioso* Mar. p. 169; un glossaire du VIIe au VIIIe siècle traduit l'allemand *speicha* par *razus*, ital. *razzo*. Mais ce développement phonique rappelle aussi l'osque *zicolo* correspondant au latin *dieculus* (Kirchhoff, *Stadtrecht v. Bantia*). Au temps d'Isidore, les Italiens disaient déjà *ozie* pour *hodie*

---

1. En catalan, le *d*, tombé dans une syllabe atone, est représenté par *u*. Ainsi dans *caure* (*cadere*), *hereu* (*heredem*), *occiure* (*occidere*), *riure* (*ridere* pour *ridére*), *seure* (*sédere*), *veure* (*videre*); plus fréquemment à la finale, où l'*u* correspond au prov. *i* : *alou* (*alodium*), *cau* (*cadit*), *hereu*, *niu* (*nidus*), *peu* (*pedem*), *seu* (*sedet*, subst. *sedes*), *veu* (*videt*). Cet *u* doit sans doute être apprécié comme dans le cas où il remplace une sifflante, voy. sous la lettre *C*, II, § 4.

(roumanche *oz*), aussi dérive-t-il *mozica* de *modicus* : mozica *quasi* modica... z *pro* d, *sicut solent Itali dicere* ozie *pro* hodie (20, 9). Une autre ressemblance de *di* avec *j* sera indiquée sous cette dernière lettre. On a un exemple complet des trois formes dans *Diabolenus Zabolenus Jabolenus* comme dans *Jadera Diadora Zara*, cf. Buttmann, *Lexicologus*, I, 220; de même à la médiale dans *Eporeia Eporedia Eporizium*, voy. Böcking *Index ad Not. dign.* Les exemples romans sont : ital. *orzo* (*hordeum*), *mezzo* (*medius*), *mozzo* (*modius*), *pranzo* (*prandium*), *razzo* (*radius*), *rozzo* (*rudius* pour *rudis*), *schizzo* (σχέδιος), *berza* (*viridia*); on trouve ce *z* à l'initiale dans le dialecte vénitien : *zago* (*diaconus*), *zò* (*deorsum*), *zorno* (*diurnum*). Val. *orz, miez, prunz, razę, spuz* (*spodium*). Esp. *bazo* (*badius*), *mezana mesana* (*mediana*), *orzuelo* (*hordeum*), *vergüenza* (*verecundia*). Les exemples provençaux et français manquent; *esquisse* vient de l'ital. *schizzo*. — Cependant, ici aussi, comme pour le *t*, la sifflante s'est produite sans le secours d'un *i* palatal comme dans l'ex. ci-dessus *mozica*; cette sifflante est la forme vraiment indigène en valaque et en provençal. Val. *zece* (*decem*), *zieu* (*deus*), *zi* (*dies*), *zic* (*dico*), *frunze* (*frondem*), *prezi* (*praedae*); particulièrement dans la conjugaison : *crezi, crezund, crezut*. Prov. *azesmar* (*adaestimare* *), *azorar* (*adorare*), *azulteri, auzir, benezir, cazer, cruzel, fizel, glazi* (*gladius*), *lampaza, lauzar, obezir, orreza* (*horrida*), *prezicar, pruzer* (it. *prudere*), *tarzar, vezer* (*videre*), *veuza* (*vidua*); encore prov. mod. *z* ou *s* : *auzi, veuzo, susà* (*sudare*). Dans quelques mots comme *auzir, cazer*, *z* domine exclusivement, dans d'autres, il y a syncope (§ 1); certains mss., celui du *Boèce* au moins, n'emploient pas du tout *z* (*cadegut, laudar, veder*). Les exemples sont rares dans les autres langues. Ital. *arzente, penzolo, verzura* pour *ardente*, etc., cf. *verzaria* de l'an 752 Mur. *Ant. V*, 1011; esp. *juzgar* (*judicare*), v. port. avec *ç* ou *s arcer* (*ardere*), *asunada* SRos.; v. fr. *tarzer* pour *tarder* Chr. Ben. (si ce n'est pas pour *targer*), champ. *rizelle* pour *ridelle*. v. fr. *Mazalaine* pour *Magd.*, voy. Ruteb. II, 488; Bouille aussi, *De vulg. ling.* 38, remarque *Mazelaine*, de même *Vezelay* pour *Vedelay*. Du prov. *azesmar* est né le v. franç. *acesmer*, ital. *accismare*, esp. *acemar*. — Parmi les langues voisines, le breton connaît (peut-être depuis le XIe siècle, Zeuss, I, 164) la dégénérescence du *d* médial et final en *z* (*s* doux); mais ici il y a eu comme intermédiaire une aspirée que les dialectes apparentés montrent encore. Ex. *clezeff* (*gladius*, prov. *glazi*), *feiz* (*fides*), *Juzeth* (*Judith*), *krîz* (*crudus*), *preiz* (*praeda*), *prezec* (*praedicare*), *urz* (*ordo*).

3. Le changement en *l*, *n*, *r* était facile : 1) En *l* : ital. *caluco* (*cad.*), *cicala*, *ellera* (*hed.*), *tralce* (*tradux*). Esp. *cola* (*cauda*), *esquela* (*scheda*), *homecillo* (*homicidium*), *Madrileño* (pour *Madrid-*), *melecina*, *mielga* (*medica*), cf. *l* de *t* dans *nalga* (*natica*); à la finale *Gil* (*Aegidius*); voy. ci-dessus, p. 90, des exemples du dialecte de Léon; prov. *cigala*, *elra*, *Gili*. Ce rapport entre *d* et *l* est déjà connu du latin : à l'init. *dacrima lacrima*, *devir* (δαήρ) *levir*, *dingua lingua*; à la méd. *cadamitas calamitas*, *dedicata delicata*, *Medica Melica*, 'Οδυσσεύς *Ulysses*. On le retrouve aussi dans des langues étrangères à l'Europe, comme le prouve Bopp, *Vergleich.Gramm.* I, 29, 2ᵉ éd., trad. Bréal, I, 51. — 2) En *n* : ital. *lampana* (*-da*), *palafreno* (*paraveredus*), *pernice*; esp. *palafren*. — 3) En *r* : ital. *mirolla* (*medulla*), nap. *rurece* (*duodecim*); esp. *lampara* (*-da*); val. *armęsariu* (*admiss.*); de même en lat. *meridies* (*med-*). L'échange avec *t* se produit aussi (voy. ci-dessous *nd*), d'où ital. *Tertona* (*Dertona*), *Trapani* (*Drepanum*). Plus remarquable est l'échange avec la douce de la série gutturale dans *gazapo* pour *dasapo* (*dasypus*), *golfin* à côté de *dolfin* (*delphinus*), *gragea* à côté de *dragea* (τράγημα).

DR partage dans le nord-ouest le sort du *tr* : la muette tombe et est remplacée par un *i* quand il n'y en a pas déjà un. Prov. *caire* (*quadrum*), *raire* (*radere*), *cadeira* (*cathédra*), *creire* (*cred.*), *aucir* (*occid.*), *rire* (*ridēre* pour *-ĕre*), *foire* (*fod.*), *concluire* (*conclud.*). Franç. *équerre* (*quadrum*), *raire*, *croire*, *clore* pour *clorre*, etc. Il est vrai que le phénomène n'est assuré que dans *caire* et *cadeira*; dans les autres cas, on peut penser à la chute simple du *d* : *radere ra'ere raire* comme *trahere traire*. Eulalie a *creidre*, qui montre l'attraction de l'*e* (*credere creedre creidre*). Dans l'ital. *Carrara rr*, d'après Pott, *Personennamen*, p. 437, provient de *dr*, c'est *quadraria*, nom emprunté aux carrières de marbre.

DC, voy. sous *C*.

DJ, *DV* se comportent comme *bj*, *bv* : ital. *aggiustare* (*adjuxtare* *), au contraire *ajutare* (*adj.*) et non *aggiutare*, et en outre *avvenire* (*adv.*); esp. *ayudar*, *avenir*, etc.

MD, voy. sous *M*.

ND. Dans ce groupe, *d* disparaît dans beaucoup de mots ou s'assimile, et alors *n* se redouble, comme par ex. en v.nor. ou suéd. (*annar, finna*, goth. *anthar, finthan*), ou aussi dans des dialectes populaires allemands (*finne* pour *finden, kinner* pour *kinder*). Les cas de cette espèce sont : ital. *canido* (*cand.*), *manucare* (*mand.*). Très-fréquent dans les dialectes de la basse Italie, par ex. sicil. *abbunnari* (*abundare*), *accenniri* (*accendere*)[1]. Esp. *Blanes* nom de lieu (*Blanda* d'après Cabrera), *escaña* (pour *escanda*), *fonil* (*fundibulum*). Catal. *anar* (esp. *andar*), *fonament* (*fundam.*), *Gerona* (b.lat. *Gerunda*), *manar* (*mandare*), *segona* (*secunda*) ; ici très-usité. En provençal *d* tombe toujours quand il est final, ainsi que *t* : *en* (*inde*), *on* (*unde*), *preon* (*profundus*), *joven* (*juventus*). Franç. *espanir* arch. (*expandere*), *prenons* (pour *prendons*), *responent* arch. (pour *respondent*). Devant *i* palatal : ital. *vergogna* (*verecundia*), franç. *Bourgogne* (*Burgundia*), *Compiegne* (*Compendium*). Cf. lat. *grunnire* de *grundire*, dans Plaute *dispennere* pour *dispandere*, qui coïncide d'une manière frappante avec le v.franç. cité *espanir*, si l'origine de ce dernier mot est exacte. — La douce est remplacée par la forte dans l'ital. *sovente*, franç. *souvent* (*subinde*), peut-être par assimilation à *repente*. Et aussi dans quelques autres mots comme : ital. *pentola* (*pendula*), esp. *culantro* (*coriandrum*), franç. *pente* (de *pendere*).

GD, voy. sous *G*. — *PD*, voy. sous *P*.

Z.

Ce son composé (*ds* avec *s* douce) n'affecte pas partout la même valeur dans les langues nouvelles ; en portug. et en franç. par exemple, il est devenu un son simple, à peu près comme l'ancien ζ dans le grec moderne. Dans le prov. fr. *ladre* (*Lazarus*), *z*, à cause de l'*r* qui suit, a été remplacé par *d* ; on a des exemples semblables dans l'ital. *sidro*, esp. *sidra*, franç. *cidre* (*sicera*) ; franç. *madré* (allemand *maser*). Dans quelques autres cas, il a dû céder au *g* palatal : ital. *geloso*, prov. *gelos*, franç. *jaloux* (*zelosus*, esp. *zeloso*) ; ital. *gengiovo*, esp. *gengibre*,

---

[1]. Dans le premier de ses travaux mentionnés p. 76, Wentrup ramène cette assimilation familière aussi au napolitain à l'osque *opsannam* = lat. *operandam*, ce qui mérite d'autant plus qu'on s'y arrête que dans ce dialecte l'assimilation est une loi, et que dans les autres ce n'est guère qu'un accident. En ombrien, même chose se présente, et de là vient qu'on la trouve dans Plaute ; voy. Aufrecht dans la *Zeitschrift* de Kuhn et Schleicher, I, 104.

franç. *gingembre* (*zingiberi*) ; ital. *giuggiola*, franç. *jujube* (*zizyphum*) ; à quoi se peut comparer dans les mss. le passage de *z* à *di* : ὄβρυζον *obridia, glycyrrhiza glycyridia, gargarizare gargaridiare* (Schneider, I, 386). Nous avons vu sous la lettre *d* la production inverse du *z* de *j* ou *dj*. Le suffixe verbal *izare* échange, en français, *z* avec *s* : *baptizare baptiser*.

S

était, en latin, prononcée dure à l'initiale aussi bien qu'à la médiale et après les consonnes (excepté après *n*), douce entre les voyelles, sourde et mate à la finale spécialement dans la langue populaire ancienne et récente, où elle finit par s'effacer complètement (Corssen, 2ᵉ édit., I, 277 ss.). Dans les langues filles aussi, *s* sonnait généralement plus ou moins forte, voy. la 2ᵉ section. Il faut en outre faire les observations suivantes :

1. Elle dégénère rarement en d'autres sons, et quand cela lui arrive, elle prend le plus souvent la prononciation de la chuintante large *ś* (ital. *sci*, port. *x*) : ce son devint une aspirée en espagnol, mais ne pouvait se traduire en provençal et en français que par *ss* ou *iss*. Exemples à l'initiale : ital. *scialiva* (*sal.*), *sciapido* (*in-sapidus*), *scimia, scempio* (*simplus*), *sciringa* (*syrinx*). Esp. *en-xabido* (ital. *sciapido*), *xabon* (*sapo*), *xalma enxalma* (*sagma*), *Xalon* nom de fleuve (*Salo*), *xarcia* (ital. *sartie*), *Xativa* (*Setabis*), *xenabe* (*sinapis*), *Xenil* nom de fleuve (*Singilis*), *xerga* (*serica*), *xeringa, Castro-xeriz* (*Castrum Sirici*), *xibia* (*sepia*), *Xigonza* (*Segontia*), *ximia, xugo* (*sucus*), *enxullo* (*insubulum*). En pg. quelquefois avec la syllabe *en* préposée : *en-xabido, xarcia en-xarcia, xastre* (esp. *sastre*), *en-xergar* (esp. *en-sercar*), *xeringa, en-xofre* (*sulphur*). — Exemples à la médiale : ital. *asciogliere* (*assolvere*), *vescica* ; esp. *baxo* (*bassus*), *Carixa* (*Carissa*), *cejar* (*cessare*), *Lebrija* (*Nebrissa*), *mexias* (*messias*), *paxaro* (*passer*), *vexiga* ; portug. *paixão* (*passio*), etc. ; prov. *baissar* (de *bassus*), franç. *baisser*. — Dans les exemples que nous venons de citer, *s* éprouve, comme on voit, le même sort que *x*. Le franç. *baisser* aussi se conforme à *laisser* (*laxare*). Mais on est peu porté à supposer pour cela des formes antérieures *ximia, xirinx, vexica, baxare* ; d'ailleurs le bas-latin n'en fournit pas d'exemples. Une remarque facile à faire, c'est que cette prononciation n'atteint que l'*s* romane dure (médiale *ss*), jamais l'*s* douce. On n'imagine pas un ital. *roscia* pour *rosa* : et

pour ce qui est de *vescica,* on doit croire que la forme (qui se rencontre) *vessica* = franç. *vessie* aura précédé. La langue semble donc avoir cherché ici un adoucissement de l'*s* dure, car *ś* a plus de douceur que *ss*. Seulement, il ne faut pas expliquer cet adoucissement, comme, pour *l* et *n*, par l'immixtion d'un *j*, car là où *sj* existe réellement, il est représenté tout autrement dans les langues romanes (p. 170). — Nous parlerons du valaque *ś* dans la seconde section.

2. *S* s'échange aussi avec *z*, *ç*, ou esp. *ch*. Ital. *zavorra* (*saburra*), *zambuco, zuffiro, zezzo* (*secius*), *Zannone* (*Sinnonia*), *zinfonia* (*symph.*), *zoccolo, zolfo* (*sulphur*), *zufolare* (*sufflare*); surtout après *n* ou *r*, comme dans *anzare, anzi, canzare, manzo, scarzo* pour *ansare*, etc., *Conza* (*Compsa*). *C* dans *bacio, cacio,* voy. p. 170, *Cicilia* (*Sic.*), *cinghiale* (*singularis*), *concistorio, cucire* (*consuere*). *G* dans *Adige* (*Athesis*). — Esp. *zafir, zandalo, zueco zocalo choclo* (*soccus*), *zucio* (*sucidus*), *azufre* (*sulph.*), *zurdo, almuerzo* (*morsus*), *Iviza* (*Ebusus*), *rozar* (*rosus*); *cedazo* (*setaceum* *), *cendal* (*sindon?*), *Cerdeña* (*Sardinia*), *cerrar* (*sera*), *Cervantes* (*Servandus* d'après Cabrera), *cidro* (*sicera*), *acechar* (*assectari*), *decir* (*desidere*) *PC.*, *Corcega* (*Corsica*), *rucio* (*russeus*); *chiflar* (*sif.*), *chinfonia* arch., *chuflar* (*suffl.*), et aussi prov. *chiflar, chuflar.* — Franç. *céleri, cendal* arch., *cidre.* — Val. *zar* (*sera*), *zer* (*serum*).

3. L'histoire des langues nous fait connaître le changement fréquent de l'*s* en *r* (Bopp, *Vergl. Gramm.*[2], I, 42, trad. Bréal, I, 64). Le domaine roman en connaît plusieurs cas, auxquels on doit ajouter aussi ceux où *r* provient de *ç*. Ital. *ciurma* (κέλευσμα, esp. *chusma*), *orma* (ὀσμή). En espagnol pas d'exemple, à moins qu'on n'admette *llardrado* pour *lazdrado, Avol.,* 63; portug. *churma, cirne* pour *cisne.* Cat. *fantarma* (*phantasma*), *llirimaquia* (*lysimachia*). Prov. *almorna* (*eleemosyna*), *azermar* pour *azesmar, Ermenda* pour *Esmenda* Chx. IV, 70, *gleira* pour *gleisa* (*ecclesia*), *gleisargue* (*ecclesiasticus*), *varvassor* pour *vasvassor.* Franç. *orfraie* (*ossifraga*), v.fr. *almorne* comme en prov., *marle* pour *mascle Barl.*, p. 182, 32 (encore en picard *merle*), *merler* pour *mesler, varlet* pour *vaslet.* A l'inverse, on trouve, dans le français moderne, quelques *s* venues de *r* : *besicle, chaise, poussière* de *bericle, chaire, pourrière.* Nous verrons dans la section II le passage, dans un dialecte, de *s* à *h*.

4. La syncope de *s* entre voyelles est à peu près inconnue dans le domaine roman. En provençal on remarque des formes comme *bayar* pour *baysar* (*basiare*) LRom. I, 577ᵇ, Chx. III, 59; dans *Flamenca* 2605 *baia* rime avec *aia* (*habeat*); *maio* est pour *maiso* GRos. souvent, LRom., I, 575ᵃ, M. 662, 7; *ocaio* pour *ocaiso*, id.; *raio* pour *raizo* Flam. 5416, *gleisa* (*ecclesia*) rime avec *eia*, etc. *ibid*. v. 2310, on comprend qu'il faut ici lire *gleia*; *preio* pour *preiso* est dans Chx., IV, 628¹. Devant les consonnes la syncope est déjà plus fréquente. En ital., elle est à peine usitée : *prete* pour *prestre* (*presbyter*) et *poltro* au lieu du dur *polstro* (allem. *polster*). En provençal l's tombe dialectalement devant les liquides : *isla ilha, meisme meime, pruesme preime, almosna almoine masnada mainada, preisseron preiron*. La chute de cette lettre devant les autres consonnes, en français, est assez connue et n'a besoin d'aucun exemple pour être établie, voy. ci-dessous *ST, SC, SP*. — L'apocope en italien est de règle, et la place de la consonne chassée est quelquefois remplie par *i* euphonique ou *e*, comme dans *crai* (*cras*), *piue* (*plus*), voy. p. 185. En provençal, il faut peut-être noter *mai* à côté de *mais*, *bai* à côté de *bais*. Dans les autres langues *s* persiste, si ce n'est qu'en français elle est souvent représentée par *z* ou *x* : *chez* (*casa*), *nez* (*nasus*), *deux* (*duos*). Sa chute dans les flexions appartient au livre II.

SS devant *x*, voy. ci-dessus § 1.

SR (*çr, xr*). Ce groupe n'est pas, il est vrai, proscrit, surtout en composition (l'italien l'admet même à l'initiale): *sradicare*, esp. *desrota*, prov. *esraigar*, v.fr. *mezre* (*misera*) Alex.; le français, comme le latin (dans *estrix, tonstrix*), pour faciliter la prononciation, intercale un *t* devant lequel *s* a fini par disparaître. Ex. : v.franç. *ancestre*, franç. mod. *ancêtre* (*antecess'r*), *conoistre connaître, croistre croître, estre être, naistre naître, paistre paître, paroistre paraître*

---

1. On pourrait tout aussi bien que *glieia* lire *glieja*; voy. Delius, *Jahrbuch*, I, 357 : *j* serait alors né de *si*. Cette leçon a été déjà choisie par Dom Vaissette (par exemple dans *gleja, majo*, III, 219, etc.), mais le *gleia*, tiré de Flamenca, est décisif pour la voyelle *i*, car on ne prononçait sûrement pas *edja* l'interjection *eia*, qui rime avec *gleia*; les *Leys* n'écrivent aussi que *eya*. Le véritable état des choses semble se retrouver en provençal moderne, où *gleja* et *gleya*, *baigear* et *bayar* sont également admis. Dans une partie du Nord de la France, aussi, on remarque *j* pour *si*. Bouille, *De vulg. ling.*, p. 37 : *dicunt Morini (et Bolonii), littera s in i* (c'est-à-dire *j*) *labente, maion, ouion* (= fr. *oison*), *priion* (*prison*), *toilon* (*toison*).

(*parescere* *), *tistre* (*texere*); parfaits *assistrent, duistrent* (*duc.*), *occistrent, pristrent, quistrent*. Dans *cousdre coudre* (*consuere*) *d* s'introduit, cf. *fisdra* SLég. 21, *presdra*, 15. Prov. *istra* de *issir, mesdren* (*miserunt*) Boèc., 27; roumanche *cusdrin* (*consobrinus*); esp. *Esdras* (*Esra*), v. esp. *conostria* Canc. de B., *istria* de *exir* Bc., *lazdrado* (*laceratus*). De même en allem. *castrol* pour *casserolle* : pareille intercalation a lieu aussi dans les langues slaves.

ST, SC, SP. Cette liaison de *s* avec une forte, que le latin admet dans une large mesure, parut aux Romans, du moins aux Romans de l'ouest, trop dure à l'initiale; ils séparèrent donc cette syllabe compliquée en lui préposant un *e*, de sorte qu'ils prononcèrent, par ex., *sta* comme *esta*, ce qui ajouta au mot une syllabe entière. Esp. *estar, escribo, espero*; port. *estavel, escandalo, especie*; prov. *estable, escala, espada*. *SM* eut le même sort dans les mots venus du grec, esp. *esmeralda*, prov. *esmerauda* (σμάραγδος), esp. *esmeril* (σμύρις). Le français, ici aussi, se comportait autrefois comme le provençal : on écrivait et on prononçait l'*s*, *estable, eschelle, espée*; peu à peu la sifflante s'assourdit, et enfin ne fut même plus écrite, tandis que la voyelle qui lui devait l'existence fut assez heureuse pour se maintenir : *étable, échelle, épée*. Pourtant l'une et l'autre persistent accidentellement dans quelques vieux mots comme *estimer, estomac, esclandre, espace, espèce, espérer, esprit*; d'autres tels que *estacade* (vieux *estachette*), *estafilade, estrade, estrapade, escabeau, escalade, escalier, espalier*, trahissent une origine étrangère. Partout d'ailleurs les mots savants maintiennent leur initiale originaire; seul, l'espagnol introduit ici aussi l'*e* prothétique : *estatica, esclerotica, esperma*. Mais d'anciens monuments négligent parfois la prothèse, même dans les mots populaires, par ex. : esp. *spidios'* PCid v. 226, *spidies'* 1261, *sperando* 2249; port. *spadoa, stado* SRos; prov. *ferma speransa, li scudier*; vaud. *scriptura, spirit* à côté de *escriptura, esperit*; en français dans *Sainte Eulalie* on lit *une spede*, et plus tard encore ce cas n'est pas sans exemple, toutes les fois qu'une voyelle finale précédente se chargeait du rôle de la prothèse. L'ancien catalan offre un phénomène singulier : l'*e* s'y prononce quelquefois sans être écrit, et compte pour une syllabe dans les vers (comme le remarque Mila, *Jahrbuch* V, 176). Toutefois, dans un des dialectes occidentaux, en wallon, la prothèse ne s'est pas pleinement développée. Voyez ci-dessus, p. 120. — Si nous tournons maintenant nos regards vers l'est du domaine roman, nous trouvons en italien l'initiale originaire intacte, et souvent même l'it. fait naître ce groupe (*s* plus une consonne) par l'aphérèse d'une voyelle : *stimare* pour *estimare* (cf. *stimaverunt HP Mon.*, n. 111, année 959), *stesso* pour *istesso*; toutefois l'ital. n'est pas demeuré complètement étranger à l'habitude de l'ouest, du domaine roman, car lorsque *non, in, con, per* précèdent, il a l'habitude d'éviter la dureté de ces groupes en leur préposant un *i*: *non isperate, in istate, con isdegno, per istare*. Mais la voyelle ainsi préposée n'est essentielle, c.-à-d. inséparable dans aucun mot. Parmi ces patois, il y en a un, celui de Logudoro, qui ne peut s'en passer : voy. ci-dessus, p. 77. Le valaque maintient partout le groupe initial sans l'affaiblir. — On peut suivre l'usage roman jusque dans le plus ancien b.-lat. et même plus haut. La plus ancienne forme de la voyelle est *i* au lieu d'*e*, qui est plus grossier, comme on le voit en italien et parfois même en provençal (*istable, istar, isquern*, cf. *inspieth* pour *ispieth SLég.*) : *i* devait en effet se glisser devant *s* initiale d'autant plus facilement que, ainsi que nos grammairiens nous l'apprennent, l'élément vocalique précédant l'émission de cette consonne correspond déjà lui-même à un léger *i*. C'est pour cela qu'aucune des voyelles plus lourdes *a, o, u* n'a été employée à cet usage. Au IVe siècle on trouve *istatuam, ispirito*. Dans un ms. de Gaius du VIe siècle, *Istichum* est pour *Stichum*. Lachmann, *Comm. in Lucretium*, p. 231, a réuni de nombreux exemples mss. de *i, hi,* ou *in* placés en tête du mot (*histoïcis, instoici*). Des inscriptions chrétiennes d'âge différent ont *Ismaragdus, Istefanu* (cf. esp. *Santisteban* avec *i* au lieu de *e*), *Ispeti* pour *Spei*, voy. Reines. *Inscr.* p. 973. Dans les chartes mérovingiennes cela se présente fréquemment : ainsi *istabilis* Bréq. *num.* 139, *estodiant* (*studeant*) 232, *esperare* 287, *estabelis* 290, *estodium* ib., *especiem* 316, *istibulatione* Mab. *Dipl.* p. 497, *escapinios* 501; quelquefois même dans des chartes italiennes *iscrivere, istavilis, iscimus,* ainsi par ex. Mur. *Ant. III,* 569, 1009, Brun. 465, 608, *escavino* de l'an 827 *HPMon. n.* 19. Dans sa dissertation *Plattlateinisch*, p. 333, Pott a rassemblé des exemples (tirés des mss. de la *L. Sal.* et de la *Lex Rip.*) où *x* est mis pour *s*. Les exemples espagnols sont : *escriptura, Esperauta* de l'an 775 *Esp. sagr. XVIII,* 302, *exspontanea* de l'an 855 Marc. p. 788[1]. Des langues qui ne sont

---

1. Corssen a donné depuis un riche recueil d'exemples de ce genre.

pas romanes emploient aussi cette prothèse. Le basque ne supporte pas l's impure, il dit *esteinua* (*stannum*), *ezpalda* (*spathula*), *ezquila* (*schelle*), ou avec *i izpiuna, izpiritua, izquila*. Le kymrique prépose *y, i, e : yspeit* (*spatium*), *ystabyl* (*stabulum*), *yscawl* (*scala*). Mais cet usage, que ne connaît même pas le breton, est postérieur (Zeuss I, 141), et ne peut avoir eu aucune influence sur la constitution du mot roman. Parmi les langues plus éloignées, citons le hongrois qui change l'allemand *storch, strenge, stab* en *eszterág, esztrenga, istáp*.

Un autre moyen d'adoucir la rudesse de l'initiale se présentait encore à la langue, c'était de faire disparaître l's elle-même. Mais comme ce procédé avait pour conséquence de rendre les radicaux obscurs, on en fit rarement usage : esp. *pasmar*, prov. *plasmar*, fr. *pâmer* (*spasmus*); prov. *maragde* (*smaragdus*); franç. *tain* (*stannum*).

A la médiale, après une consonne, *s* impure n'exige aucune voyelle adoucissante, par ex. esp. *abstraer, constreñir, inspirar*. Le français non plus ne prépose pas d'*e*, mais il élide l's après une voyelle : *apôtre, bétail, évêque, nèfle*, même aussi dans *contraindre* (*constringere*), *montrer*. Même chose dans les groupes *SL, SM, SN : mêler, témoin, âne*, v.fr. *mesler* etc.

La confusion entre *st, sc* et *sp* apparaît parfois à l'est : ital. *stiantare, mistio, rastiare, abrostino* pour *schiantare, mischio, raschiare, abroschino*; *fischiare* pour *fistulare*; *scoglia, squillo* pour *spoglia, spillo*; val. *štimb, štiop* pour *schimb, schiop*; *pešte* pour *pesce* (voy. *SC* sous *C*); v.portug. *estoupro* pour *escopro*; prov. *ascla* pour *astla* (voyez p. 195 note). Cette confusion entre les divers organes est facile et naturelle, comme le montrent aussi des exemples allemands : voyez Wackernagel dans la *Zeitschrift* de Haupt, VII, 130.

ST médial voy. sous *T*. — *SC* méd. voy. *C*. — *NS* voy. *N*. — *RS* voy. *R*. — *CS* voy. *C*. — *PS* voy. *P*. — *BS* voy. *B*.

C. CH.

L'aspirée a la même valeur que la forte. En valaque seulement on entend encore l'aspiration, qui est ici exprimée par *h*.

C a eu une destinée toute particulière; il se divise en deux sons déterminés par la lettre suivante : tantôt il demeure guttural, tantôt il devient palatal ou sifflant.

I. 1. Devant *a, o, u*, devant une consonne ou à la finale, *c* demeure guttural sans persister constamment comme forte. A l'initiale, *c* persiste d'ordinaire ; cependant on trouve quelques exemples de douce, analogues au lat. *gobius* (κωβιός), *grabatus* (κράβατος), *gummi* (κόμμι). Une *r* ou *l* suivante ne fait point ici de différence. Ital. *Gaeta* (*Cajeta*), *gambero* (*cammarus*), *gastigare*, *gatto* (*catus*), *gabbia* (*cavea*), *gobbola* (*copula*), *gonfiare* (*conflare*), *gomito* (*cubitus*), *graticula*, *grotta* (*crypta*; *grupta* Ughell. *II*, 747 de l'an 887). Esp. *gambaro*, *gamella* (*camella*), *garbillo* (*cribellum*), *gato*, *gavia*, *graso* (*crassus*), *greda* (*creta*). Prov. *gat* et *cat*, *gabia*, *gleira* (*ecclesia*), *gras*, *gruec* (*crocus*). Franç. *gobelin* (κόβαλος?), *gonfler*, *gobelet* (*cupella*), *glas* (*classicum*), *gras*.

A la médiale (après une voyelle) *c* a éprouvé à peu près le même sort que *t*; il devait fréquemment descendre à la douce, comme cela est arrivé déjà dans le lat. *negotium* (*nec otium*), ou dans *Saguntus* (Ζάκυνθος) et assez souvent dans le plus ancien b.l.; par ex. *matrigolarius* Bréq. *n*. 139, *vindegare* 220, *vogator* (*vocatur*) 239, *sagrata* 253, *evindegatas* 267, *vagas* (*vacuas*) Mab. *Dipl. p.* 506, *abogadus* (*advocatus*) 513, *vigarius* dans les formules juridiques. En ital. *c* persiste dans la plupart des cas, comme *acro*, *amico*, *briaco* (*ebriacus*), *bruco* (*bruchus*), *cieco*, *dico*, *fico*, *fuoco*, *giuoco* (*jocus*), *meco* (*mecum*), *medico*, *mica*, *pecora*, *pedica*, *pica*, *poco*, *roco* (*raucus*), *sacro*, *secolo*, *secondo*, *sicuro*, *specchio* (*speculum*), *stomaco*, *verruca*, *vescica* (*vesica*). Cependant on trouve parfois la douce dans les mêmes mots à côté de la forte, cf. *ago*, *agro* (*acer*), *dragone*, *lago*, *lagrima*, *laguna*, *lattuga*, *luogo*, *magro*, *miga*, *annegare*, *pagare*, *pregare*, *sagro*, *segare*, *segola* (*secale*), *segreto*, *spiga*. Plus souvent encore dans les dialectes. — En espagnol, la douce a décidément pris le dessus : *agrio*, *amigo*, *embriago*, *brugo*, *ciego*, *digo*, *dragon*, *higo* (*ficus*), *fuego*, *lago*, *lagrima*, *laguna*, *latuga*, *luego*, *Lugo* nom de lieu (*Lucus*), *magro*, *Malaga* (-*ca*), *migo* (*mecum*), *miga*, *Miguel* (*Michael*), *milagro* (*miraculum*), *anegar*, *pagar*, *pega* (*pica*), *sagrado*, *segar*, *siglo*, *segundo*, *seguro*, *espiga*, *estomago*, *trigo* (*triticum*), *verruga*, *vexiga*. Dans un petit nombre seulement de mots populaires comme *sauco* (*sambucus*), *secreto* (*segredo* Bc.), et le mot important *poco*, souvent aussi dans les désinences *ico*, *ica*, *icar* : *medico*, *rustico*, *musica*, *aplicar*, *implicar*, *indicar*, *justificar* et dans quelques autres comme *caduco*, *opaco*, *cloaca*, *pastinaca*, la forte a résisté. On ne trouve guère la syncope que dans cette désinence *icar* (*emplear* = *implicare*), que *ic* soit radical ou dérivatif. De même en portugais.—En prov. la douce a pris la même importance que dans le sud-ouest ; mais ici, à condition que *a*, *e*, *i* précède, elle admet très-souvent la résolution en *y*, et alors *iy* se simplifie en *i*. Ex. *agre, agut, drago, lagrema, magre, braga braya* (*braca*), *pagar payar, sagramen, cega, negar neyar, plegar pleyar* (*plicare*), *pregar preyar, segle, segun, segur, amiga amia* (pour *amiya*), *diga dia, figa fia, miga miu, vesiga, fogal* (*focus*), *jogar, logal, verruga*. Après *o* et *u* cette résolution ne paraît pas usitée : *foial, verruia*, etc. ne se trouvent nulle part. La forte persiste d'ordinaire dans les mêmes cas qu'en espagnol. — En franç. la résolution et la chute de la douce (secondaire) font de grands progrès. La résolution en *y* ou *i* se trouve dans *doyen* (*decanus*), *foyer* (*focarium*), *noyer* (*necare*), *noyer* (*nucarius*), *voyelle* (*vocalis*), *essuyer* (*exsucare**), *payer* (*pacare*), *braie* (*braca*). Chute dans *amie, délié* (*delicatus*), *épier* (*spica*), *mie* (*mica*), *pie* (*pica*), *plier* (*plicare*), *prier* (*precari*), *vessie* (*vesica*), *mortifier* (*-ficare*), *lieue* (*leuca*), *verrue* (*verruca*), *sûr* (*securus*), *prône* (*praeconium*), *Saône* (*Sauconna*), *larme* (*lacrima*), *serment* (*sacram.*), *Yonne* nom de fleuve (*Icauna* Quicherat 81). Mais dans *plier* et *prier i* représente la diphthongue *ei* (pr. *pleyar, peyar*), dans laquelle *c* est contenu (voy. *I* franç. dans la 2e partie) ; à côté de *larme* on trouve anciennement *lerme* pour *lairme*, dont l'*i* provient de la résolution du *c* ; *serment* est abrégé de *sairement*, en sorte que dans ces exemples et dans d'autres semblables la gutturale n'a pas totalement disparu. Cette résolution de *c* en *i* après transformation visible ou cachée en *g* est difficilement contestable. Dans quelques cas provençaux, comme *amia* pour *amiya*, on pourrait, il est vrai, admettre aussi la chute de la gutturale, mais dans *verai* de *veracus, ibriai* de *ebriacus, Cambrai* de *Camaracum* (voy. ci-dessous à la finale), la résolution apparaît fort nettement. Elle n'est pas moins visible dans les cas où la rudesse d'une combinaison comme *cs* ou *ct* forçait à la vocalisation de la première de ces consonnes, puisque l'assimilation répugnait au caractère des langues du nord-ouest ; des mots comme *seis* de *sex* ou *fait* de *fact* peuvent rendre clair ce phénomène ; voy. ci-dessous *CS* et *CT*. La douce demeura seulement là où l'on ne crut pas pouvoir s'en passer, par ex. dans *aigre, aigu, dragon, figue, maigre, seigle*, etc.; la forte presque exclusivement dans les mots d'origine récente ou moins populaires : *baraque, casaque, opaque, bibliothèque, bourrique, angélique, chronique, logique, musique, rustique, tunique, époque, caduque, provoquer, suffoquer, déféquer*; *diacre, secret, second* (mais qui cependant est prononcé *segond*), *siècle*. — En valaque partout la forte seulement : *acru, amic, zic* (*dico*), *foc*, etc.

C final, en tant qu'il existe déjà en latin comme dans *dic, fac, hoc, nec, sic, tunc* n'est jamais toléré, sauf en prov. *oc* (*hoc*), et le composé franç. *avec*, et aussi dans *donc* (*tunc*), et l'ancien franç. *illoc, illuec* (*illoc*); ital. avec une voyelle ajoutée *introcque Inf.* 20, 130 (*inter hoc*), *dunque*. Autrement le *c* est apocopé d'ordinaire : *di', fa, nè, sì, però* (*pro hoc*), esp. *di, ni, si, pero*, etc. Mais en esp. ancien ce *c* final, dans les particules, est encore représenté par *n* : *nin, sin, aun* (*adhuc*), *allin* (*illic*) GVic, et ainsi en portug. *nem, sim*. Il paraît aussi être contenu à la médiale dans *ansi* (*aeque sic*), peut-être même dans l'adjectif *enteco* (*hecticus*), ou dans le subst. portug. *pentem* (*pecten*). A *ansi* (*ansin*) correspond aussi l'ancien franç. *ainsinc*, franç. mod. *ainsi*, de même que le prov. *aissin* LRom. *I*, 571[a], encore maintenant à Marseille *ensin* [1]. — Le provençal respecte partout le *c* que l'apocope a rendu final : *amic, foc, Aurilhac* (*Aureliacum*), *Figeac, Saissac*, etc. Le français ne le conserve pas partout : *ami, feu, lieu, estomac, lac*. D'autres mots de cette langue échangent *c* pour *t* : *artichaut* (it. *articiocco*), *abricot* (it. *albercocco*), *palletot* (pour *palletoc*), ancien franç. *gerfault* (pour *gerfalc*). Par suite les noms de ville gaulois en *acum* prennent habituellement *ay* comme *veracus* devient *vrai*, ceux en *iacum* prennent *y* : *Bavay* (*Bagacum*), *Cambray* (*Camaracum*), *Ally* (*Alliacum*), *Fleury* (*Floriacum*), etc.; cf. Mone, *Gall. Sprache*, p. 33, Pott, *Personennamen* 255, 456, Zeuss, *Gramm. celt.* II, 772[2].

---

1. Que l'*n* naisse du *c*, c'est là un procédé tout à fait inusité. Peut-être pourrait-on expliquer les formes ci-dessus par l'intercalation d'une *n* devant *c* et la chute (postérieure) de la gutturale : *nec nenc nen*. Dans *ninguno* (*nec unus*) l'intercalation nasale saute aux yeux ; ici la gutturale est restée parce qu'une voyelle suivait. De même dans *enxambre* et autres exemples, si l'on admet la série intermédiaire *ecsamen, encsamen, enxamen*.

2. Une étude très-solide, parue postérieurement, de ces noms de lieu (Quicherat, *Formation franç. des anciens noms de lieu*, Paris, 1867, p. 34 suiv.) cite encore d'autres représentations de ce suffixe celtique : par ex.

2. Le groupe originaire *ca* (*cca*) s'écarte sensiblement en français de l'usage commun : le *c* y dépouille sa nature de gutturale et devient chuintant sous la forme *ch*; le lat. *a* peut se transformer en toute autre voyelle, sans perdre son influence sur le *c* précédent, c.-à-d. que ce passage du *c* au *ch* est antérieur au passage de l'*a* à d'autres voyelles. Ex. de l'init.: *cheval, chance* (*cadentia**), *chommer* (it. *calmare*), *changer, chambre, chef* (*caput*), *chien, cheveu, chartre* (*carcer*), *charme* (*carmen*), *château, chignon* (*catena*), *chat, chou* (*caulis*, non *colis*), *chose*. De la médiale : *bouche* (*bucca*), *coucher* (*collocare*), *manche* (*manica*), *miche* (*mica*), *perche* (*pertica*), *sécher* (*siccare*). Peu de mots échappent à cette loi, en ce sens qu'ils conservent la forte (nous avons parlé au § I. des cas où elle est adoucie ou supprimée): p. ex. *cadet* (de *caput*), *campagne* (ancien *champagne*), *câble* (*capulum**), *caisse* à côté de *châsse* (*capsa*), *cage* (*cavea*), *manquer* (*mancare**). Le plus grand nombre de ces mots est d'origine récente ou étrangère, latine, italienne, espagnole : *cadence, caler, caleçon, calme, camarade, camp, canal, canaille, cap, cape, captif, capitaine, caprice, cardinal, carotte, carrosse, carte, cas, cascade, cause, cautèle, cavale, cavalcade*, cf. les mots vraiment français *chance, chausse, chambre, champ, chenel, chien, chef, chèvre, chardonaus* arch., *char, charte, chose, cheval*. Devant les voyelles provenant du latin *o, u,* la gutturale persiste intacte : *cacher* (*coactare*), *cailler* (*coagulare*), *carole* arch. (*chorus*), *cour* (*cors*), *cou, colère, coffre, couver* (*cubare*), *coude, coin* (*cuneus*), *cuve, cuivre, coûtre* (*custos*), *écuelle* (*scutella*). Quand la flexion amène un changement de voyelle, *ch* peut se maintenir : prés. *sèche* (*sicco*) de l'inf. *sécher*; il en est autrement de l'adj. *sec*, qui conformément à la règle est né de *siccus* : le fém. *sèche* est venu régulièrement aussi de *sicca*. *Ca* n'est pas partout devenu *cha* dans ce domaine, puisque le dialecte picard a conservé fidèlement la forme primitive (voy. ci-dessus, p. 116). Dans quelques mots *ch* s'échange avec *j* (*g*) : *jambe* (*camba**), *jamble* arch. (*cammarus*), *jante* (*cames** *camitis?*), *geôle* (*caveola*), *gercer jarcer* (*carptiare**), *germandrée* (*chamaedrys*). Le provençal aussi emploie *ch* pour *c*, mais seulement dialectalement à côté de *c*. L'italien rend le franç. *ch* par *c̀* dans *ciambra, ciamberlano, ciapperone*, etc. L'espagnol emploie aussi *ch* : *champion*,

---

ac donne aussi *a, as, at*, et *tac* donne *ec, e, cy, eu, eux*. L'auteur explique la désinence franç. *y* par *i* tonique dans *iacum*.

chantre, chanzoneta, chaperon, chapitel, bachiller (*bachelier*); aspirée dans *xamborlier* (*chambrier*), *xefe* (*chef*), etc. Port. *chapéo* (*chapeau*), *charneira* (*charnière*), *charrua*, *micha* et beaucoup d'autres. — Mais comment expliquer maintenant la transformation de *ca* en *ch*? N'aurait-elle pas, peut-être, pu se produire sous l'influence du *k* aspiré des dialectes de l'a.h.all. qui se sont parlés en France et sur les frontières, et qui prononçaient : *chamara* (lat. *camera*), *chappo* (*capo*), *chafsa* (*capsa*), *charchari* (*carcer*)? L'aspirée devait devenir en français une chuintante, de même que l'esp. *Don Quixote* se prononce encore aujourd'hui *Don Quichotte*. La forte du picard trouverait donc son explication dans le voisinage de ce dialecte avec le dialecte néerlandais, qui a de même conservé la forte. Si les groupes *ce, ci* ne sont point entrés dans ce mouvement, c'est qu'ils avaient déjà abandonné leur son guttural. Même le signe *ch* en français indique l'existence primitive d'une aspirée. Le roumanche présente un trait tout à fait analogue, surtout dans le dialecte d'Engadine. Ici le groupe *ca* est devenu presque sans exception *ch* ou *chj* aspiré : *chabgia* (*cavea*), *chadaina* (*catena*), *chalur, charn, chasa, chaussa, chonf* (*cannabis*), *chiamin* (*caminus*), *chiau* (*caput*). Avec le groupe *cu*, ce changement est rare, avec le groupe *co* il se présente à peine : *chör* (*corium*), *chül* (*culus*), *chünna* (*cuna*), *chüra* (*cura*); on pourrait ici aussi soupçonner une influence alemannique. Mais il y a une difficulté, c'est la persistance devant *o* et *u* (alors même que les mots sont d'origine allemande) de la forte en français, tandis qu'en ancien allemand *c* est également devenu aspiré, comme dans *chophenna* (*cophinus*), *chorp* (*corbis*), *chupfar* (*cuprum*). Pourquoi l'aspiration s'attachait-elle seulement à *ca* et non pas aussi à *co cu*? Et pourquoi *g* obéit-il à la même loi (voy. ci-dessous), tandis que le v.h.all. ne paraît pas avoir connu *gh*? Ne doit-on pas d'après cela attribuer à la voyelle *a* la propriété de faire naître dans une forte ou douce gutturale qui la précède une aspiration qui devint ensuite une chuintante? Aussi un dialecte pouvait y être plus disposé qu'un autre. *A* est guttural et proche parent de *h*, remarque Pott, *Forsch.*, II, 23; cette remarque peut nous expliquer le phénomène sans qu'il soit besoin de recourir à l'influence de l'allemand [1].

II. 1. Devant *e, i, ae, oe*, le *c* latin a perdu, dans le

---

[1]. Delius a donné de ce phénomène dans le *Jahrbuch*, I, 357, une autre explication digne d'attention.

domaine roman presque entier et même ailleurs, son ancienne prononciation gutturale. Dans les quatre langues occidentales il apparaît comme sifflante *ç* (assibilation), dans les deux de l'est comme palatale dure *ć*. Même lorsqu'une consonne précède, le son guttural ne peut se maintenir. En finale, *c* est représenté par des consonnes analogues, esp. par *z* : *cerviz, diez* ; prov. par *tz* ou *s* : *cervitz, crotz* (*crucem*), *detz, notz* (*nucem*), *patz, votz, balans* (*bilancem*) ; franç. par *s* ou *x* : *brebis, croix, dix, fois* (*vicem*), *noix, paix, poix* (*picem*), *voix*. Des exemples français il résulte que la sifflante forte *ç*, de même que *sç* (voy. ci-dessous), a la propriété de faire naître une diphthongue, au moyen d'un *i* euphonique développé sous son influence : *cruc-em cruiç croix*. Il va de soi qu'ici aussi *ch* suit d'habitude l'exemple du *c* : *brachium* donne *braccio, brazo, bras* ; *archidux*, it. *arciduca* ; ἀρχίατρος d'abord sans doute *arciater* (d'où v.h.all. *arzât*, h.all. mod. *arzt*).

L'histoire de l'assibilation n'est pas exempte d'incertitude. Remarquons tout d'abord que l'ombrien présente ce développement phonique ; ainsi dans les mots *çesna* = *cena, pase* = *pace* (*pake*). Quant à ce qui regarde le domaine latin, les points de repère les plus importants sont les suivants. 1) On peut admettre comme démontré que pendant la durée de l'empire romain d'Occident *c* devant toutes les voyelles = κ grec. — 2) On ne peut exactement indiquer combien de temps cette prononciation survécut à l'empire d'Occident ; on peut affirmer cependant qu'elle ne disparut pas tout d'un coup, si on considère ceux des mots latins passés en allemand dans lesquels, comme dans *keller* (*cellarium*), *kerbel* (*cerefolium*), *kerker* (*carcer*), *kicher* (*cicer*), *kirsche* (*cerasus*), *kiste* (*cista*), *ce ci* se prononçait *ke ki*, puisque ces mots n'ont pu passer en allemand que depuis la grande immigration allemande sur le sol romain, et non pas lors des premiers rapports entre Romains et Germains : leur nombre est trop considérable pour cela. — 3) Dans les chartes de Ravenne et autres des VIe et VIIe siècles les groupes latins sont souvent écrits avec des lettres grecques, et *c* devant *e* et *i* est rendu par κ. Exemples : δεκει pour *decem* (Mar. p. 172), φεκιτ, δεκιμ pour *fecit, decem* (Maffei, *Istor. dipl.* p. 167, Mar. p. 186), πακειφικος, υενδετρικαι, φεκαερομ pour *pacificus, venditrice, fecerunt* (Maff. 166, Mar. 188, de l'an 591), δωνατρικαι. κρουκες, φικετ, βικεδωμενον pour *donatrice, crucis, fecit, vicedominum* (Maff. 145, Mar. 145). Ces chartes sont du VIe siècle, dans d'autres peut-être un peu postérieures on lit de même φικετ (Mar. p. 140), κιβιτατε pour *civitate* (id. p. 142). Dans une charte latine, également de l'exarchat et de l'an 650 (*Maffei* p. 171), *quaimento* est pour *caemento*, c.-à-d. *qu* pour *c*. La question est donc celle-ci : la lettre grecque κ représente-t-elle simplement le signe latin *c* ou exprime-t-elle le son guttural ? Comme les scribes s'appliquaient visiblement à indiquer partout la prononciation vivante et écrivaient par exemple αννομερατους, σοσκριψι, λεγιτορ sans s'occuper de l'orthographe latine, la première alternative est difficilement admissible. De même les Grecs écrivirent postérieurement τζερτα, ιντζερτος = *certa, incertos* (dans les *Basiliques*. — 4) Encore à la fin du vi[e] siècle les prêtres romains en Bretagne rendaient la forte gutturale anglo-saxonne sans exception par *c* : *cêne* audax, *cild* infans, *cyning* rex, et ce mode de transcription se trouve dans les premiers monuments du haut-allemand. — 5) Il faut mentionner à part le *c* devant *i* quand il est de plus suivi d'une autre voyelle ; l'assibilation doit s'être produite de bonne heure ici, puisque dans les plus anciennes chartes *c* se confond souvent avec *t*. Les inscriptions, jusque dans les premiers temps de l'époque impériale, faisaient au contraire encore une soigneuse différence entre *ci* et *ti*; c.-à-d. que pour *ci* on n'employait pas en même temps *ti* et réciproquement. *Ti* se montre seul par ex. dans *nuntius*, *ci* dans *condicio* (Corssen). Mais dans les chartes on écrivait *solacio, perdicio, racio, eciam, precium* à côté de *solatio*, etc., et en même temps ce *c* ou *t* était rendu par le grec ζ ou τζ ou aussi par *z* lat. (*onzias* pour *uncias* Mur. *Ant. II,* 23, de l'an 715?); à côté de ce ζ, τ est encore employé : πρετιο, πρεσιντια, et pour *cia* on a κια, etc. : γενεκιανι, ροστικειανα, ουνκαιαρον pour *geneciani, rusticiana, unciarum*, et même πρεκειω est une fois (Maff. 166) pour *pretio*, c.-à-d. κ pour *t*, cf. dans une charte gothique d'Arezzo, probablement du commencement du vi[e] siècle, *unkja* = *uncia*. D'après les derniers exemples, on doit admettre ou bien une incertitude ou bien une diversité provinciale dans la prononciation du *ci* ou *ti* devant les voyelles. Cette hésitation est certainement admissible, quand on songe que les sons ne se transforment qu'insensiblement. — 6) Depuis le viiie siècle *c* est enfin admis devant *e* et *i*, dans l'alphabet allemand, au lieu de *z* (*cit, crûci*) alors même qu'aucune autre voyelle ne suit ; la nouvelle manière de prononcer le son guttural *c* doit avoir été déjà très-répandue alors sur le sol roman et être née probablement au viie siècle [1]. A l'origine le *c* semble avoir eu la valeur

---

[1]. Contre cette chronologie on peut objecter ceci : comment se fait-il que si *c* a commencé à s'assibiler au viie siècle, les éléments allemands

d'un *z* dur, comme encore dans des dialectes italiens et portugais et en valaque du sud, non-seulement parce que les scribes allemands le traitaient comme le *z* allemand, mais aussi parce que dans les groupes ci-dessus *cia, cio,* il remplaçait le *t* = *z* (*etiam, eciam*). En italien et valaque du nord ce *ts* s'épaissit en *ć*; dans les langues de l'ouest il se détermina comme un simple son sifflant, qui cependant en espagnol, grâce à un choc particulier de la langue, rappelle, ce semble, le son indiqué plus haut [1].

On sait par l'histoire des langues que les sons gutturaux, devant les voyelles pleines *a, o, u,* conservent leur nature (il y a cependant des exceptions, comme nous l'avons vu plus haut), et que devant les voyelles plus grêles *i* et *e*, ils deviennent facilement des sons sifflants et palataux. Ce phénomène s'est produit sur une grande échelle dans la famille romane, en ce qui touche l'élément latin. Le roman a ici la plus grande ressemblance avec les langues slaves : ainsi dans l'ancien slovène les gutturales *k, g, ch* devant les voyelles grêles ne s'emploient pas, mais *k* devient tantôt *ć*, tantôt *tz*, et *g* tantôt *ź*, tantôt *z*, le *ch* manquant au roman devient *ś* et *s*. Le

---

dans le roman n'aient pas été modifiés aussi dans ce sens, eux qui du moins en majeure partie étaient certainement incorporés à cette époque? car on dit par ex. it. *chiglia*, de *kiel*, non *ciglia*. Ne s'ensuit-il pas évidemment que ce mémorable changement de son, qui a fait dégénérer *Kikero* en *Zizero*, est antérieur à l'invasion germanique? Mais cette objection a peu de force. On a pu ne pas soumettre la lettre allemande aux mêmes lois que la lettre latine, parce que, précisément grâce au mélange des peuples, la prononciation allemande était toujours présente à l'oreille des Romans. Par la même raison, l'*h* allemande dans le français, le *k* arabe dans l'espagnol, le *k* grec dans le valaque n'éprouvèrent pas le sort des lettres latines correspondantes.

1. Corssen, *Lat. Ausp.* 2ᵉ éd. I, 48, termine ainsi son étude de cet important chapitre de l'histoire des sons, basée sur de nombreux témoignages authentiques: « Il résulte de ce qui a été dit jusqu'à présent que *c* devant *e* et *i* jusqu'au VIᵉ et VIIᵉ siècle, jusqu'à l'époque qui a suivi l'invasion des Lombards en Italie, a eu le son de *k*. Il est vrai qu'il ne faut pas en conclure que *c* ait conservé aussi longtemps ce son partout et dans tous les mots... Jamais dans les chartes de Ravenne (du VIᵉ et VIIᵉ siècle) *c* devant *e* et *i* n'est rendu par *z*, *tz*, σ ou σσ. D'où il suit donc que jusqu'au VIIᵉ siècle après J.-C. l'assibilation de ce son ne peut avoir pénétré qu'isolément dans la langue populaire ou les dialectes provinciaux, et qu'en conséquence les Romains cultivés, encore au temps de l'exarchat et des Lombards prononçaient les noms de leurs glorieux ancêtres *Kaesar, Kikero.* » Une note, p. 49, discute l'opinion de Schuchardt (I, 164) sur ce point.

lithuanien *k* se change très-souvent aussi en lette devant *i* et *e* en *z = ts* (Pott, *Forsch.* 1re édit. I, 77). En grec moderne ce phénomène n'est pas arrivé à son plein développement; cependant *k*, dialectalement, devant le son *i* se prononce comme *ć* (ib. II, 11). C'est à peu près de même que dans les dial. albanais *kj* devient *ć* (v. Hahn *Studien* II, 20). Pour ce qui est du domaine germanique, de l'anglo-sax. *ci ce = ki ke* naît l'angl. *ch = ć*; on constate presque la même chose en ancien frison (Rask, *Frisisk sproglaere*, 10. 18), et d'après une opinion particulière (Rask, *Angels. sprogl.* 8) aussi en suédois. En h.all. on peut rappeler la parenté qui existe entre *qu* et *zu* (Grimm, I², 196).

2. Quelquefois la gutturale originaire est représentée par d'autres sifflantes ou palatales. L'italien admet *z* dans quelques cas : ainsi *zimbello* (*cymbalum*), *dolze*, *donzella* (*dominicilla**), *dozzi* (*duodecim*), *lonza* (*lyncem*), *sezzo* (*secius*); ailleurs *z* est dialectique. Quand une voyelle tombe entre *ć* et *t*, le son palatal ne se maintient pas et devient *s* : *amistà* (*amicitas**), *destare* (*de-excitare*), *fastello* (pour *fascettello*). Parfois on trouve la palatale douce : *gelso* (*celsus*), *abbragiare* (pour *abbracciare*), *augello* (*aucella*), *congegnare* (*concinnare?*), *damigella*, *doge* (*ducem*), *dugento* (*ducenti*, cf. lat. *quingenti*), *piagente* (*placens*), *vagellare* (*vacillare*). En esp. *z* est rare : *zarzillo* (*circellus*); plus fréquemment *ch* : *chicharo* (*cicer*), *chico* (*ciccum*), *chinche* (*cimicem*), *corcho* (*corticem*), *lechino* (*licinium*), *marchito* (*marcidus*), *poncho* (*panticem*), *picho* (*picem*). Port. *murcho* (*murcidus*); *s* dans *visinho* (*vicinus*). — En provençal, *z*, qui correspond ici à une *s* douce, est très-usité : *auzel*, *jazer*, *Lemozi* (*Lemovices*), *plazer*, *vezi*; *ss* correspond phonétiquement à *c* et est une autre manière de l'écrire, comme dans *vensser* (*vincere*), *taisser* (*tacere*). — En français aussi *s* ou *ss* s'emploie souvent, cf. *sangle* (*cingulum*), *siller* (*cilium*), *dîme* pour *disme* (*decimus*), *génisse* (*junicem*), *pance* (*panticem*), *poussin* (*pullicenus*)[1]. Comme en espagnol, *ch* a aussi pénétré en français : *chiche* (*cicer*), *farouche* (*ferocem*), *mordache*

---

1. Remarquons dans une charte *sisterna* pour *cisterna*, déjà à l'année 528, Bréq. *num.* 13. Mais l'exemple est trop isolé pour en induire pour la France un développement plus ancien du phénomène. *Scitam* pour *sitam*, où *c* ne pouvait être guttural, se voit pour la première fois à l'année 587, ib. n. 46. *Requiiset* pour *requiescit* beaucoup plus tard, année 658, id. *num.* 140. Voy. dans Corssen, 2° éd. I, 59, d'autres ex. de *si* pour *ti*.

(*mordacem*), *moustache* (*mystacem*), *ranche* (*ramicem*).
— Les exemples valaques avec *tz* sont *tzenterimu* (*coemeterium*) *Lex. bud.*, *otzét* (*acetum*, ce mot est aussi anc. slave) ; avec *g ager* (*acer*), *vinge* (*vincere*).

La gutturale ne se serait-elle pas conservée dans quelques cas? C'est à peine admissible : la tendance de la langue était trop nettement indiquée. Il est vrai qu'à l'encontre des autres langues, le valaque présente encore la forte gutturale, mais ici l'influence grecque est visible, non-seulement dans les mots d'origine grecque, comme *chedru* (κέδρος), *chime* (κῦμα), mais encore dans beaucoup d'autres, comme *chelariu*, *dechemvrie* qui avaient leur type dans le grec κελλάρης, δεκέμβριος. Dans d'autres comme *cerchea* (*circulus*), *cucute* (*cicuta*), *tacund* (*tacendo*), *scuntée* (*scintilla*), val. du sud *pentecu* (*pantex*), *pescu* (*piscis*), la voyelle décisive s'est modifiée après *c*. Nous verrons tout à l'heure ce qu'il faut penser des formes comme *nuce* (*nucem*), *salce* (*salicem*); *chinge* (*cingulum*) paraît être un exemple assuré, mais le changement en *clingum* et finalement la chute du *t* étaient très-possibles. Il y a cependant un dialecte qui a résisté à la modification de la gutturale forte, c'est celui de Logudoro. A l'initiale la forte persiste dans la plupart des mots, cf. *chelu* (*caelum*), *chena* (*coena*), *chentu* (*centum*), *chera* (*cera*), *chervija* (*cervix*), *chiza* (*cilium*); dans d'autres comme *zegu* (*caecus*), *zertu*, *zibu*. Le zétacisme a déjà pénétré : en médiale, entre voyelles la forte passe à la douce : *boghe* (*vocem*), *dughentos* (*ducenti*), *faghere* (*facere*), mais il y a *ischire* (*scire*), *pischina* (*piscina*). Dans ce dialecte nous rencontrons donc encore l'écho de la prononciation romaine, qui n'a pu se conserver que dans le profond isolement d'une contrée montagneuse. Il est difficile d'attribuer une influence au grec, qui n'a exercé nulle part en Italie une action analogue. Les autres langues ne présentent aucun exemple. Le français *lucarne* (*lucerna*) renvoie à un latin *lucarna*, qui se retrouve aussi dans le gothique *lukarn*; de même une forme lat. *lacartus* paraît avoir précédé le portug. *lagarta*, esp. *lagarto* (*lacertus*). Dans quelques substantifs comme en ital. *radica* (*radicem*), *sorgo* (*soricem*, *Inf.* 22, 58 *sordo*), esp. *pulga* (*pulicem*), les nominatifs *radic-s*, *sorec-s*, *pulec-s* peuvent avoir influé sur la prononciation du *c*, ce qui serait vrai aussi pour le val. *nuce* et *salce* et pour le napol. *jureche* (*judicem*); cependant le transport direct de quelques-uns de ces mots de la troisième déclinaison à la première ou la deuxième est un phénomène encore plus vraisemblable, car il se présente souvent : on a pu dire *radica* à côté de *radix*, de même que dans le latin classique on disait *fulica* à côté de *fulix*. Sur *duca (dux)*, *giuschiamo (hyoscyamus)*, *scojattolo (sciurus)*, voy. mon *Dict. étym.* I [1].

4. Nous avons déjà remarqué la chute particulière au français du *c* devant *a, o, u*. Le *c* sera-t-il tombé aussi devant *e, i*, bien que déjà en b.lat. il fut devenu sifflant devant ces voyelles ? *C* sonnait alors comme *ts* : or nous savons que *s* (du moins devant les voyelles) résiste absolument à la syncope, et il n'y a pas de raison pour que l'union avec un *t* précédent ait diminué en rien la ténacité de la sifflante. Pourtant *facere* a donné en fr. *faire* avec chute du *c* ; on a de *placere* (accentué *plácere*) *plaire*, de *nócere nuire*, de *dicere dire*, de *coquere (cocere) cuire*, de *placitum plaid* (IXe siècle), etc. A côté sont des formes où une *s* correspond au *ç* latin, comme dans *faisons (facimus)*, *fisdrent (fécerunt)*, *disons (dicimus)*, *plaisir, nuisir*. Peut-on admettre que les mots et les formes où le *c* a disparu provenaient d'une époque où cette lettre était encore gutturale, par suite exposée à tomber, et que les mots et formes en *s* provenaient d'une époque où le latin s'était fait déjà à l'assibilation ? Les recherches sur cette question donneraient difficilement un résultat satisfaisant. Les deux époques, l'ancienne et la moderne, la latine et la romane, se sont donné la main vers le VIIe siècle; on peut supposer quelques exceptions à la règle devenue générale, et c'est surtout dans la conjugaison qu'elles semblent se faire jour. Doit-on maintenant, en ce qui concerne le cas présent, admettre la série *fakere faëre faire*, ou *fakere fakre faire* (*k* résolu en *i*), ou *fakere fazere fazre faire* ?

---

[1]. Un exemple sûr semble être fourni par le verbe français *vaincre* de *vinkere*, et pourtant il y a doute sur ce point. En effet, d'après Delius, *Jahrbuch* I, 358, *k* est seulement intercalé pour soutenir la nasale *n*. D'après cela, il devrait y avoir eu un temps où, en France, on disait *vin're* jusqu'à ce qu'on ait comblé la lacune avec un *c* euphonique = *k*. C'est admissible, surtout si on compare *fingere fin're fein-d-re*, dans lequel *d* rend le même service ; il est toutefois surprenant qu'on ait repris un *k* déjà laissé de côté. Ne serait-il pas préférable de donner à ce *k* une signification étymologique, puisqu'il apparaît plusieurs fois dans le provençal qui ne connaît que l'infinitif *véncer* dans le cours de la conjugaison ? Il est vrai que le très-ancien franç. *veintre* paraît confirmer l'intercalation d'un son de liaison, mais le *t* qui se présente ici ne se trouve qu'à l'infinitif, c.-à-d. devant *r*, et en dehors de l'infinitif est resté sans influence : il est à *k* dans le rapport où *fau-t-re* est à *fulcrum*.

5. Le traitement du lat. *c* dans un des plus importants dialectes, le catalan, est digne de remarque. Il tombe comme en franç. et en prov., et on ne doit pas s'en étonner : ainsi dans *dir*, *fer*, etc., et aussi dans *deya* (trisyllab. *dicebat*), *feya* (*faciebat*), *dehembre* (*decembre*), *rebre* (*recipere*), *vehi* (*vicinus*). La sifflante *t* (= esp. *z*) peut éprouver le même sort : *prehar* (*pretiare**), *rahó* (*ratio*). Mais ce qui étonne, c'est que le *c* disparu est remplacé par *u*, rarement au milieu du mot, mais tout à fait régulièrement à la fin du mot, et cet *u* forme alors une diphthongue avec la voyelle précédente : *jaure* (*jacere*), *plaure* (*plăcere*), *creu* (*crucem*), *diu* (*dicit*), *feu* (*fecit*), *nou* (*nucem*), *pau* (*pacem*), *veu* (*vocem*). Comment expliquer ceci? *Plaure* est-il né de *plaire* et *plaire* de *placre* comme *Jaume* de *Jacme*? Mais cet *u* tient aussi la place de *z*, comme dans *palau* (*palatium*), *preu* (*pretium*), et remplace même la désinence verbale *ts* comme dans *haveu* (*habetis*), qui, dans les plus anciens se montre déjà çà et là à côté de *havets*. Comme *u* ne peut provenir ni de *c*, ni de *z*, ni de *ts*, on doit présumer que ce dialecte, grâce à sa position particulière, a préféré la voyelle *u* là où le prov. ou le franç. auraient mis *i*, ce qu'il a fait par ex. aussi dans *traure* = prov. *traire*, cf. ci-dessus, p. 186, note. C'est précisément ainsi que le portug. met *ou* pour *oi* sans se soucier de l'étymologie, par ex. *mouro* pour *moiro* (*morior*). De *amats* (*amatis*), par ex., a pu être formé d'abord *amaus* = esp. *amais*, puis *amau*, de *nucem* d'abord *nous*, puis *nou*.

Le *ch* latin devant les voyelles douces n'est traité comme *c* par les langues romanes que dans les mots anciens : ital. *celidonia* (*chel.*), *cirugiano* (*chirurgus*), *Acerenza* (*Acherontia*), *arcivescovo* (*archiep.*), *braccio* (*brachium*), *Durazzo* (*Dyrrhachium*), *macina* (*mach.*), *Procida* (*Prochyta*) ; esp. *celidonia*, *cirujano*, *arzobispo*, *brazo* ; prov. *celidoni*, *ciragra* (*chir.*), *arcivesque*, etc. ; anc. franç. *seorgien* (*chir.*). Au contraire, ital. *chimera*, *chimico*, *chirurgo*, *architetto*, *lisimachia* ; esp. *quimera* et suiv. ; fr. *chimère*, *archevêque*, etc. Déjà dans les inscriptions romaines on lit *bracium* (Schneider, I, 397), dans les chartes *senodocium* Bréq. n. 122 (de l'an 648), *sinedocio* Mur. Ant. III, 569 (de l'an 757), *monaci et arcipresbiter*, ibid. V, 367.

CC. Ital. *bacca*, *becco*, *bocca*, *ecco*, *flacco*, *fiocco* (*floccus*), *moccolo* (*muccus*), *peccare*, *sacco*, *secco*, *socco*, *succo*, *vacca*. Esp. *baca*, *boca*, *chico* (*ciccum*), *flaco*, *flueco*, *moco*,

pecar, saco, seco, suco, vaca. Franç. *bec, floc, sac, sec, soc, suc*; *ch* pour *cc*, v. ci-dessus p. 229. L'adoucissement n'a pas lieu: le prov. *baga*, franç. *baie*, se rapporte à la forme latine *baca* dont on a des exemples; esp., portug., prov. *braga*, franç. *braie* à *braca*, non pas à *bracca* qui n'a pas eu de correspondant en roman; ital., esp. *sugo* se rapporte à *sucus*.
— Devant *e* et *i* la double consonne éprouve le sort de la simple, de là l'ital. *accento, accidente, successo*; esp. *acelerar, aceptar, suceso*. Cependant, quand dans cette dernière langue les deux *c* persistent, la première de ces lettres conserve en même temps le son guttural, par ex. *ac-cento* à côté de *acento, ac-cesion, ac-cidente* (arch. *acidente*). En français cela arrive toujours, *ac-cent, ac-cident, suc-cès*.

CL, voy. à *L*.

CT. Cette importante combinaison éprouve tantôt une assimilation, ce qui est le procédé commun au roman, tantôt une résolution de la gutturale en *i* avec formation de diphthongue, comme dans les langues de l'ouest, tantôt enfin, différant en cela de la forme de la combinaison *cs*, une résolution des deux lettres en un son palatal après avoir (à ce qu'il semble) passé par *it*. *Ct* persiste fréquemment, surtout dans les mots d'origine récente. Dans la voie de l'assimilation ou de la syncope du *c* devant les consonnes, le latin avait, comme l'on sait, précédé ses rejetons: *gluttio* est pour *gluctio* de *glocire*, *mattea* pour *mactea*, *natta* pour *nacta*, *sitis* pour *sictis* de *siccus*, *artus* pour *arctus*, *fultus* pour *fulctus*. Dans le latin provincial ou postérieur on rencontre *Vitoria* pour *Victoria*, *santo* pour *sancto*, *defunto*; dès le commencement du IVe siècle apr. J.-C. *lattuca*, *otto*, qui sont complètement italiens, voy. Corssen, 2° édit., I, 37, 39, 43. Dans les chartes postérieures on lit *maleditus* Bréq. *n*. 64 (de l'an 627), *ditto* Brun. p. 625 (de l'an 772). Parmi les domaines voisins, celui du celtique présente spécialement de nombreux exemples d'adoucissement, par ex. kymr. *laith llaith* (lat. *lactem*), *reith* (*rectum*), *traeth* (*tractus*), voy. Zeuss, I, 172. En italien, l'assimilation seule existe: *atto* (*actus*), *cotto*, *detto* (*dict.*), *diritto* (*direct.*), *fatto, frutto, letto, notte, petto, tetto, giunto* (*junctus*), *santo*. La résolution en une palatale (prononcer *cc* comme l'esp. *ch*) se rencontre dans les dialectes: milan. *lacc* (*lactem*), *lecc, nocc, pecc, peccen* (*pecten*), *tinc* (*tinctus*), dans Bonvesin *digio* (*dictus*), *dregiura* (*directura*), *fagio* (*factus*). — L'espagnol emploie l'assimilation moins souvent que la forme pleine *ct*. Exemples:

abstracto, acto, activo, directo, docto, doctor dotor, efecto (arch. *efeto*), *fruto, matar (mactare), octubre* (arch. *otubre*), *olfato (olfatum* dans une charte du ixe s. *Esp. sagr.* XI, 264), *junto, llanto (planctus), santo, afliccion* (arch. *aflicion*), *faccion* (arch. *facion*). La résolution du *c* en *i* et *u* se voit dans *pleito* (de *plectere*), *auto (actus),* populaire *carauter (character),* voy. Monlau, 39. Dans les mots les plus importants *ch* est la forme usuelle pour *ct : derecho, dicho, estrecho (strictus), lecho, noche, ocho, pecho, techo, cincho (cinctus),* anc.esp. *frucho* Bc. *FJuzg* [1]. Ici l'*e* (= port. *ei*, prov. *ai*) indique quelquefois un *c* affaibli en *i : hecho (factus), lecho (lactem), pecho (pactum), trecho (tractus),* voy. ci-dessus p. 137. — Portug. *acto, dito (dictus), fructo, juncto junto, luto (luctus), matar.* La forme dominante est le *c* affaibli en *i*, à côté duquel on trouve aussi l'*u : direito, estreito, feito (fact.), leito, noite, oito ; auto, outubro, doutor (doctor);* altpg., *coito (coctus), condoito (conductus)* SRos., *oytubro* FTorr. p. 614, *auçom (actio), autivo (activus), contrauto (contractus)* SRos. La résolution en *ch* comme dans *colcha* et *trecho* est beaucoup plus rare. Le provençal supporte *ct* dans *actual, affliction, contract, dictar, doctrina, lector, octobre,* etc. Mais la forme véritablement indigène, ici comme en portugais, est la résolution du *c* en *i*, p. ex. *coitar (coctare*), duit (ductus), destruit, dreit, estreit, fait, frait, noit, peitz, (pectus), trait.* Cet *i* peut se fondre dans un *i* précédent, comme *dit (dictus).* Dans le groupe *nct* il est attiré par la voyelle radicale : *oint (unctus), peint (pinctvs* de *pictus), saint (sanctus),* théoriquement pour *onht, penht, sanht.* Un autre dialecte présente *ch* comme en espagnol : *cochar, drech dreich, fach, frach, estrech, dicha, poncha (puncta), sanch (sanctus,* voy. *Leys d'am.* II, 208), à la place duquel *g* est aussi employé en finale : *dreg, fag,* etc. — En français aussi les formes sont multiples. Les nombreux mots tout latins comme *action, abstract, direct, docteur, octobre,* se comprennent d'eux-mêmes et n'ont pour l'histoire de la langue aucune impor-

---

1. Le nom propre *Sancho* = lat. *Sanctus*, qui se trouve par ex. dans Tacite *Hist.* 4, 62. Dans la basse latinité il semble qu'on en ait formé par humilité *Sanctius*, it. *Sanzio*. Encore plus ancien est un mot semblable *Sancius* ; par ex. voy. une inscription lusitanienne d'av. J.-C. TI. *CLADIVS SANCIVS*, voy. SRos. *II*, 175, et déjà dans Tacite *Ann.* 6, 18 *Sancia*, cf. Pott, *Personennamen* p. 563. Astarloa, p. 262, tient *Sancho* pour un mot basque et lui donne la signification de *nerbudito*.

tance. Exemple d'assimilation : *contrat, effet, jeter, lutrin* (b.lat. *lectrum*), *lutter, pratique, roter* (*ructare*), *façon* (*factio*). Surtout adoucissement : *conduit, droit, étroit, fait, nuit, joint, peint, saint*. Quelques exemples présentent aussi la résolution en *ch* propre à l'espagnol et au provençal : ainsi *cacher* (*coactare*), *fléchir* (*flectere*), *empêcher* (*impactare**). — En val. l'assimilation est rare, peut-être dans *aretà* (de *rectus*), *flutură* (*fluctus*), *unt* (*unctum*), val. du sud *frutiu*. *Ct* persiste rarement, comme dans *octomvrie* (*october*). *seactę* (*secta*). Les formes nationales pour ce groupe sont *pt* et *ft*, par ex. *ajeptà* (*adjectare**), *asteptà* (*exspectare*), *copt* (*coctus*), *fipt* (*fictus* pour *fixus*), *fęptură* (*fact.*), *fript* (*frictus*), *lapte, luptà* (*luctari*), *noapte* (*noctem*), *pept, peptene, supt* (*suctus*); *doftor* (*doctor*), *oflicę* (*hectica*), *lefticę* (*lect.*).

CS, c'est-à-dire *x*. Pour briser la dureté de ce groupe l'assimilation était indiquée ; il y en a déjà des exemples en latin, comme *cossim, assis, lassus, trissago* pour *coxim, axis, trixago*, dans les inscriptions *conflississet* Grut. *Ind.* ss *pro* x, *obstrinserit* Orell., *aessorcista* (*exorc.*) Mur. Inscr. p. 1841, *sistus* (*sextus*) Reines., dans les manuscrits *frassinus, tossicum* (Schneider, I). La langue moderne se sert aussi de ce moyen avant et après les consonnes et entre voyelles. Elle emploie de même la résolution du *c* en *i*, d'où naissent des diphthongues, et aussi le changement du groupe entier en une aspirée ou une sifflante. En italien *sci* est traité à la fois et par l'assimilation et par le changement. L'assimilation en *ss* s'opère quand *cs* est placé entre deux voyelles : *Alessandro, bosso* (*buxus*), *frassino, flusso, lasso, lusso, matassa, rissa, tasso, tessere, visse* (*vixit*); *ansiō* (*anxius*), *esperienza, esplorare, tosco* (*toxicum*) ; une *s* simple suffit cependant à la particule *ex* et à quelques autres mots : *esame, esemplo, eseguire, Bresello* (*Brixellum*), *fiso* (*fixus*). Les exemples avec *sci* sont : *Brescia* (*Brixia*), *coscia* (*coxa*), *lasciare* (*laxare*), *lisciva* (*lixivia*), *sciame* (*examen*), *scialare* (*exh.*), *sciagurato* (*exaug.*), *scegliere* (*ex-eligere*), *scempio* (*exemplum*), *escire* (*exire*), *sciocco* (*exsuccus*). — De même val. : *Alesandru, esemplu, estre* (*extra*), *frásin* (*frax.*), *lasà, mętasę, Sas* (*Saxo*), *tzesęturę* (*textura*) ; *eši, liśie*. Quelquefois *x* : *Xavérie, toxicę* Lex. bud. En espagnol la variété est encore plus grande. Le son latin *cs* persiste souvent, comme dans *examen, exequias, eximir, luxo, sexo*, *maximo*, même devant des consonnes, comme dans *excepto*, *extremo*, *sexto*, *texto*. L'assimilation se présente dans plusieurs mots aussi bien devant les consonnes que devant les voyelles, par ex. *fresno* (*fraxinus*), *tasar* (*taxare*), *tosigo* (*toxicum*), *ansio*. D'autres mots préfèrent l'aspirée *x* (*j*) analogue à l'italien *sci* : *Alexandro*, *buxo*, *coxo* (de *coxa*), *dixe* (*dixi*), *exemplo*, *texer*, *xaguar* (*exaquare**), *xamete* (b.gr. ἐξάμιτος ξάμητος), *xaurado* (*exauguratus*). Quand un *a* précède cette aspirée, il se change en un *e*, correspondant au portugais *ei* (cf. *beso*, *beijo*) : *exe* (*axis*), *lexos* (*laxus*), *madexa* (*metaxa*), *mexilla*, *texo* (*taxus*). A la première syllabe du mot, on prépose parfois encore *n* à l'aspirée *x*: *enxambre*, *enxemplo* arch., *enxundia* (*axungia*), *enxugar* (*exsuccare*); sur l'origine de cette *n*, voy. p. 228, n. 1. *Seis* (*sex*) nous présente un exemple de la résolution de *c* devant *s*. — Le signe *x* se maintient ordinairement intact en portugais comme en espagnol, mais il possède ici aussi des valeurs phoniques diverses (cf. dans la section II). *X* = *cs* dans *fluxo*, *nexo*, *sexo*, etc.; *x* = *is* dans *experto*, *extremo*, *exemplo*; *x* = ital. *sci* dans *coxa*, *enxame*, *enxugar*, *enxundia*. Nous avons des exemples de résolution de *c* en *i* ou en *u* dans *seis* (= esp. *seis*) dont on peut rapprocher l'analogue *eis* (*ecce*), et dans l'arch. *tousar* (*taxare*) SRos. *Eixo* (*axis*), *teixar* arch., *madeixa*, *seixo* (*saxum*), *frouxo* (*fluxus*) nous offrent des exemples de résolution de *c* en *i* ou en *u*, dans lesquels l'écriture conserve *x*, comme en esp. On rencontre aussi *s* et *ç*: *tasar*, *ansio*, *tecer*. — On peut admettre l'assimilation pour quelques cas dans les langues du nord-ouest, comme pour le prov. *essai* (*exagium*), *esclairar*, *essugar*, *josta* (*juxta*) ; franç. *essai*, *éclairer*, *essuyer*, *joûter*. En outre, *x* persiste dans les noms propres et dans la plupart des mots savants, par exemple pr. *Alixandre*, *exemple*, *exercir*; fr. *exact*, *examen*, *exploit*, *luxe*, *maxime*, *sexe*, *préfixe*. Mais la forme dominante est la résolution en *iss* : prov. *aissela* (*axilla*), *bois* (*buxus*), *eissart* (*exsárritum**), *eissil* (*exilium*), *eis* (*exit*), *fraisse* (*fraxinus*), *laissar*, *maissella*, *proisme*, *teisser* (*tex.*), *oissor* (*uxor*); fr. *ais* (*axis*), *aisselle*, *Aisne* (*Axŏna*), *buis*, *cuisse* (*coxa*), *frêne* (de *fraisne*), *laisser*, *paisseau* (*paxillus*), et aussi en v.fr. *buisine* (*buccina* équivalant à *bucsina*).

La chuintante ou l'aspirée née de *cs* semble reposer sur la fusion intime avec *s* d'un *i* provenant de la résolution d'un *c*, par un procédé d'abord général, et encore usité dans le nord-ouest. Ainsi de *coxa* est d'abord venu *cojsa*, puis *cosja*, et de là en ital. *coscia* et en esp., avec une tendance à l'aspiration, *coxo*. On a des exemples qui appuient cette explication, au moins dans l'ital. *bascio* de *basium basjum*, *cascio* de *caseus casjus*, et dans le portug. *puxar* de *pulsare puisar*.

Un fait caractéristique pour le mode de formation des langues romanes est l'inversion immédiate du *cs* en *sc* = *sk*, qui s'est produite dans beaucoup de mots. Ainsi *laxus* est devenu en ital. *lasco*, en prov. *lasc, lasch*, en franç. *lâche*, comme de *laxare* vient l'esp. *lascar*, le prov. *lascar, laschar*, le franç. *lâcher*; c'est donc un exemple général en roman. Du b.lat. *taxa* est venu le prov. *tasca, tascha*, le franç. *tâche*, l'angl. *task*. De *traxit* est venu le catal. *trasch*, de *vixit* le v.esp. *visco*, le prov. *visquet*. De *fracassare*, contract. *fraxare*, le prov. *frascar*. De *flaccidus* (*cci* = *xi*) le fr. *flasque*. Dans les mots français *mèche* (*myxa*) et *échemer* arch. (*examinare*), *ch* correspond de même à l'*x* latin, c'est-à-dire à un *sc* intermédiaire, aussi ce dernier mot se trouve-t-il dans un poète espagnol sous la forme *escaminar*, voy. *Canc. de B*. Le valaque présente aussi une trace de cette inversion, si l'on accepte la dérivation *veścà* (remuer, secouer) de *vexare*. Sur la même transformation dans d'autres mots romans et même celtiques, voy. mon *Dict. Étym.* I, *lasciare*; on pourrait aussi rappeler des exemples grecs, tels que ξένος σκένος, ξίφος σκίφος.

LC, NC, RC, TC, DC. Il faut remarquer dans ces combinaisons le passage fréquent de la forte gutturale à la palatale douce (et en esp. à l'aspirée). Mais souvent aussi le *c* suit la règle générale, c'est-à-dire qu'il persiste, ou se change en douce, et en franç. en *ch*. Ce changement anomal ne peut s'expliquer que par le voisinage avec le *c* des sons linguaux et dentaux. Les exemples existants sont : 1) De *LC* seulement le v.franç. *delgié, deugé* (*delicatus*); esp. *delgado* et non pas *deljado*. — 2) de *NC* (provenant souvent de la syncope de *ndc*) : ital. *mangiare* (*manducare man'care*), *vengiare* (*vindicare*); esp. *canonge* arch. (*canonicus*), *manjar, monja* (*monacha*), portug. *monja*; prov. *manjar, monje, penjar* (*pendicare**), *venjar*; franç. *manger, venger*, Saintonge (*Santonicus pagus*), v.franç. *canongé* (*canonicatus*), *escomenger* (*excommunicare*), mais à côté le franç. mod. *pencher* (= prov. *penjar*), *revancher*. — 3) De *RC* : en ital. sèulement avec *c* *carcare caricare*; en esp. avec *g cargar, sirgo* (*sericus*); prov. *bergier* (*vervecarius ver'carius**), *furjar* (*fabri-*

care) ; franç. *berger, charger* (*carricare*), *clergé* (*clericatus*), *forger, serge* (*serica*), v.franç. *enferger* (*inferricare**), *furgier* Ren. I, 21 (de *furca*). — 4° De *TC* : ital. *selvaggio* (*silvaticus*), *viaggio* (*viaticum*); esp. *herege,* (*hereticus*), *salvage, viage* ; portug. *herege*, etc.; pr. *eretge, gramatge* (*grammaticus*), *porge* (*porticus*), *salvatge, viatge* ; franç. *sauvage, voyage*, v.fr. *herege, ombrage* (*umbraticus*) *FC*. II, 316, *nage* (*natica**, voy. ci-dessus p. 36) Bert. 96, franç.mod. avec *ch Avenche* (*Aventicum*), *nache*, comme aussi *perche* (*pertica*) et aussi esp. pg. *percha*. — 5° De *DC* : ital. *giuggiare* (*judicare*) Purg. 20, 48 ; v.esp. *miege* (*medicus*), avec la douce *g* esp.mod. *juzgar*; portug. *pejo* (*pedica*); prov. *jutjar, metge* ; franç. *juger, piége*, mais *prêcher* (*praedicare*).

SC médial devant *e* et *i* suit presque identiquement la règle du *cs*. En ital. *sc* reste mais n'exprime plus qu'un son simple : *conoscere, fascia, pesce*; *s* pour *sc* dans *rusignuolo*; *c* dans *fiòcina* (*fuscina*) ; *g* dans *vagello* (*vascellum**). — Esp. *x* : *dexenxo* arch. (*descensus*), *faxa, faxo* (*fascis*), *pexe* ; mais la forme habituelle est *c* ou *z* : *conocer, crecer, haz* (*fascis*), *pacer, pez*, à côté de *ruiseñor*. — Portug. *faixa, feixe, mexer, peixe, rouxinol* ; *conhecer, crescer, pascer*. — Prov. *aissa, conoisser, creisser, deissendre, fais, faissa, iraisser, meisser, paisser, peis, peisson, soissebre* (*suscipere*), *Rossilho* (*Ruscinion*). — Franç. *faix, faisceau, poisson*; avec intercalation d'un *t* : *connaître*, etc. Pour *SR*, voy. sous *S*. — Val. *feśie*; mais d'ordinaire *sc* s'échange avec *śt* suivant le procédé slovène, cf. *cunoaśte, creśte, muśte* (*muscae*), *paśte, peśte*. — Cf. la forme épigraphique *cresseret* pour *crescheret*, Orell. 4040. — *C* guttural, à la fin des mots, disparaît après *s*, en franç.: *connais* (*cognosco*), de même dans *frais* (v.h.allem. *frisk*).

SC initial, voy. *S*.

Q.

I. Le son guttural persiste aussi ici devant *a, o, u* : l'*u* est tantôt sonore, tantôt muet. On trouve déjà des traces de ce dernier cas en latin, comme *cocus, cotidie*; dans les inscriptions plus récentes et les chartes elles sont nombreuses, comme *cod, condam, alico, anticus, oblicus*, ou à l'inverse *quoepiscopus*. Mais à côté de la forte, la douce s'est établie surtout dans les langues de l'ouest. En ital. *q* persiste presque toujours avec *u* sonore : il ne devient guère muet que dans les syllabes finales brèves : *quale, quando, quarto, quotidiano*, et avec redoublement de la forte *acqua* (cf. « *aqua, non acqua* » App. ad Prob.), *iniquo, obliquo*; *antico, cuoco, come*. On trouve la douce dans *eguale, guascotto* (*quasi-coctus*), *seguo*. — Esp. avec *u* sonore : *qual, quanto, quatro, cinqüenta* (v. esp. *cinquanta*); avec *u* muet, au contraire, *qualidad, quantidad, quatorze* de même *nunca, escama* (*squama*), *como*. La douce est fréquente : *agua, alguandre* arch. (*aliquantum, aliquantulum*), *yegua* (*equa*), *antiguo, igual*; avec suppression de l'*u* dans *o* (*aliquod*), *sigo* (*sequor*). — Prov. *qual cal, quan can, car car, aprobencar* (*appropinquare*), *com, antic, enic* (*iniquus*); *aigua aiga, engual engal* (*aequalis*), *segre* (*se*...). — En français on ne trouve *q* avec *u* sonore que dans les mots savants, comme *quadrupède* ; mais l'*u* est muet dans *quel, qualité, quatre, quotidien, cadre* (*quadrum*), *car* (*quare*), *casser* (*quassare*), *comme*. On trouve la douce dans *égal, gan* arch. (*quantum*), *gascru* (*quasi crudus*). Le *q* disparaît dans *Seine* (*Sequana*), et de même, avec l'*u* consonnifié, dans le v. anc. *antive* (*antiqua antiua*), *ewal* (*aequalis*) SBern. Sur *e* (*aqua*), voy. *Dict. étym.* II, c. Devant *a, qu,* se prononçant comme *c*, devrait aussi produire *ch* ; et comme cela n'arrive pas, il est probable que *u* dans le groupe *qua* n'était pas encore muet à l'époque où *ca* est devenu *ch*. Cependant on trouve l'anc. fr. *onches* (*unquam*) et même les formes picardes *auchun* et *cachun,* cf. Fallot, 359. — En valaque, on trouve la forte avec chute de l'*u* : *cund* (*quando*), *care* (*qualis*), *cum* (*quomodo*). Mais parallèlement il s'est produit un remarquable changement en *p* : *apę* (*aqua*), *eapę* (*equa*), *patru* (*quatuor*), *peredsimi* (*quadragesima*), qui rappelle la parenté et la rencontre bien connue de ces deux lettres dans d'autres langues [1].

II. Devant *e* et *i*, dans différents mots où l'*u* a dû devenir muet de bonne heure, *qu* se prononce comme le *c* roman devant les mêmes voyelles. Le latin emploie *ci, ce* pour *qui que,* dans

---

[1]. Le phénomène par lequel *qu* et *gu* deviennent *b*, comme dans le dialecte sarde de Logudoro, est quelque chose de différent : *battor* (*quatuor*), *abba* (*aqua*), *ebba* (*equa*), *quimbe* (*quinque*), *limba* (*lingua*), *sámbene* (*sanguis*). *B* est né ou bien de *u* = *v*, et la gutturale est tombée, ou encore de la gutturale elle-même, ce qui n'est pas rare dans ce dialecte.

secius pour *sequius*, dans *cocere* pour *coquere*, Schneider, I, 336; une inscription romaine du III° ou IV° siècle a *cinque* pour *quinque*, voy. Murat. *Ant.* II, 1008; plus tard, on trouve fréquemment dans les chartes *cinquanta* pour *quinquaginta*. Les exemples italiens avec *qu* sont : *querela, quercio, quiete quinto*; avec *ch*: *cherere* (*quaerere*), *chi* (*quis*), *cheto* (*quietus*); avec *c* : *cinque, cuocere, laccio, torcere*; chute de dans le nom de fleuve *Livenza* (*Liquentia*), cf. ci-dessous *prosevere*. — En espagnol, l'*u* s'entend dans les mots modernes comme *qüestion, conseqüencia*; autrement il est muet comme dans *querer, quitar*. *Ç* ou *z* dans *acebo* (*aquifolium*), *cerceta* (*querquedula*), *cinco, cocer, torcer, lazo*, etc. — De même le français ne fait aussi entendre l'*u* que dans les mots d'origine récente. *Ç* ou *s* se trouvent dans *cercelle* (= esp. *cerceta*), *cinq, lacet, cuisine* (*coquina*), etc.; *cs* dans *lacs* (*laqueus*); *ch* dans le *chi* des textes les plus anciens (lat. *qui*) et dans *chaque* (*quisque*, voy. *Dict. étym.*), *chêne* (*quercinus**). On trouve la douce dans *Guienne* = prov. *Guiana* (*Aquitania*) et dans *aigle* = prov. *aigla* (*aquila*), où l'*i* a en même temps subi une attraction. Chute du *q* dans *cuire* (*coquere*), *suivre* (*sequi*, déjà *prosevere* dans les *Form. andeg.*), l'*Yveline*, nom d'une contrée (*Aquilina*) *Voc. hag.* — En valaque on ne trouve que *c* ou *z* : *ce* (*qui, quid*), *nicĭ* (*neque*), *cincĭ, coace, stoarce* (*extorquere*), *latz*; et jamais *qu* (*cęstigà* ne vient pas de *quaestus*, mais de *castigare*).

On peut comparer à l'assourdissement de *u* après *q* le même phénomène en allemand : v.h.allem. *chena* de *quena*, moy.h. allem. *kal* de *qual*, *kil* de *quil*, *kît* de *quit*, angl.sax. *com* de *qvom*, angl. *kill* de *qveljan*.

G.

La douce a eu le sort de la forte : c'est la lettre suivante qui fixe sa valeur.

I. 1. Devant les voyelles *a, o, u* et devant les consonnes, tantôt *g* persiste comme gutturale douce, tantôt il s'affaiblit ou disparaît comme les autres douces. Sur *g* initial, il n'y a rien à dire. *Médial*, il persiste le plus souvent en italien. Exemples : *castigare, fragrante, fuga, giogo* (*jugum*), *legale, legare* (*ligare*), *legume, negare, pagano, pelago, piaga* (*pl.*), *regale, regola, rogare, ruga, vago*. Syncope dans *Aosta* (*Augusta*), *auzzino* à côté de *aguzzino* (arab.),

intero (*integrum*), *nero* (*nigrum*), *leale* = *legale*, *reale* = *regale*, *sciaurato sciagurato* (*exaug.*), *Susa* (*Segusium*).
— Esp. *castigar, fatigar, fuga, yugo, legar* (*legare*), *negro, llaga*, etc. Ici aussi la syncope n'a que peu d'empire, par ex. dans *Calahorra* et *Loharre* (*Calagurris*), *frido* (*frigidus*, cf. *fons fridus* Yep. II, n. 13, de l'an 646), *leal* à côté de *legal, liar* (*ligare*), *lidiar* (*litigare, elidiare* Form. Marculf. app. 3), *Mahon* (*Mago*), *entero, pereza* (*pigritia*, v. esp. *pegricia* Alx.). — Le portugais à peu près comme l'espagnol. Résolution en *i* dans *cheirar* (*fragrare*), *inteiro* (*integrum*). — En provençal, la douce originaire se comporte comme la douce provenant d'une forte, en ce sens qu'après *a, e, i*, elle peut se résoudre en *i* (*y*), par ex. *flairar* (*fragr.*), *jagan jayan* (*gigantem*), *pagan payan, plaga playa, entegre enteir, legum lium, leial, negar neyar, negre neir, fatigar fadiar, ligar liar, pigreza*. Mais cette douce primaire se différencie de la douce secondaire (née de *c*), en ce qu'elle est sujette de plus à la chute complète : *agost aost* (*augustus*), *agur aür* (*augurium*), *rogazo roazo* (*rogatio*), *ruga rua* ; non pas *ayost, ayur, royazo, ruya*. — En français, la résolution, et finalement la chute (double phénomène que nous avons déjà étudié à l'histoire du *c*) dominent, et sont même devenues les formes nationales. On trouve la résolution par exemple dans *flairer, païen, plaie, Loire* (*Liger*), *noir*. La chute a lieu dans *bonheur* (a.fr. *bonaür*), *août, géant, paresse* (pour *peresse, pigritia*), *pèlerin, lier, nier, châtier, rue* (*ruga*); *i* dans *nier*, etc. semble, ici comme pour le *c* (voy. p. 227), remplacer un *ei* antérieur. Dans les mots récents, *g* persiste comme *c* : *fatiguer, légal* (vraie forme française *loyal*), *léguer, légume* (vieux *leüm*), *règle* (vieux *riule rule*), *tigre, vague* et maints autres. — Val. *fugę, legal, legà, legumę, negru, pęgun, regal*.

Lorsque le *g* guttural devient final par apocope romane, il reste intact en valaque : *fag, plung* (*plang-o*), *larg*. De même en français : *joug, long*. En provençal, la douce se durcit suivant une règle générale en forte : *castic* (*castig-o*), *lonc, larc. G* final peut naturellement se résoudre en *i* : par ex. le prov. *lei* vient de *leg-em*. Mais il peut aussi devenir *u* : prov. *fau* (*fag-us*, ou peut-être de *fa*[*g*]*us?*), *crau* (kymr. *crag*), *esclau* (v.h.allem. *slag*). Même devant une consonne, ce changement de la gutturale douce a lieu : v.franç. *fleume* (*phlegma*), prov. *sauma* (*sagma*), *esmerauda* (*smaragdus*), mais dans les deux

derniers exemples on rencontre aussi *l* pour *u*; voy. ci-dessous
à *GM, GD*[1].

2. Au changement du *c* en *ch* correspond le changement de
g en *j* devant *a* latin, fréquent en français et dialectal en provençal. Exemples à l'initiale : *jatte (gabata), jaune (galbinus), Javoux (Gabali), geline (gallina), joie (gaudium),
jouir (gaudere)*; prov. *joy, jauzir*. Médiale : franç. *Anjou
(Andegavi), asperge (asparaga* pour *asparagus), large, allonger*; pr. *Anjau, larja, lonja*. L'on trouve aussi dans les
langues du sud des traces de cette permutation, peut-être sous
l'influence française : ital. *gioire, gioja*, pg. *jalne jalde* (fr.
jaune), jouver, joya; esp. *jalde, joya*. Dans le dialecte roumanche de l'Engadine *ga* s'adoucit en *gia* : *giallina, giada*
(prov. *vegada), giast* (allem. *gast*).

3. Dans quelques mots, la douce a été élevée à la forte (cf.
d) : ital. esp. *cangrena*, franç. *cangrène (gangraena)*, esp.
Cadiz (Gades), Cinça, nom de fleuve *(Cinga*, d'après Cabrera),
ital. *faticare*, franç. *marcotte (mergus), parchemin = parcamin (pergamenum)*.

II. 1. Devant *e* et *i*, *g* dépouille sa qualité de gutturale douce
et devient une palatale ou chuintante douce, qui en espagnol se
transforme en aspirée. A la fin du mot, quand il a fait tomber
devant lui les voyelles décisives *e* ou *i*, *g* finit lui-même par tomber
ou bien se fait représenter par un *i*, car, d'ordinaire, aucune
palatale n'est tolérée à cette place : ital. *re (reg-em)*, esp. *ley
(leg-em), rey*, prov. *lei, rei*, de même *brui* (lat. moy. *brug-it),
fui (fug-it)*, fr. *loi, roi, fuit*. Rien n'indique que le *g* latin ait
eu une valeur analogue; il faut donc se demander jusqu'où
remonte cette innovation et quelle en est la cause ? La supposition la plus naturelle est que la douce, placée devant les
voyelles grêles, a perdu sa valeur originaire en même temps que
la forte. On voit que *g*, du moins avant le viie siècle, ne se
prononçait pas à l'italienne, par ce fait que, lorsqu'à la fin du
vi[e] siècle les Anglo-Saxons échangèrent leur alphabet national
contre l'alphabet latin, ils donnèrent à *g*, devant toutes les
voyelles, le rôle de la gutturale douce. Mais quel est le son que *g*

---

1. Schuchardt, II, 499, cite aussi des exemples b.lat., *peuma* (πῆγμα) et
fraumentis (fragm.), ce dernier exemple du viie siècle. Mais d'après
Corssen, I, 95, *u* ne serait pas une dégénérescence de *g*; ce serait bien
plutôt *au* qui serait une mauvaise transcription pour *a*. Toutefois, les
exemples romans cités ci-dessus démontrent que les diphthongues *au*
et *eu* se sont souvent formées des syllabes *ag* et *eg*.

a pris d'abord devant *e* et *i*? Si l'on pouvait affirmer que les langues, dans leur développement phonique, ont partout observé la conséquence la plus sévère, on devrait admettre pour la douce le son du *z* doux (*ds*) comme étant l'analogue du *z* dur provenant de la forte; on devrait admettre en outre que ce *z* doux aurait insensiblement glissé au son palatal, et cette hypothèse trouve quelque appui dans l'existence du *g* roman (*zelosus, geloso*) venu de ζ grec. Mais le fait que le *j* latin a pris en roman, sinon exclusivement, du moins généralement, la même prononciation que le *g* devant *e* et *i*, conduit irrésistiblement à l'hypothèse qu'ici *g* s'est changé d'abord en *j* ou, plus exactement, en *dj*, puis est devenu chuintant ou aspiré, ainsi que le montrent les exemples ital. *giorno*, franç. *jour*, esp. *jornada* de *diurnum*, c'est-à-dire *djurnum*, et en b.lat., pour ce qui concerne le *j*, l'orthographe *madius* = *madjus* pour *majus* [1]. L'adoucissement de la forte semble aussi avoir eu *tj* pour degré intermédiaire. Entre le traitement de celle-ci et celui de la douce, il n'y aurait que cette différence peu importante que *c* (du moins dans l'ouest) s'est avancé par l'intermédiaire de *tj* jusqu'à *tz*, tandis que *g* est resté à *dj* ou *j*. Mais cette prononciation antérieure du *g* n'a-t-elle pas laissé de traces? Dans l'italien *fignere* et dans d'autres mots semblables, le *g* se prononce, il est vrai, comme *j*, mais c'est peut-être par un adoucissement amené par la rencontre de *n* et de *g*. Toutefois, on trouve quelques traces réelles de cette prononciation, voy. ci-dessous § 3. Des chartes des VIII[e] et IX[e] siècles écrivent *jenitos* pour *genitos* Fumag. p. 2 (de l'an 721), *jenere* pour *genere* Tirab. II, 50[b] (de l'an 837); d'autres mettent *g* au lieu de *j*, comme dans *adgaecencias* Bréq. n. 140 (de l'an 658), *agecienciaes* 211 (690), *mensis magii* Mur. Ant. II, 23 (de l'an 715 ou 730). On trouve à la fois *trahere trajere tragere*; quelquefois *dg* : *adgentes* pour *agentes* Bréq. p. 476. Voy. encore *Anciens Glossaires romans*, tr. Bauer, p. 61[2]. Du reste, un affaiblissement analogue du *g*

---

1. De même Corssen, *Lat. Ausspr.* I, 91 : « Dans le latin vulgaire des bas temps, le *g* doux devant *i* et *e* est devenu *j* palatal fricatif avant de dégénérer dans les langues romanes en sifflante palatale ; ce qui se déduit de la manière d'écrire employée par les inscriptions et les manuscrits qui mettent *j* pour *g* et réciproquement. »

2. On peut ajouter aussi que, d'après un passage connu d'un manuscrit de Vienne du IXe-Xe siècle sur l'orthographe gothique, le *g* gothique (prononc. *j*) = *g* latin dans *genuit*, c'est-à-dire devant *e* : *ubi dicitur genuit, G ponitur, ubi Gabriel, Γ ponunt.* Cf. Massmann dans Haupt

devant les mêmes voyelles se retrouve dans d'autres langues, en grec moderne, en frison (*jeva*, c'est-à-dire *geben*) et en suédois (*gerna*, *gift*) : en moy.néerl. et en anc.h.allem. *g*, devant *e* et *i*, s'aspire et s'exprime par *gh* (*gheven*, *gheban*).

2. Un changement fréquent est celui du *g* en *z* ou en un son voisin. La parenté de ces lettres s'exprime aussi clairement dans la représentation du *j* fr. par le *z* allemand (*joye*, moy.h.allem. *zoie*). Dans le dialecte vénitien *ġ* est habituellement rendu par *z*, *arzento* = *argento* ; en sicilien souvent par *ć*, *ánciłu* = *angelo*, et dans la langue écrite *bigoncia* (*bicongius**). En esp. par *ç* après *n* et *r* : *arcen* (ital. *argine*, lat. *aggerem*), *arcilla* (*argilla*), *encia* (*gingiva*), *ercer* (*erigere*), *recio* (*rigidus*), *uncir* (*jungere*). — En prov. par *z*, *s*, seulement aussi après *n* et *r*: *borzes* (*burgensis**), d'où s. d. l'a.esp. *burzes*, par ex. Apol. 80, puis *ceinzer* (*cingere*), *sorzer* (*surgere*), *terser* (*tergere*), à la finale *Jortz* (*Georgius*) Chx. IV, 277 ; cf. v.fr. *eslonziet* (*éloigné*) SBern. 546°, *atarzié*, id. 547°. On peut citer en franç.mod. *gencive* (*gingiva*) né de la dissimilation. Le *Vocabularius S. Galli* connaît déjà *arcilla* pour *argilla*, et c'est peut-être de là qu'est issu aussi le nom de lieu *Arzilias* dans une charte franque de l'année 664 (Bréq. n. 159), cf. wallon *arzèie* pour le franç. *argile*.

3. La gutturale romaine persiste encore dans quelques cas isolés. Ital. *ganascia* (*gena*), avec ou après altération, il est vrai, de la voyelle décisive. Sarde (Logud.) *anghelu*, *pianghere*, *ispurghere*. Val. *ghips* (*gypsum*), *lingund* (*lingendo*) ; mais le premier peut avoir été formé d'après le grec γύψος, sarde *ghisciu*, nap. *ghisso* ; le second a altéré la voyelle. Un autre exemple est le valaque du sud *ghinte* (*gens*) = alb. *ghint*. On a un exemple espagnol dans *regalar* (*regelare*), également avec changement de la voyelle. On en a un autre dans *erguir* (*erigere*), sur la forme duquel la gutturale pure du présent (*erigo*, *erigam*) paraît avoir influé. Un mot commun au roman est l'it. *gobbo*, roum. *gob*, franç. *gobin*, val. *ghib* (*gibbus*), écrit souvent en b.lat. *gybbus*, dans lequel *y* paraît être la base de l'*o* roman. On peut tirer du basque des exemples plus probants : ainsi *erreguina* (*regina*), *maguina* (*vagina*), *biguiria* (*vigilia*).

Zlschr. I, 298, Lœbe-Gabelentz, *Goth. Gramm.* p. 15, Kirchhoff, *Goth. Alphabet*, p. 12 (Berlin, 1851). D'après Wackernagel, *Litt. Gesch.* p. 22, note, les Romains auraient déjà, au temps d'Ulfilas, prononcé *g* devant *e* comme *j*, cf. au contraire Zacher, *Goth. Alphab.* p. 55.

— Des dialectes italiens connaissent encore l'adoucissement en *j*, que nous avons regardé ci-dessus comme le premier pas du *g* en avant, par ex. en sicil. *jelu* (*gelu*), *jenestra* (*genista*), *lejiri* (*legere*); nap. *jentile, jelare, conjognere*. Dans la langue écrite, il faut remarquer *ariento*, qui correspond par hasard au kymr. *ariant*. En espagnol on rencontre des cas comme *yelo* (*gelu*), *yema* (*gemma*), *yerno* (*gener*), *yeso* (*gypsum*), *leyenda* (*legenda*), mais dans les mots où *ye* est initial, il est possible qu'il provienne de la diphthongaison de *e*, et que *g* ait disparu ou se soit assimilé, car l'esp. ne supporte pas *g* à l'initiale avec *ye*, et quant à *leyenda* de *leer*, *y* peut y avoir été introduit pour annuler l'hiatus, comme dans *creyendo* de *creer*. On écrit aussi *hielo, hiema, hierno, hieso*. Dans quelques mots, *g* disparaît complètement ou est remplacé par *h* muette, dans *encia* (*gingiva*), *Elvira* (dans les chartes *Geluira Geloira*), *hermano, hinojo* (*geniculum*). Le portugais prononce *irmão* (S. Rosa a *germaho*) et *geolho*.

4. Les exemples de syncope du *g* devant *e* et *i* abondent. Ital. *cogliere* (*colligere*), *coitare* (*cog.*), *dito* (*digitus*), *fraile frale* (*fragilis*), *freddo* (*frigidus*), *mai* (*magis*), *maestro* (*magister*), *niello* (*nigellum*), *paese* (*pagense*), *reina, rione* (*regio*), *saetta, saime* (*sagina*), *trenta* (*triginta*), *venti* (*viginti*). — Esp. *cuidar, dedo, ensayo* (*exagium*), *espurrir* (*exporrigere*), *frio, huir* (*fugere*), *leer* (*leg.*), *Leon* (*Legio*), *mas, maestro, niel, pais, reina, saeta, sain, trenta, veinte*; port. *cuidar, dedo*, etc., presque comme en espagnol. — Prov. *colher, cuidar, det, essai, freit, frire* (*frigĕre*), *lire* (*legere*), *mais, maïstre, païs, reïna, reio, saeta, trenta, vint*. — Franç. *cueillir, doigt* pour *doit, essai, faîne* (*fagina*), *frêle* (*fragilis*), *froid, frire, lire, Loire* (*Liger*), *mais, maître, nielle, reine, roide* (*rigidus*), *trente*. Dans *Loire* et *roide* on pourrait aussi expliquer l'*i* par le *g*. — Val. *cureà* (*corrigia*), *mai, meestru*. — On trouve aussi beaucoup d'exemples dans le b.lat. Ainsi *recolliendo* Tirab. 50[b] de l'an 837, *treinta* HPM., n. 131 de l'an 967, *trentas* Mur. Ant., III, 1004 de l'an 730, *veinte* esp. Yep. V, n. 22 de l'an 978, *niellatas* Bréq. p. 508[d]. Comme exemples d'une haute antiquité, on peut encore citer l'ombrien *mestru* (= ital. *maestro*), et *vinti* (= ital. *venti*, sicil. *vinti*) dans une inscription de la Villa Campana à Rome.

GU. Cette combinaison qui est à *g* comme *qu* est à *c* conserve partout en ital. son *u* : *arguire, stinguere* (*ext-*), *inguine, languire, lingua, pingue, sangue, unguento*. En valaque, tantôt *u* disparaît : *lunced* (*languidus*), *sunge* (*sanguis*), *unge* (*unguis*), tantôt *gu* s'échange avec *b* : *limbę* (*lingua*), ce qui correspond à *apę* formé de *aqua*. Dans les autres langues, *u* disparaît très-souvent, il est vrai, mais *g* reste guttural : esp. *argüir, extinguir, languir, lengua,* sans *u engle, sangre*; franç. *arguer, languir, langue, sang, aine* (pour *eine, egne,* lat. *inguen*).

GL, voy. ci-dessus à *L,* où il est aussi parlé de la chute du *g* (esp. *lande* de *glans, liron* = fr. *loir* de *glis,* fr. *Lézer* de *Glycerius Voc. hagiol.*; cf. lat. *liquiritia* de γλυκύρριζα).

GM. Des mots latins tels que *examen* pour *exagmen* (*exigere*), *flamma* pour *flagma* (*flagrare*), *jumentum* pour *jugmentum* (*jungere*), laissent tomber la muette; d'autres comme *figmentum, tegmen* la maintiennent. La première forme se retrouve en italien : *aumentare* (*augmentare*), *domma* (*dogma*), *enimma* (*aenigma*), *flemma* (*phlegma*), *frammento* (*fragm.*), *orpimento* (*auripigm.*); toutefois on écrit aussi *dogma, enigma*. La seconde s'est maintenue en valaque : *dogmę, flegmę, fragment*. Les autres langues admettent indifféremment l'une ou l'autre : esp. *aumentar, dogma, enigma, flema, fragmento, pimiento*; prov. *augmentar, flemma, fragment, piment*; franç. *augmenter, piment*, etc., anciennement *flieme* et *fleume*. Dans σάγμα *g* a été supplanté par *l*, d'où la forme *salma* attestée par d'anciens textes (voy. p. 54), et qui a engendré *soma, somme*.

GN peut prendre des formes diverses. 1) Transposition phonétique avec adoucissement du *g* en *j* : ital. *cognato, degno, magno, pugna* (*punga Inf.* 9, 7), *pugno, regno, segno,* (*signum*); esp. *deñar, tamaño* (*tam magnus*), *puño, seña*; portug. *cunhado, desdenhar, manho* (*Lus.* 4, 32, aujourd'hui *magno*); prov. *conhat, denhar, manh, ponh, ponhar* (*pugnare*), *renh, senh*; franç. *digne, magne, règne, signe, enseigner* (*insignare*). — 2) Adoucissement sans métathèse : esp. *reyno* (*regnum*); prov. *reinar, coinde* (*cognitus*); franç. *accointer* (*accognitare**), *poing* pour *poin* (*pugnus*). Sans adoucissement : esp. pg. *digno, signo*. En valaque, *n* maintient également sa place, mais *g* cède ordinairement la sienne à la nasale *m* : *cumnat* (*cognatus*), *tzęmn* (*cygnus*) *Lex bud.*, *indemnă* (*indignari?*), *lemn* (*lignum*), *pumn* (*pugnus*), *semn* (*signum*). — La chute du *g* ne se produit presque que dans les syllabes atones et à la finale : ital. *conoscere, insino* prépos. (*in signum*); esp. *conocer, desden* (*dignus*); pg. *ensimar,* *sinal, dino* archaïque et employé seulement en poésie, *indino, sina*; franç. *bénin, malin, dédain*; val. *cunoaste*.

Dans *GD*, *g* se rapproche du *d* en se changeant en *l* ou en *n*: ital. *Baldacco* (*Bagdad*), *smeraldo* (*smaragdus*), *mándola* (*amygpala*); val. *mándulę Lex.* bud. (ailleurs *migddlę*), esp. *esmeralda* (*esmeracde Alx.*), *almendra*; port. *esmeralda, améndoa* (pour *-dola*); prov. avec *u* pour *l Baudás, maraude maracde*; franc. *émeraude, amande. Magdalena* est devenu en ital. esp. *Madalena*, franç. *Madelaine*.

NG. Quand ce groupe est suivi de *a, o, u*, il ne donne lieu à aucune observation. Suivi de *e* ou *i*, *g* est diversement traité. 1) Il reste palatal ou aspiré suivant la tendance propre de chaque langue, par ex.: ital. *angelo, fingere, giungere* (*j.*), *piangere* (*pl.*), *lungi*; esp. *cingir, fingir*; pg. *cingir, fingir, frangir, pungir, esponja* (*spongia*), anomal *enxundia* (*axungia*); prov. *angel, franger, planger, esponja*; fr. *ange, éponge*; val. *ingeresc* (*angelicus*), *ninge*. — 2) Il s'adoucit phonétiquement en *j*, par exemple: ital. *agnolo, cogno* (*congius*), *fignere, giugnere, piagnere, spegnere* (*expingere*); esp. *ceñir* arch. (*cing.*), *plañir, reñir* (*ringi*), *uñir* arch. (*jungere*); en portug. rarement, comme dans *renhir*; prov. *penher* (*ping.*), *planher, unher* (*ung.*), et aussi à la finale dans *lonh* (*longe*). En français, ce groupe adouci *nj* se transpose en *in*: *ceindre, feindre, joindre, loin, peindre, plaindre, oindre*. — Par interversion du son, les groupes *gn* et *ng* peuvent coïncider, comme nous l'avons vu: comp. l'it. *regno* avec *spegnere*, l'esp. *deñar* avec *ceñir*, le franç. *poing* avec *loing*.

J.

Dans les langues filles, ce son qui flotte entre la consonne et la voyelle a tantôt gardé sa valeur ancienne, tantôt en a pris une nouvelle, sans que la voyelle suivante ait exercé sur lui aucune influence[1].

1. Le *j* originaire se retrouve comme semi-voyelle (à la façon du *j* allemand) dans la plupart des langues romanes, bien qu'il ne revête pas partout la même forme. Ital. *Jácopo, jugo, ajutare, majo*, presque tous existant aussi sous la deuxième forme (§ 2). Le *j* a conservé un domaine plus étendu dans les dialectes

---

[1]. Le signe *j*, pour exprimer l'*i* consonne des mots latins, est plus commode pour la grammaire romane que l'*i* qui est redevenu habituel. C'est pourquoi je l'écris de préférence.

du sud : sicil. *jettari, jucari, judici, dijunu*; nap. *jennaro, jodecare*, v.sarde *iettare* à côté de *gettare*. — Val. *januarie, julie, junie, majer (major), maju*. — Esp. avec *y* : *Yago (Jácobus), ya (jam), yugo, ayudar, ayunar (jejunare), ayuntar (adjunctare*), cuyo, mayo, raya (raja)*, v.esp. *yoglar (joculator)* Alx., *deyecto (dejectus)*. C'est aussi là la prononciation du dialecte basque du Labortan, par exemple : *yokhoa (jocus), yudua (judaeus), yustua (justus), yuyea (judex)* et aussi *yendea (gens), yelosia, yarroa* (esp. *jarro*). Le dialecte de Guipuscoa emploie le *j* qu'il a pris de l'espagnol. Cet *y* mis pour *j* et *g* domine aussi en Gascogne, par exemple *yutyá (judicare), yen (gens)*. — En portugais seulement à la médiale : *maio, maior*, anciennement aussi *ya* pour *ja* FGuard. 442, *Yago* SRos. — En prov. *j* devant les consonnes et à la finale se résout en *i* comme *v* en *u* : *aidar (adj.), bailar (bajulare), peitz (pejus), maire (major)*. — Franç. *aider, maire, raie (raja), mai*; avec un *j* phonétiquement transposé *bailler* et non *bailer*.

2. Le *j* originaire s'est uni à *d* qui lui est voisin pour former *dj*, et a glissé ainsi vers un son doux, palatal ou chuintant, fait qui nous est connu déjà par *giorno* ou *jour* de *djurnum*. Quelques formes secondaires mettent encore ce *dj* en évidence : ainsi ital. *diacere* de *jacere, diacinto* de *jacinthus* pour *hyacinthus*, b.lat. *madius* pour *majus, pediorare* pour *pejorare*. Ital. à l'initiale *già (jam), Giacomo (Jacobus), gennajo (januarius; genuarius* HPMon. n. 55 de l'an 899 et ailleurs), *Girolamo (Hieronymus* Jeron.), *Gerusalemme* (Jer.), *giuco (jocus), giudice (judex), giogo (jugum), giugnere, giugno (junius), giovane (juvenis), giurare*; à la médiale *maggio (majus), peggio (pejus)*. — Val. *źoc, źude, źug, źunc (juvencus* Lex bud.), *źune (juvenis), źurà, aźunà (jejunare), aźunge (adj.), aźutà (adj.)*. — Port. *jamais, jazer, jogo, cujo (cujus)*. — Prov. *ja, joc, jutge*, etc. ; à la médiale *mager (major)*; franç. *déjà, jeu, juge*. — En esp. cette palatale romane se présente comme aspirée gutturale : *jamas, Geronimo, juego, juez, julio, junio, jóven*; voyez le *j* espagnol (section II).

3. Remarquons encore quelques formes de *j* : 1) Le *dj* venu (d'après ce qui a été dit plus haut) de *j* s'affina comme le *dj* originaire (*medius mezzo*) en *z*[1]. Les seuls exemples sont en

---

[1]. On peut, soit dit en passant, comparer le rapport du ζ grec à l'*y*

valaque *zeaceà* (*jacēre*, ital. *diacere*) et en ital. *zinepró*, esp. *zinebro* (*juniperus*). Les inscriptions donnent Ζουλια pour *Julia*, Mur. *tab*. 879, Ζουλιανη pour *Juliana*, ibid. 1925 (cf. Celso Cittadini, *Tratt*., p. 44b), *Zesu* pour *Jesu* dans Reines. *Inscr*., *idus mazas* pour *majas madias*, κοζουγε pour *conjuge* (*Nouv. traité de dipl*. II, tab. 29). Quant au rapport inverse, *j* (*ǵ*) venant de *z*, nous l'avons vu p. 220. — 2) *L* employé pour *j* dans *luglio* ital. (*julius*) et *Lillebonne* franç. (*Juliobona*) doit étonner.

4. Un son aussi faible devait facilement tomber. Ainsi en ital. *Gaeta* (*Cajeta*), *maestà* ; en esp. *aullar* (*ejulare*), à l'initiale *acer* (*jacere*) Alx., *echar* (*jactare* ou *ejectare*), *enebro* à côté de *zinebro*, *enero* (*jan.*), *uncir* (*jungere*) ; en portug. *mor* pour *moor* (*major*), etc.

DJ, voy. au *D*. — *BJ*, voy. au *B*.

H.

Le latin aspirait encore fortement cette lettre : *profundo spiritu, anhelis faucibus, exploso ore fundetur*, dit Marius Victorinus. Toutefois, déjà à l'époque classique, on hésitait sur la manière de l'employer. C'est surtout l'écriture lapidaire qui montre une grande incertitude, car *h* y est souvent omise ou écrite contre la règle : *ic, oc, ujus, aduc, eredes, oris, onestus, omo*; *hac* au lieu de *ac, hobitus, hornamentum* (Grut. *ind. gramm*.: h *superfluum, omissum*). Des chartes d'Italie et de France, dans lesquelles l'arbitraire dans l'emploi de *h* va toujours en augmentant, nous confirment que presque immédiatement après la chute de Rome l'*h* était devenue un signe sans valeur[1]. En roman, l'*h* est à peu près complètement éteinte, bien que plusieurs langues l'aient conservée dans l'écriture. Le *spiritus asper* est aussi en grec moderne un signe muet. Les langues qui font encore entendre

---

sanscrit et au *j* latin, comme dans ζύγος, *yuǵ*, *jungere* (Bopp, *Vergleich. Gramm*. I, 31, 2ᵉ édit., trad. Bréal, 1, 43).

[1]. « Ce qui est sûr, c'est que déjà au temps d'Auguste et même avant, *h* était un son très-peu saisissable que tantôt on émettait et entendait, et qui tantôt passait inaperçu, et pour l'orthographe duquel les plus habiles grammairiens de l'époque d'Auguste, comme Verrius Flaccus, Varron et Nigidius, ne trouvaient plus, dans cette hésitation, de règle fixe. » Corssen, 2ᵉ édit., I, 107. Cette incertitude se transmit aux grammairiens postérieurs et aux copistes des manuscrits, depuis la fin du IVᵉ siècle après J.-C., ainsi qu'on le voit par les exemples qu'a réunis Corssen.

parfois l'*h* sont le valaque et le français. Le valaque la prononce dans les noms propres comme *Hetruria*, *Hispania*, dans *hostie*, et, d'après le Dict. d'Ofen, aussi dans *hebét* (*hebes*), *heredie* (*heres*), *hirundineà* (*hirundo*), de même que dans les mots grecs comme *hagiu*, pèlerin (ἅγιος), *haleu*, filet (de ἁλιεύω). On la trouve en français dans *haleter* (*halitare*), *hennir* (*hinnire*), *héros*, *herse* (*hirpex*) et dans quelques autres mots. Dans *haleter*, l'aspiration est destinée à peindre l'effort. Cette lettre a si peu de vitalité que c'est à peine si elle présente quelques exemples de transformation phonique. Dans l'orthographe de la basse latinité *mic i* pour *mihi*, *nichil* pour *nihil*, *Vachalis Vacalis* pour *Vahalis* (Sidonius), de même que dans l'ital. *nichilo*, *annichilare*, esp. *aniquilar*, *h* s'est sans doute changée en *ch* pour ne point être annulée. Le *f* du sicilien *finniri* (*hinnire*) provient de l'*h* aspirée du français *hennir*, phénomène que nous observerons aussi ci-dessous à propos de l'*h* allemande. Remarquons encore que dans des inscriptions postérieures, spécialement de la Gaule, *h* est souvent intercalée entre deux voyelles pour séparer les syllabes, comme dans *Romanehis*, *Boheiyhus* (Corssen, I, 111), fait que nous avons déjà rencontré en français (cf. ci-dessus p. 166).

P.

1. *P* initial ne s'adoucit que fort rarement. Ital. *batassare* (πατάσσειν?), *bolso* (*pulsus*), *brugna* à côté de *prugna* (*prunum*), dans les chartes *bergamina* (*pergamena*) HPMon. n. 55, 85 et très-fréquemment; dans *befania* (*epiph.*), *bottega* (*apotheca*), *brobbrio* (*opprob.*), *bacio* (*opacus*), *bubbola* (*upupula* *), *vescovo* (*episc.*), le *b* provient d'un *p* qui était originairement médial. On trouve encore çà et là, dans les autres langues, quelques exemples isolés : en esp. le *p* est devenu *v* dans *verdolaga* (*portulaca*); portug. *bostela* (*pustula*); prov. *bostia*, fr. *boîte* (*pyxis*). Cf. le lat. *burgus*, *buxus*, *carbasus* avec le grec πύργος, πύξος, κάρπασος.

P médial ne persiste à vrai dire que dans les langues de l'est; dans les autres, il descend au *b* et même en français au *v*. Ital. *ape* (*apis*), *capace*, *capello* (*capillus*), *capestro*, *capo*, *cipolla* (*caepulla*), *coperto*, *cupido*, *lepre* (*lepus*), *lupo*, *opera*, *papa*, *pepe* (*piper*), *popolo*, *rapa*, *rapire* (*rapere*), *ripa*, *sapa*, *sapere*, *sapore*, *sopra*, *superbo*, *vapore*. Mais *v* n'est point inconnu à l'italien : *cavriolo* (*capreolus*), *Ivrea* (*Eporedia Eporeia*), *ricevere* (*recip.*), *ricove-*

rare (*recup.*), *coverto, pevere* (*piper*), *povero, riva, savio* (*sapius* *), *savore*. Il n'y a qu'un très-petit nombre de cas avec *b*, par exemple *ginebro* (*juniperus*), *lebbra* (*lepra*), ainsi devant *r*, phénomène que nous avons déjà vu fréquemment à l'initiale. Redoublement dans *appo* (*apud*), *cappa* (de *capere*), *cappone* (*capo*), *doppio* (*duplus*), *pioppo* (*pŏpulus*), *seppellire*, etc., cf notre *doppelt, pappel*. — Val. seulement *p* : *ceapę* (*caepa*), *cupę*, *jepure* (*lepus*), *papa, piper, sępun* (*sapo*). Esp. *b*, avec la prononciation douce : *abeja* (*apicula*), *cabestro, cabo, cabra, cebolla, receber, cubrir, cuba, obispo* (*episcopus*), *lebrel* (*leporarius*), *lobo* (*lupus*[1]), *obra, pebre, pueblo, raba, riba, saber, sabio, sabor, xenabe* (*sinapis*), *soberbio, sobre*. La forte persiste dans les mots d'origine récente ou empruntés à l'ital. : *capital* à côté de *caudal* (*capitalis*), *copia, discrepar, disipar, lepido, participar, estupido, estupro, vapor, capitan, caporal*; de même aussi dans *apio, copla, manopla, papa, pipa, propio*. — Le portugais se comporte à peu près comme l'espagnol, cependant il a *v* dans *povo* (*populus*), *savão* (*sapo*), *escova* (*scopa*), etc. — Prov. *b* : *abelha, cabelh, cabestre, ceba, recebre, cobrir, doble, lebre, loba, obra, obs* (*opus*), *paubre, pebre, poble, riba, saber, sabo, sobre*. — Franç. *cheveu, chevêtre, chèvre* (*capra*), *recevoir, cuve, évêque, lièvre, poivre, œuvre, pauvre, rave, ravir, rive, savoir, savon, sève* (*sapo*). *B* dans *abeille* (*apicula*), *double*, *Grenoble* (*Gratianopolis*); *p* dans les mots d'origine récente ou italienne : *capital, dissiper, lèpre, occuper, stupide, vapeur, capitaine* (v.franç. *chevetaine*, etc.); de même dans *couple* (*copula*), *pape, pipe, peuple, peuplier, propre, triple*. On trouve la chute du *p* dans le nom de fleuve *Loue* (rendu en latin par *Lupa*, voy. Quicherat p. 81), dans *sur* (prov. *sobre*), et dans le v.franç. *oes* (prov. *obs*.). — Nous avons remarqué à propos de *t* et de *c* que, dans le plus ancien bas-latin, la douce se montre déjà fréquemment pour la forte au milieu des mots. C'est aussi le cas pour *p*, par exemple *noncobantis* (*nuncup.*) Bréq. n. 217, *suber, subra*, Mab. *Dipl.* p. 506 et beaucoup d'autres analogues.

---

[1] Dans le nom propre *Lope* (pg. *Lobo*), la forte s'est maintenue. Il est vrai qu'Astarloa (*Apologie*, p. 259, 262) tire ce mot du basque et lui donne le sens de *gros, épais* : mais au moins le dérivé *Lupatus, Lopatus* (louveteau, *Vulfila*) conduit à *lupus*.

A la *finale* la forte persiste : prov. *cap, lop* ; franç. *loup, champ* ; val. *cap* (*caput*), *episcóp, lup* ; cf. § 2.

2. *P* s'est rarement changé en *f*. On en a quelques exemples communs à toutes les langues romanes comme : ital. esp. port. *golfo*, franç. *gouffre* (κόλπος); ital. esp. *trofeo*, franç. *trophée*, angl. *trophy* (*tropaeum*); en outre dans l'ital. *soffice* (*supplex*), dans le nom propre *Isifile* (*Hypsipyle*) ; en français, quelquefois à l'initiale, à la médiale et à la finale : *fresaie* (*praesaga*), *nèfle* (*mespilum*), *chef* (*cap-ut*), v.franç. *apruef*, Trist. II, 78, 79 = prov. *aprop, seif* (*sep-es*) Voc. d'*Évr.* p. 32.

PP. Ital. *cappero* (*capparis*), *ceppo, coppa* (*cuppa* forme secondaire de *cupa*), *lappa, lippo, mappa, poppa* (*puppis*), *schioppo* (*stloppus*), *stoppa* (*stuppa* forme préférable à *stupa*, Schneider, I, 427), *stroppolo* (*struppus*), *supplicare, Filippo*. Esp. *cepo, copa, lampazo* (*lappaceus*), *mapa, popa, estopa, estropo, suplicar, Filipo*. Franç. *câpre, cep, coupe, nappe, poupe, poupée* (*puppa* à côté de *pupa*), *sapin* (*sappinus*), *étoupe, estrope* arch., *supplier, Philippe*. On ne trouve nulle part la douce ou le *v*, excepté dans l'esp. *estrovo*, mais on rencontre dans les manuscrits une forme *stropus*.

PL, voy. sous *L*.

Les groupes initiaux *PN, PT, PS* perdent d'ordinaire la première lettre. V.franç. *neume*, b.lat. *neuma*, v.h.allem. *niumo* (*pneuma*, πνεῦμα); ital. esp. *tisana*, franç. *tisane* (*ptisana*); ital. *Tolommeo*, esp. *Tolomeo*, franç. *Ptolémée* (*Ptolemaeus*), déjà dans le latin populaire des bas temps *Tolomaid, Tolomea*. Ital. esp. portug. *salmo*, franç. *psaume*, v.h.allem. *salm* (*psalmus*).

PT médial et final. Cette combinaison est sujette aussi soit à l'assimilation du *p* (comme *scrittus* ou *scritus* pour *scriptus* que l'on rencontre souvent dans les chartes), soit, dans l'ouest, à la résolution de ce même *p* en un *u* qui, parfois, se change même en *i*, cf. ci-dessous *PS*. Ital. *atto, cattivo, grotta* (*crypta*), *nozze* (*nuptiae*), *ratto, rotto* (*ruptus*), *scritto, sette*; *pt* est ici impossible. — Esp. *atar* (*aptare*), *catar* (*captare*), *gruta, malato* (*male aptus*) et même *malacho* (moy.h.allem. *malâtsch malêtsch*), *nieta* (*nepta* depuis le VIIIe siècle pour *neptis*), *escrito, siete, seto* (*septum*). D'autres mots présentent l'affaiblissement du *p* en *b* et la résolution du *b* en *u* : *bautizar, cabdal caudal* (*capitalis*), *cabdillo caudillo* (*capitellum* avec un changement de sens), *cautivo* (*capt*.), *Ceuta* (*Septa*), *reutar* pour *reptar*

Poem. de José el patr. p. 402. Mais *pt* n'est point contraire aux habitudes de l'esp., cf. *aptar, captar, optimo, rapto, ruptura.* — Portug. *atar, cativo, neta, sete; caudal*; anciennement aussi *adoutar, boutizar,* SRos.; avec *i, receitar* pour *receutar* (*receptare*) que l'on trouve encore en v.esp. — Prov. *acatar* (*accaptare**), *rot* (*ruptus*), *escrit escrich, set,* etc. Résolution en *u* et *i* : *azaut* (*adaptus**), *malaut, rautar* (*raptare*), *caitiu* (esp. *cautivo*). *P* persiste par exemple dans *acaptar, capdolh* (*capitolium*) ; pour *malautz,* le manuscrit du *Boèce,* v. 127, donne *malaptes,* pour *corota* la *N. Leyczon,* v. 80, donne *coropta.* — Franç. *acheter, chétif, grotte, nièce* (*neptia**), *noces* (*nuptiae*), *route* (*rupta* sc. *via*), *écrit*; sur *malade,* voy. mon *Dict. Étym.* On écrit le *p* dans *baptiser, captif, compter, sept,* etc., voy. section II. — Val. *botezà* (*baptizare*), etc., mais *captiv, sapte* (*septem*), avec *n nunțe* (*nuptus*). Il faut noter la présence de *ch* dans l'esp. prov. *malacho, escrich,* où *pt* est traité comme s'il y avait *ct.*

PD est soumis à la syncope du *p* : ainsi dans *stordire,* ital. esp. *aturdir,* franç. *étourdir* (*extorpidire**) de même en esp. *codicia* ancienn. *cobdicia* (*cupiditia**), en v.franç. *sade* (*sapidus*), en franç. mod. *tiède* (*tepidus*).

PS médial et final subit tantôt l'assimilation du *p,* tantôt, et surtout dans l'ouest, la résolution de cette consonne en *u* et même en *i.* La première de ces voyelles s'explique simplement par un affaiblissement antérieur du *p* en *b* (qu'on doit admettre malgré le manque d'exemples) et ensuite en *v*; l'*i* provient d'une prédilection particulière pour les diphthongues *ei* ou *ai.* Ital. *cassa* (*capsa*), *esso* (*ipse*), *gesso* (*gypsum*), *scrissi* (*scripsi*). Val. *casę,* etc.; mais *ghips, lipsę* (λεῖψις). Esp. *caxa, ese, yeso*; port. *caixa, esse, gesso.* Prov. *aus* (*hapsus* p. 14), *meçeus* (*metipse*) Geistl. Lieder p. 8*, neus* (*ne ipsum*); *caissa, eis* (ancienn. *eps*), *mezeis, geis.* Fr. *châsse* et *caisse.* On peut rapprocher, pour l'assimilation, le latin *cassis* pour *capsis* (?) et aussi l'ombrien *iso* pour *ipso,* auquel répond dans les chartes *issa* pour *ipsa Esp. sagr.* XI, 102 (ixe siècle), ou même *scrisi* pour *scripsi* Brun. p. 567 (de l'an 759). Quant aux mots scientifiques, comme *ellipsis,* on comprend que *ps* y soit toléré (esp. *elipse,* franç. *ellipse*).

SP, voy. à l'*S.*

B

initial persiste. Il n'y a que des dialectes du sud de

l'Italie qui le confondent fréquemment avec *v*, comme le nap. *vaso* (ital. *bacio*), *vascio* (*basso*) ; sicil. *vagnu* (*bagno*), *varva* (*barba*), *vrazzu* (*braccio*) et aussi l'ital. *viglietto* (franç. *billet*). Médial, il ne conserve pas cette solidité : il s'adoucit la plupart du temps en *v*, et, dans ce cas, sa disparition subséquente n'est point un fait rare. Cet adoucissement en *v*, qui a gagné toutes les langues de la famille néo-latine, s'est produit de bonne heure ; on lit dans les monuments anciens *devitum, acervus, incomparavilis* (Schneider, I, 227) ; dans les chartes du vi^e siècle *deviti* Marin. p. 175, *deliverationem*, ib. 180 ; du viie siècle *movilebus* Bréq. n. 67, *diveatis* pour *debeatis* Mur. *Ant.* V, 367 ; du viiie siècle *havitare, movile, havere*, I, 207 ; du ixe siècle *conavit Esp. sagr.*, XI, 264, etc. En italien les deux formes se balancent à peu près. Exemples : *abito, abominabile, cibo, debile, gleba, globo, liberare, libra, librare, libro, plebe, sibilare, stabilire* ; redoublé dans *ebbrio, fabbro* (*faber*), *febbrajo* (*februarius*), *febbre* (*febris*), *abbia* (*habeat*), *fabbro, libbra, obbligo, pubblico, rabbia* (*rabies*), *ubbidire* ; *bévere, cavallo, covare* (*cub.*), *devere, fava, avere, ivi, lavorare, maraviglia* (*mirabilia*), *provare, scrivere, tavola, Tevere, ove* (*ubi*). La syncope est rare, par exemple *bere* pour *bevere, lira* pour *libra*. — L'esp. offre partout le *b* prononcé doux : *beber, caballo*, etc., *v* dans *maravilla*. Syncope dans *codo* (*cubitus*), *hediondo* (*foetibundus**), *neula* (*nebula*) Alx. 1879. — Portug. *beber, cerebro, debil, globo, habito, plebe, sibilar* ; mais *v* domine : *cavallo, cevo* (*cibus*), *dever, duvidar, Evora* (*Ebra*), *fava, haver, livro, livrar, maravilha, provar, escrever*. — La douce persiste plus rarement encore en provençal ; la plupart du temps, en effet, elle se change en *v* ou s'éteint complètement : *abac* (*-cus*), *abet* (*abies*), *ebriac, fabre, nibla* (*nebula*), *rabia* ; *caval, dever, fava, aver, provar* ; *aondar* (*abund.*), *laorar* (*labor.*), *prenda* (*praebenda*), *proar, saüc* (*sabuc.*), *traüt* (*tributum*). De même aussi en franc. : ex. *célèbre, habit, libre* ; *cheval, devoir, fève*, etc.; *nuage* (*nubes*), *taon* (*tabanus*), *viorne* (*viburnum*). — Le val. comme l'ital. : *bibol* (*bubalus*), *dębęlà* flétrir (*debilis?*), *probę* (*proba*), *probozi* (*probrum*) ; *bevut* (*bibitus*), *chimval* (*cymb.*), *diavol, favricę, chivernisi* (*gubernare*), *aveà, evreu* (*hebr.*). Syncope dans *beà* (*bibere*), *cal* (*caballus*), *glie* (*gleba*), *earnę* (*hibernum*), *ierta* (*libertare**), *lęudam* (*laudabam*), *seu* (*sebum*), *soc* (*sabucus*). — Devant les consonnes ce *v* devient finalement une voyelle, voy. *BL, BR, BS, BT.*

B final en provençal ou bien se change en *u* ou bien se renforce en *p,* surtout après une consonne, par ex. *beu* (*bib-it*), *deu* (*deb-et*), *escriu* (*scrib-it*), *trau trap* (*trab-em*), *orp* (*orb-us*), *trop* (infinitif *trobar*). Le français le supporte comme lettre muette dans *plomb*, etc., ou il l'aspire : *tref* = pr. *trap,* anc.franç. *proeb* (*probe* adv.).

2. Changement du *b* en d'autres labiales : 1) En *p* rarement : ital. *canapa*, val. *cunępę*, alb. *canęp* (*cannabis*), franç. *ensouple* (*insubulum*). — 2) En *f* : ital. *bifolco* (*bubulcus*), *scarafaggio* (*scarabaeus*), *tafáno* (*tabanus*) ; esp. *befre* (*bebrus*), *escofina* (*scobina*) ; v.franç. *fondèfle* (*fundibalum*) ; val. *corfę* (*corbis*), *bolfos* (*bulbosus*) ; lat. *bubalus bufalus, rubeus rufus, sibilare sifilare.* — 3) En *m* : ital. *gomito* (*cubitus,* cf. *cumitus Voc. S. Gall.*, v.ital. *govito*, Buti *Inf.* 10), *Giácomo* (*Jácobus*), *Norma* (*Norba*), *trementina* (*terebinthinus*), *vermena* (*verbena*) ; esp. *cañamo* (*cannabis*), *Jayme* (*Jacobus*) ; prov. *Bramanzo* pour *Brabanzo, Jacme* ; franç. *samedi* (*sabbati dies*) comme l'allemand *samstag.* Cf. aussi le v.lat. *dubenus* (dans Festus), plus tard *dominus.*

BL et *BR* subissent souvent la résolution du *b* en *u*, cf. grec νάβλα ναῦλα. Ital. *fola* (*fabula fab'la faula*), *parola* (*parabola*). Esp. *faular* arch. (*fabulari*), *paraula* Alx. Apoll. par interversion *palabra.* Prov. *faula, paraula parola, taula* (*tabula*), *faur, aurai* (pour *habrai*), *freul* (*flebilis*), *beure* (*bibere*), *deuria* (pour *debria*), *siular* (*sibilare*) *escriure* (*scribere*), *liurar* (*liberare*), *roure roire* (*robur*) ; catal. *sauló* (pour *sabló*). Franç. *forger* (*fabricare faurcar*), *parole, tôle* (*tabula*), *aurone* (*abrotanum*), *aurai*. Val. *faur* (*faber*). — Il n'y a que très-peu de ces exemples que l'on puisse expliquer par la syncope (*fabula fa-ula*).

BT presque comme *pt.* Ital. *detta* (*debitum*), *dottare* (*dubitare*), *sottile* (*subt.*), *sotto* (*subtus*). Esp. *sota* en composit., *soterrar, sutil* ; *dudar* ; *béudo béodo* arch. (*bibitus*), *deuda* ; cf. le traitement de *bd* dans *raudo* (*rabidus*). Prov. très-varié : *sotil, sotz* ; *code coide* ; *deute* (*debit.*), *gauta* (*gábata*) ; devant une forte la douce passe à la forte dans *depte* = *deute, doptar, sapte* (*sabbatum*), *sopte* (*subitus*), *suptil*. Franç. *dette, jatte* (*gabata*), *doute, coude, subtil*. Val. *cot* (*cubitus*), *datoriu* (*debitor*) ; *subt, subtzire*.

BS s'assimile et se résout en *us,* comme *ps.* Ital. *ascondere* (*absc.*), *assolvere* (*abs.*), *astenere* (*abstin.*), *osceno* (*obscoenus*), *oscuro* (*obsc.*), *ostare* (*obs.*), *sostanza* (*subst.*). Esp.

esconder, escuro, aussi *absconder, obscuro* et *absolver, abstenido, obsceno, obstar, substancia* ; résolution dans *ausente* (*absens*), v.pg. *austinente* (*abst.*), *austinado* (*obst.*). Prov. *escondre, escur, obstinar*, etc.; *deus* (*debes*). En franç. *bs* persiste. Val. *ascunde, osteni* (*abstinere*). — L'assimilation s'exerçait déjà dans le latin *jussi* pour *jubsi*, et nous trouvons dans les chartes des vie et viie siècles des formes telles que *suscribturi, suscripsimus*, σουσκριψι.

BJ, BV ont une tendance marquée vers l'assimilation ; des grammairiens romains écrivaient déjà *ovvertit, ovvius*. Ital. *oggetto obbietto* (*objectum*), *suggetto subbietto, ovviare* (*obv.*); esp. *sujeto*, mais *obviar* (ancienn. *uviar*, voy. mon Dict. Étym. II, b.); prov. *sojeit, sovenir* ; franç. *sujet, souvenir*, mais *objet*.

MB est souvent atteint par la chute de la deuxième consonne. Ital. *amendue* (*ambo duo*), *tomare* (= esp. *tombar*); fréquente en sic. : *cummattiri* (*combattere*), *gamma* (*gamba*), *limnu* (*limbo*), etc. Esp. *lamer* (*lambere*), *lomo* (*lumbus*), *paloma* (*palumba*), *plomo* (*plumbum*), *Xarama* (*Saramba*, d'après Cabrera), v.esp. *amos* (*ambo*), *atamor* pour *atambor*, *camear* pour *cambiar PC.* ; portug. comme l'esp.: *amos, plomo* SRos. Prov. *colom* (*columba*), *plom* (*plumbum*). Franç. *Amiens* (*Ambiani*). B.lat. *concamium* pour *concambium*, par ex., *Form. Bign.* n. 14. Allem. *kummer, schlummer* de *kumber, slumber*.

F. PH.

La différence phonétique qui règne en latin entre *f* et *ph* disparaît tout à fait en roman : *ph* prend la prononciation de *f*, et est souvent écrit de même[1].

1. Le plus important des accidents qui atteignent *f* est son passage à *h* devant des voyelles, au commencement du mot, rarement au milieu. Dans ce cas, *f* perd l'élément labial qu'il possède pour s'éteindre dans une simple aspiration, qui, le plus souvent, n'est même plus sensible : les grammairiens

---

[1]. Suivant Delius (*Jahrb.* I, 358) la distinction entre *ph* et *f* n'aurait point aussi complètement disparu en roman : « L'esp. *Cristoval, Esteban*, l'ital. *Giuseppe*, le prov. *solpre*, et les dérivés en *p* de *colaphus* communs à tout le domaine roman, prouvent clairement que *Josephus, Stephanus, sulphur, colaphus* ne sonnaient pas tout à fait comme *Stefanus*, etc., mais qu'on faisait encore entendre distinctement le *p* à côté de l'*h*. »

romains attribuaient déjà à cette lettre une forte aspiration. — Toutefois, ce changement n'est pas général dans les langues romanes ; il ne règne qu'en espagnol, et ne se présente guère qu'isolément dans les autres domaines. Donnons d'abord des exemples espagnols : *haba, hablar (fabulari), hacer, hambre (fames), harto (fartus), haz (facies), hender (findere), herir, hierro (ferrum), hijo (filius), hilo, hoja (folium), hondo, horca (furca), horma, horno (furnus), hostigar (fust.), huir (fugere), humo, hurto, huso*. Au milieu du mot, le changement de *f* en *h* est limité aux composés : *dehesa (de-fensa), sahumar (suf-fumare*), Sahagun* nom de lieu (*Sant-Fagunt PC.* = S. Facundus); on ne trouve jamais *ruho (rufus), cuehano (cophinus)*. Cette *h* était inconnue au plus ancien espagnol, comme elle l'est encore aujourd'hui au portugais ; on écrivait *faba, fablar, fazer*, etc., et l'espagnol moderne rejette encore cette *h* dans beaucoup de mots : *fácil, falso, faltar, fama, familia, favor, faxa, fé, feliz, feo, fiero, fiesta, fiel, fin, firme, fixar, fué* (dans Juan de la Encina *hu*), *fuego* (rarement *huego*), *fuente, fuera, fuerte* (dans Encina *huerte*), *fuga, fumar, furia*, etc. Dans quelques cas, la brièveté du mot a pu empêcher l'affaiblissement de l'*f*, comme peut-être dans *feo, fin, fué* pour *heo, hin, hué*; dans d'autres, c'est le besoin de distinguer les sens : *fe, fiero, fiel* auraient pu être confondus avec *he (habeo), hiero (ferio), hiel (fel)*. Dans d'autres cas, la langue admet des formes doubles, précisément pour créer une distinction des sens : *falcon halcon, falda halda, faz haz, ferro hierro, fibra hebra, filo hilo*. On sait que le basque a une répulsion particulière pour l'*f*, que l'on ne trouve jamais dans ses mots racines ; *f* persiste il est vrai en partie dans les mots étrangers (*faborea* = esp. *favor*), mais il se change souvent en une *h* qui, toutefois, est muette dans la partie espagnole du pays (*hunila* = esp. *fonil*), ou en *p* (*portzatu* = *forzar*), et quelquefois en *b* (*breza* = *freza*). L'espagnol ne connaît à l'initiale que le premier de ces procédés; mais on ne peut nullement le regarder comme un trait fondamental de cette langue, car il l'aurait pénétrée plus complètement : c'est une permutation dont l'origine et les progrès peuvent être suivis historiquement, et qui s'est produite, à ce qu'il semble, sous une influence qui venait des Pyrénées, et qui n'a plus atteint le Portugal. Dans le dialecte gascon qui confine au basque, cette *h*, même devant *r*, a trouvé aussi accès et y est devenue très-usuelle : *hada* (pr. *fada*), *hagot (fagot), hemna (femna)*. *D'aquest muda-*

men uso fort li Gasco (disent déjà les *Leys d'amors*, II, 194), *quar pauzo haspiratio, so es* h *en loc de* f, *coma* hranca *per* franca, rahe *per* rafe, hilha *per* filha. La langue française écrite a seulement *hors* pour *foris* (qui a conservé en esp. son *f*, mais qui l'a également perdu dans le roumanche *or*); *hablar* vient de l'esp. *hablar*; des exemples anciens sont *harouce* pour *farouche* et aussi *hausart* Parton. II, 4, pour *fausart*. En outre, quelques exemples se présentent aussi en wallon : *horé* (*forare?*), *horbi* (franç. *fourbir*). A l'est du domaine roman, en valaque, cet affaiblissement de l'*f* s'est également produit, cf. *han* (*fanum*, Lex bud.), *hębłęi* (*fabulari*), *hęmisi* (de *fames*), *hud* (*foedus*, adj.); plus souvent et plus nettement dans le dialecte du sud : *heru* (*ferrum*), *hiavrę* (*febris*), *hicatu* (*ficatum*, esp. *higado*), *hiliu* (*filius*). — Qui ne songe en présence de ce procédé roman à l'échange de *f* et de *h* dans les vieilles langues italiques? Et de fait, les grammaires latines ont, depuis longtemps, renvoyé à l'espagnol. Mais si le trait phonétique des vieilles langues italiques n'est dans aucun rapport causal avec la formation romane, — quelque parfaite que soit la coïncidence de l'esp. *haba* et *hilo* avec l'anc.lat. *haba* et *hilum*, — il peut au moins nous confirmer la parenté qui existe entre *f* et *h*.

2. Le passage de l'*f* à d'autres labiales se produit rarement : 1) Il se change en *b*, à l'initiale seulement dans l'italien *bioccolo* (*floccus*), *bonte* (*fons*), *busto* (*fustis*, douteux); à la médiale, peut-être dans l'ital. *forbice* (*forfex, forpex*); esp. *ábrego* (*africus*), *Cristóval* (*Christoph.*), *cuebano* (*cophinus*), *Estéban* (*Stephonus*, cf. *Stevanus* dans une charte de l'an 915, Yepes III n. 8), *rábano* (*raph.*), *Santovenia* nom de lieu (*S. Euphemia*, voy. Cabrera), *toba* (*tophus*), *trébol* (*trifolium*) et aussi *acebo* (*aquif*); portug. *abrego, Estevão, trevo*, etc. — 2) En *p* à la médiale : ital. *colpo* (*colaphus*), *Giuseppe* (*Josephus*, Josep *HPMon*. n. 42), *Jepte* (*Jephta*), *zampogna* (*symphonia*); esp. *diptongo, golpe, orespe* (pour *orifice*), *soplar, zampoña*; portug. *napta*; prov. *colp, diptonge, solpre*. Cf. ἀφύη *apua*, πορφύρα *purpura* [1].

3. La syncope est ici également rare : ital. *sione* (*sipho*,

---

[1] L's pour *f* dans le catal. *sinigrec* (*foenum graec.*) et *sivella* (*fibula*) est singulière. Pour le premier exemple, qui est aussi français (*senegré*), on pourrait penser à une immixtion de *siliqua*; pour le second, on ne peut s'aider d'aucune explication de ce genre.

σίφων); esp. *desollar* pour *deshollar desfollar*, prov. *conortar* (*conf*.); *grihol* (*gryphus*), *preon* (*profundus*), *rehusar* pour *refusar* ; franç. *antienne* (*antiphona*), *écrouelle* (*scrofula*), *Étienne* (*Steph*.).

FF. Cette double consonne, qui n'existe presque que dans des composés, résiste à toute dégénérescence en un son plus faible, d'où esp. *diferir, ofender, sufocar* et non *diherir*, etc. *Ahogar* (*ad-focare*) n'est pas latin et est conséquemment de nouvelle création; il en est de même de *sahumar* pour *sufumar*, qui ne vient pas de *suffumicare*.

FL, voy. sous *L*.

V.

1. A l'initiale, *v* a moins de stabilité que les muettes, car souvent il se change en un son plus fort (§ 2, 3, 4). Dans le valaque du sud *j* peut même prendre sa place (voy. à la section II). L'aphérèse ne semble pas se produire dans les langues écrites ; on en rencontre quelques cas dans les dialectes italiens, comme sicil. *urgiri* (ital. *volgere*), *urpi* (*volpe*), sarde *espi* (*vespa*), *idi* (*vite*), piém. *issola* (*visciola*), vénit. *ose* (*voce*). — Médial, il persiste dans beaucoup de mots très-usités : ital. *brieve, c..., chiave, favilla, favo, favore, frivolo, gingiva, grave, lavare, l..re, lisciva, nativo, nave, nuovo, pavone, pavore, privare, rivo, saliva*, et de même aussi d'ordinaire dans les autres langues. C'est surtout quand *v* se trouve entre deux voyelles qu'il est atteint par la syncope, qui n'avait pas épargné même le son plus résistant du *b*. Ital. *Bojano* (*Bovianum*), *bue* (*bovem*), *città* (*civitas*; *citate*, Brun. p. 625, de l'an 772), *Faenza* (*Faventia*), *neo* (*naevus*), *paone* pour *pav.*, *paura* (*pavor*), *rio* pour *rivo*, *Saone* (*Savo*). Esp. *estragar* (*extravagare*), *hoya* (*fovea*), *friolero* (*frivolus*), *paon Alx.*, *paor* id., *vianda* (du franç.). Prov. *estragar, gingia, paor, Proensa, vianda*. Franç. *jeune* (arch. *joene*), *paon* (*pao Gloss. Cass.*), *peur, riande* et autres exemples analogues. — En valaque, la syncope est très-fréquente : *alunę* (*avellana*), *chiae* (*clavis*), *gingie* (*gingiva*), *żune* (*juvenis*, v.slov. *żun'*), *là* (*lavare*), *luà* (*levare*), *lesie* (*lixivia*), *noę* (*novem*), *pemunt* (*pavimentum*), *oae* (*ovis*). Parfois la syncope du *v* se produit même après une consonne (après la résolution préalable du *v* en *u*?) : ital. *fujo* (*furvus furvius*), *lero* (*ervum*); esp. *Gonsalo* (*-alvus*), *polilla* (de *pulvis*), pg. *fulo* (*fulvus*); franç. *guéret* (*vervactum*). Les ex. lat.

tels que *movitus motus, uvidus udus, si vultis sultis*, sont connus. Chez les comiques latins *novis novus* ont une valeur monosyllabique, et l'on trouve dans les inscriptions de la décadence *noembr.* (val. *noembrie*), *Faonius, probai* (it. *provai*). L'*App. ad Prob.* dit : *avis, non aus ; rivus, non rius*, cf. *rio* Bréq. n. 73. — Grâce à sa mollesse, cette lettre n'est guère plus en état de jouer le rôle de finale que son analogue *j* : c'est pourquoi ou bien elle se transforme en une labiale plus forte, ou bien elle se résout en *u* (lat. *neve neu, sive seu*); elle subit donc ici le même traitement que sa douce *b*. Toutefois, dans les patois italiens, *v* final est écrit et prononcé réellement, piém. *serv* (ital. *cervo*), milan. *ciav* (*chiave*). Nous avons un exemple de ce cas dans l'esp. *buey* (*bov-em*), où *y* est sans doute purement paragogique (portug. *boi*), et dans le v.esp. *nuef* (*novem*). Le prov. met *u* pour *v* après une voyelle, par exemple : *bou, breu, estiu* (*aestiv-us*), *leu* (*lev-is*), *mou* (*mov-et*), *suau* (*suav-is*), *viu* (*viv-it*), de même *Anjau* (*Andegav-i*), *Peitau* (*Pictav-i*), devant *s vius* (*vivus*), *nous* (*non vos, no vos*). Après *l* et *r*, *v* devient plus d'une fois *f* : *vuelf* (*volv-it*), *serf* (*serv-it*); mais plus ordinairement, dans ce cas, *v* disparaît : *cal* (*calv-um*), *sal* (*salv-um*), *cer-s* (*cerv-us*), *ser-s* (*serv-us*). On remarque *p* dans *corp* (*corv-us, curv-us*), mais ici ce *p* renvoie à un *b* médial, cf. § 2. Le français met partout *f* et dit *bœuf, bref, chétif, cerf, grief, nef, nerf, œuf, sauf, serf, soef* arch. (*suav-is*), *suif* (*sevu-m*, transp. *suev*); *Anjou* et *Poitou* viennent du provençal. Le valaque met *b* après une consonne, *u* après une voyelle : *cerb* (*cerv-us*), *corb* (*corv-us*), *bou* (*bov-em*), *greu* (*grav-is*), *nou* (*nov-us*), *ou* (*ov-um*).

2. On connaît par le latin la confusion du *v* avec *b*, surtout depuis le commencement du IVe siècle. Adamantius Martyrius fit une dissertation spéciale sur le juste emploi des deux lettres, mais il commet lui-même des erreurs en recommandant par exemple *besica, manuviae, lavor*, voy. Schneider, I, 228. L'*App. ad Probum* recommande de dire *alveus* et non *albeus*. De même on lit dans des inscriptions (surtout napolitaines) *bendidit, berna, berum, bixit, jubenis, serbus, vibus, boces, atabisque, curbati*; dans les chartes des VIe et VIIe siècles *silbam, pribati* Mar. 172, *conserbandis* ib. 147, très-souvent *Berona* pour *Verona* (par ex. dans une charte lomb. *Arch. stor.* app. II, 115) : au VIIIe siècle, en Espagne, *ribulum, silbarias, Esp. sagr.* XVIII, 301, et plus anciennement

encore Isidore écrivait *baselus* pour *vascellum*[1]. Cet ancien échange de lettres règne aussi dans les dialectes néo-latins. Ainsi à l'initiale, l'italien dit *berbice* (*vervex*), *bertovello* (*vertebra*), *Bettona* (*Vetona*), *boce* (*vox*), *Bolsena* (*Volsinii*), *boto* (*votum* qui s'écrit aussi *botum*). En esp. on écrit *barrer* (*verrere*), *Basco* (*Vasco*), etc. En portug. *bexiga* (*vesica*), *bodo vodo* (*votum*). Les ex. prov. sont : *Baudés* (*Valdensis*), *berbena* (*verb.*), *berbitz*. En franç. on a *Besançon* (*Vesontio*), *brebis*. En val. *besicę* (*vesica*), *bęrun* (*veteranus*), *biet* (*vietus Lex bud.*), *boltę* (ital. *volta*), *sburà* (*exvolare**). — A la médiale : ital. *corbo* (*corvus*), *Elba* (*Ilva*), *nerbo, serbare*; avec redoublement du *b* : *conobbi* (*cognovi*), *crebbi* (*crevi*), *gabbia* (*cavea*), *Gubbio* (*Iguvium*), *trebbio* (*trivium*); *p* pour *b* dans *Piperno* (*Privernum*). Prov. *corbar* (*curvare*), *emblar* (*involare*); franç. *corbeau, courber*, arch. *embler*. Val. *albinę*, abeille (de *alvus*), *cerbice, ferbe* (*fervere*), *sęrbà, śerbi, sealbę*. Ce durcissement du *v* en *b* est surtout familier aux langues de l'est; mais certains dialectes du domaine italien et provençal font de ce changement un emploi encore plus fréquent, notamment le napolitain, l'occitanien, le languedocien, le gascon, dans lesquels ce procédé (comme en basque) est même devenu une règle (voy. ci-dessus, p. 102).

3. La dégénérescence de *v* en *f* est plus rare. Un exemple commun au roman est *palafreno* (voy. p. 17). Un autre est l'ital. *fiasco*, esp. portug. *frasco*, v.franç. *flasche* (*vasculum vlasc.*). Citons en outre : ital. *fia* adv. (*via*), *biffera* (*bivira*), *profenda* (*providenda*); esp. *hampa* pour *fampa* (ital. *vampa?*), *he* pour *fe* (*vide*), *hemencia* pour *fem.* (*vehementia* contr. en *vementia*), *hisca* pour *fisca* (*viscus*), pg. *trasfegar*, voy. *Dict. Étym.*, *referentia* (*reverentia*); voy. pour d'autres ex. de latin espagnol *Esp. sagr.* XI, 325; fr. *fois* (*vicem*); voy. § 1 des exemples d'*f* pour *v* final. Cette prononciation date de loin dans le haut-allemand, car les *Glosses* de Cassel écrivent *ferrat, fidelli, fomeras* pour *verrat*, etc., et c'est de là que sont nées les formes telles que *fiedel, vesper, vogt, veilchen*. Mais la prononciation allemande est restée sans influence sur la pronon-

---

1. « On ne doit pas cependant perdre de vue que l'ancienne et exacte orthographe du *v* et du *b* domine toujours dans les inscriptions latines des bas temps, et qu'elle se conserve aussi, à très-peu d'exceptions près, dans les documents publics qui se rédigeaient à Rome même. » Corssen, 2ᵉ édit., I, 133.

ciation romane, car, dans le domaine roman, le changement de *v* en *f* n'est qu'une rare exception.

4. On a quelques exemples du durcissement du *v* en *g* guttural, occasionné par une confusion avec le v.allem. *w*. A l'init. dans l'it. *guaina* (*vagina*), *Guasconia* (*Vasc.*), *guastare* (*v.*), *golpe* (*vulpes*), *gomiero* (*vomer*), *gomire* (*vomere*), *guizzo vizzo* (*vietus*), Esp. *gastar*, *golpe* Alx., *gulpeja* (*vulpecula*) Rz., *gomito* (*v.*). Prov. *gabor* (*vapor*), *Gap* (*Vappincensium civ.*), *garah* (*vervactum*), *gastar*, *guia modus* (*via*). Franç. *gaîne*, *gâter*, *guéret* (prov. *garah*), *gui* (*viscum*), *goupillon* (b.lat. *vulpilio*), *gomir* dans Bouille, *Diff. vulg. ling.*; v.franç. avec *w wange* (*vanga*), *werpilh* (*vulpecula*), etc. Plus rarement à la médiale: ital. *aguinchi* pour *avvinchi*, *PPSec.* I, 101, *pargoletto* pour *parvoletto*; mais dans *frigolo*, *nugola* (pour *nuvola*), *ugola* (pour *uvola*), il faut plutôt considérer le *g* comme le produit d'une intercalation, surtout parce qu'il n'existe pas pour ces mots de formes avec *gu* (voy. ci-dessous, p. 175). Un exemple douteux est le val. *fagur* (*favus?*). Esp. *Alagon*, nom de lieu (*Alavona*, d'après Cabrera); dans le v.pg. *aguëlo* (*avulus**) *gue* remplace le groupe aspiré *vue*, de même qu'il se substitue aussi à *hue*. De même *valui*, *volui* donnent en prov. *valgui*, *volgui*. — Nous verrons plus tard comment le *v* est aussi devenu *j* en valaque.

5. Devant les consonnes, *v* se résout régulièrement en sa voyelle *u* : ital. *ottarda* pour *autarda* (*avis tarda*); esp. *aulana* (*avellana*) Alx., *ciudad*, *leudar* (*levitare*); prov. *ciutat*, mais aussi *ciptat*; franç. *autruche* (*avis struthio*); val. *greutate* (*gravitas*); de même en lat. *aucella*, *fautor*, *lautus*.

DV, voy. sous *D*. — *BV*, voy. sous *B*.

REMARQUES SUR LES CONSONNES.

1. Les consonnes sont sujettes, comme les voyelles, à des changements variés, mais qui atteignent dans une mesure très-diverse les différentes classes d'articulations. Les liquides offrent une résistance passable; elles s'échangent, il est vrai, fréquemment entre elles (*m* toutefois seulement avec *n*), mais elles n'abandonnent pas facilement leur domaine. Mais *l* subit, à un haut degré, la résolution vocalique ou la chute en suite de la production d'une voyelle. De toutes les spirantes, c'est *s* qui présente la plus grande constance, excepté toutefois dans la seule langue

française ; *v* et *j* sont inconstants ; *h* (dans les langues écrites) est un simple signe qui n'a plus de son. Les spirantes ne s'échangent point entre elles, du moins dans l'ensemble du roman ; et le développement de *f* en *h*, de *h* en *f*, et même de *v* en *j* sont des phénomènes isolés. Pour ce qui est des muettes, à l'initiale elles persistent, chacune à son degré, avec une grande fermeté. Au milieu du mot, il est à remarquer que la forte descend à la douce, que la douce se résout parfois en une voyelle : le *t* devient *d*, le *c g*, le *p b*, — le *d* se dissout, le *g* se perd dans la voyelle *i*, le *b* dans la semi-voyelle *v*. Cette dégradation des muettes (qui est toutefois moins générale dans les langues de l'est) constitue la *substitution des consonnes* romane, avec laquelle la *Lautverschiebung* germanique (qui toutefois atteint aussi l'initiale) fait le plus complet contraste : celle-ci, en effet, consiste à élever la douce originaire à la forte et à avancer de la forte à l'aspirée et de l'aspirée à la douce, de façon à parcourir le cercle entier ; phénomène qui plus tard s'est répété, encore une fois, dans le haut-allemand par rapport aux autres dialectes. Dans les vieilles langues celtiques, la substitution des consonnes n'a atteint que la douce qui s'est transformée (comme dans la langue allemande) en aspirée. Mais les dialectes celtiques modernes (bien que leur consonantisme soit en réalité très-différent du consonantisme roman) présentent, sous ce rapport, un développement analogue. En irlandais, la forte dans les groupes *rp, sp, st, sc*, devient douce, ce qui est inconnu au roman ; mais la même dégradation apparaît aussi en dehors de ces quatre groupes, spécialement dans les trois dialectes étroitement apparentés, kymrique, cornique et breton. Ici aussi la douce ne se maintient qu'à l'initiale ; à la médiale et à la finale *b* et *d* peuvent subir l'aspiration, mais *b* peut aussi éprouver la résolution en *u* ou *v*. Comme ces divers traits n'apparaissent qu'à une période linguistique postérieure, ce serait faire une hypothèse malheureuse que d'attribuer à l'influence celtique l'affaiblissement des consonnes fortes dans le domaine roman, affaiblissement qui remonte aux premiers siècles du moyen âge. On trouve des traits analogues dans des langues encore plus lointaines.

On a déjà souvent remarqué l'étonnante coïncidence du système roman avec celui des dialectes prâcrits, par rapport à leur source, le sanscrit. En prâcrit, *t, t, p* descendent à *d, d, b* (mais *k* ne descend point à *g*). La syncope atteint également, entre les voyelles, *t, k, p, d, g, b, v, j*, mais en outre aussi les sifflantes. La tendance romane se retrouve presque identiquement, mais d'une manière plus systématique encore, dans une des langues germaniques : en danois, la forte organique persiste toujours à l'initiale ; à la médiale et à la finale elle ne se maintient qu'après des consonnes, tandis qu'elle descend à la douce après des voyelles, p. ex. : *gribe* (suéd. *gripa*), *fyge* (*fjuka*), *vide* (*vita*). Mais le point par lequel le danois se rapproche le plus du français, c'est qu'il peut résoudre les douces en un son plus faible ou les supprimer complètement : *b* entre deux voyelles arrive à être prononcé comme *v*, et *g* s'adoucit en *j* : *eje*, *eye* (suéd. *äga*), *vej* (*wäg*), cf. fr. *loyal*, *loi*, — ou *g* disparaît : *stie* (*stege*), cf. fr. *lier*; *d* subit également la syncope : *broer*, *moer* (pour *broder*, *moder*), comme le fr. *ouïr*, *envie*. La seule différence qui sépare le procédé français du procédé danois, c'est que dans le premier la forte peut descendre deux degrés (*capra*, *cabra*, *chèvre* ; — *nucalis*, *nogalh*, *noyau* ; — *amata*, *amada*, *aimée*), tandis que dans le second elle ne peut généralement en descendre qu'un ; car la douce qui se dégrade est ici une consonne primaire : ce n'est pas une douce secondaire née d'une forte. Le grec moderne n'a point suivi ce chemin. Les fortes y gardent leur rang ; les douces, il est vrai, s'y affaiblissent (*b* devient *v*, *g gh*, *d dh*), mais ce procédé diffère du roman en ce qu'il agit quelle que soit la place de la consonne dans le mot. La grammaire historique n'a point à rechercher les causes d'une disposition si opposée des organes vocaux, qui tantôt tendent à prononcer un *p* originaire comme un *b* ou un *v*, tantôt un *b* originaire comme un *p*, le grammairien a pour seule tâche de suivre le fait jusqu'à ses origines et dans toute son étendue [1].

[1]. Donnons encore place ici à une petite remarque étymologique. Il est souvent difficile de distinguer en roman dans quels cas a eu lieu la chute, et dans quels cas la résolution d'une consonne latine. Prenons seulement trois exemples de ce genre. Dans le prov. *fau* (venu du lat. *fagus*), on peut douter si l'*u* de ce mot représente le *g* du radical (comme cela a lieu dans d'autres mots ; voy. p. 246) ou bien s'il représente l'*u* de flexion (proprement de dérivation), comme dans *niu* de *nidus ?* — Dans *frigidus*, le *g* a pu tomber pour donner le prov. *freid*, par l'intermédiaire de *friid*, euphoniquement devenu *freid*, et d'autre part, l'*i* atone a pu aussi tomber, ce qui aurait donné *frigd*, d'où aussi *freid* par résolution du *g* en *i*; mais l'existence du b.lat. *frigdus* assure cette dernière dérivation. Ordinairement, il est vrai, on ne peut déterminer les degrés intermédiaires de ces transformations, parce qu'il peut arriver que la langue ait réuni, dans un mouvement rapide, deux

Un échange d'un autre genre, celui qui a lieu entre les divers ordres de consonnes (grec φήρ θήρ, δᾶ γῆ, ὀβελός ὀδελός, βλέφαρον γλέφαρον, πότε πόκα), est très-rare en roman pour les consonnes simples. Nous avons traité comme des cas tout à fait isolés la production en valaque d'un *p* ou *b* venu de *qu* ou *gu*, en espagnol d'un *g* venu de *d* ir*ial*, et quelques autres. Les patois eux-mêmes n'en fournissent que de très-rares exemples. Ce sont ordinairement des mots où une muette précède un *i* palatal, ce qui donne naissance à une espèce de consonnance multiple qui facilite ces transformations. Les dialectes italiens, p. ex., échangent *pj* avec *chj*, *bj* avec *gj*, voy. ci-dessus, p. 75. Le valaque du Sud dit de même *chiaptine* (*pecten*), *chiale* (*pellis*), *chiatre* (*petra*), mais aussi *cheptu* (*pectus*), *chinu* (*pinus*). Dans le patois parisien, *amitié* sonne comme *amikié*, *dieu* comme *ghieu*. C'est en sarde que se produit l'échange le plus complet des muettes entre elles, mais nous ne pouvons l'étudier ici. Un autre développement, commun au roman, est d'une grande importance. Sous l'influence d'une des voyelles molles (*i, e*), les gutturales ont donné des chuintantes et des palatales. La nouvelle langue a pris par là un caractère phonétique très-différent de l'ancienne.

2. Le tableau suivant donne un aperçu des consonnes médiales, et, en outre, à la seconde ligne, des consonnes finales (quand cela est nécessaire). *Ca* représente également *co* et *cu* ; — *ci* de même *ce* ; de même pour *qua, qui* (qui comprennent l'initiale et la médiale) et pour *ga, gi*. Le mot *nasale*, ajouté à *m, n*, doit être pris au sens français ; † désigne la syncope.

	ITAL.	ESP.	PORT.	PROV.	FRANÇ.	VALAQ.
L	*l (r)*	*l (ll, r)*	†, *r, l*	*l, u (r)*	*l, u (r)*	*l (r)*
M	*m (mm)*	*m*	*m*	*m*	*m*	*m*
	n, †	*n,* †	nasale	*m, n,* †	nasale	*m,* †
N	*n (l)*	*n (l)*	*n, nh,* †	*n*	*n (r)*	*n*
	—	—	nasale	†, *n*	nasale	*n*
R	*r (l, d)*	*r (l)*	*r (l)*	*r (l)*	*r (l)*	*r (l)*

phases de son évolution. — Un troisième exemple, *cogitare*, admet encore plus d'explications. Le provençal avait à sa disposition trois procédés : il pouvait ou résoudre le *g* en *i*, ou sacrifier le *g* ou le *t*, où même tous les deux ensemble, ce qui donnait *coidar* ou *cotar* ; en fait on trouve *cuidar* et *cuiar* (*cujar*).

CONSONNES LATINES.

	ITAL.	ESP.	PORT.	PROV.	FRANÇ.	VALAQ.
T	t, d (tt)	d (t)	d (t)	d	†	t, tz
	—	d	—	t	† (t)	t
D	d	d, †	d, †	z, d †	† (d)	d, z
	—	—	†	t	d †	d
S	s (sci)	s (x)	s, x	s	s	s, ś
Ca	c, g (cc)	g (c)	g (c)	g, i, ch	g, i, ch	c
				c, †	†, c	c
Ci	ć	ç	ç	ç	ç	ć
		z	z	tz	s, x	—
Qua	qu	qu, g	qu, g	qu, c, g	qu, c (g)	c, p
Qui	qu, ch, ć	ç, q	ç, q	ç, q	ç, q	ć
Ga	g, †	g, †	g, †	g, j, i, †	g, j, i, †	g, †
	—	y	i	i	i	—
Gi	ǵ, †	g, †	ǵ	ǵ, †	ǵ, †	ǵ
J	ǵ, j	j, y	ǰ	j	j	ź, j
P	p (pp)	b	b	b	v	p
B	v (b, bb)	b	v (b)	v, †	v, †	v, b
F	f	f, b, v	f, b, v	f	f	f
V	v (b, †)	v, †	v, †	v, †	v, †	v, b, †
				u, f	f	u, b

3. Il s'est établi entre les médiales et finales un échange de consonnes qui nous offre exactement l'inverse de la *Lautverschiebung* romane, c'est-à-dire l'ascension de la médiale douce à la finale forte, la douce n'étant point ordinairement tolérée à cette dernière place. Quelques autres consonnes encore ont participé à cet échange. Les Romains eux-mêmes prononçaient forte la finale douce : *haud* comme *haut*, *sed* comme *set* (Schneider, I, 251); et l'on retrouve le même fait dans d'autres langues. Comme cette habitude dans son développement complet et systématique se restreint au provençal, nous en réservons l'explication pour la deuxième section. Cette altération des consonnes, que nous trouvons ici à la finale, se présente pour certaines lettres à l'initiale dans le dialecte sarde de Logudoro, quand les consonnes se trouvent en contact immédiat avec la voyelle finale d'un mot précédent, ce qui en fait en quelque façon des médiales. Dans ce cas, les fortes s'adoucissent, la douce *d* reçoit une prononciation plus molle (il n'y a point à parler de *g*), *b* se dissout complètement, *f* devient *v*, *v* se dissout comme *b* ou se transforme en une faible aspiration : *r* et *s* reçoivent une prononciation plus douce : *ǵ* devient *j*, par exemple *sas cosas*, *una*

gosa; — *bellos boes, bellu oe*; — *duos fizos* (*filii*), *unu vizu*; — *sos giaos, unu jau*. Toutefois, cet échange de consonnes n'atteint que la prononciation, non l'écriture.

4. Il y a des changements de lettres que l'on ne peut guère ramener à des lois ou à des règles, et pour lesquelles il faut s'en rapporter au sentiment (voy. mon *Dict. étym.* p. xix-xxii). Il arrive par exemple que par une sorte d'*assimilation* deux consonnes de même famille, qui commencent chacune une syllabe, s'accommodent de telle façon, que la première se convertit en la seconde, comme dans l'italien *Ciciglia* pour *Siciglia*. A l'inverse par *dissimilation*, lorsqu'une consonne se présente plus d'une fois (séparément) dans un mot, elle est remplacée par une autre consonne du même ordre ou disparaît, comme dans l'italien *pellegrino* pour *peregrino*, et dans le français *foible* pour *floible*. C'est principalement sur cette tendance euphonique qu'est fondé le fréquent échange des liquides entre elles. Mais la dissimilation s'exerce aussi sur les muettes, comme dans l'italien *Chieti* (*Theate*), *Otricoli* (*Ocriculum*) [1]. — Un autre procédé est l'*analogie*, par lequel on amène un mot à une certaine correspondance de forme avec un autre mot qui lui est parent par le sens : c'est ainsi que le b.lat. *senexter* a visiblement été formé d'après *dexter*, et *october* d'après *september*. Par le *mélange* des radicaux, un mot nouveau peut aussi naître de deux autres : franç. *selon* de *secundum* et de *longum*. Les formes distinctives, dont nous avons déjà parlé p. 46, sont aussi d'une grande importance ; ce procédé consiste à différencier par la forme plusieurs significations d'un seul et même mot latin, ou plusieurs mots qui ont un son pareil ou très-voisin : on a un exemple du premier cas dans l'ital. *pensare* (*penser*) et *pesare* (*peser*) dérivés l'un et l'autre de *pensare*; on a un exemple du second cas dans *popolo* (*peuple*) et *pioppo* (*peuplier*), l'un et l'autre de *populus*. — Enfin l'étymologie populaire, par laquelle on introduit un radical roman dans un mot étranger incompréhensible, est un procédé fréquent et connu de toutes les langues.

5. La chute des consonnes (à l'exception de *h*) n'atteint presque jamais l'initiale, qui est d'une grande solidité; la première syllabe disparaît fréquemment tout entière, mais seule-

---

[1]. Pott (*Forsch.* 1ʳᵉ édit. II, 65-112, cf. *Jahrb. f. wiss. Critik*, 1837, II, 90) a complètement étudié ce procédé linguistique dans toutes ses ramifications.

ment lorsqu'elle est atone. Ainsi en ital. *baco* (pour *bombaco*), *bilico* (*umbilicus*), *cesso* (*secessus*), *cimento* (*specimentum*), *ciulla* (*fanciulla*), *fante* (*infans*), *folto* (*infultus*), *gogna* (*verecundia*), *lezia* (*delicia*), *scipido* (*insipidus*), *sdegno* (*disdegno*), *stromento* (*instrumentum*), *testeso* (*ant'ist'ipsum*), *tondo* (*rotundus*); esp. *cobrar* (*recuperare*), *mellizo* (*gemellicius* *), *saña* (*insania?*), *soso* (*insulsus*); portug. *beira* (*ribeira*), *doma* arch. (*hebdómadem*); prov. *bot* (*nepotem*), *cobrar* (comme en esp.); franç. (rare) *cenelle* (*coccinella* *), *voler* (*involare*). Ici comme dans d'autres domaines, c'est surtout sur les noms de baptême que s'exerce l'aphérèse. En outre, la première syllabe est quelquefois expulsée quand elle a l'apparence d'un redoublement : ital. *zirlare* (*zinzilulare*); franç. *coule* (*cucullus*), voy. mon Dict. étym. I, xx. — La syncope se restreint généralement à la douce, pourtant en français elle s'étend même à la forte, et en portugais aux liquides *l* et *n*. — L'apocope aussi est souvent appliquée, surtout en provençal et en français. Mais à la fin du mot, ce ne sont pas seulement des consonnes isolées qui disparaissent : ce sont des syllabes entières ou des suffixes. C'est le cas, par exemple, dans l'ital. *chiasso*, prov. *clas*, v.fr. *glas* (*classicum*); prov. *rust* (*rusticus*), *gramadi* (*grammaticus*); roum. *miedi* (*medicus*), *silvadi* (*silvaticus*); franç. *datte* (*dactylus*), *ange* (*angelus*); prov. *tebe* (*tepidus*) et autres mots de ce genre ; esp. *cuerdo* (*cordatus*); ital. esp. *manso* (*mansuetus*); ital. esp. *fino*, franç. *fin* (*finitus*); ital. *serpe*, esp. *sierpe*, prov. *serp* (*serpens*); ital. *insieme*; prov. *ensems* (*insimul*); franç. Aristote; esp. *cebo* (*aquifolium*); esp. *maese* (*magister*); voy. p. 195. C'est en français que cet accourcissement est le plus fort : cf. *prince*, *évêque*, *encre* (*encaustum*), *clavecin* (*clavicymbalum*), avec lesquels cependant l'anglais *ink* (= franç. *encre*), l'allemand *sarg* (*sarcophagus*), *fliete* (*phebotomus*) peuvent rivaliser.

6. De toutes les consonnes, ce sont les liquides *l* et *r* qui sont le plus sujettes à la *métathèse*, et la transposition consiste d'ordinaire en ce qu'une muette précédente les attire à elles ; on peut ici comparer la mobilité de ces liquides à celle des voyelles *i* et *u* : de même que *i* et *u* s'accolent à chaque voyelle avec facilité, *l* et *r* s'accolent de même à toutes les consonnes muettes. Comme exemples de métathèse des autres lettres, on peut citer : ital. *fradicio*, *sudicio* pour *fracido*, *sucido*, cf. lat. *lapidicina* pour *lapicidina*; esp. *cortandos*, *amasdo* pour *cortad-*

nos, asmado P*Cid.* Il est remarquable qu'on trouve dans le même poème la métathèse du mouillement dans *laño, leño* pour *llano, lleno*, analogue à la métathèse de l'aspiration en grec dans κιθών, κόθρη pour χιτών, χύτρα. Il est rare que la métathèse déplace l'initiale pour l'introduire dans le corps du mot, comme dans l'ital. *cofaccia* de *focaccia, gaveggiare* de *vagheggiare*; esp. *golfin* de *folguin* Canc. de B., *jasar* de *sajar, facerir* de *zaferir, gavasa* de *bagasa, garzo* de *zarco, amahaca* de *hamaca, batahola* à côté de *tabaola*; portug. *cerquinho* de *quercinho*.

7. Si la consonne simple est sujette à bien des changements, la consonne *géminée*, en vertu de sa plus grande intensité, persiste intacte et solide : on peut, sous ce rapport, la comparer à la tonique longue, de même que l'on peut comparer la consonne simple à la voyelle brève. Cette comparaison est surtout admissible pour les muettes. Si la lettre double est diminuée quantitativement, elle n'est jamais atteinte qualitativement, c.-à-d. que *cc, pp, tt* peuvent, il est vrai, se réduire à la simple, mais ils ne peuvent, comme *c, p, t*, descendre à la douce ou éprouver d'autres altérations. *Ll, nn, ss* se laissent, il est vrai, amollir, mais elles ne perdent alors qu'une partie de leur substance. Les cas où *ll* peut disparaître constituent une exception de peu d'importance [1].

8. La consonne double n'est point partout traitée de même. L'italien, qui redouble même les consonnes simples, la respecte assez fidèlement; il se permet toutefois quelques cas de simplification : par ex. *m* pour *mm* dans *comandare, comadre, comiato, comune*; *n* pour *nn* dans *anello* qui peut, il est vrai,

---

[1] Édelestand du Méril (*Formation de la langue française*, p. 298) cite cette remarque d'après ma première édition, et il ajoute : « *Malheureusement cette règle est loin d'avoir la généralité qu'il lui attribue* »; et il donne alors comme preuves *église* de *ecclesia*, *orfraie* de *ossifraga*, *varlet* de *vassalettus*, *havet* de *happa*, *maçon* de *mezzo*. De ces exemples, le seul qu'on puisse admettre est *église*, et encore on ne peut l'admettre qu'à moitié, ce mot étant grec et postérieurement introduit dans la langue. *Ossifraga* et *vassalettus*, la consonne double ne pouvant empêcher la chute d'une voyelle suivante, devinrent *ossfraga* et *vasslettus*, ce qui est phonétiquement équivalent à *osfraga* et à *vaslettus*, en sorte que *r* est bien née ici d'une *s* simple. *Havet* et *maçon* ne prouvent rien, car il n'était question que du sort des lettres latines. Je répète ici ma proposition que les muettes latines redoublées se maintiennent intactes en roman dans leur qualité, sans aucune exception, du moins lorsqu'elles sont placées entre deux voyelles, position où elles sonnent le plus fortement.

se justifier par une forme latine *anellus* ; *s* pour *ss* dans *glosa*, *chiosa*, *Narciso*, *Parnaso*. Le valaque, au contraire, la rejette constamment : par conséquent il dit *bucę* et non *buccę*. Sauf quelques restrictions, l'espagnol procède de même : *ll* dans *bello* ne forme pas un son double, mais un son complexe. En portugais, l'absence de règles orthographiques permet d'écrire, dans beaucoup de cas, la consonne double aussi bien que la consonne simple : *bocca* à côté de *boca*. Les mss. provençaux préfèrent, en général, la consonne simple, mais ils mettent la double, spécialement *ss* pour *s* dure (*aussor*), même après les diphthongues. En français, l'orthographe se règle sur l'orthographe latine, mais le plus souvent la gémination est purement graphique. On trouve des exemples de simplification dans : *estrope* (*struppus*), *souple* (*supplex*), *pale* (*palla*), *secouer* (*succutere*), *secourir* (*succurrere*), *semondre* (*summonere*).

9. *Consonnance multiple.* — On sait que le latin, au moins au commencement et au milieu des mots, éprouve de la répugnance pour plusieurs groupes de consonnes que le grec supporte sans difficulté (voy. Benary, *Zeitschr. f. vergl. Sprachf.*, I, 51). C'est ainsi qu'à l'initiale manquent en latin : *mn*, *cm*, *tm*, *dn*, *dr*, *cm*, *cn* (excepté *Cneus*), *cs* (*x*), *ct*, *bd*, *pm*, *pn*, *ps*, *pt*. A la médiale, si l'on excepte les mots composés avec des particules, sont exclus par exemple les groupes : *sl*, *sn*, *sg*, *tl*, *tm*, *tn*, *dm*, *dn*, *dr* (sauf *quadrans* et les mots apparentés), *cn*, *pn* ; sont très-rares : *ld* (*caldus*), *cl*, *gl*, *bl*. Dans quel rapport, sur ce point important, les langues romanes sont-elles à la langue mère ? On peut prévoir qu'ici encore elles n'auront point suivi toutes un seul et même chemin, et il suffit même d'un coup d'œil rapide sur leur structure pour voir que l'admission ou la suppression des consonnances multiples constitue précisément l'un de leurs principaux modes de différenciation.

Nous étudierons dans la section II les combinaisons les plus importantes. Nous n'avons à faire ici qu'une remarque : c'est que la nouvelle langue, loin éloignée de revenir aux groupes que le latin évitait (sauf dans quelques cas isolés), ne tolère même pas (comme nous l'avons vu plus d'une fois dans la présente section) tous ceux que le latin admettait. Les dialectes nouveaux, il est vrai, possèdent tous des groupes composés des muettes initiales avec *r* ou *l*, c'est-à-dire *tr*, *cr*, *gr*, *pr*, *br*, *cl*, *gl*, *pl*, *bl*, ce qui n'a rien de remarquable, mais ils n'ont gardé ni *cn*, ni *gn* dans les mots populaires. *Fr* et *fl* sont partout également conservés. Le groupe de *s* plus une forte, à laquelle peut encore se joindre *r* ou *l*, est très-usuel, au moins en italien et en valaque, et même dans ces deux langues, contrairement au système phonique latin, *s* peut être suivie de presque toutes les consonnes, de sorte qu'en réalité les combinaisons grecques comme σμ et σβ revivent dans ce domaine. Le valaque et le français *vr*, et le valaque *vl* sont aussi des groupes phoniques inconnus au latin que l'on rencontre à l'initiale. Mais les langues filles se montrent plus délicates au milieu des mots. Elles limitent dans ce cas aux combinaisons avec *r* et *l* les groupes formés d'une muette et d'une liquide ; *tl* est trop dur pour la plupart des langues romanes ; d'autres groupes comme *tn*, *dl*, *dn* (à moins qu'on ne prétende donner comme exemples les enclises espagnoles *dadle*, *dadnos*) et aussi *bm*, *bn* manquent complètement : le latin tolère tous ces groupes, au moins dans les composés (*at-nepos*, etc.) ; même *gm* et *gn* manquent à l'italien (au moins dans la prononciation réelle). Le provençal peut, il est vrai, exhiber des consonnances telles que *tl*, *cm*, *pm*, mais il est presque tout à fait isolé. Les groupes composés d'une muette avec une spirante, spécialement *ts* (*etsi*), *ds*, *cs*, *ps*, *bs*, *dj*, *bj*, *dv*, *bv* (la plupart, il est vrai, dans les composés) ne se rencontrent pas non plus, ou ne sont employés partiellement que par quelques langues, comme l'espagnol et le français. La plus grande aversion du roman s'adresse à la combinaison de deux muettes, admise par le latin au moins dans la composition et en outre dans les groupes *ct* et *pt* : on en trouve plusieurs exemples dans les langues de l'ouest, mais dans des mots d'origine un peu bâtarde. La spirante avec une autre consonne se comporte à peu près comme à l'initiale ; sauf qu'ici *s* (non-seulement dans les langues de l'est, mais encore dans celles de l'ouest) peut former un groupe avec toutes les consonnes, ce qui n'était point le cas en latin, excepté dans certains composés (*trans-*). Le roman admet partout, comme le latin, le rapprochement d'une liquide et d'une muette, quand la première se présente à la fin d'une syllabe, sauf quand deux muettes suivent (*sculptura*, *promptus*, *sanctus*, *functio*, *arctus*), du moins dans les mots proprement romans. Quant aux groupes de deux liquides, ils ont presque acquis en roman une plus grande importance que dans la langue latine. *Lm*, *ln*, *rm*, *rn* ont persisté ; *mn* pas partout ; *rl*, qui ne se présente que dans les composés (comme *per-luere*), existe souvent en roman dans les simples, ainsi que le groupe non latin *nr* qui est partout admis ; il y a des exemples de *lr*, *mr* (prov. *damri*), nl (franç. *ébranler* où cependant *n* n'existe plus en tant que consonne), nm (esp. *inmenso,* prov. *anma*). Les chuintantes, sons encore ignorés des Romains, tolèrent avant elles le contact immédiat des liquides *l, m, n, r* dans presque toutes les langues, d'*m* en valaque et en provençal (*cimśer, camjar*) et çà et là aussi des muettes (val. *batżocurà,* prov. *sapcha,* franç. *suggérer, objet*). Mais elles ne souffrent après elles, sauf en valaque, le contact immédiat d'aucune consonne.

10. Les combinaisons ci-dessus mentionnées sont donc reconnues, soit de toutes les langues romanes, soit de quelques-unes. Mais il est d'autres groupes (comme nous l'avons déjà remarqué) qui déplaisent au roman et qui, ainsi que les groupes nouveaux résultant principalement de la chute d'une consonne, sont détruits par divers procédés. Ces procédés sont l'assimilation, la syncope, la résolution d'une consonne en voyelle, la transposition, enfin la préposition ou l'insertion d'un élément étranger. Nous avons déjà parlé (p. 186) de la résolution ; en traitant des consonnes, nous avons cité les quelques cas fort rares de transposition. Nous n'avons donc qu'à jeter un coup d'œil sur les autres procédés.

11. L'*assimilation* a profondément pénétré dans la structure de la langue latine, et a contribué essentiellement à son euphonie. C'est grâce à l'assimilation que *ml* s'est transformé en *ll* (*com-locare coll.*), *nn* en *nn* (*Garumna Garunna*), *mr* en *rr* (*com-ripere corr.*), *ms* en *ss* (*premsi pressi*), *nl* en *ll* (*unulus ullus*), *nm* en *mm* (*in-mitis imm.*), *nr* en *rr* (*in-ritare irr.*), *ns* en *ss* (*pansum passum*), *rl* en *ll* (*perlucidus pell.*), *rs* en *ss* (*dorsum dossum*), *tr* en *rr* (*p. ricida parr.*), *ts* en *ss* (*quatsi quassi*), *dl* en *ll* (*pediluviae pell.*), *dn* en *nn* (*ad-nuntiare ann.*), *dr* en *rr* (*adrogare arr.*), *ds* en *ss* (*cedsi cessi*), *dt* en *tt* (*cedite cette*), *dc* en *cc* (*id-circo icc.*), *dg* en *gg* (*ad-gerere agg.*), *dp* en *pp* (*quid-piam quipp.*), *df* en *ff* (*ad-ferre aff.*), *ct* en *tt* (*Actius Attius*), *gn* en *nn* (*stagnum stannum*), *pm* en *mm* (*supimus summus*), *bm* en *mm* (*sub-monere summ.*), *br* en *rr* (*sub-ripere surr.*), *bs* en *ss* (*jubsi jussi*), *bc* en *cc* (*sub-cumbere succ.*), *bg* en *gg* (*subgerere sugg.*), *bp* en *pp* (*sub-ponere supp.*), *bf* en *ff* (*sub-fundere suff.*). De deux consonnes dissemblables naît donc une consonne double. Examinons maintenant jusqu'à quel point les langues modernes sont restées fidèles à ce caractère ; nous choisirons principalement

pour cela la langue italienne, qui, seule, exprime pleinement la double consonne. Si, comme il est naturel, on exclut les composés *modernes* formés à l'aide de particules, qui, d'après le génie de la langue italienne, ont dû déposer leur consonne finale, comme *ad*, ou *sub* qui est tombé en désuétude (car on peut très-bien se représenter *annodare, assetare, attaccare, accompagnare, agghiacciare, appagare, affaticare, socchiamare, soggrottare, soppannare, soffriggere*, comme formés de *a nodare, so chiamare*, etc.), et si l'on écarte *com*, qui sonne maintenant *con*, voici celles de ces assimilations qui sont en activité : *mn-nn* (*domna donna*), *m(p)s-ns* (*campsare cansare*), *nl-ll* (*lunula lulla, conliquare coll.*), *nm-mm* (*inmelare imm.*), *nr-rr* (*ponere porre, con-redare corr.*), *rl-ll* (*per-il pel*), *tr-rr* (*butyrum burro*), *dl-ll* (*stridulus strillo*), *dr-rr* (*quadrare*, franç. *carrer*), *cs-ss* (*taxus tasso*), *ct-tt* (*factus fatto*), *gn-nn* (*cognoscere*, franç. *connaître*), *bs-ss* (*absolvere assolvere*). Ainsi sont éteints *ns-ss*, *rs-ss* (car *dosso* est déjà latin), *ts-ss*, *pm-mm*, toutes assimilations d'un emploi rare, dont les deux dernières remontent au premier âge de la langue des Quirites. Au contraire, un grand nombre d'assimilations nouvelles sont devenues plus ou moins usitées : ainsi *br-rr* (*dolerà dorrà*), *tl-ll* (*spatula spalla*), *tm-mm* (*maritima maremma*), *dm-mm* (*admirari amm.*, à peine latin), *cr-rr* (*ducere durre*), *gm-mm* (*dogma domma*), *gd-dd* (*frigidus freddo*), *ps-ss* (*capsa cassa*), *pt-tt* (*aptus atto*), *bt-tt* (*subtus sotto*), *vt-tt* (*civitas città*). Il est rare que ce soit la seconde consonne qu'on assimile à la première, et dans ce cas il faut qu'elle soit moins forte qu'elle, comme dans *netto* (*nitidus*), *putto* (*putidus*), franç. *angoisse* (*angustia*). Ces faits nous prouvent que, dans l'emploi de l'assimilation, la langue nouvelle va plus loin encore que l'ancienne : il est vrai que cela s'applique avant tout, comme nous l'avons dit, à l'idiome italien qui adoucit par ce procédé toute combinaison de consonnes différentes qui offre la moindre dureté. Mais les dialectes même qui n'emploient pas dans ces cas la gémination contredisent par là non point le principe de l'assimilation, mais simplement, au moins dans leur état actuel, son expression graphique ; car *s* et *t* dans l'esp. *ese* (*ipse*), *matar* (*mactare*), *escrito* (*scriptus*) peuvent tout aussi bien représenter *ss* et *tt* que dans *asentir* et *atender*, et de fait *t*, *c*, et *p* (quand ils correspondent à une assimilation italienne) représentent bien une consonne double, comme le prouve leur nature même, qui les a empêchés de descendre à *d*, *g*, *b*. Nous verrons, dans la section II, que le valaque supporte les combinaisons les plus dures sans recourir au procédé de l'assimilation.

12. À côté de l'égalisation complète des consonnances multiples, il faut encore, dans les langues romanes, en observer une autre approximative, qui ramène au même degré les consonnes de degrés différents, en sorte que, comme en grec ou en serbe, la forte s'accommode à la forte, la douce à la douce. Mais comme ce procédé exige déjà une oreille plus délicate, il n'a pas été mis partout en pratique dans l'orthographe, et, même quand il a été employé, il ne l'a pas toujours été rigoureusement[1]. C'est cette règle que suit l'ancienne orthographe espagnole, par exemple dans *cabdal* (*capitalis*), *recabdo*, *debdo* (*debitum*), *cobdo* (*cubitus*), *cibdad* (*civitas*), mais en contradiction avec cette règle on trouve *cautivo* (*captivus*) au lieu de *caudivo* (qui est exactement dans le rapport de *caudal* à *cabdal*); cependant le fait que le groupe *pt* existait déjà en latin semble ici justifier la présence d'un *t* espagnol. Les Provençaux écrivent conformément à la règle : *doptar* (*dubitare*), qui correspond au latin *scriptus*, au m.h.allem. *lept* et à l'allemand moderne *haupt*; de même aussi correctement *sopte* en même temps que *sobde* (l'un et l'autre de *subitus*) ; *capdolh* (*capitolium*), *maracde* sont des formes incorrectes ou mal choisies, puisque l'on devait attendre *cabdolh*, *maragde* ou *captolh*, *maracte*. En général, devant *s* ou *z*, le provençal admet aussi la forte et *f*, comme dans *traps* (*trabs*), *larcs*, *loncs*, *notz* (*nodus*), *nutz* (*nudus*), *serfs* (*servus*). Si l'on remarque que la palatale molle correspond à la douce, la palatale dure à la forte, on peut expliquer, dès lors, diverses transformations phonétiques : ainsi l'*i* palatal tantôt est élevé à la palatale dure par la présence d'une forte qui le précède, comme dans *apropchar*, *sapcha* (*apropjare*, *sapjat*), franç. *approcher*, *sache*, ital. *approciare*, *saccia*, et de même dans *cacciare* (*captiare**), *docciare* (*ductiare**) ; tantôt il fait descendre la forte à la douce, comme cela paraît être le cas dans l'ital. *palag..* (*palatium*) pour *palacio*, et si l'on veut assimiler

---

1. Il n'était pas d'ailleurs régulièrement observé non plus en latin; aussi Quintilien remarque (I, 7) : *quaeri solet in scribendo praepositiones sonum quem junctae efficiunt an quem separatae observare conveniat, ut cum dico obtinuit, secundam enim b literam ratio poscit, aures magis audiunt p.*

s à une forte, aussi dans *cagione*[1] (*occasio*). — L'égalisation de deux consonnes, au point de vue de l'organe vocal, n'est pas non plus étrangère à ce domaine. Ceci concerne principalement les liquides. *Mt*, par exemple, devient habituellement *nt* ou *nd* (*comitem*, ital. *conte*, esp. *conde*), *np-mp* (ital. *in-picarre imp.*), *nb-mb* (*Gian-Battista Giamb.*), *nv-mb* (*invitus*, v.esp. *ambidos*), *gd-ld* (*Bagdad*, ital. *Baldacco*), etc. A cette règle contredisent le changement de *mph* en *nf* commun au roman (*nympha ninfa*) et l'esp. *nm* pour *mm* (*immensus inmenso*).

13. La *syncope*, dans les consonnances multiples, a été d'une grande importance en latin. Elle atteint surtout la muette devant une liquide. Les gutturales, par exemple, sont tombées dans *acrumna* (de *aeger*), *ala* (*axilla*), *flamma* (*fragrare*), *hodie* (*hocdie*), *luna* (*lucere*), *vanus* (*vacare*), *tormentum* (*torquere*); les labiales dans *gluma* (*glubere*), *somnus* (*sopire* ὕπνος); les dentales dans *arsus* (*ardere*), *manare* (*madere*), *filum* (*findere*)[2]. Si *sopnus* avait semblé dur aux Romains, *somnus* parut encore trop dur aux Romans, qui lui préférèrent *sonnus*. Les Romans font à leur tour de la syncope l'emploi le plus fréquent : elle est générale, par exemple, pour *n* ou *r* devant *s* ; elle est partielle dans un grand nombre de cas; il suffit de rappeler : portug. *doce* (*dulcis*), franç. *pucelle* (*pullicella* *), prov. *efen* (*infans*), franç. *âme* (*anima*), prov. *anar* (pour *andar*), ital. *conoscere* (*cogn.*).

14. Le roman adoucit ou facilite souvent une rencontre de consonnes qui lui déplaît, soit par la préposition d'une voyelle auxiliaire, comme nous en avons déjà remarqué sous *S* un cas très-important, soit encore par l'insertion d'une troisième consonne, procédé que nous avons également étudié plus haut. Dans le dernier cas (par ex. *lr, mr, nr, sr, ml, mn*), l'insertion d'une voyelle n'était point admissible, puisque ces groupes provenaient précisément de la chute d'une voyelle antérieure. Mais lorsque les groupes de consonnes sont originaires, l'insertion vocalique peut avoir lieu. On la trouve au milieu du mot dans l'italien entre *s* et *m* : *crésima, cristianésimo*,

---

[1]. Sur l'influence d'une labiale précédente (*p* ou *b*), sur la forme de *j* palatal dans des langues étrangères au domaine roman, par exemple en tibétain, voy. Pott, *Forsch.* II, 10, 11.

[2]. On en trouvera de nombreuses preuves dans l'étude approfondie de Schwenck, *Deutsches Wœrterbuch*, p. xv ss.

biásimo, fantásima, spásimo pour *cresma, crisma,* etc., et aussi tout à fait accidentellement dans d'autres mots, tels que *aliga* (*alga*), *ustero* (*astrum*), *maghero* (*macrum*) ; plus souvent dans les dialectes, p. ex. en romagnol *sélum* (= ital. *salmo*), *zéruv* (*cervo*). Esp. *calavera* (*calvaria*), *engarrafar* (*engarfar*), *escarapelar* (ital. *scarpellare*). Mais l'initiale complexe a plus souvent encore éprouvé cette insertion, même dans des cas qui n'offraient aucune dureté réelle. En voici des exemples, parmi lesquels il est des mots d'origine allemande : ital. *pitocco* (pour *ptocco* de πτωχός qui eût été dur), *calabrone* (*clabro* pour *crabro*), *calappio* (*klappa*), *caleffare* (*kläffen*), *scaraffare* (*schrapfen*) ; esp. *calambre* (*klammer*), *galayo* (*glayo?*) Canc. de B., *taragona* (*draco*), *farapo* (ital. *frappa*, *filibote* (franç. *flibot*), *coronica* (*chronica*), *curuxia* (pour *cruxia*) Canc. de B., *gurupa* (*gruppa*, it. *groppa*); portug. *caranquejo* (pour *cranquejo*, prov. *cranc*), *baraça* (pour *braça*), *coroça* (pour *croça*), *gurumete* (*grumete*), *gurupa garupa* (esp. *grupa*) ; prov. *esbalauzir* (pour *blauzir*) ; franç. *semaque* (néerl. *smak*), *canif* (*kneif*), *hanap henap* arch. (*hnapf*), *varech* (*wrack*) ; val. *fereme* (*fragmen*), *sicriu* (*scrinium*), *sinór* (*schnur*), *sumaltz* (*schmalz*). B. lat. *sinaida* (*snaida*) L. Long., *varanio* (v. all. *wrênjo*) ; lat. *mina* (μνᾶ), *Timolus* (Τμῶλος), *cinifes* (σκνῖπες)[1]. Il est remarquable que les langues du sud-ouest emploient chaque fois, comme voyelle d'insertion, la voyelle de la syllabe contiguë. Nous retrouvons cette tendance aussi bien dans le basque qui en est géographiquement voisin (voyez des exemples dans mon *Dict. étym.* p. XIII, et cf. Mommsen dans la *Zeitschrift* de Höfer, II, 372) que dans une langue bien éloignée du domaine roman, le hongrois, où, par exemple, l'illyr. *zsleb* revêt la forme *selep* ou *silip*. L'osque comme le v.h.all. (d'après la remarque de Kirchhoff, *Ztschrft. f. vergl. Sprachf.* I, 36) peut employer pour l'insertion la voyelle de la syllabe radicale précédente : ainsi, par exemple, l'osque *aragetud* (lat. *argento*), *teremniss* (*terminus*), *uruvo* (*urvus* que l'on déduit de *urvare*).

15. Le tableau suivant offre un aperçu comparatif des combinaisons les plus importantes. Presque toutes appartiennent à la médiale, sauf la muette avec *l* qui appartient en même temps à l'initiale.

---

[1] Sur les voyelles préposées ou insérées par euphonie, il faut encore ici voir avant tout Pott, II, *l. c.* 84, 170, 224.

282 — CONSONNES LATINES.

	ITAL.	ESP.	PORT.	PROV.	FRANÇ.	VALAQ.
L et cons.	l	l	l	l, u	u	l
LR	rr	ldr	—	ldr	udr	—
TL	chi	j (l!, ch)	lh	lh	il	chi
CL init.	chi	ll (j, ch)	ch	cl	cl	chi
méd.	cchi, gli	j, ll, ch	lh, ch	lh	il	chi
GL init.	ghi	gl (ll)	gl	gl	gl	ghi
méd.	gghi	j, ll	lh	lh	il	ghi
PL init.	pi	ll (j, ch)	ch (lh)	pl	pl	pl
méd.	ppi, gli	j, ll, ch	lh, ch	lh	il	pl
BL init.	bi	bl	bl	bl	bl	bl
méd.	bbi	ll	c h	bl	bl	bl
FL init.	fi	ll	ch	fl	fl	fl
méd.	fi	ll (ch)	ch	fl	fl	fl
ML	mbr	mbl	mbl, mbr	mbl	mbl	—
MN	—	mbr	m	mn, mbr	m, mm	—
MR	mbr	mbr	mbr	mbr	mbr	—
MT	nt	nd	nd	mt, nd	mt, nt	—
NR	rr	ndr, rn	—	ndr	ndr (nr)	—
NS, RS	s	s	s	s	s	s
SR	—	(str)	—	(str)	str, tr	
ST	sć	x, z	x, z	ss	ss	st
TR, DR	tr, dr	dr	dr	ir	ir	tr, dr
CS	ss, sć	x, s, j	x, s	iss, ss	iss, ss, x	s, ś
CT	it	ch, ct, t	it, ct, t	it, ch	it, t, ct	t, pt, ft
NC	nġ	nj	nj	nj	nġ, ch	—
RC	rc	rg	rg	rj	rġ	—
TC, DC	ġġ	j	j	tġ	ġ, ch	—
SCe, i	sć	ç, z, x	x, sç	ss, s	sc, ss	st
GN	gn	ñ, in	nh, in	nh, in	gn, in	mn
NGe, i	nġ, gn	ng, ñ	nġ (nh)	nġ (nh)	nġ, in	nġ
PS	ss	s	ss	iss	iss	s
PT	tt	t, ut	t, ut	t, ut	t	t
BS	ss	s, bs	s, bs	s	s, bs	s
BT	tt	ud	ud	t, pt	d, t	t

16. Souvent aussi, même là où il ne s'agit pas d'adoucir une consonnance multiple (§ 14), on insère des consonnes, procédé qui a sa cause en partie dans un certain sentiment de l'euphonie, en partie dans un pur hasard. Nous étudierons ces cas dans la section II. Mais il est nécessaire de donner déjà place ici à un trait qui, dans ce procédé, est commun à toutes les langues

romanes: c'est la préférence accordée pour l'insertion aux liquides sur toute autre lettre. L est souvent apposée à une consonne initiale, par exemple : ital. *fiaccola* = *flaccola* (lat. *facula*), esp. *espliego* (*spica*), prov. *plasmar* (*spasmus*), franç. *enclume* (*incus*). *M* est préposée à une autre labiale : ital. *strambo* (*strabus*), portug. *trempe* (*tripus*), prov. *sembeli* (*sabellinus*), franç. *Embrun* (*Eburodunum*), val. *octomvrie* (*october*). On trouve encore dans d'autres langues, spécialement en latin, d'assez fréquents exemples de ces formes rhinistiques (*cumbo, sambucus, limpidus*, etc.). *N* s'insère devant les dentales et les gutturales : ital. *lontra* (*lutra*), *fangotto* (*fag.*); esp. *pónzoña* (*potio*), *ninguno* (*nec unus*) ; prov. *penchenar* (*pectinare*), *engual* (*aequalis*) ; franç. *jongleur* (*joculator*), etc.; val. *merunt* (*minutus*) ; lat. *centum, findo, linquo, frango. Reddere,* dans les formes romanes *rendere, rendir, rendre,* prend partout une *n*. La postposition d'une *r* à une muette (cf. ci-dessus, p. 207) est très-fréquente : ainsi dans l'ital. *brettonica,* esp. *estrella,* portug. *fralda,* prov. *brostia* (*boîte*), franç. *fronde,* cf. lat. *culcitra* à côté de *culcita*, etc. (Schneider, I, 474). *Trompa* (*tuba*) semble bien devoir sa forme à une double insertion. Le renforcement de l'initiale par une *s* est un procédé commun au roman, mais surtout recherché par la langue italienne : p. ex. ital. *smergo,* portug. *estragão,* prov. *escarpa,* franç. *escarboucle,* val. *sturz* (*turdus*).

LETTRES ALLEMANDES.

D'après ce qui a été dit dans l'*introduction*, nous devons nous adresser, pour l'appréciation de l'élément allemand ou germanique, à la plus pure et à la plus ancienne forme linguistique, le gothique. Nous sommes obligés, il est vrai, de puiser surtout nos matériaux dans l'ancien haut-allemand, qui est une source infiniment plus abondante, et parfois aussi dans l'anglo-saxon, le frison, le néerlandais, le norois, mais il faut alors se reporter toujours en esprit à la forme gothique [1].

1. Pour abréger, j'ai omis d'ordinaire la signification aussi bien des mots romans que des mots allemands ; on les trouvera d'ailleurs, avec d'amples détails, dans mon *Dict. étym.* J'ai aussi négligé de marquer les signes prosodiques des désinences de l'ancien haut-allemand : car

VOYELLES.

A. — Le gothique *ê*, qui correspond au v.h.all. *â*, n'a pas pénétré : on a en ital. *bara* (v.h.all. *bâra*), franç. *vague* (v.h.all. *wâc*, le goth. était *vêgs*) et autres mots analogues. L'ital. *Tancredo*, qui est en contradiction avec *Corrado*, est venu de la France. Le nom de personne esp. *Suero*, dans les chartes *Suerius*, nous ramène immédiatement au gothique *svêrs* ἔντιμος ; car on ne pourrait songer au latin *suarius*. On trouve aussi fréquemment que *Suerius* la forme *Suarius*, dont le type répond au v.h.allem. *suâri* = *gravis*, et cette forme doit avoir été la forme primitive du mot, car *Suerius* a bien pu venir de *Suarius*, mais non ce dernier du premier : cf. *primero* de *primarius*. Il n'y a donc point à chercher dans *Suero* un *e* gothique. L'*a* originaire persiste ordinairement en roman, même dans les cas où par la loi de *périphonie* (*Umlaut*), cet *a* a déjà dégénéré en *e* dans les textes de l'a.h.allem. : par ex. en ital. *albergo* etc. (*heriberga*, goth. *harjis*), *aringa* etc. (*harinc, herinc*), franç. *falaise* (*felisa*), ital. *fango* etc. (goth. *fani*, v.h.allem. *fenni*), *gaggio* (*vadi, wetti*), *guarire* (*varjan, werjan*), *al-lazzare* (*latjan, lezjan*), *smarrire* (*marzjan, marrjan, merran*), prov. *gasalha*, port. *agasalhar* (*saljan, gaseljan*), ital. *smaltire* (*smelzan*) ; esp. *escansiar* (*skenkan*), prov. *escharir* (*scarjan, skerjan*), ital. *straccare* (*strecchan*). Le français traite l'*a* allemand autrement que l'*a* latin : il n'applique pas la règle d'après laquelle *a* se change en *e* devant une consonne simple, et conserve plus fréquemment l'*a* pur, par ex. dans *braguer* (v.norois *braka*), *cane* (*kahn*), *écran* (*schragen*), *élan* (*elaho*), *estraper* (*strapen*), *flan* (*flado*), *flatter* (v.norois *flat*), *garer* (*waron*), *hase* (*haso*), *nans* (v.norois *nâm*), *raguer* (v.norois *raka*), *rame* (*ram*), *salle* (*sal*). — Les noms de l'ancien haut-allemand composés avec *hari*, comme *Gundahari, Walthari, Werinhari*, changent leur *a* en *ie* : ital. *Gontiero, Gualtiero, Guarniero*, franç. *Gonthier, Gaultier, Garnier*, non point par une dérivation immédiate du moyen-haut-allemand *Gunthêr, Walthêr, Wernhêr*, mais en vertu du même procédé qui

---

les étrangers confondent facilement ces signes avec ceux de l'accent tonique. Les exemples cités sans qu'il soit fait mention de la langue appartiennent au haut-allemand.

transforme *argentarius* en *argentiere*, voy. ci-dessus p. 169. *Sparwari (nisus)* suit la même voie dans *sparviere*, et peut-être faut-il juger de même *schiera*, en admettant pour ce mot un v.h.allem. *scarja* pour *scara*. Il en est de même du franç. *bière*, prov. *bera* pour *beira* (cf. *primera primeira*), qu'appuierait l'existence d'un v.h.allem. *barja* (néerl. *berrie*).

E. — L'ĕ latin devient, comme nous l'avons vu, la diphthongue *ie*. Cette diphthongue pouvait à peine se produire dans les mots empruntés à l'allemand, qui n'offrait certainement aux Romans qu'un petit nombre d'ĕ, la plupart de ceux qu'il possède ayant remplacé des *i* plus anciens : toutefois, on peut citer au nombre des ĕ l'ital. *spiedo* (*sper*), esp. *yelmo* (*helm*), franç. *fief* (*vehu*) : les formes *spir*, *hilm*, *vihu* auraient difficilement engendré cet *ie* ; l'esp. *fieltro* renvoie de même à une forme propre *felz* qu'il faut supposer comme forme secondaire de *filz*.

I. — 1. Les Romans ont rendu l'ī allemand (qu'Ulfilas exprime par le groupe *ei*) avec la même exactitude que l'ī latin ; aussi ne cède-t-il la place à aucune autre voyelle, comme on le voit par de nombreux exemples ; en voici quelques-uns : ital. *giga* (*gîge*, *digrignare* (*grînan*), *grigio* (*grîs*), *guisa* (*wîsa*), *lista* (*lîsta*), *riddare* (*ga-rîdan*), *riga* (*rîga*), *ricco* (*rîhhi*), *stia* (*stîga*) ; esp. *giga*, *gris*, *guisa*, *iva* (*îwa*), *lista*, *mita* (ags. *mîte*), *rico* ; franç. *canif* (v.norois *knîfr*), *gigue*, *gripper* (v.norois *gripa*), *gris*, *guise*, *if*, *liste*, *mite*, *rider*, *riche*, *ar-riser* (*rîsan*), v.fr. *guile* (ags. *vîle*), *esclier* (*slîzan*), *eslider* (ags. *slîdan*), *guiper* (goth. *veipan*).

2. Sous *i*, il faut ranger aussi bien le goth. et le v.h.a. *ĭ* que le goth. *ai* et le v.h.all. *ë*. La représentation de ce son la plus habituelle en roman est *e*, comme celle de l'ĭ latin. Ainsi dans l'ital. *feltro* (*filz*), *fresco* (*frisc*), *elmo* (goth. *hilms*), *lesto* (goth. *listeigs*), *senno* (*sin*) et dans beaucoup d'autres exemples, tant dans cette langue que dans les langues sœurs. Mais il y a aussi des cas, qui sont loin d'être rares, où cet *i* conserve sa forme, alors même qu'en v.h.allem. il s'est déjà en partie affaibli en *e* : ital. *fio* (*vihu*, *vehu*), *camarlingo*, *siniscalco* (*sini-scalh*, mais franç. *sénéchal*), *schifo* (*skif*), *spiare* (*spehon*), *tirare* (*zeran*, goth. *taíran*) ; esp. *esgrimir* (*skirman*, mais ital. *schermire*), *eslinga* (*slinka*), *espiar*, *tirar*, *triscar* (goth. *thriskan*, v.h.allem. *dreskan*, ital. *trescare*), portug. *britar* (ags. *brittian*) ; franç. *blinder* (goth. *ga-blindjan*), *eschirer* arch. (*skerran*), *flin* (*vlins*), *frique* arch. (goth. *frik-s*, v.h.allem. *vreh*), *grincer* (*gremizon*),

nique (*hnicchan*), *esquif* et *équiper* (*skif, skip*), *sigler* arch. (v. nor. *sigla*, v. h. allem. *segalen*).

O. — Le roman reste généralement fidèle à la forme de cette voyelle. On ne peut citer qu'un petit nombre de diphthongaisons, qui s'appuient aussi bien sur l'*ó* goth. (v.h.allem. *ó, uo*) que sur l'*ŏ* v.h.allem. (goth. *u, aú*). Ital. *spuola* à côté de *spola* (*spuolo, spólo*), *palchi-stuolo* (*stuol, stól*), *truogo* (*trog*), *uosa* (*hosa*) ; esp. *espuela* ancienn. *espuera* (*sporo*), *huesa*, *rueca* (*rocco*) ; franç. *fauteuil* (*valt-stuol*), *feurre* (*vuotar*, goth. *fódr*), *heuse*, *meurtre* (*morð*, goth. *maúrthr*). Dans quelques-uns de ces exemples, le *uo* italien renvoie à un *ŏ* allemand, tandis que dans les mots latins *ō* n'engendre pas *úo*. Aussi doit-on croire que c'est la diphthongue allemande *uo* qui est ici directement reproduite. Signalons encore le provençal *raustir* (*róstjan*), voy. mon *Dict. étymologique*.

U. — 1. Quand *u* est long, il persiste intact, comme en latin. Les cas sont à peu près les suivants : ital. *bruno* (*brûn*), *buco* (*bûh*), *drudo* (*drûd*), *gufo* (*hûvo*), *schiuma* (*scûm*), *sdrucciolo* (*strûhhal*) ; esp. *bruno, buco buque, escuma, adrunàr* arch. (*rûnen*) ; franç. *bru* (*brût*), *brun, dru, écume, écurie* (*scûra*), *hune* (v.nor. *hûn*), *sur* acidus (*sûr*), v.franç. *buc* (*bûh*), *bur* (*bûr*), *busse* (v.nor. *bûssa*), *cusc* castus (*kûsc*), *huvet* mitra (*hûba*), *runer* susurrare (*rûnen*), *sur* columna Ren. IV (*sûl*).

2. Pour *ŭ*, la forme dominante est *o* (franç. *ou*), par ex. en ital. *forbire* (*vurban*), *stormo* (*sturm*) ; esp. *mofar* (*muffen*), *Alfonso* (*-funs*) ; franç. *fourbir, moufle* (b.l. *muffula*). Il ne manque pas d'exemples où l'*u* originaire s'est maintenu, comme en ital. *cuffia* (*kuppha*), *ruspo* (*ruspan*), *stucco* (*stuck*), *stufa* (*stupa*), *trastullo* (*stulla*), *trucco* (*druck*), *zuffa* (*zupfen*) ; esp. *almussa* (*mütze*), *cundir* (goth. *kunds*), *estufa, tumbar* (v.nor. *tumba*) ; franç. *hutte* (*hutta*), *étuve* et analogues.

AI. — A cette diphthongue gothique correspond d'ordinaire le v. h.all. *ei* ou *e*, qui en est la condensation : mais beaucoup de monuments conservent *ai*, qui est aussi très-fréquent dans les chartes franques du vɪ° au vɪɪɪ° siècle, comme dans *Aigatheo, Chaideruna, Dagalaiphus, Gairebaldus, Garelaicus, Wulfolaecus*. Le domaine roman, comme l'anglo-saxon, ne fait ordinairement entendre dans *ai* que la voyelle accentuée : mais cependant la diphthongue pleine ne lui est point étrangère. Si les Allemands avaient fourni aux Romans la forme déjà affaiblie *ei*, elle aurait sans doute donné en ital. esp. *e*, en prov. port. *ei*. Il vaut la peine de réunir ici tous les exemples que nous connaissons, même ceux où l'*ai* allemand est devenu atone. Ital. *aghirone* (*heigro*), *gala* (*geil*), *gana* (*geinon?*), *guadagnare* (*weidanon*), *guado* (*weit* isatis), *guaragno* (*hreinno*), *razza* (*reiza*), *stambecco* (*steinbock*), *zana* (*zeina*), *Arrigo* (*Heinrîh*) ; *ai* dans *guai* (goth. *vai*), *laido* (*leid*). Esp. *gala*, *gana*, *guadañar* arch., *garañon*, *lastar* (*leistan*), *raza* ; *ai* dans *airon*, *guay*, *laido* arch. Prov. *bana* (*bein?*), *gazanhar*, *garanhon*, *raza*, *Rostan* (*Hruodstein*, dans les chartes *Rustanus*, *Rostagnus*) ; mais la diphthongue est ici plus usitée : *aigron*, *faidir* (b.lat. *faida*), *fraiditz* (*vreidic*), *lait*, *Azalais* (*Adalheit*), *Baivier* (*Beigar*), *Raimbaut*, *Rainart*, *Raynier*, *Raimon* (*Reimbald* de *Regimbald*, etc.). Franç. *afre* (*eivar*), *avachir* (*weichjan*), *gale* arch., *gagner*, *hameau* (*heim*), *havir* (*heien*), *race* ; *ai* et *e* dans *laid*, *souhaiter* (goth. *haitan*), *rain* margo (*rain*), *Adelaïde*, *guéde* (ital. *guado*), *guéder* (*weidon*), *heron*, *hêtre* (néerl. *heister*), v.franç. *faide*, *gaif* res derelicta (b.lat. *wayvium*), *gaide*, *hairon*, *raise* (*reisa*), *tai* (néerl. *taai*, h.allem. *zähe*). Le vieux norois *ei* (prononcez *ej*) devient *a* dans *hanter* (*heimta*), *i* dans *rincer* (*hreinsa*).

AU. — La diphthongue gothique *au*, en v.h.allem. *ô*, *ou* (rarement *au*[1]), v.nor. *au*, anglo-saxon *eá*, a été dans son traitement à peu près assimilée au latin *au*. Ital. *biotto* (m.h.all. *blôz*, v.nor. *blaut-r*, ags. *bledt*), *di-bottare* (m.h.allem. *bôzen*, v.nor. *bauta*, ags. *beátan*), *galoppare* (goth. *hlaupan*), *loggia* (*louba*), *lotto* (goth. *hlaut-s*), *onire* (*haunjan*, *hônjan*), *onta* (*hônida*), *roba* (*roub*). Dans plusieurs mots, *au* s'est abrégé en *u* parce qu'il était atone, comme dans *udire* du lat. *audire* : ainsi *bugiare* (prov. *bauzar*), *buttare* à côté de *bottare*, *rubare* (*roubon*), *ar-ruffare* (néerl. *raufen*), *tuffare* (*toufan*). Au persiste dans *Austria* (*ôstar*, néerl. *austr*), comme il a persisté aussi dans le lat. *australe*; de même dans *sauro* (*sauren*). Esp. *botar*, *galopar*, *lonja* (ital. *loggia*), *lote*, *lozano* (goth. *laus*, v.h.allem. *lôs*), *robar*, *sopa* (v.nor. *saup*). *Froyla* (*Frauila*) ; *au* dans *bauzador* (prov. *bauzaire*). Portug. *ou* seulement dans *loução*, *roubar*, v.port. *cousimento* (prov. *causimen*), dans les autres *o*. Prov. *blos*

---

1. En francique également, la diphthongue domine, depuis le temps d'Ammien Marcellin jusqu'à Irminon (Dietrich, *Goth. Ausspr.* 68).

(= ital. *biotto*), *botar, lotja, sopa*; la forme nationale est *au*, comme dans les mots latins : *bauzar* (*bôsi?*), *blau* (*blâo*), *esbalauzir* (v. mon *Dict. étym.*), *cauana* (*chouh?*), *caupir* (goth. *kaupôn*), *causir* (goth. *kausjan*), *galaubia* (goth. *ga-laub-s*), *galaupar galopar, aunir, anta* (pour *aunta*), *mauca* (*mauck*), *rauba, raubar, raus* (goth. *raus*), *saur, Audafrei GRos.* (*Autfrit Otfrit*), *Audoart* (*Audwart Otw.*), *Austorica* (*Ostarrîhi*), *Gausbert* (*Gôzberht*), *Gaucelm* (*Gôzhelm*) et analogues. Franç. *o, oi, ou* : *galoper, honnir, loge, robe dé-rober, choisir, bouter, houe* (*houwa*); *au* dans *saurer*.

IU est rare et sa représentation est incertaine : ital. *schivare*, esp. prov. *esquivar* (*skiuhan*), où *u* paraît consonnifié en *v*; ital. esp. *tregua*, prov. *treva*, franç. *trève* (*triuwa triwa*), ital. *chiglia*, esp. *quilla*, franç. *quille* (*kiol*). Dans le nom propre esp. *Gustios* (b.lat. *Gudestheus Godesteo Gusteus*), qui renvoie à un goth. *guths thius* (serviteur de Dieu), les deux voyelles se sont maintenues. Le *Poema del Cid* accentue *Gustiós*, les romances *Gústios*.

CONSONNES.

L. — La seule remarque que suggère cette lettre, c'est qu'elle peut quelquefois être remplacée, comme l'*l* latine, en italien par *i*, en français par *u* : *bianco* (*blank*), *heaume* (*helm*)[1]. Une muette suivie de *l* donne parfois une *l* mouillée (comme dans les mots latins) : ital. *briglia* (*brittil britl*); franç. *haillon* (m.h.allem. *hadel*); ital. *quaglia*, franç. *caille* (néerl. *quakele*); franç. *quille* (*kegil*); ital. *gagliardo*, franç. *gaillard* (ags. *gagol?*); ital. *tovaglia* (*duahila*); v.fr. *esteil* (*stihhil?*); fr. *grouiller* (*grubilôn*).

M. — *M* finale s'échange avec *n* dans les langues du nord-ouest : prov. *estòrn*, mais v.franç. *estor*; franç. *ran* bélier, dans les patois (v.h.all. *ram*). De même dans les noms propres : prov. *Bertran* (*Bertram*), franç. *Gauteran* pour *Galtran* (*Walram*).

N. — La langue française a une tendance à ajouter un *d* à l'*n*

---

[1] Le v.franç. *hialme* offre une ressemblance frappante avec le v.norois *hiálmr*, mais on peut tout aussi bien le rapporter au h.allem. *helm* que le v.franç. *bial* à *bellus*; il en est de même aussi de *Guillalme*, v.norois *Vilhiálmr*.

finale, même quand elle provient de *m*. Ainsi dans *allemand* (*alaman*), *normand* (*nordman*), fém. *allemande, normande*, de même aussi dans *Bertrand* (*Bertram*), *Baudrand* (*Baltram*) : v.franç. *t* : *Guinemant* (*Winiman*), etc. Dans d'autres mots, comme *étrain* (*strand*), *d* disparaît après *n*.

R. — Après une consonne initiale, *r* s'échange assez souvent avec *l* : ainsi dans les chartes italiennes *Flodoinus*, par exemple *HPMon*, n. 92, pour l'usuel *Frodoinus* (*Fródwin*); esp. *esplinque* (*springa sprinka*), *blandon* (*brand*), *flete* (*fracht*), dans les chartes *Flavila* (*Fravila*); franç. *Flobert* pour *Frobert* (*Fródbert*) *Voc. hag.*, *floberge* pour *froberge*, voy. mon *Dict. étym*. II. c. s. v. *flamberge*. Quelques autres cas isolés sont : it. *albergo* (*heriberga*), *maliscalco* (*marscalc*), esp. *Bernaldo* (*Bernhard*), *Beltran* (*Bertram*). La métathèse si connue de cette liquide se présente aussi plus d'une fois, comme dans l'it. *ghermire* à côté de *gremire* (*krimman*), *scrima* à côté de *scherma* (*skirman*).

T. — 1. La forte de l'ordre des dentales se maintient dans la plupart des cas, p. ex. à l'init. it. *taccagno* (néerl. *taai*, v.h.allem. *zâhi*), *tasca* (allem. mod *zesche*), *tirare* (goth. *tairan*), *toccare* (*zucchon*), *truogo* (ags. v.h.allem. *trog*); esp. *tacaño*, *tapon* (bas-allem. *tap*, v.h.allem. *zapfo*), *tascar* (*zaskon*), *tirar*, *tocar*; franç. *taquin*, *tape*, *tas* (néerl. *tas*), *tirer*, *toucher*. Médial : it. *batto* et *battello* (ags. *bât*), *biotto*, *buttare* (voy. sous *au*), *fetta* (*fizza*), *greto* (*grioz*), *scotto* (fris. *skott*, allem. mod. *schosz*), *spito* (*spiz*); esp. *batel*, *botar*, *brote* (*broz*), *hato* (*fazza*, *vaz*, pg. *fato*), *guita* (*wita* = lat. *vita*), *escote*, *espeto*; et en français aussi à la finale : *bateau*, *beter* arch. (ags. *bœtan*, m.h.allem. *beizen*), *bouter*, *bout*, *brout*, *mite* (*mîza*), *écot*, *espieut* arch. (*spioz*). — L'abaissement de la forte à la douce paraît à peine se produire pour le *t* allemand. On en reconnaît un exemple dans l'ital. *guidare*, prov. *guidar*, franç. *guider* (goth. *vitan*), dans le v.franç. *hadir* (*hatan*), ainsi que dans le fr.mod. *amadouer* (v.nord. *mata*). Le français ne présente aussi que fort rarement l'expulsion du *t* : *gruau* (ags. *grut*), *haïr* (v.franç. *hadir*), *poe* (néerl. *poot*), *rayon* de miel (m.néerl. *râte*), *rouir* (néerl. *roten*), *Maheut* (*Maht-hild*). Cf. également esp. prov. *guiar* = franç. *guider*.

2. En revanche, l'élévation haut-allemande du *t* au *z* a déjà profondément pénétré, et il est à peine besoin de rappeler que les mots qui contiennent ce *z* trahissent ainsi ou une admission

postérieure dans la langue ou tout au moins une transformation par analogie. Si l'on compare le *t* allemand au *t* latin, qui, sauf devant l'*i* palatal, n'est presque jamais rendu par *z*, on comprend que ce *z* n'est dû qu'à l'influence de la forme haut-allemande; car ici il peut remplacer le *t* devant toutes les voyelles. L'italien l'exprime directement par *z* ; les autres langues emploient *z*, *ç*, *s* et *ss*. Ital. à l'init. *zaffo* (*zapfo*), *zaino* (*zain*), *zana* (*zaina*), *zazza* (*zata*), *zecca* (*zecke*), *zuffa* (*ge-zupfe*), *zuppa* (*zupfen*). Les autres langues en présentent à peine un cas assuré ; l'esp. *zaina*, par exemple, paraît avoir été emprunté à l'italien. Mais les exemples à la médiale sont extrêmement nombreux : ital. *bazza* (m.h.allem. *bazze*), *bozza* (*butze*), *cazza* (*chezi*), *chiazza* (*kletz*), *elsa* (*helza*), *a-gazzare* (*hazjan*), *izza* (*hiza*), *a-izzare* (*hetzen*), *lonzo* (*lunz*), *al-lazzare* (*lezjan*), *milza* (*milzi*), *mozzo* (*mutz*), *orza* (*lurz*), *pizzicare* (*pfetzen*), *scherzare* (*scherzen*), *spruzzare* (*sprützen*), *stronzare* (*strunzen*), *strozzare* (*drozza*), *Ezzilo* (*Etzel*). Esp. *cazo*, *melsa* pour *melza*, *orza*, *pinza* (*pfetzen*). Prov. *bossa*, etc., *Gaucelm* (*Gózhelm*), *Gausseran* (*Gózram*). Franç. *blesser* (*bletzen*), *bosse*, *clisse* (*kliozan* ou *klitz*), *écrevisse* (*krebiz*), *a-gacer*, *grincer* (*gremizon*), *mousse*, *pincer*, *saisir* (*sazjan*), v.franç. *casse* (ital. *cazza*), *groncer* (*grunzen*), *hesser* (ital. *aizzare*), etc. — Il n'est pas rare de voir la sifflante dépossédée par une palatale, comme dans l'ital. *biscia* (*biz*), *boccia* à côté de *bozza*, *freccia* (*flitz*), *gualcire* (*walzjan*), *liccia* (m.h.allem. *letze?*), *solcio* (*sulze*) ; esp. *bocha*, *flecha*, *mocho*, *pinchu* ; franç. *flèche*.

ST médial, dans les mots latins, se simplifie (comme nous l'avons déjà dit p. 214) en ital. en *sci* ou en *z*, en esp. en *x* ou *z*, et en franç. en *ss* ou *s*. Le même phénomène se produit aussi pour divers mots allemands. Le v.h.allem. *brestan* donne le prov. *brisar*, franç. *briser* ; le v.h.allem. *burst* ou *brusta* donne l'esp. *broza*, prov. *brossa*, franç. *brosse* ; v.h.allem. *hulst*, franç. *housse* ; goth. *kriustan*, ital. *crosciare*, esp. *cruxir*, prov. *crussir* ; v.h.allem. *lista*, franç. *lisière* ; v.h. allem. *minnisto*, franç. *mince* pour *minse*. C'est aussi de cette manière que sont nés *gazza*, *agace*, voy. *Dict. étym.* I.

D. — 1. La douce de l'ordre des dentales (devenue en v.h.all. *t*) est exactement traitée comme le *d* latin : elle se maintient ordinairement ; dans l'ouest seulement, soit après une voyelle, soit entre deux voyelles, elle est d'habitude élidée. Init. ital. esp. *dardo* (ags. *daradh*), franç. *drague* (v.nord. *dregg*) et analogues. — Méd. ital. *ardito* (goth. *hardus*), *banda* (goth. *bandi*), *bidello* (v.h.allem. *bitil*), *bordello* (goth. *baúrd*), *predello* (ags. *bridel*), *fodero* (goth. *fôdr*), *guadare* (ags. *vadan*), *guado* (*vâd*), *guardare* (*veardian*), *mondualdo* (*vealdan*). Esp. *banda, bedel, bordel, brida, guardar*, etc. Prov. *ardit, banda*, etc., *bradon braon* (v.h.allem. *brâto*), *fuerre, Loarenc* (*Lodharing*), *loire* (m.h.allem. *luoder*). La prononciation du *z* attribuée au *d* latin a été aussi appliquée au *d* allemand (et au *th*), *brazon* à côté de *bradon, flauzon* (v.h.allem. *flado*), *guazar, guazanhar, guazardon* pour *guedar*, etc., *Azalais*, transposé en *Alazais* (*Adalheit*), *Azalbert*, *Azimar* (*Hadumar*), *Ezelgarda* Chx. V, 334 (*Adalgaria*), *Lozoïc, Ozil* (*Uodil*) [1]. V.franç. et franç.mod. *hardi, bande, bédeau, bride, guède, godine* (*wald*), *eslider* (ags. *slidan*); *brayon, estriver* pour *estrier* (nor. *strida*), *fourreau, guéer, layette* (moy.h.allem. *lade*), *leurre, Loërain Lorrain, tiois* (goth. *thiudisk*). On voit qu'en français le *d* allemand s'est un peu mieux conservé que le *d* latin.

2. — La transformation du *d* goth. primitif en *t* h.allem. n'est pas restée non plus sans influence : on la trouve même en roman dans des cas où le h.allem. accordait la préférence au *d*. Pourtant il faut admettre que c'est le h.allem. là aussi qui a dû donner l'exemple. Init. ital. *taccola* (v.h.allem. *tâha*), *trincare*, sans doute mot postérieur (*trinken*), *troscia* et *s-troscio* (goth. *ga-drausjan*, allem.mod. *dreuschen*), *tuffare* (*taufen*); franç. *tan* (*tanna*), *ternir* (*tarnjan*), *trinquer*. — Méd. ital. *brettine* (*britil*), *scotolare* (*scutilon*), *slitta* (*slito*); fr. *brette* (nor. *bredda*), *enter* (*impiton*), *gleton* arch. (*klette*).

TH. L'aspirée (que possédaient tous les anciens dialectes de la famille germanique, et que seul le v.h.allem. a modifiée ou restreinte au profit de la douce) n'a pu atteindre en roman une représentation aussi précise que le ϑ grec (après son passage par le *th* latin) parce qu'elle s'est croisée avec le *d* qui la remplaçait en h.allem. Dans les cas où l'aspirée fut transmise au roman, il rendit ce son étranger par la forte, comme on le voit très-fréquemment dans les chartes latines[2]. A l'origine, ce *t* paraît

---

[1]. Il faut noter le franç. *biez*, b.lat. *biezium* = anglo-saxon *bed*; v.franç. *miez*, b.lat. *mezium* = anglo-saxon *medo*, angl. *mead*.

[2]. Dans les temps postérieurs, il est même rendu par *z*; ainsi l'angl. *th* dans *zon* = *thorn* R. de Rc II, 105, *Arzurs* = *Arthur*, voy. Wolf, *Lais* p. 327. Même en anglo-saxon, *dh* est déjà également rendu par *z*, et l'on trouve *bæzere* écrit pour *bædhere* (Grimm I² 253).

avoir été l'unique mode de transcription ; ainsi *thiudisk* donna l'ital. *tedesco*, esp. *tudesco*, prov. *ties*, v.franç. *tiois*, non *detesco*, etc., comme le h.allem. *diutisc*. A l'initiale, la transcription romane est appliquée avec toute la rigueur qu'on peut attendre en pareille matière. Exemples : v.h.allem. *thamf* à côté de *tamf*, allem.mod. *dampf*, ital. *tanfo* ; v.h. allem. *dahs*, probablement pour *thahs*, ital. *tasso*, prov. *tais*, esp. *texon*, franç. *taisson* ; v.h.allem. *tharrjan*, cf. goth. *thaırsan*, prov. franç. *tarir* ; goth. *theihan*, v.h.allem. *dîhan*, ital. *tecchire*, v.franç. *tehir* ; v.nor. *thilia*, franç. *tillac* ; néerl. *drie-stal* (pour *thrie-*), franç. *tréteau* ; goth. *thriskan*, ital. *trescare*, esp. *triscar*, v.franç. *trescher* ; ags. *throsle*, franç. *trâle* ; ags. *thryccan*, ital. *trucco*, esp. *truco*, prov. *truc* ; goth. *thvahl*, ital. *tovaglia*, esp. *toalla*, franç. *touaille* ; v.h.allem. *Dankrât*, ital. *Tancredo*, dans les chartes franques *Tancradus* ; *Thiudburg*, prov. *Tiborc* ; *Diotbalt*, prov. v.franç. *Tibaut* et autres noms propres. Il faut citer comme exception l'ital. *danzare*, etc., du v.h.allem. *danson* (= goth. *thinsan*) ; franç. *drille* s'il dérive du v.h.allem. *drigil* = norois *thräll*. — A l'initiale, où toutes les consonnes ont plus de solidité, on trouve à peine une exception à cette règle, mais à la médiale *d* l'emporte de beaucoup, en partie, comme on peut le penser, sous l'influence du *d* h.allem. *T* persiste, il est vrai, dans le franç. *meurtre* (goth. *máurthr*), *honte* (*háunitha**), dans l'ital. *grinta* (*grimmitha**), mais on trouve partout ailleurs la douce, qui, en français, éprouve l'affaiblissement en *i* ou la syncope : ags. *broth*, v.h.allem. *brod*, ital. *brodo*, franç. *brouet* ; goth. *bruth*, v.h.allem. *brût*, v.franç. *bruy*, franç.mod. *bru* ; ags. *fœhthe*, v.franç. *faide* ; ags. *fedher*, nor. *fidr*, v.h.allem. *fedara*, ital. *federa* ; goth. *guth*, ags. *god*, v.franç. *goi* ; v.nor. *leith-r*, ags. *lâdh*, v.h. allem. *leid*, ital. *laido* ; ags. *væthan*, v.h.allem. *weiden*, fr. *guéder* ; goth. *vithra*, ags. *vidher*, v.h.allem. *wider*, ital. *guider-done* ; goth. *Frithareiks*, v.h.allem. *Fridurîh*, ital. *Federigo*, franç. *Fréderic* ; goth. *Guthafriths*, prov. *Godafrei* GRos. GAlb. 8381, où la voyelle de composition *a* a eu la chance de se maintenir, v.franç. *Godefroi*.

S. — Peu de mots trahissent l'affaiblissement de *s* en *r* : ainsi en prov. v.franç. *irnel* pour *isnel* (*snel*) et sans doute aussi le nom propre ital. *Sirmondo* pour *Sismondo ?* Ce sont de belles formes que les mots prov. *raus*, franç. *roseau* (*raus*, *rôr*), qui montrent encore une *s* gothique en face de l'*r* haut-allemande : de même le mot *besi* (goth. *basi*, néerl. *besie*, all. *beere*) que l'on trouve dans les patois français, ne s'est point laissé enlever son *s*.

SL, SM, SN. Le roman n'a point rejeté ces groupes, inconnus au latin à l'initiale ; seulement il va de soi que l'ouest leur préposa partout un *e*, comme il avait déjà fait pour *st, sc, sp* : ital. *slitta* (*slito*), *smacco* (*smâhi*), *smalto* (*smelz*), *snello* (*snel*) ; esp. *eslinja* (*slinga*), *esmalte* ; franç. *élingue, émail*. Toutefois, *sl* est rarement reproduit dans son intégrité : d'ordinaire le roman intercale *c* entre les deux lettres, comme déjà le fait l'ancien-haut-allemand (*slahan sclahan*), et par imitation sans doute du procédé allemand. Ex. ital. *schiatta* pour *sclatta* (*slahta*), *schiaffo* (*schlappe*), *schiavo* (*sclave* pour *slave*), *schietto* (*sleht*), *schippire* pour *sclippire* (*slipfen*), *sghembo* (*slimb*) ; esp. *esclavo* ; prov. *esclau* (*slâ*), *esclet* ; franç. *esclave*, v.franç. *esclenque* (*slinc*), *esclier* (*slizan*). Dans le franç. *salope* pour *slope*, *semaque* (néerl. *smak*), *senau* (néerl. *snauw*), ainsi que dans *chaloupe* (néerl. *sloep*), *chenapan* (*schnapphahn*), l'initiale complexe a été scindée par l'insertion d'une voyelle. On a un exemple du groupe *sn*, avec l'insertion d'une consonne, dans l'ital. *sgneppa* (*sneppa, schnepfe*).

K. — 1. La forte gutturale, devenue au milieu et à la fin des mots une aspirée dans l'ancien-haut-allemand, n'a point été traitée par le roman de la même manière que la lettre latine correspondante. Tandis que le *c* latin perd sa valeur devant *e* et *i*, la lettre allemande, même devant ces voyelles, persiste comme gutturale. Tandis que l'italien rend par exemple le latin *cilium* (*kilium*) par *ciglio*, il rend l'allem. *kiel* par *chiglia* ; de même le lat. *sçena* (*skena*) est rendu par *scena*, l'allem. *skina* par *schiena*. Enfin une autre différence, c'est que le passage de la forte gutturale à la douce est une règle pour les mots latins (au moins à la médiale), tandis que pour les mots allemands c'est une exception. Tableau :

    Lat.   *c* — rom. *ca, co, cu* (*ga, go, gu*), *ce, ci*.
    Allem. *k* — rom. *ca, co, cu*   *che, chi*.

Mais sur ce point la langue française s'écarte tellement de la règle commune au roman, que nous devons traiter cet idiome séparément. Exemples à l'appui du tableau ci-dessus : init. et méd. it. *camarlingo, scalco, cuffia, schiuma* (*scûm*), *lacca* (*lahha*), *stecco* (*steccho*) ; *chiglia, schiena, schermo* (*schirm*), *stinco* pour *schinco*, *squilla* (*skella*), *ticchio* (*zicki*) ; douce dans *gargo* (*karg*), *brago* (nor. *brâk*), *Federigo*, plus fréquemment à l'init. *kr* : *graffio, grampa, grappa, grattare* (*krazon*), *gremire, greppia* (*kripfa*), *groppo* (*kropf?*). En esp. devant *e* ou *i* : *quilla, esquena, esquila, escalin* (*skilling*), *Fadriquez* ; douce par exemple dans *brigola* (m.h.allem. *brechel*), *Rodrigo* ; de même à l'init. pour *kr* ; *garfio* pour *grafio, grapa, gratar, grupo*. Le portugais et le provençal offrent des exemples analogues.

2. En français, *k* ne reste guttural que devant *o, u* ou une consonne, et à la finale : devant *a, e, i*, il se change d'habitude en *ch* : dans les mots latins, ce son *ch* se restreint au groupe *ca*, parce que, quand *ch* s'est formé, *ce* et *ci* n'avaient déjà plus la même valeur que *ca* ; enfin dans les groupes *co, cu*, la forte a été respectée aussi bien en allemand qu'en latin. Tableau :

    Lat. *c* — franç. *cha, ce, ci, co, cu*.
    Allem. *k* — franç. *cha, che, chi, co, cu*.

Exemples d'abord de *co, cu* (*sko, sku*) : *cuire* arch. (*kohhar koker*), *bacon* (*bacho*), *écope* (suéd. *skopa*), *écore* (ags. *score*), *écot* (fris. *skot*), *écume* (*skûm*) ; de même à la finale *blanc, franc* etc. De *ka, ke, ki* : init. *Charles* (*Karal*), *chouette* (*kauch*), *choisir* (goth. *kausjan*), *échanson* (*skenko* pour *skanko*), *échevin* (*scabinus*), *eschernir* arch. (*skernen*), *eschiele* arch. (*skella*), *échine* (*skina*), *déchirer* (*skerran*) etc. Méd. *anche* (*ancha*), *Archambaud* (*Erchanbald*), *blanche* (*blancha*), *brèche* (*brehha*), *clinche* (*klinke*), *fraîche* (*frisca*), *franche* (*franka*), *hache* (*hacke*), *laîche* (*lisca*), *lécher* (*lecchon*), *marche* (*marcha*), *poche* (ags. *pocca*), *riche* (*rîhhi*), *Richard* (*Richart*), *toucher* (*zuchon*), *tricher* (néerl. *trekken*). Mais il ne manque pas d'exceptions dans le français ancien ou moderne : *écale* (*skal*), *quille* (*kiol*), *esquif* (*skif*) ; *buquer* (néerl. *beuken*), *bouquer* (nor. *bucka*), *braquer* (nor. *brâka*), *caquer* (néerl. *kaaken*), *esclenque* (*slinc*), *esprequer* (néerl. *prikken*), *esquiver* (*skiuhan*), *flaque* (dialect. *vlacke*), *frique* (goth. *frik-s*), *nique* (*nicken*), *plaque* (néerl. *plack*). L'exception atteint principalement les mots d'origine postérieure (c'est-à-dire introduits après la période franque), norois aussi bien que néerlandais, parmi lesquels il faut placer aussi les mots composés avec *-quin*, comme *bouquin, mannequin*. Dans d'autres cas, le français a accordé la préférence à la douce, qui, finalement, se résout aussi en *i* ou s'évanouit : *braguer* arch., *raguer, rogue, brai* (v.nor. *braka, raka, hrôkr,* brâk), *hagard* (v.angl. *hauke*), *Alary* (*Alaricus*), *Aubery* (*Albericus, Alprîh*), *Emery* (*Emerîh*), *Ferry* (*Friderîh*), *Gonthery* (*Gundrîh*), *Henri* (*Heimrîh*), *Olery* (*Uodalrîh*), *Thierry* (*Thiotrîh*) et autres prénoms et noms de famille, cf. Pott, p. 256. A l'initiale, ce fait se produit comme dans les langues sœurs, mais un peu plus rarement; devant *r* dans : *grappin, gratter* etc. ; devant *l* dans *glapir* (*klaffen*), *glouteron* (*klette*), devant une voyelle dans *guingois* (v.nor. *kingr*). — Remarquons encore que *k* final disparaît dans *maréchal, sénéchal*. Il est probable qu'il se produisit aussi une vieille forme franç. *seneschalt senechault* d'où le moy.h.allem. *seneschalt*, de même v.franç. *gerfault* (d'où esp. *girifalte*) pour *gerfalc*. On retrouve également cette conversion de la gutturale sous l'influence d'une liquide précédente dans *haubert* (*halsberc*), v.franç. *herbert* Bert. p. 52 (pour *herberc, herberge*), *Estrabort* (*Strâzburc*), *Lucenbort* (*Luxemburc*), tous mots dans lesquels le *c* avait remplacé un *g* final.

KN. Ce son initial, que le roman ne tolère jamais, et que le latin lui-même connaît à peine, a été dissous par l'insertion d'une voyelle : ainsi dans *lands-knecht*, ital. *lanzichenecco*, esp. *lasquenete*, franç. *lansquenet* ; *kneif*, franç. *canif*, *ganivet*, v.esp. *gañivete* ; *kneipe*, franç. *guenipe* ; *knappsack*, franç. *canapsa*. L'insertion n'était pas inusitée, même en v.h.allem., comme dans *cheneht* pour *chneht*, *chenistet* pour *chnistet*, *chenet* pour *chnet*.

SCH. Ce son du haut-allemand moderne est rendu en roman par le même son ou par un son analogue, par exemple : ital. *ciocco* (*schock*); esp. *chorlo* (*schörl*); franç. *chelme* (*schelm*), *chopper* (*schupfen*).

G. — 1. La douce gothique, qui, en v.h.allem. s'est élevée au *k*, a été très-diversement rendue par les langues romanes et spécialement par le français; car tantôt *g* garde le son guttural, soit comme en latin devant *a, o, u*, soit même, comme le *k* allemand, devant *e, i*; tantôt il se change en une palatale ou une autre gutturale. En italien, *g* reste guttural devant *a, o, u* : *gabella* (ags. *gaful*), *Goffredo* (*Gotfrid*), *gonfalone* (*gundfano*). Devant *e* et *i*, il reste tantôt guttural comme dans *ghiera* (*gêr*), *gherone* et *garone* (*gêre*, fris. *gare*), *aghirone* (*heigiro*), *Gherardo* (*Gêrhard*), *Inghilfredo* (*Engilfrid*); tantôt il devient palatal comme dans *geldra* (*gilde*), *bargello* (*barigildus*), *giga* (*gîge*), *Gerardo, Gerberto, Gertruda, Gismondo* (*Sigismund*), *Engelfredo* à côté de *Inghilfredo*.

Devant *a* dans *giardino* (*garten*), peut-être aussi dans *Gioffredo* = prov. *Jaufré?* Esp. *gabela, albergue; giga, giron* (ital. *gherone*), *jardin, tarja* (franç. *targe*); affaiblissement du *g* dans *desmayar* (*magan*). Prov. *gabela, gonfanon; Gueraut, Guerart; giga, giron, Germonda* (*Germund*), *Giraud, Girart; jardin* et *gardin, tarja, Jausbert* et *Josbert* (*Gauzbert, Gôzbert*), *Jaufré* (*Gauzfrid, Gôzfrit*), *Jauri* (*Gozrîh*); affaiblissement dans *esmayar;* chute dans *Raymbaut* trisyllab. (*Raginbald*). En français et devant toutes les voyelles, la palatale douce est la forme dominante; d'ailleurs l'aspirée francique *ghe, ghi* ne se laissait guère rendre autrement que par ce son. Ex. *jardin, jaser* (nor. *gassi*), *geai* (*gâhi,* voy. mon *Dict. étym.*), *gerbe* (*garba*), *Geoffroi* (*Gaufredus*), *Jaubert* (*Gauzbert*), v.franç. *geude* à côté de *gueude, gigue, giron, Gérard, Giraud* (*Gérold*), *Gerbert, Jombert* à côté de *Gombert* (*Gundobert*); médial *auberge, hoge* arch. (b.lat. *hoga*), *renge* arch. (*hringa*), *targe* (*zarga*); la douce persiste rarement comme dans *gabelle* ou dans *vague* (v.h.allem. *wâg*); elle se mouille dans *haie* (*hag*), v.fr. *esmayer, tarier* (néerl. *targen*). Nous avons étudié sous *C* le groupe final *RG. — NG* final dans le suffixe *ing* perd en français la gutturale, et l'*i* est diversement représenté, cf. *escalin* (*skilling*), *guilledin* (angl. *gelding*), *lorrain* (*lotharing*), *brelan* (*bretling*), *éperlan* (*spierling*); avec addition d'un *d flamand* (*flaming*). V.franç. *lorrenc, brelenc, flamenc.*

2. On remarque des traces de la forte du haut-allemand dans quelques mots comme l'ital. *diffalcare,* esp. *desfalcar,* franç. *défalquer* (*falkan* pour *falgan*); ital. *castaldo,* b.lat *castaldus* (goth. *gastaldan*); esp. *confalon,* pr. v.franç. *confanon* (*gundfanon*); ital. *bica* (*biga*); dialect. *luchina* (*lugina*); esp. *esplinque* (*springa*).

J. — *J* prend à l'initiale la prononciation romane connue : franç. *jangler* (b.allem. *jangelen*), v.franç. *gehir* (*jehan*), ital. *giulivo,* franç. *joli* (v.nor. *jól*). Dans l'intérieur du mot, l'*i* ou le *j* qui appartient au suffixe est exactement traité comme l'*i* latin palatal, et se montre encore vivant dans des cas où le v.h.allem. l'a effacé. Remarquons, en outre, que le *j* roman a parfois sa raison d'être dans l'*i* final du nominatif ou dans un *j* contenu dans le génitif. 1) Après *l, m, n, j* (*i*) persiste : ital. *scaglia,* franç. *écaille* (goth. *skalja*); prov. *gasalha,* portug. *agasalhar,* esp. *agasajar* (v.h.allem. *gasaljo*): la forme espagnole est ici à l'allemand dans le rapport où *hijo* est à *filius*; prov.

gualiar (ags. *dvelian*) ; franç. *hargner* (v.h.all. *harmjan*) ; prov. *bronha*, v.franç. *brunie* (goth. *brunjó*) ; esp. *greña*, prov. *grinhon* (v.h.allem. *grani* plur.) ; ital. *di-grignare* (*grînjan**) ; ital. *guadagnare* etc. (*weidanjan**, cf. mon Dict. étym.); ital. *guaragno*, esp. *guarañon* (*hreino*) ; franç. *mignon* (*minnia*) ; ital. *sogna*, prov. *sonh*, franç. *soin* (b.lat. *sunnis, sunnia*) ; prov. *a-tilhar* (v.sax. *tilian*). Le prov. *fanha* (goth. *fani*, génit. *fanjis*) offre dans le franç. *fange* et l'ital. *fango* deux représentations différentes. 2) Après les autres consonnes, la représentation du *j* est moins régulière. Ital. *boriare* (*burjan*), d'où aussi franç. *bourgeon* ; ital. *storione*, esp. *esturion*, franç. *étourgeon* (*sturjo*). Ital. *liscio*, franç. *lisse* (*lisi?*) ; ital. *bragia*, esp. *brasa*, franç. *braise* (ags. *bräsian*) ; ital. *strosciare* (goth. *ga-drausjan*, cf. *cascio* de *caseus*) ; *crosciare* (goth. *kriustan*). Esp. *sitiar* (v.sax. *sittian?*) ; ital. *guardia* (goth. *vardja*) ; ital. *gaggio*, franç. *gage* (goth. *vadi*, génit. *vadjis*). Ital. *guancia* (*wankja* pour *wanka?*) ; *schiacciare* (*klackjan*) ; *squancio* (*swank*). Ital. *loggia*, franç. *loge* (*laubja*) ; franç. *drageon* (goth. *draibjan*). Ital. *greppia*, franç. *crèche* (*krippea*, c'est-à-dire *kripja*, cf. *appio*, *ache* de *apium*) ; ital. *graffio*, esp. *garfio* (*krapfjo*, pour lequel on trouve seulement *krapfo*). Esp. *ataviar* (goth. *ga-têvjan* ou *taujan*).

H. — Le roman n'ayant pas admis l'aspirée latine, on ne peut *a priori* admettre qu'il ait accordé à l'aspirée allemande une influence considérable. Cette présomption est en général confirmée, mais dans la reproduction des mots allemands il ne pouvait repousser complètement un son qu'à la vérité il avait déjà abandonné, mais qui maintenant s'offrait de nouveau et énergiquement à son oreille. Tous les dialectes romans ne pouvaient, il est vrai, l'employer dans sa vraie forme ; la plupart ont même cherché (quand ils ne l'ont pas laissé périr) à le remplacer par une autre gutturale, procédé qui rappelle en quelque mesure celui du latin dans *galbanum* = grec χαλβάνη, *orca* = ὄρχη. H est inconnue en italien, mais on trouve à l'initiale *g* ou *c* dans *garbo* dialectal (*herb*), *gufo* (*hûvo*), médial dans *agazzare* (*anhetzen*), *aggecchire* (prov. *gequir*), *bagordare* (v.franç. *behorder*), *smacco* (*smâhi*), *taccola* (*tâha*), *tecchire* (v.franç. *tehir*), *taccagno* (*zâhi*). En espagnol, *h* s'efface également, bien qu'on l'écrive d'après l'exemple du français : *hacha, halar, heraldo*. Mais dans le vieil espagnol l'aspirée allemande a été parfois représentée par *f* (comme le *h* ou le *ch* arabe), renversement du procédé en vertu duquel f se résout en une aspirée. C'est que derrière cet f on ne trouve pas une h allemande, mais bien une h française, car les cas se limitent exclusivement à des mots d'origine française : *faca* (*haque*), *faraute* (*héraut*), *fardido* (*hardi*), *fonta* (*honte*), portug. *facha* (*hache*), *farpa* (*harpe*), méd. esp. *bofordar* (*bohorder*). On trouve la douce ou la forte dans *tacaño*, portug. *trigar* (goth. *threihan*), de même prov. *bagordar*, *degun* (*dihein*), *gequir* (*jehan*). Le français a gardé l'aspiration, conséquence de l'influence dominante qu'exerça sur cet idiome la langue allemande. A l'initiale, on trouve cette h sans aucune exception (voy. pour les exemples mon *Dict. étym.*); à la médiale seulement dans les vieux mots *behorder* (de *hürde*), *gehir* (*jehan*), *tehir* (*dîhan*); la douce ou la forte dans : *agacer* (ital. *agazzare*), *taquin*[1].

HL, HN, HR initiaux, par exemple, dans *hlaupan*, *hneivan*, *hrains*, v.h.allem. *hloufan*, *hnîgan*, *hreini*. Que devinrent ces combinaisons dans les langues romanes? Puisqu'à cette place l'aspirée commençait déjà à s'évanouir dans l'ancien-haut-allemand, on peut aisément prévoir quel sort l'attendait dans un domaine linguistique qui répugne à l'aspiration. Le roman lui fait subir les traitements suivants : tantôt, et c'est le cas le plus habituel, il la supprime sans compensation; tantôt il la transforme en l'aspirée labiale f; tantôt enfin, il sépare le groupe par l'insertion d'une voyelle, et dans ce cas h disparaît, sauf dans le domaine français où elle reste debout : la voyelle d'insertion est ici l'a qui est parente de h, et qui s'amincit aussi en e. Nous ne pouvons mieux faire cette fois que de citer comme exemples les formes françaises qui sont les plus fidèles. 1) *HL* : v.h.allem. *hlancha*, franç. *flanc*, ital. *fianco* etc. (voy. toutefois une objection à cette étymologie dans mon *Dict.*); goth. *hlauts*, v.h.allem. *hlôz*, franç. *lot*, ital. *lotto*, esp. *lote* ; v.h. allem. *Hludowic*, franç. *Louis*, d'où l'ital. *Luigi*, esp. *Luis*; *Hludovicia*, franç. *Héloïse*, à ce que suppose Jault. Le goth. *hlaupan* aussi a trouvé accès en roman, toutefois *galoppare* se rapporte vraisemblablement au composé *ga-hlaupan*[2].

---

1. Dans les noms propres, le *ch* francique est naturellement traité comme le χ grec, *Chilperic* est prononcé comme *Schilperic*; on trouve déjà dans *Saint Léger Chielperic* (mais à côté *Baldequi* = *Balthild*), et l'on connaît la forme populaire *Chivert* (*Childebertus*) *Voc. hag.*

2. Dans une charte de Pavie de l'année 840 (Ughell. II, p. 151) on trouve deux fois *Alothartus*; cet *a* n'aurait-il point sa raison d'être dans le h allemand de *Hlothar*?

— 2) *HN* : v.h.allem. *hnapf*, v.franç. *hanap henap*, et avec expulsion de *h* prov. *enap*, ital. *anappo nappo*. Grandgagnage cite une dérivation analogue : le wallon *hanète* (cervix) du v.h. all. *hnack*. Dans le franç. *nique* de *hnicchan*, *h* s'est évanouie.
— 3) On trouve pour *HR* plus de cas où l'aspiration est exprimée : v.h.allem. *hring*, franç. *harangue*, ital. seulement encore *aringa*, esp. *arenga* ; ags. *hriopan*, v.franç. *herupé* LRs. 345, NFC. I, 17, étranger aux autres langues : v.nor. *hros*, norm. *harousse*. Dans les autres cas, *h* s'évanouit devant *r* : par exemple b.lat. *ad-hramire ad-chramire*, pr. v.franç. *a-ramir* ; v.nor. *hreinsa*, franç. *rincer*. Si le v.h.allem. *hreinno* répond à l'ital. *guaragno*, c'est que *gu* ne renvoie point à *h* mais à *w*, dans la forme plus ancienne *warannio* de la Loi Salique (c'est-à-dire *wrainjo*). L'anglais *wrack* a subi le même traitement, c'est-à-dire l'insertion d'une voyelle, dans le franç. *varech*. Mais il faut encore mentionner ici une autre particularité. Dans les mots empruntés au norois (c'est-à-dire postérieurement introduits dans la langue), le groupe *hr* est souvent rendu par *fr*, ce qu'on ne pourrait pas démontrer pour le haut-allemand *hr*, à moins d'alléguer le b.lat. *aframire* pour *ahramire* qui n'a point légué au français de forme *aframir*. Les exemples sont les suivants : *frapper* (v.nor. *hrappa?*), *freux* (*hrôk-r*, cf. *queux* de *cocus*), *frimas* (*hrîm*), *friper* (*hripa*).

HT, groupe médial et final, se change en *t*, parfois en *it* et en provençal aussi bien en *ch* : il correspond donc tout à fait au latin *ct*. Mais on trouve dans les anciennes chartes depuis le VIe siècle *bert* pour *berht, beraht*, qui prouve déjà une syncope allemande, comme dans *Bertoaldus* et autres du même genre. Exemples romans : ital. *otto* (*uohta*), *schiatta* (*slahta*), *schietto* (*sleht*), *guatare guaitare* (*wahten*), *Bertoldo*, *Matilde* (*Mahthilt*), et plusieurs noms propres, ici comme dans les autres dialectes ; de même en esp. *aguaitar*, et à côté *gaita* ; prov. *esclata*, *esclet*, *gaita gacha* ; franç. *fret* (v.h.allem. *frêth*), *guetter*, *mazette* (*mazicht*).

P. — 1. A l'initiale, la labiale forte (v.h.allem. *p, ph, pf*), sauf dans les mots étrangers, est peu employée par les langues germaniques : sa présence à cette place ne peut donc être que rare dans les langues romanes : prov. *pauta*, v.franç. *poe* (*pfote*) ; ital. *pizzicare*, esp. *pizcar*, franç. *pincer* (*pfetzen*) ; franç. *plaque* (néerl. *plak*) ; *poche* (ags. *pocca*) ; *potasse* (*pott-asche*), mot récent ; esp. *polea*, franç. *poulier* (angl.

pull). Le *p* médial et final reste d'ordinaire intact. Ex. : ital. *chiappare* (*klappen*), *lappare* (*lappen*), *rappa* (dial. *rappe*), *arrappare* (b.allem. *rappen*), *stampare* (*stampfen*), *trampolo* (*ge-trampel*), *zeppa* (m.h.allem. *zepfe*). Esp. *arapar, estampar, lapo* (*lappa*), *trepar* (*trap, treppe*). Prov. *guerpir* (goth. *vairpan*), *lepar, arapar, topin* (*topf*), *trampol.* Franç. *clamp* (v.nor. *klampi*), *guerpir* arch., *guiper* arch. (goth. *veipan*), *laper, lippe, nippe* (néerl. *nijpen* verbe), *échoppe* (*schoppen schuppen*), *étamper, escraper* arch. (*schrapen*).

2. Le *f* haut-allemand a laissé en roman des traces nombreuses qui sont particulièrement visibles en italien, comme on pouvait s'y attendre : *çaleffare* (*kläffen*), *ciuffo* (*schopf*), *ag-graffare* (*krapfo krafo*), *ag-gueffare* (*wifan*), *ar-raffare* (*raffen*), lomb. *ramfo*, crampe, spasme (m.h.allem. *ramf*), *ar-riffare* (bav. *riffen*), *ar-ruffare* (*raufen*), *scaffale* (m.h. allem. *schafe*), *scaraffare* (*schrapfen*), *schifo* (*skif*), *staffa* (*stapf*), *tanfo* (*dampf*), *tuffare* (*taufen*), *zuffa* (*ge-zupfe*) et autres mots analogues. Il y en a moins d'exemples en esp. : *a-garrafar* (ital. *aggraffare*), *mofar* (*mupfen*), *rifar, arrufarse, esquife*. Franç. *afre* (*eivar eipar*), *a-grafe, griffer* (*grifan*), *rafler, riffer* arch., *esquif, tiffer* arch. (néerl. *tippen* ; h.allem. *zipfen* ?), *touffe* (ital. *zuffa*) [1].

B. — 1. La douce gothique, que le haut-allemand, dialecte plus dur, a élevée à la forte, et que les langues septentrionales ont le plus souvent remplacée par l'aspirée au milieu et à la fin des mots, reste habituellement intacte dans les emprunts faits par les langues romanes : toutefois le *b* gothique s'adoucit aussi en *v* au milieu des mots, comme le *b* latin : ital. *addobbare* (ags. *dubban*), *forbire* (*vurban*), *rubare, innaverare* (*nabagêr*), *Everardo* (*Eberhard*) ; franç. *adouber* arch., *fourbir, lobe* (*lob*), *dé-rober, écrevisse* (*krebiz*), *étuve* (*stuba*, nor. *stofa*), *graver* (*graban*), *havresac* (allem.mod. *habersack*).

2. Comme dans l'ancien-haut-allemand, on trouve dans plusieurs mots romans la forte pour la douce à l'initiale. Les Francs en étant restés à la douce gothique *b*, le français n'offre aucun

---

[1]. En outre, quelques exemples de *f* romans paraissent reposer sur la prononciation haut-allemande d'un *p* latin : lat. *cupa*, v.h.all. *kuppha*, ital. *cuffia*; lat. *caput*, ital. *caffo*; ital. *cata-palco*, par l'influence allemande *cata-falco* ?

exemple de la forte; les Longobards au contraire favorisant le *p*, l'italien nous présente, la plupart du temps, le changement de la douce en forte : *palla* à côté de *balla* (id. en v.h.allem.), *palco balco* (même forme en v.h.allem.), *pazziare* (*barzjan*), *pécchero* (*pehhar*), *poltrone boldrone* (*polstar bolstar*). Il faut rapporter ici les exemples valaques tels que *pat* lectus (v.h.all. *petti*), *pęhar*, *pildę* (*piladi*), *pleṭ* (*blech*) qui ne sont point, il est vrai, tout à fait sûrs.

F se comporte en espagnol comme l'*f* latin, et comme lui se résout en une aspiration qui n'est plus perceptible aujourd'hui : init. *halda* (*falta*), *hato* (*faza*), *Hernando* à côté de *Fernando* (*Fridnand*)[1]; médial *moho* à côté de *mofo* (*muffen*), cf. aussi *cadahalso* (ital. *catafalco*). *F* final dans le groupe *LF* tombe habituellement en français : ainsi dans *garol garou* (*werwolf*), *Arnoul* (*Arnolf*), *Marcou* (*Markolf*), *Raoul* (*Radulphus*), *Rou* (v.nor. *Hrólfr*), *Thiou* (*Theodulphus*) Voc. hag.

V, W. — 1. Le signe gothique était un *v* simple (gr. υ), le signe de l'ancien-haut-allemand un *v* ou un *u* redoublés, et sa valeur était celle du *w* anglais : *wa*, par exemple, se prononçait *uá* ou peut-être *uwá* avec une labiale fondante. L'organe vocal des Romans n'était guère propre à rendre cette prononciation, quoique les langues romanes possèdent, même à l'initiale, quelques exemples des combinaisons *uá*, *ué*, *ui*, *uó* (franç. *ouate*, esp. *huebra*, franç. *huître,* ital. *uomo*). Les Romans auraient pu introduire là leur *v* comme ils l'ont fait aussi dans certains cas ; mais l'instinct qui les poussait à altérer le moins possible le son étranger les amena à trouver une autre représentation qui parût en conserver plus fidèlement l'essence. C'est la combinaison *gu* (avec un *u* sonore et parfois avec un *u* devenu muet), dans laquelle la gutturale condense et incorpore, pour ainsi dire, l'aspiration flottante du *w* allemand. Toutefois, cette transformation ne fut régulièrement appliquée qu'à l'initiale, place où l'articulation étrangère ressortait avec le plus d'énergie. Au VIII siècle, cette transcription est usuelle dans les chartes des pays romans ; on lit à toutes les pages *Gualtarius, Gualbertus, Guichingo, Guido*. On rencontre également ce *gu* pour *w* dans l'ancienne langue allemande. Paul Diacre (I, 9) rapporte

---

[1]. Des formes anciennes sont *Fredenandiz* (gén.) de l'an 922 *Esp. sagr.* XIV, 384, *Fernandus* de l'an 937 id. XVI, 438, *Fredenandus* de l'an 975 XIV, 413, *Ferdinandus* de l'an 1000. Fœrstemann regarde comme plus simple la dérivation de *fart* (iter), mais elle suppose l'*umlaut* accompli.

que les Lombards auraient prononcé *Gwodan* le mot *Wodan*; on trouve aussi dans leurs chartes *guald* pour *wald*, peut-être par une influence romane, ce qui est admissible puisqu'ils vivaient au milieu des Romans (voy. Grimm, *Gesch. d. d. Sprache* 692, cf. 295). On a remarqué aussi cette représentation du *w* dans d'anciens monuments d'un autre dialecte situé sur les frontières romanes, le dialecte du Bas-Rhin (v. Grimm, *Altd. Gespräche*, p. 16-17)[1]. La chronique d'Isidore a *Gulfilas* pour *Vulfilas*. Mais la présence d'un *gu* dans des cas différents, et spécialement pour remplacer un *ua, ue, ui* non allemand, suffit pour prouver que cette manière d'exprimer le *w* s'appuie sur une disposition romane : pour *huanaco, man-ual, men-uar, av-uelo* l'espagnol prononce en préposant un *g guanaco, man-gual, men-guar, a-güelo*, de même pour *huebra* qui est dans les dialectes *guebra*, et autres semblables. Le provençal fait de *dol-uissem dol-gues*, de *ten-uissem ten-gues*, le napolitain exprime le fr. *oui* par *gui*[2]. Il est vrai que *gu*, correspondant au *v* latin, est également indigène dans le domaine celtique : v.kymr. *guin* = *vinum* ; kymr.mod. *gw* auquel l'anglais *w* lui-même a dû se soumettre : *warrant gwarant, wicket gwiced*. L'analogie est frappante, mais les langues romanes n'appliquent point (ou très-rarement) leur procédé au *v* simple comme fait le kymrique. Il y a beaucoup d'exemples avec *gu* : ainsi en ital. *Gualando* (*Wielant*), *guarire* (*warjan*), *guerra* (*werra*), *Guido* (*Wito*), *guisa* (*wîsa*) ; avec chute de l'*u ghindare* (*winden*), *ghirlanda* (*wiara*), l'un et l'autre venus sans doute du français, mais aussi *gora* (*wuor*); avec chute de l'*i Guglielmo* (*Wilhelm*). De même en esp. dans *guarir, guerra, guisa*, avec *u* muet dans les groupes *gue* et *gui*. Fr. *garnir* (*warnen*), *guerre* etc., toujours avec *u* muet. L'ital. esp. portug. *tregua, tregoa* (*triwa*) constitue l'unique exemple du changement de *w* en *gu* au milieu du mot. Remarquons encore dans les langues du nord-ouest quelques traits dialectaux. C'est ainsi que *ģ* s'est substitué à *gu* dans le prov. *gila* pour *guila* (ags. *vîle*), *gimpla* pour *guimpla* (*wimpel*), et de même dans le v.franç. *gerpir* pour *guerpir* (*werfen*), *gile* pour *guile*, franç.mod. *givre* pour *guivre* (*wipera*), dans le Berry *gêpe* pour *guêpe*. C'est le produit de

---

1. On en trouve un autre exemple dans une charte du Haut-Rhin (726) : *in loco, qui dicitur Gwillestett* (Willstædt) Bréq. n. 325.
2. Ailleurs *gu* est à l'inverse résolu en *w* : wallon *lanwi* (fr. *languir*), *awete* (*aiguille*), v.franç. *ewal* (ital. *eguale*), b.lat. *anwilla* (*anguilla*) *Polypt. Irm.* p. 76.

la confusion du *g* secondaire (né de *w*) avec le *g* primaire ; de même qu'on prononça *Guérard* et *Gérard*, on prononça aussi *guile* et *gile*. En outre, plusieurs dialectes conservent le *w* originaire : par exemple le picard, où *wa, we, wi, wo* sont prononcés comme le franç. *oua, oué, oui, ouo*, ainsi dans *warde* (*garde*), *waide* (*guède*), *were* (*guères*) ; il en est de même en wallon. Mais cette permutation n'est pas étrangère aux dialectes anciens de la Normandie et de la Bourgogne. Il faut citer comme exemples d'une haute antiquité les formes *wanz* (franç. *gants*) dans le *Glossaire de Cassel*, *wardevet* (*gardait*) dans le *Fragment de Valenciennes*.

2. Les dialectes de la Haute-Italie emploient le *v* simple, mais seulement dans des cas isolés, par exemple : piém. *vaire, vaitè* pour *guari, guatare*; comasque et mil. *vaidà, vardà, vindel*; vénit. *vadagno, vardare*. C'est ce qui a généralement lieu en Lorraine, où l'on prononce *vépe, veyen, vrantir* pour *guêpe, re-gain, garantir*. D'anciens manuscrits français mettent aussi *v* pour *w* : ce n'est souvent qu'une négligence des copistes. Mais la langue écrite échange par euphonie *gu* initial avec *v* dans *vacarme, vague, voguer*, pour empêcher deux syllabes successives de commencer par une gutturale. Dans les mots d'origine récente, *v* était seul applicable. Mais au milieu des mots, toutes les langues romanes rendent *w* par *v*; *g* à cette place eût été trop dur. Ainsi dans le vénit. *biavo*, v.esp. *blavo*, prov. fémin. *blava*, masc. *blau*, franç. *bleu* (v.h.allem. *blâw-*); ital. *falbo* pour *falvo*, franç. *fauve* (*falw-*); ital. *garbare*, esp. *garbar* (*garawan*); vén. *garbo* (*harw-*, allem.mod. *herbe*); franç. *have* (ags. *hasva*); esp. *iva*, franç. *if* (*îwa*); ital. *salavo* (*salaw-*); ital. *sparviere* etc. (*spârwari*); franç. *trêve* ; franç. *a-vachir* (*er-weichen*) [1].

3. La résolution du *w* en *ou* ou en *o*, dont on a des exemples de toute antiquité (grec Οὐανδάλος pour *Wandalus*, de même que Οὐοπίσκος pour *Vopiscus*) a laissé quelques traces en fran-

---

[1]. L'esp. *Gonsalvo*, ital. *Consalvo*, prov. *Guossalbo* Chx. IV 300, dans les chartes *Gonsalvus Esp. sagr.* XXVI, 447 (de l'an 844), *Gondesalvius HLang.* I, 99 (de l'an 852) rentre dans ce cas. Mais que signifie ici *salvus ?* Fœrstemann y reconnaît le v.h.allem. *salaw* (noir), mais le sens paraît convenir bien peu à ce composé (*gund* signifie combat). *Gundsalvus* serait-il pour *Gundsarvus* qui aurait alors le sens d'*armement guerrier*, d'*armé en guerre*? il existe un anglo-saxon *gûdh-searo*. *Sarvus* a pu facilement être rapproché du nom propre *Salvus, Salvius* : ce genre d'étymologie populaire est fréquent dans les mots allemands romanisés.

çais. A l'initiale dans *ouest* et dans le v.franç. *ouaiter* (pour *gaiter guetter*); méd. dans les noms propres, comme *Baudouin* (*Baltwin*), *Goudoin* (*Gotwin*), *Hardouin* (*Hartwin*), *Grimoart* (*Grimwart*), v.franç. *Noroec* (*Norvegr*); *w* est autrement traité dans *Bertould* (*Bertwalt*), *Regnault* (*Reginwalt*). Dans les autres langues aussi, la résolution du *w* se limite presque aux noms propres : ital. *mondualdo* (*mundualdus*, *muntwalt*), *Adaloaldo* (*Adalwalt*), *Baldovino* pour *Baldoino*, *Grimoaldo*, *Ardoino*, *Lodovico*, sans *o Grimaldo*, *Bertaldo* à côté de *Bertoldo*, *Rinaldo*; esp. *Noruega*, *Baldovinos*, *Arnaldos*, *Reynaldos*; mais ici *Wallia* (angl. *Wales*) sonne *Ubalia*, de même que l'on trouve dans des chartes wisigothiques des formes telles que *Ubadila*, *Ubaldefredus*. En roumanche, la résolution paraît être régulière et tout-à-fait indigène : à côté de *guault*, *guerra*, *guisa*, *guont* on prononce aussi *uault*, *uerra*, *uisa*, *uonn*, mais *g* peut avoir disparu, fait que mettent en lumière les mots latins tels que *ual* à côté de *agual* (*aquale*), *uila* à côté de *guila* (franç. *aiguille*).

SW est diversement traité. Dans les noms de pays, ital. *Svevia*, *Svezia*, *Svizzeri*, esp. *Suabia*, *Suezia*, *Suiza*, franç. *Souabe*, *Suède*, *Suisse* il est rendu à peu près uniformément. Il n'en est pas de même dans d'autres : *u* = *w* persiste par ex. dans l'esp. *Suero* et *Suarez* (goth. *svêrs*, v.h.allem. *suâri*, allem.mod. *schwer*, voy. ci-dessus p. 284); de même dans le franç. *suinter* (*suizan*), *marsouin* (*meri-suîn*); *w* disparaît comme dans le néerl. *zuster*, angl. *sister* (goth. *svistar*), dans le prov. *Ermessen* (v.h.allem. *Irminsuind*), *Brunessen Brunjasuind*?), aussi *Arsen Chx.* V, 116 (dans des chartes *Arsinde*), *Garcen* (*Garsindis Gersindis Garcendis* et autres mots analogues.

LETTRES ARABES.

La représentation des lettres arabes en roman présente bien des analogies avec celle des lettres allemandes, seulement on ne peut méconnaître que le roman s'est approprié plus fidèlement encore l'élément arabe, et que, par suite, il se l'est plus imparfaitement assimilé, que l'élément allemand; ce qui, d'ailleurs, s'explique facilement par la longue persistance de cette langue dans la péninsule ibérique. Dans les remarques qui vont suivre, nous nous bornerons à donner (autant que cela est permis à quelqu'un qui est étranger en ce domaine) les changements les plus importants des sons arabes en roman. Le petit nombre de mots persans que les Romans ont admis leur est presqu'entièrement arrivé par l'intermédiaire de l'arabe.

L, M, N, R. — Nous retrouvons ici des faits connus. *R*, par exemple, devient *l* dans l'esp. *alquile* (*alkera*), *añafil* (*annafîr*) (où *nn* se mouille également en *ñ*), ainsi que dans *xaloque*, ital. *scilocco* (*schoruq*); il devient *d* dans l'esp. *alarido* (*alarîr,* mais voy. aussi mon *Dict. étym.* II. b.). *N* initiale devient *m* dans l'esp. franç. *marfil* (*nabfîl*). On trouve l'intercalation du *b* au milieu du groupe *mr* dans l'esp. *Alhambra* (*Alhamra*), *zambra* (*zamr*).

T, D. — La représentation des différents sons dentaux est uniforme : *t* (ت), *ṭ* (ث) et *'t* (ط) sont rendus par *t* de même que *d* (د), *ḍ* (ذ), *'d* (ص) sont rendus par *d*; les Romans n'avaient point l'oreille assez délicate pour saisir ces nuances, ou ils ne possédaient aucun moyen d'en marquer la différence. Exemples : ital. esp. *tamarindo,* franç. *tamarin* (*tamar hendî*), esp. *arrate,* portug. *arratel* (*ratl*), portug. *fata* ('*hatta*), esp. *retama* (*ratam*); *tabique* ('*tabîq*), ital. *talismano,* esp. *talisman* ('*telsam*), ital. esp. *tara,* franç. *tare* ('*tarah*), ital. *cotone,* franç. *coton* (*qo'ton*), ital. *matracca,* esp. *matraca* (*ma'traqah*); esp. *dala,* franç. *dalle* (*dalâlah*); esp. *alarde* (*al'ar'd*) etc., *adarve* (*addarb*), *almud* (*almod*). A la médiale, l'espagnol offre cependant quelques exemples d'une prononciation plus douce : *algodon* (= ital. *cotone*), *almadraque* (*alma'tra'h,* prov. *almatrac*), *maravedi* (*marâbe'tin,* prov. *marabotin*).

S, SCH, Z. — Pour *s* (س) les diverses sifflantes sont assez indifféremment employées : cf. ital. esp. *sena,* franç. *séné* (*sanâ*), ital. *zecca,* esp. *zeca* (*sekkah*), ital. *sommaco,* esp. *zumaque* (*sommâq*), ital. *zucchero,* esp. *azúcar* (*sokkar*), esp. *arancel* (*arasel*), portug. *macio* (*masî'h*), esp. *azafate* (*assafa'te*), *azote* (*assau't*), *azucena* (*assûsan*), it. *tazza,* esp. *taza,* franç. *tasse* ('*tassah*). Pour *ç* (ص), ~ est au contraire la représentation habituelle, p. ex.: ital. esp. fr. *zero* (*çi'hron*), esp. *zurron* (*çorrah*), *alcázar,* ital. *cassero* (*qaçr*), esp. *azófar* (*açofr*), *alcance* (*alqanaç*). *Sch* (ش) est ordinairement exprimé en esp. et en portug. par *x,* en ital. par *sci* : ital. *scirocco,* esp. *xaloque,* portug. *xaroco,* franç. *siroc* (*schoruq*), esp. *xaqueca* (*schaqîqah*), *xarifo* (*scharîf*), ital. *sciroppo,* esp. *xarope,* franç. *sirope* (*scharâb*), esp. *oxalá* (*enschá allah*). Voyez sur ce point le *J* espagnol dans la section II. On trouve aussi *ch* comme dans l'esp. *achaque*, port. *achaque* (*aschaki*), portug. *Alcochete* nom de lieu (*Alqaschete*) ; et même les sifflantes pures *c* ou *s* : esp. *albricia* (*albaschârah*), portug. *Alcobaça* nom de lieu (*Alkobascha*), ital. *sorbetto*, esp. *sorbete* (*schorb*). La palatale douce *ǵ* (ج) a été exprimée en ital. par *ǵ*, en port. et en esp. par *j* ; voyez également sur ce point le chapitre du *J* espagnol. Exemples : esp. *jaez*, portug. *jaez* (*ǵahaz*), ital. *giara*, esp. *jarra*, franç. *jarre* (*ǵarrah*), ital. *algebra* etc. (*alǵebr*), esp. *alforja*, portug. *alforge* (*alchorǵ*). Esp. *ch* dans *elche* (*elǵ*). *Z* (ز), sauf de rares exceptions, est également exprimé en roman par *z* : ital. *zafferano*, esp. *azafran*, franç. *safran* (*zâfarân*), esp. *zaranda* (*zarandah*), *zarco* (*zaraq*), ital. *zibibbo* (*zibîb*), esp. *azoque* (*azzaibaq*), ital. *carmesino*, esp. *carmesi*, franç. *cramoisi* (*qermazî*). On trouve même un exemple de la permutation rare du *z* en *ǵ* : ital. *giraffa* etc. (*zarrâfah*).

K, G. — Entre *k* (ك) et *q* (ق), le roman ne fait, comme on le pense bien, aucune différence : il les exprime l'un et l'autre par le *c* guttural. Ce qu'il y a de plus important, c'est que *k*, *q* et *g* devant les voyelles douces restent toujours gutturaux : ital. *meschino* etc. (*meskîn*), esp. *Guadalquivir* (*Vadalkebir*), portug. *Quelfes* nom de lieu (*Kelfes*), *Saquiat* id. (*Saqial*), *regueifa* (*regeifa*). La gutturale douce *ain* (ع), que l'on compare au piémontais *ñ*, paraît à peine avoir laissé quelque trace : on prononce, par exemple, esp. *alarde* (*al'ar'd* ou *alñar'd*), *arroba* (*arrob'a*). Ou bien ce son serait-il contenu dans l'*y* de *atalaya* (*'tal'aah*) ? — On voit par l'ital. *gesmino*, esp. *jasmin* (*jâsamûn*) quel est le traitement du *j*.

CH, H. — On attribue d'ordinaire au *ch* (خ) la valeur de l'esp. *j*. L'espagnol aurait donc pu aisément s'approprier la lettre arabe ; cependant il ne remplace jamais le *ch* arabe par *j*, mais le rend principalement par le son labial *f*, qui s'est changé ensuite en *h* comme l'*f* latin, et environ à la même époque. La prononciation du *ch* arabe et du *j* espagnol n'était donc point la même. En fait, cette contradiction s'explique complètement par la remarque récemment faite que l'aspirée gutturale espagnole avait à l'origine la valeur d'une palatale, et par suite ne pouvait convenablement exprimer la gutturale arabe. De même le portugais exprime le *ch* arabe par *f*, mais ici cette lettre n'a point cédé sa place à l'*h*. Ex. : port. *albafor* (*albachûr*), *alface* (*alchaseh*), esp. *alfange* (*alchanǵar*), portug. *almofada*, esp. *almohada* (*almechaddah*), v.esp.

rafez, plus tard *rahez* (*rachîç*), portug. *safra* (*çachrah*), portug. *tabefe* (*'tabiche*). L'*'h* (ح), qui vaut un *ch* doux, est assujettie au même traitement, de même que *h* (ه), et ici il faut rappeler l'*f* venu de l'*h* française aspirée : port. *fata* (*'hatta*), portug. *forro*, esp. *horro* (*'horr*), portug. *Albufeira* nom de lieu (*Albo'heirah*), esp. *alholba* (*al'holbah*), portug. *almofaça*, esp. *almohaza* (*alme'hassah*), v.esp. *almofalla* (*alma-'hallah*), portug. *bafari*, esp. *bahari* (*ba'hri*), portug. *sáfaro*, esp. *zahareño* (*ça'hrâ*) ; esp. *aljófar* (*algaûhar*), portug. *refem*, esp. *rehen* (*rehân*) et beaucoup d'autres. Le nom du prophète sonne en v.esp. *Mafomat*, plus tard *Mahóma*, v.port. *Mafamede*, ital. *Maometto*, v.franç. *Mahom*, mais prov. *Bafomet*, dont le *f* a été emprunté à l'espagnol, et dont le *b* est peut-être le produit d'une interprétation populaire railleuse, qui a confondu ce nom avec *bafa* (grossier mensonge). Mais on trouve dans *café* (*qahuah*) un *f* commun à toutes les langues romanes. D'ailleurs l'aspirée arabe se laisse parfois aussi supplanter par la forte ou par la douce : ainsi dans l'esp. *alcachofa* (*alcharschufa*), ital. *carrobo*, franç. *caroube*, esp. *garrobo* (*charrûb*), esp. *fasquia* (*fas'-chia*), ital. *magazzino*, esp. *magacen*, franç. *magasin* (*machsan*). Elle s'évanouit dans l'esp. *alazan* (*al'haçan*), ital. *assassino* etc. (*'haschisch*), *zero* (*çi'hron*), portug. *ata* pour *fata*.

B. F. V. — Sur le *b* arabe, il n'y a rien à remarquer si ce n'est qu'il passe à la forte dans plusieurs mots : esp. *julepe*, franç. *julep* (*ǵolab*), ital. *giuppa*, franç. *jupe* (*ǵubbah*), ital. *siroppo* etc. (*scharâb*). — Pour *f*, le seul point qui mérite d'être relevé, c'est qu'il se maintient en espagnol aussi bien qu'ailleurs, c'est-à-dire qu'il n'est pas affaibli en *h* : cf. *faluca* (*folk*), *farda* (*far'd*), *faro* (*fârah*), *fustan* (*fostat*), *alferez* (*alfâres*), *añafil*, *azafate*, *azafran*, *azufaifa* (*azzofaizaf*), *cafre* (*kâfir*), *calafatear* (*qalafa*), *canfora* (*kâfûr*), *cenefa* (*sanifah*), *cifra* (*çifr*), *garrafa*, *girafa*, *marfil*, *xarifo* ; *alhóndiga* (*alfondoq*) est une exception isolée. La raison est facile à découvrir. Quand l'affaiblissement d'*f* en *h* se produisit, l'arabe florissait encore en Espagne (voy. ci-dessous aux *Lettres espagnoles*), et la prononciation vivante empêcha l'altération ; quand la langue arabe eut disparu, la tendance qui poussait à échanger *f* avec *h* avait depuis longtemps perdu sa force, en sorte que la labiale resta intacte. Il n'y a pas de contradiction dans le passage à l'*h* de l'*f* espagnol né de la gutturale aspirée arabe, puisque ce n'était pas un son arabe. — La semi-voyelle *v*, comme le *w* allemand, est rendue régulièrement par *gu*, mais aussi par *v* à l'initiale : esp. *alguacil alvacil* (*vazîr*), *Guadiana* (*Vadiana*, c'est-à-dire *fleuve Ana*), *Guadalaviar* (*Vadelabiar*), *Guadelupe* (*Vadelûb*), ital. *mugavero*, esp. *almogavare* (*almogáver*). Dans un ancien manuscrit espagnol écrit en lettres arabes (voy. de Sacy, dans la *Bibliothek für bibl. Litt.* de Eichhorn VIII, 1), le groupe espagnol *gu* est à l'inverse rendu par *v* (*agua* par *ava*).

SECTION II.

LETTRES ROMANES.

On se propose dans cette section d'étudier, dans chacune des langues romanes, la prononciation, l'histoire (autant qu'il est nécessaire) et la condition étymologique de chaque lettre (au moins dans ses traits importants). Pour les voyelles, ici encore, il s'agit principalement des toniques, mais les atones appelleront souvent aussi notre attention. L'occasion s'offrira souvent de faire entrer en ligne de compte les patois à côté des langues écrites, quand ils contribueront à donner au sujet de l'intérêt ou de la clarté.

Nous conservons en gros l'ordre des consonnes adopté dans la première section. Quant à la classification qui voudrait distinguer sévèrement les spirantes, les aspirées ou les palatales de chaque organe, elle n'aurait que l'apparence d'une méthode scientifique, et ne serait que d'une bien faible valeur pratique, puisque nous n'avons devant nous que des idiomes modernes, dont l'organisme troublé n'a pu revenir à une complète harmonie. Dans la partie espagnole, par exemple, on placerait sous la rubrique des palatales le son unique *ch* qui correspond exactement, pour le son, au *c* italien, mais qui n'a avec lui aucun rapport étymologique. Cette classification ne donnerait donc lieu qu'à des malentendus. Il est d'ailleurs dangereux de séparer le son du signe qui lui appartient par tradition, le *c* palatal, par exemple, du *c* guttural. Il suffira donc de fixer exactement, dans les remarques préliminaires à l'étude des consonnes de chaque langue, le rapport de ces sons aux sons latins, et particulièrement de noter les développements nouveaux.

LETTRES ITALIENNES.

En Italie, une langue nationale s'était formée de bonne heure sous l'action de grands écrivains, et en même temps les traits fondamentaux de l'orthographe s'étaient suffisamment fixés pour ne recevoir plus tard aucune modification importante. Cette sûreté et cette constance de l'orthographe italienne, jointes à la clarté et à la transparence de la langue, facilitent singulièrement l'étude des lettres italiennes. Sans doute quelques lettres admettent différentes prononciations, mais les causes de cette différence sont alors si prochaines qu'il n'est pas besoin de recherches pénibles pour les établir.

VOYELLES SIMPLES.

Ce sont *a*, *e*, *i*, *o*, *u*; *y* est remplacé par *i*. Il n'y a de remarques importantes à faire que sur deux d'entre elles, *e* et *o*.

A

a un son clair et pur, qu'il possède d'ailleurs également dans les autres langues romanes. Il provient partout d'un *a* originaire ; d'un *o* seulement dans *saldo* (*solidus*) et *dama* (*domina*, franç. *dame*) ; de *i* ou de *e* dans *sanza* arch., *sargia* (*serica*), *cornacchia* (*cornicula*), *volpacchio* (*vulpecula*); de *au*, par exemple dans *Pesaro* (*Pisaurum*), de l'*ai* (*ei*) allemand dans plusieurs mots comme *zana* (*zeina*). — *A* a été maintes fois préposé, et peut-être ce procédé a-t-il été suggéré à la langue par des formes doubles, comme *arena* et *rena*, *alena* et *lena*, provenant de la chute d'un *a* étymologique : *alloro* (*laurus*), *ammanto* (*mantelum*), *anari* (*nares*), *aneghittoso* (*neglectus*), *avoltojo* (*vulturius*), à côté de *lauro*, *manto*, *nari*, *neghittoso*.

E

a une valeur double : 1) *E* ouvert, *e aperta, larga*, ainsi nommé parce qu'il faut ouvrir largement la bouche pour le faire entendre, comme dans l'allemand *wegen, leben*. — 2) *E* fermé, *e chiusa, stretta*, qui se prononce en ouvrant moins la bouche, comme notre *legen, heben*. Cette distinction ne concerne que les voyelles accentuées, car les *e* atones sont toujours des *e* fermés. Depuis longtemps les grammairiens italiens se sont efforcés de trouver des règles précises pour distinguer l'*e* ouvert de l'*e* fermé : on sentit même le besoin de venir en aide à l'insuffisance de l'alphabet en créant, pour exprimer cette distinction, une lettre nouvelle. Le célèbre poète et grammairien Trissino proposa d'employer l'ε grec pour exprimer l'*e* ouvert, correspondant à l'ω grec, par lequel il voulait rendre l'*o* ouvert; mais cette proposition fut repoussée par Firenzuola et par d'autres qui regardaient, à bon droit, comme une chose inadmissible l'introduction de lettres grecques dans l'alphabet latin. D'ailleurs cette distinction des deux *e* n'a jamais paru assez essentielle pour qu'on l'étendît à la rime, comme dans le moyen-haut-allemand : on n'est même pas d'accord sur tous les cas. C'est l'étymologie qui fournit la meilleure base pour la distinction. Nous distinguerons ces deux séries d'*e*, comme en français, à l'aide de l'accent grave et de l'accent aigu.

1. L'*e* ouvert provient : 1) d'un *e* latin bref : *dèa, bène, brève, cerèbro, crèma (crĕmor), desidèrio, fèbbre, gèmito, gèlo, gènere, grègge, impèrio, lèpre ; lèvo, mèdico, mèglio, mèle, mèrla, mèro, mèzzo (mĕdius), prèmere, ripètere, tènero, spècchio, vècchio.* Il y a ici quelques exceptions ; telles sont par exemple *éllera (hĕdera), grémbo (grĕmium), ingégno, mérito, nébbia.* — 2) De *e* en position, comme dans *ècco, bèllo, pèlle, fèrro, tèrra, cèssa, prèsso, tèmpo, cènto, dènte, gènte, sèrvo, bèstia, lètto, dilètto, aspètto* ; et en outre dans les suffixes *ello* et *enza : anèllo, asinèllo, castèllo, cervèllo, coltèllo, fratèllo, sorèlla, ucèllo* (parfois *éllo*, car le latin présente aussi le suffixe *illus : agnéllo, capéllo*); *assènza, clemènza, semènza.* Il y a ici un plus grand nombre d'exceptions : on prononce, par exemple, *sélla, stélla, pénna* (peut-être d'après la forme *pinna* ?), *régno, bélva (bellua), témpio, témpra, préndere, véndere, ménte, ménto (mentum, mentior), seménte, péntola, ésca, créscere,* les suffixes *mente, mento : chiaraménte, reggiménto.* On voit que *e*, devant une *n* complexe, tend à prendre la prononciation obscure. — 3) De *ae : Enèa, Ebrèo, Galilèo* (et aussi dans *Maffèi* et dans d'autres noms propres terminés de même, ainsi que dans *Pelèo, Tesèo* et autres semblables), en outre dans *Cèsare, cèsio, cèspite, chèrere, ègro, èmulo, grèco, lèi, colèi, costèi, nèvo, prèda, prèdica, prèsto, prèvio, sècolo, spèra, tèdio.* La diphthongue *ie*, née d'un *a* avec attraction d'un *i*, a pris également cette prononciation : *rivièra (riparia), ciriègio (ceraseus), schièra* (v.h.allem. *scarja*).

2. L'*e* fermé provient : 1) De *i* latin bref, exemples : *bévere, cénere, élce (ilex), légo, méno, néro, nétto, néve, pélo, piégo (plĭco), sécchia (sĭtula), séte, témo, véde, vérde, vétro*. On retrouve aussi cette prononciation dans les suffixes *eccio, eggio* verbe (*ĭco*), *ezza* (*ĭtia*) : *venderéccio, veneréccio, lampéggia, rosséggia, certézza, tristézza*. Il faut en excepter, par exemple, *cétera (cĭthara), ginèpro (juniperus)*. — 2) De *i* en position, comme dans *sécco, quéllo, cénno* (b.lat. *cinnus*), *sénno* (allem. *sinn*), *céppo, gréppia* (allem. *krippe*), *mésso, spésso* (et suivant d'autres *spèsso*), *ésso (ipse), égli, élmo* (goth. *hilms*), *émpio, déntro, férmo, schérmo (schirm), pésce, frésco (frisk), césta, quésto, mézzo (mĭtis), orécchio (aurĭcula)*, ainsi que *fréddo (frĭgidus frigdus)*. Il en est de même des suffixes *esco, essa, etto*, par exemple : *pittorésco, tedésco, duchéssa, principéssa, animalétto, parolétta*. Mais cette règle ne manque pas non plus d'exceptions : *véllo (villus), fèndere, assènzio (absinthium), mèscere, dèsco, rèsta (arista)* et beaucoup d'autres. — 3) De *e* long : *aléna, aréna, avéna, céra, chéto (quietus), débole, détt' (dēbitum), fémina, légge (lēgem), méco, mése, péso, rémo, réte, séme, séra, véla, venéno, véro*; les suffixes *ere, ese (ensis, ēsis), eto* : *avére, vedére, cortése, palése, francése, genovése, arboréto, cerréto*. Quelques-uns de ces mots ont un *e* ouvert : *blasfèmo, cèdere, estrèmo, glèba, monastèro, pèggio, règola, sède, spèro, querèla, tutèla* (mais cependant *candèla*); dans *piéno (plenus), fiévole (flebilis), quiéto* la diphthongue *ie* a donné naissance à un *e* ouvert. — A l'*e* fermé italien correspond en Piémont la diphthongue *ei* : *beive (bévere), peil (pélo), peis (péso), steila (stélla)*.

D'ordinaire on donne à l'*e* final une prononciation fermée sans avoir égard à l'étymologie, ainsi dans *é (et), ché, né* (lat. *inde*), *lé, mé, té, sé, cé, vé, tré, fé, ré, mercé, poté, vendé*; mais l'*e* final est ouvert dans *è (est), nè (nec), mè' (meglio), tè' (tieni)* et même dans *oimè*. La prononciation des flexions verbales ayant pu subir encore d'autres influences que les influences étymologiques, nous donnons séparément ces syllabes de flexion : *éte, éva, éi, ètti, émmo, éssi, rèi, èndo, ènte*, comme dans *credéte, credéva, credévi, credéi, credé* (et de même aussi dans l'*e* radical du parfait, comme dans *ténne, prése* etc.), *credètti, credèttero, credémmo, godérono, credéssi, credéssimo, crederèi, crederèsti, crederèbbe, crederèmmo, credèndo, dormènte*.

Souvent, et alors presque toujours d'accord avec l'étymologie, la langue italienne varie la prononciation de la voyelle pour différencier les homonymes, par exemple : *bèi* (*belli*) et *béi* (*bibis*), *cèra* (franç. *chère*) et *céra* (l. *cera*), *dèssi* (*debet se*) et *déssi* (*dedissem*), *èsca* (*exeat*) et *ésca* (*esca*), *lègge* (*legit*) et *légge* (*legem*), *lètto* (*lectus* de *legere*) et *létto* (subst. *lectus*), *mèzzo* (*medius*) et *mézzo* (*mitis*), *pèsca* (*persica*) et *pésca* (*piscatur*), *tèma* (*thema*) et *téma* subst. (*timere*), *vèna* (*avena*) et *véna* (*vena*), *vènti* (*venti*) et *rénti* (*viginti*), *mèndo* (réparation) et *méndo* (défaut), l'un et l'autre de *mendum*.

La double nature de l'*e* en italien a-t-elle déjà une base dans la prononciation latine ancienne? Il est bien dangereux d'émettre sur ce point même une simple hypothèse. On peut dire seulement que dans la prononciation de l'*e* ouvert, au moins lorsque cet *e* a remplacé le latin *ae*, on reconnaît encore cette diphthongue antique qui doit avoir graduellement dégénéré en *ä*. Il est vrai que l'italien a donné à l'*ē* latin une prononciation fermée, et si l'on considère que les Latins échangeaient fréquemment *ē* avec *ae* (*fēnus faenus*, *glēba glaeba*, *sēta saeta*, *tēda taeda*) et que cet échange permet de conclure à l'identité ou du moins à la parenté tout à fait étroite des deux sons, il semble qu'il y ait une contradiction dans cette prononciation. On ne pouvait, il est vrai, maintenir dans leur intégrité les sons latins après avoir abandonné la prosodie antique : on a suppléé à la différenciation résultant de la quantité en diversifiant les sons.

Dans quelques cas, *e* provient aussi d'autres voyelles, par exemple de *a* dans *melo* (*malum*), p. 136, de *o* dans *sottecco* (pour *sottocchio*), de *u* dans *chieppa* (*clupea*).

I

provient : 1) De *i* long, fréquemment aussi, surtout à l'antépénultième, de *i* bref : *fine*, *viso*, *liquido*, *vermiglio*. — 2) Rarement de *e* long ou bref, comme dans *sarracino*, *mio*. — 3) De *l* mouillée : *fiamma*, *pieno*, *fiore*, *fiume*, *orecchio*, *doppio*. Dans ce groupe, les patois transforment *i* = *j* en un son chuintant, voy. p. 195. — Sur le remplacement à la fin des mots de *i* par *j*, voy. à cette dernière lettre.

O.

Cette voyelle partage le sort de l'*e* ; comme lui, elle est susceptible d'une double prononciation, résultant, ici aussi, du plus ou moins d'ouverture de la bouche. On distingue l'o en : 1) o ouvert, *aperto, largo;* 2) o fermé, *chiuso, stretto*, qui se rapproche beaucoup de l'*u*. Tout o atone est un o fermé. A la rime, l'italien ne fait, ici non plus, aucune distinction entre ces deux séries d'o.

1. L'*o* ouvert a son origine : 1) Dans l'*o* bref, comme *bòve, cattòlico, chiòma (còma), còfano, còllera, còro, dòglia, fòglio, lemòsina, mòdo, nòve, òdio, òggi, òpera, pòpolo, ròsa, sòglio (sŏlium), stòmaco*; suffixe *olo* dans *febbricciòla* etc. Il faut en excepter *cónte (cŏmitem), dimóro (demŏror*, mais ce dernier cas n'est point une vraie exception, puisqu'ici il y a en même temps déplacement de l'accent). — 2) Dans l'*o* en position, comme *fiòcco, stòcco, fòlle, mòlle, cògliere, fòssa, gròsso, dònna, pòndo, tòndere, òrbo, còrda, fòrte, òrto, sòrte, òrzo, dòtto*; suffixe *otto: cappòtto, casòtta, galeòtto*. Les exceptions, qui sont loin d'être rares, se produisent particulièrement devant une *n* complexe : *cólle, sógno, sónno* (et non *sògno, sònno), ógni, cómpro, fónte, frónda, nascóndere, frónte, mónte, pónte, cónto, prónto, órca, órdine, fórma* (mais *nòrma*), *órno, tórno, fórse, conósco* etc. — 3) Dans la diphthongue *au*, exemples : *ò (aut), chiòstro, còsa, fòce, fròde, giòja (gaudium), lòde, òro, pòco, pòsa, pòvero, tesòro, tòro, òca* (prov. *auca*), *gòta (gauta), fòla (faula fabula), sòma (sauma), chiòdo chiòvo (clau clavus), Pò (Padus Pa'us), lòggia* (all. *laube*), *sòro* (v.h.all. *sauren* verbe).

2. L'*o* fermé provient : 1) de *u* bref : *cóva (cŭbare), cróce, dóge (dŭcem), giógo, gióvane, góla, gómito, lóva, móglie, nóce, ómero, pózzo, rógo (rŭbus), rozzo, sópra*. Il y a plusieurs exceptions, comme *dòtta* (de *dŭbitare), fòlaga (fŭlica), piòggia (plŭvia)*. — 2) De *u* ou *y* en position : *bócca, tócco* (v.h.all. *zucchan), bólla, póllo, bórra, córro, rósso, ghiótto, dólce, zólfo, fólgore, cólmo, cólpa, vólpe, mólto, pólta, pólvere, tómba, lómbo, piómbo, ómbra, rómpo, trónco, spelónca, ónda, ónde, fóndo, tóndo, giocóndo, lónza, órcio, sordo, tórdo, bórgo, giórno, tórno, órso, tórso (thyrsus), bórsa, lósco, mósca, sótto*. Au contraire, *o* est ouvert dans : *fòlla* (de *fullo), tròppo* (b.lat. *truppus), gòtto, sòffice, cròsta, fiòtto, lòtta, gròtta (crypta), nòzze* et beaucoup d'autres. — 3) De même que *e* fermé vient de *e* long, de même *o* fermé devrait venir de *o* long ; c'est le cas,

en effet, dans les suffixes importants *one*, *ore*, *ojo* (*ōrius*), *oso*, par exemple *cagióne*, *ragióne*, *rettóre*, *flóre*, *onóre*, *pensatójo*, *lavatójo*, *rasójo*, *glorióso*, et dans beaucoup de mots isolés, comme *coróna*, *dóno*, *móstro* (*monstrare* *mŏstrare*), *nóbile*, *nón*, *pómo*, *pónere*, *Róma*, *vóce*, *vóto*. Toutefois, nous avons autant d'exemples dans lesquels la voyelle prend le son ouvert, même dans le suffixe *orio* identique avec *ojo*, par exemple : *bravatòrio*, *purgatòrio*, *glòria*, *vittòria*, de même dans *decòro*, *sonòro*, *atròce*, *bòja*, *Bològna*, *còte*, *dòsso* (*dorsum dōsum*), *dòte*, *mòro*, *nòdo*, *nòme*, *nòno*, *òra*, *òrlo* (*ōrula* *), *piòppo* (*pōpulus*), *pròno*, *sòlo*, *sòle*, *tròja*. — Le passage de l'*o* fermé à *u* est fréquent en ancien italien, ainsi dans *dimura*, *nascuso*, *persuna*, voy. Blanc p. 51, et maintenant encore dans les dialectes : sicilien *amuri*.

A la finale, l'*o* se prononce ouvert, contrairement à l'*e* dans la même position : *mò* (*modo*), *nò*, *ciò*, *hò*, *dò*, *fò*, *sò*, *stò*, *vò*, *vò'* (*voglio*), *tò'* (*togli*), *cò'* (*cogli*), *cò* (*capo*), *prò* (*prode*) ; dans la flexion verbale : *cantò*, *canterò*.

Ici aussi nous rencontrons de nombreux homonymes que distingue la prononciation, par exemple : *còlto* (*collectus*) et *cólto* (*cultus*), *cóppa* (*kopf*) et *còppa* (*cuppa*), *còrso* rue et *córso* course (tous les deux de *cursus*), *fòro* (*förum*) et *fóro* verbe (*fŏro*), *fòsse* (*fossae*) et *fósse* (*fuisset*), *lòto* (*lŏtus*) et *lóto* (*lŭtum*), *nòce* (*nŏcet*) et *nóce* (*nŭcem*), *òra* (*aura*) et *óra* (*hōra*), *ròcca* (franç. *roche*) et *rócca* (v.h.allem. *rocco*), *sòrta* (*sors*) et *sórta* (*surrecta*), *tòrre* (*tollere*) et *tórre* (*turris*), *vòlto* (*volutus*) et *vólto* (*vultus*).

U

correspond : 1) dans la plupart des cas à *u* long, et aussi à *u* bref à l'antépénultième : *duro*, *lume*, *bruno* (v.h.allem. *brûn*), *cupido*, *umile*, *rustico*. — 2) rarement à *o*, soit long soit bref, comme dans *tutto*, *lungo*. — Dans les dialectes de la Haute-Italie, *u* a le son de *ü*, par exemple : *cüra*, *lünna* (*luna*), *büff*, *büdell*, *cürt* ; beaucoup de ces dialectes, comme le milanais, par exemple, dans lesquels l'*u* ne s'est point reformé par l'altération d'autres voyelles, ont perdu complètement ce son.

DIPHTHONGUES.

Il n'est pas plus aisé en italien que dans les autres langues romanes de déterminer nettement les diphthongues au milieu des combinaisons de voyelles ; c'est ce qui explique qu'on soit si peu d'accord sur leur nombre : Giambullari, par exemple, admet seulement cinq diphthongues, L. Dolce sept, et Salviati n'en veut pas moins de quarante-neuf. Il y a bon nombre de grammairiens qui ne reconnaissent point les combinaisons initiales avec *i* ou *u* comme des diphthongues, parce que ces lettres sont pour eux des consonnes et non pas des voyelles : *bianco* est, selon eux = *bjanco*, *guarda* = *gvarda*. Il est vrai que dans ces combinaisons, l'*i*, appuyé à une consonne, se rapproche assez du *j*, l'*u* du *v*, de sorte qu'il ne se produit que des diphthongues imparfaites, aussi une double consonne peut-elle les suivre comme dans *dienno*, *fiamma*, *quello*, *guerra*. Pour ce qui est de *i*, on peut l'admettre sans réserves, et *ieri* s'écrit aussi bien *jeri*; quant à *uo* provenant de *o*, il fait entendre une vraie diphthongue : *uomo*, *buono*, *luogo* n'ont pas le même son que *vomo*, *bvomo*, *lvogo*. D'autres grammairiens ne voient pas non plus de diphthongue dans *lei*, *sei* (*sex*), *poi*, *cui*, *lui*, qui proviennent de diphthongues ou de voyelles simples latines, parce que, à la fin du vers, les poètes les emploient comme disyllabes. Beaucoup de combinaisons ne sont comptées comme monosyllabiques que par synérèse : *ai* dans *rai*, *amai*, *ea* dans *beato*, *ei* dans *direi*, *tartarei*, *eo* dans *idoneo*, *ia* dans *viaggio*, *cristiano*, *gloria*, *ie* dans *grazie*, *io* dans *viola*, *passione*, *nazione*, *glorioso*, *premio*, *uo* dans *virtuoso*, *continuo*. Il faut particulièrement se garder de voir dans *soave* et *mansueto* des diphthongues; chez les poètes, le premier compte toujours pour trois, le second pour quatre syllabes.

Les grammairiens italiens divisent les diphthongues en étendues (*distesi*) et contractées (*raccolti*); dans celles-là la voix appuie sur la première, dans celles-ci sur la seconde voyelle. Voici (avec quelques exemples ajoutés entre parenthèses) le tableau dressé par Buommattei (p. 68, *ed. di Ver.* 1744), dont le système ne va trop loin dans aucun sens : *AE*, *ÁI*, *ÁO*, *ÁU*; *ÉE*, *ÉI*, *ÉO*, *ÉU*; *ÓI*, *ÚI*; *EÁ*; *IÁ*, *IÉ*, *IÓ*, *IÚ*; *UÁ*, *UÉ*, *UI*, *UÓ*. Exemples : *aere*, *traere*, *ai* pour *alli*, *maisi* (*crai*, *laido*), *Paolo*, *aurora*; *veemente* (mais deux voyelles semblables ne font jamais une véritable diphthongue), *ei*, *mei* (mieux *lei*, *sei* de *sex*), *Eolo*, *Europa*, *feudo* (*neutro*, *reuma*); *oimè* (*noi*, *voi*, *poi*, *poichè*), *altrui*, *colui* (*lui*, *cui*); *Borea*; *fiato*, *piano*, *piego* (*quieto*, *pieno*), *piovere*, *schiuma*; *guasto*, *guado*, *quando*, *quesito*, *guerra*, *guisa* (*qui*), *tuono* (*quotidiano*). On peut toutefois en ajouter d'autres encore, comme Buommattei l'accorde lui-même. — Quelques-unes d'entre ces combinaisons appellent ici quelques remarques.

AU,

qui n'est point tout à fait l'*au* allemand, mais qui se prononce en appuyant un peu sur *u*, vient : 1) de la même diphthongue latine et n'est souvent usité que dans des formes doubles réservées au style élevé. — 2) de *al* dans les écrivains anciens (p. 192) et encore à présent dans les dialectes, comme en sicilien *autu* (*alto*), *cauciu* (*calcio*), *addauru* (*alloro*); napol. *baozano* (*balzano*). Il est curieux qu'une intercalation sépare quelquefois les deux éléments de cette combinaison : à Rome on dit, par ex., *Lávura* pour *Laura*, *Pávolo* pour *Paolo* (Fernow, § 36) ; à Naples, *cávodo* pour *caodo* (*caldo*), *ávotra* pour *aotra* (*altra*), et même la langue écrite a dilaté *caulis* en *cávolo*, comme *naulum* en *návolo*.

IE.

Cette diphthongue si usitée provient : 1) du latin *i-e*, par synérèse, comme dans *pietà*, *medietà*, *Oriente*, *paziente*, *quoziente*. — 2) Elle est l'expression propre de l'*e* bref latin : *fiero*, *piè* etc. — 3) Elle répond à l'*ae* ou *a-i* : *cielo*, *lieto*, *primiero* (*-arius*, *-air*). Rarement à l'*e* long. — La seconde voyelle de cette diphthongue se prononce ouverte, excepté dans *piè*, où elle se prononce fermée. — Tous les dialectes n'aiment pas cette diphthongue, beaucoup préfèrent la voyelle simple ; le napolitain, au contraire, l'emploie même pour l'*e* en position, comme l'espagnol, par ex. dans *capiello*, *castiello*, *pierde*, *viene*.

UO,

qu'on doit prononcer avec *o* ouvert, est le produit de la diphthongaison de l'*o* bref latin : *buono*, *nuovo* ; il provient rarement de l'*u* bref. — Les dialectes préfèrent ici la voyelle simple (*o*), tandis que le napolitain emploie *uo* pour l'*o* en position, comme l'esp. *ue* : *puorco*, *puojo* (*poggio*), *tuosto*. Remarquons encore que les dialectes de la Haute-Italie remplacent l'*uo* et l'*o* italiens par une syllabe qui rappelle l'*eu* français : milan. *foeura* (*fuora*), *coeur* (*cuore*), *scoeud* (*scuotere*), *pioeuv* (*piovere*), *goeubb* (*gobbo*); piém. *feu* (*fuoco*), *pieuve* (*piovere*).

Quant aux triphthongues, les uns admettent leur existence, les autres la contestent. Buommattei en voit dans *vuoi*, *miei*, et même dans l'interjection *eia*. Mais il est peu admissible que dans les deux premiers exemples la voyelle de flexion *i* se perde dans une diphthongue ; quant à *eia*, il est évidemment disyllabique. De même *mariuolo* se divise ainsi : *mari-uolo*. Sur ce point, voyez, avec plus de détails précis, Fernow § 41, Blanc p. 77.

CONSONNES.

L'italien possède toutes les consonnes latines, à l'exception de l'*x*; *ch* aussi lui est resté, mais comme forte; *rh* est représenté par *r*, *th* par *t*, *ph* par *f* : *Reno*, *teologia*, *filosofia*; *gh* est nouveau. Il y a trois sifflantes : *sć*, *ć* et *ǵ*. Les dialectes seuls présentent une aspirée dentale et gutturale.

Un trait important du système phonétique de cette langue, c'est qu'aucune consonne n'est tolérée à la finale : ou bien elle disparaît (*ama* de *amat*), ou bien une voyelle vient s'y ajouter (*aman-o* de *mant*). Sont seules exceptées de cette règle les liquides *l*, *n*, *r* dans *il*, *con*, *non*, *per*, qui peuvent aussi affecter les formes *lo*, *co*, *no*, *pe*. C'est ainsi que se comportent les mots en tant qu'individus isolés; nous verrons à la fin de la syntaxe à quelles conditions la voyelle finale peut s'élider dans le discours suivi. Les noms propres classiques sont traités comme des noms communs. Les noms bibliques conservent quelquefois leur consonne finale (*David Davidde*, *Judit Giuditta*). Les noms modernes de personnes, quand ils ne sont point connus sous une forme latinisée (*Cartesius*, d'où *Cartesio*, et aussi *Eulero*, *Keplero*, *Leibnizio*, *Wolfio*) restent d'habitude intacts (*d'Alembert*, *Schiller*, *Smith*, *Walter Scott*). — Nous avons déjà vu dans l'introduction que les dialectes de la Haute-Italie n'ont pas, comme la langue écrite, cette aversion pour les consonnes finales.

L'italien aime tout particulièrement la *gémination*, même en dehors des cas d'assimilation. D'après les préceptes des anciens grammairiens romains, elle n'est permise qu'après les voyelles brèves, parce qu'après les longues on ne peut pas la faire entendre. Ici aussi, la gémination indique la brièveté de la voyelle, car *fatto* a l'*a* plus bref que *fato*, et ce fait peut se présenter tantôt dans des mots simples comme *dubbio*, tantôt dans des enclitiques comme *dammi*, tantôt dans des composés, comme *giammai*, *dabbene*. Nous renvoyons les cas d'enclise à l'étude de la flexion, et les cas de composition à l'étude de la formation des mots. Nous nous occupons de la gémination seulement dans les mots simples, et nous passerons encore ici sous silence, du moins en général, son rôle dans la conjugaison, rôle qui est considérable (*volle*, *tenne*, *vedde*, *seppe*, *ebbe*, *bevve* etc.). L'italien aime surtout à redoubler les labiales *m*, *p* et *b*, par ex. *femmina*, *appo*, *fabbro*, voy. dans la première section. Avec *f*, ce redoublement est plus rare parce que cette lettre se présente plus rarement à la médiale : on dit par exemple *Affrica, zeffiro, zafferano*. Le redoublement du *v* est habituellement *bb* : *conobbi, crebbi*. Parmi les autres lettres, *l, t, d, c* se redoublent également dans quelques cas : *allegro, collera, scellerato, tutto, cattedra, legittimo, cattolico, Soddoma, macchina, impiccare* (*pix*), *accademico*; *n, r, s* jamais. Très-souvent on redouble la consonne devant *i* atone suivi d'une voyelle, ce qui donne à *i* la valeur de *j*; il en résulte que la voyelle de la syllabe qui précède, se trouvant pour ainsi dire en position, prend une prononciation plus forte. Ici encore les exemples sont surtout nombreux après *m, p* et *b* : *bestemmia, lammia, mummia, scimmia, vendemmia, appio, sappia, abbia, bibbia, dubbio, labbia, rabbia, rubbio, scabbia, gabbia* (*cavea*), *Gubbio* (*Iguvium*). Toutefois on dit avec une consonne simple *infamia, nimio, premio, copia, propio, tibia*. Quand *i* est décidément consonnifié, les consonnes originaires *c, g, t* (s'il devient *z*), *d, p, b* sont géminées, comme dans *ghiaccio, liccio, luccio, veccia* (*vicia*), *faggio, piaggia, pozzo, prezzo, raggio, inveggia, piccione, approcciare, aggia, deggio, gaggia, pioggia*; il en est de même de *j* quand il devient palatale douce, comme dans *maggio, maggiore, peggio, raggia* (*raja*)[1]. Quelques mots isolés, comme *Grecia, crociare, beneficio, litigio*, échappent à cette règle. Il n'y a pas de redoublement lorsque *gi* ou *ci* proviennent de *ti* ou *si* comme dans *palagio, pregio, stagione, Ambrogio, fagiuolo, bacio, cacio*. Lorsque *i* représente *l*, le redoublement a lieu sans exception, parce qu'une position décidée (*oculus oclus*) a précédé : on dit alors *occhio, stregghia, doppio, nebbia*. Il en est de même de *g* provenant de *tc, dc*, comme dans *selvaggio, giuggiare*. Jamais *g* ne se redouble dans les combinaisons *gl, gn*; *j* non plus. Dans

---

1. De même dans l'anc.h.allem., suivant la remarque de Grimm, la consonne suivie d'un *i* dérivatif se redouble et l'*i* tombe, p. ex.: *sippa* de *sibja, brunna* de *brunja, sellan* de *saljan, welti* de *vadi, wrehho* de *vrakja*, Gramm. I, 123, 148, 167, 192. Mais ici la brièveté de la voyelle, qui amène le redoublement, est originaire et n'est pas occasionnée par l'*i*. L'ancien saxon se rapproche ici davantage de l'italien, en ce qu'il conserve d'ordinaire le *j* dérivé (*i, e*) : *selljan, frummjan, minnja, merrjan, hebbjan, sittjan, settean, biddjan, beddi, cussjan, wrekkjo, 'huggjan*. Comparez encore le redoublement osque devant *i* suivi d'une voyelle, pour faire ressortir la brièveté de la voyelle qui précède, comme dans *akudunniad, tribarakkiuf*.

les patois, la gémination est encore plus active que dans la langue écrite.

Pour ce qui est des consonnes multiples, on trouve à l'initiale une muette avec r ou l, c'est-à-dire les combinaisons *TR, DR, CR, GR, PR, BR, CL, GL, PL, BL* ; *GN* et *PN* s'écrivent (*gnocco, pneuma*), mais se prononcent de telle manière que g exprime seulement le mouillement de n et que p devient muet. La muette avec s, *PS* s'écrit bien dans quelques mots, comme *psicologia*, mais p ne se prononce pas. On trouve de même une muette avec une muette dans *PT, BD* (*ptialismo, bdellio*), une liquide avec une liquide dans *MN* (*Mnemosine*). On trouve aussi les groupes *FR, FL*. Mais la spirante s tolère après elle toute consonne, simple ou multiple, à l'exception de z et j, et même r et g, de là les combinaisons *SL, SM, SN, SR, ST, SD, SCH, Sć, SGH, Sǵ, SP, SB, SF, SV, STR, SDR, SCR, SGR, SPR, SBR, SFR, SCL, SPL, SFL* : *slitta, smalto, snodare, sradicare, stella, sdegno, scherro, scimmia, sgannare, sgelare spallo, sbalzo, sfidare, svellere, stretto, sdrajare, scredere, sgranare, sprezzare, sbranare, sfrenare, sclamare, splendore, sflagellare*; *SGL, SBL* manquent par hasard. La médiale tolère la combinaison de la muette avec la liquide, mais seulement dans les cas où l'initiale la tolère, cependant *GL* semble ne se présenter que dans les composés (*con-glutinare, bu-glossa*). Les combinaisons d'une muette avec une aspirée, pas plus que celles d'une muette avec une muette, ne sont italiennes. Il en est autrement de s avec une consonne, quelle qu'elle soit, comme à l'initiale. *FL, FR* et la combinaison *VR* qui n'est pas latine sont tout aussi usitées (voy. au *V*). Une liquide se trouve fréquemment auprès d'une spirante ou d'une muette, quand les deux lettres sont syllabiquement séparées; il n'y a pas besoin d'en donner d'exemples. On trouve même *NF* (*ninfa*) et aussi, dans l'enclise, *MV* (*andiamvi*), ainsi que *MT* (*aspettiam-ti*); *MS, MF, MD, MC* (*c* guttural) manquent. On rencontre une liquide avec une liquide dans *LM, LN, NR* (*Enrico, onrato*), *RL* (*perla*), *RM, RN*. En enclise *ML, MN, NL, NM* se rencontrent aussi : *udiam-lo, prendiam-ne, han-lo, fan-mi*. *LR* et *MR* tombent.

L. M. N. R.

Elles s'emploient quelquefois l'une pour l'autre. Par exemple, l naît de n dans *Bologna*; de r dans *celebro* (*cerebrum*); et aussi de d dans *caluco*. N naît de l dans *filomena*; de m

initiale dans *nespolo*, médiale dans *conte*, *ninfa* etc., finale, par exemple, dans *con* (*cum*), *amian* (pour *amiamo*). *R* vient de *l* surtout dans les dialectes, par exemple en milan. *pures* (ital. *pulce*), *fir* (*filo*), romain *urtimo* (*ultimo*), sicil. *curpa* (*colpa*), sarde *borta* (*volta*); de *d* dans *mirolla* (*medulla*), napol. *rorere* (*rodere*), *rurece* (*dodici*). *M* prend la place de *b* dans quelques mots comme *gómito*.

L est souvent intercalée, puis remplacée par *i*, surtout après *c* ou *f*, comme dans *chioma* (*coma*), *inchiostro*, *fiaccola* (*facula*), *fiavo* (*favus?*), *fiocina* (*fuscina*), *rifiutare* (*refutare*), *schiuma* (anc.h.allem. *scûm*). *M* dans *Campidoglio* (*Capitolium*), *imbriaco* (*ebriacus*), *lambrusca* (*labr.*), *strambo* (*strabus*), *vampo* (*vapor*). *N* dans *Brentino* (*Bretina*), *lontra* (*lutra*), *Ofanto* (*Aufidum*), *santoreggia* (*satureja*), *Vicenza* (originairement *Vicetia*, mais aussi déjà chez les anciens *Vicentia*), *randello* (allem. *rädel*), *rendere* (*redd.*), *ansimare* (*asthma*), *Sansogna* (*Saxonia*), *fangotto* (au lieu de *fagotto*), *marangone* (*mergus*), *inverno* (*hibernum*). *R* dans *brettonica*, *fronda* (*funda*), *frustagno* (pour *fust.*), *tronare* (*tonare*), *anatra* (*anatem*), *balestra* (*balista*), *celestro* (*caelestis*), *feltro* (angl.sax. *filt*), *geldra* (b.lat. *gelda*), *giostra* (*juxta*), *inchiostro*, *scheletro* (σκελετός), *scientre*, *Spalatro* (*Spalatum*), *spranja* (allem. *spange*), *vetrice* (*vitex*). Sur la préposition de *l*, voy. p. 189; on trouve des exemples de préposition de *n* dans *nabisso*, *ninferno*, *naspo* (*haspel*, proprement du verbe *inaspare*). Dans la première section, il a été question de la transposition des deux liquides *l* et *r*.

M et *n*, dans la langue littéraire, se sont maintenues pures de toute infection nasale dans le sens du français. Il n'en est pas de même de *n* dans les dialectes. Ainsi *n* finale se prononce absolument comme en français dans le Milanais et en général dans la plus grande partie de la Lombardie jusqu'à Bologne, et encore dans une partie de la Romagne : *pan*, *men*, *vin*, *bon*, *nissun* se prononcent comme le franç. *milan*, *bien* etc., voy. Cherubini *Voc. milan.* I, xxxi, Biondelli 199. Au Nord, à Bergame, ce son est déjà moins net (Blanc, 645). Le milanais a encore une autre *n*, une *n* aiguisée qui se prononce comme si elle était unie à un *e* muet. Le piémontais a une *n* médiale et finale (*n torinèse*), qui, par exemple dans *patruna*, se prononce presque comme *ng* allemand en effaçant à peu près le *g*.

LL peut provenir de *nl* et *rl*, ainsi dans *colla* (*con la*), *costallo* (*costarlo*). Remarquons, dans quelques dialectes du sud, la représentation de ce *ll* par *dd* qui sonne comme le *th* anglais : sarde (campid.) *buddiri* (*bollire*), *cambedda* (*gambella**), *casteddu* (*castello*), mais aussi *ellu* dans *bellu* etc.; sicil. *cavaddu, addevu* (*allievo*), *beddu, griddu* (*grillo*). — *NN* représente *mn* dans *donna, sonno* etc. — *RR* représente *lr* et *nr* dans *torre* pour *toll're, porre* pour *pon're*.

Les combinaisons *gli, gn* sont importantes.

GLI[1], *l* mouillée (qu'on prononce *iji* = esp. *ll*, prov. *lh*, franç. *il*), devant *a, e, o, u*, qu'on écrit *glia, glie, glio, gliu* et qu'on prononce *lja, lje, ljo, lju*, a ce son (*suono schiacciato*, écrasé) partout où il ne provient pas de la combinaison immédiate *gli*, comme dans *negligente, geroglifico*, Anglia : dans ce dernier cas, *g* conserve sa prononciation gutturale ordinaire. Si on a choisi l'orthographe *gl*, c'est évidemment par analogie avec *gn*. Ce *gli* a son origine: 1) Dans *l* avec *i* palatal: *figlio, oglio*. — 2) Plus rarement dans un *l* ou *ll* sans cet *i* : *pigliare, togliere*. — 3) Dans les combinaisons *tl, cl, gl, pl* : *veglio* pour *vecchio, speglio* pour *specchio, streglia* pour *stregghia, scoglio* (*scop'lus*). — Dialectalement, il se prononce dans les deux premiers cas comme *j* et tombe même, comme dans le parler familier français et en valaque. Exemples : piém. *paja* (*paglia*), *piè* (*pigliare*); milan. *canaja* (*canaglia*), *consej* (*consiglio*), *bria* (*briglia*); bologn. *foia* (*foglia*), *mei* (*meglio*)[2]. En sicilien, il se durcit en *ggh* : *famigghia, fogghiu, battagghia, megghiu*. En vénitien, il devient *ġ* : *agio* (*aglio*), *ogio* (*oglio*), et aussi en génois *conseggio* (*consiglio*); en sarde, il se change en *z* doux : *azu* (*aglio*).

GN, *n* mouillée (*suono schiacciato*) = esp. *ñ*, prov. *nh*, franç. *in*, qu'il faut prononcer devant toutes les voyelles et aussi à l'initiale (*gnaffa, gnocco*) comme *nj*, vient: 1) du lat. *gn*, comme dans *degno, pugno* : de là cette orthographe, étendue ensuite à tous les autres cas. — 2) à l'inverse, de *ng* : *cignere, fignere* etc. — 3) de *n* avec *i* palatal : *vegnente, vigna*. — 4) de *n* initiale ou *nn* médiale, mais rarement : *gnudo* (*nudus*), *grugnire*. — Les dialectes sardes prononcent *j* tantôt comme *ġ*, tantôt comme *z* : *bingia binza* (ital. *vigna*).

---

1. Chez les anciens écrivains italiens aussi *lli, lgli* (*millior, milgliori*); de même *ngn* pour *gn* (*ongni, bangnata*).

2. Quelques langues étrangères élident aussi *l* devant *j*. Ainsi l'albanais dans *biję* (fille), *goję* (bouche), *femiję* (famille) à côté de *bilję, golję, femilję*, voy. Hahn, II. 14.

T. D.

T se maintient comme forte à toute place. Dans l'ancienne orthographe, il était employé aussi là où il se prononçait comme *z* (*natione, giustitia*) : ainsi placé, il a cédé au *z* vers la fin du xvi⁰ siècle (Blanc, p. 71), mais il a conservé encore jusqu'au milieu du xvii⁰ siècle beaucoup de partisans (Buommattei, *Della ling. tosc.* p. 57).

D est souvent : 1) un affaiblissement de *t*, comme dans *padella, madre*. Souvent *t* persiste à côté de *d*, cf. *cotesto codesto, lito lido, imperatore imperadore, potere* verbe, *podere* subst. — 2) il représente *r*, comme dans *rado* (*rarus*). — Il est intercalé pour détruire l'hiatus : *ladico* (*laicus*), *prode* (*pro proe*), voy. p. 75.

TT est : 1) le produit du redoublement de *t*, comme dans *battere, tutto*. — 2) le résultat de l'assimilation du *ct* et du *pt*, comme dans *fatto, inetto*. — *DD* provient : 1) du redoublement de *t* dans *soddisfare*. — 2) de l'assimilation du *gd* dans *freddo, Maddalena*, habituellement *Madalena*.

Z.

Cette lettre, à proprement parler étrangère au latin, est devenue très-importante en italien et provient d'éléments fort divers : 1) Du *z* grec, haut-allemand et arabe : ainsi dans *azzimo, zelo, battezzare, zaffo* (v.h.-all. *zapfo*), *zana* (*zeina*), *strozza* (*drozza*), *zafferano, azzurro*. — 2) De *t, ct, pt* avec *i* palatal : *nazione, pozzo* (*puteus*), *azzione, nozze* (*nuptiae*); quelquefois même de *t* avec *i* tonique, comme dans *aristocrazia*. — 3) Aussi de *di*; dans ce cas, le *z* alterne parfois avec *gi* : *mezzo, pranzo, razzo raggio*; de même de *d* simple dans *arzente* (*ardens*), *verzicare* (*viridicare*). — 4) De *ci ce* : *zimbello* (*cymbalum*), *sezzo* (*secius*), *donzello*, et dans les suffixes *azzo, izio, ozzo, uzzo* : *popolazzo, fittizzio, gigliozzo, animaluzzo*. Ce *z* se trouve très-souvent en concurrence avec *c* : *giudizio giudicio, spezie specie, superfizie superficie*. — 5) De *s* : *zaffiro, zavorra* (*saburra*), *zolfo* (*sulphur*), *manzo* (pour *manso*), *scarzo* (pour *scarso*), *arzura* (*arsura*), *magazzino* (arabe *machsan*). — 6) De *st* dans *inzigare* (*instig.*), *zambecca* (allem. *steinbock*), *zanco* (pour *stanco*). — 7) De *sk* : *zappa* (σκάπτειν?), *zanca* (angl.sax. *scanca*?), *zolla* (anc.h.all. *skolla*). — 8) De *j* dans *zinepro* (*juniperus*). — 9) Du franç. *ch* dans *zambra*.

Le *z*, comme l'*s*, se prononce de deux manières, soit dur, comme *ts*, prononciation que connaît aussi le daco-roman, soit doux, comme *ds*. La double valeur de cette lettre est assez bien liée à l'étymologie. Ainsi le *z* est dur quand il vient de *c* ou de *t*; cependant beaucoup de mots échappent à cette règle, comme *donzella bronzo* (*brunitius?*), *romazo, rezza* (*retia*), *lezzo* (pour *olezzo*), *rezzo* à côté de *orezzo, spolverezzo*. A l'inverse, *z* est doux quand il vient de *d*, et aussi, comme on peut s'y attendre, quand il représente le *z* grec ou arabe et dans les noms propres bibliques, comme *Lazaro, Ezechiele, Nazzareno* ; excepté *balzare* (de βαλλίζειν?). Quand il représente le *z* allemand, sa valeur n'est pas précise ; il est tantôt dur comme dans *zecca* (*zecke*); tantôt doux comme dans *orza* (*lurz*). Il est encore doux quand il vient de *s* ; dans *senza* (prov. *senes*), il pourrait avoir été renforcé par la consonne qui précède (comme peut-être dans *balzare*). — Il y a d'autres exceptions dont on ne peut tenir compte ici. On doit s'attendre à ce que les dialectes, ici encore, ne soient pas tous d'accord avec la langue écrite ; le piémontais aime surtout à rendre le *z* par *s* : *sampa, sagrin* (*zigrino*), *pes* (*pezzo*), *piassa* etc. Le lombard emploie très-bien *sgi* ou *sci* pour *zz* : *gasgia* (*gazza*), *cantascià* (*cantazzare*). Le vénitien fait quelquefois entendre *ć* à la place de *z* : *cito, ceca* (*zecca*).

S

a le son dur ou fort (*s gagliarda*) devant les voyelles, à l'initiale et à la médiale, devant les muettes fortes et *f*, et de même après une consonne : *sole, stella, schiantare, spalla, sforza, volse, verso*; faible ou doux (*s rimessa*) entre voyelles, devant les liquides, les douces et devant *v* : *rosa, tesoro, slanciare, smania, snodare, sradicare, sdegno, sguardo, sbarra, svelto*. Elle est dure aussi dans le suffixe *oso* : *glorioso, virtuoso* (quand une voyelle précède, dit Fernow, en conséquence il ne l'est pas dans *ontoso*), dans les finales *eso, esa, esi* : *acceso, difesa, accesi, accesero* (Blanc). Dans les composés, l'initiale conserve sa prononciation dure : *venti-sei, altre-si, co-si, ri-solvere, pro-seguire* ; dans *dis, mis*, d'ordinaire aussi dans *es*, la finale est également dure : *dis-inganno, dis-leale, dis-nervare, dis-dire, dis-gombrare, mis-avventura, mis-leale, mis-gradito, mis-venire, es-eguire, es-ultare*. Quelques mots font aussi exception : ainsi *cosa, riso, roso* ont une *s* dure.

S ou *ss* proviennent quelquefois de *ć*, comme dans *desinare* (*decoenare* *), *pusigno* (*postcoenium* *) ; quelquefois de *x*, *ps*, *bs*, comme dans *ansio*, *esempio*, *esso*, *oscuro*. *ST* médial provient dans certains cas de *ć't*, comme *amistà* (*amicitas* *).

S initiale, suivie d'une consonne, s'appelle *s impura*. Ce cas peut se présenter, comme nous l'avons vu, devant toute consonne, sauf *j* et *z*. La langue, habituée à cette initiale, ajoute souvent une *s* inorganique destinée à renforcer le son, comme dans *sbieco*, *sbulimo*, *scalabrone*, *smania*, *smaniglia*, *smergo*, *sninfia*, *spiaggia* à côté de *bieco*, *bulimo* etc. Dans les dialectes, cette prothèse est poussée bien plus loin encore, surtout en milanais.

SC devant *i* et *e*, combinaison importante en italien, devrait se prononcer *s'ć* (allem. *stsch*); mais se prononce comme le *ch* français et l'allem. *sch*. Devant *a, o, u*, on écrit *scia, scio, sciu* (pron. *scha, scho, schu*). Cette combinaison provient : 1) Du latin *sc* dans *scena, osceno* etc. — 2) De *s* avec *i* palatal : *bascio, cascio*. — 3) De *s* initiale sans cet *i* : *scialiva, scimia*, rarement de *s* médiale, comme dans *vescica*. — 4) De *st* : *angoscia, uscio* (*ostium*). — 5) De *x* : *scialare* (*exhalare*), *escire*. — Les dialectes, qui rendent d'habitude *ć* par *s*, emploient aussi *ss* pour *sć* : piémont. *fassa* (*fascia*), *riussi* ; milan. *cossin* (*cuscino*), *cress* (*crescere*); vénit. *assia* (*ascia*), *fasso* (*fascio*).

C. Q.

1. *C* guttural (dont le son est désigné par l'expression *suono rotondo*) se rencontre devant *a, o, u, l, r* ; devant *e* et *i*, on écrit *ch*, et avec redoublement *cch*. A cette place, l'ancien *ch* avait, il est vrai, perdu le son guttural et avait suivi le traitement du *c*, car *brachium, machina* s'écrivaient et se prononçaient tout aussi bien *bracium, macina*. Mais on savait historiquement que *ch* représentait le χ grec, et comme ce χ, encore dans la bouche des Grecs des bas temps (même devant les voyelles douces) ne se prononçait pas comme *z*, mais continuait à être guttural, cette lettre sembla propre à rendre mieux que *qu* le son primitif de *c*. Aussi de très-bonne heure *ch* est-il déjà employé à cet office; en particulier, le pronom *qui* s'écrit souvent *chi*, par exemple dans Lupus p. 559 (de l'an 785), 674 (de l'an 828). La prononciation est celle du *k* allemand ; seul, le dialecte florentin l'aspire de manière à le faire ressembler à l'*h* allemande (ce que Fernow, *Röm. Studien*, III, 267, regarde comme un écho de la langue étrusque). — Le *c* guttural renvoie toujours à la forte, même à la forte allemande devant *c* et *i*, voy. p. 293.

Il renvoie encore : 1) à l'aspirée grecque ou allemande : *calare* (χαλᾶν), *collera*, *pitocco* (πτωχός), *ricco* (*richi*), *scherzare* (*scherzen*), *gecchire* (*jehan*), cf. *annichilare* (lat. *nihil*). — 2) Au *qu* : *antico*, *chi* (*quis*) etc.

Q, redoublé *cq* (rarement *qq*, comme dans *soqquadro*), se joint toujours avec un *u* sensible et reproduit en partie le *q* latin, en partie le *c* latin, comme dans *quale*, *quagliare* (*coagulare*), *quello* (*eccu'ille*), *quocere*, *quojo*, et mieux *cuocere*, *cuojo*. — Les dialectes favorisent la chute de l'*u* : sarde *cale*, *candu*, *casi* pour *quale*, *quando*, *quasi*, napol. *chillo*, *chisto* pour *quello*, *questo*.

2. *C* palatal, qu'on prononce comme *tsch* allemand = franç. *tch* (*suono schiacciato*), se rencontre devant *i* et *e*; devant les autres voyelles on écrit *ci*, où l'*i* est muet : *cialda*, *ciò*, *ciuffo*; dans *cieco* et *cielo* il est également muet. Dans le groupe *cc*, le premier *c* est palatal comme le second ; aussi *accento* ne se prononce-t-il pas comme à la manière française *ac-cento*. Ce *c* provient, comme nous l'avons dit, du latin *ce*, *cae*, *coe*, *ci*; il provient, en outre : 1) de *ch* ou *qu* devant *e* et *i* : *arcivescovo*, *cirugiano* (*chirurgus*), *cinque*, *torcere*. — 2) De *s* : *concistorio*, *bicciacuto*, *ciufolare* (*sufflare*); et aussi de *z* : *ciabatta* (esp. *zapata*). — 3) De *s*, *p*, *ct*, *pt* avec *i* palatal : *camicia*, *piccione* (*pipio*), *saccio* (*sapio*), *succiare* (*suctiare* *), *cacciare* (*captiare* *). Il provient aussi quelquefois du *ch* italien avec *i* palatal, comme dans *grancio* pour *granchio*, *morcia* pour *morchia*. — Du français *ch* : *ciambra* (*chambre*), *ciapperone* (*chaperon*), *accia* (*hache*). *arciere* (*archer*), *miccia* (*mèche*). — Il s'en faut que cette prononciation soit identique dans tous les dialectes. Le milanais, par exemple, emploie *c*, *sc*, *z* et *s* : *cervell*, *scener*, *scepp*, *zeder* (*cedro*), *zign* (*cigno*), *zij* (*ciglio*), *brazz*, *dolz*, *serch* (*cerchio*), *usell*; pour *cc* habituellement *sc* : *fescia*, *lusc* (*luccio*). Le vénitien met *c*, *s* et (pour *cc*) *zz* : *cima*, *sinque*, *baso* (*bacio*), *cimese*, *brazzo*, *cazzare*. Le piémontais *c* et *s*, ex. *cimes*, *cisi* (*cece*), *sener*, *sign* (*ciglio*), *sima*, *piasi* (*piacere*), *strassè* (*stracciare*). Parmi les dialectes du sud, le napolitain emploie fréquemment *z* : *azzettare*, *merzè*, *rezetto*; le sarde (campid.) surtout *ç* (= franç. *ç*) ou bien encore la chuintante douce *x* (= franç. *j*), mais pour *cc* il emploie aussi *zz* : *çertu*, *çediri*, *çittaddi*, *deçimu*, *doçili*, *façili*, *feliçi*, *axedu* (*aceto*), *bentixeddu* (*venticello*), *bixinu* (*vicino*), *boxe* (*voce*), *brazzu*, *canazzu* (*cagnaccio*), mais aussi *cappucciu* etc.

G.

G guttural, qu'on prononce comme le haut-allemand *g* dans *gabe* (*suono rotondo*), se présente devant *a, o, u, l* (excepté dans la combinaison *gli*) et devant *r*; devant *e* et *i*, on écrit *gh*, redoublé *ggh*, visiblement sur le modèle de *ch* qui est un son parallèle [1]. Dans la combinaison *gu* suivie d'une voyelle, *u* est toujours sonore. — Dans les cas où *g* ne reproduit pas la douce primitive, il provient : 1) souvent de la forte du même organe : *gargo* (anc.h.all. *karo*), *gastigare, lago, layrima, seguo* (*sequor*); aussi se présente-t-il souvent à côté d'elle, comme dans *acuto aguto, m... ... miga*. — 2) De l'*h* allemande : *agazzare* (*hetzen*) etc. — 3) Du *j* renforcé : *rimango* pour *rimanjo* (*remaneo*), *seggo* (*sedeo*) et autres verbes. — 4) Du *w* allemand, et dans ce cas il est rendu le plus souvent par *gu* : *guardare, guisa, ghindare* (*winden*), *tregua* (*triuwa*). Rarement du *v* latin, comme dans *guaina* (*vagina*), *gomire*. — *G* est intercalé dans *ragunare* pour *ra-unare* et dans quelques autres mots; il est préposé dans *gracimolo* à côté de *racimolo* (*racemus*), *graspo* à côté de *raspo*.

2. *G* palatal, qu'on ne peut représenter en allemand que par *dsch* = fr. *dj* (*suono schiacciato*), se rencontre devant *e* et *i*; devant *a, o, u*, il s'écrit *gi* dans lequel *i* est muet : *già, giovane, giudice*. Des traces de cette orthographe se rencontrent de très-bonne heure, par exemple dans des inscriptions de la décadence *congiunta, Giove*, comme en italien, Corssen, *Lat. Ausspr.* I, 92, dans les chartes *Giula* et autres noms *Ughell.* I, 2, p. 336, 337 (de l'an 1007), *magiorem Tirab.* p. 37[b] (de l'an 813), *pegiorentur* 49[a] (de l'an 833), et avec allusion à la prononciation *pediorentur HPMon.* n. 33 (de l'an 875). Les deux orthographes coexistent fréquemment dans les chartes italiennes, cf. *Laucegium* et *Laucedium* ibid. n. 63, maintenant *Lucedio*. D'autres scribes ont eu recours au *z*, dont le son est très-voisin (cf. p. 248), comme dans *Dazibertus* pour *Dag. HPMon.* n. 72 (de l'an 919), *per covis zerium* pour

---

1. Des traces de cette combinaison se trouvent dans les chartes italiennes depuis le vi[e] siècle, toutefois, à ce qu'il semble, seulement dans des mots allemands, comme par ex. *Ghiveric* (Marin. p. 197), *Reghinhard* (Mur. *Ant. III*, 1015), plus fréquemment dans les chartes franques. Mais il est peu probable que l'italien l'ait tiré de l'allemand, puisque le signe allemand représente un son qui n'est point du tout roman, voyez ci-dessus, p. 248.

per quovis g. ibid. Dans le redoublement *gg*, comme dans *cc*, le premier *g* est aussi palatal : on ne doit donc pas prononcer *suggerire* comme le français *sug-gérer*. — Ce son provient, sans parler du latin *ge*, *gi* : 1) de *j* : *già*, *Giacomo* etc. — 2) De *i* palatal : *deggio* (*debeo*), *pioggia* (*pluvia*), *seggio* (*sedeo*), *giorno*, *congedo* (*commeatus*), *palagio*, *cagione* (*occasio*). — 3) De *ga* non latin : *giardino*, *giaveletto*. — 4) De *z*, de *sc* et de *c* devant *e* et *i* dans quelques mots, comme *geloso*, *vagello* (*vascellum**), *dugento*. — 5) De *c* dans *tc*, *dc*, *nc* : *selvaggio*, *giuggiare*, *mangiare* (*manducare*). — 6) Il prend la place de l'*l* dans *giglio*, *gioglio*. — Il est intercalé au lieu de *j* dans *scarafaggio* (*scarabaeus*), *tragge* (*trahit*), *stru_ae*. — Les dialectes ne présentent pas tous non plus cette chuintante. Le vénitien l'affine en *z* : *zalo* (*giallo*), *zogia* (*gioja*), *zorno*, *finzere*, *frizzere*, *volzere*, *veza* (*veggia*). Le sicilien la prononce plus fortement, tantôt comme *ć*, tantôt comme *sć* : *ancelicu*, *cinciri* (*cing*.), *adasciu*, *casciuni*; où même comme *j*, ce que fait aussi le napolitain.

J.

L'italien est la seule de toutes les langues romanes qui, pour l'*i* consonne, emploie ce signe (dont l'introduction est attribuée à Trissino, Blanc p. 65, 82). Mais ce son est moins consonnifié que le son correspondant du *j* allemand, de sorte que, par exemple, dans *jeri*, *jota*, *noja*, *alleluja* on croit entendre une diphthongue ; aussi actuellement préfère-t-on employer le signe de la voyelle. A la fin du mot, où il est pour *ii*, *j* est une véritable voyelle et ressemble à l'*i* long : *tempj*, *vecchj*, *vizj*, *glorj*. On a choisi ici ce signe, soit parce qu'il pouvait sembler exprimer pour les yeux l'allongement de l'*i*, soit parce qu'on avait vu également un *i* allongé pour *ii* dans l'écriture lapidaire : SVLPICI, AFRANI. — Cette consonne provient : 1) dans quelques cas du lat. *j*, comme dans *ajutare*, *boja*. — 2) De l'*i* atone suivi d'une voyelle : *jacinto* (*hyacinthus*), *jerarchia*. Ce fait se rencontre souvent, surtout après une *r* précédente qui alors tombe toujours : *aja* pour *arja* (*area*), *febbrajo*, *muojo* etc. Cet *rj* est prononcé par le sarde de ~~~pidano comme *rǵ*, de même qu'il prononce aussi *nj* comme ~~, ex. *telargiu* (ital. *telajo*), *friargiu* (*febbrajo*), et par le sarde de Logudoro comme *rz* : *corzu* (*cuojo*). — 3) De la diphthongue *ie* = lat. *e* dans *jeri*. Devant *i*, *j* disparaît : *acciai* pour *acciaji*, *abbaino* pour *abbajino*.

H.

Elle est muette et ne s'emploie en dehors des groupes *ch* et *gh* que dans quatre formes du verbe *avere* : *ho, hai, ha, hanno*, pour les distinguer, au moins pour les yeux, de *o, ai, a, anno*, et dans quelques interjections comme *ah, deh, ohimè*. On sait qu'on écrivait anciennement à la manière latine *havere, honore, huomo*, sans cependant prononcer ces *h*.

P. B. F.

L'échange entre les labiales est fréquent. *P* est pour *f* dans *Giuseppe* (*Joseph*), etc. *B* est bien souvent pour *p* initial, comme dans *brugna* (*prunum*) ; pour *f* dans *bioccolo* (*floccus*) ; souvent pour *v* à l'initiale et à la médiale, comme dans *berbice, nerbo, serbare, crebbi* (*crevi*). *F* est pour *p* dans *soffice* (*supplex*), *trofeo*, peut-être dans *catafalco* ; pour *b* dans *tafano* etc.; pour *v*, par exemple, dans *biffera* (*bivira*).

B est préposé dans *brusco* (*ruscum*) et aussi sans doute dans *brezzo* (*rezzo* pour *orezzo*) et *bruire* (*rugire*). Il est intercalé dans *rombice* (*rumex*) ; entre *m* et une liquide suivante : *sembrare, membrare*; *m* avec *i* palatal appelle aussi un *b* : *grembo* pour *grembio, combiato*, milan. *vendembia* pour *vindemmia*, voy. mon *Dict. étym.* au mot *grembo* II. a.

F est préposé dans *frombo* (βόμβος). — *FF* est le produit de l'assimilation de *pf* dans *zaffiro* (*sapphirus*), *Saffo* (*Sappho*), et dans les mots allemands *graffio* (*krapfen*), *ruffare* (*rupfen* ou *raufen*), *staffa* (*stapf*), *stoffa* (*stopfen*), *zaffo* (*zapfen*), *zuffa* (*zupfen*).

V

qu'il faut prononcer comme *w* allemand = *v* franç., est : 1) Un adoucissement du *p*, comme dans *povero*, et existe parfois à côté de lui : *coverto coperto, riva ripa, cavriolo capriolo*. L'adoucissement a pénétré bien plus profondément dans les dialectes. Le milanais, par exemple, dit *rava, savè, cavra*; le vénit. *lievore* (*lepre*), *lovo* etc. — 2) Un adoucissement du *b* : *avere, cavallo, provare*. — 3) Parfois, c'est la consonnification d'un *u*, comme dans *belva* (*bellua*), *parve, dolve*. — 4) Il rend le *w* allemand dans *salavo* (*salaw-*), *sparviero*. — Il sert à détruire l'hiatus dans *fluvido, piovere, rovina, vivuola* (*viola*). — L'aphérèse de cette consonne ne se rencontre que dans les dialectes : sicil. *urpi* (*volpe*), sarde *espi* (*vespa*), vénit. *ose* (*voce*); en face de cette chute du *v*, on trouve la prothèse, encore plus remarquable : sarde *bandu* pour *vandu* (*ando*), *occhire* pour *vocchire* (*uccidere*); milan. *vess* (*essere*), *vora* (*ora*), *volzà* (*osare*), *vott* (*otto*), *vun* (*uno*).

VR est une combinaison très-usitée en italien, mais limitée toutefois à la position de médiale; en voici quelques exemples : *avrò, covrire, Ivrea, ovra, sovra*.

LETTRES ESPAGNOLES.

Avant d'étudier chaque lettre séparément, il convient de remarquer que les Espagnols ont un système d'orthographe très-net, qui, établi après bien des hésitations par l'Académie de Madrid en 1815, appuyé et recommandé par le gouvernement, a été généralement accepté, voy. *Ortografia de la lengua castellana, compuesta por la real Academia española*, 8e édit., Madr. 1815[1]. Cependant, comme ce système subordonne le principe étymologique au principe phonétique, une grammaire qui considère partout les lettres originaires méconnaîtrait son avantage en voulant échanger partout l'ancien système (tout indécis qu'il est) contre le nouveau. Toutefois, pour qu'on soit en état de transposer l'ancienne notation en orthographe nouvelle, nous indiquerons partout brièvement cette dernière. Déjà au XVIe siècle, un anonyme s'occupe de la prononciation (Juan Lopez de Velasco, voy. Nic. Antonio *Bibl. hisp. nova*, I, 721) dans un livre qui nous montre qu'il y a eu dans cette partie de la langue des changements notables : *Orthographia y pronunciacion castellana*, Burgos 1582[2].

VOYELLES SIMPLES.

Ce sont *a, e, i, y, o, u*. Elles n'offrent aucune difficulté, au

---

[1]. Une esquisse de l'histoire de l'orthographe espagnole se trouve dans la grammaire de Franceson, 4e édit. p. 25 et suiv.

[2]. Voyez encore sur ce même sujet *Pronunciacion de la lengua castellana*, Madr. 1587, de Bened. Ruiz. — Nic. Antonio, *l. c.* p. 467, nomme encore un autre ouvrage de Francisco de Nobles (vers 1572) sans l'avoir vu. Un troisième ouvrage plus ancien d'un âge d'homme, *Tractado de ortographia y accentos en las tres lenguas principales* (grec, latin, castillan). Toledo 1531, de Alejo Vanegas, que mentionne aussi Nic. Antonio, *l. c.* p. 9, traite sans doute aussi de la prononciation espagnole.

point de vue de leur valeur phonétique aussi bien qu'étymologique.

A.

Sur cette voyelle remarquons seulement que *a* est souvent préposé : 1) par un sentiment euphonique devant *y*, comme dans *ayantar* (*jentare*), *ayer* (*heri*), *ayuncar* arch. (esp. mod. *juncal*), *ayunque* (*incus*), *ayuso*. — 2) Devant de nombreux substantifs, où il rappelle l'article arabe, comme dans *ababa* (*papaver*), *abedul* (*betula*), *aciprés* (*cypressus*), *acitron* (*citrus*), *alaton* (franç. *laiton*), *alerce* (*larix*), *arruga* (*ruga*), *avispa* (*vespa*), *azufre* (*sulphur*). Aussi *enano* (*nanus*) pour *anano* = portug. *anão?* — 3) De même dans des verbes, où il n'a pas le sens de la particule *ad* et où il manque aussi dans les autres langues romanes, ex. *aconsejar*, *amenazar*, *arrepentirse*, *atajar*. — *A* est pour *e* dans *regalar* (*regelare*), *sarga* (*serica*), *sarta* (*serta*), *asmar* (*aestimare*), *yantar* (*jentare*). Il est venu de *ei* ou *ai* allemand dans *gala* (*geil?*), *lastar* (*leistan*), etc.

E.

La prononciation de cette voyelle n'a pas développé ici la variété de l'italien. *E* est habituellement fermé, plus ouvert devant *r, s, z* dans la même syllabe : *ermita, espia, ezquerdear* (Chalumeau de Verneuil, *Gramm. esp.* II, 503). Étymologiquement, il se comporte en principe comme l'*e* italien. Remarquons surtout : 1) sa dérivation de *a-i*, surtout dans les cas où ce groupe devient *ie* en italien et en français, par ex. *caballero, enero* (*januarius*), *primero, beso* (portug. *beijo*), *lego* (*laïcus*), *hecho* (portug. *feito*), *plegue* pour *plaigue* (*placeat*), *quepo* (*capio*), *sepa* (*sapiat*), *madexa* (*mataxa*, prov. *madaisa*, portug. *madeixa*). Cet *e* est déjà fréquent dans la langue des vieilles chartes, cf. *freznedo* (*fraxinetum*) Yep. III, n. 17, de l'an. 780, *sendero* (*semitarius*), *mercatero* I, n. 30 etc. — 2) Sa dérivation de *o* ou *u*, par l'intermédiaire de *ue*, comme dans *fleco* (*floccus*), *frente* (*frons*), *culebra* (*colŭbra*), à côté de *flueco* et des formes vieillies *fruente*, *culuebro* Fern. Gonz., ou dans *nocherniego* pour *nochorniego* (*nocturnus*).

I. Y.

La seconde de ces lettres n'est plus employée comme voyelle

propre que dans la particule *y* et dans les diphthongues. Même dans les mots grecs, comme *ciclo, Estige (Styx), lira*, elle a dû céder la place à l'*i*, tandis que les anciens l'employaient presque sans règle, au lieu de l'*i*, surtout à l'initiale : *yguar (aequare), ynojo (geniculum), ynfierno, yvierno, yr, ayna, syn, fyncó*. Étymologiquement, l'*i* espagnol concorde à peu près avec l'*i* italien : il provient donc quelquefois aussi de *e* long ou de *i* bref. — Nous avons parlé, p. 143, d'un *ie* archaïque (de Léon) pour *i*, particulièrement usité dans le suffixe *illo*, par ex. *anyello, castiello, poquiello*, surtout dans l'*Alexandro* et dans *Apolonio*, mais aussi dans Berceo et dans les *Siete partidas*; *flumenciello* = ital. *fiumicello* est dans une charte de Castille de l'an 804, *Esp. sagr.* XXVI, 445.

O.

L'*o* ne connaît pas plus que l'*e* de diversité de prononciation, il se prononce comme en français. Cette voyelle a la même origine qu'en italien, mais souvent, comme l'*au* français, elle provient de *al* : *coz (calx), otro (alter)*, etc.

U

est un peu plus favorisé qu'en italien et en provençal, en ce sens qu'il remonte souvent à *o* bref ou à *u*, cf. *tundir, cruz, escucho* avec ital. *tondere, croce, ascolto*. Dans les parfaits comme *hube (habui*, d'où *haubi* par attraction), *plugo (placuit), supe (sapui)*, il s'est condensé de *au*. Dans les diphthongues, il trahit aussi parfois une provenance consonantique.

DIPHTHONGUES.

Dans le travail sur l'orthographe qui précède le *Dictionnaire de l'Académie espagnole* (1726), on admet les suivantes : *ÁE, ÁI, ÁO, ÁU*; *ÉA, ÉI, ÉO, ÉU*; *ÍU*; *ÓE, ÓI, ÓU* (propr. portug.); *ÚI*; *EÁ*; *IÁ, IÉ, IÓ, IÚ*; *OÁ*; *UÁ, UÉ, UÓ. Ai, ei, oi* finales s'écrivent aujourd'hui avec *y*, ce qui avait lieu jadis aussi à la médiale. Exemples : *acaecer, ay, aire, alcaide, amais, estay, caos, lavaos (lavad os), pauta*; *ea, rey, reina, peine, seis, veinte, visteis, azeite, beodo, deuda, feudo*; *liudo*; *coetaneo, doy, soy, sois, oigo, heroico, toison, Moura, Coutiño*; *muy, buitre, cuidado*; *beato, beatitud, eterea*; *Diago* (anc. esp.), *graciable, gracia, gloria, miedo, diós, pidió, region, ocioso, viúda*; *coagu-*

lar ; *cuajo, agua, muero, vergüenza, sumtuoso, arduo.* Sur beaucoup de ces combinaisons on peut, il est vrai, élever les mêmes doutes qu'en italien. Sur l'origine des diphthongues, voyez divers passages de ce livre, particulièrement p. 184-186. Mais quelques-unes méritent encore une attention spéciale.

AU

provient de bien des combinaisons : 1) De *au* latin, comme dans *augmentar, causa, lauro* etc. — 2) Des syllabes *ac* et *ag* dans *auto* (*actus*), *Jaume* (*Jacobus*), *launa* (*láganum*). — 3) De *ap* et *ab* : *cautivo* (*captivus*), *raudo* (*rapidus*), *ausente* (*absens*), *paraula* arch. (*parabola*). — 4) De *al* : *sauce* (*salix*), *autan* (*aliud tantum*), *Gaula* (*Gallia*). — 5) *A* est né par suite de la chute d'une consonne dans *aun* (*adhuc*), *paular* (*padular* pour *paludar*). — 6) Semblent être empruntés au français : *gaucho* (*gauche*), *jaula* (*jaiole geôle*), et aussi *rauta* (*route*).

IE

provient : 1) Du latin *i-e* : *ebriedad, piedad, durmiendo* etc. — 2) C'est la diphthongue de *e* bref et de *ae*, comme dans *fiero, liebre, miel, viene, cielo* ; mais *ie* est souvent aussi employé pour *e* en position, parfois pour *i* : *ciento, fiesta, tiempo, nieve*. A la médiale, on écrit et on prononce *y* pour *i* : *yedra* (aussi *hiedra*, lat. *hedera*), *yegua* (*equa*), *yelmo* (*helm*), *yerba* (aussi *hierba*), *yermo* (*eremus*), *yerro* (*error*), *yerto* (*hirtus*), *yervo* (*ervum*), *yesca* (*esca*). Le nom *Fontecubierta* montre cette diphthongue déjà dans une charte de 747 *Esp. sagr.* XL, 361 (si elle est authentique) ; de même *flumenciello* cité à la lettre *i*.

UE.

L'espagnol, pour former ce son : 1) a diphthongué *o* bref, car l'*uo* provençal et italien correspondant à *ŏ* lui est complètement étranger : *buevo, nuevo, ruego*[1]. Il l'emploie souvent, surtout devant certaines consonnes (voy. section I), pour *o* en position, comme dans *cuello, luengo, muerte* ; rarement pour *o* long. — 2) La nature de cette diphthongue est tout autre quand, par suite d'attraction, elle provient de *u-i* ou bien encore de *o-i*,

---

[1]. Dans le glossaire du *Fuero juzgo* on trouve une fois *nuovo* ; c'est probablement une faute de copiste pour *nuevo*.

auquel cas elle répond à l'*ou* portugais. Ainsi dans *agüero*, *Duero* (p. 170), *mastuerzo* (*nasturtium*), *sabueso* (*segusius*), *Sigüenza* (*Segontia*), *vergüenza* (*oerecundia*), et aussi dans *cuero* (portug. *couro*), *muero* (portug. *mouro*) et autres semblables. Dans *juez* (*judex*, portug. *ju-iz*), *ue* provient d'une syncope. *Suero* de *serum* est bizarre, voy. mon *Dict. étym.* II. b.

L'existence des triphthongues en espagnol n'est pas contestée. Ainsi *IAI, IEI, UAI, UEI*, par exemple dans *preciais, precieis, santiguais, santigueis, buey, bueytre*.

CONSONNES.

Tous les caractères latins sont restés en usage. La nouvelle orthographe ne bannit que les combinaisons *ch, ph, th, rh*, et l'on écrit *cristiano, filosofia, teologia, Reno*. Le consonantisme est, pour les chuintantes, moins complet qu'en italien, puisque l'espagnol ne présente qu'un son de cette catégorie, *ch*. En revanche, cette dernière langue possède une aspirée gutturale, diversement écrite (*j, gi, x*).

Les consonnes ne sont pas toutes tolérées à la finale; on n'admet pas même la liquide *m*; on ne trouve jamais non plus aucune forte ni aucune douce, à l'exception du *d*; l'espagnol ne tolère pas davantage les spirantes *f* ou *j*, à plus forte raison le *v* ni le *ch* palatal. Il ne reste que *l, n, r, s, x, d, z*: *mal, pan, mayor, mas, relox, abad, veloz*. Les mots étrangers, lorsqu'ils se terminent par une des consonnes antipathiques à l'espagnol, reçoivent d'habitude un *e* à la finale: *norte* (angl. *north*), *este* (*east*), *duque* (anc.esp. *duc*, franç. *duc*), *estoque* (*stock*), *Enrique, xefe* (franç. *chef*). Sont exceptés les noms bibliques comme *Judith, Nembroth* ou *Nembrod, Isac, Abimelec, Abisag, Jacob, Caleb, Josef* (plus souvent *José*). Les anciens, au contraire, laissaient souvent tomber la voyelle à la finale, et les consonnes les plus variées pouvaient terminer le mot: *cum* (pour *como*), *art, cort, englut* (*engrudo*), *much, cab* (*cabe*), *quisab* (*quien sabe*), *of* (*hube*), *nuef* (*nueve*).

Il est pratiquement important de noter que l'espagnol ne supporte aucun *redoublement*, excepté celui de l'*r*, de l'*n* dans les composés, du *c* quand le premier *c* est guttural et le second sifflant. On écrit *abad, abreviar, boca, Baco* (*Bacchus*), *adicion, bola, Apolo, Tibulo, sumo, cepo, Filipo, grueso, diese, amasar, disimular, Parnaso, Taso, meter*; mais *carro, hierro, tierra, arrestar, arriba, correcto*; *connivencia, connubio, ennoblecer, ennoviar, innato, innovar, innumerable*; *acceder, faccion*. Anciennement on écrivait encore *ss*, en conséquence *diesse, dulcissimo*, et Velasco désigne ce redoublement comme le seul qu'on entende encore. L'orthographe moderne a même ramené l'*mm* latin dans les composés avec *nm* : on écrit *conmemorar, conmiliton, conmover, enmudecer, inmaturo, inmoble, inmortal* ; et aussi *inracional, inreparable*.

Les groupes multiples de consonnes se comportent à l'initiale comme en latin, si ce n'est que *DR* est plus usité ; *GN* l'est seulement dans les mots grecs ; *ST, SC, SP* ne se présentent pour ainsi dire pas. La médiale tolère des combinaisons plus nombreuses et plus dures qu'en italien. Une muette se rencontre aussi avec une liquide dans *DL* et *DM*, mais seulement dans les enclitiques comme *dad-le, dad-me*, dans *DN* aussi ailleurs, ex. *dad-nos, adnado. GL*, presque inconnu à l'italien, se présente quelquefois en espagnol : *cinglar, regla, seglar, siglo*. On trouve une muette avec une spirante, surtout dans les composés, ainsi *DV, CS, PS, BS* : *ad-viento, maximo, capsula, ab-surdo, cabsa* arch. On trouve une muette et une aspirée dans *DJ* et *BJ*, mais seulement en composition comme *ad-junto, ab-jucar* ; avec une forte et avec une douce *CT, GD* (à peine), *PT, PD* (arch.), *BT* (de même), *BD* (également arch., sauf dans les composés) : *acto, esmaragda, optimo, capdal, cabtela, cobdicia, ab-dicar*. Parmi les spirantes, *s* supporte toute consonne, quelle qu'elle soit, après elle : *SL, SM, SN, SR, SD, SÇ* (dans les composés), *SG, SJ* (comme *sç*), *SB, SF* etc., *aslilla, eslabon, asmar, pasmar, asno* et ainsi *gozne, asre, desrota, esdruxulo, descebar, asgo, sesga, desjuntar, esbozo, esfuerzo. FT* n'est pas espagnol. Pour *VL, VR* on a *BL, BR*. Les groupes de liquides avec une spirante ou une muette sont les mêmes qu'en italien, à l'exception des cas d'enclise. On trouve une liquide avec une liquide dans les combinaisons *LM, LN, LR* (*alrota, mal-rotar*), *MN* à peine (*calumnia* etc.), *NM* (*in-mortal*), *NR* (*Enrique, honra, in-reparable*, comme nous l'avons vu, *son-reir*), *RL, RM, RN*. — Les modernes évitent les consonnes muettes et purement étymologiques ; chez les anciens elles ne sont pas rares : *Bendicto*, par exemple, rime avec *escripto*, ce qui montre que les finales des deux mots se prononçaient *ito*.

L. M. N. R.

Il faut noter pour *r* deux prononciations, l'une plus forte, plus aspirée et l'autre plus douce. La première s'emploie (presque comme en italien) à l'initiale, alors même que le mot forme la seconde partie d'une composition, à la médiale après *l*, *n*, *s*, et partout dans le redoublement : *rosa, ab-rogar, mani-roto, alrota, honra, Israel, tierra.* Cette prononciation plus forte, que mentionne aussi Velasco, se rendait souvent anciennement au moyen d'*r* redoublée, p. ex. *honrra, sonrrisar, Manrrique, desrranchar,* et même *grran (grande).* La langue moderne présente même plusieurs exemples de redoublement entre voyelles, comme dans *carrizo (carex), esparrago (asparagus), marron (mas maris), murria (muria).* Dans les autres cas, *r* se prononce plus douce : *amor, hora, virtud.* L'*r* basque se comporte comme l'*r* espagnole, avec cette différence qu'on fait précéder la première d'une voyelle à l'initiale, pour venir en aide à la prononciation (comme pour l's *impurum*), par ex. *arrosa, arribera, errabia, erreguela (regula),* ce que fait aussi le béarnais, le plus voisin des dialectes romans : *arride (ridere), arroda (rota), arrous (ros).*

En espagnol, une liquide naît souvent d'une autre liquide ou d'une lettre voisine. Par exemple, *l* naît de *n* dans *calonge (canonicus)* ; de *r* dans *celebro (cerebrum), blandir* (franç. *brandir), quilate* (arabe *qîrât*) etc. ; de *d* ou *t* dans *cola (cauda), Madrileño (Madrid-), Isabel (Elisabeth), almuerzo (admorsus).* *M* vient de *n* initiale dans *marfil* (arabe *nabfil), mueso* à côté de *nueso (noster)* et dans quelques autres mots; de *b* et *v* dans *cañamo (cannabis), mimbre (vimen), milano* à côté de *vilano (villus).* *N* vient de *l*, par exemple dans *enzina (ilicina)* ; de *m* initiale dans *nespera (mespilum),* à la médiale dans *lindo (limpidus)* etc., souvent aussi de *m* finale. Sur *n* mise aussi à la place de *c*, voyez ci-dessus p. 228 note. *R* vient de *l* dans *lirio* et quelques autres mots (changement très-fréquent en basque ainsi qu'en gascon); de *n* dans *cofre.*

L repose sur une simple intercalation dans *eneldo (anethum), espliego* (= *espique*); de même *m* dans *embriago (ebriacus), lampazo (lappaceus).* L'intercalation de l'*n* est très-fréquente, surtout devant les sifflantes et les dentales : *cansar (quassare), fonsado* arch. (pour *fosado), ensayo (exagium), mensage* (franç. *message), mancilla* (pour *macilla), manzana (matiana), ponzoña (potio), trenza* (ital. *treccia), alondra* (*alauda*), *rendir* (*reddere*), *cimenterio* (*coemeterium*), *encentar* (*inceptare*), *garganta* (pour *gargata*), *mancha* (*macula*). Devant des gutturales: *enxundia* (*axungia*), *menge* arch. (*medicus*), *lonja* (ital. *loggia*), *parangon* (composé de *para con*), *langosta* (*locusta*), *ninguno* (*nec unus*), *singlar* (allem. *segeln*), *fincar* (ital. *ficcare*). *R* est intercalée dans *bretonica*, *bruxula*, *traste*, *trueno* (*tonus*), *estrella* (*stella*), *adelantre* arch., *alguandre* (*aliquantum*, si ce n'est pas *aliquantulum*) *PC.*, *delantre* et autres semblables, *ristra* (*restis*), cf. catal. *grondola* (ital. *gondola*). Dans la première section nous avons déjà étudié la transposition de l'*l* et de l'*r* en traitant de chacune de ces lettres.

LL, notation de *l* mouillée, qu'on doit par conséquent prononcer comme l'ital. *gl* dans *gli*, est usité aussi à l'initiale, mais non à la finale, par ex. *llama*, *llanto*, *hallar*, *silla*. On voit aisément que ce signe a été choisi parce que *ll* latin a pris généralement en espagnol la prononciation de *l* mouillée. Cette manière d'écrire est déjà en usage dans les premiers monuments: le *Poema del Cid*, par exemple, écrit *fallar*, *sellar*, *maravilla*. Toutefois, les anciens n'écrivaient pas toujours *ll*: on trouve souvent *falar*, *legar*, *leno*, *lorar* pour *fallar* etc., sans que pour cela on puisse admettre que la prononciation fût différente. *Lh*, comme en portugais, se trouve aussi, par exemple dans le *Poema de José* (Janer, *Poet. cast.*). Les chartes plus anciennes que ces monuments se servent aussi de *l* suivie de *i*, cf. *Castelium* (*Castillo*) Yep. IV, n. 29 (*aer.* 829), *vermelia* (*bermella*), V, n. 1 (*aer.* 930). — Cet *ll* provient de sources diverses: 1) Du lat. *ll*: *bello*, *caballo*, *valle*. — 2) D'*l* simple, mais rarement: *llosco*, *camello*. — 3) De *l* avec *i* palatal: *batalia*, *maravilla*. — 4) Des combinaisons *cl*, *gl*, *pl*, *bl*, *fl*, à l'initiale et à la médiale, comme *llave* (*clavis*), *llaga* (*pl.*), *llama* (*flamma*); *malla* (*macula*), *sellar* (*sigillare*), *escollo* (*scopulus*), *trillar* (*tribulare*), anc. esp. *sollar* (*sufflare*).

Ñ (*n con tilde*) est la notation de l'*n* mouillée = italien *gn*, usitée aussi à l'initiale; c'est, à proprement parler, l'abréviation d'*n* double; les anciens l'écrivent aussi *nn*, quelquefois *n* en omettant le tilde, et enfin *ny*, en sorte que l'on trouve *Espanna*, *Espana* et *Espanya*. Plusieurs manuscrits, comme celui d'*Apollonio*, par exemple, écrivent *ny* à la manière catalane: *duenya*, *senyor*, *ninya*, *panyo*; cependant ils ne rendent jamais *ll* par *ly*. Parfois les chartes fournissent *ni*, par exemple *Castaniera* Yep. V, n. 14, 15 (x° siècle), et aussi *gn*

dagnatione (*dañacion*) *Esp. sagr.* XXXVII, 277, *calugnia* (*caluña*) ibid. 276, *Sugnefredo* (de *Suniefredo*) Marc. p. 821, *flumine de Luigna* Yep. VI, n. 2. — L'*ñ* provient:
1) de *nn* : *año, gruñir*. — 2) De *mn* : *daño, doña*. —
3) Rarement d'*n* simple, comme dans *ordeñar*, anc.esp. à l'initiale : *ñublo* (*nubilum*), *ñudo* (*nodus*). — 4) De *n* avec *i* palatal : *España, cuño* etc. — 5) De *gn* : *deñar, puño*. —
6) A l'inverse de *ng*, comme dans *plañir*.

T. D.

T a partout le son d'une dentale forte, car lorsqu'il est devenu sifflant (comme dans *nacion*) il est rendu par *c*. *D* affecte à la fin des mots une prononciation particulière chuchotée, qui (d'après Franceson) se rapproche de *sd* avec une *s* très-douce ou de *z*, en sorte que *Madrid* sonne presque comme *Madrizd*, aussi voit-on les anciens (par ex. Berceo) écrire *Madriz*. Dans le langage familier il devient quelquefois muet à cette place ou même entre voyelles.

T représente souvent *ct* et *pt*, par exemple dans *fruto, retar* (*reputare rep'tare*); néanmoins ces combinaisons, comme nous le savons déjà, ne sont pas bannies de l'espagnol. — *D* est à l'initiale et à la finale un *t* adouci : *amado, madre, salud* etc. Souvent aussi il est intercalé, et non-seulement, comme dans les langues romanes en général, entre *l* et *r*, *n* et *r* (*valdré, tendré*), mais encore après *l* suivie d'une voyelle : *bulda* (*bulla*), *celda* (*cella*), *humilde* (*humilis*), *rebelde* (*rebellis*), *toldo* (*tholus*), *atildar* (anc.sax. *tilian*), anc.esp. *caldifa* (*califa*)[1]; après *n* dans *pendola* (*pennula*).

S.

Quelle que soit sa place dans le corps du mot, *s* est dure ou forte comme le *sz* allemand[2]. Les anciens écrivaient aussi *ss* pour *s* simple, même au commencement du mot : *cossa, Alfonsso, sse, ssus*. Quant à sa provenance, remarquons seulement qu'elle

---

1. Dans le *Poema de Alex. l* est à l'inverse intercalée devant *d* : *duldar* (*dubitare, dudar*), *embeldar* (*imbibitare**, *embeodar*), *recaldar* (*recapitare**, *recaudar*). Cette *l* remplacerait-elle un *u* provenant de *b* ou *p*, comme dans *galteras* où *l* est pour *u*?

2. D'après Velasco, p. 195, elle devient muette devant *r* : *cortas ramus* = *cortarramas*.

représente quelquefois *x*, comme dans *ansio, tasar*, et quelquefois aussi *ns* et *rs*, devenus d'abord *ss*, puis simplifiés en *s*, comme dans *mesa, mostrar, oso (ursus)*.

SC, devant *i* et *e* dans *sciencia, sceptro, conoscer* etc., se prononce comme *ç* et s'écrit aussi *c*, d'après l'orthographe moderne, même dans les noms propres comme *Cipion*.

Z.

Cette lettre (que les anciens remplaçaient souvent par le *ç*, qu'ils mettaient même devant *e* et *i* : *çagal, Çaragoça, veçino*) a pris une grande importance et se rencontre, dès le viiie siècle environ, avec la valeur actuelle, par ex. *freznedo* Yep. III, n. 17 (ann. 780), *dezimo* (c.-à-d. *diezmo*) IV, n. 11, *Oza villa* n. 28, *pozo* (*puteus*) n. 38, *foz Esp. sagr.* XXVI, 445 (an. 804), *calzada* ibid., *plumazos* XL, 400 (ann. 934); mais elle est aussi supplantée souvent par *ci* ou *ti*, comme dans *Fernandici, Zaragotia, Gometius*. Le *z* se prononce non pas comme le *z* italien, non pas exactement comme *ts* ou *ds*, mais presque comme le *c* espagnol devant *e* et *i*, si ce n'est qu'on n'appuie pas aussi fortement la pointe de la langue contre les dents : *arrimada la parte anterior de la lengua á los dientes, no tan apegada como para la ç, sino de manera que quede passo para algun aliento o espiritu, que adelgazado o con fuerça salga con alguna manera de zumbido, que es en lo que differe de la ç*, dit Velasco. C'est donc quelque chose d'analogue à l'aspirée *th*[1]. Dans la bouche de beaucoup d'Espagnols il se rapproche même de l'*f*, du moins à la fin des mots. D'autres, dont l'organe vocal résiste à la rudesse du *z*, le transforment en *s* (Mayans, II, 86), ce qui arrive surtout fréquemment chez les anciens. — *Z*, avec tous ses rapports étymologiques, apparaît déjà dans les monuments les plus anciens. Mais comme il ne se distinguait pas nettement de *ç* et même de *s*, puisqu'on écrivait *celada* et *zelada, albrizias* et *albricias, Zaragoza* et *Saragoza*, on a établi dans l'orthographe moderne cette règle que *z* ne s'emploie que devant *a, o, u* et à la finale, et *c* seulement devant *e* ou *i*; toutefois *ze zi* est toléré dans les mots non latins. Il en résulte

---

[1]. On a rattaché ce son (que possède aussi le basque) à l'arabe, soit à *thse* = *th* anglais (Fuchs, *Zeitwœrter*, p. 76), soit à *zád* (Rapp, *Gramm.* I, 22), dont la véritable prononciation n'est même pas certaine. Il faut en juger comme du *j*, voy. p. 345.

que dans la flexion les deux lettres alternent : *paz paces, forzar forcemos, cuezo cueces.*

Le *z* espagnol, comme le *z* italien, est d'origine multiple. Il provient : 1) du *z* basque, grec, allemand et arabe, par ex. dans *zaga, zaque, azimo, zelo, bautizar, zinco* (allem. *zinck*), *azafran, zambra, zorzal*. — 2) De *t* et *d* avec *i* palatal, par ex. *razon, avestruz* (*avis struthio*), *cazar* (*captiare* *), *bazo* (*badius*). — 3) Dans quelques cas simplement de *t* et *d* : *mayorazgo* (*majoraticus* *), *juzgo* (*judico*). — 4) De *ce ci* (*che chi, que qui*) : *menaza, zarcillo* (*circellus*), *diezmo* (*decimus*), *arzobispo* (*archiep.*), *brazo, lazo* etc. — 5) De *s* : *zandalo, azufre, zugar* (*sucus*), *quizá* (*qui sabe*), *Corzo* (*Corsus*), et aussi dans la désinence *ez* des noms patronymiques : *Gomez, Velasquez*, de même dans *Cadiz* (*Gades*), *soez* (*suis?* voy. mon *Dict. étym.*), et dans la désinence verbale *zco*, comme dans *nazco, crezco*. — 6) De *st* : *gozo* (*gustus*), *rezar* (*recitare*). — 7) De *sc* = *sk* dans *zambo* (*scambus*). — 8) De *j* dans *zinebro* (*juniperus*).

C. Q.

1. *C* est guttural devant *a, o, u* et les consonnes ; devant *e* et *i*, on écrit *qu*, où *u* est muet. Le *k* gothique est obligé aussi de se soumettre à cette orthographe (*qu*), par ex. *Quintila Esp. sagr.* XVIII, 322 (de l'an. 927), *Quindulfus* ibid. XXXVII, 318 (IXe siècle), *Franquila* (de l'an. 927), *Requila* et *Richila, Roderiquiz, Savariquiz*. Étymologiquement le *c* guttural se comporte comme en italien. Rarement, comme dans *Cadiz* (*Gades*), il exprime une douce renforcée.

Q s'unit tantôt à un *u* sensible, tantôt a un *u* muet. *U* est sensible devant *a*, excepté dans *qualidad, qualificar, quantia, quantidad, quasi, quatorce* ; muet devant *e, i* et *o*, comme dans *que, quien, quotidiano*. Pour qu'il s'entende devant ces voyelles, il faut qu'il soit muni d'un tréma : ainsi par exemple dans *qüestion, cinqüenta, qüociente, propinqüo*. D'après l'orthographe moderne, devant *u* sensible on met partout *c* au lieu de *q*, et devant *u* muet, suivi de *a* ou *o*, *c* tient lieu de *qu*, ainsi *cual, cuando, cuatro, cuestion, cincuenta, cuociente, cantidad, catorce, cotidiano*. Ce n'est que devant *e* et *i* que l'*u* muet persiste, comme dans *querer, quien*. Cela est certainement commode pour les étrangers ; il faut cependant se garder d'estimer trop haut une règle qui sépare la langue écrite espagnole des autres langues romanes, et qui d'ailleurs ne peut s'appliquer à la combinaison parallèle *gu*. Remarquons encore que les anciens écrivent quelquefois *qu* avec *u* muet pour *c*: *blanquo, marquo, enforquar, quomo* (*quomodo*), cf. ci-dessous au *q* provençal. — Sous le rapport étymologique le *q* espagnol correspond, comme l'italien, tantôt au *q* latin, tantôt au *ca* ou au *ch* latin, par ex. dans *quepo* (*capio*), *queso* (*caseus*), *quimera* (*chimaera*). Il alterne avec *c* guttural : *delinco, delinquir*.

2. Devant *e* et *i*, *c* a un son analogue à celui du *ç* français, si ce n'est que, pour le former, on doit toucher avec la pointe de la langue les gencives immédiatement au-dessus des dents de la rangée supérieure, ou bien encore, suivant d'autres, il faut porter le bout de la langue entre les dents, ce que dit aussi Velasco : *el sonido de la ç se forma con la estremidad de la lengua casi mordida de los dientes no apretados*. Devant *a, o, u* et à la finale, *z* le remplace. Le *ç* doit se prononcer tout autrement que l'*s* ; prononcer *s* comme *ç* s'appelle en espagnol *cecear* (chuchoter). Dans *cc*, ainsi que nous l'avons vu dans la première partie, le premier *c* est guttural comme en français, *ac-cidente* ne doit donc pas s'articuler comme *aci-dente*.

Étymologiquement, ce qui s'applique à *z* peut à peu près s'appliquer aussi à *c* sifflant ; toutefois notons ce qui suit. *Ç* provient tout d'abord du latin *ce, ci, sce, sci* (voy. ci-dessus à l'*S*), puis : 1) D'un *z* étranger, comme dans *cedilla* (aussi *zedilla*), *cefiro, aceite* (arabe *zait*). — 2) De *che chi, que qui* : *cirujano* (*chirurgus*), *torcer, cinco, acebo* (*aquifolium*). — 3) De *t* avec *i* palatal : *nacion, Ponce* (*Pontius*). — 4) De *s* latine : *cerrar* (*sera*) ; de *s* arabe : *cenefa, cifra, acicalar*. Le basque est aussi enclin à prononcer de la même manière, par ex. *cerbitu* (*servire*), *cihoa* (*sevum*). — 5) De *st* : *cerrion* (*stiria*), *acipado* (*stipatus*), *trance* (*transitus*). — 6) De *sch* : *cedula* (*schedula*). — 7) De *ge gi* : *arcilla* (*argilla*), *ercer* (*erigere*) et beaucoup d'autres. — 8) De l'ital. *ǵ* dans *celosia* (*gelosia*), *cenogil* (*ginocchiello*).

CH

est, en espagnol comme dans toutes les langues romanes de l'ouest, complètement distinct de *c*, auquel il ressemble, étymologiquement, beaucoup moins qu'en italien. Il se prononce presque comme l'allem. *tsch* = fr. *tch*, pour l'articulation duquel toute la partie antérieure de la langue vient presser le palais. D'après l'ancienne orthographe, il avait dans les mots grecs le son du *ch* italien, qu'un accent circonflexe placé sur la voyelle suivante indiquait d'ordinaire, comme dans *Eschîlo, Achîles, chîlo, chîmera, chîmia, archîtecto*, qu'on écrit maintenant avec *qu* : *Esquilo, Aquiles* etc. Les premiers monuments l'emploient aussi dans d'autres cas à la place de la forte gutturale; des chartes écrivent *Chintila* à côté de la forme *Quintila* ci-dessus mentionnée, le *Poema del Cid* écrit *Anrrich*, aussi bien que *archa* (aussi dans le *Fuero juzgo*), *marcho* (aussi dans *Alex.*), *minchal*, à côté de *arca, marco, mincal* (ital. *me ne cale*). Mais la chuintante mane, que possède aussi le basque, voulait un signe particulier; on choisit alors, comme dans le provençal et peut-être sous son influence, l'aspirée gutturale latine qui convenait assez bien[1].

Étymologiquement, la nature de cette lettre complexe et difficile n'est point, tant s'en faut, éclaircie dans tous les sens. Ce qui suit n'est qu'une maigre esquisse de ses rapports multiples. *Ch* provient : 1) du latin *ce, ci*, dont il ne fait alors que reproduire, comme en italien, une prononciation plus épaisse : *chinche* (*cin icera*) etc., cf. en basque *chingola* (*cingulum*). — 2) De *s* dans *choclo* (*socculus*), *chuflar* (*sufflare*); de même en basque *chardina* (*sardina*), *chimihoa* (*simia*) etc. — 3) De *cl, pl, tl, fl*, à l'initiale et à la finale : *chabasca* (*clava*), *chanela* (*planus*), *hacha* (*facula*), *cacho* (*catulus*), *hinchar* (*inflare*). — 4) De *ct*: *dicho, lecho* etc. — 5) De *pt* dans *malacho* (*male aptus*). — 6) De *lt* : *cuchillo* (*cultellus*), *mucho*. — 7) De l'arabe *sch* : *achaque* (*schaká*). — 8) Il répond au *ch* basque, par ex. dans *chacona, chaparra, charro*. — 9) De même au *ci* ou *sci* italien dans *chancha, facha, charlar, bicha*. — 10) Très-souvent il rend le *ch* français : *champion, chaza, marchar, merchante*; l'allemand *sch* dans *chamberga* (*Schomberg*), *chorlo* (*schörl*). — 11) Dans *chubarba* (*joubarbe*), *pichon* (*pigeon*), il répond à la chuintante douce française. — 12) Souvent il coexiste avec *z*, cf. *chamarra* et *zamarra*,

---

1. *Ch* palatal se trouve déjà au moins au XIe siècle, par ex. *Sanchez, Sanchiz* Yep. I, n. 23 (de l'an. 1022). Il est remarquable qu'à la place de ce groupe on emploie aussi *g*, qui ne peut avoir également que la valeur provençale ou catalane : *Sangez* Yep. I, n. 24 (de l'an. 1077), *Sangiz* n. 25 (1092). On trouve *ch*, il est vrai, dans des chartes beaucoup plus anciennes, par ex. *rivolum Chave* Yep. IV, n. 29 (de l'an. 791), *Chayroga* ibid., mais la prononciation en est ici moins sûre.

chanco et *zanco*, *chiba* et ital. *zeba* ; ainsi le basque *borcha* = esp. *forza*, *marchoa* = *marzo*. Il se trouve aussi dans des mots qui sont empruntés aux langues de l'Amérique du Sud.

X

se prononce de deux manières.

1. En tant que son composé, il se prononce comme en latin, c'est-à-dire comme *cs* ou, un peu plus faible, comme *gs*. Cette prononciation ne se rencontre qu'au milieu des mots ; c'est la seule usitée devant les consonnes et celle que prend presque toujours la particule *ex*, même devant les voyelles, et aussi *extra*, par ex. *sexto, excepto, examen, extrangero, extremo* ; elle se retrouve dans beaucoup d'autres cas, comme *laxo, luxo, maximo, proximo* employé comme adjectif, *flexible, fluxion, sexo* ; dans les noms propres, comme *Praxiteles, Zeuxis*. Pour assurer cette prononciation, on munissait d'ordinaire la voyelle suivante d'un accent circonflexe, ainsi l'on écrivait *exâmen*. L'orthographe moderne écrit *x* sans cet accent.

2. En tant que lettre simple, *x* sonne comme le *j* espagnol (voy. ci-dessus) et se présente à l'initiale, à la médiale et à la finale. Il provient dans ce cas (où il est à peu près parallèle à l'ital. *sc*) : 1) De l'*x* latin : *Xerxes, Alexandro, dixo, exemplo, exercito, proximo* comme substantif, et beaucoup d'autres. — 2) Quelquefois de *sc* qui cependant donne ordinairement *z* : *faxo* (*fascis*), *pexe* (*piscis*), *Ximena* (dans les chartes *Scemena Escemena Semena*). — 3) De *ss* et d'*s* simple : *baxo, páxaro* (*passer*), *carcax* (ital. *carcasso*), *xeringa* (*syrinx*), *ximia, Xelanda* (*Seeland*), qu'on écrit aussi *Gelanda, xorgina jorgina* (basque *sorguina*), dans les chartes *Xanxon* (*Samson*), *Ximon* (*Simon*), *Xuarez* (*Suarez*). — 4) La chuintante arabe *sch* a également pris cette prononciation gutturale, comme dans *xaqueca* (*schaqîqah*), *oxalá* (*enschâ allah*). Quelquefois, comme dans *xefe* (*chef*), le *ch* français est traité de même, mais d'ordinaire il est représenté par *ch*. — L'orthographe moderne n'admet plus l'aspirée *x*, elle la rend tantôt par *j*, tantôt par *g* (voy. ci-dessous au *J*).

Dans quelques mots, *x* se trouve aussi à la finale et se prononce aspiré : *box* (*buxus*), *carcax* (ital. *carcasso*), *relox* (*horologium*), plur. *relojes*. Les modernes écrivent aussi *reloj* etc.

G.

1. Comme douce, *g* se trouve devant *a, o, u* et devant les consonnes ; devant *e* et *i* il s'écrit *gu*, par analogie à l'orthographe correspondante de la forte *qu*. Dans cette combinaison, *u* est donc muet ; si on veut le faire entendre on le munit d'un tréma : *agüero, argüir*. Devant *a* et *o, u* se prononce toujours. — *G* provient d'abord de la douce latine et en outre : 1) De la forte, rarement à l'initiale, comme dans *grasc, guitarra* (κιθάρα), où il est très-usité en basque : *garizuma* (*quadragesima*), *gatua* (*catus*), *gauza* (*causa*), *gastelua* (*castellum*), *gambara* (*camera*). *G* provient fréquemment de la forte au milieu du mot, suivant l'habitude ordinaire du roman. En outre, l'espagnol échange souvent *sc* pour *sg* (ce qui arrive aussi dans quelques langues germaniques et celtiques), ex. *asgo* (*apiscor*), *fisga* (goth. *fiskôn*), *rasgar* (*rasicare*), *riesgo* (ital. *risco*), cf. aussi *apesgar, nesga, sesgo, trasgo* (voy. mon Dict. étym.). — 2) Des aspirées arabes ou allemandes, comme dans *garrobo* (*charrûb*), *degun* anc. esp. (*dihein*). — 3) De l'*i* palatal de certaines formes du présent : *salgo, tengo, valgo* de *salio, teneo, valeo*. — 4) Du *w* allemand : *guarir* (*warjan*), *tregua* (*triwa*) etc.; de même du *v* arabe : *Guadalaviar* (*Vadelabiar*) etc.; rarement du *v* latin, par ex. *gomito* à côté de *vomito*, cf. aussi le basque *legamia* (franç. *levain*), *poroganza* (esp. *probanza*). — La provenance incontestable du *g* d'un *d* dans quelques mots, comme *gazapo* (*dasypus?*), *golfin* (*delphinus*), *gragea* (franç. *dragée*), est singulière; cf. mon mon Dict. étym. s. v. *camozza* I.

Dans *GN*, *g* garde le son guttural qui lui est propre : *gnomon, digno, signo* ; il est donc bien distinct du *gn* italien et français[1].

2. Devant *e* et *i*, *g* a la valeur du *j* espagnol, c'est-à-dire d'une aspirée. Il est à peu près impossible à l'étranger, dit Velasco, d'émettre ce son : *formase con el medio de la lengua inclinada al principio del paladar, no apegada á el, ni arrimada á los dientes, que es como los estrangeros la*

---

[1]. Mais cette prononciation ne se maintient pas toujours : suivant Velasco *g* ne s'entend pas du tout dans *maligno, magnifico, signo, significar, Magdalena*, dans *digno* il s'entend à peine. Mayans dit II, 72 : *siempre quito la g y digo sinificar y no significar, dino y no digno*. A la rime aussi, ce *g* est souvent muet.

pronuncian, p. 116, 117. Devant les autres voyelles, ce son est rendu dans l'ancienne orthographe par un *j* ou par un *x*, dans la moderne seulement par *j*.

J,

signe caractéristique de l'aspirée gutturale espagnole, que rendent aussi, mais dans certains cas seulement, l'*x* et le *g* : les plus anciens monuments de la langue lui donnent déjà cette valeur. Il se prononce presque comme le *ch* allemand dans *doch, ach*, mais il sort du fond du gosier. On a dit que le *j* espagnol (en admettant que sa prononciation remonte à des temps reculés, nous reviendrons sur ce point) provient de l'arabe ou du gothique ; c'est là une légende souvent reproduite, qui est contredite par ce fait que l'aspirée gutturale arabe est rendue en espagnol par un son d'organe différent (p. 306) et que le gothique n'a pas d'aspirées gutturales propres[1]. D'ailleurs il manque aussi au basque qui ne le connaît que dans des mots empruntés au castillan (Larramendi, *Dicc.* I, xxx) et qui l'exprime souvent par *ch* palatal : *bachera* = esp. *baxel, alporchac* = *alforja, chucatcea* = *enxugar*. Dans l'ancienne orthographe, *j* ne se distingue pas encore rigoureusement de *x* ou de *g* (on écrit même, par ex., *fixa* au lieu et à côté de *fija*, du latin *filia*, comme *Apol.* 193). Mais il est déjà prédominant dans certains cas, où devant *e* et *i* il est cependant parfois remplacé par *g*. Il provient : 1) du *j* latin : *jamas, juego*. — 2) De *i* palatal : *jornada, ajero (allium), hijo, granja (granea)*, mais *ageno, estrangero*, c'est-à-dire qu'on met habituellement *g* devant *e* et *i*. — 3) De la douce *g* : *jalde (galbinus), jardin*. — 4) De *nc, tc, dc* : *manjar, salvaje, miege* arch. (*medicus*). — 5) De *cl, gl, tl, pl* : *ojo, cuajar (coagulare), viejo, manojo (manipulus)*. — 6) Du *g* palatal arabe, par ex. *jarra (garrah), julepe (golab)*. Aussi du français *ge* : *jalea (gelée), jaula (geôle)*. — Sur *j* au lieu de l'*ll* espagnol (*jamar* pour *llamar*), voy. ci-dessus p. 195.

L'usage des trois lettres employées à rendre l'aspirée guttu-

---

1. Delius montre aussi très-bien (*Romar. Sprachfam.* p. 29), en ce qui concerne les Arabes, combien il est peu probable que les conquérants aient pu introduire une telle *particularité organique* précisément en Espagne, et non dans aucun des autres pays où ils s'établirent, par exemple en Portugal.

rale est réglé par l'orthographe moderne (1815) comme il suit :
1) *G* reste là où le latin l'a déjà, ainsi dans *gente, gigante, regir*. 2) Il représente souvent l'aspirée *x* devant *e* et *i* : *egemplo, egercito, egecutar, Gérges* ou *Jérjes, Genofonte*.
3) *J* reste quand le latin l'a déjà : *jamas, Jesus, justo*. 4) Il représente l'*x* guttural devant *a, o, u*, par ex. *Alejandro, deja, Quijote, enjuto* ; devant *e* et *i* dans plusieurs mots, comme *jefe* (aussi *gefe*), *jeque, tijeras, projimo, Mejico* ; surtout dans les flexions et les dérivations, lorsque déjà le radical a un *j* : *fijar fijé, bajo bajeza, paja pajita*. On écrit aussi *dije* (*dixi*), *duje* (*duxi*). 5) *X*, en tant qu'aspirée, comme dans *relox*, est réservé exclusivement à la finale.

On a récemment fait la remarque intéressante qu'avant le XVIe siècle, c'est-à-dire exactement avant 1501, les aspirées gutturales espagnoles (*j, g* ou *x*) se prononçaient autrement que maintenant : elles étaient palatales, comme en portugais et encore de nos jours en Galice, en Asturie et sur les côtes de l'est de l'Espagne (*j* = *j* français, *x* = *ch* français), en sorte que cette prononciation était autrefois répandue sur toute la péninsule. Ce point est traité par le grammairien espagnol Monlau dans sa dissertation *Del origen y la formacion del romance castellano*, Madrid 1859. L'auteur regarde ce fait comme suffisamment garanti par d'anciens ouvrages de grammaire ou autres, composés tant par des indigènes que par des étrangers. Engelmann est du même avis, *Glossaire* 1861, p. XXI et suiv., et s'appuie sur le passage des noms propres arabes en espagnol, et aussi sur la mode de transcription des appellatifs arabes en lettres espagnoles par Pedro de Alcala (1517), auquel *j* et *x* servent indifféremment à rendre le *dsch* et le *sch* arabes. Mi¹a y Fontanals, *Trov. en Esp.* p. 460, semble aussi être de cet avis ; quant aux anciens grammairiens, comme Aldrete et Covarruvias, ils ne touchent pas ce point, Mayans, plus récent, pas davantage. Le dictionnaire de l'Académie se contente de dire sur la lettre *x* : *tenia en lo antiguo un sonido ó pronunciacion mas suave, que aún se conserva en Galicia* etc. Pour Velasco (1582) la prononciation est nettement gutturale, car d'après lui elle est très-difficile pour les étrangers, observation qui ne pouvait s'appliquer dans sa pensée à la palatale. Un argument contre la valeur prétendue de l'ancien *j* ou *x* espagnol est fourni par ce fait que ce n'est pas *j* ou *x* qu'on employa pour rendre les aspirées arabes, mais bien *f* (voy. ci-dessus p. 306). Il appartiendrait à la grammaire de rechercher les causes qui, alors que le caractère de la langue était déjà nettement formé, ont pu déterminer des changements si frappants [1].

Y

fait aussi (comme en anglais) l'office d'une consonne et se prononce alors comme le *j* allemand précédé d'un léger *i*, comme dans l'*y* français, en tant que *essayer* peut se résoudre en *essai-ier*. A la médiale, *y* entre voyelles est toujours considéré comme consonne, à la finale toujours comme voyelle, en sorte qu'au pluriel *reyes* il est d'une nature autre qu'au singulier *rey*. Il provient : 1) du *j* latin : *ya* (à côté de *jamas*), *mayo*, *Pompeyo*. — 2) Il prend la place de *ge* à l'initiale dans *yelo* etc., voy. ci-dessus p. 250. — 3) Il remplace *i* lorsque la diphthongue *ie* à l'initiale se rend par *ye* (*yedra*, voy. ci-dessus p. 333); de même entre deux voyelles lorsque la seconde est tonique, comme dans *cayó, leyeron, royese* pour *ca-ió, le-ieron, ro-iese*. — Il s'intercale par euphonie après l'*u* tonique, suivi d'une seconde voyelle, comme dans *arguya, contribuye, tuyo* pour *argua* etc.

H

est muette, d'où qu'elle vienne. Aussi déjà dans la plus ancienne littérature est-elle souvent omise; on trouve *aber* à côté de

---

1. Ferd. Wolf, *Jahrb.* V, 107, a extrait le passage relatif à cette question de l'écrit de Monlau (qui m'est inconnu) et a donné encore conime preuve, que l'*x* espagnol se rend en basque par la chuintante. Mais lorsque Monlau remarque, à cette occasion, que Cervantès prononçait le mot *Quixote* à la française, il admet par là même que la chuintante a persisté bien plus longtemps qu'il n'est dit ci-dessus. Et de fait, d'après son *Diccionario etimologico* p. 58, 168, 169, ouvrage un peu antérieur, le son palatal aurait persisté jusque vers le règne de Philippe IV (1621), c'est-à-dire jusque dans les vingt premières années du xviie siècle, et les modifications seraient devenues générales entre 1640-1660; Gaspar Scioppius († 1649), qui a séjourné en Espagne, parlerait de ces modifications et les désignerait comme récentes. Comment accorder ces renseignements avec ce que dit Velasco? En tout cas, la période de transition doit avoir été de très-longue durée. On pourrait demander enfin si le son chuintant appartenait aussi au *j* qui correspondait à *lh* portugais, comme dans *oreja, fijo, aguja* — portug. *orelha, filho, agulha*, ou bien s'il y avait deux espèces de *j* ? Théoriquement, on doit admettre cette seconde solution.— Remarquons encore que Monlau admet aussi un changement de son qui se serait produit dans les sifflantes espagnoles vers la fin du xvie siècle. D'après lui, le *z* aurait à cette époque laissé de côté sa prononciation répondant au *z* français pour prendre le son particulier qu'il possède aujourd'hui; et l'*s*, qui jadis se prononçait douce, se serait durcie.

haber etc. Son origine est multiple. Elle provient : 1) De l'*h* latine qui est toujours conservée : *haber*, *héroe*, *honor* ; de même de l'*h* allemande : *halar* (*halon*), *heraldo*. — 2) De l'*f* latin ou étranger, par ex. *haba* (*faba*), *hoja* (*folium*), *alhondiga* (arabe *alfondoq*), *halda* (anc. h. allem. *falt*), *Hernando* (*Fridnand*). On chercherait en vain cette *h* dans le *Poema del Cid* ; dans Berceo on la trouve déjà : on y lit *hascas* à côté de *fascas*, *herropeas* à côté de *ferropeas* ; dans l'Infant Manuel on ne trouve guère que *f* ; dans Ruiz *hadeduro* à côté de *fadeduro*, *hedo* pour *fedo feo*, *hela* pour *fela*, *alahé* pour *alafé* ; dans le *Fuero juzgo hebrero* pour *febrero*. Dans la première moitié du xve siècle, par ex. dans Santillana, Juan de Mena, l'*f* est encore prépondérant[1]. Il est à supposer que cette *h*, née d'une labiale, n'était pas en principe un signe muet, que c'était plutôt une forte aspiration. L'examen de l'ancienne métrique espagnole peut appuyer cette supposition. Il n'y est jamais permis de traiter comme muette cette lettre précédée d'une voyelle, et de la mettre

---

1. Il a été admis jusqu'ici avec une certaine assurance que l'*f* qui occupe en vieil espagnol la place d'une *h* moderne n'exprime que le son de cette dernière lettre. Rien ne parle en faveur de cette hypothèse. Comment serait-on arrivé à donner à cette labiale, outre sa valeur propre, une seconde signification pour l'expression de laquelle un autre signe (*h*) était si naturellement indiqué? L'étymologie, il est vrai, aurait pu y conduire. Mais est-il croyable que cette orthographe ait été appliquée avec tant de constance que pas une seule *h* n'ait échappé au copiste, ce qui est le cas pour le *Poema del Cid?* Pour les Espagnols eux-mêmes, la valeur décidée de l'ancien *f* comme labiale n'a jamais été douteuse. On sait que don Quichotte emploie *f* pour *h* quand il veut parler dans le ton des livres de chevalerie. Villena dit (Mayans II, 338) que les anciens mettaient *f* pour *h*, parce que ce dernier son était pour eux trop dur ; d'après cela ils ne prononçaient pas l'*f* comme *h*. Mais au temps de Villena cette deuxième prononciation devait déjà avoir prévalu. Si les habitants primitifs de l'Espagne avaient de l'aversion pour l'*f* (voy. ci-dessus p. 262), cette répulsion disparut avec la destruction de leur langue. Mais elle put, bien qu'à un degré moindre, redescendre plus tard des montagnes basques, où persiste l'idiome primitif de l'Espagne, pour s'étendre encore sur une partie de la péninsule. Pourquoi ce fait n'aurait-il pas commencé à se produire au xiiie siècle? On pourrait encore, par surcroît, invoquer un témoignage étranger. Le troubadour Rambaut de Vaqueiras a écrit dix vers en espagnol dans lesquels il y a deux mots avec *f* à l'initiale = *h* espagnol moderne, *faulan* et *furtado* = *hablan* et *hurtado* (*Chx.* II, 229) ; or il ne pouvait avoir appris l'espagnol que par la langue parlée. — « Peut-être (dit Delius, *Jahrbuch* I, 360) doit-on seulement admettre que dans l'ancienne prononciation cet *f* et cette *h* se rapprochaient bien plus l'un de l'autre que dans la langue moderne, etc. »

sur la même ligne que l'*h* latine initiale, qui n'empêche pas l'hiatus. Les poètes du *Cancionero general* scandent par ex. *esta | hermosa, de | hablar, viene | herido, me | hizo*, comme s'il y avait *esta fermosa* etc. Garcilaso fait encore de même au xvie siècle : *alta | haya, no | hallaba, dulce | habla, se | hartan*. Mais Calderon scande déjà assez constamment sans tenir compte de l'*h*, *buena hacienda, solo hallaron, gran rato hablaron*, de telle sorte que les syllabes *na ha, lo ha, to ha* ne comptent métriquement que pour une seule, et les modernes font toujours de même. Mais il y a encore d'autres témoignages qui établissent qu'originairement l'*h* se faisait entendre. Velasco remarque, sur cette lettre, que dans beaucoup de mots on ne l'entend pas, *en otras es tan gruessa la aspiracion, que llega a convertirse en g* (ce qui désigne ici le *j*), ainsi dans *hablar, hazer*[1]. D'après un passage de Covarruvias, *Tesoro* II, 46[b], l'aspiration aurait été encore généralement perceptible au temps où il écrivait (l'auteur était né vers 1600), mais beaucoup de personnes la négligeaient déjà. Il dit en effet : *los que son pusilanimes, descuydados y de pecho flaco suelen no pronunciar la* h *en las dicciones aspiradas, como* eno *por* heno *y* umo *por* humo. On voit par ces exemples qu'il s'agit de l'*h* substituée à l'*f*. Encore maintenant, comme l'affirme entre autres Hervas, *Orig. degli idiomi* p. 66, en Andalousie (et en Estramadure, comme le remarque le *Dicc. de la Academia*), l'*h* s'aspire fortement : de là l'expression *xándalo* avec aspiration, pour désigner ce trait de la prononciation andalouse. Il est probable que là aussi c'est l'*h* provenant de *f* qui reçoit cette prononciation. — 3) *H* provient aussi d'aspirées arabes, qui, toutefois ont d'abord passé par *f*; c'est donc un cas tout à fait analogue au précédent : *horro* du vieux mot *forro* (arabe *'horr*), *almohaza*, anc. esp. *almofaza* (arabe *alme'hassah*), *rehen* ancienn. *refen* (arabe *rahn*). Dans les mots allemands la même évolution est possible : anc. h. allem. *hart*, v. esp. *fardido*, esp. mod. *hardido*, qu'on écrit toutefois seulement *ardido*. — 4) Du *v* latin, avec *f* pour intermédiaire, voy. sous cette dernière lettre. — 5) Souvent *h*, aussi d'après l'orthographe moderne, est préposée à une voyelle : *henchir* (*implere*), *hedrar* (*iterare*), *hermita* (*eremita*), *hinchar* (*inflare*)[2].

---

1. Il remarque aussi que l'aspiration disparaît quand une *n* précède : *quieren hablar, mandan hazer*.
2. Cette *h* ainsi préposée se faisait anciennement entendre, puis-

Mais ce fait se présente essentiellement : *a*) quand un *g* a disparu : *helar, hermano, hinojo*, voy. ci-dessus p. 250. *b) hie* alterne avec *ye* dans *hiema yema, hielo yelo, hieso yeso, hiero yero* (*ervum*). *c) h* précède régulièrement la diphthongue *ue*, pour rendre la forte aspiration qui en est inséparable : *huebos* arch. (*opus*), *huebra* (*opera*), *huele* (*olet*), *huerco* (*orcus*), *huerfano* (*orphanus*), *Huesca* (*Osca*), *hueso* (*os*), *huevo* (*ovum*)[1]. Au lieu de *h*, l'espagnol employait encore une autre spirante, *v*, dans *vuedia* (pour *hueydia*), *vueste* (pour *hueste*) Alx., comme aussi le napolitain *vuorco* = esp. *huerco, vuosso* = esp. *hueso*; cf. encore le catal. *vuit* avec le fr. *huit*. Cette aspiration espagnole s'est renforcée dans les dialectes (dans le royaume de Tolède et d'autres pays, dit Velasco) en *g*, d'où les formes *güebra, güerto* (*huerto*, lat. *hortus*), *güeso, güespet* (*huesped*) Apol. 141, *pigüela* (*pihuela*). — Aussi bien dans l'initiale *hie*, où elle s'aspire plus doucement, que dans l'initiale *hue* où elle exprime une forte aspiration, *h* est toujours une vraie consonne qui a une valeur dans le mètre : *tardo | hielo, pobre | huerfano*.

P. B. F. V.

P provient de *f* dans *golpe* (*colaphus*) etc.

B, du moins entre voyelles, a une prononciation très-molle, et a été souvent confondu en conséquence avec *v*, comme à l'inverse *v* avec *b*, et cela dès l'origine : on écrivait *berdat* et *verdad, bolver* et *volver, bivir* et *vivir, haber* et *haver, caballo* et *cavallo*; on rendait même la diphthongue *au* par *ab* (p. 160); aussi Sanchez de las Brozas, par exemple, avertit-il dans sa grammaire grecque que βῆτα ne doit pas se prononcer comme *vita*. On voit que le *b* mis pour *v* était plus dur que ce dernier, par l'action qu'il exerce sur une *n* placée devant lui : *n* devient alors *m*, par ex. *ambidos* (*invitus*), *embidia, comboy* (fr. *convoi*) etc., encore maintenant *embestir* (*investire*). Le basque met partout *b* pour *v*. D'après les règles de l'orthographe

---

qu'elle pouvait être remplacée par *f*, cf. *fenchir* pour *henchir, finojo* pour *hinojo* (*gen.*). Les anciens faisaient aussi précéder certains petits mots d'une *h* muette, comme le font les Portugais, par ex. *ha* (pour *á*), *hi* (*y*), *ho* (*o*), *hir* (*ir*), *huno* (*uno*) dans le ms. d'*Apollonius*.

1. D'après Velasco (p. 138) cette *h* n'est là que pour empêcher qu'on prononce l'initiale *ue* comme *ve*. En français, on pourrait plutôt admettre cette fonction de l'*h* devant *ui*, car l'*h* est ici presque partout muette comme dans *huile, huis, huître*.

moderne on doit prononcer et écrire ces deux lettres suivant leur provenance; quand celle-ci ne se voit pas clairement on doit se conformer à l'usage existant. *B* dans quelques mots comme *abogado* (*advocatus*), *barrer* (*verrere*), *bermejo* (*vermis*), *boda* (*vota*), *buitre* (*vultur*), et *v* dans *maravilla* s'emploient contrairement à l'étymologie. *B* ou *v* proviennent de *f* dans *cuebano* (*cophinus*), *Cristóval* (*Christophorus*) et quelques autres. De *u* dans *Pablo* (*Paulus*); [1] dans quelques mots le vieil espagnol l'employait aussi devant les consonnes à la place de *v* : *lebdar* (*levitare*, esp. mod. *leudar*), *muebdo* (*movitus* pour *motus*), comme Velasco le présume, il avait aussi un son doux. De *m* dans *bandibula* (*ma-*), *vervenzon* (*vermis*) Bc.

F a beaucoup perdu par son passage fréquent à l'*h*. En revanche, dans quelques cas il provient de *p* et *b* : *trofeo*, *golfo* (κόλπος), *escofina* (*scob.*); aussi de *v* qui, plus tard, est devenu *h* en passant par *f*, par ex. lat. *viscus*, anc. esp. *fisca*, esp. mod. *hisca* etc.

P ou *b* peuvent s'intercaler après *m* : *compezar* arch. = *comenzar*, *dombo* = *domo* ; *b*, surtout entre *m* et une autre liquide, voy. p. 200 ; il faut ajouter aux exemples cités des mots arabes comme *Alhambra* et *Zambra* ; sur *b* ou *v* employés pour faire disparaître l'hiatus, voy. p. 176.

LETTRES PORTUGAISES.

Leur prononciation est tout à fait différente de la prononciation espagnole, leur étymologie est à peu près la même, en sorte que cette dernière n'a pas besoin d'une exposition particulière. L'orthographe n'est point arrivée à un système fixe.

VOYELLES SIMPLES.

Ces voyelles sont *a, e, i, o, u* ; *y* se présente aussi dans les diphthongues et s'emploie en outre continuellement dans les mots d'origine étrangère. Quant à la prononciation, qui contient beaucoup de nuances délicates, remarquons seulement que *a, e, o* atones rendent un son plus sourd, en sorte que *a* se rapproche

---

1. De *o* dans *Ybañez*, c'est-à-dire *Ioannes*, dont l'*i* se présente ici comme voyelle (russe *Ivan*) et dans *Juanez* comme consonne.

de *e*, que *e* à la fin des mots sonne comme *i* dans les dialectes et même à Lisbonne, et que *o* sonne comme *u*. Mais ce son est très-faible, puisque les voyelles finales atones tendent à s'assourdir presque entièrement; c'est ainsi que *freixo* se prononce aujourd'hui presque comme *frex*, *dente* presque comme *dent*. Les anciens redoublaient fréquemment les voyelles, d'ordinaire pour indiquer une syncope : *aadem* (*anatem*), *fee* pour *fé* (*fides*), *beesta* (*balista*), *vii* (*vidi*), *delfiis* (*delphini*), *coor* (*color*), *póvoo* (*populus*); mais arbitrairement aussi dans certains cas, par ex. *daa* (*dat*), *estaa*, *daraa*, *aveer*.

DIPHTHONGUES.

Elles sont devenues, principalement par suite de l'attraction et de la chute de consonnes, nombreuses et d'un usage fréquent. L'existence des suivantes ne paraît pas douteuse : *ÁE, ÁI, ÁO, ÁU; ÉI, ÉO, ÉU; ÍO, ÍU; ÓE, ÓI, ÓU; ÚE, ÚI; EÁ, EÓ; IÁ; OÁ; UÁ*. Exemples : *taes, pai, amais, pao, auto, pauta; lei* (*ley*), *rei* (*rey*), *sei, ameis, amáreis, deos, mordeo, eu, meu, seu, temeu; vio, riu; heroe, doe, boi, foi, pois, oiro, ou, ouvir, sou, amou; azues, fui, muito; lactea, lacteo; gloria; coalho, agoa; qual, igual, egua*[1]. Quelques autres comme *UÉ, UÍ, UÓ* ne se présentent que dans les mots savants : *quesito, inquirir, equoreo*. Grâce à la parenté de l'*i* atone et de l'*e*, de l'*u* et de l'*o*, on trouve les formes *ae* et *ai, ao* et *au, eo* et *eu, io* et *iu, ue* et *ui, ua* et *oa* dans le même mot l'une à côté de l'autre, par ex. *pae pai, mao mau, pao pau, deo deu, deos deus, vio viu, azues azuis, agua agoa, lingua lingoa;* parmi lesquelles *au, eu, iu* passent pour être des formes orthographiques moins élégantes. On ne trouve pas en portugais les sons communs au roman *ie* et *uo* ou *ue*, que remplacent ici les voyelles simples *e* et *o*. Faisons encore quelques remarques sur les plus importantes diphthongues.

AI

naît par attraction, comme dans *aipo* (*apium*), *caivo* (*capio*), *gaivota* (esp. *gaviota*), *raiba* (*rabies*); quelquefois par suite

---

1. Nunez de Lião, *Origem da l. pg.*, en compte seize, parmi lesquelles il comprend les voyelles répétées et rendant un son nasal, c'est-à-dire *ãa, ãe, ai, ão, au, ẽe* (*bẽes* de *bem*), *ei, eu, ĩi* (*roĩis* de *roim*), *oa, oi, oe, õo* (*sõos* de *som*), *oi, ui, ũu* (*vaccũus* de *vaccum*).

de la chute d'une consonne, comme dans *vaidade* (*vanitas*), *cantais* (*cantatis*). Dans *aplainar* et *esfaimar* la diphthongue paraît due à l'influence française (*plain, faim*).

EI

se forme de la même manière que *ai*, par ex. dans *feira* (*feria*), *canteis* (*cantetis*). Elle provient aussi de la résolution d'une consonne : *direito* (*directus*), *inteiro* (*int, grum*), *receitar* (*receptare*). Mais ce qui est particulier c'est sa provenance : 1) de *ai*, que conservait encore partiellement l'ancienne langue, ex. *janeiro* (ancienn. *janairo*), *eira* (*aera*), *frei* (esp. *fray*), *beijo* (*basium*), *feito* (*factus*), *cheirar* (*fragrare*), *feixe* (*fascis*), *seixo* (*saxum*), *leigo* (*laïcus*). — 2) De *e* long, par euphonie : *ideia, leio, feio, cheio, freio* à côté de *idéa, léo, féo, chêo* (*plenus*), *frêo* (*frenum*).

OI.

Cette combinaison naît aussi le plus souvent par suite d'une attraction ou de la résolution d'une consonne, cf. *coiro* (*corium*), *goiva* (esp. *gubia*), *agoiro* (*augurium*), *noite* (*noctem*), *oito* (*octo*). C'est, en outre, une forme secondaire et très-usitée de *ou* : ainsi dans *coisa, coito, goivo, loiro, oiro*, mais on ne trouve pas *oi* (*aut*), *oiso* (*ausus*), *poico* etc.

UI

est le produit de l'attraction dans *ruivo* (*rubeus*). Mais cette diphthongue a encore une origine particulière, et qui diffère de celle des diphthongues précédentes : elle provient de la combinaison *ul* dans *buitre, escuitar, muito* (p. 192).

OU

est : 1) la forme nationale de l'*au* latin, par exemple dans *cousa, ouro, pouco, roubar* (allem. *rauben*), mais on trouve aussi quelquefois *oi*. — 2) Souvent (dans les parfaits) il provient par attraction de *a-u* : *houve* (*habui*), *jouve* (*jacui*) etc., et aussi de *o-i, u-i*, auquel cas *ou* est pour *oi*, par ex. *couro, mouro* (*morior*), *Douro* (*Durius*), *agouro*. — 3) Il provient de la résolution d'une consonne ; dans ce cas, il correspond d'ordinaire à l'espagnol *au* ou *o* : ainsi dans : *doutor* (*doctor*), *frouxo* (*fluxus*), *boutiçar* arch. (*bapt.*), *outro*, *poupar* (*palpare*). — 4) Dans quelques mots, comme *chouvo* (*pōpulus*), *touca* (esp. *toca*), *grou* (lat. *grus*), *poupa* (*upupa*), dans les formes du présent *dou, estou, sou*, c'est un simple allongement euphonique de l'*o* ou de l'*u*. — Des chartes galiciennes attestent que cette combinaison s'est formée de bonne heure, par ex. *escoupos Esp. sagr.* XL, 375 (ann. 841), *Mougani, Pousata, Ilioure* ibid., p. 384 et suiv. (ann. 897).

Il existe aussi quelques vraies triphthongues, comme UAE, UAI, UEI : *iguaes, averiguais, averigueis*.

CONSONNES.

C'est surtout dans les consonnes que s'affirme le mieux la différence de l'espagnol et du portugais. L'aversion du portugais pour le système phonique espagnol, son inclination pour le système phonique français se montrent dans les points les plus importants. A la place des aspirées espagnoles, le portugais a deux chuintantes, l'une plus forte, l'autre plus faible, toutes les deux semblables aux chuintantes françaises. Mais ce qui rapproche le plus le portugais et le français, ce sont les nasales. Il est d'ailleurs facile de constater que nous n'avons plus sous les yeux les consonnes portugaises dans leur pureté et leur primitive symétrie. Toutes les palatales, par exemple, ont modifié leur prononciation et sont devenues des sons simples ; elles se sont, par suite, mêlées aux consonnes simples primitives, ont troublé l'organisme de la langue et introduit l'uniformité. — D'après une règle d'orthographe *ch, ph, th, rh* se conservent : *christão, philosophia, theologia, rhythmo*. — A la finale, les consonnes portugaises se comportent presque comme les espagnoles, cependant *n* et *d* en sont exclus ; *m* est admise. Les noms propres étrangers, *Acteon, David, Madrid* font exception.

Le portugais conserve d'ordinaire le *redoublement* sans le faire entendre ; il écrit *gibboso, abbade, bocca, accordar, addição, differir, affligir, aggravar, allegar, flamma, anno, oppresso, terra, crusso, metter, attender*, mais aussi *giboso, boca, acordar, flama, meter, atender* et de même *bola, cepo* etc. Dans le cas d'assimilation, le redoublement est plus rare : *avesso* (*aversus*), *esse* (*ipse*), *gesso* (*gyps*). La consonne multiple s'écrit souvent aussi, même sans qu'elle se prononce : par ex. *affecto* se prononce *affegto* ou *affeto* ; *optimo, obtimo* ou *otimo*. Entre une muette et une liquide quelques personnes croient entendre (ce qui est peut-être entendre trop subtilement) un hiatus, par ex. *brando* se prononcerait comme *b'rando*, avec un *e* intercalé à peine sensible, et de même *c'lemente, p'resença, ag'radavei, ag'nação*. Devant l's impure, comme dans *spirito*, on croit de même saisir un léger *e*. *Psalmo* se prononce ordinairement *salmo*.

L. M. N. R.

N provient dans *dano* etc. de *mn*, et dans les cas même où cette combinaison s'écrit, *m* d'habitude ne s'entend pas, comme dans *calumnia, solemne*. *R* se prononce, comme en espagnol, tantôt dure, tantôt douce. La prononciation forte était souvent indiquée autrefois par un redoublement, même à l'initiale : *rrecebam, rregnos, rrestidos, genrro, onrra, palrrar*.

L'*l* et l'*n* mouillées sont écrites, comme en provençal, *lh* et *nh* ; cette orthographe semble avoir été empruntée à cette dernière langue, d'autant plus que si l'on en croit le témoignage de S. Rosa, elle ne commence qu'au XIIIe siècle. En effet il est peu probable que plusieurs peuples aient inventé séparément ces notations ; et les textes prouvent que le provençal les a eues avant les autres. Après d'autres consonnes aussi l'*h* rend chez les anciens l'*i* palatal, ainsi dans *sabha, escambhar, vindymha, bestha*, au lieu de *sabia* etc. Au lieu de *lh* et *nh* ils emploient également *ll* et *gn* : *alleo, muller, mellor, pegnorar, segnor*. A l'initiale, le mouillement a lieu seulement dans *lhama* (étoffe), *lhano, lhe* (pronom), anc. portug. *nho* (pronom). — *LH* correspond étymologiquement à l'esp. *ll*. Il est pour *ll* dans *belho, grilha*; pour *l* avec *i* palatal dans *batalha*, même dans des cas où l'espagnol met *j* : *filho, alhêo* ; enfin pour *cl, tl, gl, pl* dans *abelha, selha, telha, escolho*.

NH provient de *nn* dans *canhamo* etc. ; souvent de *n* simple : *ordenhar, caminho, rainha* ; de *n* avec *i* palatal dans *banho, vinha* ; rarement de *gn* ou de *ng*, comme dans *desdenhar, renhir*.

M a encore une autre fonction ; à la fin du mot elle rend nasale la voyelle qui la précède immédiatement, en même temps qu'elle perd sa prononciation de labiale, ce qui, toutefois, ne modifie pas, comme en français, l'essence de la voyelle ; *e* ne se prononce pas comme *a*, *i* comme *e*, *u* comme *ö* : *tam, bem, ruim, bom, algum*. *N* prend part à cette fonction de *m*, en ce sens qu'elle en fait partout l'office devant *s* finale, exemples : *tem* (lat. *tenet*), *tens* (*tenes*). Au milieu de beaucoup de mots, à la fin d'une syllabe, on entend également ce son nasal, ainsi que devant *m* et devant *n*, par exemple dans *tambem, emplastro*, *emfadoso, ainda, andar, doente, hontem, monte* (Constancio et autres)[1]. — Les syllabes finales méritent une attention particulière en ce qui concerne l'écriture, la prononciation et l'étymologie. D'après l'écriture moderne, *m* s'omet dans la plupart des cas et la voyelle s'écrit avec un accent circonflexe (*til* = esp. *tilde*); devant *s* on met d'habitude une *n*. On sait que ce petit trait, comme en espagnol, n'est pas autre chose que le signe d'une *n* supprimée. Ainsi on lit dans les anciens manuscrits *gran* et *grã*, *tan* et *tã*, *quen* et *quẽ*, *ben* et *bẽ*, *non* et *nõ*; mais aussi avec une *m*, dont la valeur nasale devait être connue par le français, *bem, nom*. L'incertitude dans l'orthographe persiste du reste jusqu'à nos jours. Les uns placent le *til* sur la première voyelle, les autres sur la seconde, quelques modernes (Sousa-Botelho dans son édition des *Lusiadas*, Paris 1819, in-8°) sur les deux voyelles en même temps : *vão, vaõ, vãõ*. — Étymologiquement, la nasale portugaise renvoie toujours à l'*n* espagnole quelle qu'en soit l'origine, par ex. *quem* = esp. *quien* (*quem*), *desdem* = *desden* (*dignus*), *nem* anc. esp. *nin* (*nec*). Mais au pronom *mim* ne correspond pas un *min* espagnol. — Les différentes formes sont les suivantes : 1) *am, ão* dans l'orthographe moderne (qu'on doit prononcer comme *ao* nasal ou *áu* avec *a* assourdi), est étymologiquement identique aux désinences espagnoles *ano, an, on*, par ex. *irmão* (esp. *hermano*), *volcão, amão, coração*, et de même *não, são, condição, acção*. En outre *ãos* dans le pluriel *irmãos* etc. — 2) *ãa*, quelquefois écrit *an*, qu'on doit prononcer de telle sorte que le second *a* résonne

---

1. On a émis l'opinion que cette prononciation avait passé du français dans le portugais, comme si une évolution identique ne pouvait avoir eu lieu indépendamment dans des endroits différents; on peut bien admettre que la suite d'Henri de Bourgogne se soit permis de prononcer à la manière française l'*n* portugaise, en supposant qu'elle fût encore pure en portugais; mais il est contre toute vraisemblance que la nation entière, jusqu'aux paysans, se soit ralliée à une prononciation qui changeait le caractère phonétique de la langue. Le dialecte de la Sicile, pays qui reçut une immigration française bien plus considérable, ne contient aucune trace de phonétique française. D'autre part, cette nasalité ne se présente pas seulement en Portugal, mais aussi dans la Galice qui est politiquement séparée de ce dernier pays, en un mot dans tout l'ouest de la péninsule. Au reste, les voyelles nasales portugaises, comme on a l'habitude de les nommer, ne sont pas, à proprement parler, des voyelles; elles contiennent un élément consonantique; la preuve en est que métriquement elles ne forment pas une syllabe avec la voyelle initiale d'un mot suivant. Les poètes scandent *chegão|as esquadras*, et non *che|gão as|esq*.

très-brièvement après le premier dans une seule syllabe : *irmã̃a*, *lã̃a* (*lana*), *vã̃as* (*vanas*). — 3) *aens*, et maintenant plus ordinairement *ã̃es*, que l'on doit prononcer presque comme *ã̃is* : *cã̃es* (*canes*), *pã̃es* (*panes*). — 4) *ã̃i* seulement dans *mã̃i* (*mater*). C'est avec *mim* le seul exemple de prononciation nasale dans lequel ni *m* ni *n* latines ne sont en jeu. Cependant on trouve aussi, à côté de *mui* et *muito*, *mũi* et *mũito* (*multum*); le manuscrit de Dom Diniz a *mũy* et *mui*. — 5) *em* à côté de *ens* ou *ẽes* : *homem, bem, vem, fiem*; *homens homẽes, tens tẽes*. — 6) *im* et *ins*, et non *ĩ, ĩs* : *jardim, ruim, ruins*. — 7) *om* et *ons* : *bom*, plur. *bons, com, som* (*sonus*), *tom* (*tonus*). — Du reste le *om* organiquement correct et qui répond aussi au pluriel *ões* a été remplacé par *am* ou *ão*, et les formes *condiçom, companhom, tabelliom, colhérom, dissérom, ficárom* (*ficarum* SRos. I, 165) sont archaïques et n'existent plus que dialectalement entre Minho et Douro. Déjà chez les anciens, *am* s'employait fréquemment pour *om*, par exemple dans Garcia de Resende *nam, sam, coraçam, sojeiçam*. — 8) *oem*, plus ordinairement *õe* (*õi*), se trouve dans *põe* (esp. *pon*). Ajoutons encore *oens*, *ões* = esp. *ones*, par ex. *corações, limões, leões, põem*, et le nom *Camões* (disyllab.) latinisé *Camonius*. — 9) *um* ou *ũ*, *uns* ou *ũus*, par ex. *hum*, plur. *huns*, fém. *huma*, *hũa* et même *hua*, de même *algum, algũus, alguma algũa* (trisyllab.), *lũa* et *lua* (*luna*).

T. D.

La douce ne prend pas la prononciation espagnole; d'ailleurs elle ne se présente pas à la finale, excepté dans des mots étrangers (où elle se fait suivre d'un *e* faible). L'insertion d'un *d* entre *l* et *r*, *n* et *r* n'est pas usitée ici, mais elle se rencontre après *l* : *humilde, rebelde, toldo*.

S

se prononce dure, seulement entre voyelles elle est plus douce, comme le *z* portugais. A la fin d'une syllabe elle est accompagnée d'un léger sifflement. Les anciens indiquent souvent la prononciation forte par un redoublement, comme dans *ssas, ssaber, sse, ssem, cansso, conssolar*.

Z

se prononce comme le *z* français, c'est-à-dire comme l's douce, et s'emploie pour elle, comme dans *cauza*; mais il est plus dur quand il termine le mot, ou quand une syllabe est venue s'ajouter à la syllabe finale qu'il terminait, par ex. *perdiz, perdizes*; *fiz, fizeste, fizemos*. Le *z* portugais est d'un emploi plus restreint que l'espagnol auquel il ne correspond pas en tout point. Il s'emploie, il est vrai, également pour le *z* grec et étranger, mais ne représente que rarement *t* avec *i* palatal (*dureza, razão, abestruz*), car pour l'espagnol *marzo, pozo*, le portugais écrit *março, poço* etc. La plus grande différence consiste en ce que souvent il s'emploie pour *c*, surtout dans les verbes de la deuxième et de la troisième conjugaison : *adduzir, dizer, fazer, prazer, luzir*; *doze (duodecim), fazenda, juizo, azedo, vazio (vacivus), donzella, animalzinho*.

C. Q.

1. Le *c* guttural et le *q* se comportent comme en espagnol.
2. *C* devant *e, i*, aussi bien que *ç* devant *a, o, u* se prononcent comme le *ç* français, c'est-à-dire comme une *s* dure. Mais dans les dialectes cette sifflante a le son de *tç*, et il faut reconnaître ici l'ancienne prononciation. Dans *cce, cci* le premier *c* est tantôt prononcé guttural, tantôt supprimé, c'est-à-dire qu'on dit en portugais tout aussi bien *acção* que *ação*, *succeder* que *suceder*. — Étymologiquement, l'origine du *c* devant *e* ou *i* est essentiellement la même que celle du *ç* espagnol, comme *ç* devant *a, o, u* correspond au *z* espagnol. Exemples : *cedilha* (mais *zephyro, azeite*, non *cephyro, accite*), *torcer, graça, lenço, poço, presença, feitiço, laço, braço, arcipreste, cerrar, cifra*. Cette langue ne connaît pas le *ci* espagnol pour *gi* (*arcilla*). — On aperçoit facilement que la distinction étymologique entre *ç* et *z* n'est pas d'une pureté complète : *graça* (*gratia*) et *dureza* (*duritia*), *calça* (*calceus*) et *juizo* (*judicium*) se contredisent, mais les autres langues romanes aussi confondent les groupes *ti* et *ci*. Du reste la distinction que fait le portugais entre *ç* et *z* se fonde sur l'ancienne langue et prouve une ancienne différence dans la prononciation, que ne connaît pas l'espagnol. On lit par exemple dans le *Cancioneiro inedito* et dans Dom Diniz *dizer, fazer, prazer, coraçon, forçar, esperança, faça* (*faciat*); il en est de même dans le *Cancioneiro de Resende*.

CH.

Il a le son du *ch* français, mais dans le *Tras-os-Montes* il a celui du *ch* espagnol, qui est certainement le son primitif. —

Quant à son origine, elle est à peu près la même que celle du *ch* espagnol. La différence la plus importante consiste en ce que, à l'initiale, il correspond d'habitude à l'*ll* espagnol, lorsque cet *ll* provient de *cl, pl, fl* : *chamar, chorar, chama = llamar, llorar, llama.* Dans les mots qui ne sont pas latins, comme *patriarcha, archanjo, cherubim, chimica, ch* a la prononciation du *k* et se confond pour beaucoup de personnes avec *c* ou *q*. Dans *charo* (*carus*) et *charidade* il a aussi cette prononciation ; il est possible que cette orthographe ait été empruntée au français.

X

a un son multiple.

1. Dans les cas où en espagnol il a conservé sa prononciation latine, *x* se prononce en portugais comme *s*, mais en faisant habituellement précéder ce son de celui de l'*i* : *explico* (comme *eisplico*), *extremo, exordio* ; mais aussi dans *exemplo, exercer, exercito*. L'ancien portugais écrit souvent aussi *eixete* (*exceptus*), *eixeção* (*exceptio*), voy. S. Rosa. Dans d'autres mots, comme *convexo, fluxo, nexo, praxe, reflexão, sexo,* on le prononce *cs*. A la fin des mots, on le prononce comme *s* ou *z*, qui peuvent aussi le remplacer, par ex. *calix calis caliz*.

2. Comme le *ch* portugais moderne, il a un son chuintant presque dans tous les cas où il correspond à l'*x* guttural espagnol ou au *j*, avec lesquels il coïncide aussi étymologiquement, par ex. *coxa, peixe, baixo, oxalá, calexe* (*calèche*). On entend même le son chuintant : *fluxo, nexo* etc. (Constancio). La confusion des deux lettres *x* et *ch* n'est pas rare : on écrit *xafariz* et *chafariz, xambre chambre, xarua charua, xibança chibança, xofre chofre, xupar chupar*.

G. J.

1. *G* guttural et *gu* se comportent, au point de vue de la prononciation et de l'origine, comme en espagnol. Seulement le renforcement du *j* (*i*) en *g* n'est pas usité ici : pour *valga* on prononce *valha*. A côté de *gua* on trouve l'anc. portug. *goa*, par ex. *goarda* pour *guarda*, ce qui rappelle *agoa* pour *agua*. Les anciens écrivaient aussi avec un *u* muet *amiguo, diguo, loguo, paguar*, comme en provençal. — Dans *gn*, *g* est sensible, par ex. *dig-no* (mais aussi *dino*), *mag-no* (dans Camoens *manho* à la rime), *mag-nanimo*.

2. *G* devant *e* et *i*, et *j* devant toutes les voyelles, se prononcent comme les mêmes lettres françaises. En se référant à

l'histoire du *ch* on pourrait voir dans *dj* le son primitif, mais nous n'avons pas de preuves à l'appui de cette hypothèse. — Etymologiquement, cette chuintante douce coïncide à peu près avec l'aspirée espagnole, par ex. dans *jamas, ligeiro, granja, jardim, jarreta, jalde, selvagem, jarra, jaula*. Mais la chuintante portugaise ne sert pas, comme le *j* espagnol, à exprimer les groupes latins *cl, pl, tl*.

H.

Elle est muette, mais on l'a conservée pour l'étymologie comme en espagnol ; on l'a même préposée à quelques mots tels que *he* (*est*), *hir* (*ire*), *hum* (*unus*), afin de leur donner pour l'œil un peu plus d'ampleur.

P. B. F. V.

Le son du *b* est resté pur. Après *m* il se trouve quelquefois intercalé : *tambo* (*thalamus*), *tarimba* (persan *'tarîmah*), *tômboro* (*tumulus*). *V* est souvent échangé avec *b* dans les dialectes, entre Minho et Douro : *bento* pour *vento*, *binho* pour *vinho*. Il est intercalé pour annuler l'hiatus dans *louvar, louvir*, etc. (p. 176). On trouve chez les anciens *f* redoublé à l'initiale : *ffago, ffalsas, ffillos, fforo*, ce qui semble indiquer une prononciation plus dure. Les labiales ne présentent d'ailleurs rien de particulier dans la langue lusitanienne.

LETTRES PROVENÇALES.

Les moyens qui peuvent nous servir à fixer la prononciation provençale, en dehors de ceux que nous offrent l'organisme même de la langue et la comparaison avec d'autres dialectes, nous sont fournis par les anciens travaux sur la grammaire et par les dialectes modernes qui, précisément sur ce point, ont gardé, plus fidèlement que dans la syntaxe et dans la flexion, l'héritage de l'ancienne langue. Les deux grammaires (citées dans l'introduction, p. 96) de Uc Faidit et Raimon Vidal ne traitent pas ce sujet ; tout au plus dans Raimon est-il question de syllabes brèves et longues ; en outre la prononciation provençale est comparée une fois à la prononciation française. Mais la poétique connue sous le titre de *Leys d'amors* a souvent égard à la valeur des lettres et à leur orthographe. Il est vrai que cet ouvrage fut composé quand la décadence de la langue avait commencé, vers le milieu du XIVe siècle, mais jusque là cette décadence n'atteignait encore que quelques traits de la grammaire et le style, mais non la prononciation. On ne doit pas s'attendre à ce que les scribes du XIIIe siècle soient arrivés à une orthographe fixe, bien que plusieurs d'entre eux ne manquent réellement pas de principes ou de notions orthographiques. Cette incertitude dans l'écriture ne présenterait pas de difficulté particulière si l'on pouvait tracer partout avec sûreté la limite entre l'orthographe et le dialecte. *Quar*, par exemple (lat. *quare*), est-il seulement graphiquement différent de *car*, ou s'en distingue-t-il phonétiquement comme une forme archaïque ou dialectale ? La poésie admettait une grande quantité de formes, c'est-à-dire des formes variées du même mot. Un seul et même poète emploie à la rime, où l'on ne peut admettre une falsification du copiste, *fau* et *fatz, plai platz, faire far, conques conquis, ditz di*. Il ne faudrait pas se hâter d'en conclure qu'on prononçait, par exemple, *quar* autrement que *car*, *altre* autrement que *autre* ; les premières formes pouvaient être une orthographe étymologique ou traditionnelle. On ne réussira pas de sitôt à résoudre toutes les difficultés de cette espèce ; il s'agit d'abord de bien les comprendre et de les exposer[1].

VOYELLES SIMPLES.

A.

Les cas dans lesquels *a* provient de voyelles autres que l'*a* primitif sont rares. Il provient de *o* par exemple dans *dama*, emprunté peut-être au français, de même dans *ara* (*hora*); de *e* dans *vas* pour *ves vers* (*versus* comme préposition) ; de *ei* allemand dans *gazanhar* etc. — A la finale, *a* atone se prononçait sans doute comme en italien. Les dialectes modernes l'échangent presque tous pour un *o*, qui, d'après Sauvages, a une prononciation intermédiaire entre l'*o* pur et l'*e* muet français, ou bien

---

1. Parmi les écrivains modernes, Bastero, *Crusca provenzale* 119 et suiv., s'occupe avec assez de détails de la prononciation, mais il se place exclusivement au point de vue d'un Catalan, car il faisait naître la poésie des troubadours en Catalogne. Rochegude, *Gloss. occitanien* p. XLVIII, se débarrasse de la question en quelques lignes. Raynouard l'a complètement omise. A une question qu'on lui adressait à ce sujet, il répondit catégoriquement : « *Il n'y a pas de prononciation provençale* », et cette réponse n'était pas sans quelque vérité.

équivaut à l'*o* italien dans *fatto* : anc.prov. *camba*, prov.mod. *cambo*, franç. *jambe*. *Ou* s'écrit aussi pour *o*, spécialement dans la Provence (dont le nom se prononce maintenant *Prouvençou*). Ce changement dommageable paraît être encore inconnu aux documents du xv° siècle[1] ; au xvi°, il est décidément accompli. Le poète bien connu Brueys d'Aix (fin du xvi° siècle) écrit déjà *causo*, *gouto*. — Remarquons la notation adoptée par un manuscrit de Paris (7698), *au* pour *a* devant *n* (*faun*, *venraun*), qui se présente spécialement dans le Rouergue et qui rappelle la forme identique roumanche (*aungel*, *braunca*) plutôt que l'*au* anglo-normand.

E.

Les deux espèces d'*e* en italien et en français, l'*e* ouvert et l'*e* fermé, ne se laissent pas discerner dans l'ancienne langue, car les rimes ne font aucune différence. Uc Faidit se sert, il est vrai, en parlant de syllabes qui contiennent un *e*, des expressions *larg* et *estreit*, mais non pas dans le sens de l'italien *largo* et *stretto* (voy. ci-des. p. 311, 312): il veut désigner par là les longues et les brèves prosodiques, cf. *Chx*. II, cliii. Les dialectes modernes du Languedoc connaissent, comme en français, un *e* ouvert, un *e* moins ouvert   un *e* fermé, enfin un *e* très-fermé (*ë*) qui, s'il est tonique, correspond à l'*e* ouvert, s'il est atone correspond ordinairement à l'*e* muet français, cf. *boutëlio* (*bouteille*), *cabëstrë* (*chevêtre*), *bounëto* (*bonnet*), *bë* (*bien*), *burë* (*beurre*). Le catalan distingue un *e* et un *o* ouvert et un *e* et un *o* fermé (Fuchs, *Zeitw*. p. 76). L'*e* ouvert manque absolument au dialecte limousin.

I.

Comparé à l'*i* français, son emploi est plus restreint puisqu'il provient rarement d'un *e* long ou d'une diphthongue. Il est souvent et presque arbitrairement remplacé dans l'écriture par *y* : *y* (*ibi*), *ylh*, *cylh*, *yssir*, *yvern*. Cette notation est très-fréquente dans les diphthongues *ay*, *ey*, *oy*, *uy* et à l'initiale devant la voyelle tonique, comme dans *yeu* (*ego*), *yest* (*es*). Plusieurs manuscrits emploient aussi pour *y* le caractère allongé *j* : *suj*, *clamaraj*, *baissiej* etc.[2]

---

1. Dans des lettres de franchise données à la ville de Saint-Affrique (Gaujal I, 316), on lit, il est vrai, *aureilho*, *mesuro*; mais la charte est sans doute une copie d'une écriture postérieure.
2. Remarquons ici en passant que quelques manuscrits devant *l*

O.

Dans l'ancienne langue, cette voyelle restait intacte comme en italien; dans la langue moderne elle a suivi généralement la même direction que l'*o* français et est même devenue plus souvent *ou* qu'en français : on prononce *bouco* (*bouche*), *counfrountá*, *courtino*, *flouri* (*fleurir*), *fouliá* (*fouler*), *fourco* (*fourche*), *lougis* etc., déjà dans une charte de 1378 (*HLang.* IV, *preuv.* 354) *amourousa, touts, poudisse*. Il y a encore des exemples plus anciens, ce qui ne doit pas étonner si l'on songe à l'ancienneté de l'*ou* en français et au contact des deux langues[1].

U.

En provençal moderne il a le même son qu'en français (en conséquence, pour rendre le son de l'*u* pur on écrit comme en

emploient *ia* au lieu de l'*i* généralement usité et aussi *ea* au lieu de l'*e*, ainsi *mial* pour *mil* (lat. *mille*), *fial* pour *fil* (*filum*), *umial* pour *umil*, *peal* pour *pel* (*pilus*); voy. par ex. une pièce attribuée à P. Vidal *LRom.* I, 405, ainsi que la partie toulousaine du poème sur la Guerre des Albigeois. Au lieu de *ia* les *Joyas* également toulousaines emploient *ie* : *miel, umiel, abriel* (ailleurs *abrieu*, c'est-à-dire *aprilis*). On peut comparer la succession des formes françaises *bel, biel, bial, biau*. Ce développement de *e* ou *i* en *ia* se rencontre encore dans d'autres dialectes et aussi devant d'autres consonnes. Un dial. auvergnat, par exemple, fait *riau* de *rivus*, *liau* de *levis* (cf. p. 99); un dial. prov. fait *premiar* de *primarius*, *deniar* de *denarius* (Laplane, *Hist. de Sisteron* I, 555); un dial. roumanche fait *tiara* de *terra, fiasta* de *festa* (p. 143), le valaque *peang* de *penna*, *sease* de *sex* (ibid.).

1. Dans un récent mémoire, Paul Meyer a épuisé complètement l'étude de l'*o* provençal (*Phonétique provençale*, o). Dans ce travail il a eu principalement égard aux patois modernes, qui présentent diverses particularités dans le traitement de l'*o* et de l'*u* latins et confirment de nouveau, par exemple, l'influence de l'accent sur la forme des mots : l'*o* tonique venant de ŏ latin (ou de *o* en position) persiste en ancien provençal, même dans les dérivés où l'accent se déplace : *jóga jogár, óli oliva, gros grossét, porc porquét*; en provençal moderne, dans le second cas, il devient *ou* : *jógo jougá, óli oulivo, gros groussét, porc pourquét*. Mais ce qui a un intérêt tout particulier dans ce travail, c'est la remarque que, dans le dictionnaire de rimes de Faidit (voy. ci-dessous à la troisième section la théorie de la quantité en provençal), l'*o larc* des mots qui y sont enregistrés correspond à l'*o* provençal ancien et moderne, et l'*o estreit* à l'*ou* provençal moderne; cet *ou* devait donc être déjà usité au moyen âge, bien qu'alors les deux sons fussent représentés par le même signe (*o*). Ainsi l'*o larc* dans *jocs, brocs, focs* répond à l'*o* pur du prov. mod. *joc, broc, foc*, mais l'*o estreit* dans *bocs, mocs* répond au prov. mod. *ou* dans *bouc, mouc* ou *bou, mou*.

français *ou*, et par suite *aou*, pour *au*). Les anciens doivent lui avoir donné le son pur de l'*u* méridional, puisqu'il alterne souvent avec *v* : *blau blava, estiu estiva*. C'est donc le même *u* que dans le catalan, dont le provençal se rapproche plus, pour la phonétique, que du français[1]. Il se confond fréquemment avec l'*o* : *mon* et *mun* (*mundus*), *dunc donc*, *duptar doptar*.

DIPHTHONGUES.

Elles sonnent pleinement et sont d'un emploi fréquent, ce qui fait que le vocalisme provençal contraste vivement avec la sécheresse du vocalisme français. Leur classification est facile, car ici on n'a pas admis les diphthongues du latin classique (ital. *aer*eo, portug. *equor*eo) qui ne font que troubler la symétrie de l'organisme de la langue. Les *Leys* indiquent *ÁI, ÉI, ÓI, ÚI*; *ÁU, ÉU, ÍU, ÓU* comme diphthongues propres, *IÁ* (*gloria*), *IÉ* (*miels*), *UÉ* (*fuelh*) comme diphthongues impropres. Ajoutons-y encore *UÓ*. C'est une bonne note pour les dialectes modernes d'avoir conservé avec l'ancienne prononciation la plupart de ces diphthongues. — Les diphthongues donnent souvent naissance à des triphthongues.

AI.

La langue aime ce son, qu'elle présente surtout dans les radicaux (tandis que l'espagnol l'offre plutôt dans les flexions). Il provient : 1) d'une synérèse, comme dans *gai* (*gáhi*), *ebray* (*ebraïcus*), *lay* (*laïcus*), *aire* (*aër*), *traire* (*trahere*). — 2) De l'adoucissement d'une gutturale, rarement de celui d'une labiale ou de la chute d'une dentale : ainsi dans *aidar* (*adjutare ajtar*), *bailar* (*bajulare*), *flairar* (*fragrare*), *verai* (*veracus**), *fait, laissar*; *caitiu* (*captivus*), *caissa* (*capsa*); *caire* (*quadrum*), *paire, maire, emperaire*. Devant *ss* = *sz* on le trouve dans *naisser* (*nasci*), *paisser* (*pasci*). — 3) D'une attraction ou d'une syncope : *vaire* (*varius*), *cais* (*quasi*), *palais, aigla, repairar* (*repatriare*), *bai* (*badius*), *glai* (*gladius*), *chai* (*cadit*), *vai* (*vadit*) et autres mots analogues. — 4) Dans *aigron, faida, gaire, lait* etc., la diphthongue allemande identique s'est

---

1. Rochegude, *Gloss. occ.* p. XLIX, accorde que l'*u* provençal avait le son de l'*ou* français *après une autre voyelle*; il lui donne en conséquence, dans les autres cas, la valeur de l'*u* français, sans perdre un mot à expliquer cette contradiction.

perpétuée. — 5) Assez souvent *ai*, en sa qualité de son plus plein, prend la place de *ei*; qu'on considère *plais* pour *pleis* (*plexum*), *Saine* (*Sequana*), *sais* (*caesius*, voy. mon Dict. étym.), *Saisso* (*Suessiones*, franç. *Soissons*). — Des chartes du sud de la France montrent déjà très-souvent cet *ai*, comme dans *Falgairolas* Mab. Dipl. p. 572, *Aigua* HLang. II, n. 7, *Aigo* à côté de *Agio* n. 46. 51. Remarquons encore la forme *ae* pour *ai*, *paer* pour *paire*, *maer* pour *maire* (*major*) dans l'*Ev. Joh. ed. Hofm.*

EI

provient: 1) de l'allongement de *e* (rare) : *mei* (*me*), *tei* (nom de la lettre *t* dans le *Boèce*), *trei* (*tres*), *veir* (*verus*). — 2) De l'adoucissement ou de la chute d'une consonne, par ex. *peitz* (*pejus*), *ieial*, *reial*, *freit* (*frig'dus*), *lei*, *rei*, *dreit* (*directus*), *estreit* (*strictus*); *eis* (*ipse*); *mei* (*medius*), *creire* (*credere*), *meire* (*metere*); de là *creisser* (*crescere*) et autres semblables. — 3) Par attraction de *e-i*, *a-i* : *feira* (*feria*), *primeira* (*primaria*). D'ailleurs on trouve *ei* remplaçant *ai* dans les dialectes, par ex. *fei*, *reizon* déjà dans la *Passion du Christ*, *tenrei*, *tornarei* dans d'anciennes chartes Chx. II, 51 et suiv. prov. mod. *eisso*, *feizou* (*fazon*), *fleird*, *leyssá*[1]. Lorsqu'*e* vient à se diphthonguer, il donne naissance à la triphthongue *IEI*, comme dans *fieira*, *lieys*, *miei*, *manieira*, *perfieit*, *premieira*. — On a des exemples anciens de *ei* et *iei* dans *Pomeirs* = *Pomiers* Mab. Ann. III, n. 333 (ann. 891), *Asinieyras* Mab. Dipl. p. 572.

OI

provient de même : 1) d'un adoucissement ou d'une chute de consonnes: *noit*, *point*, *coissa*, *oisor* (*uxor*); *hoi* (*hodie*), *foire* (*fodere*), *noirir* (*nutrire*); *conoisser*, *escoissendre* (*ex-conscindere*). — 2) D'une attraction : *moira* (*moriar*), *foison* (*fusio*), *poissas* (*postea*). La diphthongaison de l'*o* engendre ici aussi des triphthongues, tantôt *UEI*, tantôt *UOI*, comme *trueia truoia*, *huei huoi*, *pueia puoia*, *mueira muoira*, *cueissa cuoissa*.

UI

est : 1) le latin *ui* dans *cui*, *fui*, *lui* (*ill' huic?*). — 2) Il est le

---

1. Cet *ei* peut lui-même se condenser en *e*, cf. *Adalez* de *Adaleiz*, *prendré* de *prendrei*, dans une charte de Foix (ann. 1034) *HLang.* II, n. 171.

résultat, comme dans les précédentes diphthongues, de l'adoucissement ou de la chute d'une consonne : *destruit* (*-uctus*), *duis* (*duxit*), *cuissa* (*coxa*), *cuillier* (*cochlear*), *cuiar* (*cogitare*); *pui* (*podium*), *buire* (*butyrum*), *pluia* (*pluvia*). — 3) De l'attraction : *vuidar* (*viduare*), *cuirassa* (*coriacea*). De même que *o* et *u* se prennent l'un pour l'autre, de même *oi* et *ui*, car, à côté des formes ci-dessus, on trouve *coissa*, *coirassa*, *ploia*, *voidar*, ainsi que *soi* à côté de *sui* (*sum*). Devant *s*, *i* se perd facilement dans l'*u*, cf. *autrus* (: *us* G. Riq. p. 199).

AU,

qu'on doit prononcer avec *a plenisonan* (voy. *Leys* II, 380, où *áuzi* est donné comme exemple) est aussi une diphthongue favorite, que le provençal a conservée presque partout et qu'il s'est en outre procurée par des moyens propres. Il correspond : 1) au lat. *au*, par exemple dans *aur*, *causa*, *paubre*. — 2) à l'*au* allemand dans *aunir* (*haunjan*), *blau*, *causir* (*kausjan*), *raubar* et beaucoup d'autres mots. — 3) Il provient de l'*o* atone à la première syllabe du mot : *aucir* (*occidere*), *aulens* (*olens*) Geistl. Lieder p. 13ᵃ, *auriera* (*ora*), *Aurion* (*Orion*), *raumaria* GOcc. (*romaria* LRom.); cela fait penser à l'anc.ital. *auccisa* PPS. I, 3 ou *aulente* et au latin *ausculari* dans Festus et Placidus. Cette diphthongue naît aussi de *eo* ou *io* dans une syllabe non accentuée, comme dans *laupart* (*leopardus*), *Launart* (*Leonhardus*), *Daunis* (*Dionysius*). — *Au* provient encore : 4) De la réduction d'une labiale dans *auca* (*avica*), *aul* (pour *avol*), *aulana* (*avellana*), *cau* (*cavus*), *pau* (*pavus*), *pauruc* (*pavor-*), *aurai*, *laurar* (*laborare*), *paraula*, *trau* (*trabs*), *laudacisme* (*labdacismus*) *Leys d'am.* III, 50, *malaut* (*male aptus*), *saurai*. — 5) De la résolution d'un *g*, voy. ci-dessus p. 246. — 6) De la résolution d'une *l*, quand une seconde consonne suit, et parfois aussi à la finale, comme dans *aut*, *sautar*, *baut* (anc.h.allem. *balt*), *mau* (*malum*), *Pau* (*Palum*). — 7) *Au* naît par attraction dans *caup* (*capui* pour *cepi*), *saup* (*sapui*). *AO* pour *au* semble se rencontrer rarement. *Laorar*, par exemple, est trisyllab., *laurar* disyllab.; ces deux mots sont dans le même rapport que *paoruc* et *pauruc*, cf. *Leys* I, 46. Cependant R. Vidal écrit *paraula* à côté de *paraola*, et le *Gloss. occ.* mentionne *faoda* pour *fauda*, *nao* pour *nau*; *aonidamens* est dans la GAlb. 8647. — Le dialecte provençal moderne dit souvent *oou* pour *aou*, par ex. *foou* (franç. *faut*), *oousi* (anc.prov. *auzir*), *ooulan* (*autan*), *oourillo*; mais aussi *claou*, *paou* (*pauc*).

EU

ne correspond étymologiquement qu'en quelques points au son mixte de la diphth. française *eu* (que le provençal ne connaît pas encore, même aujourd'hui; aussi prononce-t-il *monsieur* comme *moussu*). Il renvoie, en effet : 1) à un *eu* originaire dans *Europa, reuma, deu, meu, reu, Orpheu, Clodoveu*; à peu près aussi dans *feu* (anc.h.allem. *vehu*). — 2) Il naît de la résolution d'une labiale, par ex. dans *neu* (*nivem*), *freul* (*frivolus*), *beure* (*bibere*), *neus* (*ne ipsum*). — 3) De la résolution d'une *l* dans *feutat* (*fidelitas*), *noveus* (*novellus*), *veuzir* (*vilescere*) etc. — 4) Par suite de syncope dans *teule* (*tegulum*, cf. *villa Teulamen* ann. 888 HLang. II, n. 8), *veuva* (*vidua vi'ua*). — 5) Par attraction dans *teure* (*tenuis*), *ereup* (*eripui*). — On trouve *eo* pour *eu* dans les manuscrits vaudois : *beotá, breo, deorian, greo*. La diphthongaison de l'*e* engendre la triphthongue *IEU* : *dieu, mieu, fieu, nieu, Juzieu* (*Judaeus*), *Mathieu*; mais aussi *romieu* (ital. *romeo*), *Andrieu* (*Andreas*), *Angieus* (franç. *Angers*), *Peitieus* (*Poitiers*). Dans ces noms de ville la forme française semble plus juste, voy. Quicherat, *Noms de lieu* 44.

IU

est très-usité et d'origine multiple. Il provient : 1) de l'*iu* latin dans *quandius, tandius, piu* (*pius*). — 2) Il naît de la résolution d'une labiale dans *viure, escriure* etc. — 3) De la résolution d'une *l* dans *abriu* (*aprilis*), *viutat* (*vilitas*). — 4) Par suite de la chute d'un *d* dans *niu* (*nidus*). — 5) Par attraction dans *niu* (*nubis*), *niule* (*nubilum*), *piuze* (*pulicem*), *piuzela* (*pullicella*)[1]. La diphthongue *iu* s'allonge dans la triph-

---

[1]. Mentionnons ici encore un cas rare. Le grammairien Raimon Vidal blâme (d'après un des manuscrits GProv. 86) les formes *amiu* pour *amic*, *chastiu* pour *chastic*, et de fait on trouve dans Guillem Ademar *amiu* à côté de *enemiu* Chx. III, 192, dans Peire de Valeria *chastiu* (verbe). On ne peut admettre que *iu* provienne de *ic*, c'est-à-dire *u* de *c* : on pourrait plutôt voir dans *amiu* la chute du *c* et l'attraction de l'*u* de flexion vers le radical, cf. *Grieu* de *Graecus*. Cependant on trouve *iu* pour *i* simple (que pour *amic* est connu) dans d'autres cas où ni *c*, ni peut-être même *v*, ni aucune autre consonne ne sont en jeu. Çà et là on trouve des formes du présent de la première conjugaison telles que *umiliu* de *umiliar*, *aiziu* de *aiziar*? (franç. *aiser, aisier*), *obliu* de *obliar*? (au lieu de l'habituel *oblidar*); *chastiu* de *chastiar*, *galiu* de *galiar*, pour

thongue *IEU*, qui, comme nous l'avons vu, provient aussi de
eu : *abrieu Chx.* III, 206, *cieutat, escrieure, nieu, pieuzela, rieu* (*rivus*); prov.mod. *vieoure, escrieoure, pieoucelo*.
On trouve un ancien exemple de cette triphthongue, qui ne se
rencontre ordinairement que plus tard dans *seignorieu HLang.*
III, p. 134 (ann. 1174).

OU.

Cette diphthongue peu usitée, qui se prononce comme l'*ou*
portugais ou moyen-haut-allemand[1], et dans laquelle les deux
voyelles se font distinctement entendre, provient uniquement de
l'affaiblissement d'une consonne : *jous* (*Jovis sc. dies*), *nou*
(*novus*), *roure* (*robur*), *dous* (*dulcis*), *mounier* (*molinarius* *). Seuls, des manuscrits mauvais ou postérieurs diphthonguent çà et là l'*o* simple en *ou*, ex. *boula, boutar, fouratge,
poutz* (*puteus*), *voutz*; prov.mod. *troou* (*trop*), *dooumage*.
Ou provençal se distingue de l'*ou* français, bien plus usité, par
sa prononciation nettement diphthonguée, que le dialecte moderne
même n'a pas encore échangée pour la prononciation française,
cf. *mooure* (*molere*), *ploou* (*pluit*), *soou* (*solidus*). Souvent cet
oou devient en provençal moderne, par la prothèse d'un *i*, la
triphthongue *IOOU*, comme dans *bioou* (*bovem*), *ioou* (*ovum*).
— Dans le Béarn on disait *au* pour *ou* (dialectalement on

---

lesquels on peut imaginer très-bien des verbes comme *umilivar, aizivar, oblivar, chastivar, galivar,* mais on ne les rencontre pas : le singulier *umiliu* se trouve, mais non pas le pluriel *umilivam.* Cet *iu* restreint
à la finale paraît donc être un développement anomal euphonique,
quelque chose comme l'*ui* catalan correspondant à l'*ai* provençal
(*trahit trai trau*). R. Vidal appelle des mots comme *amiu, chastiu,
paraulas biaisas,* et pense qu'on ne les trouve point dans le monde
entier ailleurs que dans le comté de Foix. Le même Ademar dit avec
une paragoge semblable *forfiu* et *diu* pour *forfi* et *di.* Cf. Bartsch *Jahrbuch* VII, 190.

1. Dans la deuxième édition j'avais identifié le son de cet *ou* provençal
à celui de l'*ou* néerlandais, ce qui a donné lieu de croire que, suivant
moi, l'*ou* provençal se prononçait comme notre *au* haut-allemand,
puisque ce dernier est identique à l'*ou* néerlandais. Mais les grammairiens néerlandais n'admettent entre ces deux diphthongues qu'une
analogie. Kramer, par exemple, dit que l'*ou* hollandais a presque le
son de l'*au* allemand ou bien celui de *o-u.* Je ne pensais qu'à *o-u,* qui
est certainement la prononciation primitive; et j'avais fait ce rapprochement parce que la diphthongue provençale et la diphthongue
néerlandaise présentent quelque analogie dans l'histoire de leur développement : *dous* de *dulcis, goud* de *guld.*

trouve à l'inverse *ou* pour *au*, p. 366) : *nau (novem), dijaus (dies Jovis), Fanjau (Fanum Jovis)*, voy. Marca, Hist. de Béarn 339, 598.

IE.

Contrairement à l'usage italien, le provençal conserve le *i-é* latin dans les adjectifs participiaux et dans beaucoup d'autres mots : *obedi-en, paci-en, sapi-en, esci-en, Ori-en, obediensa* etc., *ebri-etat, pi-etat, propri-etat*. Considéré comme diphthongue, *ie* a la même origine que l'italien *ie* : *fier, quier, primier*; il est d'ailleurs, sauf dans les triphthongues, peu usité : le dialecte du poëme de *Boèce*, par exemple, ne le connaît pas du tout ; celui de *Girart de Ross.* aime à le remplacer par *i* surtout devant *lh* : *Bavirs (Baviers), cluchire* v. 228 (*cluchier), milhs (mielhs)*, et aussi *brius (brieus), sius (sicus)*. *EI* se rencontre fréquemment à sa place, par ex. *feira fiera (feria), geit giet (jactus), peitz piegz (pejus)*.

UE,

comme diphthongaison de *o* bref, correspond tout-à-fait à l'*ue* espagnol et représente aussi, bien que moins fréquemment, l'*o* latin en position : *fuec, muer, vuelf* etc. Le dialecte de *Gir. de Ross.* emploie volontiers *u* pour *ue*, de même qu'il met *i* pour *ie* : *fuc (fuec), fulh (fuelh), pusca (puesca)*. Lorsque *ue* est suivi de *i*, il donne naissance à la triphthongue *UÉI*, comme dans *estueira (storea), muei (modius), pueis (post), prueime (proximus), tueissec (toxicum)*. *Ue*, écrit *oue*, est encore en usage : occit. *joueno*, gascon *loueng*, et particulièrement en prov. : *bouen, oueil, demouero* (anc.prov. *demora), fouesso (forsa), repouendre, vouestre*. Dans d'autres patois il s'allonge encore en *ioue*, ainsi dans *iouei (hodie), iouel (oculus), kioueisso (coxa)*. En Provence, *ue* devient même *oua*, et se rencontre ainsi presque absolument avec l'*oa* valaque (*ou* ayant ici la même valeur que *o*) : *couar* (lat. *cor), gouarbo (corbis), souarbo (sorbum), mouarto, pouarto*.

UO,

correspondant à l'*uo* italien, est étymologiquement égal à *ue*, dont il n'est qu'une variante dialectale : *fuec* et *fuoc, muer* et *muor, puesc* et *puosc*. Les *Leys* ne mentionnent pas cette diphthongue. Dans le dialecte de la Provence elle est tout-à-fait habituelle à côté de *oué* : Claude Brueys, par exemple, écrit *couor* à côté de *couer*, *cuol* (*collum*), *consouolo*, *fouol*, *fouort*, *mouort*.

CONSONNES.

Le consonantisme provençal est situé à peu près à égale distance du système italien et du système français moderne. Les palatales *ch* et *j* répondent aux *ć* et *ǵ* italiens ; la chuintante simple (*sć*) manque ou n'existe que dans les dialectes. *S* et *z* se comportent comme en français ; toutefois *z* paraît être de double nature. Le *j* guttural manque comme son isolé, mais il existe phonétiquement en qualité d'*i* palatal, c'est-à-dire appuyé à d'autres consonnes, comme dans *batalha*, *campanha*. Les nasales, telles qu'on les trouve en français, n'existent pas ici.

Le provençal distingue très-nettement la prononciation des consonnes, suivant qu'elles sont *médiales* ou *finales*, et a réglé son orthographe en conséquence. Voici la règle : toute consonne douce médiale passe à la forte du même ordre à la fin du mot ou devant une *s* ou un *z* de flexion : *d* devient *t*; *g*, *c*; *b*, *p*; *v*, *f*; *z*, *tz*, par ex. *cauda caut caut-z*, *gardar gart* ; *logal loc loc-s*, *segre sec*; *loba lop lop-s*, *trobar trop*; *servar serf*, *volver volf*; *lezer letz*, *prezar pretz*. En cas d'enclise, comme dans *oblid'om*, *cab hom*, la douce peut être préservée par l'enclise. On remarque aussi, dans les dialectes, un échange entre les palatales *j* et *ch*. comme dans *mieja* et *miech*. Il est vrai que cette règle, surtout dans les anciens monuments de la langue, ne s'observe pas toujours très-exactement : des formes orthographiques comme *atend*, *ard*, *perd*, *ag*, *prezig*, *tolg*, *amigs*, *remang*, *ab* (presque partout), *sab*, *volv* etc. ne sont pas rares, mais la douce possède ici (comme d'ailleurs les *Leys* le rappellent souvent, par ex. I, 156) tout-à-fait la prononciation de la forte[1]. Le moyen-haut-allemand obéit exactement à la

---

1. Quant à *ab*, Delius (*Jahrbuch*, I, 360) suppose pour ce mot une prononciation plus douce du *b*. Le latin *ab* n'aurait-il pas induit le provençal à cette orthographe? L'ancien français commettait la même erreur lorsqu'il écrivait *cum* pour *comme*, quand ce mot se rapprochait par le sens de la conjonction latine. — Les copistes des œuvres poétiques s'appliquaient à observer une meilleure orthographe (la rime, il est vrai, contribuait à en fixer les règles) que les scribes des chartes qui traitaient fort arbitrairement la loi des finales en particulier. Les exemples suivants vont du XIe au XIIIe siècle : *Aiarigs*, *Amuliag*, *Garag*, *Alarig*, *Neirag*, *Oronzag*, *Ug*, *recognog*, *borg*, *enamigs*; **deved**, *com-*

même loi phonique, à l'exception de ce qui concerne *z* et *tz*; comparez avec les exemples ci-dessus *gibe gap, balges balc, hende hant, hoves hof*; en général la douce, à la fin des mots, y est tout aussi peu tolérée qu'en provençal. D'autres langues germaniques encore connaissent des règles analogues. Dans le domaine slave, la langue bulgare nous offre une loi qui ne correspond pas moins exactement à celle du provençal et d'après laquelle *b, g, d, v, s, ź* se renforcent en *p, k, t, f, ss, ś*. Un autre échange, au milieu et à la fin des mots, a lieu en provençal entre *v* et la voyelle *u*; *v* s'emploie à la médiale, *u* à la finale, par ex. *beves beu, brava brau*. Comparez un semblable échange de lettres en gothique : *kniva kniu, qvivis qvius*, mais il ne se produit qu'après une voyelle brève (Grimm I², 404). Dans les autres langues romanes cette règle provençale ne se présente pas ou ne se présente qu'en partie. Le dialecte picard renforce cependant toute consonne finale, c'est-à-dire qu'il met *t* pour *d*, *k* pour *g*, *p* pour *b*, *f* pour *v*, *ss* pour *s*, *ch* pour *j* : *mote* (franç. *mode*), *lanque* (*langue*), *nope* (*noble*), *pofe* (*pauvre*), *rosse* (*rose*), *rouche* (*rouge*).

Le redoublement se produit pour *l, m, n, r, s, t, c, p, f*, peu ou point pour *d, g, b, z, j, v*. Il ne s'est pas établi de règle absolument constante sur ce point dans cette littérature manuscrite; il est facile de constater, cependant, que, dans les mots simples, la consonne simple (à l'exception de l'*r* et de l'*s*) est de beaucoup préférée dans les cas où en latin, en italien et en français se rencontre la consonne double; cette orthographe était sans doute conforme à la prononciation. Dans les mots composés, le redoublement se trouve plus souvent déjà au commencement du second mot, toutefois la consonne simple domine ici encore. Il y a lieu de croire que l'orthographe latine n'est point restée sur ce point sans influence. Voici quelques exemples tirés seulement du lexique de Raynouard, et qui mettront ce fait en lumière. *L* : *ampola, appellar* (aussi *apelar*), *bala, bola, bulla, collegi, estela, molet*; *alleviar* (*l*). *M* : *flamma* (*m*), *gemma* (*m*), *somma* (*m*); *commandar* (*m*), *immoble*. *N* : *afanar, annal* (*n*), *cana, manna* (*n*), *penna* (*n*), *tona*; *annunciar* (*n*). *R* : *errar, guerra, ferrenc*; *arreire* (*r*), *arrestar* (*r*), *arribar* (*r*). *S* : *bassa, cessar, passar*; *assatz*,

probad, pod, Ermengoud, reguard, medietad, Beliard, Bernard, Monteserrad, Faidid, Montagud, intrad, grad, ciutad, jurads. Les formes latines, comme *Bernardus*, ont pu quelquefois conduire à cette orthographe.

assemblar (s), *assomar* (s). T : *batre* (tt), *cata, cota, crota, flatar, gratar, metre, sageta* ; *attendre* (t). C : *bac, boca, lecar, secar*, mais *peccar*, et non pas *pecar; accusar, acquirir, soccore* (c). P : *capa, copa, cropa, drapel, escapar, estopa, frapar, lappa, lippos, envelopar* (pp) ; *apparer* (p), *supplir* (p). F : *affan* (f), *afflamar* (f), *offendre* (f), *sofflar, suffrir* (f).

Le provençal traite les consonnes multiples à peu près comme l'espagnol, bien qu'ici aussi la langue admette beaucoup de groupes plus durs. Les plus remarquables sont à peu près *TL, TN, TFR, CM, PM, BN, PS, PCH*; *TB, CT* (fréquent), *CD, PT* (également fréquent), *PD, PC, BT, BD*; *SL, SM, SN, SR, SD, SG, SB, SF, SCH, SJ, STS, SCS, SPS*; *MS, MJ, MT, MPT, MD, MBD, MC, NCT, NCTZ, NHD, NHDR, NB, NF*; *LR, MN, MPN, MR, NM, NR*, par ex. *crotlar, rotlar, Rotlan, putnais, Matfré, Jacme, cap-malh, ab-negar, capse, nupsejar, traps, apropchar, sapcha, Rotbert, Titbaut, dictar, maracde, doptar, capdada, capdal, cap-casal, subtil, ab-dos, bruslar, caslar, isla islha, azesmar, blasmar, asne, cisne, es-raigar, cosdumna, domesgar, bisbe, blasfemar, cruschar, es-chazer, domesgier, osts, boscs, cresps, somsir, camjar, comte, semdatz, semdier, amb-dos, com-querir, ancta, sanctz, lonhdan, cenhdre, bonba, canba, sanbuc, Anfos, valra, domna, dampnatge, damri, prezenmen, cenre, onrat*. La prononciation pouvait effacer beaucoup de ces duretés ; du moins, à côté des formes plus dures, comme *sapcha, Cristz*, on trouve *sacha, Critz*, qui sont des formes adoucies. On écrivait également bien *setgle* pour *segle*, *domestgue* pour *domesgue* ; mais ni dans l'un ni dans l'autre cas on ne devait entendre le *t*, introduit dans *domestgue* par l'étymologie, dans *setgle* par l'habitude qu'on avait de le voir uni au *g*.

L. M. N. R.

Sur la prononciation des liquides, il faut faire les remarques suivantes : *m* et *n* conservent, même à la fin des syllabes, leur prononciation labiale et linguale. Il n'y aurait aucune vraisemblance à leur attribuer le son nasal français, puisqu'il est inconnu même aux patois modernes, voy. par ex. Sauvages p. XVIII et 314 (1re édit.), Beronie, *Dict. bas-limousin* p. 354. Cela constitue une différence essentielle entre les systèmes consonantiques du provençal et du français. — *R*, d'après les *Leys* I, 38, se prononce de deux façons. Au commencement des mots elle est dure : *ramels, rius* ; entre voyelles et à la fin des mots elle est douce : *amareza, amar, honor* ; pour qu'elle soit dure dans cette situation elle doit être redoublée, comme dans *terra, guerra, ferr, corr*. Nous avons déjà rencontré en espagnol, en basque et en portugais cette prononciation de l'*r*, déterminée par sa position ; elle s'étend donc dans toute la Péninsule ibérique et dans le sud de la France ; elle se retrouve dans d'autres langues encore, par exemple en albanais (Hahn, II, 4). Les grammairiens romains ne disent rien d'une double valeur de cette lettre[1].

L'échange des liquides entre elles se produit à peu près comme dans les autres langues romanes. Remarquons que *n* finale, devant des labiales, comme *p* ou *b*, peut passer à la labiale *m* : *em paradis, em pes, em plorans, som bon paire*. Sur l'*r* provenant de *s*, ainsi que sur la préposition de *l* et la transposition de *l* et de *r*, voy. à la 1re section; sur *r* provenant de *s*, voy. encore Bartsch, *Prov. Leseb.* 238. *L* est intercalée dans *plasmar* (*spasmus*); *m* dans *lambrusca, sembelin* (b.lat. *sabellinus*), cf. catal. *escambell* (*scabellum*) ; *n* dans *engual* (*aequalis*), *minga* (*mica*), *nengun, penchenar* (*pectinare*), *nuncella* LRom. I, 18, etc. ; *r* dans *brostia* (franç. *boîte*), *brufol* (*buffle*), *refreitor* (*refectorium* *), *tro* (*tonus*), *seguentre, soentre* (*subinde*) et autres semblables, *Marselha* (toutefois aussi *Masselha*, en particulier dans la GAlb.), *parpalho* (*papilio*).

L à la fin des syllabes alterne avec *u* : *val vau* (*vallis, valet*), *leyal leyau, altre autre*. La plupart des manuscrits et des chartes admettent à la fois les deux formes ; dans la langue moderne, *u* a plus profondément pénétré. Les *Leys* II, 208, condamnent seulement la désinence *au* pour *al* comme étant un provincialisme gascon : *nos dizem que en rima ni fora rima no deu hom dire mas* leyals, *quar* liau *s motz gasconils,*

---

1. On remarque chez les poètes, à la rime, un affaiblissement de l'*r* devant *s*, spécialement dans la désinence *ors* : ainsi *seros* (*serors*) rimant avec *glorios* Chx. II, 142, *traidos* (-*ors*) avec *enoios* LR. I, 72 a, *pluzors* (lisez *pluzos*) avec *sazos* dans la chanson « *Ai s'ieu pogues* » (ms. 7698) attribuée à B. de Ventadour. On en trouve encore de nombreux exemples dans Bartsch, *Leseb.* 238, qui conclut à une très-faible prononciation de l'*r* (bien entendu seulement devant *s*). Cette absorption de l'*r* se rencontrait aussi dans la poésie catalane ; Ausias March faisait rimer *repos* avec *flos* (c'est-à-dire *flors*).

quar leumen li Gasco viro e mudo l, *cant es en fi de dictio*, *en* u, *coma* nadau *per* nadal, vidau *per* vidal, hostau *per* hostal *e* leyau *per* leyal. Le gascon actuel fait encore de même.

N finale a une double nature. Tantôt elle est un élément nécessaire, inséparable du mot, tantôt un élément accidentel, séparable, bien qu'étymologiquement fondé. Elle est inséparable lorsque, primitivement, elle était suivie d'une deuxième consonne, comme dans *dan* (*dan-num* pour *dam-num*), *sen* (*sin-n*), *gran* (*gran-dem*), *man* (*man-do*), *dan* (*dan-t*), *len* (*len-tum*), *ven* (*ven-tum*). *N* est séparable ou, comme s'expriment les *Leys*, indifférente (l'*n* provenant de *m* est traitée de même), lorsque, primitivement, elle était suivie d'une voyelle ou qu'elle était à la finale, par ex. *gran* (*gran-um*), *len* (*len-em*), *man* (*man-um*), *sen* (*sin-um*), *ven* (*ven-it*), *jóven* (*juven-em*), *quon* (*quom-odo*), *en*, *non*, *ren* (*rem*), *son* (*sum*), *mon* (*meum*), pour lesquels on écrit également bien *gra, le, ma, se, ve, jóve, quo, e, no, re, so, mo*, et avec une *s* de flexion *grans* ou *gras*. Comme on était habitué à cet échange, on ajouta aussi l'*n* séparable à quelques voyelles finales qui n'avaient aucun droit à en être munies, comme dans *fon* pour *fo* (*fuit*), *pron* pour *pro*. Si *n* se rencontre pour *nt* latin dans une désinence verbale atone, elle est régulièrement inséparable, ainsi *cántan, cánten* (lat. *cantant, cantent*), et non pas *canta, cante*, qui auraient confondu le pluriel avec le singulier; la seule désinence *on*, pour laquelle cette confusion n'est pas à craindre, permet l'abréviation : ainsi *cánton cánto* (*cantant*), *ágron ágro* (*habuerunt*), ainsi que *son* et *so* (*sunt*). Cette *n* indifférente, chacun pouvait, suivant son dialecte, la prononcer ou l'omettre; elle ne comptait pour rien [1]. C'est à tout que les *Leys* l. c. blâment les formes avec *n*, et n'admettent l'*n* que devant une voyelle suivante : *alqu dizon qu'om pot dire en rima* vilan *per* vila, canson *per* canso, fin *per* fi. *E nos dizem qu'om no deu dir en rima ni fora rima mas vila e canso,*

---

1. C'est ce qu'on observe clairement dans la métrique. Cette *n* ne produit aucune différence entre les rimes : *revé, plen, reten, be* sont impossibles comme rimes croisées. Les finales privées de *n* ne permettent pas non plus l'élision ou la permettent à peine : *puesco aver, prendo armas* comptent pour quatre syllabes, car il fallait laisser le champ libre pour l'insertion de *n*; tandis que *puesca aver, prenda armas* peuvent être comptés pour trois syllabes. Il n'y a que dans les groupes enclitiques que *n* soit exclue : *be-m, be-us, quo-us, re-us, foro-l* (on trouve aussi *foro-ill*), *prendo-ls, laisso-s*, et rarement *laisson-s*.

exceptat fi, *que fora de rima pot far* fin, *majormen seguen vocal, segon qu'es estat dig.* Cette remarque s'adresse à Raimon Vidal, voy. le passage ci-dessus p. 97, note. La plupart, peut-être la totalité, des manuscrits, et déjà celui du *Boèce* ainsi que le manuscrit 7226 préconisé par Raynouard comme le meilleur, présentent les deux formes. On les retrouve dans les dialectes modernes : le Languedoc, le Rouergue, l'Auvergne, par exemple, font de préférence tomber l'*n* : *be, cansou, carbou, sou, cami, efan, efas*, mais aussi *pavoun, tignoun* ; en Provence la forme maintient son intégrité : *ben, moutoun, enfan.* Mais quelques anciens manuscrits, comme l'*Ev. Joh. ed. Hofm.* n'emploient jamais l'*n* indifférente[1]. — *NT* se trouve çà et là à la finale au lieu de *n* qui est bien plus usitée. *avant, fant* pour *avan, fan*, cf. *Leys* I, 42, où la première forme est mentionnée comme simplement tolérable.

LH, NH. L et *n* mouillées s'écrivent de bien des façons, comme dans l'ancien français : *belh bell beill beil beyl, tanh taing tayn, tagna taigna laingna*[2]. Dans le *Boèce* on trouve *nuallos, filla, meler, velz, franer, fen, senor* ; dans la *Passion orgolz, aurilia, lon, ensenna, senior, veggnet, veng, seinhe.* Les autres manuscrits emploient de préférence tantôt *l* ou *ll*, tantôt *lh*, tantôt indifféremment *ll* et *lh* et de même *gn* et *nh*[3]. Ceux qui employaient *lh* auraient dû également aussi employer *nh*, règle que n'observent cependant pas tous les copistes ; on trouve souvent *nh* à côté de *ll*. La notation la plus recommandable paraît être *lh, nh*, parce qu'elle est la forme la plus précise; c'est ce que sentirent très-bien les Portugais lorsqu'ils empruntèrent cette orthographe aux Provençaux. Pour

---

1. L'étude des chartes datées de temps et de lieu a montré que *n* se perd dans le centre et l'ouest, et persiste dans l'est, surtout en Provence. Voy. Paul Meyer, *Flamenca* p. xxx.

2. On peut remarquer aussi *th*, au lieu de *ht* qui serait plus exact : *drethz* pour *drehtz* c'est-à-dire *dreitz, lieths* pour *liehts* c'est-à-dire *lieits, junthas* pour *junhtas, mantha* pour *manhta.* Voy. d'autres exemples relatifs à l'emploi de l'*h* dans le *Donat prov.* 44 b., 45 b.

3. On remarque déjà *lh* et *nh* dans le testament si connu de Raymond de Toulouse (ann. 961), où on lit : *Analinensis*, lisez *Anhanensis = Anianensis, Ginhalio, Grenolhedo* ; cf. ce document dans Mab. *Dipl.* p. 572, *HLang.* II, n. 97. D'autres anciens exemples (outre les exemples ci-dessus de la *Passion*) sont : *Ginhago HLang.* II, n. 165 (ann. 1029), *Guilhermi* voy. Marca, *Hist. de Béarn* p. 247 (avant 1032), *Wilherma HLang.* II, 268 (1069), *nulh, castelh, vulh Chx.* II, 67 (1080), *Guilhem, filhs* (charte de 1201), voy. Gaujal, *Études historiques sur le Rouergue* I, 295, *Penhora HLang.* III, 216 (1208).

n mouillée la transcription la plus naturelle est, il est vrai, le *ny* catalan (*banya, bany*) à côté duquel, au contraire, *ly* n'est point devenu usuel, mais qu'emploie aussi une langue étrangère à la famille romane, le hongrois. Mais l'*h* était devenue un signe superflu auquel on pouvait d'autant mieux transporter cette fonction qu'il y a une certaine parenté entre le *j* et elle ; ce sont l'une et l'autre des spirantes gutturales. Quelques manuscrits, par exemple celui de *Gir. de Ross.*, emploient aussi *h* comme gutturale faible, même en dehors des groupes *lh* et *nh*. Ainsi dans *lah* pour *la i*, cf. *Fer.* 4943, *loh* pour *lo i*, *deh*, *duh*, *plah*, *traihs* pour *dei*, *dui*, *plai*, *trais*. De même dans les cas où d'autres dialectes emploient *ch* : *dih*, *dreh*, *fah*, *mah*, *mieh*, *nuhs*, *tuh*, à côté desquels on rencontre pourtant *drei*, *mai*, *miei*. Enfin on trouve *h* pour *t* final, comme dans *crevantah*, *molah*. Le vieux traducteur français de *Job* écrit de même *faihs*, *reboihs*. — Le rapport étymologique des liquides mouillées est à peu près le même qu'en italien ; on peut donc renvoyer à l'étude de cette langue. La chute de l'élément consonantique dans *lh*, telle qu'elle a lieu dans le provençal moderne, est inconnue au provençal ancien (p. 98) ; cependant au lieu de *cavallier* (= phonétiquement *cavalher*) on trouve aussi écrit *cavayer* et même *cavaer* GAlb. 1656.

T. D.

T, dans la désinence de la troisième personne du singulier du parfait s'échange dialectalement avec *c*, par ex. *parlet parlec*, *bastit bastic*. *D* provient du *t* à peu près dans les mêmes circonstances qu'en espagnol ; comme en français, il s'intercale entre *l* et *r*, *n* et *r*.

S.

Les *Leys d'amors* I, 40, III, 382, enseignent que *s* entre voyelles a régulièrement le son de *z*, et les meilleurs manuscrits emploient *z* à cette place concurremment avec *s*, ils écrivent *causa* et *cauza*, *rosa* et *roza*. Pour avoir son véritable son, remarque encore la poétique toulousaine, *s* doit être redoublée, comme dans *plassa*, *esser*, *fossa*, cependant cela n'a pas lieu dans *proseguir*, *desus*, *lasus*, *desay*, *desobre*. Ce son propre

---

1. On a tenté de donner de ce fait une autre explication purement paléographique, voy. *Altportugiesische Kunst- und Hofpoesie* p. 36, sur laquelle Paul Meyer a émis des doutes.

(*propri so*) est certainement le son dur que l'*s* française connaît aussi.

S (*ss*) provient souvent : 1) De *t* ou *c* (*ch*) avec *i* palatal : *poiso* (*potio*), *obediensa*, *erisson* (*ericius*), *menassa*, *brassa* (*brachia*) etc. — 2) De *ce ci* sans l'aide d'une voyelle suivante, par ex. *singla* (*cingulum*), *pansa* (*panticem*), *venser*. De même de *sce sci* : *conoisser*, *peis* (*piscis*). — 3) De *x* : *aissela* (*axilla*), *laissar*, *bois* (*buxus*). C'est ici proprement *iss* qui provient de *x*. — 4) De *st* : *engoissa*, *pois*. — Lorsque *ss* (*s*) provient originairement de *ns*, les manuscrits emploient encore *ns* concurremment, ainsi *pessar pensar*, *cosselh conselh*, *essems ensems*, *ences encens*. — *S* est intercalée devant *m* dans *laucisme* (à côté de *lauzemne*), *légisme* (*legitimus*), *leonisme* (*leoninus leonimus*), *regisme* (*regimen*). La forme du superlatif (*altisme*, *santisme*) peut avoir ici induit en erreur ; du moins les suffixes *amen* et *umen* ne prennent-ils jamais cette forme[1]. — Sur la chute dialectale de cette consonne, voy. ci-dessus p. 222.

S est sujette à bien des variations orthographiques : on rencontre à sa place *c*, par ex. dans *cebellitz* (*sepultus*), *cenes* (*sine*), *cers* (*servus*), *cia* (*sit*), *cocelh* (*consilium*). Sa forme la plus indécise est *ss*, qu'on emploie pour indiquer la prononciation dure, même après des consonnes, du moins après *n* et *r*, comme dans *balanssa*, *esperanssa*, *forssa*, *corssier*. L'orthographe *sh* (*ssh*) pour *ss* (d'ordinaire quand *ss* provient de *ps*, *x*, *sc*, *st*) est très-remarquable ; on la trouve dans plusieurs manuscrits, par exemple dans le manuscrit du poème de la *Guerre des Albigeois*, dans celui des *Leys d'amors*, dans un manuscrit du *Breviari d'amor* (7227), bien que cette forme n'y soit pas constamment observée. Citons comme exemples de ce genre : *eysh* (*ipse*), *meteysh*, *neysh*, *ishamen*, *ayshi*, *laisshar*, *dish* (*dixit*), *eisshir*, *creisher*, *desshendre*, *paishon*, *conoish*, *faysh*, *peysh* (*piscis*), *pueish* (*post*), *quaysh* (*quasi*). Ce *sh* devait-il exprimer un son chuintant? Les *Leys* I, 62, disent que *h* ainsi placée est une consonne, parce qu'elle a le son d'une consonne ; il est vrai qu'elles en permettent aussi l'omission, cf. II, 186. Il est probable qu'on lui attribuait la valeur d'une aspiration ou mieux encore d'un

---

1. Il ne s'agit pas ici d'une *s* muette comme dans l'ancien français. J. de Mena, *Coron.* str. 7, emploie, par exemple, le prov. *regisme* sous la forme *reismo* rimant avec *mismo*, donc avec une *s* sonore. Sanchez de las Brozas fait à ce propos la remarque suivante : *el Troyano reismo son los reyes de Troya*. Les lexiques n'ont pas ce mot.

amollissement, comme dans *lh, nh* ; de même que ces derniers équivalent à *ly, ny*, *sh* pouvait sans doute avoir la même valeur que *sy*, c'est-à-dire celle d'une *s écrasée*, à peu près comme le franç. *ch*. On trouve soit çà et là dans les manuscrits que nous venons d'indiquer, soit dans d'autres (par exemple dans celui de *Fierabras*), la notation *sh* remplacée par *ch* au milieu des mots : *aychamens, laichar, dichendre, ichir, creicher, poichas*. De même le dialecte gascon moderne emploie *ch* pour *x, st, sc* latins : *lachá = laxare, puch = post, counech = cognoscit*, catal. *laixar, puix, conex*.

Il ne saurait être question d'un assourdissement de l'*s* comme celui qui s'est produit en français Au milieu des mots, les patois modernes la prononcent même là où en français elle a disparu, comme dans *busco, crespo, espargno, testo* = franç. *bûche, crêpe, épargne, tête*. Du fait que cette *s* suffisait à constituer des rimes spéciales, il résulte qu'elle était sensible aussi à la finale, comme dans les entrelacements de rime : *amors, onor, dolor, folhors*, ou *pessamens, len, plazens, longamen*. Une autre preuve, c'est que les *Leys* I, 62, 64, admettent la position dans des mots comme *bels, sans*. — Le groupe dur *STZ* est ordinairement adouci par la chute d'une *s* : ainsi dans *aquestz aquetz, Cristz Critz* (: *partitz* Chx. IV, 96), *justz jutz Joyas d. g. s.* 175, *estz* (lat. *estis*) *etz, fostz* (*fuistis*) *fotz, fustz futz GRoss*. v. 412[1].

Z.

Cette lettre, que l'on trouve aussi représentée par *ç*, ne peut se séparer nettement de *s* et de *c* dental, puisque la plupart du temps, d'après les meilleurs manuscrits, ces deux lettres s'écrivent indifféremment l'une pour l'autre ; ainsi on emploie *z* à la médiale d'ordinaire devant *a* ou *o* aussi bien que *s* ou *ss* ; on écrit par ex. *balanza, dureza, vaneza, servizi, razo, poizo, roazo, maizo, aizo, razina*. Mais lorsque des consonnes précèdent, *s* est plus usitée, c'est à peine si on trouve *canzo*, par

---

1. Le provençal a eu, dans ce cas, le juste instinct de sacrifier une *s* médiale de préférence à l'*s* finale de flexion, puisqu'on peut facilement suppléer la première, contrairement à notre manière d'écrire, « *du muszt* » au lieu de « *must* ». Mais l'existence de duretés en ces langues n'est pas contestable, et il n'y a pas besoin de les accumuler exprès pour en faire un épouvantail, comme font les *Leys d'Amors* I, 64, *Philips cs bels reys blanx fresc nautz*. Ces duretés se présentent parfois d'elles-mêmes, comme dans le vers *Masmutz Maurs Gotz e Barbaris* Chx. IV, 85.

exemple, pour *canso*. De même, après une voyelle tonique brève, comme *z* ne se redouble pas, on écrit plus volontiers *ss* : ainsi dans *plassa*, *menassa*. Enfin *ss* ne s'échange pas pour *z* quand elle provient de *sc, x, st* ou bien qu'elle représente une forme secondaire de *ns*, comme dans *conoisser, laissar, eissam* (*examen*), *angoissa, cosselh*, et non *conoizer* etc., on trouve cependant par ex. *pezar* fort souvent à côté de *pessar* et *pensar*. Mais pour rendre *ce ci* originaires on préfère *z* à *s* : ainsi dans *auzel* (aussi avec *c*), *fazenda, jazer* (*c*), *lezer, plazer* (*s*), *vezin*. *Z* est exclusivement employé dans le petit nombre de cas suivants : 1) lorsqu'il correspond à un *z* primitif, comme dans *zefir, zona, azur*. — 2) Quand il tient lieu de *d* ou *t*, comme dans *auzir, vezer, gazardo* (anc.h.allem. *widarlón*), *cazern* (b.lat. *quaternum*), *palazi* et beaucoup d'autres, même (ce qui arrive rarement) quand il provient d'une intercalation, voy. ci-dessus p. 176. Du moins les bons manuscrits le confondent rarement avec *s*, ce que font d'ordinaire les patois modernes. — 3) Quand il tient lieu de la palatale douce, comme dans *borzes, leuzer, aleuzar* à côté de *borges* etc.: dans ce cas *s* serait contre les lois de la langue, comme aussi dans *ceinzer* (ital. *cingere*) et autres exemples analogues. — Si l'on considère maintenant l'échange presque arbitraire du *z* avec l'*s*, il faut admettre que la prononciation du *z* a suivi celle de l'*s*, qu'il y a eu certainement un *z* dur et un *z* doux, le premier s'employant dans les mots où l'on rencontre parallèlement *ss* ou *ç* et le second dans ceux où il s'échange avec un *s* simple entre voyelles. Sur cette alternance de *s*, *ss* et *z*, voy. aussi *Leys* II, 196.

TZ, qui n'est pour ainsi dire usité qu'à la finale, s'emploie : 1) pour *ts* primitif, par ex. dans *cat-z, fat-z, let-z* (*laetus*), *mot-z* (dans lequel *z* est ajouté par la flexion), *latz* (*latus*), *sotz* (*subtus*), *amatz* (*amatis*). — 2) Pour *ce ci, te ti*, comme dans *votz, fatz* (*facit*), *letz* (*licet*), *notz* (*nocet*), *lutz* (*lucet*), *potz* (*puteus*), *pretz* (*pretium*). — Pour ce qui est de sa prononciation on peut voir dans *tz*, lorsque le *z* est un *z* de flexion, un son complexe aussi bien que dans *cs* (*amics*). Or, comme les différents *tz* riment entre eux (*fat-z platz, let-z pretz*), il s'ensuit qu'ils se prononcent partout de même. — On trouve pour *tz* plusieurs variantes dont quelques-unes très-usitées. Plusieurs manuscrits, en place de ce groupe, emploient simplement *z* ; les plus anciens, comme ceux de *Boéce*, de la *Passion du Christ* (dans ses éléments provençaux), de l'*Évangile de St Jean* ne connaissent même que la lettre simple, qui suffit aussi aux chartes des x° et xi° siècles et qui ne paraît avoir été abandonnée que vers l'an 1100. (Par une coïncidence accidentelle cette orthographe se rencontre avec l'ancien osque, car l'osque *horz* correspond tout aussi bien que le provençal *horz* au lat. *hortus*.) *Ts*, comme dans *tots*, *faits*, *irats*, est très-ancien aussi et n'a été supplanté par *tz* qu'au xiii° siècle, comme Bartsch le fait remarquer (*Jahrbuch* IV, 143). D'autres copistes écrivent aussi *s* pour *tz*, *pas* pour *patz*, *pres* pour *pretz*. Cette *s* n'équivaut sûrement pas à la combinaison *tz*, c'est donc une variante dialectale. Sur *t* au lieu de *tz*, également dans les plus anciens textes, voy. *Jahrbuch*, I, 364[1].

C. Q.

1. La gutturale est rendue comme en espagnol, ainsi également par *qu* devant *e* et *i*. Les manuscrits emploient *k* beaucoup plus rarement qu'en ancien français, l'exemple le plus fréquent est *kalenda*. Étymologiquement, le *c* guttural remonte toujours à la forte, et l'*u* suivant peut s'effacer : *car* (*quare*), *cassar* (*quassare*). *C* correspond en outre, comme dans les langues sœurs, à l'aspirée grecque et allemande. Sur la question de savoir comment, dans certains mots, il dérive du *ch* français, voy. mon *Dict. étym.* I, *miccia*. A la finale, outre *c*, il représente également aussi l'*i* palatal, comme dans *aloc* (*allodi-um*), *fastic* (*fastidi-um*), *remanc* (*remane-o*), *venc* (*veni-o*), ou bien *n* mouillée, comme dans *renc* (*regn-um*), enfin aussi *t* (voy. à cette lettre)[2].

Ici se pose la question suivante : l'*u* qui suit le *q* s'efface-t-il devant toutes les voyelles, comme en français, ou seulement devant *e* et *i*, comme habituellement en espagnol? Les *Leys*, I, 20, disent que *u*, ainsi placé, ne se prononce ni comme une voyelle ni comme une consonne (c'est-à-dire pas du tout, voy. à la lettre *G*), et elles donnent pour exemples *qui*, *quier*, *quar*. Cette doctrine trouve sa confirmation dans ce fait, que les

---

1. *Stz* dans *Gir. de Ross.* (*Tibertstz, siastz, morstz*), ainsi que dans les manuscrits du *Brev. d'amor* (*pastz, sostz* pour *patz, sotz*) est une mauvaise accumulation de consonnes qu'il faut rejeter. Il en est de même de *sz* à la médiale (*diszen, faszia, gaszanhar*). Cf. l'ancien franç. *st* pour *s* dans le *Fragm. de Val.* Remarquez encore *dz* pour *z* (*adzesmar, adzorar, Adzemars*), voy. Paul Meyer sur *Guill. de la Barre*, 34.

2. Le provençal ne se résigne guère à la perte du *c* final. Sur *amic-s* Raimon Vidal dit : *et tug aquill que dizon* amis *per* amics, *an fallit, que paraula es franzeza*.

manuscrits emploient souvent *q* simple ou *c*, comme dans *q'es* pour *qu'es*, *c'ades* pour *qu'ades*, *cal*, *can*, *cant*, *cart*, pour *qual* etc.; et qu'ils intercalent non moins souvent après *q* un *u* non fondé sur l'étymologie, preuve évidente qu'ils regardaient l'*u* comme une lettre muette à cette place, comme dans *Senequa*, *quanorgue* Chx. V, 302, *quar quazer*, pour *Seneca*, *canorgue*, *car* (*carus*), *cazer*, ou bien, ainsi qu'on l'écrivait dans les chartes latines de France *quoactus*, *quoepiscopus* ; elle est encore confirmée par ce fait que *qu* remplace graphiquement la gutturale simple *k*, comme dans *pequi* de *pecar*, *fresqueira* de *fresc*, *riqueza* de *ric* ; et que, enfin, dans les patois encore vivants, à l'exception peut-être du gascon (p. 102), l'*u* ne se fait pas entendre. Mais on peut admettre que la voyelle se prononçait dans les mots d'origine savante [1].

2. *C* sifflant, usité devant *e* et *i*, se prononce comme *ss* ou, d'après les *Leys*, encore un peu plus dur (*mays sona c que s*, I, 34 ; *c sona un* petit *mays fort que s*, II, 54), mais non point assez pour ne pas pouvoir rimer avec *ss*, comme dans *abissi : cilici*. De là la confusion avec *ss*, à laquelle ne s'oppose pas la prononciation : *dessebre* pour *decebre*, *grassia* pour *gracia*, *vensser* pour *vencer* ; ou bien avec *s* simple à l'initiale comme dans *sel* pour *cel*, *selar* pour *celar*, *sent* pour *cent*, *silh* pour *cilh* (*cilium*). Devant *a*, *o*, *u* cette même sifflante (l'usage de la cédille n'étant pas admis d'ordinaire) ne peut être rendue que par *z*, *s* ou *ss* et à la finale seulement par *tz* ou *s*.

CH

se prononce aujourd'hui en Provence comme le *ch* espagnol ou le *c* italien; dans le Bas-Limousin et une partie de l'Auvergne il se prononce presque comme *ts* ou *tz*. C'est donc dans les deux cas un son composé. L'ancienne lettre provençale se prononçait de même. On peut déjà le conclure de cette observation générale que les sons simples (spécialement les sifflantes et les palatales) deviennent moins facilement des sons complexes que les sons complexes ne deviennent des sons simples. Mais on ne manque pas d'indices positifs de cette prononciation. En italien ancien le prov.

---

1. *Ch* pour *q* se trouve dans des chartes : *achela* Ch. II, 52 (1025) ; *ab achel ni ab aqueles* p. 71 (1158) ; *achest* p. 69 (1137) ; dans une charte de Béarn, Marca p. 607 (vers 1260), *che* pour *que* (comme l'anc.franç. *chi*), *achel*, ainsi que *chom* pour *com*, *marches*, *Armagnach*.

chausir est constamment rendu par *ciausire*; dans les manuscrits de Pétrarque (*Canz.* 7) *ciant* = prov. *chant*; *Sancho* et *Sanchitz* (*Chx.* IV, 59) rendent l'esp. *Sancho, Sanchez*; la présence d'un *t* résonnant en premier est aussi constatée par l'orthographe (assez rare, du reste) propre aux Catalans *tx* pour *ch*, par ex. dans *cotxos* = *cochos Jfr.* 95ᵃ. Il faut admettre cette même prononciation à la finale comme en provençal moderne: *fach, destrech, huech, nuech*, ou comme dans l'anc. esp. *much, noch. Ch* pour *c*, que l'on rencontre çà et là, comme par ex. dans *berichle* pour *bericle*, doit paraître d'autant moins surprenant que les chartes latines, qui, d'habitude, écrivaient *Alberichus, Francho*, avaient consacré cet emploi du *ch*.

Les sources de cette lettre sont beaucoup moins abondantes qu'en espagnol; elle dérive proprement: 1) Comme en français de *c* suivi de *a*. Cependant dans presque tous les manuscrits et souvent dans les mêmes mots la forte persiste à côté de *ch*; ainsi déjà dans *Boèce* l'on trouve *cader* à côté de *chader, carcer* à côté de *charcer*, dans *Gir. de Ross.* comme dans *Jaufre cavalier* à côté de *chavalier*, dans *Fierabras cantar* à côté de *chanso* etc. Plusieurs manuscrits s'en tiennent, presque sans exception, à l'une de ces lettres et restreignent l'autre à certains mots. Mais dans l'ensemble, *c* est certainement prépondérant. Les dialectes modernes conservent aussi les deux formes, mais d'une façon bien différente. Le Languedoc, comme la Catalogne qui y confine, donne la préférence au *c*: on dit *cabestre, cabro, cadun, caitivous, cambro, caminá, caneou* (franç. *chéneau*), *candelo, cansou, cap, capel, car* (*chair*), *carbou, caro* (*chère*), *caou* (*chaud*); rarement *ch*, comme dans *chaoumá* (*chômer*), *chi* (*chien*), *chival*. Il en est de même déjà dans les *Leys d'amors* rédigées à Toulouse. La Provence a une préférence marquée pour le *ch*; à côté de *cadun, caminá, camiso, can* (*chien*), *cantá, capeou, cargo, casteou, escapá, peccá, sercá* (*chercher*), on y trouve avec *ch changeá, chascun, chassá, riche*. En Limousin *ts* se comporte déjà comme le *ch* français. — 2) *Ch* provient souvent des combinaisons *ct, pt: drecha, frach, escrich* (*scriptus*); rarement de *ti*, comme dans *tuch* à côté de *tuit* (*toti*). Les premiers monuments écrits, comme le *Boèce* et la *Passion du Christ*, ne connaissent point encore ce mode de développement. — 3) *Ch* provient de *i* palatal précédé de *p* dans *apropchar, sapcha*. Sur le remplacement de *ss* par *ch* dans les dialectes, voy. à l'*S*.

X.

Excepté dans les mots qui ne sont pas populaires ou qui sont mal assimilés, comme *flux, mixtura, complexió, exequias, exceptió*, cette lettre ne se présente que comme l'abréviation de *c-s*. On écrit *amix, mendix, donx, afix* (de *aficar*). Mais les meilleurs manuscrits font précéder ici l'*x* d'un *c* étymologique ou renforçant, comme dans *amicx, mendicx, doncx, aficx*, orthographe propre qu'on retrouve dans des inscriptions romaines et dans des chartes latines du moyen âge. Quelquefois *x* remplace une sifflante, comme dans *jaxia* (*jazia*) Boèce, *raixon, malvaix*, dans des chartes *Gauxbertus* HLang. II, n. 54, *Saixo.g* n. 170.

G. J.

1. *G* devant *a, o, u* et devant les consonnes, *gu* devant *e* et *i* sont, comme en espagnol, l'expression de la gutturale douce. Très-rarement *gh* s'écrit pour *gu*, comme cela a lieu en italien, par exemple dans *Jaufre: volghes, venghes*. Par négligence on trouve quelquefois *g* mis pour *gu*, par ex. dans des chartes de 1067 et 1139 Chx. II, 64, 69, *tengess, tolges*. D'après les *Leys*, I, 20, *u*, après *g* comme après *q*, est partout muet (aussi Dante écrit-il *ghida* pour *guida* Purg. 26), alors même qu'il dérive du *w* allemand : *devetz saber que* u, *cant es ajustada aprop g o aprop q et aqui meteysh se sec vocals, adonx no sona coma vocals ni consonans*. Mais il est certainement prononcé dans les cas où, comme dans *erguelh, ue* remonte à *o*. Les formes *digua, liguar, preguar*, qu'on trouve dans les manuscrits à côté de *diga, ligar, pregar*, sont dépourvues d'intérêt.—Ce son se comporte étymologiquement à peu près comme en italien et identiquement comme en français. Ce qui est particulier au provençal c'est de rendre la flexion verbale latine *ui* ou *vi* par *g*, et à la finale par *c*, comme dans *agues* et *ac* (*habuisset, habuit*), *conogues* et *conoc* (*cognovisset, cognovit*), phénomène que nous aurons à expliquer au livre de la *Flexion*.

2. *G* devant *e* et *i*, et *j* devant toutes les voyelles se prononcent doux comme le *ġ* palatal italien (*giausen* pour *jauzen* est dans Dante; *engian* pour *enjan*, dans un manuscrit italien, M. 137). Les dialectes modernes prononcent de la même façon; le bas-limousin et un patois auvergnat rendent *g* par *dz*, comme ils rendent *ch* par *ts* (*dzal, dzerm, gadze* = prov. *jal, germ, gatge*). On écrit en conséquence *alonjar alonget, longinc*

lonjor. Plusieurs manuscrits emploient aussi, au lieu du *g* simple, la combinaison *tg* ou *tj*, surtout (comme dans *viatge, metge, asetjar, Rotgier*) pour indiquer un *t* ou *d* originaire. Sur le *z* employé pour *g*, voy. au Z[1]. — Cette palatale dérive : 1) de *j* latin initial et médial : *ja, jove, mager, trueja* (*troja*). — 2) De *i* palatal (*mi, ni, di, bi, vi*) : *comjat, somjar, calonja vergonja, enveja, enojar* (franç. *ennuyer*), *mieja* (*media*), *verger, rage, leugier*; et aussi *cujar* de *cuiar* (*cogitare*), *autrejar* de *autreiar* (*auctoricare* *). — 3) De *tc, dc* : *viatge, verjan* (*viridicans*). — 4) De la douce latine ou étrangère : *jauzir, jai, jardin, jarra* à côté de *gauzir, gai, gardin, garra*[2].

G à la finale est, d'après une règle connue, remplacé par *c*. Mais il y a encore un autre *g* final, qui, dans beaucoup de manuscrits, s'emploie au lieu et à côté de *ch* et qui a une nature palatale : ainsi *cuich cuig* (ms. 7614), *nuoich nueg, gauch gaug* (ms. 7225); le ms. 2701 fait rimer *fach* : *maltrag*. GRiq. p. 173. Les *Leys* I, 38, écrivent avec un *g lag, rag, freg, veg*, parce qu'on écrit à la médiale *laia, raia, freia, veia*, c'est-à-dire

---

1. On trouve dans Arnaut Vidal la substitution tout à fait inusitée de *d* à *g* dans les mots *ditar* pour *gitar, denolh* pour *genolh*, mais on ne la rencontre point dans les autres mots commençant par un *g* initial (voy. *Guill. de la Barre*, notice p. p. Paul Meyer, Paris 1868, p. 34). Le *g* provençal se prononçait *dg* : et Meyer, s'appuyant sur cet argument, est disposé à expliquer ce *d* singulier par l'élision d'un *g*, second élément formatif du groupe *dg*. Il est bien rare cependant que des mots composés (qui n'ont pour la conscience de la langue que la valeur d'un son simple) laissent précisément tomber, en se dissolvant, leur élément le plus essentiel. Il est aisé, en ce qui touche *ditar*, de renvoyer au portug. *deitar*, mais cela n'aide en rien à expliquer *denolh*.

2. Comme les manuscrits emploient pour la voyelle et la consonne *i* le même signe (*i*), on se demande souvent si on a affaire à un *i* ou à un *j*, si on doit prononcer *veia* comme *veya* ou comme *veja*. Il en est de même pour *u* et pour *v*. Les éditeurs de ces manuscrits, quand ils s'en tiennent à une reproduction diplomatique, écrivent tantôt *veia, cambiar, greviar*, tantôt *veja, cambjar, greujar*; les patois connaissent aussi l'une et l'autre orthographe. Le provençal écrit par exemple *baia* (fr. *baie*), *rayá, apuyá, ennuyá, pluio, truio*, mais *assajá*, (*essayer*), *envejo* (*envie*), *plaidejá, miejo* (lat. *media*), *sujo* et *sua* (franç. *suie*), *rajo* et *rabi* (*rage*); le languedocien écrit de préférence *j* : *rajá, apujá, plejo, truejo, envejo, fadejá, miejo, sujo, cujá* (lat. *cogitare*), *enrabiá*. Ce point doit être laissé à la grammaire spéciale, d'autant plus que Bartsch, pour lequel tout *i* atone, dans les manuscrits, entre deux voyelles est un *j* (opinion que je ne puis jusqu'à présent partager, du moins aussi absolument), a l'intention de s'occuper en détail des questions importantes qui se posent ici.

d'après leur prononciation *laja, raja, freja, veja,* car *g* et *i* (c.-à-d. *j*) riment souvent ensemble. Dans ce cas, on pourrait (font-elles encore remarquer) employer aussi *ch*, car *ch* fait avec *g* à la fin des mots une bonne rime : c'est pour cela que *plag, deg, escrig, enveg, tug, cug, rog, cueg* sont tout à fait corrects. Le catalan, qui ne peut pas employer *ch* parce qu'il le prononce comme *k*, rend cette finale par *ig* ou aussi par *tj* ou *tx*, comme dans *roig rotj rotx* (*rubeus*), fém. *roja,* et de même *gotj, matj, mitj, ratj, ensatj*[1]. Mais *ch* final semble mieux convenir à l'orthographe provençale que *g* ; en effet *ch* est à *j* médial comme *c* guttural final est à *g* médial ; il suppose une prononciation plus dure [2]. Encore de nos jours on écrit et on prononce en provençal *miech* à côté de *miejou* (fém.). On trouve donc deux formes importantes, concurremment employées dans beaucoup de mots, l'une avec *i* ou *y*, l'autre avec *ch* ou même, d'après une autre orthographe, avec *g* : *miei, rai, fait, dreit, noit, tuit* à côté de *miech, rach, fach, drech, nuech, tuich* ou *mieg, rag, fag, dreg, nueg, tug.* Lorsque *g* est suivi d'un *z* (*digz, fagz, gaugz*), il est probable qu'on entendait peu ou point le *g* ; du moins dans les manuscrits *gz* rime très-bien avec *tz*.

H.

Nous avons vu ci-dessus, à l'occasion des liquides, qu'on a transporté à ce signe muet la fonction d'exprimer le mouillement (cf. aussi à l'*S*). Du reste, on l'écrit ou on l'omet presque à volonté. On écrit d'habitude *hom, honor,* mais aussi avec l'article *l'om, l'onor*, cf. *Leys*, I, 36.

P. B. F. V.

B naît de l'adoucissement d'un *p* ; *v* de celui d'un *b* ; en outre *b* s'emploie fréquemment pour *v* ; tout cela est commun aux différentes langues romanes. *P* s'intercale entre *m* et *n* dans *dampnatge, dompna, sompnc* etc.; de même qu'on lit dans les

---

[1]. Même hésitation en roumanche, où l'on écrit *strech stretg streig streg* (*strictus*) pour désigner à la vérité un autre son que le son provençal.

[2]. Bastero dit du *g* provençal : *Dopo delle vocali e, i, u o del t ha doppio suono, cioè parte aspro e parte soave, come* goig *e* gaug, desig desitg, ensaig ensatg, *le quali parole si pronunziano como se fossero scritte* gotx, desitx, ensatx. Le *suono soave* peut se présenter aussi à la médiale, du moins Bastero prescrit de prononcer *envetja* comme l'italien *envegia*.

manuscrits latins *comptus, con-tempnere*; *b* s'intercale entre *m* et *l*, *m* et *n*, *m* et *r*, comme en espagnol. L'ancien provençal n'admet pas le *VR* français à l'initiale : on dit ici *verai* et non pas *vrai*.

LETTRES FRANÇAISES.

L'histoire de ces lettres est une des tâches les plus difficiles de la philologie romane, car dans leur valeur comme dans leur transformation ce sont les lettres françaises qui s'écartent le plus de la langue mère. De plus, le français a développé des sons inconnus aux langues sœurs et dont il n'est facile de déterminer ni l'origine ni l'ancienneté. Si nous avions pour l'ancien français des grammaires comme celles que nous avons pour le provençal, nous pourrions lever bien des doutes, nous épargner bien des hypothèses. Au lieu de cela, nous ne possédons, sur l'ancienne prononciation, que quelques indications ou renseignements qui, tout rares et peu précis qu'ils sont, méritent cependant d'appeler toute notre attention. Ces indications consistent en quelques courts préceptes sur l'orthographe française, écrits en latin, et que nous présente un document de Londres (du XIIIe siècle) publié par Th. Wright (*Altdeutsche Blätter* II, 193-195) [1]. Lorsqu'enfin, au XVIe siècle, on étudia la langue au point de vue grammatical, on n'oublia pas la prononciation, car cette partie était indispensable pour les étrangers; elle fut même l'objet d'écrits spéciaux, comme celui de Théodore de Bèze *De francicae linguae recta pronuntiatione, Genevae* 1584 (*Berolini* 1868, édition purgée des nombreuses fautes d'impression du texte primitif). Quoique la langue fût alors déjà sur le point d'accomplir sa dernière évolution, on peut encore tirer bon parti de ces travaux pour étudier l'histoire des sons. Quant à l'état antérieur du français, la langue elle-même, par les rimes et les assonances, fournit d'importants éclaircissements; Les patois apportent aussi leur contingent, puisque quelques sons perdus dans la langue écrite y persistent encore [2]. Parmi

---

1. On ne peut méconnaître l'accord parfait de ces préceptes avec d'autres contenus dans un manuscrit d'Oxford, dont Génin (dans son *Introduction* à Palsgrave) a donné quelques extraits.
2. Il n'y a rien à tirer pour l'histoire de la prononciation française de ce que Hickes (*Gramm. anglosax.* p. 146) a publié sous le nom de

les autres langues romanes, la plus voisine, le provençal, est à peu près la seule dont on puisse tirer pour le français des conséquences ou des rapprochements. Mais l'étranger aussi peut nous fournir des renseignements qui ne sont point à dédaigner. En Angleterre, le français avait conquis un nouveau domaine : les Anglo-Saxons, aujourd'hui devenus les Anglais, introduisirent dans leur langue, par le commerce oral, une masse d'éléments romans ; de quelque façon qu'ils s'y prissent pour les accommoder à leurs organes, les sons étrangers durent essentiellement rester les mêmes ou du moins ne purent être entièrement obscurcis. Une autre langue qui a admis directement des éléments français et cela, comme la forme l'indique, à une époque ancienne, c'est le breton : il lui était impossible d'échapper à l'influence dominatrice de sa voisine ; mais il est souvent difficile de distinguer quels mots latins cette langue celtique avait déjà reçus de la bouche des Romains et quels mots ont trouvé accès chez elle en passant par le français. Dans le néerlandais du moyen âge et dans le moyen-haut-allemand, nous trouvons encore un grand nombre de mots français plutôt introduits par la littérature que par la parole vivante. Ces mots, transposés dans l'orthographe néerlandaise ou allemande, méritent aussi notre attention. Il faut, il est vrai, traiter avec quelque précaution ces témoins empruntés à des langues étrangères, car il a pu arriver que les alphabets étrangers ne permissent pas l'expression fidèle du son roman, et dans ce cas la notation a été reproduite telle quelle (comme le *ch* dans le néerl. *Perchevael*, picard *Percheval*) ou a été remplacée par l'expression d'un son plus ou moins semblable. Mais qui pourrait douter que l'anglais *astonish* prouve la sonorité de *s* dans *estoner*, et que le m.néerl. *fransois* présuppose une diphthongue dans *françois* ?[1]

Poème grammatical sur l'anglo-normand. Rien non plus à apprendre dans l'ouvrage du rabbin Salomon Jarchi († 1170), *Commentaire sur le Pentateuque,* dans lequel se trouvent beaucoup de mots français transcrits avec des lettres hébraïques, puisqu'on ne sait pas quelle était exactement la prononciation de l'hébreu en France à cette époque. Il n'y a non plus presque rien d'instructif dans un *Symbole de la foi chrétienne,* écrit en langue grecque avec une traduction latine ou romane transcrite en caractères grecs, qu'a publié Egger, *Acad. des Inscript.* tome XXI, 1re p. 1857. En voici des exemples : βόετ (anc.fr. *voet,* fr.mod. *veut*), ἀβάουντε (*avaunt, avant*), ναϊστέ (*nait, nd*), τζίουρ (*jour*), ἀγκλόερα (*a gloire*), ἀντρέ (*entre* prép.). Ces mots semblent avoir été recueillis par un Grec de la bouche d'un Franc.

1. Il en est un peu autrement lorsque des lettres étymologiques sont

388 VOYELLES FRANÇAISES. A.

— Il n'est pas possible d'aborder ici l'étude approfondie d'un sujet aussi complexe, soumis à tant de règles et d'exceptions, mais il n'est pas permis non plus d'en négliger les traits généraux. La prononciation française a des nuances plus fines qu'aucune autre, mais elle présente aussi beaucoup de caprices, de singularités et d'inconstances, dont il serait souvent bien infructueux de vouloir poursuivre toutes les causes.

VOYELLES SIMPLES.

L'oreille les distingue en sons purs : *a, e, i, o, ou, au, eau*; et en sons mixtes : *ai, ei, eu, oeu, u*; quant aux nasales *an, in, on, un,* nous renvoyons aux consonnes *m* et *n*, dont elles tirent leur existence, et dont les rapports avec elles doivent être étudiés dans leur ensemble. Il ne serait pas sage de ranger dans ce travail les groupes de voyelles d'après leur valeur phonétique actuelle, comme nous venons de le faire jusqu'ici : ils ont leur valeur historique, c'est-à-dire qu'ils peuvent avoir été antérieurement de véritables diphthongues; aussi vaut-il mieux les séparer des voyelles simples [1].

A.

'Cette voyelle sonore est ici d'un emploi moins fréquent que dans les autres langues romanes, au désavantage du français, qui, pour le provençal *amada*, n'a qu'*aimée*. Le dialecte bourguignon ancien et moderne a porté encore plus de préjudice à l'*a* puisqu'il l'échange dans bien des cas avec *ai*, par ex. *ainge, baigue, brai (bras), caige, daime, dainger, bairon, faiçon*. A français dérive : 1) D'ordinaire d'un *a* primitif en position latine ou romane, et parfois aussi, mais sans règles définies, d'un *a* qui précède une consonne simple, voy. p. 138. — 2) Quelquefois de *e* ou *i*, surtout devant *n* nasale : *ouaille* pour *oueille* (*ovicula*, peut-être sous l'influence d'*aumaille*), *par* (*per*), *sarge* (*serica*), *banne* (*benna*), *lucarne* (*lucer-*

---

intercalées, comme dans *advance, advoutry, adjust* : cela n'a rien changé du reste à la prononciation du *v* ou du *j*.

1. « Sur la prononciation des diphthongues (dit Grimm I[3], 38), je pose en général le principe suivant : chacune des voyelles qui y est contenue a été à l'origine prononcée séparément, et c'est toujours postérieurement que s'est produite la condensation des deux voyelles en un seul son. » L'histoire de la prononciation française n'est pas faite pour ébranler ce principe.

na), glaner (b.lat *glenare), faner* (de *foenum), dans* (de *intus), sans (sine), sangle (cingulum), tanche (tinca), trancher* (prov. *trinquar), revancher (revindicare* *). — 3) Dans plusieurs mots, de l'allem. *ei*, par exemple *hameau (heim), race (reiza).* — Un cas isolé est *dame (domna)*, ainsi que le v.fr. *damesche (domesticus)* LRois 240. — Cette voyelle est muette dans *août*, prononcez *out*, anc.franç. prov. *aost* (disyllabique): aoust *plurimum ac si esset* oust *a nobis effertur*, dit déjà Ramus p. 19. De même pour *saoul* (déjà dans Bèze p. 69), qui s'écrit maintenant *soûl.*

E.

Il y a trois espèces d'*e* : 1) Ouvert, *e apertum*, comme disent les grammairiens qui écrivent en latin ; 2) fermé, *e clausum* ; 3) muet, *e mutum*. On distingue proprement trois sortes d'*e* ouvert : l'*e* ouvert comme dans *frère, appelle* ; l'*e* plus ouvert comme dans *nèfle* ; l'*e* très-ouvert comme dans *accès*. A cause de sa signification grammaticale pour l'adjectif (dans *aimé* etc.) on nomme aussi l'*e* fermé *e masculin*, et l'*e* muet *e féminin*. Déjà le document de Londres cité plus haut distingue plusieurs espèces d'*e* et en donne des exemples, savoir : un *e stricto ore pronunciatum* (*bien, trechier*), un *e acutum* (*crenez, tenez*), un *e plene pronunciatum* (*amée*) et un *e semiplene pronunciatum*, l'*e* muet (*meynte, bone*). — La distinction de l'*e* ouvert et fermé se fait en partie au moyen de signes appelés *accents*.

1. L'*e ouvert* existe : 1) Dans toutes les syllabes accentuées[1] devant une consonne sonore et même devant *s* muette ou *t*, par ex. *avec, aspect, direct, chef, autel, réel, sept, fer, enfer, amer, ouest, procès, repète, regret, cachet*; aussi dans les monosyllabes *ces, des, les, mes, ses, tes, es* (de *être*). L'*e* muet à la finale, après la consonne, est un des principaux signes qui indique que l'*e* qui précède est un *e* ouvert : ainsi dans *belle, guerre, messe, quelque, presque*. Contrairement à ce principe, la désinence *ége* ou *iége* exige toujours un *e* fermé : *cortége, manége, collége, sacrilége, abrége, protége, liége, piége, siége*. A peine peut-on admettre que les deux premiers mots, empruntés à l'ital. *cortéggio manéggio*, ont influé sur la

---

[1] Par accent tonique français il faut entendre partout ici l'accentuation primitive, c'est-à-dire l'accent latin ou roman, ainsi *aimér* = *amáre, raisón* = *ratiónem.*

prononciation de la désinence française[1]. Quand la syllabe perd l'accent, l'*e* ouvert devient facilement fermé ou même muet, par ex. *évènement* (*événement* Acad.), *préférerai, mènerai, bellement, betterave, restera, légèreté, brièveté, fermeté, achèvement, allèchement, chènevotte*. — 2) Dans les syllabes atones devant une consonnance multiple, alors même qu'elle n'est pas suivie d'un *e* muet : *serment, perdrez, clergé, certain, dernier, contester, querelleur, cession*. L'*e* surmonté d'un accent circonflexe doit aussi être considéré comme en position, puisque l'accent indique la chute d'une consonne; on prononce donc *prête prêter, tête têtière* avec *e* ouvert. — On doit employer l'accent grave quand *e* (d'après la division ordinaire des syllabes) se trouve à la fin d'une syllabe ou devant *s* finale : *mè-ne, rè-gne, rè-gle, dès, procès*, mais sans accent *terre, appelle, coquette, aspect, secret, fer* etc.

2. *E* fermé existe : 1) Dans toutes les syllabes finales accentuées, *r* ou *z* muets n'empêchent pas l'*e* d'être considéré comme final : *bonté, parlé* (et aussi *parlée*), *pré* (et aussi plur. *prés*), *chantez, assez, nez, manger, sanglier*, de même *blé, pied, clef*. — 2) Dans les syllabes atones devant une consonne simple, lorsque l'*e* ne devient pas muet : *métier, méteil, précieux, séjour, régir, révolution, méridional, impérial, intérêt, différent, littérature*. Mais on le rencontre encore dans une syllabe atone devant des consonnes complexes, excepté *rr* : ainsi dans *beffroi, blessure, lexique, belliqueux, testament, spectacle, quelconque, effacer, esclave*. — 3) *E* initial devant une consonne simple ne se prononce jamais que fermé, pourvu qu'il n'y ait pas d'*e* muet dans la syllabe suivante (*èbe*), ainsi *élément, époque*, ou bien avec *h* muette *héberger, héritier*. — L'accent aigu s'emploie seulement à la fin de la syllabe, jamais devant deux consonnes.

Dans la double nature de l'*e* accentué italien s'expriment des différences étymologiques; cette distinction ne s'accuse que très-imparfaitement dans la double nature de l'*e* français. L'*e* ouvert représente ici tantôt *e* latin, tantôt *i*, tantôt *a*; seul, l'*e* fermé final répond avec plus de précision à l'*a* latin ou provençal. Dans l'ancienne langue on remarque *ie* pour *è* et (en bourguignon) *ei* pour *é* : *chief, chier, mier, nief, quiel, piere* (*père*);

---

[1] D'après Delius, *Jarhb.* I, 361, ce fait trouve plutôt son explication dans la nature semi-vocalique du *g* palatal, qui s'unit plus aisément à un *e* fermé qu'à un *e* ouvert, comparez *puissé-je*.

gardeir, chanteiz, doneit (donné), neie (née), preit (pré), veriteit, leiz (lat *latus*), *cleif*.

3. L'*e muet* ne se présente qu'à la médiale et à la finale, jamais à l'initiale. Il est à peine sensible ; en poésie, où il compte pour une syllabe, il s'entend quelque peu davantage, mais ce n'est ni un *e* ni une autre voyelle, de sorte que, par exemple, pour *demander* on pourrait tout aussi bien écrire *d'mander* : *le son foible qui se fait à peine sentir entre le* d *et le* m, dit Dumarsais renvoyant à cet exemple, *est précisément l'*e *muet*. A la fin des mots il sert à faire ressortir la voyelle précédente ou à déterminer la prononciation de la consonne : *rose, fidèle, fable, perdre, loge, manche*. Dans les monosyllabes, comme *je, me, te, se, le, ce, de, ne, que* il a un son un peu plus distinct, presque celui de *eu* bref. On ne le trouve pas devant une voyelle ; on écrit *boire* et non *beoire* (cependant on écrit *asseoir*) ; il ne se trouve pas non plus devant une consonne multiple, excepté dans les mots *cresson, besson, dessus, dessous*; de même encore dans la syllabe de flexion *ent*, dans laquelle *n* s'assourdit aussi (ce que déjà Palsgrave remarque p. 4 et 33), en conséquence *aiment* se prononce *aim'*. Il peut se trouver plus d'une fois dans un mot, par ex. *reniement, redevance*. Ce son effacé, exemple remarquable de la prépondérance de la syllabe tonique, est, parmi les langues romanes, exclusivement propre au français. On trouve quelque chose de semblable en anglais à la finale comme à la médiale, mais l'assourdissement de l'*e* qui, dans Chaucer, est encore souvent prononcé, paraît avoir été hâté par l'influence française (Mätzner, *Gram. angl.* I, 9). Dans les dialectes de la haute Italie l'*e* médial s'assourdit souvent et alors, d'ordinaire, ne s'écrit pas. Mais dans ces dialectes d'autres voyelles ont le même sort : c'est une véritable syncope qui ne laisse rien subsister de la voyelle. Le genre le plus important de l'*e* muet, c'est-à-dire l'*e* final, manque ici complètement.

Étymologiquement l'*e* muet correspond, à la médiale, à l'*e* et à l'*a* provençal, rarement à l'*i* : *recevoir, degré, cheveux, commencement, draperie, pureté* = *receber, degrat, cabelh, comensamen, draparia, puritat*. Il correspond encore aux mêmes lettres à la finale : *frère, chose, aime, Virgile* = *fraire, chauza, ami, Virgili*. Mais on ne peut découvrir pour l'emploi de ce son, au moins dans le premier cas, un principe dirigeant. Entre l'*e* muet et l'*e* atone, ce n'est pas la quantité primitive qui décide (*denier* de *dēnarius*, *mesure* de *mēsura* pour *mensura*), ni la syllabe radicale, ni l'euphonie, puisque le rapprochement de consonnes qui ne vont pas bien ensemble (*p'lit, r'pos, r'tenir*), spécialement dans le cas d'une consonne initiale complexe ou redoublée (*br'bis, br'douiller, fr'don, cr'ver, gr'nier; p'pin, t'tin*), donne naissance a des duretés incontestables. Pourquoi trouve-t-on avec la voyelle muette de la première syllabe *demander* ou *recevoir* et avec la voyelle sonore *décevoir* ou *résoudre?* Tous ces quatre mots sont latins et anciens en roman, et le préfixe n'exprime point ici de sens plus particulièrement saillant. Pourquoi au contraire dans les mots *refuser* et *réjouir*, qui ne sont latins ni l'un ni l'autre, un *e* différent? On ne trouve vraiment ici que des règles négatives ; le reste est abandonné au sentiment de la langue, qui, en traçant de justes limites au consonantisme, n'a dû ni faire tort à la clarté ni détruire l'essence du mot. Dans des mots moins usités chez le peuple ou dans des mots étrangers (*régénération, émérite, décédé, miséréré, rébus*) la voyelle est moins exposée à devenir muette ; la plupart du temps les noms propres ont dû être traités avec des ménagements particuliers. On comprend que les mots étrangers introduits depuis longtemps, par exemple des mots allemands comme *échevin, écrevisse*, assourdissent l'*e* absolument comme les mots populaires d'origine latine. Quelquefois un *e* muet s'intercale aussi entre consonnes, comme dans *caleçon* (ital. *calzone*), *guenipe* (allem. *kneipe*). — Il est difficile de préciser l'époque à laquelle cet assourdissement a commencé. Cependant l'orthographe incertaine encore des voyelles finales dans les mots des serments *fradre-fradra, Karle Karlo* n'indique-t-elle pas déjà une prononciation obscure? On peut supposer que l'assourdissement proprement dit n'eut lieu que plus tard. Le document de Londres, comme nous l'avons vu, appelle encore l'*e* muet un *e demi-plein*. Même les grammairiens du XVIe siècle ne connaissent point encore l'assourdissement parfait. Palsgrave, par exemple, dit p. 4 : *he (this vowell) shall be sounded almoste lyke an o and very moche in the noose*, pour en exprimer le son obscur. E *foemineum propter imbecillam et vix sonoram vocem appellant*, dit Bèze p. 13 ; e *foemineo non adeo vehemens aut plenus est sonus, sed subobscurus*, Pillot p. 30. Le souvenir de la sonorité primitive de l'*e* muet nous est encore conservé par sa valeur métrique [1]. — Les anciens connaissaient encore un *e* muet qui

---

1. Voyez sur l'*e* muet chez les anciens surtout Littré, *Hist. de la l. fr.* 1, 197.

n'avait point cette valeur et qui était destiné à indiquer l'étymologie ou la prononciation. Ils écrivaient *aneme, ordene, angele, virgene* en trois syllabes, mais ils les prononçaient, ainsi que le prouvent les vers, comme si ces mots n'avaient que deux syllabes, ainsi *an'me* (ou comme à présent *âme*), *ord'ne* (la syllabe *den* comme dans *denier*), *anj'le* (la syllabe *gel* comme dans *geler*), aussi *angre* c'est-à-dire *anj're*, *virj'ne*. Ils écrivaient de même *hauene, jouene, ouere, auerai, liuerez* (tous disyllab.), *deueriens* (trisyllab.), afin que l'on reconnût l'*u* consonne et que l'on prononçât *havne, jovne, ovre, avrai, livrez, devriens*, et non pas *haune* etc., auquel cas l'*e* aurait été superflu. Comp. *Passion du Christ* str. 99 (*Altrom. Ged.*).

Des poètes du moyen âge allemand font rimer avec raison l'*e* ouvert français avec *ë* allemand : *schapel vël* ; *tassel gël* ; *tropel hël* ; *Lunete bëte* ; et aussi l'*e* fermé avec *ê* : *agrêde* (*gré*) *bêde* ; *adê mê*, voy. Grimm I[3], 141, 175.

I

est un peu plus usité qu'en provençal et en italien. Il provient d'*i* primitif; en outre : 1) Fréquemment de *e*, comme dans *cire, merci*. Ce développement se produit surtout lorsque, par suite d'attraction ou d'affaiblissement, un *i* s'unit à *e* de manière à faire naître la diphthongue *ei*, que le provençal conserve intacte dans la plupart des mots. *Corbie* de *Corbeia* est un exemple de *i* provenant de *ei*. Voici des exemples d'attraction : *engin* pour *engein* (*ingenium*, prov. *engenh*), *matire* arch. (*materia*, prov. *madeira*), *mire* de m. (*mereat*, le second *e* = *i*, prov. *meira*), *église* (prov. *gleisa*), *Alise* (*Alesia*), *Decise* (*Decetia*) Quicherat, *Noms de lieu* 28, *épice* (*species*), *prix* (*pretium*), *dix* (*decem*); cependant quelques-uns de ces exemples sont douteux ; ceux-là surtout sont convaincants dans lesquels l'*i* français correspond à l'*ei* provençal. Exemples d'affaiblissement : *nier* (prov. *neyar*), *prier* (*preyar*), *scier* (*segar*), *tuile* pour *tueile* (lat. *tegula*), *pis* (*peitz*, lat. *pejus*), *pis* (*peitz, pectus*), *lit* (*leit, lectus*), *dépit* (*despectus*), *répit* (*respeit, respectus*), *profit* (*profeit*), *parfit* arch. (*parfeit*), *eslit* etc. (*esleit*), *six* (*seis*), *tistre* arch. (*teisser*), *ire* etc. (*egua*), aussi *mi-di* (*mei-dia*), *nis* arch. (*neps neis*). Le plus souvent, il est vrai, *ei* reste fidèle à sa nature de diphthongue quand il repose sur un affaiblissement. Les chartes mérovingiennes ont une prédilection particulière pour *i*, quelle que soit la position de *e* : *misterium, mercidem, dibiant* (*debeant*), *plinius, possedire*.

— 2) Devant *gn* ou *ll* le v.franç. *ai* (= *a* lat.) se simplifie quelquefois en *i*; il en est de même en français moderne : *barguigner* pour *bargaigner*, *provigner* pour *provaigner*, *chignon* pour *chaignon*, *grignon* pour *graignon*, *grille* pour *graille*.

Y se maintient en français dans les mots grecs, comme *hydre, style, gymnase, syllabe, Égypte*. Il donne encore lieu à quelques remarques : 1) Comme voyelle simple remplaçant *i*, il se rencontre très-rarement dans les mots populaires (seulement dans l'adverbe *y* et dans les substantifs *yeux* et *yeuse* (= *ilex*). — 2) Il fait l'office d'un *i* redoublé entre deux voyelles sonores. On prononce en effet *essayer, asseyez, employer, appuyer*, comme *essai-ier, assei-iez, emploi-ier, appui-ier*. Si l'appui de la seconde voyelle vient à manquer à l'*y*, il retourne à l'*i*, d'après une règle d'orthographe : *essai, emploi, appui*, avec *e* muet *essaie, emploie, appuie*, et aussi *payer paie paierai, ayons ait, soyons sois, aboyer aboiement, royal roi*. — Dans le disyllabe *pays*, *y* = aussi *ii*, on prononce donc *pai-is* (la première syllabe du lat. *pag*), cf. prov. *pa-is*, ital. *pa-ese*.

O.

Le sentiment délicat de la langue italienne distingue dans l'*o* deux espèces de sons déterminés par l'étymologie. Le français ne connaît rien de pareil : *o* dans *chose* (ital. *còsa*), *note* (*nòta*), *fosse* (*fòssa*), et *ordre* (*órdine*), *Roma* (*Rómɑ*) se prononce de même et ne se distingue que quantitativement ; les grammairiens anciens ne connaissent non plus qu'un *o*; la symétrie qui existe en italien entre *o* et *e* n'a donc pas lieu ici. L'*o* roman a perdu ici encore plus que l'*a*, puisqu'il dégénère en *eu* et en *ou* (au reste les dialectes anciens présentent encore l'*o* en abondance). *O* dérive : 1) Ordinairement de *o* devant *m* et *n* : *pomme, don, raison, bon, école*. — 2) De *u* bref ou de *y* : *trop* (lat.moy. *truppus*), *flot* (*fluctus*), *monde*, *grotte* (*crypta*), *tombe* (τύμβος). — 3) De *au* latin ou roman, par ex. *or, oser, clore* (*claudere*), *forger* (*fabricare faurcar*), *parole* (*parabola paraula*), *tôle* (*tabula taula*) ; déjà dans les serments *cosa*, dans Eulalie *kose, or*. — Au lieu de *a* on trouve *o* pour *a* dans *fiole*, prov *fiola* (*phiala*) ; *o* pour *i* dans *ordonner* (*ordinare*). — Cette voyelle est muette dans *faon, paon, Laon*, qu'il faut prononcer *fan, pan, Lan*, voy. déjà Bèze p. 43. Même chose pour *faonner*, pron. *fanner*, mais suivant Bèze *fa-onner*.

Parmi les plus anciens monuments de la langue, plusieurs confondent souvent *o* franç. ou *ou* (= lat. *ō*, *ŏ*, *ŭ*) avec *u*. Le glossaire de Cassel écrit *capriuns* (*chevrons*), *auciun* (*oison*), *mantun* (*menton*), *talauun* (*talon*), *scruva* (lat. *scrofa*), *furn*, *pulcins*, *purcelli*, *putil* (ital. *budello*), *tundi* (fr. *tonds*); les serments ont *amur*, *dunat*, *nun*, *cum* (fr. *comme*), *returnar*; le Fragm. de Val. *cum*, *umbre*, *sun*, *dune*, *u* (franç. *ou*), *mult*; Léger *nun* (*nom*), *advuat* (*avoue*), *curt* (lat. *currit*), *cumgiet* (franç. *congé*); *Eulalie* n'en offre pas d'exemples. Le plus ancien bas-latin de la Gaule connaît aussi cet usage, par ex. *nun* Bréq. n. 197 (ann. 681), *dinuscetur* (*dignoscetur*) Mar. p. 99 (653), *auturetate* p. 100 (657); *nus*, *nubis*, *meus* (*meos*), *cognuvi*, *funs* dans les anciennes messes publiées par Mone; *nus*, *vus* Form. andeg. Les anciens monuments romans emploient *u* au lieu de *u* français = lat. *ū* (*commun*, *cadhuna* etc.). Cet usage prépondérant de l'*u* s'est développé surtout dans l'ancien dialecte normand et appartient à son essence. La prononciation de cet *u* était-elle uniforme ou se distinguait-elle suivant son origine? Fallot p. 27 présume que l'*u* norm. = *ou* franç. ou *o* se prononçait souvent à peu près comme *ou*, et ce même *u* = *eu* franç. (*glorius* = *glorieux*) comme *u* franç. Ampère p. 385 admet aussi une différence dans la prononciation. Mais il faut surtout considérer que *u* = lat. *ō* n'assone pas avec *u* = lat. *ū*, que jamais *barun*, *amur* n'assonent avec *alcun*, *dur*, tandis que *u* = *eu* franç. et *u* = *ou* franç. assonent, parce que tous les deux remplacent *ō* latin, en sorte que *honur* assone avec *espus* = franç. *époux*[1]. Il est surtout difficile d'admettre que deux voyelles, comme *ō* latin et *ū* latin, que le français actuel sépare avec soin, aient été autrefois réunies dans un seul et même son. Le glossaire de Cassel en particulier, sous peine d'induire ses lecteurs en erreur, ne pouvait pas désigner par *u*, dans les mots romans, un autre son que *u* dans les mots allemands. Il est étonnant, à la vérité, mais ce n'est peut-être qu'un hasard, qu'il rende l'*ō* long toujours par *u* dans les mots romans, et dans les mots latins toujours par *o* : *liones* c.-à-d. *ligones*, *mansione*, *pulmone*, mais aussi *scruva* pour *scrofa*. Comparez encore la manière dont se rend l'*u* normand dans les langues voisines : angl.sax. *prisun*,

---

[1]. Il faut donc se garder de confondre l'*u* normand avec l'*u* français, comme le fait Génin, qui prend *amure* ChRol., qui assone avec *ultre*, pour le franç.mod. *armure*, Variat. p. 24.

randun, kymr. *bacwn, botwm* (*bouton*), *rheswm* (*raison*), *fwrwr* (*fourrure*), mais avec *wy* (= anc. *ui*) *gallwyn* (*galon*); moy.h.all. *barûn, capûn, garzûn, pavilûn, poisûn, amûr, Namûr*.

U.

Le signe de l'*u* répond seul en français à l'*u* des langues sœurs, le son est celui de l'*ü* allemand, et est inconnu aux autres langues romanes littéraires. Cet *u* dérive : 1) Principalement d'*u* long, quelquefois aussi d'*u* bref : *cuve, lune, plume, humble, juste*. Souvent des syllabes *a-u, e-u, o-u*, produites à la suite d'une élision, comme dans *mûr* (anc. franç. *maür meür*), *sûr* (*seür*), *bu* (*beü*), *cru* (*creü*), *vu* (*veü*), *reçu* (*receü*), *mu* (*meü*, prov. *mogut*), *pu* (*peü, pogut*) : cf. aussi *rhume* de *rheuma*. — 2) D'un *ui* antérieur : *rui* (*ruit, rugitus*), *ru* (*rui, rivus*), *saumure* (*muire, muria*), *fut* (anc. franç. *fuit*). — 3) Il remplace *i* et *e* dans *affubler* (*fibula*), *fumier, jumeau*, voy. ci-dessus p. 163.

On ne doit pas s'étonner de cet affaiblissement de l'*u* latin : il est conforme à tout le développement du français, qui a fait subir le même sort à d'autres voyelles. Vouloir trouver un rapport historique entre l'*u* français et la prononciation identique attribuée à l'*u* latin par quelques philologues, serait une vue grammaticale bornée. Cette prononciation ne concerne en latin que l'*u* bref, tandis que l'*u* français est proprement le représentant de l'*u* long. Dans le domaine roman cette même prononciation s'est introduite en provençal moderne, dans le dialecte roumanche de l'Engadine et dans le lombard. Dans le dialecte roumanche du pays haut, *ü* a pris la prononciation de *i*, comme dans *glinna* (*lūna*), *plimma* (*plūma*), *vartid* (*virtūtem*), il en est de même aussi dans un des dialectes lombards (Biondelli p. 12); c'est un amincissement du son *ü*, qui s'est aussi développé dans des dialectes du haut-allemand et qui a atteint l'*ü* islandais ainsi que l'*u* grec moderne. C'est, il est vrai, d'une autre manière (par la périphonie ou *umlaut*) qu'est né notre *ü* allemand ainsi que l'*y* norois : mais dans un des idiomes norois modernes l'*u* pur a glissé à l'*ü* sans le secours de l'*umlaut* (Grimm I[3], 443). Dans la prononciation de l'*u* néerlandais il est permis de soupçonner l'influence du français (*Gesch. d. deutsch. Spr.* p. 281).

On ne peut douter que cette prononciation de l'*u* français ne remonte à une époque fort ancienne. La valeur de cette voyelle doit coïncider avec l'introduction de la combinaison *ou*, pour laquelle le signe *u* ne pouvait plus servir. Si on cherche ce qu'est devenue cette voyelle dans les langues étrangères, on trouve qu'en moyen-haut-allemand elle est fidèlement rendue par *iu*, par ex. *âventiur, covertiur, feitiure* (*faiture*); on remarque dans l'ancien français quelques traces de l'orthographe inverse : *fuirur* (*fureur*), *vertuit, avenuit* (*avenu*), *trebuicher*, voy. *SBern*. Au moyen-haut-allemand correspond à peu près l'*u* anglais réservé exclusivement aux mots romans, en tant qu'il se prononce *ju*, comme dans *dure, plume* ; Palsgrave p. 7 compare l'angl. *eiv* dans *mew*. Dans le bas-grec *u* est représenté par ου, ex. Σουλῆς = *Sully*, Οὔγγος = *Hugues* (Buchon, *Chron. étrang.*), mais cette langue ne possédait pas de transcription plus exacte. En breton, où *ü* ne manque pas, il est remplacé quelquefois par le son voisin : *krîz* (*cru, crudus*), *kîl* (*cul*), *kilvers* (*culvert*), *kibel* (*cuvel*).

VOYELLES COMBINÉES.

Ce sont ou des sons simples ou des diphthongues. De toutes les langues romanes, le français est la plus pauvre en diphthongues et se comporte sur ce point, vis-à-vis du provençal, comme les dialectes bas-allemands vis-à-vis du gothique et du haut-allemand, en tant qu'en bas-allemand *ai* ou *ei* primitifs se sont condensés en *ê, au* ou *ou* en *ô* qui correspond aussi à l'*ou* haut-allemand. Le français ne manque pas, d'autre part, de combinaisons vocaliques exprimant des sons simples et que nous étudierons également ici. Séparons tout d'abord des diphthongues véritables les combinaisons accidentelles nées par suite d'une synérèse. Parmi ces dernières, citons les suivantes : *IA*, par ex. *diable, diacre, fiacre, liard, viande, piailler, familiarité, bestial, opiniâtre* (poét. *opini-âtre*), *mendiant, négociant* (tous deux subst., mais part. *négoci-ant*). *IE* : *piété, essentiel* (mais *offici-el*), *négocier, serviette* (mais *mauvi-ette*), *ancien, même lien* à côté de *li-en* (Malvin Cazal, *Prononc. franç.* p, 143); voy. sous *IE*. *IO* : *piot, pioche, bestiole, légion, union, scorpion, champion, lionne* etc., ainsi que la flexion verbale *ions*. *IAI* : *biais, liais, niais, bestiaire*. *IAU* : *miauler, piauler, bacaliau*. *OUA* : *couard, fouace, fouaille, ouate, pouacre, bivouac*. *OUE* : *couenne, fouette, pirouette, ouest*. *OUI* : *oui, Louis, fouine, drouine, gouine, babouin, baragouin, marsouin*. *UE* dans *écuelle*. Dans les cas où *ou* est issu de *w*, la diphthongue a sa raison d'être. — Il est presque inutile de rappeler que *i*, lorsqu'il a pour fonction d'indiquer l'*l* mouillée (*bail, vermeille, fenouil*), ne forme pas de combinaison avec la voyelle précédente.

AI

se prononce comme *e* ouvert; dans la désinence verbale *ai* comme *e* fermé (*j'ai, je chantai, chanterai*)[1], de même aussi dans quelques syllabes atones (*aimer, vaisseau*); comme *e* muet dans *faisant, faisons, faisais*, ce que savait déjà, mais blâmait Bèze; comme *a* dans *douairière*. Étymologiquement, cette combinaison provient : 1) D'un obscurcissement de *a* : *aigre, maigre, clair*; surtout suivi d'*m* ou *n* : *aime, main, romain.* — 2) D'une synérèse, comme en provençal : *air, traire, gai.* — 3) De la résolution vocalique d'une consonne, comme dans *aider* (*aj'tare*), *mai, plaie, plaindre* (*plagnere* pour *plang.*), *haie* (anc.h.all. *hag*), *Cambrai* (*Camaracum*), *payer* (*pacare*), *saint, fait, laisser.* — 4) D'une attraction : *contraire, palais, raison, aigle, bain.* — 5) De la chute d'une consonne : *chaîne, bai* (*badius*), *glaive* (*gladius*), *sais* (*sapio*). — 6) *Ai* représente souvent *ei* (*oi*) ou *e* : ainsi dans *contraindre* à côté de *étreindre, daigner, Sardaigne, vaincre, aine* (*inguen*), *domaine* (*dominium*), *taie* (*theca*), *craie* (*creta*), *dais* (*discus*), *frais* (*frisk*), *épais* (*spissus*), *effrayer* (prov. *esfreidar*); à l'inverse *oi* représente *ai* dans *carquois, émoi, pantois.* — 7) *Ai* correspond à un *ai* primitif seulement dans les mots d'origine étrangère, comme *souhaiter, laid, lai* (cimb. *llais*). — *Ai* ne suppose pas toujours l'accentuation de la première voyelle et l'atonie de la seconde; le contraire peut se présenter, ainsi dans *maître* (*magister*, ital. *maestro*), *traître* (anc. *traïtre*, de *tradire* pour *tradere*), *train* (anc. *traïn* pour *trahin*), *faîne* (anc. *faïne, faginea*), *chaîne* (*chaïne, catena*), *sain-doux* (*sagina*). Une forme usuelle pour *ai* est *ei*, qu'emploie le dialecte normand du moyen âge, par ex. *mein, primerein, meinent* (lat. *manent*), *seint, eit, pleisir* LGuill.; il arrive souvent aussi que l'*e* simple représente la combinaison *ai*.

Hanc diphthongum, dit Bèze p. 41, *majores nostri... sic efferebant ut a et i, raptim tamen et uno vocis tractu prolatam, quomodo efferimus interjectionem incitantis* hai,

---

1. Dans Palsgrave p. 13 seulement au futur : *deray — direy*.

hai, *non dissyllabam, ut in participio* haï (*exosus*), *sed ut monosyllabam, sicut Picardi interiores hodie quoque hanc vocem* aimer *pronuntiant*. Il n'est pas douteux que le français n'ait eu originairement *ai* comme diphthongue = prov. *ai*. La prononciation *è* n'a pas dû sortir brusquement, par exemple, de la syllabe *ag* ; l'*i* provenant de la résolution du *g* a dû se maintenir assez longtemps avant de se perdre dans l'*a* en le modifiant. On a rappelé à ce propos l'*ê* sanscrit venant de *ai* : mais la comparaison est plus juste encore avec l'anglo-saxon *ä* (*ae*) du goth. *ai*, et même avec le lat. *ae*, dont l'expression la plus ancienne est *ai* et la valeur postérieure *ä*. Mais déjà à la meilleure époque de l'ancienne littérature française *ai* doit avoir perdu sa puissance, puisque partout dans les manuscrits il rime avec *e* ouvert. C'est pour cela aussi qu'on trouve déjà en moyen-haut-allemand l'orthographe *vinaeger* (*vinaigre*), *glaevîn* (*glaive*), *salvaesche* (*salvaige*) Grimm I^3, 173. En anglais il est rendu par *ai* : *air, aid, pay*, plus souvent encore par *ea* (qui correspond aussi à l'angl. sax. *ae*) : *eagle, eager, clear, ease, grease, peace, plead*. Les plus anciens exemples français sont dans les Serments : *salvarai, prindrai, plaid*, dans *Eulalie faire, laist*, dans le Fragment de Valenciennes *aiet, faire, fait, haires, maisso*. Sur la prononciation des Serments il n'y a rien à remarquer. Le chant de Saint-Amand écrit *ae* à côté de *ai* dans *maent* et *aezo*, c'est peut-être déjà une manière de rendre le son mixte[1]. Mais il n'est pas possible que *haires* (dans le Fragm. de Val.), qui provient de l'anc. h. allem. *hâra*, fût prononcé avec une diphthongue. *Esilos* = *aisseau* dans les glosses de Cassel, a moins de poids, puisque *e* se trouve dans une syllabe atone. Le néerl. *pais* (*paix*) remonte donc à une période plus ancienne, ou bien l'on y peut reconnaître, ainsi que dans d'autres mots néerlandais (*ghepayt* = *payé* Grimm *l. c.* 293), ce dialecte dont parle Bèze. Dans le français moderne la diphthongue ne se trouve plus que dans les interjections *ai* et *haie* (Malvin-Cazal 95) et dans quelques noms propres, comme *Bayard, Mayence*.

EI.

Cette combinaison, qui a déjà sa place dans les glosses de

---

[1]. Au moins est-il très-douteux que cet *ae* d'*Eulalie* corresponde à la diphthongue *ae* pour *ai* dans les chartes mérovingiennes, c'est-à-dire à une orthographe bien plus ancienne, par ex. *Chaeno* pour *Haino Bréq.*, n. 209 et 223, *Vulfolaecus* pour *Vulfolaicus* dans la première de ces deux chartes.

Cassel (*seia, maneiras*), avait une grande importance dans l'ancien français. Nous avons vu qu'en bourguignon *ei* représente le franç. *e* (*preit* = *pré*), et qu'en normand *ei* (tous deux avec une prononciation différente) représente l'*ai* franç. mod. (*romein* = *romain*). L'anc. franç. *ei*, qui se rapproche davantage de la lettre latine, dérive encore : 1) De l'allongement de *e* : *mei* (lat. *me*), *tei* (*te*), *treis* (*tres*), *plein* (*plenus*), *meis* (*mensis mēsis*), *corteis* (*cortensis **), *franceis* (*francensis **, prov. *frances*), *veile* (*velum*), *aveir* (*habere*), *aveie* (*habebam*). — 2) Dans quelques mots aussi de *i* : *veie* (*via*), *beivre* (*bibere*), *peivre* (*piper*), *meindre* (*minor*) etc. — 3) Il provient de la résolution d'une gutturale, comme en provençal, par ex. *leial lei, reial rei, freid, neir* (*nigr'*), *seier* (*secare*) *Rq.*, *dreit* (lat. moy. *drictum*), *estreit*; devant *sc* dans *creistre* (*crescere*), *pareistre* (*parescere **); aussi dans *ceindre in* ressemble à l'*nh* provençal = *gn.* — 4) Rarement il naît d'une attraction, comme dans *feire* (*feria*). — L'ancienne prononciation diphthonguée, presque comme dans le franç. mod. *planchéier*, semble s'être conservée dans le breton, qui écrit *feiz* (*foi*), *sei* (*soie*), *afreiz* (*effroi*). On écrivait de même en moy. h. allem. *furnei, eise* (*aise*), *kunreiz* (*kunterfeit, curteise* rimant avec l'allem. *reise*; anc. nor. *burgeys* (*bourgeois*); moy. néerl. *keytif, souvereyn, vileyn*. Mais ce double son, surtout là où il représente l'*e* fermé français, doit s'être simplifié déjà au moyen âge, puisqu'on faisait rimer *ei* avec *e* sans difficulté (*greiz aler, doreiz tornez*). Au reste on échangeait aussi *ei* avec *ai* : *çainst* (*cinxit*), *laigne* (*lignum*), *saigner* (*signare*).

L'*ei* du français moderne sonne comme *e* ouvert[1]; mais, sauf devant *l* mouillée (*oreille*), *ei* n'existe plus que dans un petit nombre de mots, car *oi* a pris sa place. Il provient : 1) Par synérèse de *e-i* dans *reine*, de *a-i* dans *seine* pour *saine* (*sagéna*). — 2) De *e* ou *i* : *frein, plein, veine, baleine, seigle* (*secăle* d'après l'accentuation romane), *seize, treize, sein, seing*. — 3) De l'affaiblissement d'une gutturale : *Seine* (*Sequăna*), *peintre* (*pinctor* pour *pictor*), *feindre, peindre* etc.

OI.

Nous rencontrons dans cette combinaison une diphthongue

---

[1]. Il a le son de l'*e* fermé dans les mêmes cas où *é* a reçu également ce son : *troizième, beignet* etc., voy. Malvin-Cazal p. 222.

très-usitée, que le français moderne traite encore comme telle. L'ancien français la possédait avec la même fonction, mais les dialectes restreignaient son domaine au profit d'autres sons. Étymologiquement *oi* a une double nature.

1. *Oi*, venu de *o* (*au*) ou de *u*, se rencontre déjà dans les chartes franques : cf. *Goyla* nom de femme Bréq., n. 336 (de *Gudula?*), *Bonoilo villa* Mab. *Ann*. III, n. 7, cf. *Bonogili villa* ibid. n. 5, *Nantoilo* nom de lieu, ibid. n. 24, *Goilis*, nom de lieu n. 25, *Cristogilum Cristoilum* etc. (Quicherat p. 51). On connaît *broilus* à côté de *brogilus*. Les glosses de Cassel fournissent l'exemple de *moi* = *modius*. Cet *oi* provient : 1) De l'affaiblissement d'une gutturale : *poing* (*pugnus*), *oindre* (*ungere*), *moine* (*monachus*), *foyer* (*focarium*), *noyer* (*nucarius* *), *point* (*punctum*). Devant *c* et *sç* on le rencontre dans *croix, noix, voix, connoître* (maintenant *connaître*), voy. ci-dessus p. 231. — 2) D'une attraction, comme d'ordinaire en provençal, par ex. *gloire, ivoire* (*eborea*), *ciboire, Antoine, coin* (*cuneus*), *témoin, angoisse, poison* (*potio*), *boîte* (prov. *bostia*). — Au lieu de *oi* les textes normands emploient *ui*, comme dans *duinst* (franç. *donne*), *juindre* ; dans d'autres on rencontre *oui : crouiz* (*croix*), *vouiz* (*voix*) *R. du S. Graal*.

2. *Oi*, venu de *e* ou *i* = prov. *ei*, v. franç. *ei, oi*. Voyez sous *ei* les différentes formes de cette diphthongue. Les exemples sont : 1) *Moi, toi, trois, croire, toile, voile, mois, courtois, albigeois, proie, avoir, soir*. — 2) *Voie, convoi, proie, boire, poil, poivre, moindre, moins*. — 3) *Loyal loi*, de même *royal roi, froid, noir, doigt, droit, étroit, toit* (*tectum*), *noyer* (*necare*), *emploi employer*. — L'anglo-normand employait d'habitude pour cet *oi* la forme *ai : rai, dait, quai* Chron. de Langtoft, et aussi dans *Alexis* ed. Müller *mai* (*moi*) 93, 96.

La prononciation de cette diphthongue est d'ordinaire indiquée chez les grammairiens français par *oua*, en appuyant sur la dernière voyelle ; mais il faut sûrement regarder cette prononciation comme relativement moderne. L'ancienne prononciation était littéralement *oi*, en appuyant sur la première voyelle, comme en provençal : de *glória* est né d'abord *glóire*. Ce son primitif, qui faisait pleinement entendre les deux voyelles, est encore conservé dans la combinaison *oy*, dans laquelle *y* = *ii* (*foyer* = *foi-ier*), et aussi dans la combinaison *oin* (*besoin*), dans laquelle l'*i* n'a pas été plus maltraité que dans *vin*, mais où l'on n'appuie plus sur l'*o*. L'accentuation de l'*o* en ancien français est confirmée par l'assonance, comparez dans

Eulalie tost : *coist* ; dans *Léger* str. 20 *mors* ; dans *Alexis* str. 101 *noise goie tolget* ; elle est confirmée par la condensation dialectale en *ó* : *crô* (*crois*), *étô* (*étoit*), *srô* (*seroit*), voy. *Servent.* p. p. Hécart. Pour montrer que cette diphthongue avait sa valeur naturelle, on peut encore citer quelques exemples étrangers : en angl. *adroit, devoir, noise, voice*; moy.néerl. *proi* (*proie*), *tornoi, vernoi* (*ennoi* ennui), *boi, pointe, fransois* etc.; moy.h.allem. *schoye, roys, franzoys, poinder, boie*, cf. Grimm I² 354, I³ 197 ; bas-grec ῥόη, mais aussi ῥοί (franç. *roi*), Μαφροί Μαφροή (*Mainfroi*), Ἀῤῥοῆσι (lis. Ἀρτοῆσι, *Artois*), voy. Buchon, *Chron. étrang. gloss.*; prov. mod. *rói, espóir*. Dans le néerl. *talioor* Kil. (*tailloir*) ou *kantcor* (*comptoir*), dans notre *Franzose* ou l'ital. *Francioso* l'*i* s'est perdu tout entier dans la voyelle dominante *o*. Si on interroge les grammairiens du xvi° siècle, on trouve un changement dans la prononciation. Palsgrave p. 13 donne à *oi* une double valeur, celle de l'*oy* anglais dans *boye*, c'est-à-dire *boy*, dans lequel on entend *i* atone, et celle d'*oa* dont l'*a* n'était sûrement pas un *ä* (comp. p. 12) ; comme exemple de la première manière de prononcer il donne *oyndre, moytié, moyen, roy, moy, loy*, et de la seconde *boys, soyt, voyx*, ou *Francoys, disoyt, gloyre, voille*, en accentuant la deuxième voyelle, ce qui ne fait aucune différence. Les autres grammairiens indiquent le son *oe* en appuyant sur *e*. Périon, par exemple, dit p. 53ᵃ : *Cum* (oi) est *extrema syllaba aut ejus pars, manet illa quidem tota, sed tamen novum quendam sonum* i *efficit, qui ad* e *accedere videtur, ut* μοὶ moi, σοὶ toi *ita pronunciamus, ut si* moé, toé *esset*; de même p. 136 il prononce *vouloir* comme *vouloér* et écrit *droect* pour *droict*. Bèze p. 47 recommande aussi de prononcer *moi, toi, loi* comme *moai, toai, loai*, ai *pro* e *aperto*; cf. P. Ramus p. 19. De là, au xvi° siècle, des rimes comme *pécheresse paroisse* (pron. *parouesse*), *damoyselles estoiles* (*étouéles*), voy. Génin, *Variat.* p. 302. A *oè* se rapporte le breton *boest* (*boîte*) et l'esp. *toésa* (*toise*). Cet *oè*, ou exactement avec une légère modification *ouè*, est encore maintenant la prononciation à peu près générale des provinces[1] ; *oua* est un développement

---

1. Remarque d'Ampère, *Form. de la l. fr.* 383. Mais quand il tient *oué* pour la vraie prononciation française ancienne, et s'appuie pour l'affirmer sur des rimes comme *adoise*; *aise*; *avaines*; *moines*, on peut objecter que le poète aurait tout aussi bien pu écrire *adaise, avoines*. De même *fouere* rimant avec *fere* ne prouve rien, puisqu'il est trisyllabique et

plus avancé, et comme aucune raison physiologique n'explique sa présence, on ne peut mieux le faire qu'en l'attribuant au goût de la langue, qui trouvait plus commode un *a* à la finale dans cette combinaison. C'est donc le déplacement de l'accent, comme nous l'observerons pour *ui*, qui a préparé la prononciation nouvelle de la diphthongue *oi*.

La dégénérescence en *oi* de l'ancien *ei* organique = prov. *ei* est un phénomène qui a troublé et altéré les rapports phonétiques de la langue. Dans les deux plus anciens monuments français cette transformation n'a pas encore eu lieu : de *pois* (*possum*) on distingue dans les Serments *dreit* (*directum*); de *coist* (*coxit*) dans *Eulalie raneiet* (*reneget*), *pleier* (*plicare*), *preier* (*precari*), *creidre* (*credere*); mais dans le Fragment de Val. on trouve déjà *noieds*, qui correspond nécessairement au franç.mod. *noyés*, cf. Génin 470. Remarquons que la prononciation *ei*, quoique limitée à un petit nombre de mots et de formes, se répandit de la Normandie, à ce qu'on croit, sur l'Ile-de-France, et fut établie comme classique, grâce à l'influence des courtisans italiens, bien qu'autrefois la prononciation picarde et bourguignonne *oi* y eût été dominante. Bèze dit déjà à ce propos p. 48 : *Hujus diphthongi pinguiorem et latiorem sonum* (oai) *nonnulli vitantes expungunt* o, *et solam diphthongum* ai, *id est e apertum, retinuerunt, ut Normanni, qui pro* foi (*fides*) *scribunt et pronuntiant* fai : *et vulgus Parisiensium parlet* (*loquebatur*), allet (*ibat*), venet (*veniebat*) *pro* parloit, alloit, venoit, *et Italo-Franci pro* Anglois, François, Escossois *pronuntiant* Angles, Frances, Ecosses *per e apertum, ab Italis nominibus* Inglese, Francese, Scozzese. *Nam ab hac triphthongo sic abhorret Italica lingua, ut* toi, moi *et similia per dialysin producto etiam* o *pronuntient* fo-i *et* mo-i *dissyllaba*. Il ajoute : *Corruptissime vero Parisiensium vulgus Dores* πλατειάζοντας *imitati pro* voirre (*vitrum*) *sive, ut alii scribunt,* verre, foirre (*palea farracea*) *scribunt et pronuntiant* voarre *et* foarre ; *itidemque pro* trois (*tres*) troas *et* tras. Les mots dans lesquels on prononce (et depuis l'exemple de Voltaire et de quelques autres on écrit) *ai* pour *oi* sont *françois* et d'autres noms de peuples semblables, *foible, roide, monnoie, harnois, paroître, connoître* et les flexions verbales *ois, oit, oient.* Boileau fait

que dès lors il n'est pas identique avec *foire.* Seul, *dortouer* pour *dortoir* mérite qu'on s'y arrête.

encore rimer *françois* avec *lois* ; mais déjà La Fontaine (7, 7) fait rimer *connoître* avec *maître*. — Remarquons encore que dans quelques mots, comme *oignon, poireau, coignassier, oi* est prononcé *o*.

UI.

C'est une diphthongue dans laquelle la première voyelle conserve le son ordinaire de l'*u* français et la seconde a la prépondérance; *suis* rime en conséquence avec *débris, conduit* avec *petit, construire* avec *dire*. Chez les anciens on trouve déjà *lui ami Ignaur*. 76, *NFC*. II, 156, *nuit lit* I, 358, *fuit vit Ren*. I, 142. Mais il ne manque pas non plus d'exemples d'accentuation provençale, cf. à la rime *lúi plus ChRol*. p. 10, *fúit vencuz* p. 41, *lúist batud* 62, *lúi úi (hodie) vertud Charl*. p. 28. Il n'y a pas jusqu'à la forme de la basse latinité *lue* qui ne prouve bien que l'accent portait sur *u* (et non sur *i*, autrement *i* n'aurait pas été remplacé par *e*) ; voyez-en des exemples dans Marculfe *Form. app*. 51 et ailleurs. Le néerlandais du moyen âge exprimait *ui* par *û* : *dedût (déduit), pertûs (pertuis)* preuve que c'était la première voyelle qu'on entendait davantage, cf. Grimm I³, 288. L'étymologie justifie tantôt une prononciation, tantôt l'autre.

UI provient : 1) De *ui* latin : anc.franç. *fui, fuisse,* franç.mod. *lui,* de même *circuit, fortuit, gratuit, ruine*; dans d'autres mots, au contraire, comme *casuiste, assiduité, ui* se prononce en deux syllabes (Malvin-Cazal, p. 194); il provient aussi du *ui* allemand (*wi*) : *suinter (suizan), Suisse*; de *u-e* : *détruire*. — 2) De *u* ou *o* avec addition d'un *i* euphonique : *suis (sum,* abrégé *su), puis (post), puis (possum),* et sans doute aussi *aiguille (acucla* *). — 3) De l'affaiblissement d'une gutturale : *buie (boja), truie (troja), cuiller (cochlearium), essuyer (exsucare), buis (buxus), cuisse (coxa), huit, fruit, nuit, reduire, cuit, cuire.* — 4) Il naît par suite de l'attraction de *u-i, o-i* : *cuivre (cupreum), aiguiser (acutiare* *), pertuiser (pertusiare* *), puits (puteus), menuisier (minutiarius* *) juin, cuir, huile, muid, huître,* anc.franç. *fluive (fluvius), LJob, pluisors (plusiores* *), huis (ostium)*. — 5) Il provient de la chute de consonnes dans *juif (judius* de *judaeus), pluie, écuyer (scutarius), fuir, hui, ennui (in odio), pui (podium), appuyer (appodiare* *)*. — 6) Il y a des cas dans lesquels *ui* ne peut s'expliquer que par la transposition de *eu* ou de *iu*; ainsi dans *tuile (teula* de *tegula,* cf. v.franç. *reule,* *seule,* de *regula, saeculum*), *ruisseau* (*riucellus* de *rivicellus*), *suif* (*siuv, seuv* de *sevum*). — *Ui* a remplacé souvent *oi*; il peut y avoir là une raison euphonique; *ui* était plus aisé à prononcer que *oi*, surtout si on voit dans *u* l'*u* pur originaire = *ou* : dans le prov. *oi*, accentué sur l'*o*, cette dégénérescence en *ui* se présente moins souvent.

AU

a le son de *o* et provient : 1) De *au* latin : *cause, pauvre, restaure, aurore, automne, auteur, taureau.* — 2) Il naît de la résolution d'une labiale : *autruche* (*avis struthio*), *aurone* (*abrotanum*), *aurai* (de *habere*), *saurai* (*sapere*). — 3) De la résolution d'une *l* précédée de *a* : *aube, baume* (*balsamum*), *émeraude* (ital. *smeraldo, smaragdus*), *haut, jaune* (*galbinus*), *aumailles* (anc. franç. *almailles, animalia*), *fauve* (allem. *falb*)[1]. Parfois après un *e*, c'est-à-dire qu'on a écrit *au* pour *eau*, ce qui devait arriver quand le suffixe *el* s'ajoutait à des radicaux terminés par une voyelle : *glu-au* pour *glu-eau* (voy. p. 406) de même *Guillaume* pour *Guilleaume*. Mais *au* ne peut naître des combinaisons *ol* et *ul*; aussi *chaume* ne vient-il point de *culmus*, pas plus que *fauve* de *fulvus* ou *aune* immédiatement de *ulna*.

Cette combinaison aussi était primitivement diphthonguée, comme en provençal, ce qui ressort déjà de ce qu'il a fallu passer par *au* pour venir de *al* à *o*, mais il n'est pas facile de dire combien de temps a duré cette prononciation. L'antique glossaire de Reichenau écrit déjà *ros* = prov. *raus, soma* = *sauma, sora* = *saura, Eulalie* a *or* et *kose,* mais aussi *auret* (*habuerat*), *auuissei* (*habuisset*), *diaule* (*diabolus*), *Léger* a *auuret* str. 2; il est probable que cet *au* était diphthongué de manière à prononcer l'*u* comme le *w* anglais; le breton dit encore aujourd'hui *diaoul*. *O* pour *au* est remarquable dans *jholt* qu'on trouve deux fois dans le Fragm. de Val. (*faciebat grant jholt, si vint gran ces jholt*)

---

1. On sait qu'on écrivait également en ancien français avec une *l* étymologique *aultre, hault, Thiebault*; et l'on doit avoir souvent prononcé *al* vocaliquement, par ex. lorsque *chevals* rime avec *beaus*. Sur *l* = *u* ce que nous apprend le document de Londres est décisif, du moins pour le normand : *primae aut mediae sillabae habentes* l *post u vel e vel o sillabatam, dum tamen alia consonans post* b (*leg. post* l) *sequitur immediate, ipsa* l *debet quasi* u *pronunciari, v. g.* altrement, malveis, tresmaltalent. Si *altre* peut assoner avec *sage*, c'est qu'il se prononçait *altre* ou *autre*, mais non pas *ôtre*.

et qui correspond visiblement au français moderne *chaud*. Palsgrave p. 14 ne connaît d'*au* = *o* qu'à l'initiale (*autre*); autrement il doit se prononcer comme l'*aw* anglais dans *dawe* (c'est-à-dire *daw*). Bèze p. 43 attribue du reste au dialecte normand la prononciation diphthonguée : *Haec quoque diphthongus* (au), dit-il, *aliter pronuntiatur quam scribitur : sic nimirum ut vel parum vel nihil admodum differat ab o vocali, ut* aux (*allia*), paux (*pali*), vaux (*valles*), *quae vix aliter mihi videntur sonare quam in* os (*ossa*), vos (*vestri*), propos (*propositum*). *Normanni vero sic illa sonore pronuntiant ut* a *et* o *audiantur, ut qui dicant* autant *perinde pene acsi scriptum esset* a-o-tant. En wallon il en est de même encore aujourd'hui : ainsi dans *fraw* (franç. *fraude*), *clâ* ou *claû* (*clou*), *cawsion* (*caution*). En Bretagne elle persiste encore, cependant on dit *ao* au lieu de *aou* : *faoz* (*faux*), *raoz* (*roseau*), *brifaod* (*brifaud*) etc. Les langues étrangères reproduisent littéralement la diphthongue : moy. néerland. *scafaut* (*échafaud*), *yraut* (*héraut*), *assaut*, voy. Grimm I³ 292 ; moy.h.allem. *Laudîne, Mahaute, Libaut*; bas grec Ναϊναῦτ (*Hainaut*), Μπαυτουῆς (*Baudouin*), voy. Buchon, *Chron. étrang.*

Rapprochons de *au* la combinaison *EAU* qui a le même son. Elle naît de la syllabe *el* ou *il* dans les consonnes suivantes : *beau, peau, sceau, veau, anneau, heaume* (anc.h.allem. *helm*), *épeautre* (*spelz*). Si une voyelle précède elle absorbe l'*e* : *joy-au* pour *joyeau* (*gaudiellum**, prov. *joi-el*), *boy-au, glu-au, gru-au, hoy-au, tuy-au*, anc.franç. *joy-el* etc. ; de même *flé-au, pré-au, fé-aux* (*fideles*) pour *flé-eau, pré-eau, fé-eaux*. L'histoire de cette combinaison peut se faire ainsi : de *bel*, par le phénomène si fréquent de la diphthongaison, on fit *biel*, puis *bial, biau*, forme usitée encore en Picardie ; de *biau* est né d'abord *beau* avec *e* sonore (monosyllab.) : *auditur e clausum*, dit Bèze p. 52, *cum diphthongo* au, *quasi scribas* eo. L'anc.franç. *beau* assone encore avec *grant*, *Charl.* p. 11, et on dit encore en Bourgogne *veá* (*veau*), *morseá* (*morceau*), *bandeá* (*bandeau*), voy. Fertiault s.v. *novea*. Gotfried de Strasbourg dit *bêâ* disyllabique, Wolfram de même, mais aussi en une syllabe *beâ*, comme en français. A cette prononciation se rattache encore l'ital. *Bordeá* (*Bordeaux*), de même qu'à *eó* correspond l'esp. *Burdeós, Meós* (*Meaux*). Le breton rend *bourreau* par *bourreó*, le basque par *baurreba*. Sur le mot *eau* de *aqua* voy. mon *Dict. étym.*

EU.

D'après l'organisme général des langues romanes *eu* est proprement l'*ŏ* diphthongué ; il répond au prov. *ue, uo*, à l'esp. *ue*, à l'ital. *uo*, mais il a dépassé cette première destination. Il a le son de l'all. *ö*, que connaissent également les dialectes de la haute Italie. *Eu* provient : 1) De *eu* latin, par ex. *neutre, Europe, neume* (*pneuma*), *hébreu* (*eus* pour *aeus*). — 2) De *o* bref ou long, ainsi que de *au* : *feu, jeu, meule, neuf, peuple, deuil, feuille, cerfeuil, filleul* ; *fleur, heure, meuble, neveu, pleure, seul, couleur, fameux, pieux* (disyllab.), *peu, queue* (*cauda coda*), *bleu* (*blau*). Dans tous ces cas l'ancienne langue connaît aussi l'*o* simple. — 3) De la condensation de *e-u* = *a-u* ou *a-o* : *heur* (*augurium*, prov. *aür*), *peur* (*pavor*, prov. *paor*), *empereur* (ancienn. *empereór*), *eût* (ancienn. *eüst, habuisset*). Dans ce dernier mot, comme dans toute la conjugaison du verbe *avoir*, *eu* se prononce *u* : on a conservé l'*e* devenu muet pour donner plus d'ampleur aux formes écrites, ce qu'il ne parut pas nécessaire de faire pour *sus* (*sapui*) etc. Dans *jeûne* (ancienn. *jeüne, jejunium*) *e* est aussi muet. — 3) A l'inverse, *eu* dérive de *u-e, u-i* : ainsi du moins dans *jeune* (*juvenis*), *fleuve* (*fluvius*), *beurre* (*butyrum*), *veuve* (*vidua viua viuva*). — 5) De *ill, ell* dans *eux* (*illos*), *cheveux* (*capillos*), *verveux* (*vertebellum* *) etc.

Ce qui prouve que primitivement la combinaison *eu* était diphthonguée, c'est qu'elle a été capable d'assoner avec *e*, par exemple dans *Léger* 25 et 31 *déu preier* et de même aussi plus tard. Le document de Londres met sur le même pied la diphthongue dans *diéu, miéuz* et celle qui se trouve dans *bién*, en tant que l'une et l'autre ont un *e* accentué : *Dictio gallice dictata, habens sillabam primam vel mediam in e stricto ore pronunciatam, requirit hanc litteram i ante e pronunciari, verbi gratia* bien, dieu, mieuz, trechier, mier, *et sic de consimilibus*. Palsgrave p. 14 lui attribue de même la nature de diphthongue, puisqu'il la rapproche de l'*ew* anglais dans *fewe* (*few*) et de l'*eu* italien. A côté de *eu* on trouve fréquemment chez les anciens *UE* = prov. esp. *ue* : *buefs, cuens* (franç. mod. *comte*), *cuer, fuet* (lat. *fodit*), *fuer, duel* (*deuil*), *nuef, prueve, puet, suet* (lat. *solet*), *vuelent* ; de même en moyen néerlandais *eu* = *ue*, ce que remarque déjà Grimm I[3], 301. *OE* se rencontre aussi : *foers* (ital. *fuori*) dans le Fragm. de Val. et aussi dans des manuscrits postérieurs, par ex.

ChRol. coer, soer, poel, moet (franç. *meut*), *oes* (lat. *opus*). Cette indécision dans l'orthographe semble indiquer le son mixte qui apparaît de bonne heure; de même de l'anc.h.allem. *ui* est né le moy.h.allem. *iu* voisin du bas-allem. *ü*. La forme plus éloignée *UO* = ital. *uo* ne se rencontre que dans les premiers monuments linguistiques : dans *Eulalie buona, ruovet*, dans *Léger buon, duol, duos* (franç. *deux*); à l'inverse ou dans le Fragm. de Val. (*douls*) et dans des textes postérieurs. Au franç. mod. *eu* correspond parfois en normand *u* : par ex. *avugle, puple, sul, culur, seniur*. Voyez ci-dessus, à la lettre *o*, ce que nous avons dit incidemment de cette orthographe.

A propos de cette combinaison, remarquons encore quelques formes graphiques du français moderne : 1) On écrit *UE* pour la prononciation quand *c* ou *g* précède : *cercueil, cueillir, écueil, orgueil*. — 2) Par égard pour l'étymologie, on écrit *ŒU* dans *bœuf, chœur, cœur, mœurs, nœud, œuf, œuvre, sœur, vœu*. — 3) *Œ* seulement dans *oeil* (*oculus*). *Poêle* (b.lat. *pisalis*) et *coeffe* (b.lat. *cofia*) ne contiennent pas la diphthongue qui nous occupe : on prononce *poile, coiffe*, et on admet aussi cette orthographe.

La combinaison *IEU*, qu'on prononce *eu* avec le choc d'un *i* précédent, est de même nature. Cet *i* provient tantôt déjà du lat. *i, curieux, sérieux* (chez les poètes *cur-i-eux, sér-i-eux* en trois syllabes, Malvin-Cazal 130), tantôt de la diphthongaison d'un *e, ae* ou *i*, comme dans *dieu, Mathieu, lieue* (*leuca*), *cieux* (*caeli*), *yeuse* (*ilex*, prov. *euze*), *mieux* (prov. *miëlhs*), *vieux* (*vielhs*), *épieu* (anc. *espieil, spic'lum*), *essieu* (*axi-c'lus*). Cette diphthongue *ieu* n'a pas pu naître de *o* d'une façon normale, aussi doit-on s'étonner de la formation de *lieu* (*locus*) (déjà dans le Fragm. de Val.), au lieu de l'archaïque *leu*, qui correspond aux formes *feu* et *jeu*. L'alternance fréquente en ancien français entre *eu* et *ieu* aurait-elle amené cette confusion (*deu dieu, Mattheu Matthieu*)? Un patois provençal moderne dit également, en intercalant un *i, lioc*, mais il dit aussi *fioc* (*focus*). Le pluriel *yeux* pour *eux* à côté du singulier *œil* n'est pas moins surprenant. Doit-on admettre dans ce pluriel la métathèse du mouillement, en sorte que *yeux* serait pour *euilx*, phénomène dont le roman offre à peine quelques exemples, et qui correspondrait peut-être alors à la *metathesis aspirationis* du grec (θρίξ τριχός)? voy. ci-dessus p. 274 [1].

---

[1]. Comp. sur ces deux mots français Delius, *Jahrb.* I, 361.

Une autre diphthongue d'une nature différente, qui ne se présente qu'en ancien français et là même rarement, est *IU*, tantôt correspondant au prov. *iu*, comme dans *piu, bailliu*, tantôt née d'un *l* vocalisée ou de toute autre manière, par ex. *fius* (*fils*) *Ch. d'Alex.* str. 91, *cius* (*ceux*, ancienn. *cils*) *S. Graal*, *rechiut* (*reçu*) dans une charte de Tournay.

OU.

Cette combinaison de voyelles, qui a une ressemblance frappante avec l'ου grec et qui rend l'*u* simple des autres langues romanes (Palsgrave p. 16 l'assimile à l'*u* italien), paraît avoir pris naissance depuis que l'*u* français s'est perverti[1]. On la rencontre déjà dans les plus anciens textes : *Eulalie* a *bellezour, fou* (*focus*), *pouret* (*potuerat*) etc., le Fragm. de Val. *douls* (*doles*), *correcious*. Voici des exemples tirés du bas-latin : *Bordouse villa* et *Malarouta Brég.* n. 194 (ann. 680), *coustuma Carp. s. v.* (ann. 705), *loutrus* = franç. *loutre Gloss. erf.* p. 345, *Loulmontem Mab. Ann.* III, n. 13. Lorsque cet *ou* représente des voyelles simples on peut lui attribuer la même valeur qu'aujourd'hui : ainsi dans les anciens poètes allemands, Gottfried de Strasbourg par exemple, on trouve *duze* (*douce*), *fluss*, rimant avec *hûs*; autrement il a dû se prononcer comme *ou* provençal. Il serait en effet difficile d'admettre que la diphthongue ne se fût pas conservée par exemple dans le mot *pouret* où l'*u* est attiré par l'*o*. Aussi les poètes font-ils assoner sans hésitation *ou* avec *o* : *out pout Anjou noz or ChRol.* p. 47, 62, 114.

Ou est : 1) La forme dominante de *u* bref latin = prov. *o* : *couver* (*cubare*), *joug, mouche* (*musca*), *sous* (*subtus*), *roux* (*russus*). — 2) On le rencontre aussi au lieu de *o* et *au* (*av*) : *amour, jaloux, prouver, roue, cour* (*chortem*), *louer* (*laudare*), *Anjou* (prov. *Anjau*), *Poitou* (*Peitau*), *trou* (*trau*), *joue* (*gauta*), *clou* (*clau*) ; au lieu de *a-u* dans *soûler* (*satul-*

---

[1] « Pour le latin archaïque, *ou* n'était de même qu'un signe graphique (pour *u*) employé peut-être à l'époque où les prononciations effacées de l'*u* et de l'*i* commencèrent à disparaître et où l'on éprouva le besoin de distinguer rigoureusement les deux sons. » Bénary, *Rœm. Lautlehre* p. 82. Comme l'*ou* français, *ou* servit aussi à rendre la voyelle brève : *nuvebous* = *navibus*. Mommsen, *Unterit. Dialecte* 217 et Ritschl, *De milliario Popilliano* p. 34, sont d'un autre avis. Ils inclinent à regarder, dans les inscriptions réellement anciennes, *ou* comme équivalent non point à *ū*, mais à *cv*.

lare). — 3) Souvent *ou* provient de la résolution de *ol* (*aul*), *ul*, et coïncide parfois avec l'*ou* provençal : *cou*, *moudre* (*molere*), *chou* (*caulis*), *couteau*, *doux*, *genou* (abrégé de *genouil*)[1].

IE.

Cette diphthongue, bien connue dans tout le domaine roman, a trouvé aussi en français un emploi très-étendu. La seconde voyelle est tantôt ouverte, tantôt fermée, et est essentiellement soumise aux règles indiquées au chapitre de l'*E* (où des exemples ont déjà été donnés); toutefois dans cette combinaison *e* ne devient pas muet[2]. *IE* provient : 1) Du lat. *i-e* par synérèse, comme en italien etc., *piété*, *patience*. — 2) On retrouve dans beaucoup d'autres mots non latins cette tendance à contracter deux syllabes en une seule, tels sont : *hardiesse* pour *hardi-esse*, *négocier* pour *négoc-ier*, *remercier* pour *remerci-er*. Remarquons surtout ici le suffixe verbal *iez* pour *i-ez* (*aviez, auriez, fussiez*). — 3) Cette diphthongue provient surtout de *e* bref, ainsi que de *ae* : *brief* (qui se prononce en deux syllabes à cause de l'initiale complexe), *hier* (dans les poètes, par ex. dans Boileau, *hi-er*), *pied, siége, vieil, nièce, ciel, siècle*. — 4) Par attraction de *a-i* : *premier, collier, manière, régulier*. — 5) De *ia* : *partiel, chrétien*. — 6) De *a* dans le suffixe *as atis*, par ex. *amitié, moitié, pitié* ; rarement dans l'intérieur du mot, comme dans *grief* (chez les modernes disyllab.), *chien*.

CONSONNES.

Il n'y a pas à proprement parler de palatales en français; elles sont remplacées par des chuintantes simples, le *ch* dur et le *j* doux (*g*). La gutturale *j* (esp. *y*) n'existe, comme en provençal,

---

1. Dans quelques manuscrits on trouve des exemples du rapport inverse : *ol* représente l'*ou* français, par ex. dans *olblier* pour *oublier* Parton., *olvrer* pour *ouvrer* Brut. On pourrait penser à rapprocher ici le florentin *aldace* pour *audace*, mais en français cette *l* a dû être muette, puisque *rescols* rime dans *Brut* avec *nos* et *rescolsse* avec *escosse*.
2. Nos poètes allemands du moyen âge l'ont traitée comme leur propre diphthongue *ie*, c'est-à-dire qu'ils ont accentué la première voyelle (*fíer, zímier, revíer, turníeren*), ce qui est inconnu à l'ancien français. Ils auraient agi de même à l'égard de l'*uó* italien s'ils en avaient eu l'occasion. Le roman oppose à ce déplacement de l'accent un procédé correspondant en prononçant *spuóla* l'anc. h. allem. *spúola*.

qu'avec la valeur d'*i* palatal et est diversement exprimée (*rayon, fille, signe*). Aux gutturales s'adjoint encore ici *h* comme une légère aspiration. Les groupes *rh, th, ch, ph* (*Rhône, théologie, chronologie, philosophie*) persistent graphiquement.

En ce qui concerne la *finale*, toutes les consonnes, à l'exception de la chuintante *ch*, de *j* et de *v*, sont admises à cette place du mot ainsi qu'à la fin d'une syllabe. La substitution provençale des consonnes à la finale n'existe point en français ou du moins n'est exprimée par l'écriture qu'entre le *v* et l'*f* : *vive, vif*. En vieux français on peut d'ailleurs saisir plus de traces du système provençal : plusieurs manuscrits, par exemple, observent une alternance entre *d* et *t, g* et *c* (*tarde tart, longue lonc*). La forme actuelle de gérondif *ant* pour *and* semble un reste de cette méthode, tandis que *marchand* (ital. *mercatante*) offre précisément l'inverse.

Il faut remarquer une particularité importante et propre au français, c'est l'*assourdissement* des consonnes finales dans certaines conditions, la langue s'étant réservé à cet égard une grande liberté. En français, par la chute des voyelles après la syllabe accentuée, les consonnes, surtout les muettes, s'accumulent davantage et trouvent place à la fin du mot plus fréquemment qu'en italien et en espagnol. Il a pu y avoir un temps où ces lettres se prononçaient encore ; mais la tendance naturelle à écrire étymologiquement dut introduire dès le commencement bien des lettres mortes dans l'orthographe d'une langue qui a toujours eu devant les yeux son origine et qui n'a jamais songé à la renier. Il est peu croyable, par exemple, que dans *Eulalie* le *b* de *colomb* ait été autre chose qu'un simple ornement étymologique. Déjà les anciens prescrivaient d'assourdir certaines consonnes finales dans le discours suivi. *Quotiescunque*, dit le document de Londres, *dictio incipiens cum consonante sequitur immediate dictionem in consonantem terminantem, dum tamen sine pausa pronuncietur, consonans ultima dictionis anterioris debet pronunciando praetermitti v. g.* mieux vaut boyr apres manger que devant, *exceptis tribus* (?) *consonantibus* s, m, n, r *quae pronunciando non debent praetermitti, v. g.* pur Dieu, sire Williaume, fetes..... talent[1].

---

1. Le manuscrit d'Oxford dit à ce propos : *Item, quandocumque aliqua diccio incipiens a consonante sequitur aliquam diccionem terminantem in consonante, in rationibus pendentibus, consonans interioris diccionis potest scribi, sed in pronunciatione non proferri, ut* apres manger *debet sonari* après manger (c'est-à-dire avec s muette).

Ce qui est très-digne d'attention dans ce passage, c'est la remarque si nettement exprimée que les consonnes finales, suivies d'une pose, par conséquent aussi à la fin des vers, ne deviennent pas muettes. Cet usage persista, du moins chez ceux qui parlaient purement, jusque vers la fin du XVIe siècle, comme l'a prouvé un critique français d'après les grammairiens de cette époque (Ch. Thurot, *De la prononciation des consonnes finales dans l'ancien français*, voy. *Journ. gén. de l'instr. publ.* 1854); quant à l'avant-dernière consonne, à moins que ce ne fût une *r*, elle devenait muette. On prononçait donc *sait* comme le franç. mod. *sept*, dans *parlent* on entendait le *t*, *passez* rimait avec *tels*, *Turcs* avec *durs*. Palsgrave p. 39 dit par exemple à ce propos : *every worde comynge next unto a poynt cet. shal sounde theyr last letters distinctly or remissely*. Sylvius : *in fine..... dictionis [nec s] nec caeteras consonantes..... ad plenum sonamus, scribimus tantum ; nisi aut vocalis sequatur aut finis sit clausulae* (*Isag.* p. 7). Du Guez, Peletier, Rob. Estienne, Caucius, Pillot sont du même avis. Mais ces consonnes finales avaient toujours quelque chose de sourd. On ne trouve plus cette règle dans les grammaires du XVIIe siècle. — Des scribes peu instruits de la période antérieure laissaient souvent tomber les lettres étymologiques, par ex. *cors*, *tems*, *plom*, *doi*, *ni*, *nes* pour *corps*, *temps*, *plomb*, *doigt*, *nid*, *nefs*. Mais la langue moderne s'est efforcée de ne pas perdre de vue la provenance des mots : elle a adopté une orthographe étymologique, comme l'a fait aussi l'anglais. Il pouvait arriver, avec ce système, qu'une consonne déjà contenue dans le mot, mais devenue méconnaissable, y fût encore ajoutée une seconde fois, comme par exemple *g* dans *doigt* ou *poing*, *b* dans *debvez*, *fiebvre* (XVIe siècle). Les sons assourdis à la fin du mot (au milieu ceci se présente plus rarement) sont surtout les dentales *t, d, s, x, z*, puis *p*, par ex. *plat, nid, vers, yeux, nez, trop*; *c, f, r* et *l* s'assourdissent plus rarement, *estomac, clef, parler, fusil* (sur *m* et *n* voy. ci-dessous). L'assourdissement peut également atteindre deux consonnes qui se suivent, comme dans *respect, corps, legs*. Ce fait se présente surtout dans le pluriel des noms, car l'*s* du pluriel ne protége pas la consonne qui précède : *complots, nids, remords, clefs* etc. Dans les mots d'origine étrangère on prononce d'habitude les consonnes finales : *accessit, déficit, vivat, zénith, sud, David, atlas, iris, chorus, Bacchus, Pallas, Styx, Palafox, Metz, Cortez*.

Mais ces consonnes finales n'ont pas complètement disparu de la conscience de la langue. Elles peuvent redevenir sensibles en s'unissant par enclise à un mot suivant commençant par une voyelle. Et comme, de cette façon, elles deviennent médiales, elles prennent, quand c'est possible, une prononciation plus douce; ainsi *s* et *x* se prononcent comme *z*, et *f* parfois comme *v*. *N* est aussi sujette à l'enclise et reprend alors le son lingual qui lui est naturel; il y a lieu de se demander si la nasalité disparaît complètement ou s'il y a une nouvelle *n* pure après la première *n* nasale comme dans le dialecte normand, s'il faut prononcer *ancien ami, vilain homme* comme *ancienami, vilainomme* ou comme *ancien-nami, vilain-nomme*. L'*e* nasal, de même que l'*i* et l'*u* nasalisés, garde ici la valeur nasale (voy. à l'*N*). Par exemple *en Italie* se prononce *anitalie*, sinon *an-nitalie, un ami, eun-nami* (*unami* a aussi ses partisans). Pour qu'il y ait enclise, il faut que les deux mots soient entre eux dans un rapport syntactique étroit, comme sont l'article, le pronom ou l'adjectif vis-à-vis du substantif qui suit, la préposition vis-à-vis du nom, l'adverbe de gradation vis-à-vis de l'adjectif, le pronom personnel (qui précède ou qui suit) vis-à-vis du verbe, les verbes auxiliaires vis-à-vis du verbe principal, ainsi que les négations *pas* et *jamais*. Exemples : *les hommes* (pron. *lezommes*), *mon habit, cet ami, six écus* (*sizécus*) *neuf écus* (*neuvécus*), *vain espoir, grandes actions, sans argent, moins utile, trop heureux, bien ancien, il arrive, attend-il, croit-on, allez-vous-en, vous êtes aimé, je veux aller, il n'a pas eu, il ne lui a jamais écrit*. Quand l'adjectif suit son substantif, l'enclise a lieu plus rarement : on dit par exemple *une action | infâme, un nom | illustre* (Staedler, *Gramm*. § 19). *Non* n'est *incliné* que quand par le sens il forme un composé avec un substantif : *un non usage, non interessé*, mais *c'est une faiblesse et non | une vertu*.

Palsgrave p. 23-25 pose en principe, sur la mutification des consonnes, les règles suivantes qui, de nos jours, ne sont en partie plus observées. Quand deux consonnes sont dans des syllabes différentes la première devient muette : *souldain* (*soub-dain*), *luicier, adjuger, digne, multitude*. Quand il y en a trois, la première devient encore muette lorsqu'elle appartient à la syllabe précédente, comme dans *oultre, substance* (mais p. 63 il prononce cependant *obscurté* en faisant entendre le *b*) ; ou bien, dans les mêmes conditions, les deux premières deviennent muettes, excepté *m, n, r* : *scoulpture, moulcture, dompter*, prononç. *scouture, mouture, domter*. — Après la dernière voyelle d'un mot *m, n, r, s, x, z* conservent leur prononciation, les trois premières (par conséquent *r* dans *mener*) toujours, et les trois dernières quand le mot qui suit ne s'y oppose pas (c'est-à-dire quand il ne commence pas par une consonne). Les autres consonnes, après la dernière voyelle ou après *m, n, r*, ne se prononcent que faiblement (*remissely*), ou elles sont tout-à-fait muettes, par ex. *avec, soyt, fil, beaucoup, mot, blanc, sourd, champ, mort*, prononcez *avè, soy* etc.; excepté *t* et *p* après *a* et *e*, comme dans *chat, décret, hanap*. De deux consonnes finales, la première est toujours muette, excepté *m, n, r : soubz, sacz, serfz, filz, coupz, fist, metz, fault*. Sur trois, avec la même exception, les deux premières sont muettes : *faictz, defaultz, corps, champs, blancs, bastards*, prononcez *faiz, defauz, cors* etc. Devant des voyelles initiales, les consonnes finales s'entendent toujours : c'est là pour Palsgrave une règle qui ne souffre pas d'exceptions, voyez-en de nombreux exemples p. 56-63.

Le *redoublement* a pour l'oreille, dans la plupart des cas, la valeur de la lettre simple, comme déjà l'enseignait Bèze p. 63. Cette règle, lorsqu'il s'agit de muettes ou bien de la lettre *s*, est pour ainsi dire sans exceptions : *abbé, accuser, acquérir, addition, échauffer, aggraver, appas, appendre, attendre, essieu* (avec *s* dure). Lorsqu'il s'agit de liquides, surtout dans les mots plus récemment introduits, les exceptions se présentent plus souvent ; on prononce par exemple ces lettres simples dans *collége, homme, anneau, guerre*, doubles dans *rebellion, immense, annales, terreur*. Les anciens employaient d'habitude les lettres simples pour rendre les sons simples. Dans la plupart des cas le redoublement introduit après la voyelle accentuée se simplifie dans l'écriture quand l'accent se déplace, comparez *battre bataille, cotte cotillon, folle folâtre* (mais *follet*), *salle salon, femme femelle, canne canon, barre baraque*.

L.

L suppose toujours, sauf quelques exceptions dans lesquelles elle provient d'une altération de *r* ou de *n* (*autel, licorne, orphelin*), une *l* primitive ; seulement elle est parfois préposée, comme dans *lierre* (*hedera*, anc. franc. *yerre*); ou intercalée, comme dans *enclume* (*incudem*).

Il faut remarquer ici ce qu'on appelle *l* mouillée, c'est-à-dire *l* suivie immédiatement du son du *j* allemand[1]. Le français n'a

---

1. Bèze se sert déjà de l'expression *ll molle*.

pas ici de signe aussi commode que l'*lh* provençal. On écrit à la médiale *ILL*, à la finale *IL* : *paillasse, oreille, travail, orgueil* ; mais l'*i* précédent s'absorbe dans l'*i* du groupe *il* ; on écrit p. ex. *péril* et non *périil* (prov. *perilh*), comme en ital. *chinare* suffit pour *chiinare*. Anciennement l'orthographe variait. Dans les glosses de Cassel on trouve *cramailas* et aussi dans des textes postérieurs *vailant, merveille*, ou, en postposant l'*i*, *filie* : dans le livre de *Job* et dans les *Dialogues* de Grégoire on rencontre l'*lh* provençal : *filhe, travailher, orguilhose, exilh, mervilhier, turbilhons* etc. Dans le Fragm. de Val. on trouve le pronom *cilg*, mot dans lequel *g* a la même fonction que dans le mot *intrange* des glosses de Cassel (voy. à l'*N*). Plus tard encore on a écrit *lg* pour *gl*, *Ramelgeis* par ex. pour *Ramillies* (Grandgagnage, *Sur les anciens noms de lieux* p. 71), auquel correspond aussi l'orthographe néerlandaise *lgh, faelghe* = franç. *faille, maelghe* = *maille*, voy. Grimm I² 501 [1]. — Étymologiquement, cet *il* provient : 1) De *l* latine avec *i* palatal, comme dans *mil* (*milium*). — 2) De *cl, gl, pl, tl* : *oreille, étrille, écueil, vieil*. — 3) Dans plusieurs cas il provient, surtout à la finale, de *ll* ou *l* pure : *faillir, avril, fenil* (*foenile*). Mais d'ordinaire *l* ne se mouille pas, pourvu toutefois qu'elle ne soit pas sous l'influence des lettres désignées aux paragraphes 1 et 2 : ainsi dans *illégal, fil, mil (mille), ville, civil, subtil*. — Dans certains dialectes, ainsi que dans le langage courant, *l* s'est tout à fait fondue, comme cela arrive aussi dans des dialectes italiens. On dit par ex. *batayon* pour *bataillon* [2].

L est muette dans *baril, chenil, coutil, cul, fournil, fusil, gril, nombril, outil, persil, soûl, sourcil* ; en outre dans *fils* qui, prononcé comme le prov. *filh*, ne se serait pas distingué assez clairement de *fille*. On écrivait jadis *sol* (nom d'une pièce de monnaie), mais on prononçait *sou*. Suivant Bèze p. 69 *fol* et *col* se prononcent aussi *fou, cou*.

M.

Sur cette lettre, remarquons que, placée à la fin d'une

---

1. Sur cette notation (comme sur d'autres) de *l* et *n* mouillées on peut voir *Altrom. Glossare* 67, 68, 124.

2. On a de même en prov. *cavayer* pour *cavallier*. — Dans le Berry, d'après la remarque de Bèze (p. 29), *gl* initial aussi est susceptible d'être mouillé, *gloire* se prononce comme *lioire*. Mais ce *gl* se résout aussi en *y* : *yener* = fr. *glaner*, *yotton* = *glouton*, voy. *Voc. du Berry* p. 56.

syllabe ou suivie dans la même syllabe d'autres consonnes, elle a le son nasal de l'*n* (voy. à l'*N*), par ex. *dam-ner, com-bler, faim, nom, parfum, prompt*; ceci se présente aussi pour *mm* : *em-mener*. Excepté dans les mots commençant par *imm* (*immodeste*), où *m* se prononce pure ou sonore. Dans la désinence adverbiale *emment* (*ardemment* de *ardent-ment*) le son nasal a disparu, mais en laissant à l'*e* le son de l'*a*, ce qui est arrivé aussi dans *femme*.

M provient de *n* dans *venimeux* et dans quelques autres mots. Dans *charme* (*carmen*), *dame*, *homme* etc. il représente la combinaison *mn*, dans *âme* à l'inverse la combinaison *nm*; dans *automne m* devient muette. *M* est intercalée devant le *b* dans *Embrun* (*Eburodunum*), *lambruche* (*labrusca*), devant *p* dans *tampon* à côté de *tapon*.

N.

Cette liquide perd l'articulation qui lui est propre dans les mêmes conditions que *m*, en développant dans la voyelle précédente un son nasal, comme nous l'avons déjà indiqué dans la première section. Les combinaisons qui se présentent dans les mots vraiment français sont : *AN, EN, IN, ON, UN, AIN, EIN, OIN, UIN, IEN*, de même *AM, EM, IM, OM, UM, AIM*, par ex. *dans, ange, gens, tendre, fin, mince, bon, montre, brun, lundi, romain, vaincre, plein, ceindre, besoin, moindre, juin, ancien, tiendrai*; *champ, ambre, temps, membre, simple, corromps, ombre, humble, faim*. Il était difficile d'échapper à la confusion des deux consonnes : c'est ainsi que *n* est pour *m* dans *on, rien* etc. Il faut bien remarquer à ce sujet que cette nasalisation modifiait la nature des voyelles précédentes, sans que cette modification fût indiquée dans l'écriture, parce qu'on avait égard à l'étymologie. — Dans ce cas *a* et *o* restent intacts, mais *e* prend le son de l'*a*, *i* celui de l'*e*, *u* celui de l'*eu*[1]. Les combinaisons *ai* et *ei* conservent leur prononciation; la diphthongue *ie* n'est pas non plus prononcée comme *ia* (*rien* ne se prononce pas comme *rian*), mais dans *oin* et *uin i* éprouve le sort de l'*i* simple. L'*n* double ne prend pas le son nasal, excepté dans *ennui* et *ennoblir*; dans les mots *enivrer* et *enorgueillir n* simple se prononce comme *nn* dans *ennoblir*. Les désinences *am, em, en, im, um*

---

1. Palsgrave remarque également cette prononciation de l'*e* nasal; mais il ne dit absolument rien de l'*i* ni de l'*u* nasal.

dans les mots étrangers se prononcent d'ordinaire sonores (seulement *u* se prononce *o*), par ex. *Roterdam, Jérusalem, amen, éden, Sélim, album, pensum.*

Cette fusion de l'*m* et de l'*n*, inconnue au provençal, a commencé de très-bonne heure. C'est ce que montre dans les textes poétiques l'identité des assonances *an* et *en*, qui ne pouvaient se prononcer autrement que *an* nasal pour qu'on pût les faire rimer ensemble. Nous en trouvons une autre preuve dans l'échange, fréquent dans l'écriture, des deux formes *an* et *en* (*androit endroit*)[1]. L'équivalence des rimes *um* et *on* remonte bien plus haut dans les poésies latines du moyen âge, par exemple dans une chanson du IXe siècle (Du Méril, *Poés. pop.* 1847, p. 93) *Salomon ferculum Zabulon convivium*, ce qui s'explique le plus naturellement par la prononciation également nasale de l'*m* et de l'*n*. Quant à l'élévation de la combinaison *en* à *an*, elle n'a pas pénétré même aujourd'hui dans tout le domaine français : en picard, par exemple, on prononce *en, enfer, entre, entrer* comme *in, infer, intre, intrer* ; en wallon *bandeau, dent, vent, endroit, difficilement, différence* se prononcent comme *beindai, daint, vaint, aindroit, difficilemaint, diferainss*; dans le Berry *langue* comme *lingue*; de même l'*i* dans l'anc. franç. *in* n'a certainement pas tout-à-fait perdu sa valeur propre, puisque, quelle que soit sa place, il peut assoner avec n'importe quel *i*, *pin* par ex. avec *finir*; il en est de même pour *un* avec *u*, par ex. *brun, venu*[2]. Dans le dialecte

---

1. L'ancienne orthographe *ng* dans *ung, crieng, Meung* pour *un, crien, Meun* est moins probante. Le premier de ces mots reçut en effet cette forme, au jugement des anciens grammairiens, parce qu'on craignait que *un* pût être lu *vn* VII (vn). On retrouve cette distinction même dans des chartes provençales du XVe siècle, par ex. *HLang.* IV, preuv. 423. — Un troubadour se permet de comparer le français au grognement des porcs :

    A pauc Achiers no fo'n Fransa,
    on parlon aissi com porcs rutz.   GOcc. 272.

Veut-il désigner par là le son nasal, ce qui nous rappellerait le vers de Goethe relatif à ces animaux : « *Ils parlent tous du nez* » ? Le napolitain dit : « *Il porco parla francese*, » ce qu'on entend de la particule affirmative *oui* (v. *Vocab. napol.* de Galiani, v. *guitto*); c'est là un joli contraste avec le vers de Dante *Nel bel paese là dove'l sì suona*. Il est possible que le troubadour ait pensé lui aussi au *oui* français.

2. On connaît l'orthographe anglo-normande *aun* pour *an*, *oun* pour *on*, par ex. dans *aunz, maunder, vaunter, count, noun* (franç. *nom*). Il est probable que dans ce dialecte on faisait entendre un léger *u* après *a* et *o*. Palsgrave p. 3 et 9 veut qu'on prononce *an* et *on* avec diphthongaison

lorrain la nasale disparaît dans certaines conditions : on prononce par ex. *mainogemot* (*ménagement*), *lentemot* (*lentement*), *Chretiei* (*Chrétien*), *consciauce* (*conscience*), *daus* (*dans*), *rau* (*rien*), *chei* (*chien*), *chemmi* (*chemin*), *reipâde* (*répandre*). On dit aussi en wallon, en supprimant la nasalité, *ebarassé* (*emb.*), *efan* (*enfant*).

N se rencontre à la place d'autres liquides, par ex. dans *nappe*, *niveau* (*libella*), *marne* (ancienn. *marle*). Elle est préposée dans *nombril*, voy. mon *Dict. étym.*; intercalée (le plus souvent devant des gutturales) dans *Angoulême* (*Iculisma*), *concombre* (*cucumis*), *jongleur* (*joculator*), *langouste* (*locusta*), *rendre* (*reddere*), anc.franç. *engrot* (*aegrotus*), *ancone* (εἰκών) Roq.

L'*n* que l'on appelle *mouillée* a la même origine et la même forme *gn* qu'en italien ; cependant le mouillement ne s'applique en français qu'à l'*n* médiale, car le *g* initial reste guttural même dans cette combinaison. Le franç. *gnomon* se prononce donc autrement que l'ital. *gnomone*. Dans le vieux français l'orthographe de ce son était très-variable. La première tentative pour exprimer cette combinaison se trouve dans les glosses de Cassel, *intrange* = anc.franç. *entreigne*, dont le *g* devait se prononcer comme un *g* allemand doux. Mais déjà dans les anciens *Dialogues allemands* (voy. ci-dess. p. 28) on remarque *gn* dans *compagn*. Plus tard on écrivit *ni* ou *in* : *sonious, seniorie, plainons* (*plaignons*), de même *ngn* et *ign* : *compangnon, sengneurie, espaignol, gaigner, montaigne*. Dans le livre de *Job*, on trouve aussi *engengier, lingie* (à côté de *lignie*), *gaangiet* (*gagné*)[1]. Remarquez le rapport qui existe entre *gn* médial et *n* finale : *baigner bain, gagner gain, éloigner loin, maligne malin, harpigne harpin, cligner clin, rechigner rechin, égratigner gratin* etc.

R.

Cette liquide, pour faciliter la prononciation, prend souvent comme *aun* et *oun*, bien qu'il ne les écrive pas avec *u*. Le ms. d'Oxford cité p. 415 dit de même : *Item istae sillabae seu dicciones quant, grant, demandant, sachant ei hujusmodi debent scribi cum simplici n, sed pronunciatione u debet proferri.*

1. Dans les mots qui ne sont pas romans, comme *agnat, stagnation, ignée*, *g* a le son guttural ; dans *signet* il est muet. En vieux français on trouve aussi *digne* avec un *g* muet, par ex. dans *brigans dignes* rimant avec *brigandines* : DC. v. *briga*.

la place de *l* ou de *n* lorsque ces lettres, par la chute d'une voyelle, se trouvent immédiatement en contact avec une muette qui précède, comme dans *apôtre, esclandre* (*scandalum*), *diacre, ordre, havre* (angl. sax. *häffen*), *pampre* (*pampinus*), *coffre*. Elle représente *s* dans *orfraie* (*ossifraga*). Mais souvent elle repose sur une simple intercalation, comme dans *fronde* (*funda*), *épeautre* (*spelt*), *feutre* (*filz*), *pupitre* (*pulpitum*), *balestre* arch. (*ballista*), *celestre* etc. (formé d'après *terrestre*?), *registre* (*regestum*), *tristre* arch. (*tristis*), *perdrix, encre, pimprenelle, fanfreluche* (*fanfaluca*), *velours* (*villosus*). Sur la transposition de *r*, voyez section I, p. 207.

R s'assourdit dans la finale *er* ou *ier* des disyllabes et des polysyllabes (lat. *arius, arium, are*), par ex. *entier, léger officier, danger, aimer*, mais non dans *amer, enfer, hiver*. Dans l'ancien français, *r* ne s'assourdit pas dans les désinences *er, ier* ou *eir*, puisque dans les poèmes à rimes exactes (et non pas seulement à assonances) *r* finale s'entend toujours : par ex. *apeler* rime très-bien avec *ber, errer* avec *mer*[1].

T.

Sur la prononciation de *t*, remarquons que devant *i* suivi d'une voyelle, elle se règle sur la prononciation du latin, c'est-à-dire que *t* se prononce comme *c* devant *i* : *partial, ration, vénitien, balbutier, inertie*. Il en est de même, contrairement à la règle, devant le suffixe *ia* dans les mots grecs, p. ex. *prophétie* (*prophetīa*), *aristocratie*, mais non dans les mots qui ne sont pas grecs d'origine, comme *partie, garantie* etc. Bref, ce *ti* s'accorde partout avec le *zi* italien. Du reste *t* correspond presque partout au *t* latin; dans *vert, verte* il remplace *d*, dans *contrat, acheter* etc., *ct* et *pt*. Voici quelques cas particuliers où cette lettre se produit : 1) A la finale *t* remplace *c* dans plusieurs mots : *abricot* (ital. *albercocco*), *palletot* (ancienn. *palletoc*), *gerfaut, haubert* (voy. p. 295), anc. franç. *gort* à côté de

---

1. Gachet 397 admet aussi que l'*r* de l'ancien français était sensible dans la désinence *er*, mais se refuse à l'admettre dans *ier*, parce que *ier* ne rime pas avec *er*. La raison de cette incompatibilité des deux finales n'est point dans *r*, mais en ce que la diphthongue *ie*, en général, ne rime point avec la voyelle *e*, quelle que soit la consonne qui suive. *Repairier* rime donc avec *avancier* et même avec *chasti-er, ubli-er*, mais non avec *doner*.

gorc (*gurges*) etc. — 2) Souvent *t* s'intercale, tantôt pour adoucir le contact de consonnes qui ne s'accordent pas, comme dans l'ancienne combinaison française *str*, franc.mod. *tr* (*estre*, *être*), tantôt pour séparer des voyelles, comme dans *cafetier*, *voilà-t-il*. Cette lettre est préposée dans *tante* et ajoutée en vieux français à *n* finale particulièrement dans les noms propres: *Barrabant Pass. de J.-C.* 57, *Moïsant* (*Moises, Moisen*) *Gar.* I, 23, *Aufricant, Persant, Beauliant Beliant* (*Bethlehem*), *Jerusalent, boquerani* (prov. -*ran*), *chambellant, faisant* (encore franç.mod. *faisand-eau, faisand-erie*, angl. *pheasant*, moy.h.allem. *phâsant*), *païsant* (angl. *peasant*), *tirant* (angl. *tyrant*), *romant* (d'où *romantique*), et aussi *dant* (*dominus*). *oriflant* (*auriflamma*), franç.mod. *arpent* (*arepennis*); l'allemand montre la même tendance dans *dechant, pergament*. — *T* final est muet après une voyelle, excepté dans les mots suivants pour la plupart récents: *brut, chut, dot, fat, granit, échec et mat, net, subit, transit*, et, après une consonne, dans *abject, contract, correct, direct, exact, infect, suspect, strict, lest, vent d'est, Christ* (muet dans *Jésus-Christ*), *zist et zest, rapt, indult, malt*. Les noms de nombre *sept, huit, vingt* devant les consonnes ont un *t* muet; les deux premiers le font entendre à la fin d'une phrase: *ils étaient sept, ils restèrent huit*. La rime montre que *t* final pouvait être muet dans l'ancien français, par ex. *art geté : largeté G. de Nev.* p. 5; *art gent : argent NFabl. Jub.* II, 317; *court ci : accourci Ruteb.* II, 71 [1].

Le français a conservé *TH* dans les mots étrangers, et l'emploie de plus dans *luth* (ital. *liuto*).

D.

A la médiale, il provient souvent du *t* italien ou du *d* espagnol, comme dans *cascade, estrade*; rarement du *t* latin. Il s'intercale dans les combinaisons de l'anc.franç. *sdr, ldr, ndr*, franç.

---

1. Déjà dans les plus anciens manuscrits le *t* disparaît quelquefois, par exemple *mul* pour *mult* dans *Léger* (ainsi que dans le fragment d'*Alexandre* etc.), et dans Gottfried de Strasbourg *mâ*, qui est une forme encore plus raccourcie, et *de tu le munde* (*Trist.* 12564); de même *ces* pour *cest* dans le Fragm. de Val. Ici se place une règle donnée par le document de Londres: *Quaedam sillabae pronunciatae quasi cum aspiratione possunt scribi cum s et t, verbi gratia est, plest, cest etc.* Le sens est sans doute celui-ci: on entend seulement une sorte d'aspiration (un allongement de la voyelle), mais on écrit étymologiquement *st*.

mod. *udr, ndr,* par ex. *coudre* (p. 223), *moudre* (p. 193), *ceindre* (p. 204). Dans quelques noms de peuples et noms propres il s'ajoute à l'*n* finale : *allemand allemande, normand Normandie, flamand* (jadis *flamenc*) *flamande, Bertrand, Foukerand* (*t*), *Hermand* (*t*), cf. l'allem. *jemand, niemand, irgend, Mailand, dutzend*. Le nom de *Roland* n'appartient pas à cette série. — *D* final est partout muet, excepté dans quelques mots étrangers comme *sud*. Quand un adjectif se termine en *d* et qu'il est suivi d'un substantif qui commence par une voyelle, *d* se prononce comme *t* : *profond abîme*, comme *profont abîme*; de même dans les combinaisons comme *entend-il, répond-on*.

Dans les plus anciens monuments de la langue, *d* s'écrit très-souvent là où plus tard il est tombé : ainsi dans les Serments *fradre, cadhuna*, dans *Eulalie presentede, spede, adunet*, dans le Fragm. de Val. *podist* (*potuisset*), *odit* (*auditum*), dans *Léger laudier* (*louer*), *fredre, nodrit*; et encore dans quelques textes postérieurs. Les manuscrits écrits en Angleterre emploient aussi *th* pour *d*, par exemple le poème d'*Alexis vithe* (*vie*), *canuthe* (*chenue*), *lothet* (*loue*), *cuntretha* (*contrée*), le psautier de Cambridge *multiplieth, oth* (prép.). Il faut sans doute regarder ce *d*, partout où il peut tomber, comme un signe muet purement étymologique.

S

initiale, aussi bien qu'avant ou après une consonne et dans le redoublement *ss,* se prononce *dure*; dans les combinaisons *sce, sci, sche, schi* (*scène, scie, scheling, schisme*) elle ne se prononce pas ; entre voyelles elle se prononce comme *z*. On prononce cependant également avec *s* douce *transiger* et *transit* (mais non *transir*); avec *s* dure les composés *désuétude, préséance, vraisemblance, parasol* etc. Les grammairiens du xvie siècle attribuent déjà à l'*s* la prononciation actuelle. Dans *sceau* (*sigillum*) et *scier* (*secare*) *s* s'adjoint un *c* qui n'est pas étymologiquement justifié.

S ne provient pas seulement d'une *s* primitive ; elle dérive aussi de plusieurs consonnances très-usuelles et se dédommage ainsi de sa chute fréquente. — 1) De *t* ou *c* (*ch*) avec *i* palatal : *raison, hérisson, bras*. — 2) Du *z* allemand : *blesser* (*bletzen*), *saisir* (*sazjan*). — 3) De *ce ci* (*que qui*) sous l'influence d'une voyelle suivante, par ex. *panse, cuisine* (*coquina*). De *sc* dans *poisson* (*piscis*). — 4) De *x* : *laisser, buis* etc. — 5) De *st* : *angoisse, tesson* (*testa*). — 6) Le passage de *r* à *s*, bien que n'atteignant que peu de mots, est remarquable : *besicle, chaise, poussière* pour *bericle, chaire, pourrière*. Ces formes viennent probablement du dialecte parisien : *Parisienses*, dit Bèze p. 37, *ac multo etiam magis Altissiodorenses et mei Vezelii simplicem* (r) *etiam in* s *vertunt, ut* Masie, pese, mese, Theodose *pro* Marie, pere, mere, Theodore. Palsgrave p. 34 attribue cette même prononciation aux Parisiens, qui disent également *Pazys* pour *Parys*. Dans une partie de la Champagne aussi on entend *écuzie, pèze, frèze* pour *écurie, père, frère* (Tarbé I, 170, 171). — *S* est préposée dans *escarboucle* (*carbunculus*), *échafaut* (ital. *catafalco*), *écrevisse* (*krebs*); au contraire la syllabe entière *es* ou *é* tombe dans *pâmer* pour *épâmer*, *prêle* à côté de *esprelle* (ital. *asperella*), *tain* à côté de *étain*, *tricot* à côté de *étriquet*, *Tiennot* pour *Étiennot*, *tribord* à côté de *stribord*. D'anciens manuscrits français ont *pouse* pour *espouse*, *pouiller* pour *espouiller* (Wackernagel p. 133).

Le français a pour cette lettre une aversion particulière, tant à la médiale qu'à la finale. A la *médiale* devant des consonnes, il s'en est la plupart du temps débarrassé, et ne l'écrit plus, sauf comme lettre muette dans quelques noms communs comme *isle, registre* à côté de *île, regître,* et dans plusieurs noms propres, comme *Aisne, Duchesne, Duguesclin, Ménestrier, Nismes*. Les grammairiens anciens ordonnent déjà de prononcer *maistre* comme *maître, descouvrir* comme *découvrir*. Sylvius dit *Isagoge* p. 7 : *S ante t et alias quasdam consonantes in media dictione raro ad plenum, sed tantum tenuiter sonamus et pronunciando vel elidimus vel obscuramus*. Mais peut-on admettre que dans les siècles antérieurs où l'on accordait peu d'importance à l'écriture étymologique on se soit embarrassé d'une lettre morte? Assurément non. On ne doit donc pas douter que l's fût réellement prononcée, surtout si on considère que dans les plus anciens manuscrits, du IXe au XIe siècle, elle ne manque jamais. Puis pourquoi aurait-on écrit *fisdrent* ou *plainstrent* si l'intercalation du *d* ou du *t* n'avait pas servi à faciliter l'émission de l's et de l'*r*? Les patois du nord présentent encore aujourd'hui quelque chose d'analogue dans la combinaison *st* : wallon *chestai* (*château*), *hèss* (*hêtre*), *fiess* (*fête*), picard *sté* (*été*); et ce fait est général en breton : *brousta* (*broûter*), *distak* (*détaché*), *hast* (*hâte*), *kostez* (*côté*), *disk* (*dois*). Lorsque les Normands de France s'emparèrent de l'Angleterre, cette *s* française devait certainement être encore dans toute sa force, ainsi que le prouvent les mots anglais *astonish* (*estoner*), *tresle* (*trestel*, *tréteau*), *estate* (*estat*), *eschewin* (*eschevin*), *espy* (*espier*), *squire* (*escuyer*), *squirrel* (*escureuil*) et beaucoup d'autres. A la finale, l'orthographe moderne l'a conservée, mais elle n'est plus qu'une lettre muette, même dans les syllabes de flexion, au contraire de l'espagnol qui fait entendre distinctement l's de flexion. On excepte d'ordinaire les mots *ains* (adv.), *alors*, *blocus*, *cens*, *fils*, *jadis*, *laps*, *lis*, *mars*, *mœurs*, *os*, *ours*, *plus* (quand il n'est pas comparatif : *il y a plus*), *sas*, *tous* (employé substantivement), *vindas*, *vis*, où elle est restée sonore (Malvin-Cazal 349-358). — La sonorité finale de l's en ancien français n'est pas douteuse ; celle de l's de flexion l'est d'autant moins qu'elle exerçait de l'influence sur la forme du nom. On disait, par ex., *pis* pour *pics* (déjà dans le *Gloss. de Cassel*), *sas* pour *sacs*, *fers* pour *ferms*, *tritz* pour *tristz*, afin d'effacer la consonnance multiple : *s* se prononçait donc ; au cas oblique où cette consonne n'existait plus le thème reparaissait dans sa plénitude : *pic*, *sac*, *ferm* (et non *fer*), *trist*. Une preuve meilleure encore que jadis l's finale et d'autres consonnes aujourd'hui muettes se faisaient entendre, nous est fournie par le mélange de rimes latines et françaises, comme *bonús jus* (*sauce*), *mensás délicats*, *laudabit dit*. Mais de bonne heure déjà, à la médiale et à la finale, *s* s'affaiblit et disparut ; sans cela on n'aurait pas osé faire rimer, comme le font Marie de France, Benoît, Gautier de Coinsi, Rutebeuf et d'autres, *dame blasme*, *estre mettre*, *cisne mechine*, *ostel ot tel*, *puis taire pute aire*, *papelars dirai papelardirai*, *borbeter ors beter*. Dans les rimes de ce genre (*rimes équivoques*), l'art du poète consistait à faire remonter l'homophonie aussi loin que possible dans le vers : aucun élément dissonant ne pouvait évidemment y trouver place. On ne s'étonne donc pas de rencontrer déjà dans de bons manuscrits de la plus ancienne époque *meeme* (*meesme*) Psaut. du *Trin. coll.*, *mimes* (ibid.), *melleiz* (*mesl.*), *delloiez* (*desl.*), *ellist* (*esl.*) LJob, *quaramme* (*quaresme carême*) *SBern.*, *proime* (à côté de *proisme*) ib., dans un manuscrit du commencement du XIIe siècle publié par G. Paris, *Jahrb.* IV, 311, *cestui* (*cestui*), *deputer* (*disp.*), *ecrierent* (*escr.*), *apotres*, *amité* (*amisté*), comp. sur ce point P. Meyer, *Jahrb.* V, 398. La perte de l's ne demeura pas sans compensation ; elle détermina l'allongement de la voyelle précédente, allongement que l'orthographe moderne indique par l'accent circonflexe. Quelques mots seulement se sont refusés à cet allongement : *bétail* (*bestia*), *cet* (*ecc'iste*), *poterne* (*posterula*), *setier* (*sextarius*), *ajouter* (*adjuxtare**), *louche* (*luscus*), *ménage* (de *mansio*), *mouche* (*musca*) pour *bêtail* etc., spécialement les préfixes *é*, *dé* (*dis*), *mé*, *tré*.

— Au lieu de *s* les *Livres des Rois* mettent *d*, du moins devant *l* et *n* : *medler* (*mesler*), *adne* (*asne*), *maidnée* (*maisnée*), Thom. de Cant. suppl. *almodnier, bedlei*, certainement en qualité de signe simplement muet, car le *d* en français n'aime pas à être suivi d'une *l* ou d'une *n* : il semble qu'on ait voulu, adroitement ou non, indiquer l'allongement en faisant précéder du signe d'un léger choc lingual la voyelle originairement précédée d'une *s*.

Une fois qu'on se fut habitué à regarder dans beaucoup de cas l'*s* muette comme un simple signe d'allongement, *idque non parvo abusu, quum literae non sint inventae, ut pronuntiationis quantitatem significent*, comme dit Bèze p. 71, il était naturel de l'intercaler pour indiquer de même l'existence d'une longue quelconque. Toutefois on ne doit s'attendre ici ni à la régularité ni à l'exactitude. Ainsi on écrit, par ex., *fluste* (*flûte*), *fuiste* (*fuite*), *loister* (*lutter*), *puste* (ital. *putta*), *esguille* (*aiguille*), *Esgipte* (*Égypte*), *casnard* (*cagnard*), *lasne* (*laine*), *mesne* (*mène*), *ramposgne* (ital. *rampogna*), *resne resgne* (*rêne*), *Rosne* (*Rhône*), *sesne* (*seine*), *trosne* (*trône*), *visne* (*vigne*), *cosme* (lat. *coma*), *nosme* (*nom*), *cesmance* (*semence*), *esre* (*erre*), *pasle* (*pâle*), *paesle* (*poêle*), *rosle* (*rôle*), même *esve* (*eau*), Gar. I, 112 ; *d* au lieu de *s* : *throdnes, rampodner*. Cette *s* prosodique est encore inconnue aux plus anciens manuscrits parce qu'ils ignorent aussi l'*s* muette[1] ; peu à peu elle apparaît : ainsi dans l'*Alexis* str. 14 *fraisle* (*frêle*). Ce signe ajouté était déjà muet ; ce qui le prouve c'est que pour *esre* (*erre*) on ne trouve jamais *esdre estre* (d'où il suit que *s* devant *r* n'avait ici aucun besoin d'une dentale pour faciliter la prononciation ; ce qui le prouve encore c'est que dans les langues qui avaient un commerce continuel avec le français, cette *s* n'a point laissé de trace.

Sur cette lettre, remarquons encore un autre phénomène,

---

1. *Alsmos*[*nes*] dans le *Fragm. de Val.* doit être une faute de copiste pour *almosnes*, puisque l'intercalation d'une *s* entre *l* et *m* ne peut avoir de raison d'être ni au point de vue grammatical ni au point de vue prosodique.

qui ne se présente d'ailleurs que dans les dialectes. En lorrain l's est souvent, sans égard à son origine, échangée pour *h* aspirée, par ex. *herpatte* (serpette), *hûre* (sûr), *aihe* (aise), *aihheire* (asseoir), *aipâhi* (apaiser), *baihhi* (baisser), *bâhi* (baiser), *bihe* (bise), *fehtin* (festin), *pihtolet* (pistolet). *H* peut aussi s'employer à la place du *ç* français, de l'*sc* et du *ch*. Le patois wallon se comporte à peu près de même ; à l'*h* de Liége correspond ici le *j* de Namur (ci-dessus p. 120). *H* pour *s* se rencontre aussi en Italie dans le patois bergamasque, qui dit *hervo, hovrà, cahtel, cohta, pehtà, penhà, groh, ruh* pour *servo, sovrano, castello, costa, pestare, pensare, grosso, rosso* (Biondelli p. 16). L'analogie des spirantes *s* et *h* se retrouve, comme on sait, dans des langues plus anciennes, ainsi que dans le domaine celtique (Zeuss I, 63). Les poètes haut-allemands du moyen âge écrivent *forêht* et *fôrest*, le premier rimant avec l'allem. *sleht* (Grimm I^2, 416); mais par hasard on ne trouve point en lorrain le mot *foreht*[1].

Z

a le son de *s* douce. Cette consonne est d'un emploi assez restreint : 1) = *z* dans les mots grecs, italiens et autres mots étrangers : *zèle, zéphir, zibeline* (ital. *zibellino*), *bronze, gazette, zéro, alezan.* — 2) = *ç* : *douze, treize, quatorze, seize, dizain, lézard* (*lacertus*). — 3) = *s* et *ts* : *chez* (*casa*), *nez, rez* (*rasus*), *gazon* (anc.h.allem. *waso*), *assez*. Dans *zeste z* provient de *sch* (*schistus*). — Final, *z* est toujours muet, excepté dans le mot *Rodez* et dans les mots étrangers, comme *Alvarez, Cortez,* où il se prononce comme *s*. L'étude du rôle important que *z* joue dans la déclinaison et la conjugaison de français se trouvera mieux à sa place à propos de la flexion[2].

---

1. Dans le *Livre de Job* on trouve également une *h* là où on rencontre ordinairement une *s*, ainsi dans *maihnie, raihnable, ahnesse, blahme*; mais comme ici elle ne se présente pas entre voyelles, l'*h* paraît être un simple signe d'allongement, comme en allemand ou en ombrien (Corssen I, 46), bien que le phénomène soit ici d'une tout autre nature. *Maihnie* est d'ailleurs conservé par Gottfried de Strasbourg : *deus sal le roi et sa mehnie*. 3257.

2. Au lieu du *z* finàl le *Fragm. de Val.* écrit *st* : *treist* = prov. *iratz, aveist* = *avetz, sost* = *sotz, tost* = *totz*, et aussi *seietst* = *siatz*. De même on lit dans les *Poés. relig.* p. p. P. Meyer *crost* pour *crotz* et beaucoup d'autres exemples. C'est une transposition qui se présente pour d'autres groupes dans les manuscrits, par exemple pour *ht* (voy. ci-dessus 375).

C. Q.

1. *C* guttural et *qu*, qui le remplace devant *e* et *i* (le vieux français emploie souvent *k*, lettre dont l'usage avait été maintenu par les Francs)[1], proviennent toujours de *c* ou *q* latin ou étranger, après lequel un *o* ou un *u* suivant peut tomber, comme dans *car* (*quare*), *cailler* (*coagulare*), *cacher* (*coactare*), *queue* (*coda*), *quignon* (*cuneus*), *quitter* (*quietare**), anc.fr. *quens* (*comes*). *Lucarne* (*lucerna*) suppose un changement très-ancien de *ce* en *ca* (voy. ci-dessus 235). *Craindre* (*tremere*) a échangé *t* contre *c*. On prononce *second* comme *segon*. Sur *q* rappelons encore que l'*u* qui suit est muet: *quatre, acquérir, quotidien*; c'est seulement dans des mots d'origine récente que *qua* se prononce *coua*, et *que, cue*: *aquatile, équateur, quadrupède, quaterne, équestre, quintuple, questure*. La sonorité primitive de l'*u* persiste dans le patois wallon, qui dit *cuârai* (*carreau*), *couâr* (*quart*), *couinz* (*quinze*), *cuitter* (*quitter*). Et de même le breton *koal* (*caille*), *kuit* (*quitte*); l'angl. *quarrel* (*querelle*), *question, quiet* etc. Dans les plus anciens textes les deux lettres qui servent à exprimer la gutturale forte ne sont pas encore rigoureusement séparées; on lit *concuise, cuite, vescui, nascui*, et inversement *quire, quer* (*coeur*), *quider* etc. — *C* final est muet dans *broc, clerc, croc, cric, donc* (sauf au commencement d'une phrase), *estomac, jonc, marc, porc, tabac, tronc* etc., de même dans *échecs, lacs*. Bèze remarque au contraire: *Finiens dictionem haec litera* (c) *quaecunque vel vocalis vel consonans sequatur, integra pronuntiatur, ut in his vocibus* broc, froc, soc, sec, suc, *et similibus*. *Q* final ne se trouve que dans *cinq* et dans le mot *coq* qui n'est pas latin; le premier est muet devant les consonnes, le second l'est dans *coq d'Inde*.

2. *C* sifflant, dans les combinaisons *ce ci*, a le son d'une *s* dure[2], le redoublement *cc* (*accent, accident*) a celui de *ks*. La cédille lui donne le son de l'*s* devant *a, o, u*; on mit d'abord un *z* après *c* (par ex. dans *czo*), puis on le souscrivit au *c*

---

[1]. Ce *k* était déjà suranné pour le d... .ment de Londres: *item que vel qui consuevit olim scribi cum* k *secundum usum veterem, sed secundum modernos commutatur* k *in* q, *exceptis propriis nominibus et cognominibus v. g.* Kateryne de Kyrkeby.

[2]. *Mollissimum sonum habet pene consimilem sono litterae* s, d'après l'opinion de Bouille p. 38. D'après Palsgrave il se prononçait précisément comme *s*.

(ço). On écrivait anciennement *z* simple : *Eulalie* se sert de cette lettre dans *bellezour* et *aezo*, plus tard on trouve *anzois*, *rezoivre* etc. On employait tout aussi souvent *ci* ou *ce*, par ex. *cio* (pron. *ço*) *Passion de J.-C.*, *ceo SBern.*, *faceons* (*façons*) ibid., *menceunge Libr. psalm.* (*mensonge*), *exalcead* ibid., *cumencet* (pron. *cumençt*) *Rol.* ed. M. Cependant le *L. psalm.* à côté de *adrecead* écrit aussi déjà *adreçad*[1]. Cf. *Anc. gloss. romans*, tr. Bauer, p. 61, 115. Le plus souvent les copistes italiens de textes français ou provençaux emploient la cédille même devant *e* et *i*. Mais ce signe était souvent négligé : *mencunge, effacas, douc* (lat. *dulcis*), *cauc* (*calx*). Les poètes haut-allemands du moyen âge ne pouvaient rendre *ç* que par *z* : *zinc, merzî, pǔzele, garzun, fianze*, et déjà les Serments ont *fazet* (*faciat*), le Glossaire de Cassel *vivaziu* (*vivacius*, prov. *viatz*) ; le néerlandais employait *ts* : *fortseren, fatsoen*. Peut-être aussi la prononciation primitive se rapprochait-elle davantage du *z* allemand, ce qui s'accorderait très-bien avec la structure générale des langues romanes. Dans *Eulalie* on rencontre une fois, avec préposition du *t*, *manatce* (*menace*), mais partout ailleurs le *c* simple. — *C* sifflant ne règne d'ailleurs pas dans tout le domaine français ; c'est ainsi que le picard dit encore de nos jours *ch* pour *ç* : par ex. *cheaus* (*ceux*), *rechiut* (*reçu*), *serviche, rechevoir, Valenchiennes, ichi, chire, fachon* (voy. p. 116) ; ce qui est dû à une évolution postérieure par laquelle le *ç* chercha à se séparer plus nettement de l'*s*.

Étymologiquement, ce *c* dérive : 1) De *ce ci, che chi* : *céder, civil, vesce vece* (*vicia*), *bracelet*. — 2) De *que qui* : *lacet* (*laqueus*), *cinq*. — 3) De *t* avec *i* palatal : *grâce, place, noces*. — 4) De *s* : *sauce* (*salsa*), *foncer* (subst. *fonds*), *forcené* (anc.h.allem. *sin*), *rincer* (anc.nor. *hreinsa*).

CH

a, devant *i*, le son du *sc* italien ou du *sch* allemand ; dans les mots grecs il a tantôt ce même son : *chimère, chirurgien, archevêque, Achille*, tantôt celui du *k* : *chaos, archiépiscopat*. A la fin des mots, où d'ailleurs on le trouve rarement, il a le son du *k* (*varech*) ou bien il est muet (*almanach*). En moyen-haut-allemand il est rendu par *sch* : *schahtelân* (*châtelain*), *schanze* (*chance*), *schanzûne, schapel, schalmîe*

---

[1]. *Pass. de J.-C.* 127 *faça* est un exemple plus ancien, si la leçon est sûre.

(*chalumeau*), *hâsche*. Mais il faut aussi remarquer que cette lettre, dans les mots introduits en anglais, sonne non pas comme *sch,* son qu'on pouvait rendre par *sh,* et qu'elle avait déjà au temps de Palsgrave, mais comme *tsch,* par ex. *challenge, chamber, chant, charge, charme.* En moyen-haut-allemand on rencontre aussi la forme *tsch,* par ex. *tschapel, tschiere (chiere), hâtsche, rotsche (roche), Ritschart* ; en moyen-néerlandais *roche* est rendu par *roetsche* (voy. *Ferguut*), *Charles* par *Tsarels, Chartreux* par *Tsartroisen* (glossaire sur Stoke) ; de même en bas-grec Ῥιτζάρδος. Le catalan Bernart d'Esclot met dans la bouche des Français le cri : *bons xivallers avant* (Buchon p. 718[b]), mais *x* était alors égal à *tsch*. Cette prononciation est encore maintenant propre au patois wallon qui prononce *chandel* comme *tchandel*: dans une partie de la Lorraine aussi *ch* se prononce *tsch* ou *dsch* : *saitcha* (*sachet*), *vaitche* (*vache*), *sadche* (*sèche*), *dchvâ* (*cheval*), voy. Oberlin, *Patois lorr.* p. 88. Ce n'est donc pas sans raison qu'on pourrait attribuer à l'ancien *ch,* ne fût-ce que dialectalement, la prononciation du *ch* provençal. — Le français a pu emprunter le signe *ch* aux mots grecs, ou plus près encore à l'anc.h.allem., comme *Charal, chamarling,* ou encore au francique, comme *Charibert, Childebert, Chilperich* qu'il a dû prononcer *Scharl* ou *Tscharl* etc. Ce signe se présente pour la première fois dans *Eulalie* (*chielt, chief*), plus souvent dans le Fragm. de Val. qui, dans le mot *jholt,* dont il use deux fois, emploie *jh* pour *ch*. Les manuscrits des lois de Guillaume, § 7, offrent le *j* simple dans *jose,* comme le fragment florentin de l'*Alexandre* dans le provençal *jausir*. Le picard ancien et moderne qui, comme nous l'avons vu, a reporté sur *ç* ce son chuintant, a conservé au *ch* le son guttural originaire : *calenge, kevau* (*cheval*), *keux* (*chaux*), *kien* (*chien*), *kène* (*chêne*), *cose, acater, mouke,* (*mouche*); le wallon fait quelquefois de même : *cangî* (*changer*), *boke* (*bouche*), *lâke* (*lâche*). Quelques manuscrits, comme celui de l'*Alexis,* présentent *ç* au lieu de *ch* et parfois aussi tous les deux en même temps, par ex. *pecet* (*péché*), *sacet* (*sache*), *colcer* (*coucher*), et même *unces* à côté de *unches* (*unquam*).

Ch, sans parler des mots grecs, provient de sources diverses : 1) Du *c* latin devant *a,* de *qu,* du *k* allemand : *cheval, chaque* (*quisque*), *choisir* (*kausjan*), *marche* (*marka*). — 2) De *x* : *lâche* (*laxus*) et quelques autres exemples. — 3) De *ct* : *fléchir* (*flectere*), *cacher* (*coactare*). — 4) De *ci* : *chiche* (*cicer*), *chicorée* (*cichoreum*), *chiffre* (b.lat. *cifra*). — 5) De *c* ou *t* avec *i* palatal : *galoche, taloche, cartouche, doucher (ductiare**) ; de *ts* (*z*) dans *flèche* (néerl. *vlits*). — 6) De *si* dans quelques cas : *chiffler* (*sibilare*), anc.franç. *chifonie* (*symphonia*), comp. *chucre* = *sucre* Roq. — 7) De *p* avec *i* palatal : *sèche* (*sepia*), *crèche* (*kripja*). — 8) De l'allem. *sch* dans *chinquer* (*schenken*), *chopine* (*schoppen*), *chopper* (*schupfen*).

X

a le son : 1) De *cs*, entre voyelles (à quelques exceptions près), dans le préfixe *ex* devant les consonnes, et aussi à la fin des noms propres et des mots savants : *luxe, sexe, extrême, excepter, Aix-la-Chapelle, lynx, sphynx, préfix*[1]. 2) De *gz* dans *ex* suivi d'une voyelle : *examen, exercice*. 3) De *ss* dans *soixante, Auxerre*, dans *six* et *dix* à la fin d'une proposition (*j'en ai dix*), de même dans *Aix*. 4) De *z* dans *deuxième, sixième*. *X* final est muet, sauf dans les exemples cités. L'ancien français écrivait aussi *xort* (*sourd); poixans* (*puissant*), *dexendre, conixsance, conoix*, dans les chartes mérovingiennes *senodoxiolum* à côté de *senodociolum*, *ausiliante* pour *auxiliante* etc., ce qui fait voir que *x* et *s* furent de bonne heure confondus. Là où le latin et les autres langues ne présentaient pas cette lettre, *x* n'est qu'une simple forme orthographique pour *s* (*deux* c'est-à-dire *duos, glorieux*) et peut comme *s* dériver de *ce* (*croix, noix, dix, doux*). Sur son emploi dans la déclinaison et la conjugaison, voyez au livre de la flexion.

G. J.

1. *G* guttural (*ga, go, gu*) devant *e* et *i* se rend par *gu*, comme en espagnol, mais bon nombre d'anciens manuscrits, qu'il ne faudrait pas croire pour cela écrits en Italie, le remplacent à l'italienne par *gh*. L'*u* de la combinaison *gu* est sensible seulement dans *aiguille, aiguillon, aiguiser, arguer* et dans quelques noms propres, comme *Guise*. Dans le redoublement *gg* devant *é*, comme dans *suggérer*, la première de ces consonnes est prononcée gutturalement. *G* dérive d'abord régulièrement du *g* latin, puis : 1) Du *g* allemand même devant *e* et *i* : *Guérard, gueude* (*gilde*). — 2) De la forte *c* (*q*) : *gobelet* (*cupa*), *figue, égal* (*aequalis*), *guitran* (arabe *qa'trân*), *braguer* (anc.nor. *braka*). — 3) De l'*h* allemande médiale : *agacer* (*hazjan*).

---

[1]. Palsgrave p. 38 recommande une prononciation plus douce = *uz*, *excellent* = *euzellent*, ce qui rappelle l'*eis* portugais.

— 4) Très-souvent du *w* allemand; quelquefois, comme dans *gaîne,* du *v* latin. Nous avons vu p. 302, 303 qu'on trouve même *w* dialectalement en place de ce *g* = *w* (*warder* pour *garder*) ou même *v* (*vépe* pour *guêpe*). Dans l'ancien français on trouve *gu* devant *a*, par ex. *guardeir, guasteir, guaige* (*gage*) *LJob* (bourguignon) : une étude plus exacte des patois peut seule apprendre si *u* dans ce cas se prononçait ou non. Sur ce point les témoignages des langues étrangères sont rares et incertains. Wolfram d'Eschenbach écrit *Gwi* et *Gwillams.* En bas grec (vers 1300) *Guillaume Gui* se rendent par Γουλιάμος, Γγιών ou Γῆς, voy. Buchon, *Chron. étrang.* p. 769. En anglais, *u* tombe ou devient muet : *gage, garnish, guide, guise.* En breton il témoigne encore de sa valeur primitive : le franç. *gué* s'y prononce *gwé.* — La gutturale est préposée dans *grenouille*; elle est intercalée dans *épingle* (*spinula*). Finale, elle s'entend dans *joug*; elle se prononce *k* dans *bourg* et quand elle se trouve accolée à un mot commençant par une voyelle : *long espace. G* est muet dans *coing, étang, faubourg, hareng, poing, seing,* de même dans *doigt, vingt* et *legs.*

2. Le *g* doux, son chuintant qui ressemble à un *sch* allemand doux, se rend par les combinaisons *gea, ge, gi, geo* (*mangea, gens, gilet, forgeons*), et aussi par *j* devant toute voyelle, en sorte que le français a deux signes pour la chuintante douce[1]. Ici encore on peut admettre que la prononciation primitive (palatale) comportait un *d* précédant, que nous connaissons déjà par le provençal. En anglais cette chuintante se prononce dans les mots français comme *dsch* (*genteel, jealous, budget*) et cette prononciation ne peut être venue que de France, comme celle du son voisin *ch.* Parmi les patois, le lorrain prononce également *dg, dj* : *dgens, djadin* (*jardin*). Pour les étrangers, ce son assez délicat était difficile à rendre. Le moyen-haut-allemand écrit *schent* (*gent*), *schoie* et *zhoie* (*joie*), *salvaesche* (*salvage*), *loschieren* (*loger*), mais aussi avec un *j* sarjant, avec *ti tjost* (*joste*), *tjustieren* (*jouster*), et le moy.néerl. *jaloes* (*jaloux*), *javeline, jent.* En bas-grec on rend le son français par τζ (qui maintenant se prononce à peu près *tsch*) : Τζάν

---

1. « Il est remarquable que le ṣ zend (prononcé comme le *j* français) soit sorti quelquefois de la semi-voyelle *y* (prononcé comme le lat. *j*), absolument comme le *j* français, dans beaucoup de mots, est sorti de la semi-voyelle latine *j.* » Bopp, *Gramm. comp.* trad. Bréal, I, 109.

(*Jean*), Τζεφρέ (*Geoffroi*). Le breton met aussi un *z* dans *bizou* (*bijou*), mais ailleurs *j* : *gaïole* (*geôle*), *gambe, gambe, gardin, garet, goie,* ce que remarque déjà Bouille *De vulg. ling.* p. 28. Dans l'ancien français on trouve aussi *bourgois* qui se prononçait *bourjois* à ce que prétend P. Ramus, mais qui peut invoquer en faveur de la prononciation dure le prov. *borgues* et l'ital. *borghese*.

La chuintante douce dérive, en dehors de son origine normale, qui est le *gi, ge* latin: 1) De *j* : *janvier, jet* (*jactus*), *joli* (nor. *jol*). — 2) De *i* palatal initial : *je* pour *ié* (*ego, eo, ieo*), *Jérome* (*Hieronymus*), *jour, jusque*; médiale : *cierge* (*cereus*), *singe, linge, orge, rage, cage*. — 3) De *ca* : *jambe* (*camba**), *geôle* (*caveola**), *girofle* (*caryophyllum*); surtout de *tc, dc* : *voyage, venger*. — 4) Souvent de *ga* : *jardin, jaune* (*galbinus*), *joie*. — 5) De *z* : *jaloux* (*zelosus*). — 6) Dans l'ancien français du *w* allemand, p. 302. — *G* peut donc remplacer *j* et réciproquement *j* peut remplacer *g*, du moins devant *a* ; on ne peut dans l'écriture employer *j* devant *i*, comme en espagnol. Aussi écrit-on *jet*, mais *gîte*, quoique ces mots dérivent tous deux du lat. *j*.

H

est tantôt muette tantôt sonore; dans ce dernier cas c'est une faible aspiration, plus faible surtout que l'*h* allemande, comme déjà le fait remarquer Bèze : *aspirationem Franci quantum fieri potest, emolliunt, sic tamen ut omnino audiatur, at non aspere ex imo gutture efflata, quod est magnopere Germanis observandum.* Cependant l'aspiration doit avoir été à l'origine plus fortement marquée, puisque l'espagnol et le sicilien ont rendu *h* par *f*, voy. p. 255, 297. Entre voyelles (*ahan, cohue*) *h* s'entend d'ordinaire, mais à cette place elle sert aussi simplement à éviter l'hiatus, comme dans *envahir, trahison*. C'est l'influence allemande qui a réveillé en français ce son éteint en roman, et l'a même attribué à beaucoup de mots latins. Tels sont : *haleter, hé* (cf. *heus* ; muet dans *hélas,* moy.h.allem. *elas,* angl. *alas*), *hem, hennir* (pron. *hanir*), *hernie, héros* (mais les dérivés, comme *héroïne,* avec *h* muette), *hiérarchie, herse*. Au contraire *h* est tombée dans *on* (*homo*), *or* (*hora*), *orge* (*hordeum*), ainsi que dans l'ancien français *ain* (*hamus*), *o* (*hoc*), *ord* (*horridus*), *ort* (*hortus*), *ost* (*hostis*) etc. Dans *halener, haut* et *hausser* (muet dans *exhausser*), *holà* et *huit*, une *h* sensible a été préposée au mot ; dans *huile, huis, huître* c'est une *h* muette. Quant aux autres mots aspirés il faut en chercher l'origine dans les langues étrangères, spécialement dans l'allemand (p. 297 et suiv.) ; mais plus d'un est d'origine douteuse[1]. *H* naît de *f* dans *hors* et quelques autres mots, de même que dans *habler* (*fabulari*) qui a été emprunté à l'espagnol. — Les patois ne sont pas partout favorables à l'aspiration. En picard elle tombe fréquemment ; dans une partie de la Bourgogne elle disparaît complètement. Sur cette lettre, cf. surtout les remarques bien fondées de Paul Meyer, *Bibliothèque de l'École des chartes* 3ᵉ série, IV.

P. B. F.

Il y a peu de chose à dire sur ces trois labiales. Dans quelques cas elles s'échangent entre elles ou avec *v* et réciproquement, par ex. *coup, abeille, fois* (*vicem*), *nèfle*. Final, *f* remplace *p, b, v*, par ex. *chef, prof* arch. (*prope*), *tref* (*trabs*), *bœuf, if* (anc.h.allem. *iwa*); on a même des exemples de *f* venant de *u* par l'intermédiaire de *v*, qui est la voyelle parente de cette consonne : *antif* arch. (*anti[q]uus*), *juif* (*ju[d]aeus*), *mœuf* (*mo[d]us*) et quelques autres. *B* s'intercale dans la combinaison *mbl* et *mbr* : *trembler* (*tremulare**), *chambre*. — Quant à sa prononciation, *p* s'assourdit fréquemment devant *t*, par ex. dans *sept* (avec *p* sonore dans *septembre, septénaire*), *cheptel, baptême* (avec la plupart de ses dérivés), *prompt, dompter, exempt* (*p* sensible dans *exemption*), *compte* ; de même il est muet à la finale dans *coup, loup, drap, camp, champ* ; dans *beaucoup* et *trop* il ne s'entend que devant les voyelles. Bèze p. 70 dit qu'il est sensible dans *coup* et *sep*, muet au pluriel *coups, seps*. Il est muet aussi dans *corps* et *temps*. *B* est muet dans *plomb*, sensible dans *radoub, romb* et quelques noms propres, comme *Jacob, Job*. *F* est à la finale toujours sonore, muet dans *clef, éteuf*, dans le nom de nombre *neuf* (devant les consonnes) et dans quelques combinaisons, comme *œuf frais, œuf dur, nerf-de-bœuf, cerf-volant, chef-d'œuvre, bœuf salé* ; au pluriel *nerfs, œufs, bœufs* il paraît qu'il est muet, cependant il s'entend dans *œufs* à la fin d'une proposition.

PH s'est maintenu en français comme *th* ; toutefois on écrit

---

[1] La plus ancienne liste de ces mots est donnée par Palsgrave, qui y place aussi *hardillon, hélas, hober*.

faisan pour *phaisan* (*phasianus*), *flegme* pour *phlegme* etc.

V.

La distinction systématique des signes *u* et *v* (voyelle et consonne) a été introduite pour la première fois au milieu du XVIᵉ siècle. On l'attribue, comme celle des signes *i* et *j*, à Pierre Ramus, voy. Wey, *Hist. du lang. en France* p. 313. En ancien français ils ont en général la même valeur, ce qui a donné lieu à bien des méprises et préparé à la critique bien des embarras [1]. Les anciens cherchèrent à suppléer à cette lacune, quand cela était possible ou paraissait nécessaire, en plaçant un *e* muet après *u* la consonne; comme *auril* (*aprilis*) pouvait être prononcé *óril*, ils écrivirent *aueril* etc., voy. ci-dessus p. 393 [2]. *V* représente : 1) A la médiale, comme on sait, le *p* et le *b* latins, et aussi le *b* allemand, par ex. dans *écrevisse*. — 2) Dans quelques mots, c'est une consonification de *u* : *janvier*, *esquiver* (anc.h.allem. *skiuhan*). — 3) A l'initiale et à la médiale il peut rendre le *w* allemand : ainsi dans *vague* (*wâc*), *épervier* (*sperwaere*). Sur son intercalation, par ex. dans *pleuvoir, pouvoir,* voy. p. 166, 175; un autre cas est *ha-v-ir* (anc.h.allem. *heien*). — Les patois du nord, par exemple le picard et le wallon, emploient *w* (prononcé comme *w* anglais) non-seulement pour *w* allemand, mais même pour *v* latin : ainsi *wanner* = franç. *vanner*, *déwisier* = *deviser*, *woizin* = *voisin*. Ils s'en servent aussi et plus convenablement pour exprimer le groupe initial *hui*, comme dans *wite* (*huit*), *wiss* (*huître*).

LETTRES VALAQUES.

Nous avons parlé dans l'introduction de la forte immixtion d'éléments slaves qu'a subie le valaque. Mais une circonstance particulière a contribué encore à donner à ce dialecte une physionomie tout à fait slave. Lorsque les Valaques se mirent à écrire leur langue nationale, devenue presque méconnaissable après tant

---

1. Par exemple lorsque Bourdillon résout *guiure*, c'est-à-dire *guivre*, en *gujure*. Comp. aussi l'ouvrage de Fallot p. 278, 574.
2. De ce genre est aussi *loverianz Dial. S. Grég.* (Du Méril, *Form.* p. 430), prononcez *lovrianz* = lat. *lubricans*. Suivant Du Méril ce serait un mot celtique ou allemand.

d'influences perturbatrices, ils se servirent de l'alphabet cyrillique qui était tout naturellement à leur portée, et ils y ajoutèrent, bien qu'il fût déjà surabondant, des signes nouveaux, un pour la syllabe *in* ou *im* initiale, et un pour *ǵ*, en sorte qu'ils possédèrent quarante-quatre signes alphabétiques, comme on le voit par le premier ouvrage imprimé en 1580 (voy. cependant p. 129). Un siècle plus tard on essaya, pour la première fois, d'appliquer l'alphabet latin à cette langue romane ; cet essai fut, depuis, plusieurs fois renouvelé et de bien des manières ; en 1829 Kopitar ne comptait pas moins de treize espèces de transcriptions ayant pour base soit le principe phonétique soit le principe étymologique, et ces alphabets sont devenus encore plus nombreux avec le temps. Concurremment l'écriture slave continue encore à être employée ; elle l'a par exemple été récemment dans les dictionnaires de Iszer (Kronstadt 1850), de Stamati (Jassi 1852) et de Livaditu (Bucharest 1852). Cependant comme cette langue appartient à la famille romane, le vêtement romain lui sied mieux, la rend plus familière à nos yeux et la ramène dans la famille de ses sœurs : la question est d'appliquer judicieusement l'alphabet latin. Ce n'est pas la méthode rigoureusement étymologique qui semble devoir atteindre le but, dans une langue où l'altération des lettres latines est allée plus loin que dans aucune autre. Les partisans de cette méthode, comme par ex. le dictionnaire d'Ofen (1825), gardent par principe la lettre latine tant qu'ils le peuvent, et quand elle a perdu le son primitif, pour faire illusion au moins aux yeux, la munissent de cédilles, de traits et de points, qui lui donnent une toute nouvelle valeur ; ils écrivent en conséquence *şépte*, *mórte* et prononcent dans ces mots l's pourvue d'une cédille comme un *ch* français, et *é*, *ó* comme *ea*, *oa* ; dans *blándu*, *véntu*, *rédu*, *lónge*, *adúncu* les voyelles surmontées d'une cédille expriment toutes un seul et même son que rend l'alphabet cyrillique au moyen d'*un seul et même signe* ; de plus à la fin de ces mots *u* est muet. Comme l'orthographe dépend, par suite, d'une étymologie douteuse, ce procédé bizarre entraîne après lui des erreurs, des indécisions et des difficultés de toute espèce : chaque découverte étymologique nouvelle rendra nécessaire un changement d'orthographe. Tandis que le dictionnaire écrit *apásare* (abaisser), en s'appuyant sur une dérivation inexacte de l'ital. *abbassare*, la dérivation exacte de *pensare* imposerait la forme *apésare*. Par ces raisons il convient, du moins pour le but que nous nous proposons, de ne pas employer ce procédé de notation des sons.

La meilleure solution paraît être de prendre pour base l'alphabet italien en considérant la grande parenté de ces deux langues, ainsi que plusieurs écrivains valaques sont d'ailleurs disposés à le faire, sauf à le modifier, suivant le besoin, au moyen de signes diacritiques. Dans les cas où, comme en français, une orthographe étymologique s'est développée et formée historiquement, le même son peut sans inconvénient se noter de diverses manières, comme les voyelles dans *faim, vain, plein, vin, je vins*. L'autorité de la tradition couvre, là comme ailleurs, des imperfections et des contradictions réelles. Mais les Dacoromans, du moment qu'ils ont admis l'écriture cyrillique, se sont réellement décidés pour la méthode phonétique, et il ne leur reste plus qu'à traduire les lettres slaves en latines.

VOYELLES SIMPLES.

Outre *a, e, i, o, u,* le valaque emploie fort souvent encore deux voyelles dont nous nous occuperons après avoir étudié les précédentes. *Y* appartient seulement au dialecte du sud, et a, d'après Thunmann, *Geschichte der östlichen Vœlker* p. 181, le son de l'*ü* allemand. Un trait particulier à la langue valaque, trait qui n'est pas roman et que présentent aussi l'albanais et le bulgare, c'est le changement des voyelles au milieu du mot sous l'influence de la flexion. La phonétique doit se borner à faire bien voir ce phénomène; c'est à la flexion à en étudier les causes. Il a aussi exercé de l'influence sur la dérivation. Les langues voisines ont agi d'une manière notable sur le vocalisme valaque [1].

A.

Le domaine de l'*a* est très-restreint par suite de sa métamorphose fréquente en d'autres sons; il est bien plus rare encore qu'il provienne d'autres sons : *pradę* (*praeda*), *masę* (*mensa*), *măsurę* (*mensurat*), *cęmaśe* (*camisia*), *tzarę* (*terra*), voy. à la diphthongue *EA*. *A* s'échange souvent avec *ę*,

---

[1] L'essence et les lois complexes du vocalisme valaque nous ont été tout récemment (1868) exposées dans un travail approfondi de Mussafia auquel j'aime mieux renvoyer une fois pour toutes que d'en citer des extraits ou que de le dépouiller, ce qui serait difficile à faire. La conclusion en est que, dans cette langue, la forme de la voyelle dépend tout particulièrement de l'influence d'une consonne ou d'une voyelle qui la précède ou qui la suit. Les flexions aussi sont soumises à ces lois phoniques. Les exceptions ne sont pas rares.

par exemple *mare*, plur. *meri*; *celdáre*, *celdéri*; *zugráv*, *zugrévi*; *pare*, part. *perut*; *plac*, inf. *plçcéà*; dans les dérivés *barbę*, *bęrbát*; *cald*, *celdáre*; *fag*, *fęgét*; *mare*, *męria*; même quand *a* provient de *e* : *fate*, *fętutzę*; *masę*, *męsariu*. Quelquefois il fait échange avec *e* : *zale*, plur. *zeli*; *piátre*, plur. *piétri* (anc.bulg. *beal*, plur. *béli*). De même avec *ea* : *fazę*, plur. *featze*; *masę*, plur. *mease*.

E

dérive, à peu près comme dans les autres langues romanes, tantôt de *e*, tantôt de *i*. Sur sa prononciation les grammairiens ne font aucune remarque. Il y a cependant un *e* ouvert et un *e* fermé dont l'origine paraît être la même qu'en italien. Cette voyelle s'échange avec *ea* : *lemn*, plur. *leamne*; *cerc*, 3ᵉ pers. *cearcę*; *merg*, *meargę*; *negru*, fém. *neagrę*.

I

dérive : 1) Souvent d'autres voyelles, surtout de *e* (et du grec ει), quelquefois de *a* : *bine* (*bene*), *dismę* (*decima*), *ginere* (*gener*), *ghinte* (*gens*), *lipsę* (λεῖψις), *minte* (*mens*), *prind* (*prehendo*), *timp* (*tempus*), *tind* (*tendo*), *inimę* (*anima*), *ghinde* (*glans*). — 2) Il correspond à une *l*, comme dans *chiae* (*clavis*), *ochiu* (*oculus*), voy. p. 197.

O.

La représentation de l'*u* par *o* est en valaque beaucoup plus rare que dans les autres langues. En revanche, *o* n'est parfois qu'un épaississement de *a* ou de *e*, comme dans *lotru* (*latro, -onis*), *vorbę* (*verbum*). *O* de *au* n'est pas valaque, cependant *soc* semble venir de *sabucus saucus*. Il s'emploie concurremment avec *u* : *norę*, plur. *nurori* (*nurus*); *dor* (*dolet*), inf. *dureà*; *joc*, *jucà*; *port*, *purtà*; *moriu*, plur. *murim*. De même avec *oa* : *om*, plur. *oameni*; *zevór*, *zevoare*; *port*, *poartę* (*porto*, *portat*); *mort*, *moartę*; *domn*, *doamnę*.

U,

voyelle très-favorisée, est resté fidèle à l'*u* latin non-seulement dans les radicaux, mais encore dans les désinences atones : *cruce*, *putz* = ital. *croce*, *pozzo*, *socru* = *suocero*, mais *u* représente aussi très-souvent l'*o* latin : *capun*, *nu* (*non*), *bun*, *súnet* (*sonitus*), *frund*, *voiu* (ital. *voglio*), *leu* (lat. *leo*). Final, il remplace souvent *v* : *beu* (*bibit*), *bou* (*bovem*), voy. aux diphthongues.

E.

Nous désignons par ce caractère une voyelle obscure, intermédiaire entre *e* fermé et *ŏ*. On la compare d'ordinaire à l'*e* muet français, bien qu'elle s'en distingue essentiellement en ce qu'elle compte pour une syllabe et plus encore en ce qu'elle peut recevoir l'accent et même, p. ex. dans *cętrę* (lat. *contra*), être longue. L'*e* albanais souligné, où on croit entendre tantôt *a*, tantôt *o*, tantôt *i* (Hahn II, 3), semble s'en rapprocher tout à fait, ainsi que l'*a* demi-muet du bulgare, auquel on attribue un son voisin de l'*u* anglais dans *but* et que les grammairiens de cette langue rendent par *ŭ*. Pour le désigner on choisit le cyrillique ъ, qui avait pu à l'origine avoir chez les Slaves le son d'*u* bref, mais qui plus tard était devenu muet à la finale (Miklosich, *Vergl. Gramm.* I, 71). Les grammairiens qui suivent une orthographe phonétique ont essayé d'exprimer cette voyelle de diverses manières, par *a, à, â ä, e*, même par *i* ; ceux qui adhèrent au système étymologique mettent d'ordinaire une cédille ou le signe de la brièveté sur la voyelle indiquée par l'étymologie. Si on considère la parenté du son de cette voyelle avec celui de l'*e*, on ne la trouvera pas mal notée par un *e* modifié. — Toutes les voyelles, toniques ou atones, devant toutes les consonnes, peuvent aboutir à ce son, mais les atones y sont plus exposées que les autres. Il peut se trouver aussi bien au commencement du mot, par ex. dans *ęst* = lat. *isię*. L'*a* tonique — en mettant à part les phénomènes de flexion mentionnés plus haut — ne paraît pas lui donner naissance. On trouve bien *męr* = *mālus*, mais ce mot a dû de très-bonne heure dégénérer en *melus*, puisque l'ital. *melo* est d'accord avec le valaque. Au contraire, il provient souvent d'*a* atone : ainsi dans *gęinę* (*gallina*), *męrità* (*maritae*), *sęnętat* (*sanitas*) ; il se développe même presque sans exception quand l'*a* est devenu atone par un avancement de l'accent (voy. des exemples à l'*a*), phénomène qui ne se produit pas pour les autres voyelles, mais qui est très-connu en bulgare. Une fonction importante de l'*ę*, qui le rapproche de l'*e* muet français, c'est de représenter l'*a* de flexion : *doamnę* = *dame*, *persicę* = *pêche*, *largę* = *large*, *laudę* = *loue* et *louent*. Il répond encore ici à l'*ę* albanais, qui prend également la place de la finale latine *a*, comme dans *portę*, *rotę* ; il en est de même du ъ bulgare. Il provient fréquemment de *e*, par ex. *aręt* (*ad-recto?*), *męsur* (*mensuro*), *vęrs* (*verso*), *pęcat* (*peccatum*), *rępaos* (*repauso* *). De *i* : *dęcę* (δίκη), *pęr*

(*pilus*), sęc (*siccus*), vęd (*video*), vędúvę (*vidua*), lacręmę.
De *o* : cętrę (*contra*), fęrę (*foras*), rętund (aussi *rotund*).
Rarement de *u*, par ex. dans pępuśę (*pupa*). — Dans les
flexions ę alterne avec *e*, par ex. pęr, plur. peri (*pilus,
pili*) ; numęr, numeri (*numero, -ras*) ; cumpęr, cumperi
(*comparo, -ras*).

Ų.

Outre cet ę la langue a encore une voyelle obscure, qui
ressemble surtout à *u* ou *ü* et qui est nommé *jus* par les grammaires ; les peuples voisins l'expriment positivement par *u*, p. ex
dans le nom *Romun*. Ce son se produit avec les dents à demi
fermées et avec une légère immixtion de nasalité, mais il ne
peut se comparer à la nasale française dans *commun, parfum*,
parce qu'il ne fait pas tort à la prononciation d'*m* ou *n* suivante.
Les grammairiens qui écrivent phonétiquement se servent pour
ce son de *ü* ou *œ*, récemment aussi de *î*. Le signe slave pour
cette voyelle (ѫ) répondait en ancien slovène, d'après Miklosich
I, 42, à un *o* nasal, franç. *on* ; en slave moderne il ne s'en est
conservé que peu de restes, il s'est tout à fait perdu en bulgare.
On n'en trouve en serbe, aux IX° et X° siècles, que de faibles traces
(Schafarik, *Lesekörner* p. 34), et encore ne sont-elles pas absolument sûres (Miklosich, p. 307). A cette ancienne nasale slave
répond en slovène moderne *ô*, en bulgare ordinairement l'*ŭ* dont il
a été parlé ci-dessus, en serbe *u*. Ou bien les Dacoromans, en
adoptant ce caractère cyrillique, en ont fait le signe d'un son
voisin de celui qu'il exprimait en slave et qu'ils ne savaient
comment rendre plus précisément, ou bien il avait pour eux la
valeur d'un vrai son nasal, et alors ce son a eu chez eux le
même sort que chez leurs voisins slaves, il a perdu sa pleine
nasalité. Il est remarquable que le valaque du sud ne le connaît
pas et le remplace par un ę qui embrasse également l'ę du
valaque du nord, ainsi męnę (*manus*), pęne (*panis*), sęnge
(*sanguis*), rędu (*rideo*). Faudrait-il alors attribuer au *jus* une
origine slave, parce que la langue du nord a plus fortement
subi cette influence que la langue du sud? Peut-être l'*u* obscur
était-il à l'origine un *o* obscur, plus rapproché de la voyelle
slovène ; car l'*u* propre aussi s'est, dans beaucoup de cas, développé d'un *o* primitif, *frunte* = ital. *fronte*, lat. *frontem*.
L'altération de la voyelle paraît s'être d'abord produite devant
l'*n*, où se présentent encore les cas de beaucoup les plus nombreux ; comment expliquer autrement que la voyelle soit à peu

près universellement obscurcie dans le gérondif *nd* tandis qu'elle ne l'est pas dans les autres formes de la conjugaison? On peut hésiter sur la notation de cette voyelle. Faut-il introduire le signe cyrillique dans l'écriture latino-valaque? Mais on aurait toujours besoin de lui trouver un représentant dans les autres langues européennes. Le plus simple est donc d'introduire ce représentant même dans l'alphabet valaque. On ne s'écartera trop ni de la valeur primitive de cette voyelle, ni de sa prononciation populaire actuelle, en l'exprimant par un *u* modifié, de préférence par un *u* souscrit d'une cédille. Cet *ų* provient souvent de *a* : c'est là assurément une permutation qui, si on se représente la voyelle valaque comme un *u* pur, a quelque chose d'extraordinaire dans le domaine roman, et on se sent tenté de choisir plutôt, avec Molnar, la notation *ae,* mais alors il faut lui donner une valeur qui ne répond pas du tout au signe. D'ailleurs, si on admet ce signe, *rāēd* de *rideo, sāēnt* de *sum* ne sont pas moins choquants que *mųnę* de *manus, Romųn* de *Romanus* ou le goth. *Rumoneis* de *Romani.* — En ce qui touche la condition étymologique de ce son, il provient de toutes les autres voyelles, ainsi : 1) Surtout devant *n.* Exemples pour l'*a* : *blųnd (blandus),* *brųncę* (ital. *branca), cųnd (quando), cųĭne (canis), cųntà (cantare), cųt* originairement s. d. *cųnt, quanius), fųntųnę* (ital. *fontana), frųng (frango), lųnę (lana), mųnc (manduco), mųne (mane), mųnę (manus), mųnia (mania), plųng (plango), lųnced (languidus), prųnz (pranu m), pųĭne (panis), pųntece (pantex), ręmuiŭ (remaneo), rųnce (rancidus), scųndurę (scandula), stųng* (ital. *stanco), sųnge (sanguis).* De *e* : *cuvųnt (conventum), fręmųntà (fermentare), frųn (frenum), vųn (venor), vųnd (vendo), vųnę (vena), vųntur (ventilo).* De *i* : *dųnsu* (de *ipse), mųn (mino), stųng (stingo), strųng (stringo), sųn (sinus), sųngur (singulus), scųntee (scintilla).* De *o* : *gųnfà (conflare), lųngę (longe), mųnęstire (monasterium), plę- mųn (pulmonem).* De *u* : *adųnc (aduncus), męnųnc (manduco), mųndru (mundulus* Lex. Bud.), *rųndureà (hirundo), sųnt (sunt), Brųndúsę (Brundusium).* Aux séries *a* et *e* appartiennent encore les gérondifs, comme *arųnd (arandum). avųnd (habendum), durųnd (dolendum).* — 2) Devant d'autres consonnes, même devant *m,* il est beaucoup moins usuel : *cųmp (campus), strųmb (strabus), hųrtie (charta), tųrziu (tardivus*), tųmplę (tempora), tzųglę (tegula), rųd (rideo), hųd* ou *hęd (foedus* adj.*), rųs (risus), rųu (rivus), atųrn* (*torno?*), *gu̧tu* (*guttur*). Il se rencontre fréquemment, surtout devant *n*, aussi dans des mots étrangers, où il répond également aux voyelles les plus diverses. Au reste on n'écrit pas toujours de même : ainsi on trouve *vu̧rtute vȩrtute virtute, su̧mbȩtȩ sȩmbȩtȩ* (*sabbat*), *u̧mblà umblà* (*ambulare*), *ru̧dicà redicà, st... g sting* (*stinguo*), *tu̧ner tiner* (*tenere*). Dans le valaque ... ud la voyelle pure est assez fréquente : *arádę* (val. du nord ... *d*), *minu* (*mu̧n*), *vintu* (*vu̧nt*), *pęlmunę* (*plęmu̧n*).

... s les flexions *u̧* alterne avec *i*, par ex. *coperemu̧nt*, plur. *cope... minte* (*cooperimentum, -a*). D'ailleurs *u̧* ne varie pas.

Une ...ariété de l'*u̧*, que connaît aussi le valaque du sud, se rencont... dans la particule *in* et dans les syllabes initiales *in* et *im*, mêm ...uivies d'une voyelle. L'*i* a ici un son plus nasal que l'*u̧*, mais pourtant la liquide est toujours sensible : *insuflà, ingeresc* (*angelicus*), *imputà* (aussi *inp.*), *inaltzà, Indrea* (*Andreas* c'est-...-dire le mois de décembre). Dans quelques-uns, comme *inimę* (a...*ima*), *inel* (*annulus*), on prononce cependant *i* pur. Kavalliot... dans son vocabulaire écrit une *n* simple (*ncàrcu*), ce qui p... ît être assez proche de la prononciation et rappelle un cas co respondant dans des dialectes du sud de l'Italie, voy. ci-dessu... p. 76. Comme on l'a déjà remarqué plus haut, on se sert pour cette syllabe d'une abréviation propre ; nous renonçons, d'accord avec le *Lex. Bud.*, à employer une notation spéciale, le phénomène étant suffisamment clair sans cela.

Il y a encore quelques remarques à faire sur la prononciation des *voyelles finales atones*. 1) L'*u* atone, que quelques écrivains munissent du signe de la brève, est muet : *om omu omŭ* (*homo*), ou *vęd vędu vędŭ* (*video*), mots identiques pour la prononciation. L'ancienne écriture cyrillique semble ne connaître que la première orthographe, et elle est préférable, parce qu'elle ne charge pas les mots de lettres muettes. Dans le dialecte du sud cet *u* se fait encore entendre. — 2) L'*i* atone dans la déclinaison et la conjugaison n'est pas complètement muet, mais s'entend à peine : on écrit *oameni* et *oamenĭ* (*homines*), *vęzi* et *vęzĭ* (*vides*) : l'écriture cyrillique employait l'*ĭ*. Quelquefois l'*i* est tout à fait muet et ne sert qu'à indiquer la prononciation palatale, comme dans *aicĭ, cincĭ, decĭ, nicĭ*. Si un mot se termine par *ii*, le premier *i* se prononce complètement, le second à demi seulement, en sorte que *oamenii* (*oameniĭ*) sonne presque comme *oamenij*. — 3) L'*iu* atone se comporte comme *ii*, c'est-à-dire que la seconde voyelle s'entend à peine : *ceriu* se prononce presque comme *ceriw* avec un *w* faible. Et il en est de même partout où une voyelle précède un *u* de flexion, comme dans *taiu, puiu, remuiu, ruu*; ce dernier mot se prononce presque comme *ruw* avec un *u* à demi nasal et un *w* à demi éteint.

DIPHTHONGUES.

Les grammairiens valaques ne s'entendent pas mieux sur les diphthongues qu'ils doivent admettre que les Italiens sur les leurs. Ici aussi celles qui commencent par *i* atone ne sont pas des diphthongues propres, parce qu'*i* dans sa prononciation incline vers le *j*, *iare* ou *chiamę* se prononcent comme *jare* ou *chjamę*. En comptant ces combinaisons voici à peu près la liste des diphthongues valaques : *ÁI, ÉI, ÓI, ÚI, Ę́I, Ų́I; ÁU, ÉU, ÍU, ÓU, Ę́U, Ų́U; IÁ, IÉ, IÓ, IÚ; EÁ, OÁ.* Exemples : *grai* (vieux-slov. m. m.), *mai* (*magis*), *tai* (ital. *taglio*), *tzai* (ital. *t'hai*), *vai* (*vae*), *ei* (*illi*), *chei* (*claves*), *trei* (*tres*), *femei* (*feminae*), *coadei* (*caudae*), *doi* (*duo*), *coif* (ital. *cuffia*), *foi* (*folia*), *noi* (*nos*), *voi* (*volo*), *roibę* (*rubia*), *fui, lui* (ital. m. m.), *cuib, pui* (*pulli*), *zęcúi* (*jacui*), *pęrundui* (ital. *parendogli*); *tęi* (*tui*), *dęi* (ital. *dagli*), *defęimà* (*diffamare*), *ręmuiŭ* (*remaneo*) ; *aur, beu* (*bibo*), *greu* (*gravis*), *viu* (*vivus*), *scriu* (*scribo*), *bou* (*bovem*), *nou* (*novus*), *rouę* (*ros*), *sęu* (*suus*), *ręu* (*reus*), *lęudat* (*laudatus*), *fręu* (*frenum*), *gruu* (*granum*), *ruu* (*rivus*) ; *iarę jarę* (*iterum*), *iam* (*ego habeo*), *chiamę* (*clamat*), *iel* (*ille*), *bios, iubesc*; *veade* (*videt*), *foarte*. Quelques-unes appellent certaines observations.

AU.

Cette diphthongue, qui se prononce comme en italien, a diverses origines : *taur* (*taurus*), *sau* (*seu*), *au* (*hab-ent*), *faur* (*faber*), *cautà* (*captare*), *scaun* (*scamnun*), *dau* (*do*), *stau* (*sto*). On écrit aussi *ao* : *adaog, rępaos*. Au alterne avec *ęu* : *laud, lęudam*.

IE

est, comme dans les langues sœurs, la diphthongaison d'*e* : *ieu* (*ego*), *ieri* (*heri*), *ied* (*haedus*), *iederę* (*hedera*) (on écrit aussi *jeu, jeri, jed, jederę*), *diede* (*dedit*), *piedecę, piept* (*pectus*).

EA

provient : 1) De *e*, et se trouve alors souvent en concurrence avec *ie* : *aveà* (*habere*), *peadecę, peale* (*pellis*). — 2) De *i* : *pearę* (*pirum*) etc. — 3) De *a* : *breasdę* (serbe *brazda*), *smeag* (allem. *ge-schmack*), *steangę* (*stange*). — Dans les flexions et les dérivations *ea* alterne avec *e* : *cheae, chei* (*clavis, -es*); *mujare, mueri* (*mulier, -eres*); *treabę, trebi*; *peatrę, petrós*. — Cette diphthongue n'a pas une valeur tout à fait précise, elle flotte entre diverses notations. Comme elle sonne proprement *ia* ou *ja*, on l'exprime souvent ainsi : on écrit *japę* (*equa*), *piatrę*, val. du sud *deriaptę* (*directa*). Assez souvent cet *ia* (comme il arrive aussi en bulgare et en serbe) se contracte en *a* : ainsi dans *fatę* (*feta*), *gianę* (*gena*), *panę* (*penna*), *primęvarę* (ital. *primavera*), *śapte* (*septem*), *śarpe* (*serpens*), *tzarę* (*terra*), *vargę* (*virga*), val. du sud *viargę*. Entre *ea* et *e* l'écriture hésite assez arbitrairement : *fealiu feliu, mujare mujere, peaśte peśte, seacer secer*; on entend aussi bien *leage* que *lêge, veade* que *vêde*. Le signe cyrillique est ѣ : le son qu'il exprime flottait déjà en ancien slovène entre *ia* (*ea*) et *e* ; le premier de ces sons a prévalu en bulgare, le second en slovène ; voy. Miklosich I, 91. 239.

OA,

qu'on remplace d'ordinaire par *ó* dans l'écriture, est, dans les deux dialectes, la diphthongue de l'*o* long ou bref, par ex. *oarę* (*hŏra*), *boalę* (serbe *bóĺ*), *cŏaźe* (serbe *kŏźa*), *ścoalę* (*schŏla*), *foarte* (*fortis*), et alterne avec lui dans la flexion et la dérivation : *gropapę*, pl. *gropi*; *sfoarę*, pl. *sfori*; *poartę, portariu*; *poamę, pomet*[1]. En ce qui touche la prononciation, le *Lex. Bud.* (it. préf. p. 50) : *In oa quasi unus sonus coalescit ita ut et o et a tantisper audiatur, magis tamen sonus* a. Mais

---

[1]. De même que *ie* apparaît à côté de *ea*, on s'attend à trouver *uo* près de *oa*. Sulzer (*Gesch. der transalpinischen Daciens II*) écrit effectivement *duomnus, duomna, duomnischuora, duorm, puote, skuote, tuotzi* (lat. *toti*), *uoll* (*olla*), *uopt* (*octo*), *uorb* (*orbus*), *wuorbe*. Les deux diphthongues sont en réalité plus voisines que ne le faisait supposer leur expression graphique : un *a* prononcé obscurément dans *oa* mène facilement à *uo*, un *o* prononcé clairement dans *uo* mène facilement à *oa*. On a quelque chose de semblable en anc.-h.-all., où *mŏd* donne aussi bien *muot* que *muat* et même *moat*. Mais cet *uo* valaque, qui est sans doute tout-à-fait provincial, n'a pas pénétré dans la langue écrite.

óa semble plus juste, car il ne rime qu'avec lui-même (*toate poate*), non avec *a* (*citate*).

CONSONNES.

En valaque le consonantisme est plus complet qu'en italien. Aux trois chuintantes (*ć, ǵ, ś*) s'en ajoute ici une quatrième, qui répond au *j* français. L'aspirée gutturale se présente aussi.
— La *finale* supporte toutes les consonnes, mais l'orthographe leur adjoint souvent une voyelle muette.

Le *redoublement* est aussi inusité qu'en slave : on écrit *ghib, bucę, peanę, car, groslan, botezà* (*baptizare*) etc.; dans les composés *innecà, innotà*, mais alors la première *n* a un autre son.

Pour les *consonnes multiples* à l'initiale les conditions sont à peu près les mêmes qu'en italien. Ici aussi on admet la sifflante combinée avec d'autres sons *SL, SM, SN, SR, SD, SG, SH, SB, SF, SV* : *slobod, smerd, snob, śrof, sdrob, śder, sgardę, śghiab, shimę, sburà, sfredel, svórnic*; *Sǵ, SJ, SZ* manquent. On trouve en plus, également à l'initiale, *ML* et *MR*; voy. ci-dessous. — A la médiale les combinaisons de consonnes, par l'immixtion d'éléments étrangers, se sont multipliées à un si haut point, qu'en cela aussi cette langue se distingue vivement de ses sœurs. Des groupes formés d'une muette, qui ne sont pas connus à l'initiale, sont admis au milieu des mots, comme *TL, TN, DL, DM, DN, CM, CN, GM, GN* : *butlan, sfetnic, podlog, podmol, logodnę, tocmę, ciocnì, spegmę, bugnì*. Les combinaisons d'une muette et d'une spirante sont aussi nombreuses, comme *TŻ, TV, DE, DV, CS, CF, GS, PS, PSC, PTZ, BST* : *batżocurà, żertvì, molidf, pridvor, bocsę, secfìju, bagsamę, ceapsę, stropśi, Lipsca, suptzire, obśte*. La pierre d'achoppement dans le domaine roman, le groupe de deux muettes, n'apparaît ici que sous des formes assez peu nombreuses : de ce nombre sont les groupes durs *TP* et *TC*, de même *DG, DB, GD, PT, BD* : *pitpęlacę, cętcęun, prodgade, podbel, migdalę, śapte, rębdà*; mais, chose singulière, *CT* fait presque défaut (p. 240). *HN, HV*, voy. à *H*. Les combinaisons d'une spirante avec d'autres sons sont nombreuses, par ex. *s, ś* se comportent comme à l'initiale : *maslin, ismę, lesnì, baznę, mośneag, desrędęcinà, breazdę, mośdeiu, męzgę, brosbę, cuśbe, ręsfętzare* et autres. *Ż* dans *ŻL* et autres, même *ŻB* : *miżloc, slużbe*. De même *f*, non—

seulement dans *FT*, mais encore dans *FN* : *eftin, bufni*. Enfin *v* dans *VL, VN, VR* : *evlalie, slovnì, covrigà*. Des combinaisons formées d'une liquide avec une spirante ou une muette sont entre autres *LPN, MS, MTZ, Mć, MT, MV, NSL, NŻ, NF*, par ex. *stęlpnic, cimśer, sdramtzę, sęmceà, cimti, chimval, vęnslę, męnżi, śanfę*; aussi *LH* et *RH*; voyez à *H*. On rencontre entre liquide et liquide moins de combinaisons qu'on ne s'y attendrait ; on n'en trouvera guère d'autres que celles qui sont admises partout, comme *LM, LN*, puis *ML* (*źemlucę*), *MN* (*cumnat*), et *RL, RM, RN*, qui se trouvent également ailleurs.

L. M. N. R.

C'est un fait fréquent qu'une liquide procède d'une autre. Ainsi *l* est issue de *r* dans *tumple* (*tempora*); *n* de *m* dans *nalbe* (*malva*); *n* de *r* dans *cununę* (*corona*) ; *r* de *n* dans *fereastrę* (*fenestra*), et, plus fréquemment, *r* de *l*, comme dans *gurę* (*gula*) etc.

M est intercalée dans *octomvrie, sųmbętę* (*sabbat*) et autres; *n* dans *cęrunt* (ital. *canuto*), *męrunt* (*minutus*), *pętrunde* (*pertrudere*), *męnunchiu* (*manicula*) ; et fréquemment dans des mots slaves pour exprimer la nasalité; voy. Miklosich, I, 44.

Ce sont des combinaisons slaves, à l'initiale, que *ML* et *MR*, par ex. *mlęditzę* (serbe *mlàditza*), *mreaźe* (serbe *mrèźa*); pourtant *mreanę* vient du lat. *muraena*.

Le valaque ne connaît pas les sons mouillés *GL* et *GN*, bien que le hongrois et les langues slaves voisines (le bulgare à peine) les connaissent. Dans les cas où ils proviennent ailleurs des groupes *li* et *ni*, ceux-ci perdent la liquide et on dit *aju* (*allium*), *maju* (*malleus*), *meju* (*milium*), *saju* (*salio*), *bojariu* (serbe *boljar*), *haïne* (serbe *chaljina*), *cęlcyju* (*calcaneum*), cf. ci-dessus p. 168. Là où *gl* provient de *c'l, g'l* etc., la muette reste intacte, comme dans *ureche, genuche*. Mais dans le valaque du sud la liquide se maintient aussi, par ex. *aliu, maliu, meliu, tęlià* (ital. *tagliare*), *cęlcęniu, jinię* (*vinea*), *genucliu*, et l'inclination pour *n* mouillée est si grande qu'elle naît même de *mi* initial, par ex. *nji* = val. du nord *mi*, *njerg* = *merg* (*mierg*), *nju* = *meu* (*miu*), *njare* = *miere*, *njelu* = *miel*.

T. D.

Il n'y a à parler, à propos de ces lettres, que des changements auxquels elles sont sujettes dans la flexion. Ainsi *t* devient *tz* : *lat*, plur. *latzi* (*latus, latera*) ; *butę, butzi* (ital. *botta*); *cuget, cugetzi* (*cogito, -as*). D devient *z* : *ladę*, plur. *lazi* (*lade*); *pradę, prezi* (*praeda, -ae*); *laud, lauzi* (*laudo, -as*).

TH se prononce avec une aspiration comme en grec moderne, mais il ne se présente que dans des noms propres empruntés à cette langue, comme *Tharsis* ; en valaque du sud il se trouve aussi dans des noms communs. Il faut donc écrire *t* le *th* non aspiré : *temę, teologie, Atena*.

TZ.

On ne sera pas surpris de voir ce signe (= all. *z*, franç. *ti*) même à l'initiale, puisqu'il est aussi dans des langues voisines comme le hongrois et le grec. Ce son très-fréquent provient : 1) De *ci ce* latin : *atzę* (*acia*), *ghiatzę* (*glacies*), *otzet* (*acetum*), *tzęmn* (*cygnus*), *tzitrę* (*citrus*). — 2) De *ti te* : *blundetzę* (*blanditia*), *intzeles* (*intellectus*), *tzes* (*texo*), *tzie* (*tibi*), *tzarę* (*terra*). — 3) D'un *z* étranger, par ex. *tziglan* (hongr. *tzinege*), *hartz* (hongr. de m.), *tzitze* (cf. all. *zitze*), *tzifrę* (*ziffer*, ital. *cifra*), *dantz* (*tanz*, ital. *danza*). — Ceux qui écrivent étymologiquement le remplacent par ç ou par ț.

S. Z.

1. L'*s*, qui en toute position a le son dur, provient parfois de *x* : *Alesandru, frâsin*. Devant *i* elle s'amollit d'ordinaire en *ś* dans les flexions : *ales, aleśi* (*electus,-ti*); *las, laśi* (*laxo,-as*); de m. dans les terminaisons *st* : *oaste, ośti*, et *sc* (voy. au *C*).

L'*s* impure se présente surtout dans des mots étrangers, comme *slavę* (serbe *slava*), *slugę* (*sluga*), *smaltz* (allem.), *smokin* (serbe *smokva*), *smulge* (*exmulgere* *), *snop* (serbe m. m.), *sdrantzę* (ital. *straccio?*), *sdrob, sbate* (ital. *sbattere*), *sburà* (*svolare*), *svuntà* (ital. *sventare*). Quelquefois l'*s* est seulement préposée, comme dans *schilav* (serbe *chilav*), *scurt* (*curtus*), *sgęrciu* (hongr. *görts*), *sturz* (*turdus*).

Ś, qui a le son de l'ital. *sci* (combinaison qu'on ne pouvait appliquer ici) [1], est très-usité, et se trouve irrégulièrement en place d'*s*, surtout devant un *i*, mais souvent aussi devant d'autres voyelles, par ex. *śâlie* (*salvia*), *śeà* (*sella*), *śed* (*sedeo*), *śie* (*sibi*), *śi* (*sic*), *śoarece* (*sorex*), *cenuśe* (*cinis*),

---

1. J'ai employé autrefois, avec d'autres, ș pour rendre ce son, mais la cédille mise au-dessous de l'*s* est gênante pour ę et y.

miśel (*misellus*), *tuśi* (*tussire*); dans des mots étrangers : *śapcę* (hongr. *sapka*), *śantz* (all. *schanze*), *śurę* (*scheuer*). Même devant les consonnes : *ścoalę* (*schola*), *Spania, śterge* (*abstergere*), *tześpetù* (de *caespes*), *śneap* (all. *schnepfe*), *śrof* (all. *schraube*), *śtiuc* (*stück*), *taścę* (*tasche*). Dans cette chuintante qui dépare la langue il faut reconnaître une influence slave, albanaise, allemande ; mais quelque empire qu'ait pris cette prononciation, elle n'est pourtant pas allée, il s'en faut, devant les consonnes, aussi loin qu'en haut-allemand.

ŚT représente en outre le lat. *sc* devant *e, i* : ainsi dans *śtiintzę* (*scientia*), *peśte* (*piscis*), *cunoaśte* (*cognoscere*). Il faut encore remarquer la combinaison *sć*, qui se prononce *stsch*, par ex. dans *scena, cęscioarę* (de *casa*), et qu'on retrouve en milanais. Enfin on a aussi *ść* (*schtsch*), par ex. dans *deścinge* (*discingere*), *uścioar* (*uśę* = *ostia*).

2. *Z* est une *s* douce comme dans l'ital. *rosa*. Il provient : 1) D'un *z* grec ou étranger : *zefir, zizanie, azim* (ἄζυμος), *zalog* (serbe m. m.), *zid* (id.), *zębdlę* (hongr. *zabola*), *zębun* (hongr. *zubbony*). — 2) Rarement d'une *s* latine, comme dans *zar* (*sera*). — 3) D'un *d* latin : *miez* (*medius*), *zeu* (*deus*), *frunzę* (*frondem*); plusieurs écrivent en ce cas *d* avec une cédille.

C.

1. Le *c* guttural se présente devant *a, o, u, ę, u*, devant les consonnes et à la finale; devant *e* et *i* il se fait, comme en italien, représenter par *CH*. Ce *ch* se trouve fréquemment dans des mots grecs où les langues sœurs le remplacent par *c* : *chedru* (κέδρος), *chimval* (κύμβαλον), *chinovár* (κιννάβαρις), *chiparos* (κυπάρισσος), *chivot* (κιβωτός), voy. ci-dessus p. 235 ; de même dans des mots slaves, par ex. *chinuì* (serbe *kinjba*), *chip* (serbe m. m.). — Dans les flexions *c* guttural alterne avec *c* palatal : *arc*, plur. *arce* (*arcus*); *nucę, nuci* (*nux, nuces*); *sc* et *śc* avec *śt* : *cresc, creśti* (*cresco, crescis*); *usc, uśti*; *puścę, puśti*. — Le signe *q* est inutile à cette langue.

2. Le *c* palatal, écrit et prononcé comme en italien (*cia, ce, ci, cio, ciu*), provient : 1) Dans quelques mots de *qui que* : *coace* (*coquere*), *cincĭ* (*quinque*). — 2) Rarement de *ti*, comme dans *tęciune* (*titio*). — 3) Du *ć* slave identique fréquemment, par ex. *cigę* (serbe *ćiga*), *cinste* (russe *ćest*), *cioban* (serbe m. m.), *ciot* (id.). — 4) De *z* : *cimpoe* (ital. *zampogna*), *ciubęr* (allem. *zuber*). — Le valaque du sud dit *tz* pour *ć*, ainsi *atzel* pour *acel*, *vitzinu* pour *vecin*, *tzintz* pour *cincĭ*; c'est de

ce dernier mot que provient, dit-on, le surnom de zinzare qu'on lui donne (Wuk, *Serb. Wb.*, s. v. *tzintzâr*, p. 812[b], éd. de 1852), proprement « cousin », ital. *zenzara*, mot formé par onomatopée d'après le bruit que fait cet insecte.

G.

1. Le *g* guttural se produit dans les mêmes cas que le *c* guttural, et ici aussi on écrit *GH* devant *e* et *i*. Dans *gl, gn, g* conserve toujours le son guttural. Il n'y a rien à remarquer sur sa provenance. Dans la flexion il alterne avec *ǵ* : *fugę*, plur. *fugi* (*fuga, -ae*); *cigę, cigi*; *plung, plungi* (*plango, -is*).

2. Le *g* palatal, écrit et prononcé comme en italien (*gia, ge, gi, gio, giu*), ne doit guère provenir que du *g* latin, parce que ce son ne se présente pas chez les peuples voisins ou n'y existe qu'à l'état composé : le serbe emploie même pour le rendre le signe valaque. Il provient rarement du lat. *c*, comme dans *vinge* (*vincere*).

Ż.

Nous désignons ainsi une chuintante qui répond au *j* français et que la plupart des grammairiens notent aussi par cette lettre. Mais comme on ne peut guère se passer de *j*, ainsi qu'on va le voir, pour exprimer l'*i* consonne, et comme cette chuintante paraît être d'origine slave (car on ne la trouve preque que dans des mots empruntés au slave), on peut bien se permettre d'adopter pour elle une notation slave fort bien choisie, le *z* avec un signe diacritique (pol. *ż*, bulg. et boh. *ž*). Ce *ż* ne déparera pas plus les quelques mots latins où il se présente en place de *j*, que ne le fait dans des conditions analogues le *z* vénitien. — Il représente : 1) Le lat. *j* dans *żoc* (*jocus*) et plusieurs autres; aussi dans *żos* (b.lat. *josum*) et *miż-loc* (*medio* c'est-à-dire *medjo loco*). *Ż* est l'expression propre de cette lettre latine (en laissant de côté les cas d'*i* écrasé, comme *uju* de *allium aljum*), et la langue valaque est la seule des langues romanes qui lui attribue un son spécial, auquel *g* ne participe jamais. Il est donc certain qu'à l'époque où fut introduite la chuintante étrangère, *g* avait devant *e* et *i* une autre prononciation que *j*, sans quoi il aurait subi le même sort. — 2) Il prend très-souvent naissance dans le *ż* slave, ainsi dans *żar* (serbe m. m.), *żeli* (*żaliti*), *żivinę* (*żivina*), *żidov* (m. m.), *coaże* (*kòża*), *nędeażde* (russe *nadeżda*). — 3) Il remplacera *s* dans *żale* (aussi *salie* et *cilvie*, lat. *salvia*, serbe *żalfija*), *żamlę* (allem. *semmel*), *glaże* (*glas*). — 4) Il est pour *sch* allemand, par ex. dans *żumaltz* (*schmalz*). — A la différence du *j* français il peut se trouver aussi à la fin d'une syllabe ou d'un mot, comme dans quelques-uns des exemples cités et dans le nom de ville *Cluż*.

J.

L'alphabet cyrillique ne fournissait pas de signe propre pour l'*i* consonne, aussi la plupart des grammairiens s'en sont-ils tenus à la voyelle ; ils écrivent *Iacob, ianuarie, ieri*. D'autres, comme Körösi, Marki, Sulzer, Bojadschi ont au contraire admis le *j* dans l'alphabet valaque. On pourrait à la rigueur se passer de ce caractère, dont le son, comme celui de l'ital. *j*, est très-voisin de la voyelle. Mais comme il peut contribuer à la clarté et que plusieurs des langues où le valaque a puisé, comme le serbe, le bulgare et l'albanais, ainsi que celles des langues romanes dont il se rapproche le plus, se sont approprié cette lettre, il paraît indiqué de l'introduire aussi ici. Mais ce qui décide surtout à le faire, c'est qu'il est à peu près indispensable pour le valaque du sud, où il faudrait sans cela écrire *iin* pour *jin*, *iite* pour *jite* (à moins qu'on ne remplaçât *j* par *y*). Ainsi nous rendons habituellement, par exemple, la combinaison cyrillique *їа* par *ja*, *їȣ* de même par *ju* ; seulement après les consonnes (comme en italien) et dans les flexions, *i* paraît préférable à *j*, parce qu'en ce cas il devient muet. — Le *j* répond : 1) Au *j* ou l'*i* (*y*) atone latin devant une voyelle, comme dans *januarie, maju, jacini* (*hyac.*), *jenę* (*hyaena*). — 2) On le trouve à l'initiale pour un *i* ou un *e* provenant d'une diphthongaison : *jarnę, japę, jer, jeram* pour *earnę, eapę, ier, ieram*. — 3) Il représente la syllabe *li* au commencement et au milieu des mots : ainsi dans *jépure* pour *ljepure liepure* (*lepus*), *bojariu* (serbe *boljàr*), *meju* (*milium*), *inmoju* (*mollio*) ; comp. val. du sud *melju, molju* etc. — 4) De même il représente la syllabe *ni* ou *ne*, comme dans *cujù* (*cuneus*). — Dans la prononciation un *j* s'engendre aisément entre voyelles, sans que l'écriture le note toujours : ainsi *fiu, gęinę, gręesc* se prononcent comme *fiju, gęjinę, grejesc* ; ainsi le serbe dit *bèstija* (lat. *bestia*), *żálfija* (*salvia*). Comp., pour ce développement du *j*, ci-dessus p. 166.

H

sonne comme le *ch* allemand dans *lachen*, mais moins fortement aspirée, de façon à se rapprocher de l'*h*. La notation *ch* (qui est aujourd'hui généralement abandonnée) serait plus appropriée, si on considère *haos* (*chaos*), *himerę* (*chimaera*), *hirurg* (*chirurgus*), *Hristian* (*Christianus*), *shimę* (*schema*), mais *ch* est indispensable pour la gutturale forte; au reste l'orthographe espagnole *quimera, quirurgico* n'a pas meilleur air. Mais dans les noms propres grecs on devrait laisser subsister *ch*, malgré sa prononciation. — *H* a sa source : 1) Dans le χ grec, p. ex. *hęrac* (χάραξ), *horę* (*chorus*). — 2) Dans le *ch* slave, par ex. *hainę* (serbe *chaljina*), *harnie* (*charan*), *hranę* (*chrana*), *męhrama* (*màchrama*), *duh* (*dúch*). — 3) Dans l'*h* latine ou l'esprit rude grec; voy. ci-dessus p. 255. — 4) Assez souvent dans l'*h* hongroise ou allemande : *hodę* (hongr. *hoda*), *harfę* (allem. *harfe*), *heahele* (*hechel*), *pęhar* (*becher*). — 5) Dans l'*f* latin : *hęd* (*foedus*) etc. — 6) Quelquefois elle semble même représenter un *v*, au moins le *Lex. Bud.* connaît *hioarę* pour *viorę* (*viola*), *hólburę* pour *vólburę* (*convolvulus*) ; ce serait un changement à comparer à celui de l'*f*. — Cette aspirée permet à l'initiale les combinaisons *HR* (*hranę* etc.), à la médiale *HN* (*męhni, odihnę*), *HV* (*pohvalę*), *LH* (*telhariu*), *RH* (*erhę, tęrhitę*).

P. B. F. V.

Il y a peu de chose à remarquer sur ces lettres.

PT provient souvent de *ct*, par ex. *copt* (*coctus*), *pept* (*pectus*).

B naît aussi fréquemment de *v*, comme dans *besicę, berbice, sęrbà*.

F est un renforcement du grec υ dans *eftin* (εὐτελής) et de *v* slave précédé d's, par ex. *sfintzi* (serbe *svètiti*), *sfredél* (russe *sverdel'*). Le serbe, à l'inverse, adoucit d'ordinaire l'*f* en *v*. Il ne provient jamais du θ grec comme en russe, excepté par ex. dans *logofęt* (λογοθέτης), mais l'allem. *blech* devient ici *plef*. *FT* vient de *ct* dans *lefticę* (*lectica*) etc., en val. du sud il vient aussi de *pt*, comme dans *caftà* (*captare*).

V médial vient d'un *b* adouci : *aveà* (*habere*), *diavol* etc. Il représente l'υ grec dans *evlávie* (εὐλάβεια) et dans *evangelie*. Le passage de *v* initial (seulement devant *e* ou *i*?) à *j* est propre au val. du sud, par ex. dans *jermu* (dace *verme*), *jinu* (*vin*), *jinie* (*vie*, lat. *vinea*), *jisu* rêve (lat. *visus*), *jite* (*vitze*), *jitzę* (*vitzeà*), *jie* (grec mod. βία), aussi *jine* (lat. *bene*), mais avec *v vedu* (*video*), *vintu* (*ventus*). Au lieu d'être substitué, *j* n'est-il pas ici adventice, et son intrusion n'aurait-elle pas amené la chute du *j* (*vjinu*, puis *jinu*)? Le serbe aussi aime *vj*, mais devant *e*, non devant *i*. On trouve ici, comme en français, l'init. *VR* soit dans des mots latins, comme *vreare* (ital. *volere*), *vruh* (*bruchus* Lex. Bud.), soit dans des mots slaves, comme *vrábie* (serbe *vrábatz*), *vrage* (serbe *vráć*), *vrednic* (*vriźedan*), *vreame* (*vreme*). *V* peut aussi être final, mais il se prononce presque comme *f* : ainsi dans des mots slaves, comme *grozav, źilav, źidov* et quelques mots latins, comme *captiv*.

SECTION III.

PROSODIE.

Nous avons jusqu'ici poursuivi l'histoire des lettres dans l'ordre descendant et ascendant. Mais les lettres servent seulement à composer le corps du mot; il reste encore à examiner ce qui donne à ce corps la vie et l'âme, la prosodie, la mesure de temps et d'accent qui accompagne le son, afin de voir, ici aussi, de quelle manière la nouvelle langue se comporte vis-à-vis de l'ancienne. La théorie est simple : la quantité primitive a perdu sa force, mais l'accent dans lequel réside proprement le centre de gravité du mot se maintient à sa place et exerce sur la quantité une influence jusqu'alors inconnue. La métrique du plus ancien moyen âge trahit déjà cette transformation de la prosodie. Il est à prévoir d'ailleurs que ce nouveau principe sera soumis dans les diverses langues à toutes sortes de restrictions. Le français surtout présente ici des divergences si importantes qu'on est tenu d'établir pour lui des règles prosodiques toutes spéciales. Nous allons traiter séparément de chacune des deux modalités, la quantité et l'accent.

I. QUANTITÉ.

Il est facile d'observer que les langues néo-latines font une différence entre longues et brèves : l'ital. *quadro* a un *a* plus long que *quattro*, *sole* a un *o* plus long que *molle*, l'esp. *beato* un *a* plus long que *apto*, *mesa* un *e* plus long que *esta*. On trouvera cependant que la quantité, si on la suit d'une oreille attentive, est moins sûre ici que dans d'autres langues, par exemple en allemand. On entend souvent un mot prononcé différemment, car on attache moins d'importance à une durée plus ou moins longue de la voyelle, pourvu qu'on ait fait correctement ressortir l'accent. Voici cependant les règles générales qui ont cours pour la quantité.

1. Est *longue* toute voyelle accentuée devant une consonne simple suivie elle-même d'une nouvelle voyelle; la quantité primitive ne fait aucune différence. La cause de ce phénomène, connu d'ailleurs par l'allemand et le grec moderne, consiste, en partie du moins, dans la chute ou l'abréviation des syllabes de dérivation et de flexion dont la quantité a dès lors été attirée par les syllabes brèves accentuées afin d'assurer au mot une certaine étendue; de *hŏmĭnēs* par ex. est venu l'ital. *uōmĭnĭ*, comme du v.h.all. *tăgā* l'all.mod. *tāgĕ*, du grec λόγος le grec mod. λō̆γος. On prononce en conséquence avec la voyelle longue ital. *piano* (*plānus*), *mano* (*mănus*), *rena* (*arēna*), *dio* (*dĕus*), *fede* (*fĭdes*), *solo* (*sōlus*), *rosa* (*rŏsa*), *fuoco* (*fŏcus*), *giudice* (*jŭdex*), *umile* (*hŭmilis*); esp. *llano, mano, arena, solo, rosa, fuego,* et de même en portugais et en provençal. Nous autres Allemands, nous prononçons aussi comme les Romans le subst. *rŏsa* et le part. *rŏsa* avec un *o* également long. Aussi la différence de quantité a-t-elle partout disparu dans *păter*, *măter*; en ital. par ex. on prononce *pādre, mādre,* comp. le v.h.all. *vătar* et l'all.mod. *vāter*, de même *pŏpulus* devient long dans *pōpolo*, au contraire *pŏpulus* est abrégé dans *piŏppo*.

2. La voyelle accentuée en position est *brève* même lorsqu'elle répond à une voyelle latine longue par nature, comme dans *fōns, gēns, lārdum, mēns, mīlle, nārro, nūptiae, vīxit* (Schneider I, 108); ital. *fonte, gente, lardo, mente, mille, narro, nozze, visse*. Il n'est pas question ici de la quantité des syllabes; il est clair que dans *gente* la syllabe *gen* a plus d'étendue que *te*, car la voix repose sur la consonne *n*, mais les deux voyelles ont une quantité égale ou sont au moins toutes deux brèves, car de légères différences de quantité ne peuvent pas toujours être mesurées par l'oreille avec la dernière précision, mais aucun Italien ne prononce *gēnte* de telle sorte que *ē* équivaille à deux brèves. — Une muette avec *r* ne faisait déjà pas position en latin, il en résulte qu'en roman aussi la voyelle qui précède peut être prononcée longue, ainsi en ital. *libro* (*liber*), *pietra* (*petra*), *stupro* (*stuprum*), *vetro* (*vitrum*). La brièveté se perd lorsque, ce qui se présente souvent, l'une des consonnes

est élidée ou résolue en une voyelle, comme en ital. *narciso*, esp. *auto*, prov. *laissa*. — A côté de la position latine se présente avec une action égale sur la quantité la position romane; elle est produite par la chute d'une voyelle ou par son durcissement en une consonne, ital. *caldo (calidus cal'dus), deggio (debeo debjo), fibbia (fibula fib'la), figlio (filius filjus), freddo (frigidus frig'dus), porre (ponere pon're), tengo (teneo tenjo), veggo (video vidjo)*; esp. *hombre (hominem hom'nem), liño (lineus linjus), sembro (semino sem'no), escollo (scopulus scop'lus)*; prov. *arma (anima an'ma), dompna (domina dom'na), cilh (cilium ciljum)*. Le fait que la quantité dépend de la position est rendu clair par des exemples comme ital. *nĭtido, vĭsita* à côté de *nĕtto, vĭsta*. En espagnol la voyelle en position peut être élargie en diphthongue, ce qui est à vrai dire un allongement, mais si l'on compare cette diphthongue avec celle qui se produit devant une consonne simple, on trouve que la première répond seulement à deux brèves (*fŭĕnt-e*), la seconde à une brève et une longue, c'est-à-dire trois brèves (*fŭĕg-o*). Il y a lieu d'admettre aussi le même rapport en valaque lorsque d'une voyelle se développe une diphthongue.

3. Les voyelles atones sont *brèves* sans égard à leur quantité primitive : ital. *infinito (infinitus), ginepro (jūniperus), naturale (nātūralis), regina (rēgina), maraviglia (mīrābilia)*. Pour cette raison, des diphthongues se réduisent souvent en voyelles simples : ital. *ascoltare (auscultare), agosto (augustus), orecchio (auricvla), estate (aestas), cipolla (caepulla)*. Si les syllabes atones précèdent les accentuées il n'est pas nécessaire que leurs voyelles aient toutes une brièveté égale. En effet on tolère aussi dans cette situation des diphthongues, celles-ci excèdent en longueur les autres voyelles atones et peuvent tout aussi bien excéder les accentuées, comme dans *autúnno, suonò*, mais elles sont plus brèves que des diphthongues accentuées; qu'on compare l'ital. *aurora* avec *aura*, *poichè* avec *poi*. Si la voyelle atone est placée après une syllabe accentuée, elle est la plus brève possible : ital. *fòrte, bellissimo, desiderano*. Des diphthongues ou des voyelles en position ne peuvent pas se trouver dans cette situation, et la longue latine est toujours abrégée, *contrā* est maintenant prononcé *contră*. Il reste encore beaucoup à observer pour chaque langue en particulier.

Italien. — Il faut rappeler ici les points suivants.

1. Lorsqu'un paroxyton en raison de la chute de la voyelle finale se termine par une consonne, la tonique, si elle est brève, conserve sa quantité, comp. *augello augel, stanno stan*; mais la quantité de la longue devient douteuse, comme dans *cielo ciel, uomo uom, mano man*, du moins les poètes font rimer *ciel* avec *augĕl*, *man* avec *stăn*, quoiqu'ils ne fassent jamais rimer *cielo* avec *augello*, *mano* avec *stanno*. Toute voyelle finale accentuée est une brève décidée, bien que la même voyelle soit longue dans le corps du mot : *umanitade umanità, mercede mercè, piede piè, puote può, virtude virtù, suso sù*, et ainsi *amò, amerà, falò, Niccolò, fa, là, li, già, no* (lat. *nŏn*). Des enclitiques ne rendent pas à la voyelle sa longueur, bien que par leur présence elle redevienne médiale : *amolla, vantossi*, non pas *amōla, vantōsi*.

2. A l'intérieur des mots aussi de nombreux cas se présentent où la langue a préféré la brève à la longue, et l'a alors indiquée par une consonne double. Des exemples de ce genre sont : *brutto* (*brūtus*), *femmina* (*fēmina*), *figgere* (*fīgere*), *fummo* et *fumo* (*fūmus*), *legge* subst. (*lēgem*), *libbra* (*libra*), *Lucca* (*Lūca*), *pioppo* (*pōpulus*), *succo* (*sūcus*), *tutto* (*tōtus*), *ruppi* (*rūpi*), *conobbi* (*cognōvi*), *viddi* (*vīdi*), *galoppo* (goth. *hlaupan*), *ricco* (v.h.all. *rîhhi*), *riddare* (v.h. all. *rîdan*). La diphthongue latine *au* toutefois ne paraît nulle part se prêter à cette abréviation, sauf dans des syllabes atones : *uccello* (*aucella*), *ottarda* (pour *autarda*).

Espagnol. — La quantité dans cette langue, dit Rengifo dans son *Arte pœtica cap.* 6 et 7, se reconnaît à l'accent. Longue (*larga*) est la syllabe qui a l'accent principal (*accento predominante*), et toutes les autres syllabes sont brèves (*breves*). La longueur de la syllabe ne détermine pas, il est vrai, la longueur matérielle de la voyelle accentuée, elle est réglée par les principes généraux. Il y a en outre à rappeler ce qui suit sur les syllabes finales et médiales.

1. L'espagnol est conforme à l'italien en ce que la tonique finale y est aiguisée et non étendue : *dará, traspié, aqui, resistió, Perú*. Il en est de même pour la voyelle accentuée placée devant une consonne finale, par ex. dans *oficial, cruel, abril, sol, español, azul, capitan, bien, jardin, leon, comun, mar, amor, compas, frances, decis, diós, Jesus, rapaz, altivez, feliz, feroz, cruz, verdad, salid, virtud*. On voit ici rimer avec une voyelle également longue, bien que primitive-

ment inégale, *cristal*, *metal* avec *caudal*, *ygual*; de même *aquel* avec *cruel*; *mil* avec *gentil*; *afan*, *dan* avec *pan*, *Milan*; *compas* avec *mas*. Une syllabe vient-elle s'ajouter, la voyelle accentuée regagne en longueur : *sol soles, leon leones, dios dioses, cruz cruces, verdad verdades*.

2. Les consonnes doubles latines se sont pour la plupart simplifiées, ce qui a déterminé un allongement de la voyelle précédente, voy. plus haut p. 334.

La langue portugaise se comporte comme l'espagnole. Cependant une syncope procure quelquefois ici à la voyelle finale un circonflexe, comme dans *dê, vê, avó*.

Provençal. — Nous possédons sur les rapports de quantité de cette langue un travail spécial du grammairien Uc Faidit (p. 96), c'est proprement un dictionnaire de rimes, intitulé *De las rimas*, qui marque exactement la prononciation d'un grand nombre de rimes masculines et féminines, mais non pas à beaucoup près de toutes celles qui y sont contenues. Ce traité de rimes est joint au *Donatus provincialis*, mais dans ce dernier ouvrage aussi, l'auteur se prononce à l'occasion sur la prosodie de différentes terminaisons d'accord avec ce qui est dit au chapitre *De las rimas*. Ici comme là les syllabes finales sont divisées, quand cela était praticable, en *largas* et *estreitas*, c'est-à-dire, ainsi que Raynouard déjà l'a traduit, en longues et brèves, espagnol : *largas* et *breves*. Nous nous en tenons pour le moment à cette manière de voir. En revanche les *Leys d'amors*, qui ont aussi traité cette matière, ne distinguent pas les *vocals largas* et *estreitas*, mais les *plenisonans* et les *semisonans* ; les premiers se prononcent avec une bouche plus ouverte et sont plus *longues* (I, 62) ; aux *semisonans* appartiennent aussi les voyelles finales atones, comme dans *peza, grana, umple, ame*. Entre les deux se trouvent les *utrisonans* (*ancipites*), division dont les anciens poètes n'ont eu assurément aucune notion. Cette division est restreinte aux voyelles *a, e, o*. En outre, la longue est aussi nommée ici *accen lonc*, comme chez les grammairiens latins *accentus longus*, la brève, *accen agut*, quoiqu'en un passage (I, 92) ce dernier accent doive être synonyme de longue, mais il y a ici peut-être une confusion de l'accent avec la quantité, qu'on rencontre aussi chez d'autres grammairiens romans. On trouve malheureusement dans Faidit des contradictions palpables qui peuvent ébranler la confiance à l'égard de la solidité de son savoir. On ne comprend pas, par exemple, pourquoi *u* serait long dans *mesura*, bref dans *dreitura*. Pourtant il se présente à nous, à tout prendre, comme un grammairien si judicieux, qu'on ne peut pas lui reprocher trop sévèrement quelques inconséquences dans une matière aussi délicate. Ajoutez à cela que les deux sources, autant qu'il est possible de les comparer, sont toujours d'accord; Molinier paraît donc avoir eu Faidit sous les yeux et l'avoir reconnu comme autorité. La terminaison *As* est d'après Faidit longue, c'est-à-dire *larga*, dans les mots *nas*, *pas* (*passus*), *vas* (*vas vasis*), *ras*, *bas*, *cas* (*casus*), *gras*, *clas*, *las*, *mas* (*mansus*); les *Leys* II, 158 appellent *plenisonans* précisément les mots cités *cas*, *gras*, *pas*, *vas* et de plus *bras*, qui manque dans Faidit. *Es* est long dans *pes* (*pes pedis*), *confes* (*confessus*), *pres* (*prope*), bref, c'est-à-dire *estreit*, dans *mes* (*misit*), *pres* (*prehensus*), *ques* (*quaesivit*), *frances*, *angles* etc.; d'après les *Leys*, *apres* adv., *pes* sont *plenisonans*; *mes*, *repres*, *apres* part., *pes* (*pensum*), *bres*, *estes* sont *semisonans*. *Os* est long dans *fos* (*fuisset*), *appos* (*apposuit*), bref dans *excos* (*excussit*), *ros* (*rosit*); dans les *Leys* *bros*, *ros*, *tros*, *gros* sont *plenisonans*. *Ers* est long dans *ters* (*tersit*), *guers*, *dispers* part., *Bezers*, bref dans *ders* (*erexit*, *erectus*), *aers* (*adhaesit*, *adhaesus*); les *Leys* nomment *plenisonans*: *guers*, *mers*, *pers*, *vers*. *Ors* est long dans *tors* (*torsit*), *cors* (*curcus*), *ors* (*ursus*); les *Leys* aussi II, 158 mettent un mot *cors* au nombre des *plenisonans*. *Or* est bref dans *color-s*, *odor-s* etc., *senhor*, *salvador* ont l'*accen agut* I, 90 (le fr. -*eur* aussi est bref). L'important maintenant est que les troubadours (tant qu'un examen plus attentif n'aura pas fourni d'autre résultat) ne connaissent pas cette distinction entre les rimes longues et brèves. Il est vrai que *confēs*, *aprēs*, *pēs* riment bien ensemble, mais aussi avec *amĕs*, lequel à son tour rime avec *aprĕs*, *mĕs*, *francĕs*. On ne fait pas davantage de différence entre *fōs*, *apōs*, *grōs* et *escŏs*, *rŏs*, entre *dispērs* et *adĕrs*. Peu importe que la voyelle accentuée primitive, c'est-à-dire latine, soit suivie ou non d'une consonne double : *val* (*vallis*) rime avec *mal* (*malum*), *aflam* (de *flamma*) avec *fam* (*fames*), *bas* (*bassus*) avec *nas* (*nasus*), *ros* (*russus*) avec *famos* (-*sus*). Ce n'est qu'à propos des voyelles qui précèdent immédiatement une *n* séparable (indifférente) ou une *n* inséparable que les poètes font une différence (p. 374) : *plan* ne rime pas bien avec *tan*, *ben* avec *cen*, *bon* avec *fon* (*fundit*). Mais de là il ne résulte pas encore que les deux sortes de voyelles aient eu une quantité différente et qu'on ait prononcé *plăn, bēn, bōn* et *tăn, cĕn, fŏn*; la division pouvait très-bien avoir sa raison d'être dans le fait que l'*n* finale des premiers avait une existence douteuse, puisqu'elle n'était pas prononcée dans certaines provinces. Faidit a accompli sa tâche de grammairien en séparant les longues et les brèves d'après la prononciation générale. Si cette distinction n'a pas été reconnue dans la métrique, c'est encore une suite de la grande prépondérance acquise par l'accent sur la quantité; c'est un courant auquel se laissent aller les meilleurs poètes français lorsqu'ils font rimer, malgré toute théorie, *grâce* avec *face*, *âme* avec *madame*, *âge* avec *courage*. — Les points suivants doivent être ici spécialement observés à l'égard de la prosodie provençale.

1. On ne peut affirmer que toute voyelle accentuée précédant une consonne elle-même suivie d'une voyelle soit longue absolument, et il ne faut voir qu'un exemple isolé dans le fait que les *Leys* attribuent l'*accen lonc* à la première syllabe dans *vólo* (*volunt*) et dans *ámo* (*-ant*). D'après les exemples donnés par Faidit la quantité n'est pas toujours la même dans ces finales (comme en français). On doit par ex. prononcer avec *u* long: *cura, jura, dura*; avec *u* bref: *dreitura falsura* (il a déjà été question de cela plus haut), *conjura* (malgré le simple *jura*), *agura, segura, pura*; avec *o* long: *nora* (*nurus*), *fora* (*foras*), *devora*, avec *o* bref *ora* (*hora*), *plora, fora* (*fuerat*), *onora, adora*. *E* est long par ex. dans *bela, revela, piuzela*, bref dans *cela* pron., *vela, estela, candela, donzela* (en contradiction avec *piuzela*). *O* est long dans *fola* (franç. *folle*), *vola, filhola*, bref dans *gola, sadola, escola*. On s'étonne de trouver l'*ŏ* dans le suffixe adjectival *ŏs*, fém. *ŏsa* = franç. *ēux, ēuse*.

2. Quant à la voyelle accentuée finale, si l'on tient compte de la pratique des langues sœurs, il y a lieu de la supposer plutôt brève que longue. D'accord avec cette supposition les *Leys* (II, 228 et ailleurs) désignent comme *semisonans*: *bo, mo, so* ou avec l'*s* de flexion *pa-s, be-s* (pour *bon, mon, son, pans, bens*) et reconnaissent également dans la dernière syllabe de *cantó* subst. *contrició, bastó-s, Gastó-s* l'*accen agut* (I, 210. 212 etc.). De même Faidit admet la brève dans *ca-s* (*canis*), *gra-s* (*granum*), *vila-s* (*villanus*), *pa-s* (*panis*), *ma-s* (*manus*), *Tolza-s* (*Tolosanus*), *le-s* (*lenis*), *fre-s* (*frenum*), *ence-s* (*incensum*) etc. Cette doctrine mérite une sérieuse attention. Chez les poètes les voyelles dépouillées de l'*n* indiffé-

rente riment avec toutes leurs semblables : *pla* (*plan*) avec *a*, *ja*, *fa*, *va*, *la*, *cantara* ; *be* (*ben*) avec *que*, *se*, *fe*, *cre* ; *cami* (*camin*) avec *di*, *mi*, *aissi*, *qui*, *ami* ; *bo* (*bon*) avec *no*, *so*, *pro*, *do*.

3. La voyelle en position, lorsque le mot se termine par une voyelle, n'a pas toujours la même quantité ; elle est cependant plus susceptible de devenir longue qu'en italien. Faidit désigne comme longs *fossa*, *grossa* ; comme brefs *rossa*, *trossa*, *escossa* ; comme longs *velha* (*vetula*); comme brefs *ovelha*, *vermelha* ; comme longs *volha*, *tolha*, *orgolha*, *folha*, comme brefs *solha* (*souille*), *verolha* (*verrouille*). D'après les *Leys* II, 380 par ex. *fálhi*, *párti* (prés.) ont un *a plenisonan* et un *accen lonc*.

4. Il résulte clairement de ce que nous avons dit plus haut (p. 456), en comparant nos sources, que la voyelle devant une consonne finale a, suivant la règle, c'est-à-dire suivant la théorie des anciens grammairiens, différentes quantités. Beaucoup de traits concordent ici avec le français, d'autres s'en séparent. Faidit, de plus, prononce avec la voyelle longue *venquét* (*vicit*), *tolc* (*sustulit*), *volc* (*voluit*), avec la brève *ois* (*unxit*), *jois* (*junxit*), *conoc* (*cognovit*), *sols* (*solvit*), *vols* (*volvit*), *venc* (*venit*), *tenc* (*tenuit*), *tens* (*timuit*), *prens* (*prehendit*), *temps*, *vertz*, *lobs*. Les *Leys* nomment *plenisonans* par ex. *quar*, *cars*, *carcs*, *fals* ; *semisonans* : *leg* (*legit*), *dotz*, *notz*, *votz*, *francs*, *ferms* ; les mots suivants ont l'*accen agut* : *fon*, *pon*, *prion*, *son* (*sunt*), de même que la dernière syllabe dans *guerriers*, *pausatz*, *vanetat* etc. On ne doit donc pas prononcer *amăt* part., mais *amāt* = franç. *aimé*, au contraire fém. *amāda*[1].

Français. — De bonne heure les grammairiens de cette langue

---

[1]. Cette exposition (répétée ici) de la quantité provençale ne tend en aucune façon à attaquer ou à affaiblir l'opinion exprimée par un philologue pénétrant (voy. p. 363) d'après laquelle les expressions *larc* et *estreit* se rapportent proprement à la qualité des voyelles et non à leur quantité. Mais eu égard à l'importance du problème, il a semblé qu'il valait la peine de réunir sous certains points de vue les exemples donnés par les anciens grammairiens. Peut-être cette opinion se trouvera-t-elle par là plutôt soutenue qu'ébranlée. — Milà y Fontanals aussi s'est prononcé sur l'incertitude de la terminologie du *Donatus prov.* et des *Leys* (*Trovadores en Esp.* p. 460) et a notamment admis pour *e* et *o* que la distinction entre la *vocal larga* et *breve* (*estrella*) exprime le rapport qui existe entre *abierta* et *cerrada*.

ont porté leur attention sur la prosodie qui, en raison de la structure plus resserrée des mots, a développé bien des particularités. Déjà Bèze lui consacra un chapitre spécial (p. 73-80) dans son écrit sur la prononciation, où, pour la première fois, il chercha avec passablement de circonspection à ramener à des principes ce sujet si complexe. Parmi les grammairiens d'une époque plus récente d'Olivet, *Remarques sur la langue françoise*, Genève 1755, a soumis la quantité à une analyse et a notamment déterminé la quantité de toutes les terminaisons dans l'ordre alphabétique, sans vouloir néanmoins se porter partout garant de l'infaillibilité de ses données. Les règles acquises par son examen ont été aussi reconnues et prises en considération par les grammairiens modernes, souvent reproduites et rectifiées; d'autres ne les ont toutefois accueillies qu'avec méfiance, comp. par ex. Quicherat, *Versification française*, 2ᵉ édit. p. 518 ss. Dubroca et Malvin-Cazal ont traité avec grand soin de la quantité en usage aujourd'hui, car à une langue si peu stable, gouvernée même par la mode, un siècle peut apporter des changements assez importants. Les grammairiens modernes donnent les règles générales suivantes auxquelles nous comparons celles de Bèze.

1. La voyelle est longue : 1) Dans les terminaisons masculines en *s*, ou, ce qui revient au même, en *z* et en *x*, comme *héros, fracas, palais, aimas, diras, dis, avais, dois, vois, nez, faix, voix* etc. — 2) Dans les terminaisons masculines du pluriel, même lorsque la sifflante est précédée d'une autre consonne : *sacs, chefs, pots, sels, autels, romans, détails*. — 3) Devant *n* et *m* suivies d'une consonne commençant une syllabe : *chambre, jambe, trembler, tomber, humble, planche, peindre, danser*. Bèze dit : *omnis syllaba desinens in litteram* m *vel* n *non geminatam, sed sequente alia consonante, est natura longa*. — 4) Lorsque suit une consonne devant laquelle *s* est tombée ou n'est plus prononcée (p. 422) : *âne, alêne, côte, faîte, forêt, maître, mâtin* (à côté de *mătin*), *tâche* (à côté de *tăche*), *pêcher* (à côté de *pĕcher*). *Omne s sequente consonante quiescens vocalem prœcedentem producit*. L's tombée a ainsi laissé, dans l'allongement de la voyelle antérieure, une trace de son existence. Ceci se montre clairement par ex. dans la double forme du franç. mod. *registre* avec *i* bref et *regître* avec *i* long. — 5) Devant *s* ou *z*, presque toujours devant *r* à la pénultième, lorsque ces consonnes sont suivies d'un *e* muet : *base, bêtise, rose, muse, fram-*

boise, gaze, douze, avare, père, chimère, attire, délire, encore, verdure, heure, bravoure, gloire. S *inter duas vocales deprehensa et vocalem singularem et diphthongum antecedentem producit.* Bèze cite de plus : *jāser, brāise, sāison, plāisir, choīsira, causera, cuīsine, vīsage,* et excepte l'*e* muet : *gĕsĭr, gĕsine,* aussi *vŏisin* etc. — 6) Immédiatement avant un *e* muet : *armée, vie, prie, loue, joie, pluie. Omnes dictiones terminatae per* e *foemininum, proxime praecedente vocali, producunt penultimam.*

2. La voyelle est brève : 1) Devant une consonne finale simple (sauf les sifflantes *s, z* et *x*), à condition qu'elle soit elle-même simple et, bien entendu, sans circonflexe : *sac, datif, chef, sel, autel, fil, nectar, cher, mur, aimer, verger, venir, soldat, foret, habit, pot.* Il en est de même devant *n* et *m* : *roman, crin, fin, divin, bon, don, nation, maison, nom, importun, parfum.* — 2) *L* mouillée finale est aussi considérée comme une consonne simple, bien qu'elle renvoie en général à une combinaison de consonnes : *avril, fauteuil, détail, vermeil.* La règle est vraie aussi pour l'avant-dernière syllabe dans le cas où elle est suivie d'un *e* muet, comme dans *quenorille*; il faut cependant excepter la finale *aille,* ainsi *canailt.* etc. avec un *a* long. A *cum* i *quiescente ante duplex* ll *molle cum* e *foeminino dictionem finiente est longum,* dit Bèze, tout-à-fait d'accord avec la règle actuelle. — 3) Devant *r* ou *s* sonore, lorsque suit une seconde consonne commençant une syllabe : *barbe, herbe, berceau, ordre, infirme, masque, burlesque, astre, funeste.* Cependant dans quelques mots, tels que *horde, lourde,* la voyelle devant *r* est marquée comme longue. Elle a la même quantité dans les terminaisons masculines *arc, ard, art, erd, ert, ort, ourt, eurt, ors,* comme *parc, étendard, part, perd, vert* (d'après d'autres *vērt*), *effort, court, meurt, mors, corps* (avec un *p* étymologique). — 4) Immédiatement devant une seconde voyelle sonore : *haïr, féal, creé, prier, action, douer, tuer.*

3. Mais la quantité de la voyelle n'est pas fixe ni immuable dans tous les cas. Cette indécision affecte aussi bien des classes de syllabes ou de suffixes de dérivation que des mots isolés. On prononce par ex. avec la voyelle longue *fable, diable, sable,* mais avec une douteuse *aimable, table, étable.* De même avec la longue les adjectifs *franc, grand, puissant,* mais avec la brève les substantifs *banc, sang, gland. I* est long dans les adjectifs *vive, active* etc., bref dans les substantifs et les verbes

lessive, solive, dérive. Ai est long dans *plaine*, douteux dans *fontaine*. La place du mot, son importance oratoire peuvent même en déterminer la quantité ; on prononce avec la voyelle brève *une hĕure entière*, avec la longue dans *une hēure* ; *un brăve homme* et *un homme brāve* ; *nŏtre ami, il est le nōtre* ; *pĕse-t-il, il pēse* ; *célébrĕr*, mais *célébrēr avec vous*, lorsqu'on fait entendre l'*r* (Levizac p. 130). Les monosyllabes *les, ces, mes, tes, ses* sont longs devant une syllabes brève, brefs devant une longue : *mēs ămis, lĕs īmpŏ̄ts, sĕs ēnfants.* On peut s'attendre en outre à ce que la langue, qui aime à distinguer la signification des mots par de petites modifications de forme, ait cherché aussi à atteindre ce but par la différence de la quantité. En voici des exemples *vŏler* à côté de *vōler*, tous deux de *volare* ; *vĭvre* et *vīvre* subst.; *pĕuple* subst., *pēuple* verbe (Levizac p. 65) ; *boĭter, boīte*, tous deux de la même provenance ; *avĕnt, avānt* prép.; *jĕune (juvenis), jēune (jejunium)* ; *je vĕux (volo), vēu (votum)*. Une heureuse distinction produite par la longueur de la voyelle est celle du singulier et du pluriel dans un grand nombre de mots, comme *ăir āirs, chăir chāirs, fĕu fēux, garçŏn garçōns, ărt ārts, lĕnt lēnts, pĕur pēurs, bĕuf bēufs, nĕuf nēufs* (les deux derniers ont été relevés par Bèze), *roĭ roīs*. De même celle du masculin et du féminin de beaucoup d'adjectifs, comme *vĭf vīve, chĕr chēre*.

Il est clair que les principes reconnus plus haut comme communs à tout le domaine roman ne sont pas toujours appliqués ici. Les observations suivantes rendront ce fait encore plus évident. 1) La voyelle accentuée suivant l'usage roman devant une consonne primitivement simple (ou une muette avec *r*), lorsqu'une seconde voyelle suit, peut être soit longue soit brève. Elle est longue par ex. dans *empire, surprise, grave, cadre* ; brève dans *finale, mortelle, je fume, Rome, personne, fortune, robe, poète, bette, lèpre, livre, mitre, battre*. En tant que la consonne simple cache un *i* palatal, l'italien aussi abrège, comp. *caprĭce (capriccio), chăsse (caccia), făce (faccia), glăce (ghiaccia), lŏge (loggia)*. La longueur latine n'a gardé en français que juste assez d'action pour conserver dans la plupart des cas la qualité, mais non la quantité de la voyelle qu'elle affecte. La chute d'une consonne entre deux voyelles a d'ordinaire pour conséquence d'allonger la seconde voyelle presque partout où le vieux français présente encore deux voyelles syllabiquement séparées, par ex. *meür mûr, seür sûr, roole roule, chaîne chaîne, gaîne gaîne, traîne traîne, geene gêne, gaagne gagne* (bien que *-agne* ait d'ailleurs la voyelle brève), *roogne rogne, baaille bâille, aage âge*. Il faut excepter par ex. *joëne jeune, paür peur* avec *eu* bref. On a déjà dit plus haut que la chute de l's allonge la voyelle; la chute d'autres consonnes peut aussi avoir ce résultat, comme dans *âme* (*anima*), *rêne* (de *retinere*), *Rhône* (*Rhodanus*), *prêche* (*praedico*). La langue française concorde avec les autres en ce qu'elle rend brève la voyelle finale, même dans le cas de la contraction : *aima, aimera, Cinna, Attila, aimé, verité, Thisbé, thé, fini, envi, merci, concetti, colibri, echo, numero, Jéricho, vertu, bu* (anc. *beü*), *jeu, feu*. Cette règle est toutefois plus exacte pour les voyelles simples que pour les composées. — 2) Les diphthongues et les combinaisons de voyelles, de quelque manière qu'elles aient été produites, ne sont pas du tout nécessairement longues. Elles sont brèves par ex. dans *faite, je sais, j'ai, Paul, sein, haleine, pleine, veine, jeu, jeudi, aveu, tilleul, gueule, seule, flatteur, vainqueur, honneur, pleurer, aveugle, tombeau, hièble, nièce, siècle, tiède, moite, œuf, bœuf, tout, courte*; douteuses dans *faim, pain, vrai, air, audace, restaurer, roi, devoir, besoin*; longues dans *aime, plaine, naît, plaît, chaud, neige, bleu, meule* (*mola*), *heureux, meurt, eau, lièvre*. Si la combinaison a été produite par la résolution d'une *l*, la longue prédomine : *aube, auge, autre, haut, vautrer, beau, beauté, meunier, feutre, coutre, douce, poudre, pousser, souder, absoudre*; la brève, par ex. dans *outre* (*ultra*), *chou*. Dans les polysyllabes la finale est brève, comme dans *tombeau*, ou douteuse, comme dans *joyau*. Bèze remarque par contre : *diphthongus au semper producitur*. — 3) Il ne peut être question de la brièveté absolue de la voyelle en position, car les nasales constituent ici une forte exception. Souvent la quantité de la syllabe paraît se régler plutôt d'après le sentiment de l'euphonie que d'après des lois, comp. *fable, miracle, lourde* avec la voyelle longue, *table, hièble, règle, seigle* avec la brève. Une consonne double ne rend pas nécessairement brève la voyelle précédente. On la prononce, il est vrai, brève devant les muettes, ainsi devant *tt, dd, cc, cq, gg, pp, bb, ff* : *patte, mettre, tette, goutte, hotte, agraffe* (*attirer, accabler* et d'autres exemples aux syllabes non radicales, voy. p. 414), longue par ex. dans *affres, greffe*. Lorsque *ch* répond à un *cc* originaire, il abrège également la voyelle, ainsi *hache, tache* (all. *zacke*), *vache, peche* (*pecco*), *seche* (*sicca*), *broche*,

poche, roche, bouche, souche, je touche, peluche, j'épluche.
Les liquides *ll, mm, nn* rendent aussi la voyelle brève : *halle, malle, aller, comme, homme, pomme, epigramme* (mais *flămme*), *panne, tanne, personne* (mais *mănne*). *Rr*, au contraire, lorsque ce groupe représente un son indivisible, rend longue la voyelle, *omnis syllaba ante geminatam rr producitur*, comme l'observe Bèze, par exemple *barre, bizarre, carre, jarre, je narre, arrêt, j'erre, guerre, terre, tonnerre, verrons, beurre, leurre*, mais *ërreur, tĕrreur*. Devant *ss*, lorsque le redoublement existe déjà dans la langue mère, la voyelle s'allonge ordinairement, ainsi *casse* (*cassia*), *classe, lasse, nasse, passe, cesse, confesse, presse, fosse, grosse, rousse, je tousse, abbesse, j'aimasse, je fisse, j'abaisse, graisse*, aussi *je laisse, châsse* (*capsa*). Mais elle est brève dans *promesse, ânesse, altesse, princesse* et d'autres semblables, mais surtout quand *ss* provient d'autres consonnes, comme dans *agasse, brasse, cuirasse, chasse, masse* (ital. *mazza*), *détresse, écrevisse, lisse, je glisse, bosse* (ital. *bozza*), *cresse, rosse* (ital. *rozza*), *housse, mousse*; cependant *échasse* (néerl. *schaats*) a la voyelle longue.
— 4) Comme dans les langues sœurs, la longue de la voyelle radicale et accentuée s'abrège quand un suffixe ou une flexion fait avancer l'accent, par ex. *entrāves entrăver, j'ērre ërreur, j'afflīge afflĭger, je fōule fŏuler, pōudre pŏudrer, rōuille rŏuiller, būche bŭcher, excūse excŭser, āise ăiser, joīe jŏyeux, poīvre pŏivrer*. Mais cela n'est en aucune façon devenu une loi : loin de là ; la voyelle en de nombreuses circonstances conserve sa quantité surtout lorsqu'elle est nasale ou a été rendue longue par la chute d'une *s*, ainsi dans *beauté, bâiller, encadré, châssis, grosseur, terrein, carrosse, trembler, abondance, hôtesse, bâtir*.

La chute et la résolution des consonnes ont introduit dans la langue française un grand nombre de longues qui ne se produisent pas dans les autres langues. Mais la brève, qui l'emporte surtout dans les syllabes finales, prédomine en général. Aussi Bèze dit-il déjà (p. 75) : *Sunt autem hoc loco mihi admonendi peregreni, paucissimas esse longas syllabas in francica lingua prae innumerali brevium multitudine; ac proinde verendum illis esse potius, ne breves producant quam ne longas corripiant, praesertim ubi falli possunt latinae linguae quantitate. Sic e. g.* natura, vectura, fortuna, persona *et similia latine penultimam producunt, at francicae voces* nature, voiture, fortune, personne *eandem corripiunt*. Ainsi il blâme les Italiens qui prononcent en français *părōlĕ* au lieu de *părōlĕ* comme leur propre *părōlă*. On ne peut plus, il est vrai, déterminer quand la langue est entrée dans cette voie[1].

Valaque. — S'il est exact, comme les grammairiens le remarquent, que le signe de l'aigu indique la brièveté syllabique, celui du grave la longueur (voy. Molnar), la prosodie de cette langue est presqu'en opposition absolue avec celle de l'italien, car les mots italiens *amaro, lodato, bene, dopo, buono* sont ici *amăr, lęudăt, bĭne, dŭpę, bŭn* et à l'inverse *ambulò* se prononce ici *umblă*. Il est bien vrai que le valaque paraît avoir pour les voyelles brèves un goût plus décidé qu'aucune des langues sœurs.

II. ACCENT.

Nous avons déjà dit plus haut qu'il conserve en général sa place primitive. Par accent, il faut entendre l'aigu ; le grave n'a aucun droit spécial à revendiquer, il va se perdre dans le domaine de l'atonie. L'accent est le pivot autour duquel tourne la forma-

---

1. Parmi les grammairiens, Dubroca (*Traité de prosodie franç.*, contenu dans son *Traité de la prononciation, etc.* Paris 1824 p. 206 ss.) a cherché, ainsi qu'on l'a observé plus haut, à approfondir les principes de la quantité française, mais, à ce qu'il semble, sans succès. La longueur de la syllabe devant *s* finale, par exemple, est pour lui la conséquence d'une contraction antérieure, mais par contraction il entend ici la chute d'une voyelle non point dans la syllabe longue mais dans la suivante, comme dans *lās* de *lass(u)s*, *cōrps* de *corp(u)s*, *ārts* de *art(e)s*. Un pareil procédé est contraire à toute expérience et est contredit aussi dans le domaine français par le fait que la syllabe est longue aussi bien quand la voyelle n'a pas été syncopée comme dans *tu cēsses* ou dans *herōs* et beaucoup d'autres de ce genre. C'est de même par contraction (par chute de consonnes) que la syllabe est longue pour lui dans *dīre, boīre, fāire, rīre, plāire* et l'on accorderait cela encore plus volontiers que l'explication de la voyelle longue dans *barbāre, satīre* par l'analogie de *declāre, soupīre*. Mais il est facile de voir que le français tend à allonger la voyelle devant un *r* suivi d'un *e* muet, de telle sorte que même le double *r* n'est pas un obstacle à la longue. La plus faible de ses explications est celle de la longue de la terminaison *aille* par l'it. *āglia, paille*, par ex. par *pāglia*. Ce sont peut-être moins des principes qui ont contribué au développement et au perfectionnement de la prosodie française que des influences euphoniques déterminées par le temps et le hasard.

tion des mots dans les langues romanes. Avec la perte de la quantité se sont modifiées, il est vrai, les dimensions des syllabes, établies dans les fondements de l'édifice du langage et qui protègent les racines comme les suffixes; avec celle de l'accent le mot serait devenu autre, la langue aurait perdu son empreinte romaine. En latin l'aigu repose, dans les polysyllabes, sur l'avant-dernière syllabe ou sur la troisième avant la fin, il n'est jamais sur la dernière. Il ne faut pas considérer comme une anomalie le fait qu'il peut aussi dans les langues dérivées, par apocope, affecter la dernière, comme dans l'ital. *maestà, virtù* et dans d'autres exemples innombrables de tous les dialectes. Il n'est pas non plus étonnant que la première de ces langues le porte aussi par paragoge sur la quatrième avant-dernière, ce qui toutefois n'a lieu que dans la conjugaison : *récitano* pour *récitan* de *récitant* (*voci bisdrucciole*); le principe proparoxytonique du latin s'est donc montré impuissant ici. En vertu de l'enclise, car les mots inclinés sont atones, l'accent peut, il est vrai, prendre une place encore plus reculée, comme en ital. *portándomivelo, mándamivisene*. Les composés, au contraire, ont l'accent principal sur le dernier mot ; ce n'est que dans les adverbes en *ment* que les grammairiens l'adjugent au premier, ainsi ital. *cándidamente*, esp. *fácilmente, pacificamente*, franç. *admirablement* [1].

On peut s'attendre toutefois à voir se produire dans un aussi vaste ensemble de formes quelques déplacements de l'accent. Si cet accident n'est pas sans exemple, même dans une langue comme l'allemand, qui relègue l'aigu dans la syllabe radicale, c'est-à-dire prescrit une règle d'une simplicité évidente, combien n'était-il pas plus facile qu'il se produisît dans des langues à accent mobile. La langue italienne, fille aînée du latin, est la plus fidèle ; plus d'exceptions sont présentées par les langues valaque, espagnole et portugaise, encore plus par le provençal ; le français va sans aucun doute plus loin que toutes ces langues, surtout si l'on ne fait pas de différence entre l'époque ancienne et moderne, et cela nous oblige encore à lui consacrer en terminant un examen à part. Il faut relever les points suivants comme plus ou moins communs au domaine roman.

1. Le verbe, entre toutes les parties du discours, présente les

---

[1]. Les voyelles intercalées ne sont pas susceptibles d'avoir l'accent. Le provençal dit *Lerída*, mais ce n'est pas lui qui a introduit l'*i*, c'est l'espagnol qui de *Ilerda* a fait *Lérida*.

plus fréquents déplacements de l'accent, ce dont il sera rendu compte à propos de la flexion. Beaucoup de verbes de la deuxième conjugaison appliquent, en vertu d'une fausse analogie, l'accent du présent à l'infinitif, ainsi *cólligo colligere*, ital. *cólgo cógliere*; *pórrigo porrigere*, ital. *pórgo*, *pórgere*; *bátuo batúere*, ital. *bátto báttere*; *cónsuo consúere*, franç. *cóuds cóudre*; val. *cós cóse*. Dans le même sentiment un petit nombre ramène au présent l'accent de la deuxième ou troisième syllabe sur la première : *coopério*, it. *cuópro*, esp. *cúbro*, fr. *cóuvre*, car on traita *coprire* comme *sentire*, prés. *sento* et d'autres analogues ; de plus *apisco*, esp. *ásgo*; *in-delégo*, esp. *endilgo*; l'ital. *pérmuto* rentre dans la même classe. Dans une forme romane spéciale du suffixe *ico* l'accent a été avancé sur l'avant-dernière syllabe, comme en ital. *amaréggio* de *amárico*, et cette accentuation est devenue de règle dans les langues de l'ouest en général, de même qu'en valaque, comme dans esp. *determíno* (*detérmino*), prov. *proféri* (*prófero*), franç. *j'imagíne* (*imágino*), val. *apléc* (*ápplico*), et peu de mots, en vertu d'un changement de forme, ont pu s'y soustraire; mais ce point aussi sera mieux traité dans un autre chapitre de la grammaire.

2. Le suffixe diminutif *iolus* prend l'accent sur la seconde voyelle : *filíolus*, ital. *figliuólo*, esp. *hijuélo*, prov. *filhól*; *capréolus*, val. *caprióŕ*. La cause en est que *ió* se prêtait mieux à la diphthongue que *io*[1]. Le suffixe *inus* de même attire à lui l'accent : *cédrinus*, ital. esp. *cedríno*; *láurinus*, pr. *laurín*. Pour *ilis* et *ícus, íca* on trouve aussi presque partout des exemples du déplacement de l'accent, comp. ital. *umíle* (chez des poètes), esp. *humílde*, prov. *umíl*, mais franç. *humble*; val. *católic, favríce*; prov. *fezíca* (*phýsica*), *Choix* IV, 451 et d'autres encore. En italien quelques noms dérivés avec *ius*,

---

[1]. Des philologues français d'aujourd'hui sont sur ce point d'un avis différent. Afin de sauver d'une exception la loi de l'accent, ils soutiennent le passage immédiat du lat. *io* (ou *éo*) au son composé fr. *ieu*, ce dont il serait d'ailleurs difficile de citer un exemple. Mais il faut craindre aussi d'être trop dogmatique. Les exemples français laissent encore clairement reconnaître l'*i* latin devenu atone: *gla-i-éul* de *glad-i-ólus*, *fil-i-éul* (écrit *filleul*) de *fil-i-ólus*. Seul un *i* atone est susceptible de produire, comme dans le dernier exemple, un *i* palatal. Dans toutes les autres langues sœurs le déplacement de l'accent est évident: or ce doit être une maxime de maintenir, autant qu'il est possible, l'accord de la famille tout entière, même à propos de faits d'une importance secondaire. Le mieux sera donc d'admettre dans le latin d'une époque avancée une forme *filiólus*, qui n'est pas plus étonnante que *ariétem, pariétem*.

ia, ium témoignent d'un recul de l'accent de la deuxième sur la première syllabe : *bronzo* (*brunitius* *), *verza* (*viridia*), *filza* (*filicia** Ferrari), *mancia* (b.lat. *manicia*), ce qui fait penser au lat. *balineum bálneum.*

3. Devant les muettes accompagnées de *r* l'accent se trouve quelquefois là où en latin on reconnaît comme brève la voyelle, par ex. ital. *allégro*, esp. *alégre*, v.fr. *halaigre* (*álacrem*); ital. *colúbro* (poétique), esp. *culébra*, franç. *couleuvre* (*cólubra*); ital. *intéro*, esp. *entéro* etc. (*integrum*) ; ital. *penétro* à côté de *pénetro*; esp. *tinieblas*, ital. *ténebre*, à peine *tenébre* (*ténebrae*); prov. *tonédre* (*tónitru*, sinon *tonitruum*); le nom de *Cleopátra* ital. esp. (*Cleópatra*) doit aussi être rappelé ici.

4. Mais même sans cette condition l'accent peut être déplacé dans divers mots. Les plus importants sont à peu près les suivants. Esp. *acébo* (*aquifolium*); *albedrio* (*arbitrium*); ital. *Brindisi* (*Brundusium*, Βρενδέσιον, val. *Brundúse*); esp. *Cartagéna* (*Carthaginem*); *dádiva* (*dativa*); *diós* (*deus*), aussi port. dans G. Vicente I, 256; ital. *dópo*, val. *dúpe* (de *post*, franç. *depuis*); esp. *yó*, mais ital. *io* (*ego*); ital. *fégato*, esp. *hígado* (*ficatum*); port. *funcho* (*foeniculum foen'c'lum*); esp. *héroe*, mais ital. *eróe* (*heróem*) mot savant; esp. *impío*, ital. *émpio* (*impius*); esp. *impúdico* (*impudicus*); ital. *mogliére* à côté du plus usuel *moglie*, aussi esp. *mugér*, prov. *molhér*, v.franç. *muiller* (*mulier*, le gén. *muliēris* fréquent dans le latin du moyen âge, comp. J. Grimm, *Lat. Ged.* p. xx); ital. *Pádova* (*Patavium*); ital. esp. *paténa* et *patéra* (*patina, patera*); esp. *pelicano* (*pelicanus*); esp. *péro*, ital. *peró* (*per hoc*); ital. *piéta* (*pietas*); prov. *penhóra* (*pignora*) GRiq. 203; esp. *réyna* (*regina*); *rúbrica* (*rubrica*) ; ital. *ségola*, franç. *seigle*, mais val. *secáre* (*secale*); esp. *Séquana* et *Sequána*, tous deux dans Rengifo (*Séquana*); esp. *sino* (*si non*, port. *senão*); prov. *esperit* (*spiritus*); esp. *tábano* (*tabānus* d'après la notation des dictionnaires) ; esp. *trébol*, port. *trévo*, franç. *trèfle*, mais ital. *trifóglio* (*trifolium*); ital. *varice*, esp. *várice* (*váricem*). Voy. d'autres exemples italiens dans Blanc p. 136, note.

5. L'accent se porte-t-il sur une autre voyelle, elle est soumise aux accidents phoniques des voyelles accentuées, par ex. ital. *cuópro* (*coöperio*), *fégato* (*ficatum*), esp. *ordéno* (*ordĭno*), *tinieblas* (*tenĕbrae*), prov. *portégue* (*portĭcus*), franç. *couleuvre* (*colŭbra*); cela a lieu généralement pour le suffixe *iolus*. Cependant dans les cas de beaucoup les plus

nombreux la voyelle reste intacte. On dit par ex. ital. *dimúro*, non pas *dimuóro* (*démŏror*); esp. *imagino* non pas *imag.'no* (*imagino*); franç. *commode* non pas *commeude* (*commŏdus*). Dans les mots de ce genre le déplacement de l'accent ne paraît donc s'être accompli que plus tard.

6. Les mots grecs employés par les Romains conservent en général leur accentuation latine soumise à la quantité. En voici des preuves : ital. *abísso* (ἄβυσσος), *amatísta* (ἀμέθυστος), *bíbbia* (βιβλία), *chiésa* (ἐκκλησία), *cóllera* (χολέρα), *elógio* (ἐλογίον), *limósina* (ἐλεημοσύνη), *paróla* (παραβολή), *piázza* (πλατεῖα), lat. *plátea* à côté de *platéa* : à la première de ces formes répondrait d'après Schneider *Gramm.* I, 72, 98 une forme grecque πλατέα), *préte* (πρεσβύτερος lat. *présbyter*), *sátrapa* (σατράπης), *spásimo* (σπασμός), *tállo* (θαλλός), *talénto* (τάλαντον); de même le plus souvent dans les langues sœurs. Un grand nombre de mots rejettent le principe déterminant de la prosodie latine pour suivre l'accentuation grecque, et ce n'est pas là une aberration fortuite, le nombre des exemples est pour cela trop considérable : il faut sans doute y reconnaître une influence du grec du moyen âge. De ce nombre sont: ital. *acónito* (ἀκόνιτον, lat. *aconitum*); ital. *biásimo*, fr. *blâme* (βλάσφημος); val. *cęmárę* (καμάρα); ital. *ermo* (ἔρημος); ital. esp. *idéa*, fr. *idée* (ἰδέα); ital. esp. *ídolo*, v.fr. *ídele* (εἴδωλον); ital. *sédano* (σέλινον, lat. *selinum*); ital. *tisána* (πτισάνη *ptisana*)[1]. Prudence disait déjà *blasph* , *erĕmus*, *idŏlum*, et Loup de Ferrières, s'autorisant de la pronontiation de contemporains grecs, déclarait *blasphēmus* plus correct que *blasphĕmus* (Vossius, *Aristarch.* 2, 33; comp. au sujet d'*idŏlum* aussi Sanchez, *Colecc.* III, xxxviii). *Butȳrum* dans Aemil. Macer, *butỹrum* dans Sidoine, grec βούτυρον, est en italien *burro* et *butiro*, en prov. *búire*. L'accent grec persiste aussi dans quelques noms géographiques, ainsi en esp. *Ebro* (Ἴβηρος); en ital. *Épiro* (Ἤπειρος), mais en esp. *Epíro*; ital. *Lépanto* (Ναύπακτος), esp. *Lepánto* ; ital. *Táranto* (Τάρας Τάραντος), esp. *Taránto* ; *Ótranto* (Ὑδροῦς Ὑδροῦντος, *Hydruntum*) a suivi l'accentuation de ces mots. De même *Álbizzi* a reçu l'accent non sur la deuxième, mais sur la précédente, tout à fait contre l'usage latin[2]. — D'autres mots tirés directement

---

1. It. *fiála* (φιάλη) pour *fiala* doit peut-être se juger comme *figluólo* § 2.
2. Fazio, *Dittam.* 3, 3, emploie *Verna* pour *Verona*; il est vrai que c'est à la rime, mais ce n'est sûrement pas pour la rime, car ce mot aurait été à peine compréhensible. Il faut bien plutôt voir ici une forme populaire correspondant au grec Οὐήρωνα, comp. v.-h.-all. *Berna*.

du grec ont subi au contraire un déplacement de l'accent ; les oxytons naturellement, de même qu'en latin (σπασμός, spásmus), durent le reculer : ital. baléno (βέλεμνον), éndica (ἐνθήκη), grascia (ἀγορασία), paggio etc. (παιδίον), esp. taléga (θύλακος), ital. pitócco (πτωχός), schéletro (σκελετός), tapíno (ταπεινός), ital. troglio (τραυλός), esp. cama (χαμαί). — L'influence la plus féconde de l'accent grec se manifesta dans le suffixe ĭa dont l'i, conformément au grec ία, reçut souvent l'accent : ital. filosofía (φιλοσοφία, sophía dans Prudence, voy. Cellarius à l'index), monarchía (μοναρχία), et ainsi Soría, Lombardía, Ungría, Tartaría, esp. de même Lombardía, Normandía, Esclavonía, Ungría. Toutes les langues cependant ne sont pas d'accord, puisque l'espagnol, par ex., prononce Súria, Tartária. Parmi les noms communs, académia, comœdia conservent en italien et en espagnol l'accent sur la troisième avant-dernière, quoique Dante ait dit aussi à la manière française commedia. Quelques noms géographiques en ĭa (εια) reçurent également une accentuation différente. L'italien prononce avec l'accent grec : Alessándria (Ἀλεξάνδρεια), Antióchia (Ἀντιόχεια), l'espagnol avec l'accent latin : Alexandría, Antioquía, mais tous deux : Nicomédia (Νικομήδεια). Le nom commun politía (πολιτεία) est régulièrement en ital. polizia, esp. policía, port. dans Camoens 7,72 policía, franç. police. Voyez pour plus de détails la formation des mots.

7. Les *noms de personnes* offrent dans leur accentuation de nombreuses particularités dépendantes du caprice des langues ; ces mots sont toutefois généralement étrangers à l'élément populaire. Daríus (Δαρεῖος) p. ex. est en ital. et en v.esp. Dário (de même aussi Lus. 3, 41), val. Dárie, pr. Dáire ; Gautier de Châtillon aussi scandait Darĭus (Sanchez, Colecc. III, xxxviii), ainsi que d'autres écrivains du moyen âge (voy. p. ex. Leyser 468), la même accentuation déjà dans Sidoine (Vossius, Arist. 2, 39). On accentue aussi en général Jacōbus (Ἰάκωβος) sur la première syllabe : it. Jácopo Giácomo, esp. Jágo, prov. Jácme, cat. Jáyme, franç. Jácques. Basilīus (Βασίλειος) a dans l'it. esp. Basílio l'accent sur la troisième avant-dernière. L'espagnol prononce également Isidorus avec l'accent grec Isídro (Ἰσίδωρος), dont se rapprochent aussi le prov. et b.lat. Isidorús (LRom. I, 524. Mur. Scriptt. II, 2. p. 1095 : ut docet Isidorús). Les noms propres grecs en *eus* ont un *e* accentué, par ex. ital. esp. Orféo, Peléo, Teséo, Tidéo, cependant Rengifo p. 380, 38¹ accentue aussi Pérseo, Téseo, Téreo et en italien aussi Pérseo (constel-

lation) est une prononciation usuelle; prov. *Orphéus* (disyllabique), *Peléus, Tidéus* (*Tideús* Galvani, *Osserv.* 231); franç. *Orphée, Pélée, Persée, Thésée, Tidée.* Pour le reste, c'est l'italien qui se tient le plus près des langues classiques. L'espagnol aussi s'écarte rarement de l'accentuation régulière, il prononce par ex. *Empédocles, Péricles, Polícrates, Diomédes, Aquiles, Céres, Témis, Midas, Minos, Hélena, Ifigénia, Euménidas, Melpómene, Etíope, Sármata, Ciclópe, Demócrito, Heródoto, Hipólito, Teócrito*; mais *Aníbal* (d'après Rengifo, d'ailleurs aussi *Aníbal*, ital. *Annibale* et chez les poètes *Anníbale*), *Cecrópe, Eufrosina, Omfále, Polixéna, Arquimedes, Heráclito, Sérapis.* On prononce aussi *Ilíada* et de là le port. *Lusíadas.* Dans les mots en -*on* la dernière syllabe reçoit l'accent, ainsi *Agamenón, Gerión, Jasón, Licaón, Orión* et de même dans le nom géographique *Helicón*. L'usage provençal sera traité plus bas avec le français.—Les *noms bibliques*, sauf les féminins en *a*, comme *Eva*, ont l'accent sur la dernière. En voici des exemples : esp. *Jepté, José, Josué, Noé, Leví, Jericó, Esaú, Caléb, Horéb, Aquitób, Jacób, Amaléc, Barúc, David, Tubál, Jezabél, Manuél, Miguél, Raquél, Saúl, Adán, Jerusalén, Cain, Moysén, Rubén, Aarón, Sansón, Baltasár, Eliazér, Estér, Assúr, Cayfás, Joás, Jonás, Tomás, Amós, Jesús, Nabót, Nembrót*, mais *Júdas, Lúcas.* Prov. *Enóc, David, Moïsén, Samsón, Sathán, Josép, Judás, Yzaïás, Tobiás* (*Tobias LRom.* 528ª) et d'autres semblables. En italien l'accent est le même qu'en esp., bien que l'introduction du principe de la finale vocalique rende la forme différente[1].

---

1. Voici encore une liste de noms propres dont l'accentuation pourrait paraître douteuse à un étranger. *Noms géographiques:* it. *'Adige, Bérgamo, Bórmida* (rivière), *Cágliari* (Calaris), *Friúli* (dans Rosasco et d'autres, ailleurs *Friúli*), *Génova, 'Imola, Lípari, Mirándola, Módena, Mónaco, Pésaro, Pontrémoli, Prócida, Résina, Rímini, Spálatro, Strómboli, Tamigi, Tánaro, Tévere, Tívoli* (Tibur), *Túnisi, Trápani, 'Udine, Vigévano; Alcámo, Assisi, Basiléa, Céneda, Ceséna, Gaéta* (*Cajēta*), *Gargáno* (montagne), *Mascáli, Nocéra, Novára, Terámo; Corfù, Forlì.* Esp. *'Agueda, 'Agreda, 'Alava, Alcántara, 'Avila, Cáceres, Córdoba, Écija, Évora, Guipúzcoa, 'Ibiza, Lérida, Málaga, Mérida, México, Sepúlveda, Támaga* (rivière), *Támara* (id.), *'Ubeda, Xátiva, Xérica; Almería, Fuenterrabia, Cádiz, Florída, Guadalaxára, Lisbóa, S. Lúcar, Setúval, Tánger; Alcalá, Almenár, Aranjuéz* (trisyllabique), *Argél, Avilés, Badajóz, Escuriál, Gibraltár, Guadíx, Guadalquivir, Jaén, Palamós, Perpinán, Perú, Potosí, Teruél, Urgél, Xenil, Xerés.* — *Noms de personnes:* it. *Aristide, Brígida, Dávide* et *Davidde, Fóscari,*

8. Les mots d'origine allemande, lorsqu'ils sont accentués sur l'avant-dernière syllabe et se terminent par une voyelle atone, conservent aussi leur accent primitif dans leur reproduction romane, par ex. *hósa*, ital. *uósa*, esp. *huésa*. Au contraire, s'ils ont l'accent sur l'une des syllabes précédentes ou s'ils se terminent par une consonne, l'accent avance d'ordinaire sur l'avant-dernière; on tient compte en quelque sorte pour cette accentuation de l'accent grave de la syllabe qui suit la racine : *alànsa*, ital. *lésina*, franç. *alène*; *félìsa*, franç. *falàise*; *krébìz*, franç. *écrevisse*; *hérìnc*, ital. *aringa*, franç. *haréng*; *flàdo*, acc. *flàdun flàdon*, ital. *fiadóne*, franç. *flan* de *flaón*. Il va de soi que les composés prennent l'accent sur la dernière syllabe : *hériberga*, ital. *albé, go*, franç. *auberge*; *Réinwalt*, ital. *Rinàldo*, franç. *Renàud*.

Accent français. — Rien n'est plus simple que d'indiquer sa place dans cette langue. Les mots avec terminaison masculine (comme *plaisant*) l'ont sur la dernière syllabe, ceux avec terminaison féminine (*plaisante*) sur l'avant-dernière. Cela est incontestable, car nous voyons les poètes bâtir leurs vers sur ce principe ; la rime et la césure, qui ne peuvent dans tout le domaine roman porter que sur des syllabes accentuées, ne donnent à reconnaître aucune autre position de l'accent. Il ne peut y avoir de *versi sdruccioli*, mais il y a des *versi piani*. Cet accent est, à part certaines restrictions, non sans importance il est vrai, l'accent primitif, latin, roman. Comme l'*e* féminin est devenu peu à peu muet (voy. ci-dessus p. 391), la règle peut être exprimée plus simplement encore : en français chaque mot de deux ou plusieurs syllabes a l'accent sur la dernière, le fameux système trisyllabique du latin a été réduit ici à une loi monosyllabique. Dans toutes les langues dérivées du latin, ainsi que nous l'avons observé plus haut p. 164, la syncope de la voyelle de l'avant-dernière syllabe, en général de la voyelle de dérivation, est dans les proparoxytons un accident qui n'est pas d'une faible importance. Mais ce qui dans les langues sœurs n'apparaît que comme un phénomène fréquent s'est élevé en

---

Gàsparo, Dàvila, Fóscolo, Trissino; Beccaria, Lucia, Rosalia, Gambàra, Leméne, Straparòla. Esp. *'Alvaro, Brígida, 'Iñigo, 'Arias, 'Avalos, Góngora, Zúñiga, Cristóval (Christophorus), Gonzálo, Argensóla, Lucia, Mencia, Rosalia, Faria, Garcia, Gambóa, Ullóa, Gonzága; Boscán, Calderón, Cortés, Ginés, Inés, Valdés, Luis, Guzmán, Mayáns, Solis.* Les patronymiques, comme *Pérez, Narváez, Martínez* ont l'e de leur finale atone.

français, de même qu'en provençal (où cependant l'*e* muet n'est pas arrivé à s'emparer de la dernière syllabe), au rang du plus important principe de formation. La langue française tend partout à faire des deux dernières syllabes, par la syncope de la dite voyelle et par un traitement libre des consonnes avoisinantes, une seule syllabe, ce qui en général a facilement réussi, comme dans *linge* (*lineus*), *roide* (*rigidus*), *frêle* (*fragilis*), *humble* (*humilis*), v.fr. *utle* (*utilis*), *porche* (*porticus*), *image* (*imaginem*), *vierge* (*virginem*), *veuve* (*vidua*), mais a souvent aussi été difficile, comme par ex. dans *forge* (*fabrica faur'ga*), *charme* (*carpinus*), *provin*, c'est-à-dire *provain* (*propaginem*), *coutume* (*consuetudinem*), *evêque* (*episcopus*) ; dans beaucoup de mots, comme *lai* (*laïcus*), *ruste* (*rusticus*), on sacrifia au nom du principe un suffixe entier. Toutefois il existe un bon nombre de proparoxytons primitifs dans lesquels l'accent apparaît placé sur la syllabe immédiatement suivante. De beaucoup le plus grand nombre de ces mots ont été tirés du latin à une époque tardive depuis que la connaissance de cette langue se fut de plus en plus répandue en France. Les mots de ce genre créés par les savants ou les hommes cultivés ont conservé leur forme littérale, non pas leur accent auquel l'organisme de la langue française se serait en ce cas opposé, aussi prononça-t-on *avide, aride, timide, docile, facile, fertile, frivole, incredule, pilule, machine, maxime, crystallin, merite, visite, concave, hostie, modestie, ambigu, contigu; j'estime, je dissipe, j'indique* (voy. au sujet des derniers le tome II, à la conjugaison). Beaucoup de mots même régulièrement formés par le peuple ont repris les lettres latines avec un accent anti-latin et subsistent en partie, bien qu'ils n'aient pas toujours gardé la même signification, à côté des mots vraiment français : *roide rigide, frêle fragile, ulle* (voy. plus haut) *utile, porche portique, forge fabrique, orgue organe.* C'est donc avec grande raison que les grammairiens français d'aujourd'hui, auxquels nous renvoyons encore ici (comp. plus haut p. 134), distinguent deux couches différentes de mots, toutes deux dérivées du latin, l'une de mots populaires, l'autre de mots savants, celle-ci non sans importance au xive siècle déjà et qui s'est développée sur une grande échelle depuis le xvie. Il faut cependant reconnaître que quelques cas de déplacement de l'accent se sont produits déjà dans la première période de la langue, notamment dans la langue de l'église. La cantilène d'*Eulalie* a *ranéiet* (*ré-neget*), la *Chanson de Roland senefiet* (*significat*), *argúe*

(árguit), le *Livre des Rois mortifie, vivifie*, le *Ps. d'Oxford
enlumine, calice, espirit*, d'autres anciennes sources ont
catholique, publique, physique, Afrique, pour lesquels on
n'a jamais essayé les formes abrégées *cathole, puble* ou *pule,
Afre*; les anciennes épopées ont même *nobile*. A-t-on jamais
prononcé autrement le mot *estomác?* Dans beaucoup de circonstances on s'aida, afin de sauver la loi de l'accent, de nouveaux
suffixes: pour *gallique* on a dit *gaulois*, pour *grammatique
grammaire*, le provençal a créé les adjectifs *catolical, publical,
fisical, musical*[1].

La tendance à avancer l'accent atteint sa dernière limite dans
la prononciation des mots latins et des nouveaux mots étrangers,
car ici la syllabe finale attire partout l'accent, de telle façon
que ces mots ne conviennent qu'aux rimes masculines, jamais
aux féminines. Et cet usage apparaît déjà dans la plus ancienne
poésie, où la rime atteste l'accentuation *stellá, nostri, coeló,
meás, tuís, deús, quoniám, adjutoriúm, laudabít, cantánt*,
accentuation qui s'étend aussi aux expressions introduites plus
tard dans la langue, comme *errata, opéra, récépissé, alibi,
concetti, lazzi, solo, imbroglio, impromptu, débet, placet,
quolibet*. Il est clair que les *noms propres* étrangers aussi ont
dû se soumettre à cette loi : *Britannicús, Claudiús, Mariús,
Silanús, Turnús, Lesbós, Minós, Agrippá, Cinná, Ledá,
Circé, Danaé, Daphné* etc. Cependant un grand nombre
d'entre eux y ont échappé par un changement de terminaison,
comme dans *Auguste, Homère, Lépide, Octave, Virgile,
Cassie, Antoine, Pompée, Zachée, Hymenée, Borée,
Enée, Sénèque, Hélène, Fulvie, Livie, Marie, Octavie,*
tandis que l'ancienne langue garde souvent la forme telle
quelle : *Mercuriús, Saturnús, Porsená, Dianá, Mariá,
Evandér, Eneás, Herculés*. En provençal, cette tendance à
accentuer la syllabe finale n'a pas été poussée aussi loin. On trouve
par ex. *céls* (c'est-à-dire *coelis*, rimant avec *evangélis*)
Choix III, 342, *mortuórum* (à la césure) *LRom*, I, 236;
et l'on prononce encore aujourd'hui, ou du moins l'on prononçait
encore au siècle dernier: *crédo, distínguo, cáusa* etc. (Sauvages, *Dict. langued.* p. xxix). Et de même *María, Sibílla,
Éva*. Les polysyllabes prennent néanmoins volontiers l'accent

---

[1]. Cependant il dit aussi *católic* à côté de *catolic*, de même *gramática*
(*Jahrbuch* V, 408), et assurément aussi *dialética, arismética* (Tobler, *Gœtt.
Anz.* 1866 p. 1782).

sur la dernière, comme l'*Isidorús* déjà cité, par ex. *dominús Chx.* III, 191, *quoniám LRom.* I, 24, *zodiacús, capricornús, Dedalús, Priamús, Nazarenúm Pass. de J.-C., histrionés GRiq.* p. 185, *joculatorés, aghatés (achates), sardoynés (sardonix), Achillés, Ulixés, Eneás.* Des noms de personnes dissyllabiques aussi terminés par une consonne, comme *Tornús, Pirús, Biblís,* se comportent de même.

Un point essentiel dans la prononciation française est, autant qu'il est possible, de ne faire sentir l'accent que faiblement et de réprimer le chant par lequel d'autres nations accompagnent le leur. Aussi a-t-on prétendu que pour bien parler il ne fallait faire entendre aucun accent. Il est clair que si l'on voulait observer la loi de l'accent avec toute rigueur, le discours deviendrait d'une monotonie insupportable. Aussi, par considération pour l'euphonie, concède-t-on l'emploi d'accents secondaires aux dépens de l'accent principal[1]. La concession d'un accent secondaire peut le plus facilement avoir lieu dans les mots où l'une des premières syllabes a plus de poids que la syllabe légitimement accentuée, comme par ex. dans *beauté, trembler* ; et il peut même se faire (ce que le Français sent peut-être moins que l'étranger) que l'accent principal ressort alors moins fortement que l'accent secondaire. Mais si l'on ne reconnaît pas comme seule loi celle de la dernière syllabe, on ne peut ramener l'accentuation à des règles, sans rencontrer de tous côtés des contradictions. Même la simple thèse de Bèze, d'après laquelle aucune syllabe n'est longue qui n'ait en même temps l'aigu (*illud autem certe dixerim, sic concurrere in francica lingua tonum acutum cum tempore longo, ut nulla syllaba producatur, quae itidem non attollatur, nec attollatur ulla, quae non itidem acuatur* p. 74), pourrait être réfutée par de nombreux exemples. Longtemps après lui Batteux († 1780), dans son *Traité sur l'accent prosodique,* a tenté d'ériger en doctrine l'accentuation, et cette doctrine a été reproduite essentiellement par des modernes, comme Levizac et Dubroca, sans arriver toutefois à être reconnue par la nation. Ces grammairiens repoussent la limitation de l'accent à la syllabe finale et l'attribuent aussi, d'après des règles déterminées, à la pénultième ou à l'antépénultième ; ils accentuent par ex. *árdeur, nátion, máison, sómmet, brúler, attirer, ádroite, insénsible.* Des pré-

---

1. Voyez à ce sujet l'écrit de Gaston Paris, qui fait époque dans la philologie française, *De l'accent latin* etc. p. 17.

ceptes analogues avaient déjà été donnés par le contemporain de Bèze, Périon, qui accentuait par ex. *côurroux, dôcteur, sérviteur, héritier.* Un grammairien moderne assigne l'accent secondaire ci-dessus admis, qu'il nomme *accent d'appui*, à la syllabe radicale du mot ; il répondrait au grave, comme l'accent principal à l'aigu (Ackermann, *Traité de l'accent*, Paris 1843, p. 18).

Ces opinions contraires, en tant que fait grammatical remontant jusqu'au XVI° siècle, devaient être mentionnées en peu de mots, car ce fait est caractéristique pour la nature de l'accentuation française. Une pareille controverse aurait été impossible dans la grammaire des langues sœurs.

NOTATION PROSODIQUE.

Elle est presque uniquement employée pour l'accent, à peine pour la quantité, mais elle est différente dans les diverses langues.

En italien on ne marque que la dernière voyelle accentuée, et l'on se sert à cette fin du grave : *amò, amerò, amerà, beltà, virtù, però.* Cela a lieu aussi dans les monosyllabes, afin de les distinguer des homonymes ou des analogues : *dà (dat), da (de ad), dì (dies), di (de), è (est), e (et), sì (sic), si (se)*; ou afin de marquer leur monosyllabisme quand ils se terminent par deux voyelles : *già, piè, più, può.* Il est peu en usage de noter les syllabes intérieures.

Les Espagnols ont adopté récemment un système plus complet pour la notation de l'accent. 1) Aucun monosyllabe n'est accentué, sauf les homonymes : *él (ille* pron.), *el* (art.), *mí (me), mi (meus), sé (sapio, scio), se (se), sí (sic), si (se), qué (quid), que (qui).* 2) Les voyelles finales accentuées sont toujours notées : *podrá, llegué, baharí, falleció.* 3) Si l'accent repose sur la dernière syllabe terminée par une consonne, on ne met aucun signe : *ciudad, azul, primer, horror, feroz.* 4) Il en est de même si l'accent est sur l'avant-dernière syllabe d'un mot terminé par une voyelle ou une diphthongue : *amo, na-o, se-a, ti-o, lo-a, du-o, agua, imperio.* Cependant les mots de trois ou de plus de trois syllabes, qui se terminent par deux voyelles dont la première est accentuée, reçoivent le signe : *bizarría, envíe,* dont se séparent toutefois à nouveau ceux en *ae, ea, eo, oe* etc. 5) L'accent repose-t-il sur l'avant-dernière et le mot finit-il par une consonne, le signe est employé : *frágil, imágen,* árbol, Flándes ; seuls les noms propres en *ez* font ici exception : *Pérez, Rodriguez*. 6) Enfin si l'accent affecte la troisième avant-dernière ou une plus reculée encore, il est toujours marqué : *mármoles, imágenes, rápido, línea, fácilmente, habiéndonos*. 7) Il existe encore pour le verbe des prescriptions spéciales ; on écrit par exemple, en contradiction avec les règles données : *amarás, amarán, amában, hácen, temia, amaria, hallále, du*...*éte*.— C'est toujours l'aigu qui est employé, jamais le grave ni le circonflexe.

Les Portugais ne sont pas encore arrivés à s'entendre sur l'emploi des signes d'accentuation. On les emploie en général pour distinguer les homonymes et sur les voyelles finales ; cependant beaucoup d'écrivains usent du circonflexe pour faire ressortir une voyelle devant une autre, surtout là où sont tombées des lettres primitives : *aldêa, senhorêa, arêa, fêo, leôa*, cas dans lesquels d'autres se contentent de l'aigu. Beaucoup, à la façon espagnole, dotent plus richement d'accents l'intérieur des mots.

Les anciens Provençaux, comme on peut s'y attendre, ne connaissaient encore aucun signe grammatical d'accentuation. Dans le manuscrit de *Boèce* l'aigu est employé souvent et à différentes fins, mais sans la moindre régularité ; il en est de même, par exemple, dans une charte de la seconde moitié du XIIe siècle, voy. Paul Meyer, *Sur deux chartes valentinoises* p. 6. Cet emploi même disparut plus tard de nouveau.

En français on emploie le circonflexe, l'aigu et le grave. Le circonflexe est ici la marque de la longueur et repose ainsi sur des voyelles atones. L'*e* muet donna lieu à l'emploi des deux autres signes pour faire ressortir en général l'*e* sonore accentué ou atone, et il leur fut en outre confié la tâche de distinguer avec plus de précision cette voyelle douteuse, comme dans *fièvre fiévreux*. Le circonflexe seul a le droit d'être mis sur toutes les voyelles, l'aigu et le grave se bornent à l'*e*, sauf que ce dernier se place aussi sur d'autres voyelles dans les monosyllabes *à, là, où*. Il a été question dans la deuxième section de l'*s* comme signe de longueur.

Tant que les Daco-Romans se sont servis de l'alphabet slave imité du grec, ils ont accentué chaque mot ; leurs nouveaux grammairiens se bornent, de même que les Italiens, presque absolument à marquer la dernière voyelle accentuée, ce qu'ils font au moyen du grave : *leudà, aicì, ami,*